本书获二〇二二年贵州省出版传媒事业发展专项资金资助
本书获贵州省孔学堂发展基金会资助

中国传统家礼研究

陈延斌　等著

孔學堂書局

本书获2022年贵州省出版传媒事业发展专项资金资助
本书获贵州省孔学堂发展基金会资助

图书在版编目（CIP）数据

中国传统家礼研究/陈延斌等著. —贵阳：孔学堂书局，2024.1
（孔学堂文库/郭齐勇主编）
ISBN 978-7-80770-406-5

Ⅰ.①中… Ⅱ.①陈… Ⅲ.①家礼—研究—中国 Ⅳ.①K892.98

中国国家版本馆CIP数据核字(2023)第108181号

孔学堂文库　郭齐勇　主编

中国传统家礼研究　陈延斌　等著
ZHONGGUO CHUANTONG JIALI YANJIU

策　　划：	张发贤
责任编辑：	王紫玥
责任校对：	禹晓妍　孟　红
责任印制：	张　莹

出　　品：贵州日报当代融媒体集团
出版发行：孔学堂书局
地　　址：贵阳市乌当区大坡路27号
印　　制：北京世纪恒宇印刷有限公司
开　　本：787mm×1092mm　1/16
字　　数：564千字
印　　张：31
版　　次：2024年1月第1版
印　　次：2024年1月第1次
书　　号：ISBN 978-7-80770-406-5
定　　价：186.00元

版权所有·翻印必究

序

中国素以"礼仪之邦"著称于世,礼文化可谓源远而流长。两千多年前成书的儒家经典《左传》一书,就将礼在家庭、国家和社会生活中的重要作用概括为:"礼,经国家、定社稷、序民人、利后嗣者也。"

我曾经在一篇文章中提出,儒家的礼是古代社会的生活规范、规矩,包括等级秩序等,礼文化起源于习俗。儒家的礼节,除日常应事接物外,重大的如冠、婚、丧、祭、朝、聘、乡、射等,都有其具体含义。冠礼在明成人之责;婚礼在成男女之别,立夫妇之义;丧礼在慎终追远,明死生之义;祭礼使民诚信忠敬,其中祭天为报本返始,祭祖为追养继孝,祭百神为崇德报功;朝觐之礼,在明君臣之义;聘问之礼,使天子、诸侯相互尊敬;乡饮酒之礼在明长幼之序;通过射礼可以观察德行。总之,这些古礼包含了宗教、政治、伦理、艺术、美学的价值,对于稳定社会、调治人心、提高生活品质都有积极意义。[①]

"家礼",是家庭或家族的礼仪,用来调整家庭或家族成员生活中的伦常关系与等级秩序的一系列礼仪规范和伦理准则。家礼内涵十分丰富,除了礼仪规范外,也渗透大量的道德伦理观念的教育。传统中国家国同构的社会结构,决定了家礼家法成为国家法律和制度的重要补充,家礼文化也就构成我国传统国学、传统文化极为重要的组成部分,是中国传统社会治家、齐家、教家的重要制度文化和礼仪文化,对传统中国家庭、家族和民间社会秩序的稳定发挥了重要的作用。

家礼文化萌芽于先秦,其记载散见于《仪礼》《礼记》诸篇。《仪礼》是春秋战国时的礼制汇编,记载了周代的冠、婚、丧、祭、乡、射、朝、聘等各种礼仪,这些礼仪中夹杂有该时期封建贵族家庭礼仪的情况。《礼记》中家礼内容多见于

---

① 参见郭齐勇:《"观乎人文,以化成天下"——儒家礼乐文明的人文精神和现代价值》,《文汇报》2019年3月1日。

《曲礼》《内则》《少仪》诸篇。《仪礼》《礼记》所规定的礼仪制度，成为后世家族内部遵循的礼仪规范的蓝本，被称为古礼。

两晋至隋唐时期，家礼依然主要在世家大族通行。《颜氏家训》中"教子""兄弟""后娶""治家"等篇就涉及诸多家礼内容，唐代"书仪"类著作也包含不少民间婚丧嫁娶程序和仪式的内容。宋代以降，家礼类著述大量出现。范仲淹、司马光、程颐、程颢、叶梦得、吕本中、赵鼎、陆游、袁采、朱熹、吕祖谦等士大夫，在治学为宦之余都曾留意于家礼撰作或理论阐发。都对家礼有着较为深入的研究。该时期的家礼著述多在保持古礼大体不变的前提下，结合社会实际加以变通。尤其是朱熹的《家礼》影响深远。明清时期家礼类著述呈现蓬勃发展之势，但多遵从朱熹《家礼》格局，以冠、婚、丧、祭等居家常用礼仪为主，附以其他通礼杂仪。民国以后，随着社会结构的调整，传统家礼日渐式微，特别是在婚礼和丧礼中，烦琐的传统家礼逐渐被简洁的家庭礼仪所取代，但传统家礼文化仍然不同程度地存在于我们的日常生活和冠婚丧祭活动中，仍然发挥着承载和赓续礼仪文明的功能。

近年来，党和政府大力倡导汲取中华优秀传统文化的思想精华和道德精髓，深入挖掘和阐发中华优秀传统文化的时代价值。以型家立范为宗旨的传统家礼文化，虽是良莠并存、金沙相杂，但总体上仍是我们民族的前贤往哲留下的一笔宝贵的文化遗产，特别是伦理文化、礼仪文化遗产，是传统中国齐家教子、敦亲睦族、立身处世的教科书。

本书即是研究中华传统家礼文化的专著，是陈延斌教授主持完成的贵州省哲学社会科学规划国学单列重大课题的成果。本书从浩如烟海的历代典籍中收集整理存世的家礼文献，在此基础上，系统研究了家礼及其在中华文化中的地位、传统家礼的起源和演进、传统家礼的类型与通礼、传统冠礼与婚礼、传统丧礼与祭礼、传统家礼的传承载体与教化方式、传统家礼的功用与历史影响、传统家礼文化的当代价值与开发利用等。可以看出，这部学术专著采用纵向递进与横向展开相结合的方法，全面深入地研究了中国传统家礼产生演进的历程，以及冠、婚、丧、祭、通"五礼"的历代传承发展，并配有不少礼仪图，旨在展示传统家礼礼仪全貌，为今天的中国人了解我们民族博大精深的家礼文化提供了范本。

《新时代公民道德建设实施纲要》提出了"研究制定继承中华优秀传统、适应现代文明要求的社会礼仪"的任务，所以认真研究传统家礼，"辨章学术，考镜源流"，更好继承历代家礼文化这笔丰厚的文化遗产，在强调家文化建设的当下尤其具有重要的学术价值和社会价值。为更好以史为鉴，本书作者对传统家礼当代价值与开发利用作了深入探讨，披沙拣金，把至今仍有借鉴价值的家礼礼仪、礼义、礼制、礼教、礼俗、礼治的积极因素筛选出来，为今天的家庭教育、家德培育、新型家礼文化和礼仪文明建设提供参考借鉴，这是一件值得充分肯定的利社会、益后人的工作。

陈延斌教授长期从事家训家风家礼等传统家文化研究，他和徐少锦教授撰写的《中国家训史》在学界影响很大，他作为首席专家主持的国家社科基金重大项目"中国传统家训文献资料整理与优秀家风研究"也因取得的一系列重要成果而以优秀等级结项。此部《中国传统家礼研究》，是陈延斌教授家文化研究的深入与延展，学术性强，颇多创新，具有重要的时代价值。

为此，我郑重地向读者推荐这部著作，我相信此书的出版必将有利于传承和弘扬我们中华民族优秀的礼文化遗产，必将有助于公民家庭礼仪文明素养的提升。

郭齐勇

2023年3月

目录

第一章 家礼及其在中华文化中的地位

003　一、礼、家礼与家礼文化

003　（一）礼与礼文化

009　（二）家礼与家礼文化

013　二、传统家礼在中华文化中的地位

013　（一）传统家礼在家文化中的地位

017　（二）传统家礼在中华礼文化中的地位

020　三、传统家礼的当代价值

020　（一）以仪立范：借鉴传统家礼教化方式路径涵养个人德性

023　（二）以礼齐家：吸收传统家礼伦理内涵营造良好家风和淳朴民风

024　（三）称情立文：继承传统家礼创制原则促进社会礼仪文明进步

第二章 传统家礼文献整理、研究的学术史述论

029　一、关于家礼功用及家礼文献编纂、刊行情况

029　（一）关于家礼的功用

030　（二）家礼文献的编纂刊行情况

032　二、中国传统家礼与家礼文献研究

032　（一）古代家礼及其文献研究

035　（二）近现代以来的家礼研究

042　（三）国外对中国传统家礼的研究

044　三、对已有家礼文献整理和研究的评析
044　（一）家礼文献搜集、整理和汇编工作有待加强
045　（二）古代家礼研究尚有诸多局限和空白
046　（三）当前家礼研究趋势与亟待拓展之处

第三章　传统家礼的产生和演进

051　一、先秦家礼：产生时期
051　（一）先秦家礼产生的土壤
054　（二）周公"制礼作乐"与孔子"以仁释礼"助推家礼产生和传播
059　（三）"三礼"：传统家礼的滥觞

064　二、秦汉家礼：发展时期
065　（一）秦朝家礼
067　（二）两汉家礼

077　三、魏晋南北朝家礼：门阀士族家礼的基本成熟
077　（一）门阀士族的形成与其家礼产生的深层原因
080　（二）门阀士族家礼的变化及其特色
086　（三）门阀士族家礼的作用和影响

090　四、隋唐家礼：士族家礼延续与下移
090　（一）隋朝家礼
091　（二）唐朝家礼

096　五、宋元家礼：承古拓新时期

097	（一）宋代是礼义复兴与礼仪创制的高峰
101	（二）标志家礼创制高峰的三部名著
106	（三）元朝家礼
108	（四）宋元家礼的历史地位
109	**六、明清家礼：繁荣与普及时期**
110	（一）明朝家礼
112	（二）清朝家礼
121	**七、晚清民国家礼：整体式微与局部开新时期**
121	（一）晚清家礼
128	（二）民国时期家礼

第四章　传统家礼类型与通礼

137	一、传统家礼的类型
137	（一）施用阶层之分：贵族家礼与庶民家礼
138	（二）功用之别：冠婚丧祭通"五礼"
139	二、祠堂
140	（一）祠堂的历史沿革
145	（二）祠堂的分类
201	（三）祠堂的功能
203	（四）祭田制度
207	三、深衣
207	（一）先秦深衣制度

209　（二）宋代深衣制度

211　（三）明清深衣制度

212　四、居家常仪

212　（一）《礼记》所反映的先秦居家常仪

219　（二）后世家礼中的居家常仪

第五章　冠礼与婚礼

227　一、冠礼

227　（一）先秦时期的冠礼

238　（二）汉唐冠礼

247　（三）两宋冠礼制度的复兴

260　（四）明清时期冠礼日益式微

264　二、婚礼

265　（一）先秦时期的婚礼

274　（二）汉唐时期的婚礼

279　（三）两宋时期《书仪》《家礼》对婚姻礼俗的整合

283　（四）宋代以后的婚礼礼制及其礼仪实践

第六章　丧礼与祭礼

291　一、丧礼

291　（一）《仪礼》《礼记》中记载的先秦丧礼

298　（二）两汉丧礼的变化与发展

305　（三）魏晋南北朝门阀士族丧礼的发展

307　（四）隋唐到宋朝初年丧礼的因时而革

308　（五）宋元"礼下庶人"的转变与丧礼的复兴和实践

323　（六）明清家礼繁荣的原因与丧礼制度的普及

347　（七）明清士大夫对丧礼仪节的改革与质疑

357　（八）清中期以降传统丧礼淡化、简化的趋势

362　（九）清末的反礼法趋势与民国丧礼的转型

364　二、祭礼

365　（一）先秦时期的祭礼

370　（二）汉唐对先秦祭礼的继承与发展

375　（三）宋代祭祖礼仪的变革与发展

第七章　传统家礼的传承载体与教化方式

387　一、传统家礼的传承载体

387　（一）家礼文本立制

388　（二）家塾社学教化

389　（三）族规家训规约

390　（四）家族谱牒传承

391　（五）建筑文化濡染

392　（六）礼器服饰寓意

393　二、传统家礼的教化方式

393　（一）家训教诲

395　（二）祠堂训谕

397　（三）仪式历练

400　（四）庭院文化熏陶

402　（五）情法并用

404　（六）家风陶冶

405　（七）箴铭镜鉴

407　（八）典范激励

第八章　传统家礼的功用与影响

413　一、家礼的主要功能

413　（一）规范功能

415　（二）教化功能

417　（三）聚族功能

418　（四）齐家功能

419　（五）辅法功能

420　二、家礼文化对中国社会的深远影响

420　（一）对封建制度巩固与延续的影响

421　（二）对传统社会秩序稳定与和谐的影响

423　（三）对中华文明礼仪传承与创新的影响

424　（四）对当代家庭美德涵育的影响

425　（五）传统家礼文化的消极影响

428　三、中国传统家礼文化对东亚和东南亚国家的影响

428　（一）朝鲜

432　（二）韩国

434　（三）日本

436　（四）越南

第九章　传统家礼文化的当代价值与开发利用

443　一、传统家礼文化的哲学内蕴与社会根基

443　（一）传统家礼文化是其所示的哲学内蕴

445　（二）传统家礼文化形成发展的历史审思

447　（三）传统家礼文化绵延赓续的社会根基

450　二、传统家礼文化的现实样态及其作用方式

450　（一）体现在婚丧嫁娶等家庭重要仪典活动中

451　（二）体现在传统节日活动中

452　（三）体现在子女成长发展重要节点中

453　（四）体现在日常起居活动中

454　三、传统家礼文化的时代价值

454　（一）传统家礼文化的道德价值

457　（二）传统家礼文化的教育价值

460　（三）传统家礼文化的治理价值

466　（四）传统家礼文化的传播价值

469　四、传统家礼文化的现代转化及其开发利用

469　（一）传统家礼文化开发利用的基本原则

471　（二）传统家礼文化开发利用的路径方法

跋

第一章 家礼及其在中华文化中的地位

《关于实施中华优秀传统文化传承发展工程的意见》明确要求："加强国民礼仪教育。……研究提出承接传统习俗、符合现代文明要求的社会礼仪、服装服饰、文明用语规范，建立健全各类公共场所和网络公共空间的礼仪、礼节、礼貌规范，推动形成良好的言行举止和礼让宽容的社会风尚。"[1]家礼是我国传统国学、传统文化中极为重要的组成部分，是中国传统社会治家、齐家、教家的重要制度文化，也是当代优良家德、家风培育和公民道德建设的丰富滋养。

一、礼、家礼与家礼文化

孔颖达在《春秋左传正义》中对"华夏"做了如下解释："中国有礼仪之大，故称夏；有服章之美，谓之华。"[2]《春秋公羊传》就从地域和文化两个方面对中国和夷狄作出了区分，所谓"不与夷狄之执中国也"[3]。何休注曰："中国者，礼义之国也。执者，治文也。君子不使无礼义制治有礼义，故绝不言执。"[4]可见，礼仪文明在中华民族立国于世中的地位之重。中国还素以"礼仪之邦"的美誉著称于世，认为："道德仁义，非礼不成；教训正俗，非礼不备；分争辩讼，非礼不决；君臣上下，父子兄弟，非礼不定。"（《礼记·曲礼》）中华民族为何如此重视"礼"？早在两千七百多年前的《左传》中就给出了答案，那就是礼文化在国家和社会生活中具有极为重要的作用，即"礼，经国家、定社稷、序民人、利后嗣者也"（《左传·隐公十一年》）。

（一）礼与礼文化

中华礼文化源远流长，成书于汉代的《礼记》就记载有"经礼三百，曲礼

---

[1] 《中办国办印发〈关于实施中华优秀传统文化传承发展工程的意见〉》，《光明日报》2017年1月26日。
[2] 〔清〕阮元校刻：《春秋左传正义》卷五十六，《十三经注疏》，中华书局2009年版，第4664页。
[3] 〔清〕阮元校刻：《春秋公羊传注疏》卷三，《十三经注疏》，第4795页。
[4] 〔清〕阮元校刻：《春秋公羊传注疏》卷三，《十三经注疏》，第4795页。

三千"(《礼记·礼器》),可见我国礼仪规范的丰富与礼仪传统的悠久。可以说,礼文化集中体现了中国传统文化的核心价值,也正因此,历代统治者都非常重视礼制建设。

研究家礼需要了解中国礼文化的深刻内涵,因为家礼是中国礼文化的重要组成部分,而且家礼与国礼和社会交往礼仪也是密不可分的。

礼。"礼"字,本作"豊",从豆,象形,寓意为丰盛。《说文解字·豊部》:"豊,行禮之器也。"①是古代盛玉献神用的礼器(见图1)。"豊"字后来加"示"字旁,以表字义,就写作成"禮",这是一个会意兼形声字。《说文解字·示部》:"禮,履也。所以事神致福也。从示从豊,豊亦声。"②本义为敬事鬼神、祭祀神灵以求得幸福的仪式。

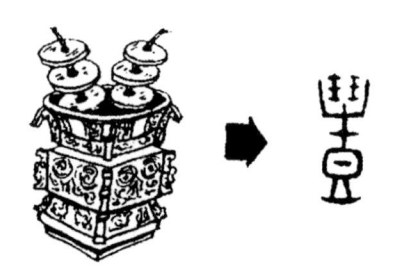

图1 "豊"

中华礼文化内涵极为丰富,以致关于礼的构成或礼所蕴含的内容自古以来就莫衷一是。有学者将礼分成广义与狭义两种:"就广义说,凡政教刑法、朝章国典,统统称之为礼;就狭义说,则专指当时各级贵族(天子、诸侯、卿、大夫、士)经常举行的祀享、丧葬、朝觐、军旅、冠昏诸方面的典礼。"③有学者将礼分为礼物(体现差别的器物)、礼仪(使用着礼物的仪容动作)、礼意(由礼物和礼仪所表达的实实在在、明明白白的内容、旨趣或目的)几个部分④;也有学者认为礼的标志体现为"礼制""礼仪""礼器",而在这三项标志中,以"礼制"最为重要、最为根本。⑤"所谓'礼',是以礼治为核心,由礼仪、礼制、礼器、

---

① 〔汉〕许慎:《说文解字》卷五,《文渊阁四库全书》经部小学类。
② 〔汉〕许慎:《说文解字》卷一,《文渊阁四库全书》经部小学类。
③ 沈文倬:《菿闇文存》,商务印书馆2006年版,第902页。
④ 参见陈戍国:《先秦礼制研究》,湖南教育出版社1991年版,第6—8页。
⑤ 参见杨志刚:《中国礼仪制度研究》,华东师范大学出版社2001年版,第12页。

礼乐、礼教、礼学等诸方面的内容融汇而成的一个文化丛体。"①还有学者认为"礼"至少有六种不同的含义，包括礼义（ethical principle）、礼乐（culture）、礼仪（rite and ceremony）、礼俗（courtesy and etiquette）、礼制（institution）、礼教（code）。②也有学者认为礼是人类自别于禽兽的标志，是文明与野蛮的区别所在，是自然法则在人类社会的体现，是国家典制，是社会伦理秩序和社会一切活动的准则，是人际交往的方式。③

如何界定"礼"？笔者认为，《礼记》中的"君子礼以饰情"（《礼记·曾子问》）这句话基本上可以作为简明的解释。孔颖达疏云："凡行吉凶之礼，必使外内相副，用外之物以饰内情。"④清代学者孙希旦在《礼记集解》中对"饰"做了更清楚的解释："饰犹表也，有是情而后以礼表之，故曰'礼以饰情'。"⑤也就是说，礼是有修养的人（君子）用以"饰情"的，礼在本质上表达的是恭敬、友好之意。我们再引用荀子的观点来说明这一点。荀子云："凡礼，事生，饰欢也；送死，饰哀也；祭祀，饰敬也；师旅，饰威也。是百王之所同，古今之所一也。"（《荀子·礼论》）参考古今学者对礼的解释，我们认为，"礼"的内涵涵盖思想文化、政治制度、道德精神、伦理规范、风俗习惯等多个领域。正是基于这种认识，周公在夏礼、商礼的基础上，有意识地将各类秩序规范化，仪式典籍制度化、条理化，形成一套内容上纷繁复杂、蔚为壮观，形式上纵横交织、规整有序的国家礼制。此后，这种国家礼制被历代不断完善，其根本目的是维护传统社会上下、尊卑的宗法制度与封建等级秩序。⑥

参考前贤时哲的观点，我们可以试着将"礼"界定为：礼是人们在长期的社会生活实践和交往过程中，基于一定的民族心理、道德观念和风俗习惯而形成的，由礼义、礼仪、礼节、礼制、礼器、礼乐、礼教、礼法、礼治、礼俗等构成的道德规范、行为准则、礼仪形式、典章制度和文化样态，是维护家庭和社会生活正常进行的重要手段。

礼义。又被称为"礼意"，即礼的理念和寓意，礼义是礼文化的内核。《礼

---

① 杨志刚：《中国礼仪制度研究》，第21页。
② 参见陈来：《儒家"礼"的观念与现代世界》，《孔子研究》2001年第1期。
③ 参见彭林：《儒家礼乐文明讲演录》，广西师范大学出版社2008年版，第27—33页。
④ 〔清〕阮元校刻：《礼记正义》卷十九，《十三经注疏》，第3025页。
⑤ 〔清〕孙希旦：《礼记集解》卷十九，沈啸寰、王星贤点校，中华书局1989年版，第532页。
⑥ 参见彭林：《儒家礼乐文明讲演录》，第27—34页。

记》云："先王之立礼也，有本有文。忠信，礼之本也；义理，礼之文也。无本不立，无文不行。"（《礼记·礼器》）也就是说礼义是礼仪的本质，而礼仪则是礼义的外在表现。《礼记》在谈及礼义的本质时，指出：

> 凡人之所以为人者，礼义也。（《礼记·冠义》）
> 故礼义也者，人之大端也，所以讲信修睦，而固人之肌肤之会，筋骸之束也；所以养生送死，事鬼神之大端也；所以达天道、顺人情之大窦也。故唯圣人为知礼之不可以已也。故坏国、丧家、亡人，必先去其礼。（《礼记·礼运》）

当然，这里的"义"，还有思想价值观念的含义，理解了这一点，就更能理解"礼义"作为礼文化核心的地位和作用。关于传统礼文化中的冠、婚、丧、祭、朝、聘、乡、射等的重要礼义内蕴，郭齐勇先生有一段简明的概括：

> 儒家的礼是古代社会的生活规范、规矩，包括等级秩序等。礼起源于习俗。儒家的礼节，除日常的应事接物外，重大的如冠、婚、丧、祭、朝、聘、乡、射等，都有其具体的含义。冠礼在明成人之责；婚礼在成男女之别，立夫妇之义；丧礼在慎终追远，明死生之义；祭礼使民诚信忠敬，其中祭天为报本返始，祭祖为追养继孝，祭百神为崇德报功；朝觐之礼，在明君臣之义；聘问之礼，可使天子、诸侯相互尊重；乡饮酒之礼，在明长幼之序；通过射礼可以观察德行等。总之这些古礼包含了宗教、政治、伦理、艺术、美学的价值，对于稳定社会、调治人心、提高生活品质都有积极意义。[①]

礼仪。亦称"礼文"，是表达礼义的仪式，借用"文以载道"这个命题来说明礼仪仪式的作用也是可以的，因为仪式承载着礼文化厚重的内涵。礼貌是指人在交往时所表现出来的尊重与友好别人的言谈举止、容貌神态。正如《礼记·儒行》云："礼节者，仁之貌也。"孔颖达疏曰："言礼仪撙节是仁儒之外貌。"[②]

[①] 郭齐勇：《"观乎人文，以化成天下"——儒家礼乐文明的人文精神和现代价值》，《文汇报》2019年3月1日。
[②] 〔清〕阮元校刻：《礼记正义》卷五十九，《十三经注疏》，第3628页。

礼制。或称"礼仪制度",是家庭、宗族或国家规定的礼法,礼制维护的是尊卑长幼的社会秩序。"礼制"这个概念也有不同的含义,"有时强调的是礼的等级名分制度,有时泛指各类典章制度(包括社会制度、国家制度,诸如封建制、宗法制)。有时又特指礼仪制度(制度化的礼仪)、礼器制度或各种有关的名物制度"[1]。但礼制最核心的特质是体现尊卑等级和名分。《礼记·乐记》云:"天高地下,万物散殊,而礼制行矣。"孔颖达疏曰:"礼者,别尊卑,定万物,是礼之法制行矣。"[2]

礼乐。礼和乐存在紧密关系,礼乐制度源远流长。中国有文字可考的礼乐始自夏、商,到了西周时,周公在夏、商礼乐制度的基础上"制礼作乐",形成了中华民族礼乐文化的一套独特而完善的体系。《礼记·乐记》说:"乐者,天地之和也;礼者,天地之序也。和,故百物皆化,序,故群物皆别。"也就是说,音乐修身养性、陶冶情操,使人谦和有礼;礼仪则使人们之间伦常有序。礼乐制度和礼乐文化在中华文明数千年的发展史上产生了重大而深远的影响。

礼法。礼仪法度,是礼制与法律相结合的概念,是一个社会所实行的法纪和礼仪。当礼、法并称的时候,"礼"就成了道德的代名词,是规范社会成员的道德准则。古人云:"夫礼者禁于将然之前,而法者禁于已然之后"(《汉书·贾谊传》);"礼之所去,刑之所取,失礼则入刑,相为表里者也。"(《后汉书·陈宠传》)这些表述生动地诠释了礼法在规范和调整社会成员关系、治理社会秩序中相辅相成的功效。不仅如此,两者还相互融通,彼此渗透:

> "礼"所涵盖的家庭、伦理与社会等级差序成为法律的基本内容,中国专制统治者所用的治国法宝就是"礼法",它不仅是古人所说的礼仪法度,还是可以禁乱止争的礼防;此外,还是道德化的法律,法律化的道德,是法律与道德合二为一的混合物。一切社会生活与社会关系皆可纳入其中。其主要表现特点是等级序列和纲常伦理。它所维护的社会秩序为"礼法秩序"。礼与法成为一切社会成员必须奉行的强制性行为规范。[3]

---

[1] 杨志刚:《中国礼仪制度研究》,第12页。
[2] 〔清〕阮元校刻:《礼记正义》卷三十七,《十三经注疏》,第3319页。
[3] 张仁善:《礼·法·社会——清代法律转型与社会变迁》,天津古籍出版社2001年版,第34—35页。

礼治。就基本含义而言，与"德治"相同。传统社会所言的"礼法兼治"就是指通过道德伦理教化和礼制规约，其与法治相辅相成，共同规范社会成员的行为，提升社会治理水平。有学者认为，真正的"礼法合一"形成于唐，礼法精神和礼法制度、礼法实践的高度统一则在宋元以后，明、清两朝前期尤盛，成为传统中国特有的法律现象。①以礼辅法、礼法结合共同推进社会治理和世风民风。法国著名汉学家汪德迈（Léon Vandermeersch）就在研究中国的礼仪制度的专著中评价过礼治在传统中国社会治理中的独特作用。他指出：

>礼治是治理社会的一种很特别的方法。除了中国以外，从来没有其他的国家使用过类似礼治的办法来调整社会关系，从而维持社会秩序。这并非说礼仪这种现象是中国文化特有的现象——此现象是很普遍的，任何文化都具有的——可是只有在中国传统中各种各样的仪礼被组织得异常严密完备，而成为社会活动中人与人关系的规范系统。②

礼教。指礼仪教化，又称"名教"。《孔子家语·贤君》："敦礼教，远罪戾，则民寿矣。"礼教本是礼的教育，但在中国封建社会，礼教往往被视为"三纲五常"的封建纲常，故礼教也指"旧传统中束缚人的思想行动的礼节和道德"③。

礼俗。即礼仪与习俗，即家庭日常生活和冠婚丧祭等重要活动，以及社会生活等各种场合的礼节。《周礼·大宰》："六曰礼俗，以驭其民。"礼俗是社会治理的手段。古人认为，礼和俗存在着密不可分的关系：

>礼俗不可分为两事，且如后世虽有笾豆簠簋，百姓且不得而见，安得习以成俗？故礼、俗不相干。盖制而用之谓之礼，习而安之谓之俗。如春秋祭祀，不待上令而自安而行之，刑是仪刑之刑，须是二者合为一方谓之礼俗。若礼是礼、俗是俗，不可谓之礼俗。④

---

① 张仁善：《礼·法·社会——清代法律转型与社会变迁》，第35页。
② ［法］汪德迈：《礼治与法治——中国传统的仪礼制度与西方传统的JUS（法权）制度之比较研究》，中国孔子基金会、新加坡东亚哲学研究所编：《儒学国际学术讨论会论文集》，齐鲁书社1989年版，第207页。
③ 中国社科院语言研究所词典编辑室：《现代汉语词典》，商务印书馆2016年版，第797页。
④ 《钦定礼记义疏》卷四十七，《文渊阁四库全书》经部礼类。

"俗"是"礼"的表现,"礼"是"俗"的升华。不同民族、不同地域、不同人群的习俗虽有不同,但都是其礼义、礼仪、礼教等的体现。

  所谓礼俗也,百里不同风,千里不同俗。俗不同,而一之以礼则无不同……俗言天命者性,师教者习,因习而俗成焉……有一家之俗,有一国之俗,有天下之俗。一家之俗大夫主之,一国之俗诸侯主之,天下之俗天子主之,而皆以一人为转移。故天下、国家、远近、大小虽殊,莫不有祖宗家法。颠覆典型、纷更约束、子孙不法祖宗而俗败矣。[①]

礼俗与社会风尚存在非常紧密的联系。"夫先王立宗法,而吉凶相及,缓急相扶,尊卑有纪,亲疏有伦,然后一族如一家,一家如一人。此礼俗所以成,而民风所由厚也。因宗法为服制之本,故先图于此。"[②]

(二)家礼与家礼文化

家庭礼仪文明的发展还与中国传统社会的产生和结构紧密相关。笔者接受《光明日报》国学版访谈时曾经指出:

  中国社会是在血缘氏族基础上建立起来的,而且作为大陆国家,世代以农立国,农民祖祖辈辈生活在同一片土地上,安土重迁。中国传统家庭多是由三代人组成的主干家庭,家庭又组成家族,像唐代江州陈氏家族人口达到数千人。这种血亲关系将"孝"视为最核心的家庭伦理规范,而这种经济的原因则将家族利益看得至高无上,发展出了家族制度。也就是说,血亲关系是家国同构社会的基础。这种纽带把家庭与家族联结在一起,而不必依靠法律和行政管理的强制。这种家族产生以后,为了维系族人正常生活,延续宗族,就有了家庭管理、成员关系调节、子女教育等问题,这就有了教家、治家的家范和宗规、族训,形成了家族的家风。所以家训、家风是随着家庭、家族产生发展而

---

① 〔清〕惠士奇:《礼说》卷一,清光绪十七年石印本。
② 《钦定礼记义疏》卷八十二,《文渊阁四库全书》经部礼类。

出现的。①

众所周知，家国同构、家国一体是中国传统社会结构的显著特征。如果说国礼是为了满足统治者稳定政治秩序的需要，那么家礼则更侧重家族内部的伦理规范，并由此延展至整个社会，协同国法、国礼建立一种更为广泛的社会规范体系与伦理道德秩序。"礼在国家层面体现为国家礼制，侧重维护政治秩序的稳定；在家庭层面则体现为家礼，侧重家庭内部伦理关系的调适及道德规范的遵行。"②因而严格地讲，家礼是民间的、非官方的。

"家礼"一词常与家诫、家仪、家法、家范、族训等概念互用，但其内涵又不完全等同。"家训类书籍常对家庭内部的礼仪规范等内容作专门规定，家礼文献中对伦理观念的探讨也极为常见。因此在讨论家礼问题时，必须兼顾其他家训、家教类材料。"③家礼有广义和狭义之分，广义的家礼指家庭生活中的礼俗、礼仪规范和家庭道德生活规范准则；狭义的家礼是有别于家德规范的家庭礼仪。家礼是由礼义、礼仪、礼节、礼制、礼器、礼乐、礼教、礼俗等构成的礼文化体系。

家礼概念最早见于《周礼》。《周礼·春官》中设"家宗人"一职，《周礼注疏》解释为："掌家祭祀之礼。凡祭祀，致福。国有大故，则令祷祠。反命祭，亦如之。掌家礼，与其衣服、宫室、车旗之禁令。"④此时的"家礼"还主要施行于"士""卿大夫"。《仪礼》所载的礼仪制度主要是士礼。虽然此时的"家礼"更多的是作为明确社会阶层、尊卑、亲疏的等级制度存在，但是作为后世家礼的雏形，先秦古礼中冠、婚、丧、祭四礼以及居家杂仪的规范已经相当完善。至魏晋南北朝时期，士族阶层开始占据社会主导地位，一方面以"先代之高官厚禄"为其表征，另一方面凭借"家学及礼法等标异于其他诸姓"。

一些世家大族为维系家族门风，维持自身家族的超然地位，将家族内部长期严格遵循的礼仪规范进行整理修订，撰写成文。后世意义上的"家礼"即滥觞于此。

---

① 陈瑛、陈延斌、孙云晓等：《整齐门内提撕子孙——家训文化与家庭建设》，《光明日报》2015年8月31日。
② 陈延斌、王伟：《传统家礼文献整理、研究的学术史梳理与评析》，《广西师范大学学报（哲学社会科学版）》2018年第3期。
③ 陈延斌、王伟：《传统家礼文献整理、研究的学术史梳理与评析》，《广西师范大学学报（哲学社会科学版）》2018年第3期。
④ 〔清〕阮元校刻：《周礼注疏》卷二十七，《十三经注疏》，第1786页。

至唐代，"家礼"已经开始由贵族家庭向庶民社会渗透。譬如，唐昭宗大顺元年（890）曾任江州长史的陈崇撰订的《陈氏家法三十三条》就是这种渗透于庶民社会的代表之一。关于订立家法的初衷，陈崇在《家法》短序中云：

> 吾宗袭秘监之累功，承著作之遗训，代传孝弟，业继典坟，祖创孙谋，窃有余庆。伏蒙圣主恢振义风，锡恩表闾。特恐后来愚知不同，倘谬敦睦之方，忠乖负荷之理。今设以局豫，示以规程，必令子孙世守无越家范。[1]

该家法以言约义丰的条规形式对齐家睦亲、家政管理、婚嫁丧祭、子弟教育、书院设立、劳动生产、宴客礼宾等都做了制度性的规定。该家法在中国家训家礼发展史上占有极为重要的地位，不仅成为维系江州陈氏家族十九世同居、三千七百口人共爨的庞大家族的行为规范和精神支柱，而且对后世家训、家礼产生了深远的影响，在民间受到广泛赞誉的浦江郑氏家族《郑氏规范》等家法族规中都不难看到陈氏家法的烙印。

这种"礼制下移"的历史趋势在两宋时期最为明显，宋以后的"家礼"已经完全限于宗族家庭生活，尤其是涵盖冠、婚、丧、祭四个人生最为重要的礼仪制度，借助"名物度数"与"揖让周旋"固化家族礼仪规范和伦理观念，以维护宗族家庭内部秩序的稳定。从这个意义上讲，"家礼"既指规范、准则意义上的家礼家仪；又指教化、规诫活动。前者是家礼文献，后者是践行和实施，这两方面又相辅相成，彼此为用。

这里还有一个问题，即家礼与国法的关系。众所周知，中国传统社会是家国同构、家国一体的社会，因此，要全面地理解家礼与国法的关系，就应把它们置于社会大系统中加以认识。

> 传统中国社会的秩序构成是一个和谐的系统，家礼与国法是它的组成部分。传统中国的秩序构成与社会结构一致。传统中国是乡土社会，基本结构是家庭、家族、村落、社会、国家，家礼家法对应于家庭家族，乡礼乡约对应于乡里村落，帮规行规对应于社会上各行各业，国礼国法对应于国家社会。从家

---

[1] 陈崇：《陈氏家法三十三条》，载平江江州义门陈氏聚星堂民国丁丑年刻《义门陈氏家乘》。

礼家法到国礼国法形成一条秩序链，家礼家法是这条秩序链中最底层的血缘秩序规范，国礼国法是这条秩序链中最上层的地缘秩序规范，乡礼乡约和帮规行规居于秩序链中血缘与地缘的结合部，一贯是官方与民间沟通、互动的地方。可见，传统中国社会的秩序构成是一和谐的系统，国法与家礼在这系统中真可谓顶天立地，是整个系统和谐的重要组成部分。也许正是因为这一点，它们对社会才能发挥出系统、和谐的功能，才有启发我们理解社会秩序构成与社会和谐的关联意义。①

由于家庭是社会的细胞，家族是社会的基本单位，因而家礼调节和国家法律威慑就成为相互补充、彼此为用的两种手段。可以说，家礼是修身齐家之具，国法是国家治理和社会治理之具。关于礼治在家庭、国家、社会生活中的重要作用，郭齐勇教授认为：

  儒学以仁义为道体，以礼乐为路径。礼是民族、国家、社会、家庭的秩序。以个人言，守礼则文明，无礼则禽兽。以群体言，隆礼则致治，悖礼则致乱。乐是礼的补充。礼治理身形，乐陶冶性情。法律出于强制，礼则出于人性之自然，靠人的良知与社会习尚即可推行。法治无礼乐辅助，则徒有具文。民主无礼乐维系，则徒增混乱。②

家礼作为一种植根于中国传统社会的文化现象，可以称作"家礼文化"。所谓"家礼文化"，我们认为可以界定为："传统家礼在价值理念、仪式、制度、器物以及教化等多层面的体现，本质上是家礼因载体、形式、媒介不同而以多种形态呈现的一种文化样态。"③

  以礼相待、以仪寓教是我国家礼文化的宗旨。在家礼文化发展史上产生深远影响的朱熹《家礼》就说："凡礼有本、有文。自其施于家者言之，则名分之守、爱敬之实，其本也。冠、婚、丧、祭，仪章度数者，其文也。"（朱熹

---

① 张中秋：《家礼与国法的关系、原理、意义》，《法学》2005年第5期。
② 郭齐勇：《"观乎人文，以化成天下"——儒家礼乐文明的人文精神和现代价值》，《文汇报》2019年3月1日。
③ 陈延斌、王伟：《传统家礼文化：载体、地位与价值》，《道德与文明》2020年第1期。

《家礼》卷一）朱熹认为"名分之守、爱敬之实"是家礼文化之"本"的见解很有道理，家庭礼仪教化熏陶确实对家庭生活良好秩序的维系、家庭成员关系的调适以及子弟品德培育发挥着重要的作用。历史上家礼文化是"礼乐文化"的重要组成部分，深刻影响着我国"礼仪之邦"的礼仪文明的传承。[①]

中国传统家礼文化的起源，在生活基础和习俗文明上可以追溯到远古氏族部落时期以来的成人礼仪和婚丧、祭祀活动；在制度层面夏商周时期形成的礼仪制度则奠定了其制度基础；从文化视角看，以周公和孔子为代表的儒家伦理思想的不断积淀和渗透构成了家礼的理念内核。对此本书第三章还将详述。

二、传统家礼在中华文化中的地位

对于传统家礼的地位，应将其置于中国家文化与礼文化的广阔视野中加以考察。将家礼与礼学、礼制、礼俗、礼法等问题联系起来加以分析，才能洞悉礼仪与礼义的关系，以及家礼文化在家文化、礼文化乃至整个中华传统文化中的地位，揭示出传统家礼文化的深层意蕴。

（一）传统家礼在家文化中的地位

要明确家礼在中华家文化中的地位，需要了解家礼与构成家文化的其他部分的关系。

家礼无疑与家庭教育密切相关，常与家训、家法、家仪等词互用，但其内涵又不可完全等同。家训类书籍常对家庭内部的礼仪规范等内容作专门规定，家礼文献中对伦理观念的探讨也极为常见。因此，在讨论家礼问题时必须兼顾

[①] 陈延斌、张琳：《建设中国特色社会主义家文化的若干思考》，《马克思主义研究》2017年第8期。

其他家训、家教类材料。①

家文化是体现我们民族特质和精神风貌的民族文化，是中华民族在数千年繁衍生息过程中形成和发展的家庭文化样态。中国传统家文化的发展随着生产力的发展而发展，随着家庭的产生发展而产生发展。因而父祖长辈对于子孙的教育除了一般的社会要求之外，还深深地打上了家庭、家族的独特烙印，并在世代延续、演进的过程中不断沉淀累积下来，形成各具特色的家文化。②

较之世界其他民族的家文化，我们中华民族的家文化内涵更为丰富、形式多样、功能完备、地位独特，是其他民族的家文化所无法比拟的。原因如下：

中华文化是家国一体的文化。家是国的缩小，国是家的扩大。这种社会结构，决定了家庭、家族的兴衰与国家、社会的发展休戚相关。可以说，家文化是国文化的重要"DNA"，没有家文化的积淀，没有家文化的扩展，也就没有国文化的形成和发展。在某种意义上说，民族的存在也是一种文化形式的存在。因而，家文化在整个中国文化体系中居于基础的地位，是其极为重要的基本构成和不可或缺的重要内容。③

中华民族家文化由家训文化、家礼文化、家德文化、家风文化、家史文化和家学文化等构成，内容极为丰富。

家训文化，或称家教文化。家训也称家诫、家规、家范、族规、族训等，主要是父祖长辈对家人和子孙的训示教诲。据不完全统计，我国历史上的家训名称达二十多种。

家训的基本载体有两类：一是族长或家长撰写、制定、有较强的教化意义和规范作用的家规、族训或家教文献；二是对家人子弟进行的家庭教化、训诫活动。前者是文本，后者是教化活动实践，这两方面相辅相成、彼此为用。④

---

① 陈延斌、王伟：《传统家礼文献整理、研究的学术史梳理与评析》，《广西师范大学学报（哲学社会科学版）》2018年第3期。
② 参见陈延斌主编：《中华优秀传统文化简明读本》，教育科学出版社2018年版，第219页。
③ 陈延斌、张琳：《建设中国特色社会主义家文化的若干思考》，《马克思主义研究》2017年第8期。
④ 陈延斌：《家风家训：轨物范世的生动教材》，《光明日报》2017年4月26日。

每个家庭都有自己的家训，只不过有些以文本传承，有些是言传身教。家训既是居家生活的教科书（尽管大部分是长辈口头训诲的无字之书），也是中华民族价值观念和伦理道德的重要载体。

家德文化。所谓家德，就是家庭道德，是个人在家庭生活中应该遵守的伦理道德。家德文化作为一种道德文化现象，主要以道德规范、行为准则等调适家庭成员之间的伦理关系，这种关系主要是"六亲"之间的关系，即家德主要规范和调节父子关系、夫妇关系、兄弟姊妹（妯娌）的道德关系。

家风文化。"积善之家，必有余庆；积不善之家，必有余殃。"重视家风是中华民族的优良传统，而家风文化构成了家文化的核心内涵和突出表征。家风，亦称门风、家声、父风等，是家庭或家族的风气、风格与风范，是在累世繁衍生息的过程中形成的较为稳定的生活作风、立身处世之道、道德面貌和价值观念的综合体。[1]

"历史始终昭示我们：忠厚传家，家声永振；克绍箕裘，家道隆昌！贵名节、重家声是历代先贤立家处世之本，是中华民族家齐、国治、天下平的前提和基础。"[2]良好家风可以成为一种强大的精神力量，使家人、子弟在家庭生活中继承先辈的优良品德和优良传统，潜移默化，耳濡目染，不仅发挥着约束和激励家人行为的积极作用，而且影响着世风民风的优劣。

家史文化。家史是家庭或家族的历史，是记载一个家庭或家族繁衍生息、世系兴衰、居地迁徙经历的史志性文体。家史通常以谱牒、家训、族规和祠堂文化等传承下来，起到了教育家人族众的作用。家史与家训、家礼一样也是家风文化的载体，家史撰写盛行于六朝。唐代史学家刘知幾曾列举过历史上的几部家史著作："若扬雄《家谍》、殷敬《世传》、孙氏《谱记》、陆宗《系历》，此之谓家史者也。"[3]

家学文化。"家学渊源"这个说法是用来形容父祖辈的文化、学术、技艺传承对后辈成就取得的重要影响。我国的家文化特别注重积累、传承，家学渊源使得子弟较早就接受文化的开蒙教育，把长辈的好思想、好学术、好技艺一代一代传扬下去，很多精湛的器物文化、艺术创作技能依靠家庭代代相传，很多学术研究及其思

---

[1] 陈延斌：《培塑新时代家风的丰厚文化滋养》，《红旗文稿》2020年第6期。
[2] 陈延斌：《序：中华民族褆身范俗的历史镜鉴》，陈延斌、杨威主编：《家国情怀：中华优秀传统家风文化》，中国方正出版社2018年版，第1页。
[3] 〔唐〕刘知幾：《史通》卷十，《四部丛刊》景明万历刊本。

想理论成果在家族后代子孙的传承中发扬光大。中国文化史有不少家族一门数杰、人物代出，例如，班彪与儿子班固、女儿班昭都是史学大家；曹操与儿子曹丕、曹植被称为"三曹"，都是著名的文学家；东晋王羲之与子王献之都是历史上很有名的书法家。家学的积累和传承在中华民族五千年文明的延续中发挥了重要的作用。国学大师陈寅恪在谈及士族家风与家学关系时指出：

> 夫士族之特点既在其门风之优美，不同于凡庶，而优美之门风实基于学业之因袭。故士族家世相传之学业乃与当时之政治社会有极重要之影响。①

中华传统家文化的各个组成部分虽然维度和分类不同，但在内容上相互渗透，在形式上交叉互鉴，在功能上彼此为用、相辅相成，共同支撑起中华民族家文化的大厦。家训家教文化，侧重于对家庭成员尤其是未成年人的教诲和行为习惯养成的指导，是思想道德观念尤其是价值观培育的基本内容；家德文化重在调整家庭成员关系，规范和保障家庭生活的进行，也对成员道德品行产生重要影响；家礼文化以制度方式维护家庭人际关系秩序，增强家训家教的训诲成效，促进家德、家风的形成和巩固；家风文化表现为家庭风貌、习气，是教化熏陶积淀而成的，是家文化建设的落脚点和整体呈现。家学文化主要通过文学、史学、医学、艺术、技艺等成果、成就体现家庭、家族文化的传承和光大，同时对家风起着积极的作用。②

由家文化各个构成部分之间的相互关系，我们不难看出家礼文化与家文化其他要素之间的紧密联系和独特作用，不仅如此，由于家礼的直接目的是规范家庭成员的行为、培养其家庭伦理观念和礼仪修养，因而相比"家法""族规""家训"等其他家文化形式，传统家礼更具有仪节的庄严性、礼义的教育性和制度的规范性等鲜明特点。从"教训正俗"之仪度看，家礼是伦理规范的一种表达形式；从"道德仁义"之义理看，家礼是道德人格的一种培养路径。这种集伦理规范与道德理念的家礼文化始终贯穿于中国几千年的家庭和家族生活，成为中华家文化不可或缺的部分。正因此，《礼记·经解》曰："礼之教化也微，其止邪也于未形，使人日徙善远罪而不自知也。"可以说，家礼文化的礼义、礼仪、礼制在传统社会的家庭和宗

---

① 陈寅恪：《唐代政治史述论稿》，上海古籍出版社1997年版，第71页。
② 陈延斌、张琳：《建设中国特色社会主义家文化的若干思考》，《马克思主义研究》2017年第8期。

族生活中潜移默化地影响着人的行为，扼杀不良动机、行为于"未形"，使人在不知不觉中亲近善良、远避罪恶。

传统家礼以"人伦"为原点，凸显了中华家文化对齐家之道的理想追求与对家庭美满生活的路径求索。"伦"，即人伦，即人与人之间的道德关系。在中国社会中，人伦最先指向的是父子、兄弟、夫妇"六亲"之间的家庭伦理关系，以及在此基础上进一步延展至个人与作为"伦理实体"的家庭宗族乃至国家社会之间的伦理关系。这样看，处于这种"伦理实体"中的个人与马克思所说的"人的本质是一切社会关系的总和"已经相去不远了。所谓家礼，就是对这种复杂关系的制度性承认与相应理念的确立，守礼就是遵行人伦纲常。

在传统"家文化"语境下，个体自我意识的完善与价值观念的建构基于父子、兄弟、夫妇等人伦关系，并进一步形成有"家德"或"亲亲之道"的人伦规范。通过对人伦规范的遵守，与之相适应的伦理观念也得以稳定并内化为个人的道德自觉与道德境界。这种以"伦理—道德"路径的伦理生活构建一方面避免了"原子式的个体"的出现，另一方面也在一定程度上缓和了不同个体之间的矛盾。《仪礼》中的"丧服制度"最为鲜明地体现了传统家礼的"人伦"特点。根据"亲亲尊尊，男女有别，长幼有序"的基本原则，《仪礼·丧服》将丧服分为斩衰、齐衰、大功、小功、缌麻五种，以适用于与死者亲疏远近不等的各种亲属。《仪礼》又对每一种服饰的居丧服制、居丧时间和居丧行为进行了特定的限制，设计了一种寓情于礼、哀而不伤的居丧生活，在潜移默化中教育人们理解"孝"的真正含义。儒家还认为，通过守丧期间的行为表现可以"观察人是否具有仁爱之心、通理之智、强健之志"[1]。可以说，正是礼的这种"意"与"文"结合的表达构成了中华家文化的独特气质与精神。

（二）传统家礼在中华礼文化中的地位

前面我们在阐述家礼与构成家文化的其他部分的关系时，对家礼文化在中华家文化中的地位有了较为清晰的了解，而要理解传统家礼在中华民族整个礼文化中的地位，也需要弄清家文化在整个中华文化中的地位。《礼记·大学》有一段话有利于我们理解家礼、家文化在中华文化中的地位和作用。

---

[1] 彭林：《儒家礼乐文明讲演录》，第269页。

古之欲明明德于天下者，先治其国；欲治其国者，先齐其家；欲齐其家者，先修其身；欲修其身者，先正其心；欲正其心者，先诚其意；欲诚其意者，先致其知，致知在格物。物格而后知至，知至而后意诚，意诚而后心正，心正而后身修，身修而后家齐，家齐而后国治，国治而后天下平。自天子以至于庶人，壹是皆以修身为本。

这里道出了中国传统文化强调个人道德修养与齐家、齐家与治国平天下的有机统一，体现了古圣先贤由近及远、推己及人的内在逻辑：正心、诚意既是修身的前提也是修身的内在要求，身修而后家齐，家齐而后国治，国治而后才能天下平。正因此，"家文化"构成了"国文化"的基石。也正因此，家礼是指家庭或家族内部的礼仪，但家礼的影响绝不仅仅限于家庭。我国古代家国一体的社会结构使得我们的先人们特别重视对家礼的建设。孔子当年痛斥春秋时期是一个"礼坏乐崩"的时代，要恢复周礼。孔子之所以那么重视礼，是因为他认为某种意义上礼比法更为重要。孔子说："道之以政，齐之以刑，民免而无耻；道之以德，齐之以礼，有耻且格。"（《论语・为政》）依靠行政和刑罚治理，百姓虽然慑于法律的威严而不敢犯法，但没有羞耻心；而如果用道德教化引导百姓，用礼制去规约他们，他们不仅会免于法律惩罚，而且会因内心的羞耻感而更能恪守法律。所以古代中国十分重视礼仪教化。

　　华夏文明自信自傲的内容，便是其礼仪制度，历代称之为"华夏衣冠"。戎狄与华夏的区别，并非完全基于血缘和种族，而是基于文化，基于对"礼"的尊崇与否。正如韩愈所说，"进于中国则中国之"，只要他们进入华夏文明体系，遵从华夏礼仪，就不再被蔑视为"夷狄"。文化认同和礼义教化，才是区别华、夷的根本标志。①

孟子云："礼，门也。"（《孟子・万章下》）礼是理解中国传统文化的重要门径，孟子的话也形象地反映了礼在儒家思想体系中的重要地位。

从内容上看，传统家礼是礼文化的核心内容。这一点我们可以从古人对礼的分类中略窥一二。谈到礼的分类，历来说法不一。有"天、地、人"之"三礼"

---

① 杨华：《礼仪制度与亚洲文明对话》，《光明日报》2020年3月21日。

说（《尚书·尧典》）；有"吉、凶、军、宾、嘉"之"五礼"说（《周礼·春官·大宗伯》）；有"冠、婚、丧、祭、朝、聘、射、乡"之"八礼"说（《祭礼·昏义》）；有"冠、婚、朝、聘、丧、祭、宾主、乡饮酒、军旅"之"九礼"说（《大戴礼记·本命》）。尽管礼学研究对礼的分类名目不一，但以冠、婚、丧、祭为主体的家礼始终是历代礼家关注的重点，尤其是宋朝以后，以家庭生活为重心的家礼更是得到空前重视。

  礼文化的形成既和先夏巫觋文化相联系，也与殷商祭祀文化相关联。在巫觋文化和祭祀文化中，中华先民通过礼仪仪式来完成天人交感和献祭致福。因此，礼一开始就"既与巫术的仪式相涉而具有形式方面的规范意义，又与祭祀活动相关而涉及人与人之间的沟通"[1]。"周监于二代"，礼的规范意义得以进一步阐发。周人用"礼乐制度"来建构理想中的"政治图景"。这种巫觋文化、祭祀文化、礼乐文化的分野，意味着先秦社会由"前文明"向"文明"、由"非理性"向"理性"的前进过程。

  然而，这种"理性"上升还不足以完全彰显礼的独特价值。与世界其他文明相比，我们的礼文化最突出的特点应当是对"现世生活"的密切关注。冠以"成人"，婚以"别男女、明夫妇之义"，丧以"慎终"，祭以"追远"。以冠、婚、丧、祭四个最为重要的人生仪礼，加之日常生活礼仪，传统家礼为我们描绘出一幅生动且富有人生意义的生活图景。"夫天地者，万物之逆旅也；光阴者，百代之过客也。"[2]与宇宙相比，人的生命何其短暂，甚至连"一瞬"都未能达到。但我们的祖先并没有因此消沉或转向虚无缥缈的"彼岸"，而是"进"思"修齐治平"，"退"则"全真养性"；"生"当"踔厉奋发"，"殁"则"永怀孝思"。在古人看来，死亡并不意味着一切的终结。逝者以神主牌位为凭依，与祠堂中历代祖先一同接受后人的追思缅怀。正如罗素所总结的，"我们的文明的显著长处在于科学的方法，中国文明的长处则在于对人生归宿的合理理解"[3]。无数仁人志士正是在这种贞下起元、生生不息的人生图景中观照自身，进而理解人生的终极意义。从这个角度讲，家礼文化完成了由"宗教—政治—伦理"的发展轨迹，集中体现了礼文化

---

[1] 杨国荣：《儒学：本然形态、历史分化与未来走向——以"仁"与"礼"为视域》，《华东师范大学学报（哲学社会科学版）》2015年第5期。
[2] 〔唐〕李白：《春夜宴从弟桃花园序》，《李白全集编年笺注》卷十八，安旗等笺注，中华书局2015年版，第1797页。
[3] 〔英〕罗素：《中国问题》，秦悦译，学林出版社1996年版，第153页。

鲜明的价值追求，凝聚了深沉而丰富的精神实质和道德属性。

三、传统家礼的当代价值

中共中央、国务院印发的《新时代公民道德建设实施纲要》专门提出了"充分发挥礼仪礼节的教化作用"的任务，强调"礼仪礼节是道德素养的体现，也是道德实践的载体"[①]。可以说，一切文化的核心是其信仰部分，家文化和礼文化是中华传统文化信仰体系的两大价值坐标。家礼文化是家文化与礼文化相互作用、相互渗透的结果，是中华文化独有的品质。当然，家礼文化必然有其二重性，如何去芜存菁、批判继承，需要我们深入研究。但家礼文化的当代转换绝不仅是历史文献的整理，而应以复兴华夏礼仪文化为历史使命，以服务当下人类生活和文明建设为价值指归。

（一）以仪立范：借鉴传统家礼教化方式路径涵养个人德性

我们民族的先人们认为，人性都不是完美的，人的秉性、气质都是有弱点和缺陷的，没有礼的规范和修养，就会在生活中出现问题。孔子就曾列举恭、慎、勇、直几种本来很好的性格、品质的人，如果不懂得礼，失去了礼的约束就会产生不好的后果，他说："恭而无礼则劳，慎而无礼则葸，勇而无礼则乱，直而无礼则绞。"（《论语·泰伯》）恭敬而不懂礼的人，就会空自辛劳；谨慎而不懂礼的人，就会胆小怕事；勇敢而不懂礼的人，就会违法作乱；率直而不懂得礼的人，就会说出刻薄伤人的话语。所以，要通过修养，以礼来节制自己使言行合乎社会规范。《礼记》更是强调礼在调节人际关系、家庭和社会生活中的重要作用。

> 道德仁义，非礼不成；教训正俗，非礼不备；分争辨讼，非礼不决；君臣上下，父子兄弟，非礼不定；宦学事师，非礼不亲；班朝治军，莅官行法，非

[①] 《中共中央、国务院印发〈新时代公民道德建设实施纲要〉》，《人民日报》2019年10月28日。

礼威严不行；祷祠祭祀，供给鬼神，非礼不诚不庄。是以君子恭敬、撙节、退让以明礼。（《礼记·曲礼》）

如前所述，传统家礼文化以人伦关系为起点，并借此实现个体自我意识的发展与价值观念的建构。在传统社会，家庭或家族成员通过家礼内容教化和仪式规约来明确各自的身份、地位以及相应的权利、义务。譬如，冠礼这种传统的成年礼举行的器物陈设、地点时宜、仪节次第、仪式语言无不经过精心设计，每一形式、步骤都蕴含着深刻的道德价值。

《礼记》在谈及冠礼所蕴含的礼意时指出：

凡人之所以为人者，礼义也。礼义之始，在于正容体、齐颜色、顺辞令。容体正，颜色齐，辞令顺，而后礼义备。以正君臣、亲父子、和长幼。君臣正，父子亲，长幼和，而后礼义立。故冠而后服备，服备而后容体正、颜色齐、辞令顺。故曰：冠者，礼之始也。（《礼记·冠义》）

也就是说，人区别于动物而成其为人，就在于有意识，懂得道德礼义。懂得礼义，要从举止、态度和言辞做起，举止得当、态度端正、言辞恭顺才算具备基本的礼义礼仪。这样做的结果是君义臣忠、父慈子孝、长幼和睦，礼义才算确立。而冠礼正是懂得礼义、践行礼仪的开始。

《礼记·冠义》还将冠礼视为"成人之道"。司马光对"成人之道"作了解释：

冠者，成人之道也。成人者，将责为人子，为人弟，为人臣，为人少者之行也。将责四者之行于人，其礼可不重欤？[①]

明代大儒王敬臣在其礼学著作《礼文疏节》中提出："将责之以为人子、为人弟、为人臣、为人少之礼于其身，可弗重与！故孝弟忠顺之行立，而后可以为人；可以为人，而后可以治人。"[②]他将冠礼价值上升到了立身为人、治人治世的

---

① 〔明〕张文嘉：《重订齐家宝要》，陈延斌主编：《中国传统家训文献辑刊》（第17册），国家图书馆出版社2018年版，第228页。
② 〔明〕王敬臣：《冠经全文》，《礼文疏节》，楼含松主编：《中国历代家训集成》，浙江古籍出版社2017年版，第2268页。

高度。

再如，嫡长子"冠于阼"的规定亦然，所谓"阼"即东阶，意为主位，其含义就是父子传代，暗示受冠者将要接替父亲的地位、责任与权力。此外祝辞中的"弃尔幼志，顺尔成德""敬尔威仪，淑慎尔德"等内容也是一再告诫受冠者至此长大成人，言语德行要合乎礼仪，要践履孝悌忠信之义。

我们再以《礼记》中谈及礼文化的功能作用时的一段话说明包含家礼在内的礼仪修养对涵养个人德性的重要作用。

> 故以奉宗庙则敬；以入朝廷，则贵贱有位；以处室家则父子亲、兄弟和；以处乡里则长幼有序……故朝觐之礼，所以明君臣之义也；聘问之礼，所以使诸侯相尊敬也；丧祭之礼，所以明臣子之恩也；乡饮酒之礼，所以明长幼之序也；昏姻之礼，所以明男女之别也。（《礼记·经解》）

虽然传统家礼本质上是封建社会的伦理规范，必然存在一定的历史局限性，但这种借助极富象征意义与教育性质的礼仪形式，为个体提供社会角色认知，并在潜移默化之中涵养个人德性的教化方式，在今天看来仍具非常积极的意义。在独生子女日益增多的时代背景下，对个体价值的强调难免导致子女与父母长辈之间的代沟问题和代际间的伦理失序、失范。[①]尤其是"原子式个体"，无论是在精神上还是在物质上，都过分强调个体的利益与权力，漠视他者的存在与价值。传统家礼在人伦关系中观照个体角色定位与德性诉求，形成了极具人文气息的教化方式与路径。"儒家'关系式个体'立基于性善理念的正面价值，其所对应的个体进路及方法为'修身'，其目标取向为整体和谐。"[②]从这个意义上讲，如何进一步挖掘传统家礼教化中的有效方式、路径，为个体角色认知与德性修养给予有益借鉴值得我们深入研究。

[①] 参见陈延斌、史经纬：《传统父子之道与当代新型家庭代际伦理建构》，《齐鲁学刊》2005年第1期。
[②] 赖功欧：《道德个体与契约个体——中西思想比较视阈中的"儒家与自由主义"》，《江西社会科学》2010年第8期。

（二）以礼齐家：吸收传统家礼伦理内涵营造良好家风和淳朴民风

《礼记·大传》云："上治祖祢，尊尊也；下治子孙，亲亲也；旁治昆弟，合族以食，序以昭穆，别之以礼义，人道竭矣。"传统家礼充分承认家族内部不同成员的亲疏、尊卑、长幼差异的合理性，并试图以此构建和谐的家族秩序，因而具有浓厚的宗法和伦理色彩。

被宋元明三代帝王旌表的浙江浦江郑氏家族，以《郑氏规范》和《郑氏家仪》规约家族成员，每日晨起洗漱完毕，都要聚于祠堂"有序堂"行礼、诵男女训辞，以此重申父慈子孝、夫义妻敬、兄友弟恭等家庭伦理和优秀家风。其《男训》《女训》分别为：

《男训》云：人家盛衰，皆系乎积善与积恶而已。何谓积善？居家则孝弟，处事则仁恕，凡所以济人者皆是也。何谓积恶？恃己之势以自强，克人之财以自富，凡所以欺心者皆是也。是故能爱子孙者，遗之以善；不爱子孙者，遗之以恶。《传》曰："积善之家，必有余庆；积不善之家，必有余殃。"天理昭然，各宜深省。

《女训》云：家之和与不和，皆系妇人之贤否。何谓贤？事舅姑以孝顺，奉丈夫以恭敬，待娣姒以温和，接子孙以慈爱，如此之类是已。何谓不贤？淫狎妒忌，恃强凌弱，摇鼓是非，纵意徇私，如此之类是已。天道甚近，福善祸淫，为妇人者，不可不畏。[①]

郑氏以礼齐家的门风一直为世人称道和仿效。虽然时代变迁，古代这种家族聚居的情况已不多见，但家庭仍然是社会组成中最基本的单位，家风家教仍不容忽视。传统家礼文化涵盖亲子、夫妻、长幼、邻里等多重关系，涉及孝亲敬长、夫妻和睦、尊老爱幼、邻里相助等多种伦理规范。毫无疑问，传统家礼文化中的核心伦理观念在营造当下良好家训家风文化方面依然大有可学可鉴的价值。例如司马光在《居家杂仪》中规定，"凡为家长，必谨守礼法，以御子弟及家众"。这种要求在传统家训家礼中比比皆是，父母、长辈身体力行、率身垂范显然是最有说服力和号

[①]〔元〕郑文融等：《郑氏规范》，陈延斌主编：《中华十大家训》卷二，教育科学出版社2017年版，第323—324页。

召力的齐家之道。借鉴传统家礼的积极内容和教化路径、"齐之以礼"的礼仪形式，引导、规范家庭成员自觉遵守家庭礼仪、濡染家庭德行，必能培育优良家风，汇聚淳朴世风民风。

以家礼文化促进家风民风营造还有利于新时代公民道德观念的转变和社会主义核心价值观的培育。因为家庭礼仪文明本身就是优良家风的组成部分和基本表征，而家风具有深入人心的无形力量，"它用最贴近生活的方式，使核心价值观变得更加具体、鲜活，它通过言传身教渗透于人们成长的日常生活中，教会人们基本的道德认知和价值判断，影响着人们价值观的形成和变化"[1]。

（三）称情立文：继承传统家礼创制原则促进社会礼仪文明进步

"称情立文"，本是传统社会三年之丧的制礼原则，意指依据人们的亲情近疏与哀情深浅来制定礼仪、阐发礼义。事实上，不单单是丧礼，传统家礼这一文化体系均是建立在这一原则上的。"称情立文"包含两层意思：一是"缘情制礼"，根据人们的自然情感，制定一套用来彰显主体情感的礼仪，以外在的礼表达内心的真情实感。但情感的宣泄并不是没有限度的，需要借助礼来规范和节制，此即第二层含义，即"礼以节情"。从这个意义上讲，"礼"协调着人们的情感，借助仪礼这一形式，人们的情感得到了合理的倾泻与表达。如果内心的情感无法以合理的方式得以表达，也没有外在的规范对其进行限制，则必然影响社会秩序与伦理秩序的稳定。近年来，河南、江西、安徽等地在殡葬改革中就出现了很多问题，引起民众不满。丧礼在家礼文化中占有极为重要的地位，自古就有"慎终追远，民德归厚"的说法。古人就曾论及包含家礼在内的礼在社会文明和谐中的重要作用：

> 大上贵德，其次务施报。礼尚往来，往而不来，非礼也；来而不往，亦非礼也。人有礼则安，无礼则危，故曰：礼者，不可不学也。夫礼者，自卑而尊人。虽负贩者，必有尊也，而况富贵乎？富贵而知好礼，则不骄不淫；贫贱而知好礼，则志不慑。（《礼记·曲礼》）

---

[1] 陈延斌、陈玉林、张琳：《以家风建设促进党风政风民风建设——江苏洪泽营造美好家风活动的调查与思考》，《中州学刊》2017年第3期。

可以说，继承和弘扬以传统家礼为重要内容的礼仪文化、建设新型家礼文化，必然有利于推进现代伦理道德价值理念的传播和践行，促进当下我国的礼仪文明和社会进步。

第二章 传统家礼文献整理、研究的学术史述论

全面整理研究传统家礼文化，并对其进行"辨章学术，考镜源流"，对于创立富有时代精神的新的家礼文化，以发挥其教家立范、家国整合的功能等具有重大的学术价值和现实意义。本章就中国传统家礼文献整理与研究作出系统的学术史梳理与评析，为传统家礼研究提供学术史的参照。

一、关于家礼功用及家礼文献编纂、刊行情况

（一）关于家礼的功用

早在两千七百多年前，我们的先人们就已经认识到礼文化具备促进国家长治久安、维护人们尊卑上下有序，利于子孙后代的重要作用。《左传》云："礼，经国家、定社稷、序民人、利后嗣者也。"（《左传·隐公十一年》）中华民族具有丰富的礼仪规范与悠久的礼仪传统，以致"经礼三百，曲礼三千"（《礼记·礼器》）。礼在国家层面体现为国家礼制，侧重于维护政治秩序的稳定；在家庭层面则体现为家礼，侧重于家庭内部伦理关系的调适及道德规范的遵行。可以说，礼集中体现了中国传统文化的核心价值，历代统治者都非常重视礼制建设。

关于"家礼"的功用，学者们从不同角度作了阐释。陆益龙在其《中国历代家礼》一书中认为，"家礼是由一套行为观念和行为规范构成的，它的作用和用途在于维持生活、社会和世界秩序"[1]。也有学者更注重家礼的实践功能，如李晓东《中国封建家礼》一书就更侧重从居家礼仪、规范的方面来解读家礼，认为家礼是中国封建家庭制度的必然产物。[2]王美华则认为，"家礼是指针对家族内部的礼文仪制，是中国古代社会士族之家治家、教家的重要法则之一"[3]。张国刚梳理了由汉至唐"家法"概念的演变历史，指出"家法最初是指研究儒家经典的章句之学，是一种根据家学传统讲述的经学解释文本和解释传统"，"在魏晋隋唐时代成为士

---

[1] 陆益龙编著：《中国历代家礼》，北京图书馆出版社1998版，第4页。
[2] 参见李晓东：《序》，《中国封建家礼》，陕西人民出版社1986年版，第1页。
[3] 王美华：《世家旧族与唐代家礼修撰》，《吉林师范大学学报（人文社会科学版）》2012年第6期。

族的礼法门风"①，用以指导士族的伦理行为和礼仪规范。值得一提的是，近年来博硕士学位论文也开始关注家礼领域的研究。如浙江大学的陆睿在其硕士论文《中国传统家礼文献叙录》中提出，家礼是传统礼文化中涉及家庭教育的部分，包括家庭内部的礼仪规范与伦理观念两个部分。②陕西师范大学罗小红在其博士论文《唐代家礼研究》中详细地比较了"家礼""家法""家训"等概念，认为家礼是"用于协调家族成员关系、明确个人身份地位、权利义务的一系列礼仪规范和伦理观念"③。综合以上诸多学者的观点，关于"家礼"的功用这一问题，学者们形成了一定的共识，即家礼主要是在家族内部用来明确家庭成员的权利与义务、协调家族成员伦常关系与等级秩序的一系列礼仪规范和伦理观念。

（二）家礼文献的编纂刊行情况

家礼文献产生于先秦，其记载散见于《仪礼》诸篇，涉及冠、婚、丧、祭等礼仪。《仪礼》为儒家十三经之一，是中国春秋战国时期的礼制汇编，共十七篇。内容记载周代的冠、婚、丧、祭、乡、射、朝、聘等各种礼仪，在一定程度上反映了春秋战国时期封建贵族家庭礼仪的情况。此外，《论语》中也曾提及"割不正，不食""食不语，寝不言""席不正，不坐""立不中门，行不履阈"等家庭礼仪规范。西汉礼学家戴圣所编的《礼记》也是记录先秦礼仪的重要文献。《礼记》又名《小戴礼记》《小戴记》，其记载和论述先秦的礼制，解释《仪礼》，记录孔子和弟子等的问答，阐述修身做人的准则，内容广博，门类杂多。其中《冠义》《昏义》《奔丧》《问丧》《丧大记》《丧服小记》《祭法》《祭义》《祭统》诸篇进一步补充和解释了《仪礼》所载的冠婚丧祭四礼，《曲礼》《内则》《少仪》三篇则记述了一些日常杂仪。《仪礼》《礼记》所记载的先秦古礼为后世家礼撰作提供了文本依据。

两晋至隋唐时期，家礼依然主要在士族家族内部通行。有人认为这一时期的家礼主要"凭借士族家族这种深厚的家学渊源，以醇厚的儒家伦理为本，采纳古礼或家族世代相传的仪注，参酌现实需要，从而形成了家族内部共同奉行的礼仪规

---

① 张国刚：《汉唐"家法"观念的演变》，《史学月刊》2005年第5期。
② 参见陆睿：《中国传统家礼文献叙录》，浙江大学2012年硕士学位论文。
③ 参见罗小红：《唐代家礼研究》，陕西师范大学2006年博士学位论文。

范和伦理道德"①。这一时期,重要的家礼著作主要有徐爰的《家仪》与颜之推的《颜氏家训》。一般认为,《家仪》是已知现存家礼文献中最早的被专门用于指导家庭礼仪活动的家礼著作。《颜氏家训》虽是一部家训著作,但其"教子""兄弟""后娶""治家""终制"等篇亦涉及家庭内部人际关系与礼仪的内容。还应该强调的是,唐代"书仪"类著作获得很大发展,其中有相当一部分不仅包含书札体式、典礼仪注等内容,还增添了民间婚丧嫁娶的程序和仪式等,在社会上广为流传。

宋代以后,家礼类著述大量出现。从北宋的周敦颐、程颢、程颐、张载、司马光,再到南宋的叶梦得、吕本中、陆游、袁采、朱熹等,两宋的理学家、史学家、文学家们都对家礼有着较为深入的研究。这些家礼著述或是较为零散的礼仪规定,散落在宋人的各种文集中,如二程的《婚礼》《祭礼》、张载的《祭祀》《祭礼》;或是编订成册,如司马光的《书仪》《涑水家仪》、朱熹的《家礼》等。该时期的家礼著述均是在保持传统礼仪大体不变的前提下,结合社会实际,对传统古礼的程序与仪式加以变通、损益。尤其是《书仪》《家礼》二书流传极为广泛,对后世影响颇深,许多庶族百姓也参照实行。

至明清时期,家礼类著述空前繁荣。有学者根据现存明清书目、文集、方志考证,有明一代家礼文献不少于163种。②至于清代,笔者仅从《清史稿·艺文志》、各大图书馆古籍库、上海古籍出版社出版的《中国家谱资料选编》等资源中,就整理出至少上百种家礼文献。明清家礼类的著述不仅数量庞大,种类也极为丰富。还有一些家礼制订者为适应现实需要,以朱熹的《家礼》为蓝本,编撰了很多注释本与删简本,如冯善的《家礼集说》、丘濬的《家礼仪节》、朱廷立的《家礼节要》、王叔杲的《家礼要节》、王复礼的《家礼辨定》、李廷机的《家礼简要》等。这些注释本与删简本虽是损益《家礼》而作,但行文间或引经传典故,或述个人心得,较之《家礼》原本,已然自成体系。此外,还有不少人专门研究冠、婚、丧、祭四礼,如宋纁的《四礼初稿》、吕坤的《四礼翼》和《四礼疑》、吕维祺的《四礼约言》、王心敬的《四礼宁俭编》、林伯桐的《冠昏丧祭仪考》等;或只论述婚、丧、祭三礼,如清黄本骥的《三礼从今》等。这些著作或者考证四礼沿革,或是约简具体仪节。此外,清初文人、孔子后裔孔尚任所纂的《圣门礼志》详细记载了曲阜孔氏家族"释奠礼"(释奠又称"丁祭")的情况,包括丁祭全礼、祭品制

---

① 罗小红:《唐代家礼研究》,陕西师范大学2006年博士学位论文。
② 参见王志跃:《明代家礼文献考辨》,《图书馆理论与实践》2014年第4期。

造法、陈设图、礼器旧图、礼器名义等内容，是研究曲阜孔氏家族礼仪的重要文献。

民国以后，社会结构发生了巨大的变革，传统家礼日渐式微，但在广大农村地区仍保留着许多古代礼俗。

二、中国传统家礼与家礼文献研究

（一）古代家礼及其文献研究

陈来先生在其《儒家"礼"的观念与现代世界》一文中指出，宋朝是中国礼学史上的一个重要分界，先秦至汉唐这一时期的礼文化是整体主义的，包含政治、制度、文化三个方面，而宋朝以后的礼文化，更强调适应宗族家族生活的"家礼"和"乡礼"。[1]应该说这一论断是恰当的，参照该观点我们可以粗略地将中国古代的家礼研究大致分为两个阶段，即先秦至汉唐阶段与宋朝至清末阶段。

先秦至汉唐时期，近世意义上的"家礼"还未出现，所谓家礼研究也只是附属于经学中的礼学之下，这一点我们可以从礼学分类中略窥一二。谈到礼学的分类，历来说法不一。有"三礼"（天、地、人）说，《尚书·舜典》："有能典朕三礼。"有"五礼"（吉、凶、军、宾、嘉）说，《周礼·春官·大宗伯》："以吉礼事邦国之鬼神示……以凶礼哀邦国之忧……以宾礼亲邦国……以军礼同邦国……以嘉礼亲万民。"有"八礼"说（冠、婚、丧、祭、朝、聘、射、乡），如《礼记·昏义》："夫礼，始于冠，本于昏，重于丧、祭，尊于朝、聘，和于射、乡，此礼之大体也。"有"九礼"说（冠、婚、朝、聘、丧、祭、宾主、乡饮酒、军旅），《大戴礼记·本命》："冠、婚、朝、聘、丧、祭、宾主、乡饮酒、军旅，此之谓九礼也。"尽管礼学研究对礼的分类名目不一，但显而易见的是以冠、婚、丧、祭为主体的家庭礼仪始终是传统礼学研究的主要内容。家礼的研究最早可以追溯至先秦时期。以儒家为例，孔子引"仁"入"礼"、以"礼"释"仁"，赋予了本来作为制度的周礼以新的内涵。孔子殁后，"儒分为八"，这种分蘖从不同的方

---

[1] 参见陈来：《儒家"礼"的观念与现代世界》，《孔子研究》2001年第1期。

向对孔子的学说进行了丰富和发展。其中影响最大的当属子思学派。彭林认为，子思学派经过多代儒者的努力，"最终架构起了儒家的礼乐思想的体系，并做了相当深入、出色的论述"，使礼学"走入了学理的层面，成为一种真正意义上的学术"。[1]然而由于受秦朝"焚书坑儒"的影响，礼学研究一度中断，诸多典籍毁于其间。两汉时期，官学和私学交织发展，"四海之内，学校如林，庠序盈门"，礼学得到了极大的发展。尤其是东汉郑玄注"三礼"，对不同礼制予以整理、诠释，形成了一个相对完备的礼学系统，此后礼学研究日趋成熟。"三礼"经过汉代礼学家系统、规范的整理、编纂、注释，为后世冠、婚、丧、祭等家礼的研究与编撰打下了坚实的学术基础。魏晋南北朝时期，礼学研究蔚然成风，尤其是家礼中的丧礼之学兴盛一时。魏晋时期社会动荡不安，衣冠南渡以后士族门阀把持国家政治。这些士族门阀多有世代明经的儒学底蕴，家族内部对宗法礼制极为重视。他们一方面希冀凭借家传礼学著称于世，另一方面则企图借助礼法制度维持家族内部秩序的稳定。这正是陈寅恪先生所说的"所谓士族者，其初并不专用其先代之高官厚禄为去惟一之表征，而实以家学及礼法等标异于其他诸姓"[2]。这一时期"三年之丧"与"丧服"制度成为礼学家争论的焦点，这些礼学家就丧期、丧服、丧制等丧礼议题展开了丰富的论述。

进入宋代以后，传统家礼研究进入了一个新的阶段。这一时期，作为政治制度的国家礼制已经确立与完善，仕宦以及学者们转而开始进行冠婚丧祭以及居家通礼等家庭礼仪的立制与实践，民间私撰士庶礼书的现象蔚然成风，家礼著作大量涌现。尤其是司马光的《书仪》与朱熹的《家礼》的编撰刊行奠定了后世家礼书籍的基本格局，同时也对后人的家礼研究产生了深远的影响。自宋朝开始，中国的社会结构发生了极大的变革，汉唐时期那种士族门阀消亡殆尽，取而代之的是"拥有共有地（比如义田、祭田等）、祠堂、族谱等一系列要素，以恢复宗法为理想而形成的宗族集团"[3]。身处这种巨大变革中，仕宦、学者表现出了不同的思想倾向。一些人认为，冠、婚、丧、祭诸礼应遵循古礼，如二程所编礼书多本古礼。但当门人问程颐，《仪礼》中的礼仪制度是否都可以考证、相信时，程颐答："信其可信。如言昏礼云，问名、纳吉、纳币皆须卜，岂有问名了而又卜？苟卜不吉，事可

---

[1] 参见彭林：《三礼研究入门》，复旦大学出版社2012年版，第3页。
[2] 陈寅恪：《唐代政治史述论稿》，第69页。
[3] ［日］井上彻：《序章》，《中国的宗族与国家礼制——从宗法主义角度所作的分析》，钱杭译，上海书店出版社2008年版，第1页。

已邪？若此等处难信也。"①可见，程颐虽遵循古礼，但并不迷信经典。此外，二程主张"体用一源，显微无间"，即使是洒扫应对等日常礼仪也可从中格物穷理。还有一些人认为，古礼过于烦琐，应当对其进行变通以顺应时俗。如司马光作《书仪》，书中"今从俗""且须从俗""今从便"等语屡见不鲜。但朱熹认为司马光的《书仪》还是太烦琐，影响其推广行用，"读者见其节文度数之详，有若未易究者，往往未见习行，而已有望风退怯之意。又或见其堂室之广，给使之多，仪物之盛，而窃自病其力之不足。是以其书虽布，而传者徒为箧笥之藏，未有能举而行之者也"②。因此他在司马光《书仪》的基础上，对古礼进一步简化，以"变古适今"。这一时期的家礼研究者还对历代的家礼著述进行了总结与回顾，如朱熹的《二十家古今祭礼》和《四家礼范》以及周端朝的《冠婚丧祭礼》等，这是以往家礼研究较少关注的内容。

明代以后，朱熹的《家礼》被进一步推广刊行，甚至被收入国家礼典。越来越多的学者投入到了对《家礼》研究中，包括对《家礼》成书真伪问题的考证以及对《家礼》文本的注释与删简。关于《家礼》真伪问题的讨论最早始于元代武林人应氏所作的《家礼辨》。应氏《家礼辨》的原书已失传，明代学者丘濬在其《文公家礼仪节》一书中摘录了应氏的观点，并作出了反驳。丘濬的观点遭到了清代学者王懋竑的反对，王懋竑先后作《家礼考》《家礼后考》和《家礼考误》，指出《家礼》一书为后人伪托朱子之名而作。晚清学者夏炘在其《述朱质疑》一书中对王懋竑的质疑作出了回应，力证《家礼》一书乃是朱子手作。明清学者对《家礼》文本的注释与删简并不是简单的解释与省略，而是立足社会形势，在注释、删简《家礼》的过程中表达自己对家礼理论与实践的思考，表现出十分强烈的现实诉求。如明代的丧服制度与唐宋有所不同，因此冯善在《家礼集说》一书中，弃用《家礼》所载丧服之制，采用明代通行的服制，反映了作者对于家礼的制定与实践应当遵循"时制"原则的观点。类似的例子还有明代学者汤铎的《文公家礼会通》与宋纁的《四礼初稿》对《家礼》中婚礼的改动。清人黄宜中在《从宜家礼》一书中总结认为，"朱子《家礼》固已据宋而通周之变；明丘琼山所订《家礼》又据明而通宋

---

① 〔宋〕程颢、〔宋〕程颐：《河南程氏遗书》卷二十二上，《二程集》，王孝鱼点校，中华书局1981年版，第286页。
② 〔宋〕朱熹：《晦庵先生朱文公文集》卷八十三，《朱子全书》（第24册），朱杰人、严佐之、刘永翔主编，上海古籍出版社2002年版，第3920页。

之变，凡以当时所用，正不得倍也"①。即家礼的制定均要从现实出发，根据"时俗"对古礼加以损益，决不可一味迁守，不识变通。当然，也有一些学者对《家礼》中的仪节及其义理提出了疑问。清初著名思想家颜元初时非常尊崇《家礼》，"进退起居、吉凶宾嘉必奉《文公家礼》为矩获"②，然而当颜元严格遵守朱熹《家礼》中的规定料理家中丧事时，却觉得很多礼仪有违自己的性情，比对《仪礼》后，发现朱熹的《家礼》对古礼存在很多误改之处。他在《存学编》卷二、卷三中分别批评朱子"家祠丧礼已多行之未当"③，丧礼"半礼半俗，既废正祭，乃又于俗节墨衰行事，此皆失周公本意"④。当然，还有一些学者继承了前代的四礼研究，如晚明时期著名思想家、礼学家吕坤。他以"真情"和"自然"两个原则，审视古今礼学，认为礼仪撰作必须贴近普通民众，其所作《四礼疑》一书"系统地表达了他对朱熹《家礼》为代表的家礼学的批评，笔锋所指涉及《仪礼》《礼记》以及明人丘濬的《家礼仪节》、魏堂的《文公家礼会成》等古今礼书，以为这些礼书陈陈相因，不顾时势人情，使得礼仪难行"⑤。

（二）近现代以来的家礼研究

近代以来，传统社会结构解体，传统家礼整体进入民国后，传统家礼的撰作与研究日渐式微。尤其是五四运动之后，渗透于中国文化方方面面的礼文化遭到了猛烈的批判，甚至将其形容为"吃人的礼教"。但随着西学的涌入，尤其是在现代学术研究方法的影响下，这一时期的家礼研究又呈现出新的特点。如李安宅《〈仪礼〉与〈礼记〉之社会学的研究》（商务印书馆1933年版）、邓子琴《中国礼俗学纲要》（中国文化社1947年版）、柳诒徵的论文《中国礼俗史发凡》（《学原》1947年第一卷第一期）等著述已经开始尝试以新的视角考察、阐释传统礼仪。但整体看来，这一时期的家礼研究文献不多。新中国成立后的一段时间内，传统家礼被视为封建礼教，研究的人更少了，特别是"文化大革命"期间，随着全国"破四

---

① 〔清〕黄宜中：《从宜家礼》，清乾隆十四年三让睦记刻本。
② 〔清〕颜元：《习斋记余》卷六，《颜元集》，王星贤、张芥尘、郭征点校，中华书局1987年版，第497页。
③ 〔清〕颜元：《存学编》卷二，《颜元集》，王星贤、张芥尘、郭征点校，第61页。
④ 〔清〕颜元：《存学编》卷三，《颜元集》，王星贤、张芥尘、郭征点校，第87页。
⑤ 赵克生：《称情立文 执中为礼：吕坤礼学思想述论》，《中州学刊》2011年第6期。

旧"运动焚毁家谱、古籍，砸毁祠堂等行为的展开，家礼文献的整理和研究基本中止。直到改革开放以后尤其是近年来党和政府对传统文化的重视，家礼研究才逐渐复苏，取得了一批研究成果。这里主要就近年来出版的相关学术著作及发表的论文加以评述。

1. 关于家礼起源的研究

家礼是中国传统礼仪文化的重要内容，研究它的源头必须从礼本身入手。国内关于礼的起源的研究起步较早，在这一问题上，学界主要有两种观点。一种观点认为，礼源于宗教祭祀仪式。依据是许慎的《说文解字》"礼，履也，所以事神致福也"，认为礼源于祀神祈福的宗教祭祀仪式。王国维对殷墟卜辞深入研究后认为，礼的本义即用祭器盛两串玉以祭祀神灵，后引申为一切祀神祈福的行为。[①]王国维从文字学的角度入手，有力地支持了《说文解字》的观点，并获得诸多学者的认同。郭沫若也持相近观点："大概礼之起于祀神，故其字后来从示，其后扩展而为对人，更其后扩展而为吉、凶、军、宾、嘉的各种仪制。"[②]现代学者何炳棣进一步指出，礼最初就是祭祀的仪节，原始氏族部落通过祭祀这一集体活动，培养部落成员的集体意识和道德观念。[③]另有学者强调家礼自诞生起就"具有浓厚的宗教色彩，涵盖了丰富的宗教内容"[④]，宗教推动着家礼的形成与发展。另一种观点认为，礼起源于上古社会的风俗习惯。如刘师培就提出"上古之时，礼源于俗。典礼变迁，可以考民风之同异"[⑤]。还有学者具体考证了"冠礼""乡饮酒礼""射礼"等礼仪的起源，认为"在原始氏族社会中，人们已习惯于把重要行动加上特殊的礼仪"。这些礼仪不仅作为社会生活的传统习惯，而且常被用来维护社会秩序、巩固社会组织以及加强部落之间的联系。[⑥]彭林将文献学与考古学结合起来研究，进一步指出礼来源于远古时代的某些风俗，儒家将这些风俗进行了整理、提高，并为其注入了人文主义的思想内涵。[⑦]除这两种代表性观点外，还有学者提出了家礼起源的其他一些观点。如陈戍国认为礼的形成是多种因素共同作用的结果，反对将

---

① 参见〔清〕王国维：《观堂集林》，中华书局1959年版，第290—291页。
② 郭沫若：《十批判书》，东方出版社1996年版，第87页。
③ 参见胡晓明、傅杰主编：《释中国》，上海文艺出版社1998年版，第2382页。
④ 陆益龙：《中国历代家礼》，第5页。
⑤ 〔清〕刘师培：《刘申叔遗书》，江苏古籍出版社1997年版，第683页。
⑥ 参见杨宽：《古史新探》，中华书局1965年版，第234页。
⑦ 参见彭林：《中国古代礼仪文明讲演录》，第40—53页。

礼的起源完全归于宗教[1]；李安宅认为"礼的起源，自于人情"[2]；李泽厚认为礼源于"原始巫术礼仪"[3]；谢清果、张丹认为"以乐观礼"，把"乐"作为礼制形成的媒介和礼文化的生成力量，[4]等等。

2. 关于家礼的分期和发展历程、规律的研究

关于家礼的分期研究，学者们各有看法。陆益龙在《中国历代家礼》一书中将家礼发展分为六个阶段，即：夏商周萌芽阶段；春秋战国形成阶段；秦汉时期鼎盛阶段；魏晋南北朝到隋唐家礼走向衰落；宋元明清时期进入复兴阶段；清后期家礼开始走向消亡。[5]吴丽娱主编的《礼与中国古代社会》将中国礼仪史分为先秦、秦汉魏晋南北朝、隋唐宋元、明清四个发展阶段。不足的是，作者未能梳理家礼的发展脉络与演变规律。[6]徐少锦和陈延斌认为，包含家礼文献在内的传统家训文献产生于先秦，定型于两汉三国，成熟于两晋隋唐，繁荣于宋元，鼎盛于明清并于清代后期走向衰落。其中，家礼文献的增多也从宋代开始直到明清时期。[7]陈钰雯和傅琼认为，家礼文献萌芽于先秦时期，形成于汉至隋朝，繁荣于北宋至明清时期，近代以来，进入了由弱到强再到削弱的曲折发展阶段，直至进入中国特色社会主义新时代后，家礼得到创新性发展。[8]

更多的学者则是针对某一特定时期的家礼文化展开研究。如甘怀真《唐代家庙礼制研究》一书对唐代的家庙制度进行了系统研究，认为唐朝家庙"借着庙数的多寡、礼仪的丰俭，象征由皇帝（王）到庶人之间，尊卑有序的各种身份"，进而"确定国家的每个组成分子在整个国家的礼制中，应处于所处的地位"[9]。张文昌认为，中古时期家礼的维系与编纂主要集中在士族门第，随着唐宋士族门第日趋没落，一般士庶之家出于自身需要，越来越关注家礼建设。[10]也有学者认为，唐宋时

---

[1] 参见陈戍国：《先秦礼制研究》，第9—14页。
[2] 李安宅：《〈仪礼〉与〈礼记〉之社会学的研究》，上海人民出版社2005年版，第7页。
[3] 李泽厚：《中国古代思想史论》，人民出版社1986年版，第8页。
[4] 参见谢清果、张丹：《礼之起源——中国古乐的媒介功能观新探》，《郑州大学学报（哲学社会科学版）》2019年第3期。
[5] 参见陆益龙：《中国历代家礼》，第8—12页。
[6] 参见吴丽娱主编：《导论》，《礼与中国古代社会》（先秦卷），中国社会科学出版社2016年版，第4页。
[7] 参见徐少锦、陈延斌：《中国家训史》，陕西人民出版社2003年版，第19—25页。
[8] 参见陈钰雯、傅琼：《我国家礼演进历程探略》，《商丘职业技术学院学报》2018年第5期。
[9] 参见甘怀真：《唐代家庙礼制研究》，台湾商务印书馆1991年版，第136页。
[10] 参见张文昌：《中国中古家礼的编纂与发展》，（台湾）《东吴历史学报》2010年第23期。

期的家礼，在内容上有一个较为清晰的发展脉络：唐代家礼依据礼经修撰家族礼仪规范且多注重家祭礼，北宋时期家礼开始较多关注日常居家生活礼仪，南宋时期家礼则旗帜鲜明地强调居家日用杂仪、注重简化古礼。①赵克生指出，修书、刻图与演习观礼是明代地方社会家礼传播的三个重要途径，有力地推动了家礼知识在庶民间的传播。②陈宝良提出，明代中期以后，以"家礼"为典型的民间礼制，沿着礼因俗制、礼之简化两条路径发生变革。③彭卫民认为，明清之际的"家礼"文献，呈现出以《家礼》为代表的朱子礼学体系，以及"先王道统"思想向东亚周边国家传播的文化路径。④总的看来，学者们对特定时期的家礼发展情况有着更多研究兴趣，而从整体上把握家礼发展历程、规律的研究成果相对较少。

3. 关于家礼基本内容的研究

如前文所述，传统家礼主要包括伦理观念和礼仪规范两方面，因此学界对家礼基本思想内容的研究也多从这两个方面入手。有学者将家礼的基本内容概括为形形色色的家庭礼仪，如尊尊敬祖的祖孙之礼、承顺恭孝的亲子之礼、长幼有序的兄弟之礼、授受不亲的闺媛之礼，柔顺屈从的夫妻之礼、尊卑分明的主仆之礼等。⑤有人认为，传统家礼既可以是父辈对子孙的谆谆告诫，如持家之道、为学之法、处世之方等内容，也可以是先人对涉及日常家庭生活的各种仪节如冠、婚、丧、祭之礼的规定，更可以是对特定对象如妇女或童稚的专题教育，包括妇女的三从四德等妇道教育，童稚的洒扫应对礼节、识文断字之法、忠孝仁义伦理等。⑥另有人按照礼学家们创制家礼的思路，将宋代家礼作品分为两类："一类是对传统古礼进行改造，以期将经书之礼纳入新的时代风俗和民众的日常生活之中"；"另一类则是从现实生活出发，以直接训俗为目标"。⑦还有学者提出另外的分类，认为家礼既包括信奉"三纲五常"的伦理型家礼，如祖孙之礼、婆媳之礼、兄弟之礼，也有坚守

---

① 参见王美华：《承古、远古与变古适今：唐宋时期的家礼演变》，《辽宁大学学报（哲学社会科学版）》2013年第4期。
② 参见赵克生：《修书、刻图与观礼：明代地方社会的家礼传播》，《中国史研究》2010年第1期。
③ 参见陈宝良：《礼教秩序与明代社会生活变迁——兼论礼制、观念与生活之关系》，《安徽史学（人文社会科学版）》2019年第3期。
④ 参见彭卫民：《太山遍雨：明清时期东亚国家"家礼"文献的刊刻与影响》，《深圳大学学报（人文社会科学版）》2019年第3期。
⑤ 参见李晓东：《中国封建家礼》，第15页。
⑥ 参见陆睿：《中国传统家礼文献叙录》，浙江大学2012年硕士学位论文。
⑦ 参见翟瑞芳：《宋代家礼的立制与实践》，上海师范大学2007年硕士学位论文。

读书育人、文化兴家理念的诗书传家型家礼等。①

4. 关于家礼对古代宗族和社会影响的研究

传统家礼的实施对维护宗族稳定和社会秩序无疑起到了重要的作用。有学者认为，宋朝家训家范与王法互为表里，共同发挥控制民间社会的作用，这种强大的控制能力意味着统治者的文化霸权不仅深入到社会精英阶层，而且深入到了基层。②有人作了个案分析，例如赵克生研究了以葛守礼为代表的山东葛氏家族家礼的社会影响，认为葛氏通过编纂施行家礼有效地实现了家族整合与复兴，是明朝国家、地方政府"以礼治民"和民间"以礼造族"协同推进的结果；③杨逸详细分析了郑氏家族利用宋儒的治家经验来促进自身家礼、家法的建设与实践，进而塑造"最有礼法"的家族形象的成功经验，以及因祭产制度的不合理使得祭祀礼制产生丕变，最终祭祀活动失去古礼内涵，导致家族在自我认同的极度混乱中走向衰落的结局。④有学者分析司马光所编撰的《书仪》《居家杂仪》及《家范》的成书原因、内涵及影响，认为这三部礼书不仅提出了种种行为伦理规范，其背后更含有司马光"以礼治国、以礼治家"，家齐则国治的政治理念，这对南宋的朱熹及后世影响巨大。⑤还有学者认为，宋代以降，以朱熹《家礼》为范本的家礼注释本和删简本大量出现，推动了后世基层社会的礼俗建设，对乡村社会秩序的维系与礼俗的建设发挥了重要的作用。⑥科大卫认为朱熹的《家礼》对民间礼俗的影响并非一蹴而就，明朝中后期，受嘉靖朝"大礼议"⑦的影响，宗族形式扩张，家庙式祠堂也随之得到普及。他指出，家庙式祠堂在地方上的普及和正统化过程，同时也是士人在乡村中

---

① 参见闫平：《借鉴我国传统家风家教文化创新培育和践行社会主义核心价值观的实践路径》，《理论学刊》2019年第3期。
② 参见杨建宏：《论宋代家训家范与民间社会控制》，《船山学刊》2005年第1期。
③ 参见赵克生：《家礼与家族整合——明代东山葛氏的个案分析》，《求是学刊》2009年第2期。
④ 参见杨逸：《浦江郑氏家族的〈家礼〉实践——以家族祭祀活动为中心》，《文化遗产》2016年第6期。
⑤ 参见周愚文：《司马光的家训内涵及其对宋代家族教育的影响》，（台湾）《师大学报（教育类）》2005年第2期。
⑥ 参见何斯琴：《宋代以降的家礼实践与乡村礼俗重建》，《社会治理》2016年第1期。
⑦ 大礼议是指发生在正德十六年（1521）到嘉靖三年（1524）间的一场涉及皇统问题的政治争论。明武宗朱厚照暴毙后，明世宗朱厚熜以地方藩王之子继承皇位。以内阁首辅杨廷和为首的"继嗣"派要求世宗认武宗之父孝宗为皇考，改称生父为皇叔考。但明世宗坚持给生父母以正统地位，并得到了张璁等"继统"派的支持。这期间两派进行过多次争议和斗争，最终在嘉靖三年（1524），以世宗钦定大礼而结束。这一事件一定程度上推动了家庙及民间祭祖制度的改革。

的地位合理化过程。①吕妙芬通过讨论明末清初儒士在家祭拜先祖与圣贤的实践，认为这种以'家'为礼仪空间的礼仪实践展现了士人对家族血脉与圣学道脉的双重认同，同时也呼应了明清儒学思想不断强调日用家庭人伦与在家修身的发展趋势。②周天庆认为，朱熹《家礼》的撰制是儒学学派发展的内在要求；同时明清以来朱熹《家礼》的实践密切了儒家政、道、教之间的关系，塑造了明清以来传统社会的面貌。③

5. 关于朱熹《家礼》的研究

近年来朱熹《家礼》的研究持续受到学者们的关注，不管是研究成果的数量还是质量，在家礼研究领域都位于前列，因此有必要对目前的研究现状做一个简单的分析。朱熹的《家礼》是中国礼制史上颇为重要的著作之一，是朱熹有感于司马光家礼对古礼仪节简化程度不够，影响其实际推广行用，因此顺应时俗、删简古礼而成。朱熹《家礼》甫一付梓，立即广泛传播，其后又传入朝鲜、日本、越南等国，成为各国家礼立制的蓝本。当前学界对朱熹《家礼》的研究成果较为丰富。有对朱熹《家礼》成书真伪的探讨，如张国风《〈家礼〉新考》、安国楼《朱熹的礼仪观与〈朱子家礼〉》、汤勤福《朱熹〈家礼〉的真伪及对社会的影响》、陈峰和肖永明《王懋竑〈家礼〉辨伪的逻辑进路与思想意义》、苑学正《朱子作〈家礼〉说法疑》、毛国民《〈朱子家礼〉真伪考的历史回顾与探索》等；有对《家礼》思想内容的研究，如粟品孝《文本与行为：朱熹〈家礼〉与其家礼活动》、罗秉祥《儒礼之宗教意涵——以朱子〈家礼〉为中心》、陈彩云《朱子〈家礼〉中禁奢思想及对后世的影响》、周元侠《朱子〈家礼〉的特质——基于社会教化的视角》、和溪《朱子〈家礼〉冠婚制度的沿革及影响》、彭卫民《朱子〈家礼〉思想在日本江户时代的传播与影响》等；有的审视《家礼》的时代价值，如史向前《朱子〈家礼〉与道德建设》、王美华《家礼与国礼之间：〈朱子家礼〉的时代意义探析》、曾丽蓉《〈朱子家礼〉仪式当代传承的思考》等；还有学者探讨了《家礼》传播后的实践情况，如陈瑞《朱熹〈家礼〉与明清徽州宗族以礼治族的实践》、赵华富《徽州宗族对朱熹〈家礼〉的继承与变革》、杨逸《明清家礼变迁的内在逻辑——以〈家礼·昏礼〉为考察中心》、金乃玲和张滢《朱熹〈家礼〉一书在徽州村落空间形成

---

① 参见科大卫：《明清社会和礼仪》，北京师范大学出版社2016年版，第296页。
② 参见吕妙芬：《明清士人在家拜圣贤的礼仪实践》，（台湾）《台大历史学报》2016年第57期。
③ 参见周天庆：《政、道、教一体视野中的〈朱子家礼〉》，《厦门大学学报（哲学社会科学版）》2018年第4期。

的体现》等。此外，陆敏珍的《宋代家礼》（中华书局2022年版），在梳理宋代家礼文本概况、分析这些文本产生的历史语境等的同时，还重点将朱子《家礼》作为个案，勾画了宋代以后家礼文本的经典化与知识的通俗化过程。由于朱熹《家礼》研究成果较多，限于篇幅，只作简略介绍。

6. 关于传统家礼资源现代价值的研究

有学者认为："家庭礼仪教化熏陶确实对家庭生活良好秩序的维系，对家庭成员关系的调适以及子弟品德培育发挥着重要的作用。历史上家礼文化是'礼乐文化'的重要组成部分，深刻影响着我国'礼仪之邦'的礼仪文明的传承。"[1]也有学者指出，传统家礼、家训、家教文化有助于塑造个人的道德操守和处世能力，培养君子人格，其中蕴含的诸多优秀价值理念，与社会主义核心价值观相契合，可以为构建文明和谐的现代社会添加助力。[2]有学者认为，家礼与国法是自身和谐的体系，也是社会秩序和谐的组成部分，对处于社会转型、价值多元、家庭萎缩的当今时代，依然具有重要的借鉴意义。[3]还有人从家庭德育价值的角度，呼吁人们重新审视传统家礼蕴含的有关子女道德品质培养、道德价值观建立和道德人格养成等方面的独特价值。[4]陈延斌、王伟提出："传统家礼体现了中华民族家文化的独特气质与精神，是'礼文化'的核心内容与价值。借鉴传统家礼教化方式、路径，可以增进角色认知，涵养个人德性；吸收传统家礼伦理内涵有助于我们营造良好家风和淳朴民风；'称情立文'的制礼原则有助于促进社会礼仪文明进步。"[5]也有不少学者对个别家礼篇目的思想价值进行了探讨。如：提出发掘朱熹《家礼》蕴含的适合现代社会的合理思想并加以改造，建立起更符合现代社会的社会道德体系[6]；探讨《颜氏家训》家庭教育思想对于今天家庭教育的价值[7]；借鉴司马光的家礼、家

---

[1] 陈延斌、张琳：《建设中国特色社会主义家文化的若干思考》，《马克思主义研究》2017年第8期。
[2] 参见杨华：《中国古代的家礼撰作及其当代价值》，《湖南大学学报（社会科学版）》2014年第6期。
[3] 参见张中秋：《家礼与国法的关系、原理、意义》，《法学》2005年第5期。
[4] 参见陈一秀：《中国传统家礼的家庭德育价值研究》，《文学教育（下）》2009年第7期。
[5] 陈延斌、王伟：《传统家礼文化：载体、地位与价值》，《道德与文明》2020年第1期。
[6] 参见王蓉、孙晋书：《从〈朱子家礼〉看儒家的家庭伦理观》，《才智》2011年第17期。
[7] 参见詹祥粉：《〈颜氏家训〉伦理思想的特征及其现代意义》，《重庆社会科学》2009年第1期。

训特色培养优良家风等①。还有一些学者研究了在民间极有影响的世俗传统家礼文献，提出《郑氏家仪》具有较强的可操作性和实用性，将民间家礼推向新的阶段，促进儒家伦理世俗化，同时也对国家礼仪制度产生重要影响②；研究《茗洲吴氏家典》对于道德文明建设和礼仪文化的塑造具有重要现实意义③；《柳氏家训》中蕴含的忧患意识，有助于我们了解古代士大夫教育理念，进而指导当代家庭文化建设④。有学者研究了传统冠礼及其时代价值，认为传统冠礼内涵着深刻的伦理意蕴、道德追求与责任担当。无论是冠礼的礼义内容还是其礼仪教化方式，都有诸多值得我们深入挖掘、吸纳借鉴的地方："一方面，借鉴传统冠礼仪式和教化方式，为广大青少年提供角色认知，培育礼仪文明素养"；"另一方面，承故拓新，充分挖掘传统冠礼文化中的积极内容，使之成为涵养青少年道德人格的丰厚滋养"。⑤总的看来，学界对传统家礼文化中的积极合理成分持肯定态度，认为传统家礼文化中蕴含的优秀价值理念与社会主义核心价值观内在契合，对我们具有重要的借鉴意义。

（三）国外对中国传统家礼的研究

国外在家礼方面的研究主要集中于日、韩两国学者。他们从不同视角研究了中国的传统家礼。有的学者研究了中国家礼对宗族社会的影响，如日本学者谷川道雄认为，六朝士族通过日常礼仪以维持家族之间的秩序与家门的安定；"六朝诸政权对'礼仪人物'的重视，暗示当时的政治从上古的祭政一致转向了礼政一致"。⑥日本学者井上彻探究了宋代宗族制度的特点，在其《中国的宗族与国家礼制——从宗法主义角度所作的分析》一书中指出宋代由于科举官僚制的确立，阶层流动加快，新兴官僚家族希望借助家礼修撰以实现亲族结合，进而稳固官僚家系。也有的

---

① 参见陈延斌：《论司马光的家训及其教化特色》，《南京师大学报（社会科学版）》2001年第4期。
② 参见李冰、陈姝瑾：《〈郑氏家仪〉研究》，《广西师范大学学报（哲学社会科学版）》2018年第3期。
③ 参见朱莉涛：《〈茗洲吴氏家典〉研究》，《广西师范大学学报（哲学社会科学版）》2018年第3期。
④ 参见闫续瑞、栗瑞彤：《论唐代〈柳氏家训〉中的忧患意识》，《广西社会科学》2019年第2期。
⑤ 陈延斌、王伟：《传统冠礼及其时代价值》，《光明日报》2020年9月5日。
⑥ 参见［日］谷川道雄：《六朝士族与家礼——以日常礼仪为中心》，高明士编：《东亚传统家礼、教育与国法（一）：家族、家礼与教育》，华东师范大学出版社2008年版，第3—16页。

学者研究了中国家礼文化对周边国家的影响，如韩国学者韩基宗考察了韩国传统社会礼俗片段，认为韩国传统社会的礼俗与其他文化因素同样受中国文化的影响，又根据本土固有风俗习惯进一步调整简化，以适合社会实情。[1]我国有学者认为："江户时代的知识人在摆脱佛教丧葬礼轨的束缚后，将死生观建立在朱子《家礼》仪式的日常实践上，这是日本社会容受朱子学的一项重要课题。"[2]

由于朱熹及朱子学在整个东亚汉文化圈的强大影响，对朱熹《家礼》的研究一直是日、韩家礼研究的重心。韩国《家礼》研究的集大成者卢仁淑在其专著《朱子家礼与韩国之礼学》中细致地考证了《家礼》的历代版本，较为系统地探讨了朱熹《家礼》的真伪问题。在进一步分析《家礼》对韩国乃至整个东亚汉文化圈的诸多深远影响后，该书认为《家礼》是构建东亚政治认同的重要精神典籍。还有学者研究了司马光《书仪》与朱熹《家礼》的区别与联系，如日本学者牧野巽通过比较《书仪》与《家礼》的内容差异，结合相关史料，创造性地提出了《书仪》《家礼》分别代表共居共财的"大家族主义"与祖先祭祀为核心的"宗法主义"的观点，引起了日本学界的广泛讨论。[3]另一日本学者吾妻重二的《朱熹〈家礼〉实证研究》一书将朱熹《家礼》放在朱熹家礼思想形成和发展的演变历程中加以考察，通过对《家礼》思想内容的考察，来阐释朱熹博采古今众家的礼学特点，并结合朱熹晚年的礼学著作和语录来探讨其礼学思想的变化发展，其观点多有见地。此外，他对牧野巽的观点持反对意见，认为两书设计的"家长"与"宗子"蕴有多层意涵，某些层面是彼此相容而非完全对立的。[4]吾妻重二还在《朱熹〈家礼〉的和刻本》一文中提出，朱熹《家礼》一书在中国及朝鲜、琉球群岛和越南等国均广为流传，并成了近世东亚国家最重要的儒家礼仪书籍。[5]他还对日本江户时代刊刻的几种和刻本《家礼》的形成、特点及中文底本进行了讨论。此外，吾妻重二认为："在日本，不仅朱子学派的学者，阳明学派、古学派或考证学派等学者也都关注《家礼》，并尝试实践儒教丧祭礼仪。这些事实显示出，《家礼》一书对日本思

---

[1] 参见[韩]韩基宗：《从法制的观点浅谈韩国传统社会的家礼》，高明士编：《东亚传统家礼、教育与国法（一）：家族、家礼与教育》，第242—249页。
[2] 彭卫民：《朱子〈家礼〉思想在日本江户时代的传播与影响》，《国际汉学》2019年第4期。
[3] 转引自周鑫：《〈朱子家礼〉研究回顾与展望》，《中国社会历史评论》2011年第1期。
[4] 参见[日]吾妻重二：《朱熹〈家礼〉实证研究》，吴震、郭海良等译，华东师范大学出版社2012年版，第12—13页。
[5] [日]吾妻重二：《朱熹〈家礼〉的和刻本》，彭卫民译，《济南大学学报（社会科学版）》2019年第5期。

想界产生过重大的影响,在考察东亚地区儒教的吸取和展开过程中也是一个很重要的因素。"①

三、对已有家礼文献整理和研究的评析

(一)家礼文献搜集、整理和汇编工作有待加强

从已有的家礼文献出版情况来看,部分家礼经典文献如朱熹的《家礼》、司马光的《涑水家仪》《书仪》等都得到较为广泛的传播,相应的点校注解类书籍也比较丰富。从家礼文献的分布上看,传统历史典籍中的家礼文献除专书外,多数文献散落在《四库全书》《丛书集成》以及一些类书、文集中,目前学界对家礼文献的搜集与整理也多从这方面入手。但总的来说,传统家礼文献仍然缺少系统全面的搜罗集成,也缺少整理和校勘。这些问题无疑不利于保存和传承中华家礼文献这笔文化遗产,也对家礼文献整理和研究应用造成了一定的影响。从已有的家礼文献搜集与整理成果上观察与反思,还有很大一部分家礼文献没有得到充分的收集与整理,需要我们以更广阔的视野、更宽广的路径和更丰富的资源去进一步钩沉拾遗。我们认为需要着力搜罗的家礼文献为以下几类:

其一是出土文献和祠堂石刻文献。近年来随着考古工作的不断发掘,学界对于出土文献愈加重视,整理出版的出土文献数量甚丰,但对此类文献尚未给予足够的重视。此外,古人深受"慎终追远""敬天法祖"的观念影响,十分重视家庙、祠堂的建造。为达到"敬宗收族"的目的,人们一般会将世系、家礼、宗规族训等内容刻在祠堂的墙壁或者碑铭上以教育族人。这些散落于各处祠堂的石刻文献需要研究者们耐心调查整理。

其二是域外汉籍文献。域外汉籍广义上是指流失在外的中国古籍、中国古籍的域外刊本或抄本等。近年来域外汉籍文献也得到了很好的整理出版,如《域外汉籍珍本文库》《越南汉喃文献目录提要》等,这些文献中也有一些家礼资料。还有海

---

① [日]吾妻重二:《日本近世的儒教丧祭礼仪——〈家礼〉与日本》,古宏韬译,《人文论丛》2019年第1期。

外一些图书馆藏的汉籍也值得寻查目验。例如，笔者就在哈佛大学的哈佛燕京图书馆查找到国内图书馆尚未检索到的《诸礼集览》《家礼节要》等家礼文献。

其三是谱牒、宗规、乡约、方志等文献中的家礼材料。新世纪以来，国内谱牒、宗规、乡约、方志等文献的整理工作取得很大进展，许多文献都已经完成了数字化。此类文献由于馆藏零散、收集难度大，家礼文献的整理也没有给予充分的关注，有待进一步系统、规范地加以整理。

其四是少数民族的家礼文献。蒙古族、回族、满族、纳西族、白族等少数民族也有很多传统礼仪习俗和部分家礼文献，这些也应得到应有的重视。

（二）古代家礼研究尚有诸多局限和空白

第一，虽然家礼起源于上古时代部族社会的一些宗教祭祀仪式与风俗习惯，但经过周公"制礼作乐"与孔子纳"仁"入"礼"，将家礼纳入儒学的体系，后又经过历代王朝和学者的推动，最终成为古代礼制的重要组成部分，因此具有浓厚的政治、伦理色彩，对中国古代社会历史发展的影响极为深远。历代学者研究、撰作家礼时，难免受封建社会意识形态与社会主流学说的影响，甚至为保持与统治阶级的"一致性"，其观点的科学性受到很大制约。

第二，相较现代学者而言，古代学者的家礼研究主要依靠文献考证。然而，由于古代王朝更替频繁，并且缺乏有效的文献保存措施，许多文献残缺不全甚至散佚不传。孔子曾经表达了对礼仪文献失传的遗憾，他说："夏礼吾能言之，杞不足征也；殷礼吾能言之，宋不足征也。文献不足故也。足，则吾能征之矣。"（《论语·八佾》）由于文献资料的缺失或流传的典籍记载有误，将会导致研究结论的偏差或错讹，这就需要做认真细致的甄别和校勘工作。

第三，礼本质上是关于社会各种伦常关系的规定与准则，社会的变革必然会导致礼的变革，家礼亦然。在漫长的历史长河中，在不同历史时期，冠、婚、丧、祭诸礼以及日常生活中的通礼等都是一直变化着的，古今差异的存在必然会对后人的家礼研究造成一定的困难。随着社会制度的变革，加上不同地区民俗的差异，后人既缺乏相应社会背景的理解，又囿于文献记载的残缺，因此对不同时代家礼仪节的原貌、家礼规范的理解往往受到了不同程度的影响。

（三）当前家礼研究趋势与亟待拓展之处

近年来传统家礼研究越来越受到学界重视。各级社科规划部门陆续立项资助了一批将家礼作为主要研究对象的课题。譬如，浙江大学陆敏珍教授主持的国家社科基金项目"宋代家礼研究"，东北师范大学赵克生教授主持的教育部人文社会科学基金项目"现存明代私修礼书的整理与研究"，江苏师范大学陈延斌教授主持的贵州省哲学社会科学规划国学单列重大招标课题"中国传统家礼文献整理与研究"（2014年获得立项的国家社科基金重大项目"中国传统家训文献资料的整理与优秀家风研究"，也涉及部分家礼文献资料），以及辽宁大学王美华副教授主持的辽宁经济社会发展课题"官方礼典修撰、颁行与唐宋家礼的庶民化倾向"等。这些研究课题已经陆续整理了一些家礼文献，发表了一批论文成果。研究的主题也大致涵盖家礼的功用、家礼的分期与发展历程和演进规律、家礼的基本内容、家礼对古代宗族和社会的影响、朱熹《家礼》、传统家礼资源的现代价值等方面，形成了相对完整的研究体系。部分学者已经意识到家礼并不仅仅是典籍中的礼仪条文，家礼研究更应"走出文本"，深入民众生活以考察传统家礼的现代传承。

首先，从研究成果上看，关于家礼的综合性和通论性研究数量尚少。陈戍国先生的《中国礼制史》虽然是一本关于传统礼制研究的通论性著作，但该书注重从整体上研究古代礼仪制度，力求阐明礼学尤其是国家礼制的若干理论问题，故而传统家礼只占其研究内容的一小部分，因此其未能勾勒出中国家礼文化起源、演变、发展的全貌。与之相似的还有杨志刚的《中国礼仪制度研究》以及舒大刚的《至德要道：儒家孝悌文化》等书。而李晓东的《中国封建家礼》、陆益龙的《中国历代家礼》等书虽然是研究家礼的专著，内容也较为丰富，有助于我们对古代家礼的基本认知，但这些著作的撰写基本定位于普及性通俗读物，其中介绍家礼的文献资料有限，从而影响了对传统家礼的深入研究。

其次，当前家礼研究多集中在唐宋时期，研究的内容多是针对该时期某种礼仪或者某一家礼著作，对家礼的流变过程、趋势与规律的考察则多少有些忽略。如翟瑞芳《宋代家礼的立制与实践》揭示了宋代家礼的立制与实践同唐宋社会变革和礼俗矛盾加剧之间的内在联系，指出宋代家礼是在"古礼"的基础上损益而成，但作者未能归纳出从"古礼"至宋代家礼的演变过程及其规律。[①]任慧峰、范云飞对六

[①] 参见翟瑞芳：《宋代家礼的立制与实践》，上海师范大学2007年硕士学位论文。

朝时期的礼学进行了整体评估，指出六朝时期世家大族家礼盛行，书仪类著作不断出现，这种传承于家族内部的礼学成为家族长久延续的关键因素。①但文章只是对六朝时期礼学与世家大族的关系进行细致描述，对于"学术中心移于家族"何以发生，这一现象对隋唐时期"礼制下移"乃至整个家礼文化的历史演进究竟有何影响却未能详尽展开论述。《颜氏家训》《书仪》《家礼》更是当今家礼研究的热门文献，与之相关的专著、论文数量不少，但对其他家礼文本的发展、传播状况的关注和探讨太少。

再次，从研究方法上看，已经有不少学者开始对不同时期家礼的具体实践状况进行考察、论述，但仍侧重"从文本到文本"。比如何斯琴的《宋明士庶礼书述略》认为尽管宋代家礼撰作之风盛行，但大多数属于拟议阶段，少有人付诸实践。直到元代与明代中后期，这些构想才逐渐制度化、世俗化、常识化。②但该文仅从文本角度考述宋明士庶礼书的撰作和源流，缺乏对宋明社会家礼的具体实践的讨论分析。此外，当前家礼研究多集中于文学、史学领域，侧重描述古代家礼面貌；或者借助文献学的考证方法，对同一家礼著作的不同版本以及不同家礼著作之间的传承关系进行分析比较。相较而言，从伦理学视角进行传统家礼的研究成果尚少，传统家礼的伦理内涵、道德价值还有待进一步归纳、提炼。

最后，在传统家礼的创造性转化和创新性发展方面尚有较大差距，影响了优秀家礼文化的传承和弘扬。杨华的《中国古代的家礼撰作及其当代价值》③、冯会明的《以礼化民　乡约善俗——乡村治理的路径探析》④等文均认为古代家礼有益于"教训正俗"、稳定社会，具有极为重要的借鉴意义。不足的是已有成果对传统家礼的时代价值挖掘不够，在传统家礼的创造性转化和创新性发展方面仅给出指导性的意见，缺少具体的方案设计和可行性举措的探讨。在党和政府高度重视传承发展中华优秀传统文化的当下，我们呼吁家礼文化研究的学者增强现实关照意识，"由现实出发，向历史提问"，关注传统家礼文化的当代转化和创新性发展的研究，尤其是进一步梳理、挖掘传统家礼中关于"整齐门内，提撕子孙"、睦亲齐家以及青少年人格养成、道德教化等方面的思想菁华，承故拓新，古为今用，以便更好地吸

---

① 参见任慧峰、范云飞：《六朝礼学与家族之关系再探》，《孔子研究》2016年第3期。
② 参见何斯琴：《宋明士庶礼书述略》，《广西师范大学学报（哲学社会科学版）》2013年第2期。
③ 参见杨华：《中国古代的家礼撰作及其当代价值》，《湖南大学学报（社会科学版）》2014年第6期。
④ 参见冯会明：《以礼化民　乡约善俗——乡村治理的路径探析》，《管子学刊》2017年第2期。

纳、借鉴来建设新型家礼文化、涵养优秀家德家风。[1]

---

[1] 本章主要内容，笔者曾以《传统家礼文献整理、研究的学术史梳理与评析》为题，发表于《广西师范大学学报（哲学社会科学版）》2018年第3期。

第三章 传统家礼的产生和演进

传统家礼的产生和演进与绵延几千年的中华文明发展紧密相连，或者说传统家礼发展史就是中华文明发展史的重要组成部分。所以，对于传统家礼产生和演进的探讨理应以中华文明发展演进为视域。同时，家礼发展演进又有其自身鲜明特点，总体而言，先秦是家礼产生时期，秦汉是发展时期，魏晋南北朝是基本成熟时期，隋唐是家礼延续与下移时期，宋元是承古拓新时期，明清是繁荣时期，晚清民国则是整体式微与局部开新时期。

一、先秦家礼：产生时期

先秦时期是家礼的产生时期。远古时期很早就有了礼的萌芽，夏礼和商礼已经比较完备，周朝建立之后，周公在此基础上制礼作乐，使礼仪成为一套在上层贵族间施行的完整制度，于是就因适用场所、范围等的不同产生了礼的分工，礼仪也就分化为国礼和家礼。孔子通过"以仁释礼"的改造将仁作为礼的内核，使礼从社会外在的硬性约束转化为人们伦理亲情的内在要求，从而更加被人们接受，家礼文化也在这种伦理转化中被催生出来。被后人统称为"三礼"的《周礼》《礼记》《仪礼》详细记录了中华民族的礼仪制度，成为整个民族礼仪文化的源头，奠定了包括家礼在内的中华民族礼仪文化的基础。

（一）先秦家礼产生的土壤

先秦时期是一个漫长的时期，一般而言，这一时期又包括三个阶段。第一阶段是距今5000年左右的原始社会末期即新石器时代，父权制家庭开始出现，真正意义上的家庭逐渐形成。第二阶段是夏、商、西周时期，这一阶段是青铜器时期，奴隶制社会由产生、发展再到鼎盛，这一时期的宗法制度正式形成，家国一体的大家庭进入鼎盛时期。第三阶段是春秋战国时期，随着铁器的大规模应用，生产力有了长足发展，奴隶社会迅速式微衰亡，建立在分封制基础上的家国一体遭到破坏，国家和家族进入各自的发展轨道。特别是后来秦朝实行郡县制后，国家和家族的区别就更加明显了。

在中国原始社会早期和中期是没有真正意义上的家庭的，《吕氏春秋》载：

昔太古尝无君矣，其民聚生群处，知母不知父，无亲戚兄弟夫妻男女之别，无上下长幼之道，无进退揖让之礼，无衣服履带宫室畜积之便，无器械、舟车、城郭、险阻之备。①

　　由于那时氏族的生存主要靠女性的劳动来维持，生育养育也是女性来负责，这两件有关生存和发展的大事都是由女性主导，因此以女性为中心的血缘亲情关系维系的母系氏族社会就产生了。这时的家庭还是一个雏形，氏族中妇女的后代有不同的父亲，人们"知母不知父"，氏族婚配处于群婚状态。这一时期对应于考古发现的距今约70万—20万年前的北京周口店猿人阶段。到了原始社会中期，母系氏族社会逐渐形成了对偶婚，也有了婚嫁礼仪制度。史书载伏羲制嫁娶，以俪皮为礼，伏羲娶妻以成对的鹿皮作聘礼，这是最早的婚姻聘礼，考古发现距今约1.8万年前的山顶洞人就处于这个阶段。到了距今约6500—4500年的大汶口文化阶段，尤其是它的末期，考古发现了夫妻合葬和少量夫妻带小孩的合葬，随葬品一般都放置在男性这一边，这与母系氏族社会的墓葬明显不同，表明社会已进入父系氏族社会阶段，父权制家庭也随之出现。史书记载，黄帝娶了4个妻子，生了25个儿子，这就形成了父权制家庭的"君臣上下之义，父子兄弟之礼，夫妇妃匹之合"②。原始社会末期父权制家庭的形成促进了私有制的产生，而私有制一经产生又进一步促进了阶级和国家的出现。按照恩格斯的观点，西方经过"家族—私产（有）—国家"的路径，先是家族进入私产，而后到国家，最后国家代替了家族。而中国古代是以所谓的"亚细亚的古代"的方式进入国家，即"中国是由家族直接进入了国家，国家混合在家族里"③。由此当时的国君也是家长，更准确地说是由家族的家长而成为国君。这时的家族就成了既是"家"也是"国"的社会。

　　夏、商、周三代，"家族制度连同其一整套组织被氏族贵族中发展起来的统治者用来组织起国家统治机构"④。夏、商、西周的家族制度产生的第一类家庭就是贵族家庭。尤其是西周时期，家庭的种类包括"王家""邦家""国家""大夫之家""室家"。"王家"即王之家，就是"天下"；"邦家""国家"为诸侯之家，一般用"国"称谓；"大夫之家"为卿大夫之家；"室家"是士建立的家，士

---

① 许维遹：《恃君览》，《吕氏春秋集释》卷二十，中华书局2009年版，第544页。
② 蒋礼鸿：《画策》，《商君书锥指》卷四，中华书局1986年版，第107页。
③ 参见侯外庐等：《中国思想通史》（第1卷），人民出版社1957年版，第11页。
④ 刘广明：《宗法中国》，生活·读书·新知三联书店1993年版，第2页。

是最低一级的贵族,卿大夫把一部分土地和人口分给自己的庶子们,让他们以这些作"食邑"建立自己的"室家"。这些家庭具有明显的宗法制度性质,宗法制度起源于夏,经过殷商的发展,在西周得以完善。宗法制度是以血缘亲情为基础的一整套管理制度,所谓宗是指"同姓从宗,合族属"(《礼记·大传》),"别子为祖,继别为宗,继祢者为小宗"(《礼记·大传》)。天子是家族内的大宗,掌管父权和君权,也是唯一可以祭祀祖庙的最大家长。在天子看来,治家和治国是一回事,家既是他的国,国也是他的家;诸侯次之,相对天子是小宗,相对下一级是大宗,也以土地和人民为家;卿大夫又次之,相对上一级是小宗,在自己的采邑内是大宗,以采邑为家,也包括土地和人民。这里的诸侯和卿大夫既是上一级的子弟也是他们的臣民,上下级主要依靠血缘关系为纽带进行家长制统治。因此,宗法制度的最显著特征是一个人的地位是由他的血缘亲情关系决定的,也由此,宗法制度下的人们特别重视伦理道德,"自仁率亲,等而上之,至于祖,名曰轻。自义率祖,顺而下之,至于祢,名曰重"(《礼记·大传》)。

西周初年,武王和周公吸取了殷商灭亡的教训,进行了大规模的分封,武王封"其兄弟之国者十有五人,姬姓之国者四十人。皆举亲也"(《左传·昭公二十八年》)。此外还分封了一些异姓诸侯,如申、吕、齐等诸多家族,可是这些诸侯也通过联姻的方式与周天子建立了甥舅关系,还有一类受封的是前朝贵族的子孙,如黄帝、尧、舜、夏、商之后,这是古代禅让制度遗存下来的对前朝后人的礼遇。武王灭商两年后就去世了,成王年幼,于是周公摄政,周公在平定了武庚叛乱、又灭掉了东方十七国后也进行了新的分封,周公"兼制天下,立七十一国,姬姓独居五十三人"(《荀子·儒效》)。经过周公的分封后,西周的天子除直接控制宗周(以今陕西西安为中心的关中平原)与成周(以今河南洛阳为中心的河、洛、伊、瀍一带)的地区即王畿外,还在全国各地共封国"四百余,服国八百余"(《吕氏春秋·先识览》)。这些大大小小的诸侯国和他们以下的卿大夫家组成了周朝的第一类家庭——贵族家庭。

自西周至春秋战国,贵族家庭的主要形态是卿大夫家,"卿大夫称家","家,大夫之采地"(《周礼·方士》)。卿大夫家由三部分组成,核心是卿大夫以及他的妻妾子女和管理家庭事务的家臣以及为他们服务的奴隶;其次是卿大夫采邑里的农民、农奴、隶农、工匠、商业奴隶,以及这些人进行劳动的土地和作坊等生产生活场所。农民是与卿大夫同宗的族人,而农奴是非本族人,还有一类是隶农,专指务农的农业奴隶;第三部分是指卿大夫的军队和各种官吏以及各种事务的管理人员。例如"管祭祀的祝、史,管军事的司马,管手工业的工正,管商业的贾正"。以及宗事的"宰"或"宗老"等等，这些官吏和家臣由卿大夫的子弟或族人即"士"来担任。虽然卿大夫要服从诸侯的命令，定期缴纳贡赋、供奉力役、出兵等很多义务，但卿大夫家的士仅对卿大夫负责，而不对更高一级的诸侯负责，所谓"家臣也，不敢知国"（《左传·昭公二十四年》）。

卿大夫的采邑不仅是家，也是地方政权组织。在采邑里或者说在家里，卿大夫是集君统与宗统于一身的绝对权威，他不仅是血缘关系上的家长也是政治关系上的君王，他支配着采邑里的宗族家庭，也统治着采邑里的大小臣民。卿大夫的采邑有大有小，大的有"百乘之家""千乘之家"（《孟子·梁惠王上》），小邑住十家，称为"十室之邑"。卿大夫有若干个这样的采邑，由于战功或其他原因的赏赐，春秋时期，很多卿大夫的采邑已经扩大，但仍称"百邑"或"千室之邑""百乘之家"，因此卿大夫的势力很大。《孟子·梁惠王上》里说："万乘之国，弑其君者，必千乘之家；千乘之国，弑其君者，必百乘之家。"这从一个侧面反映了卿大夫的实力。

第二类家庭是依附性家庭，是指卿大夫采邑里的士、农民、农奴的小家庭。农民也是宗主的后代，受宗主的庇护，是不能自由迁徙的，他们也有自己的小家庭。而士拥有卿大夫赐予他们的少量土地和农民，但是士的职位不可以世袭，甚至有些人还有可能被降为庶人或农民。如果士去职或是被贬，原来赐予他的土地和农民仍旧归于宗主。

第三类是自由民家庭。自由民家庭主要是指有一定劳动技能，自主从事手工业、商业和农业等行业的家庭。这些家庭大多是没落的贵族家庭，如孔子的弟子颜渊、闵子骞、曾皙父子等都是自由民家庭。颜渊的远祖是西周时期邾国第七代君主邾武公，邾武公附庸鲁国后改称颜氏，前后十四世均为鲁国的卿大夫，但是到颜回时颜家已沦为贫士。曾皙父子先祖则是故鄫国太子巫的后代，可是到他们时已沦为庶民，成了男耕女织的自由民家庭，曾子是在帮助父亲耕田之余跟随孔子学儒。还有一类自由民家庭是指东周洛阳附近以"治产业，力工商，逐什二以为务"（《史记·苏秦列传》）的家庭，这些人大多有产业，从事某种工商业活动，或者以十分之二为利息放贷，战国时的著名谋士苏秦、张仪就出生于这样的家庭。家礼主要发生在贵族家庭和自由民家庭，因依附性家庭无史料记载，故此处不研究。

（二）周公"制作礼乐"与孔子"以仁释礼"助推家礼产生和传播

有学者认为："中国传统家礼文化的起源，在生活基础和习俗文明上可以追溯到远古氏族部落时期以来的成人礼仪和婚丧、祭祀活动。"[1]"家礼"一词最早出现在《周礼·春官》的记述中，当时的大夫之家已经有了"都宗人"和"家宗人"的官职设置，"都宗人"和"家宗人"的职责都是掌管祭祀之礼，只是"都宗人"负责全国的祭祀，而"家宗人"只负责大夫采邑和宗庙的祭祀，具体来说就是"掌家礼与其衣服、宫室、车旗之禁令"（《周礼·春官》），以及大夫之家的祷祠和祭祀。

虽然以上是最早的家礼文献记述，但是家礼的施行要比这更早。由于礼深入到先秦时期人们生活的方方面面，虽说当时还没有严格意义上的家礼，但是一些有远见的政治家已经开始注重家庭礼仪的建设，也许他们的本意只是为了维护士族子弟家族的荣誉或是为了下一代更好地成人成才，并无意于专门的家礼教育，可是家礼在家庭中的作用也已经显露出来了。《尚书·舜典》记述舜受尧的指派推行五典之教，"慎徽五典，五典克从"。"徽"的意思是美、善，"克"是指能、能够，"从"是指顺从、依从，这句话说舜在民众中慎重地倡导"五典"，民众遵行"五典"则整个社会就和睦了。这里所说的"五典"就是指"父义、母慈、兄友、弟恭、子孝"。在传说中，舜一次次遭受弟弟、父亲和继母的迫害，但在逃脱了这些迫害之后并没有记恨他们，仍然一如既往地善待他们。舜正是施行"五典"的典范，由他来教化人民再合适不过了，而通过这五种教化规范人们的行为正是家礼"礼义"的重要内涵。

在家礼形成的过程中，周公做出了重要的贡献。周公，姬姓，名旦，周文王的四子，周武王的同母弟弟，西周卓越的政治家、军事家、思想家。他也是儒学先驱，被称为"元圣"。周公的时代是孔子最想回到的时代，周公也是孔子最崇拜的对象。《尚书大传》概括周公的功绩为："一年救乱，二年克殷，三年践奄，四年建侯卫，五年营成周，六年制礼作乐，七年致政成王。"作为西周时期最重要的政治家、思想家，周公的功绩是历史性的，他的影响也是历史性的，其中在思想文化上对后世影响最大的就是他制定的礼乐制度。

周公亲眼看到强大的商朝在牧野之战中迅速败亡。"武王征商，唯甲子朝，岁鼎，克昏夙有商"，这是出土的西周初年青铜器"利簋"上的铭文，铭文记载了武王伐纣的牧野之战，强大的商朝在甲子日，仅仅一天的时间就灭亡了。这既让周朝的统治者欣喜，也让他们心惊，如何才能避免重复商朝的命运，成为他们思考最多

---

[1] 陈延斌、王伟：《传统家礼文化：载体、地位与价值》，《道德与文明》2020年第1期。

的问题。周公认为商朝统治者盲目相信天命,自认为天命永远会保佑他们,但是天命无常,信奉"先鬼而后礼"的商朝失去了民心,也就失去了天命。因此,周公认为只有"敬德保民"才能取得民心,取得民心就是顺应天命,而"敬德保民"实际上就是顺应天命,为了顺应天命应该制礼作乐。

周公在平定"武庚之乱",二次东征后定都洛邑开始了他武功之后的文治,由此周公开创了一个完全不同于殷商的统治制度。王国维说:"周人制度之大异于商者,一曰立子立嫡之制,由是而生宗法丧服之制,并由是而有封建子弟之制,君天子臣诸侯之制。二曰庙数之制。三曰同姓不婚之制。"①周公损益夏、商之礼制定周礼,周礼与夏、商之礼不同,它是一整套全面系统的典章制度,因此,周礼虽然继承了商礼,但是它已经不是单纯的礼仪,而是上升为礼制,涉及日常生活中人们的冠礼、婚礼、丧礼,祭祀时的祭礼,社会交往时的乡饮酒礼、士相见礼,宴请宾客时的燕礼、飨礼,君臣之间的觐礼、朝礼,以及军队出征时的军礼,等等。周礼规定了人们社会生活的方方面面,并规定"出礼入刑"。周礼的核心是"尊尊亲亲",宗旨是"敬德保民",所谓"尊尊亲亲"就是礼要分出等级秩序,尊重应当尊重的,亲近应当亲近的,而"敬德保民"就是要以德治国。

周公摒弃了商朝敬鬼神而远人的理念,转而以血缘亲情为基础,制定了一套礼乐制度,与以嫡长子继承制为核心的宗法制度、以封土建国的封建制相配合,维护了周王朝近八百年的统治。这套礼乐制度对后世产生了重大而深远的影响,孔子说:"殷因于夏礼,所损益,可知也;周因于殷礼,所损益,可知也。其或继周者,虽百世,可知也。"(《论语·为政》)周公自己对礼法制度也是以身作则,《尚书大传》记述了周公谨遵礼法教导他的幼弟康叔和儿子伯禽遵守"父子之礼"的故事:

> 伯禽与康叔见周公,三见而三笞之。康叔有骇色,谓伯禽曰:"有商子者,贤人也。与子见之。"乃见商子而问焉。商子曰:"南山之阳有木焉,名乔。"二三子往观之,见乔实高高然而上,反以告商子。商子曰:"乔者,父道也。南山之阴有木焉,名梓。"二三子复往观之,见梓实晋晋然而俯,反以告商子。商子曰:"梓者,子道也。"二三子明日见周公,入门而趋,登堂而

---

① 〔清〕王国维:《观堂集林》,第453—454页。

跪。周公迎拂其首，劳而食之，曰："尔安见君子乎？"[①]

康叔和伯禽三次去叩见周公，三次都被鞭挞。康叔很害怕也很不解，于是就和伯禽一块去请教当时的贤人商子。商子让二人去观察南山之南的乔树和南山之北的梓树。二人看到乔树"高高然而上"，梓树"晋晋然而俯"，回来对商子说，乔树干枝高大巍然耸立，梓树结实低矮生机勃勃。商子告诉他们说乔树和梓树的形象是父子之道的象征，二人这才明白他们叩见周公时有失弟子之礼。待到再次叩见周公时，二人进大门后小步疾走，到了厅堂立刻跪拜。周公看到他们遵守礼制很高兴，"迎拂其首，劳而食之"，用手抚摸着他们的头，还给他们东西吃。

如果说周公制礼推进了传统家礼文化的产生，那么孔子"以仁释礼"的举措则直接催生了家礼文化。孔子生活在"礼坏乐崩"的时代，他痛心于当时越来越多的人不尊重、不遵守周礼，于是他花费大量的心血试图恢复周礼。孔子所做的一个重要工作就是"以仁释礼"，即将"仁"的理念融入礼的内涵中。在孔子这里，礼不再仅仅是外在仪式和人们的外在表现，它更表征着礼的内在本质。所谓仁，孔子把它解释为"仁者爱人"，而爱人首先就是爱自己的父母兄弟，即"亲亲"，然后由此出发，推论出一个人的为人处世，"其为人也孝弟，而好犯上者，鲜矣！不好犯上，而好作乱者，未之有也。君子务本，本立而道生。孝弟也者，其为人之本与"（《论语·学而》）。不仅如此，孔子还进一步阐释了仁的含义，如"泛爱众而亲仁"（《论语·学而》）；"我欲仁，斯仁至矣"（《论语·述而》）等。在孔子这里，"仁"俨然成了人们内在的自我要求，与此同时，孔子提倡的礼，由于融入了仁的内涵，就具有了不同于之前周礼的外在约束，而成为了人们的内在要求，于是人们内在的亲亲之情就转化为人们之间外在为人处世的礼。孔子"以仁释礼"，为礼注入伦理内核，也使得礼有了魂魄。《论语》曾记载孔子教导儿子一定要学礼，并把是否学礼作为一个人能否立足社会的根本：

陈亢问于伯鱼曰："子亦有异闻乎？"对曰："未也。尝独立，鲤趋而过庭，曰：'学《诗》乎？'对曰：'未也。''不学《诗》，无以言。'鲤退而学《诗》。他日又独立，鲤趋而过庭。曰：'学礼乎？'对曰：'未也。''不学礼，无以立。'鲤退而学礼。闻斯二者。"（《论语·季氏》）

[①] 〔清〕皮锡瑞：《梓材》，《尚书大传疏证》卷五，吴仰湘编，中华书局2015年版，第253页。

这段话记载，陈亢问孔子的儿子孔鲤，孔子是否教给他更多的知识？孔鲤说没有，只是有一次在庭院里见到父亲，父亲问他是否学习了《诗经》？告诉他不学《诗经》，出言答对就不会合适。过了几日孔鲤又在庭院碰到父亲，父亲问他是否学了礼仪，告诉孔鲤不学礼仪，不能立身做人。这段父子对话不仅是一段著名的家训，被称为"诗礼传家"；更应该是孔子重视包括家礼在内的礼仪的佐证。孔鲤见到父亲，"趋而过庭"，"趋"意指低着头小步疾走，这样做是尊敬长辈的表示，以此也表明孔子平时对儿子家礼教育的重视和成效。

孔子的学生曾子也是遵守礼的典范。《礼记·檀弓上》记载，曾子晚年病重时，学生和儿子在身边伺候，当时家里的仆人无意中说了一句，先生您睡的席子非常华美，是大夫用的吗？曾子是士不是大夫，按礼仪是不能享用这个席子的。曾子命儿子扶他起床把席子换掉，儿子说父亲的病很危险，到天亮再换吧，曾子坚决不同意，说："尔之爱我也，不如彼。君子之爱人也以德，细人之爱人也以姑息。吾何求哉？吾得正而毙焉，斯已矣。"（《礼记·檀弓上》）这里，曾子说儿子让他违反礼制，还不如家里的童仆爱他，因为只有小人之爱才姑息迁就。又说，我能符合礼制而死就满足了。曾子"反席未安而没"，他用自己的生命为儿子和学生上了一堂礼仪课。

鲁国大夫公父文伯的母亲敬姜是孔子的同时代人，《国语》《礼记》《列女传》《韩诗外传》记载了很多她谨守礼法的故事。其一是：

> 公父文伯饮南宫敬叔酒，以露睹父为客。羞鳖焉，小。睹父怒，相延食鳖，辞曰："将使鳖长而后食之。"遂出。文伯之母闻之，怒曰："吾闻之先子曰：'祭养尸，飨养上宾。'鳖于何有？而使夫人怒也！"遂逐之。五日，鲁大夫辞而复之。（《国语·鲁语》）

鲁国大夫公父文伯在家里宴请南宫敬叔和露睹父，但是在进献鳖鱼时，给露睹父大夫的鳖鱼小，这是非常严重的失礼，露睹父非常生气，辞曰："将使鳖长而食之"，说是等鳖长大后再吃吧。公父文伯的母亲敬姜听说之后，怒斥儿子，祭祀祖先要诚敬神主，宴饮要敬重上宾。你给客人吃的鳖是什么鳖，竟使客人生气？遂将其逐出家门，直到五天后鲁国的大夫们前来说情，才允许他回家。

如果说上面的事是对儿子的教诲，下面的一件事则是她自己以身作则恪守礼仪的记载：

公父文伯之母如季氏，康子在其朝，与之言，弗应，从之及寝门，弗应而入。康子辞于朝而入见，曰："肥也不得闻命，无乃罪乎？"曰："子弗闻乎？天子及诸侯，合民事于外朝，合神事于内朝；自卿以下，合官职于外朝，合家事于内朝；寝门之内，妇人治其业焉。上下同之。夫外朝，子将业君之官职焉；内朝，子将庇季氏之政焉，皆非吾所敢言也。"（《国语·鲁语》）

敬姜到季康子家里去，季康子正在外厅处理政务。季康子与她说话，她没有回应，季康子跟着到了居室的门外，见敬姜没有说话就进去了。季康子离开厅堂进了内室，对敬姜说："我给您说话您都没有答应，难道我有什么地方得罪您了吗？"敬姜说："您难道没有听说，天子与诸侯在外朝处理政务，在内朝办理祭祀；自卿而下，在外朝处理公务，在内朝处理家务；寝门以内的事务由妇人治理，自上而下都是这样。外朝，是你处理政务的地方，内朝是你处理家务的地方，这些地方都不是我可以说话的地方。"春秋战国时期虽然已经礼崩乐坏，但仍有很多人非常重视礼法，并因此受到人们的尊敬，敬姜无疑是其中的代表人物。

（三）"三礼"：传统家礼的滥觞

三部记述礼仪的著作分别是《周礼》《仪礼》《礼记》。"三礼"是对这三部礼学经典的合称，它们是中国社会几千年的礼仪元典，家礼的内容也滥觞于此。东汉经学大师郑玄历数年为这三本礼学著作做出了详细注解，不仅订正了原文的许多错谬之处，还补充了原文之外的很多材料，并在此基础上撰写了《三礼注》一书。由于郑玄对于礼学的卓越贡献和巨大学术影响，这三本书被后人合称为"三礼"。虽然关于这三部书的具体写作时间，后世学者有着这样那样的争议，有些学者认为这三部礼记经典并不都是对西周或更早礼仪的记载，其远比宣称的时间要晚，大多是对春秋战国时期的礼仪记述，但是毫无疑问的是有些礼仪确实是对远古时期礼仪的记录。特别是《仪礼》中的很多记录被认为是西周或以前的礼仪记录。

"三礼"的第一部是《周礼》。"家礼"一词最早见于《周礼》一书。《周礼·春官》中设"家宗人"一职，《周礼注疏》解释为："掌家祭祀之礼。凡祭祀，致福。国有大故，则令祷祠，反命祭，亦如之。掌家礼，与其衣服、宫室、车旗之禁令。"当然，"此时的'家礼'还主要局限于'士''卿大夫'。《仪礼》所载的礼仪制度主要是士礼。虽然此时的'家礼'更多的是作为明确社会阶层、尊卑、亲疏的等级制度存在，但是作为后世家礼的雏形，先秦古礼中冠、婚、丧、祭四礼以及居家杂仪的规范已经相当完善。"[1]

《周礼》原名《周官》。西汉的景帝、武帝交替时期，河间献王刘德从民间征集了一批古书，其中有一部就是《周官》，这是一部通过记载官制来表达治国方案的书。它详细记录了古代的官制，分为天官、地官、春官、夏官、秋官、冬官六篇，可惜作者佚名，第六篇冬官也遗失了，当时的儒学家根据本书的性质取相似的《考工记》补全了该篇内容。《周官》涉及了古代社会人们生活的方方面面，详细记录了各类官制的名称和职责，天官主管宫廷、地官主管民政、春官主管宗族、夏官主管军事、秋官主管刑罚、冬官主管营造。特别是该书对上古社会的礼仪制度作了详细记载，既包括祭祀、朝觐、丧葬、封国等国家大典，也有诸如车骑、乐悬、服饰、礼玉等具体的规制，还包括对各种礼器的等级、形制、组合等的记载，可以说至大至微、包罗万象。遗憾的是这样一部重要的著作在当时并没有公之于众，而是直接被收藏了起来。汉成帝时刘向、刘歆父子校对整理宫廷文献时又发现此书，刘歆认为这是周公所著，引为至宝，对该书大为赞赏。王莽时期，刘歆向王莽奏请将它列入官学，并把《周官》改为《周礼》。东汉末年，《周礼》经郑玄注解后大行于世，一跃成为"三礼"之首。

关于《周礼》最大的争议就是它的成书时间。近代学者在文献学的基础上，运用考古学、古器物学、古文字学等手段对《周礼》进行了新的考证，大多数学者认为《周礼》的成书时间应该是在战国后期。但是学术界并未形成一致意见，主要原因在于《周礼》内容丰富，涉及问题多而复杂，还有学者们囿于多种原因对古代社会的认识也难以形成一致意见。因此，《周礼》的成书时间一直难以定论。主流学者仍然认为《周礼》是先秦时期的一部著作，虽然周公所处的西周初年和东周时的战国末期差距很大，但总归是一脉相承。

《周礼》创建了一整套切实可行的礼乐制度，包括人们的日常饮食起居、生活百事以及吉、凶、军、宾、嘉等社会生活方方面面的礼仪。《周礼》的许多礼制影响深远，例如唐朝时中央政府设置的"三省六部制"中的"六部"，就是模仿《周礼》的"六官"设置，这一制度一直沿用到清朝。又例如王城的城市格局，很多朝代也是按照《周礼》"左祖右社，前朝后市"进行布局，像元大都就是以《周礼》为指导进行的城市布局，后又被明清沿用。包括李氏朝鲜的都城汉城（今首尔），也是依据《周礼》进行的布局设计。

---

[1] 陈延斌、王伟：《传统家礼文化：载体、地位与价值》，《道德与文明》2020年第1期。

《周礼》体大思精，它的内容远不限于礼制方面。国家层面的邦国建制、赋税度支、文教政法，社会层面的士农工商、服饰膳食、车马庙寝以及各种制度、典章、工艺制作等都包括在内。小至沟洫道路、草木虫鱼，大至天下九州、天文历法无所不包。可以说，《周礼》就是古人工笔细描的理想社会蓝图。《周礼》以儒法兼容、德主刑辅的指导思想治理官员和百姓，每每社会有重大变革，很多人都以《周礼》作为变革的思想依据，比如王莽改制、六朝宇文周革典、北宋王安石变法无不援引《周礼》为据。甚至到了晚清，还有学者孙诒让著《周官政要》，试图以《周礼》来证明中国的治国之道不逊于西方。在深受中华文化影响的朝鲜，学者丁若镛写作《经世遗表》，主张以《周礼》为蓝本改革朝鲜的政治制度。可以说，《周礼》的许多内容成为了中国传统文化的核心内容，并深刻地影响着整个华夏文化圈。

《仪礼》是"三礼"中成书最早的典籍，它记载了西周时期贵族们生活、社交等各方面的基本礼仪，是一本纯粹讲礼仪的书，但没有礼义阐释。《仪礼》本名《礼》，是礼的本经，之前都是以《礼》或《礼经》《礼记》称呼，晋代始称《仪礼》，在唐文宗《开成石经》中再次被称为《仪礼》，随着这一官方修订，《礼经》从此被正式称为《仪礼》，从那时起，《仪礼》的名称沿用至今。《仪礼》的版本有多个，据《史记》记载，西汉初年的高堂生最早讲授《仪礼》，是他把《仪礼》传授给了萧奋，萧奋传了孟卿，孟卿传给了后苍，后苍传给了大戴（戴德）、小戴（戴圣）、庆普，这即是所谓的汉代《礼》学五传弟子，其中戴德和戴圣是叔侄关系。汉宣帝时，大戴和小戴的《仪礼》被列入官学，庆普的则没有入选。后来，又在鲁国境内发现了古文经的《礼古经》。西汉末年，郑玄根据刘向编排整理的版本作注，并标识今古文的异同，今天我们看到的就只有郑玄作注的版本，其他版本已经失传。

《仪礼》的作者和成书时间也有争议，古文经学家认为《仪礼》为周公所作，而今文经学家则认为《仪礼》是孔子所作。后来的学者，如崔灵恩、贾公彦、郑樵、朱熹等认为《仪礼》词意简严、仪节详备，非周公不能为；司马迁、班固则认为《仪礼》系孔子有感于当时"礼坏乐崩"，追溯三代而作；近代学者皮锡瑞、梁启超认为《仪礼》的文风与《论语》极为相似，思想也与孔子的礼学思想一致，都认为是孔子所作。邵懿辰认为《仪礼》非孔子所作，而是孔子弟子根据孔子的教导撰作。沈文倬从《仪礼》的《士丧礼》内容分析，认为该书的成书时间大约在鲁哀公末年至鲁悼公初年，由此认为《仪礼》由孔门弟子及后学陆续编撰而成。

《仪礼》全面记载了先秦时期的礼仪制度，从冠婚丧祭到飨射朝聘，无不记述详备。《仪礼》对于历朝历代的皇室礼仪有着重要的指导意义,无论是唐朝的《大唐开元礼》还是北宋的《政和五礼新仪》,以及明代的《大明集礼》和清代的《大清会典》无不以《仪礼》为蓝本编撰,皇室成员的冠、婚、丧、祭以及接待重要使节朝聘、觐见的礼仪等也是以《仪礼》为圭臬损益而成。可以说,《仪礼》是中国古代社会不折不扣的礼仪制度指导书。虽说《仪礼》并没有对礼义的阐发,但宋朝的司马光、朱熹等人认识到它是儒家精神的最好守护者,于是他们把《仪礼》中能体现儒家思想的冠、婚、丧、祭等礼删繁就简,并加以损益编撰成家礼,身体力行地向全社会推广,使得儒家礼义文明思想再一次被发扬光大。

《礼记》的成书时间众说纷纭,流行的说法大概有以下几种:一是为孔子的弟子以及再传弟子所作;二是西汉时期戴德、戴圣据古礼删简而成;三是东汉末年马融、卢植编撰。现代学者经过了新的考证,钱玄在《三礼通论》中说:"大、小戴《礼记》,除可以确定为西周文字及秦汉人所作以外,多数篇目大致撰于战国时期,约公元前4世纪中期至前3世纪前期之间。即后于《仪礼》十七篇以及《论语》的著作时代,而早于《孟子》《荀子》的著作时代。"[①]任继愈则认为,《礼记》的"著作时代从战国延至汉代,而以汉初儒家作品的比例最大"[②]。所以,直到今天,《礼记》的成书时间也没有定论。

《礼记》是"三礼"中最晚被确定为"经"的,但是日益受到人们的重视,成为礼学大宗,这与它优美的语言风格、富有哲理的意义阐发不无关系。先秦时期,人们把说明解释"经"的辅助材料称为"记"或"传",用来阐发或补充经文所没有说出的意义,属于一种特定的文体,类似于我们现在的参考书之类的读物。《礼记》就属于这样性质的材料读物,它本来是《仪礼》的辅助说明材料,但是因为它对礼学理论、礼学制度以及礼节礼仪等与礼相关的内容进行了深刻的阐发,所以成为传承儒家思想的重要书籍。隋炀帝把"三礼"(《周礼》《仪礼》《礼记》)"三传"(《左传》《公羊传》《穀梁传》)和《易》《书》《诗》列为"九经",唐承隋制,宋朝时《礼记》又被列入"十三经"之中,《礼记》的地位得以凸显。唐朝时韩愈为了建立儒学的道统,从《礼记》中筛选出《大学》和《中庸》,认为它们是与《孟子》《易经》一样传承中国道统的重要著作,后又经宋儒

[①] 转引自周谷城主编:《中国学术名著提要(合订本)》(第一卷),复旦大学出版社2019年版,第59页。
[②] 任继愈主编:《中国哲学发展史·秦汉》,人民出版社1985年版,第164页。

的进一步研究，认为《大学》《中庸》是儒家思想之精华。朱熹认为《大学》是"初学入德之门"，《中庸》是"孔门传授心法之书"，于是把它们从《礼记》中抽出单独成书，与《论语》《孟子》一起合称"四书"。元朝皇庆二年（1313），规定科举考试题目必须出自"四书"，由此"四书"成为天下士子必读之书。

《礼记》的文本也有多个，但是到了东汉中期就只剩下了《大戴礼记》和《小戴礼记》两个权威版本，唐朝的孔颖达引述郑玄在《六艺论》的说法："戴德传《记》八十五篇，则《大戴礼》是也。戴圣传《礼》四十九篇，则此《礼记》是也。"[1]郑玄为《周礼》《仪礼》《礼记》作注，从此《礼记》与前两书并列合称"三礼"，取得了"经"的地位。因为郑玄是用的《小戴礼记》作注，从此《大戴礼记》的地位一落千丈，到唐朝时已佚失大半仅存三十九篇了。现在的《礼记》就是指戴圣编撰的《小戴礼记》，共四十九篇。它的内容分为三类，一是与《仪礼》紧密配合的部分，比如《冠义》《昏义》《乡饮酒义》《射义》《燕义》《聘义》《祭义》《祭法》《祭统》《丧服小记》《大传》《丧大记》《奔丧》《问丧》《服问》《间传》《三年问》《丧服四制》这些篇目，是对《仪礼》的解释说明；一是对《仪礼》中的一些礼制的综述和补充说明，有些内容《仪礼》没有涉及，如《曲礼》《文王世子》《礼远》《礼器》《郊特性》《内则》《玉藻》《深衣》《投壶》等就属于这样的内容。还有一类是与《仪礼》配合不紧密的，这样的比较少，只有《月令》《乐记》篇。

《礼记》对礼的本质、理论、运用进行了深入的探讨，为后人留下了很多关于礼仪的重要思想。例如，把五帝三王对国家的治理分为"大同"和"小康"两个阶段，提出的"天下为公"的思想，这些都深深地影响了后来的思想家。中华民族是一个非常重视教育的民族，《礼记》是最早系统记述中华文化教育制度、教学内容、教育理论的著作。《礼记》反对用活人殉葬，反对非正义战争，重视人文关怀等处处闪耀着人本主义的精神。针对周初还残留的一些用活人殉葬的陋习，《礼记》予以坚决的批评。《檀弓》篇记载，齐国大夫陈子车死后，他的妻子和家宰准备用活人殉葬，陈子车的弟弟陈子亢坚决反对，说："以殉葬，非礼也！"并说如果非得用活人为哥哥殉葬，最好的人选就是他的妻子和家宰。这样，殉葬之事只得作罢。《礼记》中的另一处记载则是对暴政的猛烈抨击：

---

[1]〔清〕阮元校刻：《序》，《礼记正义》，《十三经注疏》，第2657页。

孔子过泰山侧，有妇人哭于墓者而哀，夫子式而听之，使子路问之，曰："子之哭也，壹似重有忧者。"而曰："然。昔者吾舅死于虎，吾夫又死焉，今吾子又死焉。"夫子曰："何为不去也？"曰："无苛政。"夫子曰："小子识之：苛政猛于虎也。"（《礼记·檀弓》）

妇人的公公、丈夫和儿子接连被此处的老虎咬死，他们仍然不愿离开，原因竟然是此处无苛政。"苛政猛于虎"的故事痛斥了残酷的暴政，也反映了《礼记》鲜明的价值取向。

孔子云："不知礼，无以立也。"（《论语·尧曰》）"三礼"奠定了中华民族的礼仪基础，成为几千年来国人的行为规范和安身立命的重要标准。特别是像冠、婚、丧、祭等家礼礼仪，后世虽然有所损益，但都是在这个框架下的调整与完善，没有与这个规定根本背离的变化。可见，先秦时期人们的家礼意识已逐渐形成，由此发展出了中华民族独特的家礼文化。一般来说，文化的形成有两个关键因素，一是制度，二是理念。家礼文化亦然。"在制度层面，夏商周时期形成的礼仪制度则为其奠定了制度基础；从文化视角看，以周公和孔子为代表的儒家伦理思想的不断积淀和渗透构成了家礼的理念内核。"[①]虽然春秋战国时期各诸侯国之间爆发连年的战争，礼制受到很大的破坏，但是礼文化在人们生活中仍然占据着重要的地位。出于家族生存发展的需要，公卿大夫并没有忽视对子弟家礼的培养，家礼文化在这种背景下获得了发展。

二、秦汉家礼：发展时期

结束了春秋战国的分裂之后，中国进入到了大一统时期，第一个统一王朝秦朝在很多方面奠定了中国的基础，比如统一文字、度量衡等，但是在家礼文化方面却没有什么建树。不仅是因为秦朝统治时间短暂，更是因为秦朝以法家的思想为统治基础，援法入礼，以严酷的刑律来施行家礼，走到了礼制的反面。礼原来并非儒家的专利，夏礼、殷礼和周礼都早于孔子开创的儒家，四百多年的两汉时期完成了礼

[①] 陈延斌、王伟：《传统家礼文化：载体、地位与价值》，《道德与文明》2020年第1期。

制的儒家化过程。两汉确立了礼制的基本框架，礼制的发展既顺应了当时政治制度的转化，承袭了先秦宗法制度的绵延，后世礼制也得以在这个框架下发展。两汉时期以孝治国，并确立了"三纲五常"的伦理规范，家礼也进入儒家化的发展过程。由此，这一时期成为家礼的发展时期。两汉家礼基本依"古礼"（《仪礼》《礼记》的有关记载），更多表现为因袭的特征，与家礼有关的著作主要是郑玄的《三礼注》和班昭的《女诫》等。

（一）秦朝家礼

秦朝及之后的历代封建王朝在政治制度上与先秦最大的区别就是废除了封土建国的封建制，实行了郡县制。秦朝统一六国后，秦始皇为了避免像春秋战国那样的诸侯混战再现，采纳了李斯的建议，废除封建制、推行郡县制，之前家族融在国家里的格局解体。秦朝以法家的思想治理国家，很多礼制被援礼入法，家礼的很多内容以严峻的法令来施行。

秦朝开创了中国最早的婚姻登记制度，例如，在睡虎地秦简《法律答问》简166中记述这样一个案例：

> 女子甲为人妻，去亡，得及自出，小未盈六尺，当论不当？已官，当论；未官，不当论。[①]

意思是说：甲作为妻子私自逃离了夫家，但因为身高不是六尺（秦律规定女子六尺二寸才能结婚），她是否应当被治罪？秦法令的规定是，如果甲的婚姻已经经过了官府的认可，则甲就要受到处罚；如果甲的婚姻没有经过官府的认可，则甲不受处罚。这里所谓的婚姻经官府认可，是指甲的人妻身份被夫家上报过官府，如果没有上报，就是没经过官府认可。除了逃婚，秦律对离婚（休妻）也做了规定：

> "弃妻不书，赀二甲。"其弃妻亦当论不当？赀二甲。[②]

[①] 陈伟主编：《秦简牍合集》（一），武汉大学出版社2014年版，第263页。
[②] 陈伟主编：《秦简牍合集》（一），第264页。

这里的意思是说：休妻要报告官府，不报告者要被处罚两副铠甲的罚款，同时妻子也要被处罚两副铠甲的罚款。秦朝时寡妇改嫁司空见惯，但秦始皇对守贞的寡妇则给予褒奖，《史记》中就记载：

> 清，寡妇也，能守其业，用财自卫，不见侵犯。秦皇帝以为贞妇而客之，为筑女怀清台。（《史记·货殖列传》）

巴郡名清的寡妇以财自守，秦始皇十分赞许，以宾客之礼来接待她，并为她修筑怀清台在全国表彰她的守贞行为。家礼内容也体现在秦始皇出巡的勒石铭文上。在秦朝的典籍中，秦始皇曾五次出巡，每次都会勒石纪念。公元前219年，秦始皇于泰山封禅时勒石的刻辞说："贵贱分明，男女礼顺，慎遵职事。昭隔内外，靡不清净，施于后嗣。"（《史记·秦始皇本纪》）这是表彰当地人们男女有别，谨守礼法，为后人树立了榜样。公元前210年，秦始皇在会稽立石：

> 饰省宣义，有子而嫁，倍死不贞。防隔内外，禁止淫泆，男女洁诚。夫为寄豭，杀之无罪，男秉义程。妻为逃嫁，子不得母，咸化廉清。（《史记·秦始皇本纪》）

当时的会稽民风淫逸，男女私通不以为意，秦始皇对此甚为不满，于是在勒石中规定杀奸夫无罪。公元前215年，秦始皇出巡的勒石刻辞中有"男乐其畴，女修其业，事各有序"（《史记·秦始皇本纪》），这也是教导臣民要男女各安其职，恪守本分。

秦朝提倡孝道，不孝的行为会受到严厉处罚，秦律规定："免老告人以为不孝，谒杀，当三环之不？不当环，亟执勿失。"①（秦律规定60岁以上老人免役，故称60岁以上的老人为"免老"；"谒杀"是指请求诛杀；"三环"为逮捕犯人的手续）这句话的意思是说：如果老人告发子女不孝，请求处死，地方机关则不必经过三次的原宥手续，而是要立刻逮捕勿使其逃走。《睡虎地秦墓竹简》记载了一例父亲告发儿子不孝的案例，结果儿子被鋈足（鋈足：秦朝刑罚，一说刖足即断足；

---

① 睡虎地秦墓竹简整理小组编：《睡虎地秦墓竹简》，文物出版社1990年版，第117页。

一说用金属器械施加于犯人的小腿或足部,类似后来的脚镣①),流放到边远的蜀地,且终生不得离开。竹简记载:

> 某里士伍甲告曰:"谒鋈亲子同里士伍丙足,迁蜀边县,令终身毋得去迁所,敢告。"告废丘主:士伍咸阳在某里曰丙,坐父甲谒鋈其足,迁蜀边县,令终身毋得去迁所论之,迁丙如甲告,以律包。今鋈丙足,令吏徒将传及恒书一封诣令史,可受代吏徒,以县次传诣成都,成都上恒书太守处,以律食。废丘已传,为报,敢告主。②

秦朝把一些家礼礼制纳入刑律且处罚严苛,秦礼失去了孔子强调的"仁"的内核,即使是出于好意也不能让人信服,这样的家礼是不能长久的。

(二)两汉家礼

自孔子"以仁释礼"以后,礼制就与儒学逐渐融为一体,而两汉时期则是礼制儒学化的新时期。与此同时,中国古代多元的礼制也被融合进新的礼制中,两汉时期完成了这一过程的两个方面,构建了完整的礼制体系,实现了礼制儒学化的"大一统"。家礼就是在这一背景下完成了礼制的儒学化而进入定型时期。

1. 政治、经济和文化对两汉家礼发展的影响

秦末的陈胜、吴广农民起义表明,小农经济已经占据当时经济的主流,而小农经济最经不起战争的摧残,经过反秦战争和四年的楚汉战争,西汉初年民生凋敝,亟待发展生产。史载:"汉兴,接秦之敝,诸侯并起,民失作业而大饥馑。凡米石五千,人相食,死者过半。"(《汉书·食货志》)可见,西汉初年的统治者需要把发展生产放在极为重要的位置,而发展生产首先需要社会稳定和家庭家族生活的稳定有序。汉王朝建立后,社会环境稳定了,但如何营造稳定的家族和家庭环境?孝悌、睦亲是调节家庭"六亲"关系最为重要的规范,可以最大限度地激发家庭成员的生产积极性和向心力,如果每个家庭都能做到孝亲敬长、兄友弟悌、家庭和顺、亲睦家齐,整个国家就会安定祥和、欣欣向荣。在陆贾等的建议下,刘邦实

---

① 参见彭文芳:《古代刑名诠考》,武汉大学出版社2015年版,第178页。
② 睡虎地秦墓竹简整理小组编:《睡虎地秦墓竹简》,第155页。

行了"与民休养生息"的政策；汉惠帝即位后不仅免除了部分徭役，还首次实行了"举民孝悌、力田者复其身"的奖励政策；吕后当政时也实行奖励孝弟力田政策，《汉书·高后纪》载"初置孝弟力田二千石者一人"；后来的文帝和景帝一直到武帝都有类似奖励孝悌和力田的政策。不仅如此，贯穿整个两汉时期，统治者都在提倡发展经济的同时，力促以孝悌为核心内容的家德、家礼教化，一直到东汉末年最后一个皇帝汉献帝仍下诏书曰："赐天下男子爵，人一级，孝悌、力田二级。"（《后汉书·孝献帝纪》）孝悌和力田并举是两汉时期统治者施政的一大特色。

两汉时期实行了一项重要的人才选拔制度，即察举制。察举选官的一项主要标准就是"孝悌"，这不仅是对孝悌的提倡，更是统治者对儒家修齐治平理念的认同。由此延伸，"举孝廉"成为汉代的一项选官制度。所谓孝廉，颜师古说，"孝谓善事父母者，廉谓清洁有廉隅者"①。"举孝廉"始自汉武帝，当时董仲舒向他建议：

> 夫长吏多出于郎中、中郎，吏二千石子弟选郎吏，又以富訾，未必贤也……臣愚以为使诸列侯、郡守、二千石各择其吏民之贤者，岁贡各二人以给宿卫，且以观大臣之能：所贡贤者有赏，所贡不肖者有罚。夫如是，诸侯、吏二千石皆尽心于求贤，天下之士可得而官使也。（《汉书·董仲舒传》）

汉武帝听从了这一建议，"元光元年冬十一月，初令郡国举孝廉各一人"（《汉书·武帝纪》）。后来"举孝廉"人数逐渐增加，地域也逐渐扩大，从而成为两汉时期选拔人才、储备人才的一项重要方式。孝廉被当时的官方给予很高待遇，某人一旦被认定为孝廉，原无官位的可以做官，原做小官的可以升官。李泽厚认为，举孝廉制度意义重大，它"建构一个由'孝悌'、读书出身和经受推荐、考核而构成的文官制度，作为专制皇权的行政支柱"②，只是这项制度后来因为腐败成为一种手段失去了本意，被时人讽刺为"举孝廉，父别居"，但两汉以孝治国的理念可见一斑。这种制度无疑对倡行以孝亲敬长为基本内涵的家礼文化起了重要的助推作用。

两汉时期坚定实行"以孝治天下"的政策，除了西汉和东汉的开国皇帝刘邦和

---

① 〔汉〕班固撰，〔唐〕颜师古注：《汉书》，中华书局1962年版，第160页。
② 李泽厚：《中国古代思想史论》，生活·读书·新知三联书店2017年版，第139页。

刘秀的谥号无"孝"字之外,其余的皇帝谥号中都有"孝"字,因此孝在两汉时具有特别突出的地位。何谓"孝"?《尔雅·释训》里说:"善父母为孝";《说文解字》也将其解释为:"善事父母者,从老省,从子,子承老也。"①但孝的含义决不仅限于此,孔子对此有评论。孔子不仅赋予了孝更为深刻的含义,而且扩大了孝的范围,创造性地把礼与孝联系了起来。孔子认为衡量孝的标准是看其是否遵守了礼,他在和子游对话时说:"今之孝者,是谓能养。至于犬马,皆能有养。不敬,何以别乎?"(《论语·为政》)孔子认为,如果孝仅仅是指儿女能奉养父母,那与养狗养马有什么区别?孔子这里所说的"敬"正是礼的核心内涵。《礼记·祭义》与孔子这一思想基本相似,也把孝与礼做了连接,指出"居处不庄,非孝也;事君不忠,非孝也;莅官不敬,非孝也;朋友不信,非孝也;战阵无勇,非孝也"。而《孝经》则给出了孝为道德礼仪根本的解释:"夫孝,始于事亲,中于事君,终于立身。"②又说,"君子之事亲孝,故忠可移于君;事兄悌,故顺可移于长;居家理,故治可移于官"③。对孝的这些解释已经远远超出了家庭的范围,本来仅仅是人伦亲情之间的孝被赋予了个人品质方面的德行,以及臣子对君王的忠诚,孝、忠与德这三个词几乎成为同义词,分别代表着人们在不同场合的处事态度,正是因为如此,才奠定了两汉"孝治天下"的理论基础,也成为几千年来中华民族"家国一体"的思想渊源。

虽然两汉"孝治"的根本目的在于让天下臣民都成为顺民而不是犯上作乱的暴民,其四百多年孝治天下的政策稳定了家庭这个社会细胞,从而保护了王朝的长治久安,也使得以孝亲敬长、兄友弟悌、夫义妇顺的家庭伦理为核心的家礼文化具有了政治、经济、文化等方面的基础,家礼因此在两汉获得长足的发展。

需要说明的是,冠、婚、丧、祭等礼仪虽然早就存在,而且周朝时大夫之家就已经设立了"家宗人"的职位专门掌管有关祭祀等家礼实施事宜,但是当时家与国的礼义礼制基本是一致的,只是规格大小不同,只是到了两汉时期,家礼的礼义和功能才被进一步发掘出来,或者说这时人们才明显意识到以孝为基本礼义的家礼对于家族和家庭的重要性,也开始了家族的家礼文化建设。具体而言,两汉时期在丧葬、祭祀、服丧等多个方面形成了比较系统的家礼文化。

---

① 〔汉〕许慎:《说文解字》卷八,《文渊阁四库全书》经部小学类。
② 〔清〕阮元校刻:《孝经注疏》,《十三经注疏》,第5526页。
③ 〔清〕阮元校刻:《孝经注疏》,《十三经注疏》,第5562页。

以两汉时期的丧葬礼为例。西汉初年，整个社会因受到战争的破坏而无力实行厚葬，到了汉武帝时期社会财富积累起来以及厚葬的观念形成之后，厚葬就比较流行了，以致后来"世以厚葬为德，薄终为鄙"（《后汉书·光武帝纪》）。厚葬风气的形成首先是因为《礼记》告诫人们孝敬长辈要做到"事死如事生，事亡如事存"（《礼记·中庸》）。《荀子》也说："夫厚其生而薄其死，是敬其有知而慢其无知也，是奸人之道而倍叛之心也。"又说："事生，饰始也；送死，饰终也；终始具而孝子之事毕，圣人之道备矣。"（《荀子·礼论》）可以说，正是这样包含孝道的礼仪、礼义使厚葬成为了一种社会风气，比如古丧葬礼里的招魂、沐浴、饭含等这些礼仪在两汉比较普遍。因此，厚葬在社会上越来越深入人心，但这也导致了社会的不良风气愈加严重，当时已经出现了富贵人家以葬礼敛财的情形。《汉书》中的《原涉传》就记载了他的父亲去世而其家却借机敛财的事。"涉父，哀帝时为南阳太守，天下殷富，大郡二千石死官，赋敛送葬皆千万以上，妻子通共受之，以定产业。"（《汉书·原涉传》）类似发死人财的人家毕竟是少数，大部分人家在丧葬中是花费自己家的财产，桓宽在《盐铁论》里就描述了当时的情形："今富者绣墙题凑，中者梓棺梗榇，贫者画荒衣袍，缯囊缇橐……今生不能致其爱敬，死以奢侈相高；虽无哀戚之心，而厚葬重币者，则称以为孝，显名立于世，光荣著于俗。故黎民相慕效，至于发屋卖业。"①

除了丧葬礼仪，两汉时期也很重视祭祀礼仪。服丧期间要进行多次祭祀仪式，首先要进行三次虞祭，所谓虞祭就是即葬之后迎接丧者魂魄于殡宫的礼仪。三次虞祭后隔一日进行卒哭祭，卒哭的次日进行祔祭，其后在死者丧礼一周年（13个月）后进行小祥祭，两周年（25个月）后举行大祥祭，大祥祭的一个月后再进行禫祭。所谓禫祭就是丧家除去丧服，宣告整个祭祀周期结束的礼仪，孝子们进入了正常的社会生活中，以后就转为吉礼的祭祀，即每年节日时的祭祖，也就是家礼中的通礼部分。与丧礼类似，两汉时期的祭祀也非常频繁、烦琐，一年之中就有六次，《四民月令》对此有详细记载：

> 正月之旦，是谓正日。躬率妻孥，洁祀祖祢。前期三日，家长及执事，皆致齐焉。及祀日，进酒降神。毕，乃家室尊卑，无小无大，以次列坐于先祖之

---

① 〔汉〕桓宽：《散不足》，《盐铁论校注》卷六，王利器校注，中华书局1992年版，第353—354页。

前；子、妇、孙、曾，各上椒酒于其家长，称觞举寿，欣欣如也。

……

二月，祠太社之日，荐韭卵于祖祢。前期齐、馔、扫、涤，如正祀焉。其夕又案家薄，馔祠具，厥明，于冢上荐之。其非冢良日，若有君命他急，筮择冢祀日。

……

六月，初伏，荐麦、瓜于祖祢。齐、馔、扫、涤，如荐麦、鱼。

（八月）荐黍、豚于祖祢。厥明祀冢，如荐麦、鱼。

……

十一月，冬至之日，荐黍、羔，先荐玄冥于井，以及祖祢。齐、馔、扫、涤，如荐黍、豚。

……

（十二月）荐稻、雁。前期五日，杀猪；三日，杀羊。前除二日，齐、馔、扫、涤，遂腊先祖五祀。①

两汉时期的祭祀也和丧葬礼一样奢靡，桓宽描述了当时社会上祭祀的铺张场景："今富者祈名岳，望山川，椎牛击鼓，戏倡儛像。中者南居当路，水上云台，屠羊杀狗，鼓瑟吹笙。贫者鸡豕五芳，卫保散腊，倾盖社场。"②除了这些，皇帝和官员以及富贵人家都有大量的祭祀建筑。比如皇家祭祀用的宗庙、寝殿、便殿等，官员和民间人家建设的祭祀父母先祖的家庙、祠堂等。近些年的考古和勘察发现了很多汉代的祭祀建筑，比如汉武帝的茂陵园寝遗址，汉宣帝的杜陵和孝宣王皇后陵的寝殿与便殿遗址等。《汉书·韦贤传》说："京师自高祖下至宣帝，与太上皇、悼皇考各自居陵旁立庙，并为百七十六。又园中各有寝、便殿。日祭于寝，月祭于庙，时祭于便殿。"除了皇家的祭祀建筑，汉代民间的祭祀建筑祠堂的分布也非常广泛，有些即使经过了一千多年依然存在，只是土木结构的祠堂现在已经消失殆尽，但还有一些石结构的祠堂，比如在江苏徐州地区、山东嘉祥武梁和安徽宿县褚北乡等地发现了民间的祭祀祠堂等。③史书中对祠堂等祭祀建筑也有记载，桓宽

---

① 〔汉〕崔寔：《四民月令校注》，石声汉校注，中华书局2013年版，第1、19、49、60、71、74页。
② 〔汉〕桓宽：《散不足》，《盐铁论校注》卷六，王利器校注，第351—352页。
③ 参见许亚飞："'孝'与汉代丧葬祭祀"，《文物世界》2014年第2期。

在《盐铁论·散不足》里记载了当时富贵人家的祭祀建筑："今富者积土成山，列树成林，台榭连阁，集观增楼，中者祠堂屏阁，垣阙罘罳。"①这种以孝为名的奢靡之风，其实大大败坏了当时的社会风气，引起了有识之士的忧虑，他们开始抵制这种风气。譬如著名学者杨震就告诫后人："身死之日，以杂木为棺，布单被裁足盖形，勿归冢次，勿设祭祠。"（《后汉书·杨震传》）两汉时期的丧葬和祭祀礼仪充分体现了"礼烦则敬"的原则，向世人宣示着不忘父母、祖先恩德，彰显着孝道的长存。整个社会高度重视丧祭礼仪无疑强化了家礼的建设，只是这样的代价太过高昂。

两汉丧礼还有一项重要制度，即服丧制度。比如服丧期间的饮食、居处、言语、服饰等都有严格的规定，三年丧制规定甚至被写入了《白虎通义·丧服》中。在汉代，对于官吏来说，严格遵守服丧期间的规定有时会获得朝廷的奖励，而不遵守服丧制度则可能受到惩戒。《汉书·于定国传》就记载于定国去世后，其子于永"居丧如礼，孝行闻，由是以列侯为散骑光禄勋，至御史大夫"。《后汉书·济北惠王寿传》也记载了济北王刘次在服丧期间谨守礼制，获得当时梁太后的褒奖。"济北王次以幼年守藩，躬履孝道，父没哀恸，焦毁过礼，草庐土席，衰杖在身，头不枇沐，体生疮肿。……今增次封五千户，广其土宇，以慰孝子恻隐之劳。"当然，也有因不遵守服丧礼仪被处罚的例子，《后汉书·赵孝王良传》记载："赵相奏乾居父丧私聘小妻，又白衣出司马门，坐削中丘县。"统治者为了弘扬孝道，表彰了很多遵守礼法的孝子，甚至被史家写入史书，反之则会受到严厉惩罚，这大大激励了服丧制度的实行。《汉书·扬雄传》还记载，朝廷察举孝廉，"汉律以不为亲行三年服，不得选举"。《后汉书·孝安帝纪》也记载了官员服丧的日期，"冬十一月，苍梧、郁林、合浦蛮夷降。丙戌，初听大臣、二千石、刺史行三年丧"。纬书《孝经援神契》则记载了服丧的重要意义："丧不过三年，以期增倍，五五二十五月，义断仁，示民有终，缘丧绝情。"②

两汉时期的丧葬、祭祀和服丧等方面的家礼复杂、烦琐和靡费，一方面确实表达了人们慎终追远的孝思，强化了家礼文化；另一方面却助长了社会的奢靡之风和伪孝行为，背离了家礼的本意。但总体来看，两汉时期真正促进了家礼的完善，家礼文化已经深入人心，成为全社会的共识。

---

① 〔汉〕桓宽：《散不足》，《盐铁论校注》卷六，王利器校注，第353页。
② 国家古籍保护中心编：《古籍保护研究》（第1辑），大象出版社2015年版，第105页。

2. 标志家礼发展的重要著作

（1）郑玄《三礼注》

东汉末年的礼学大家郑玄是两汉以来礼学的宗师级人物、礼学学术之集大成者，也是研究家礼绕不过去的人物。"三礼"中有很大一部分内容是对冠、婚、丧、祭等家礼内容的阐述。《三礼注》是郑玄的代表作，近代学者皮锡瑞评价说，"郑学最精者'三礼'"[①]。

郑玄（127—200），字康成，北海郡高密县（今山东高密市）人。他的学说被后人称为"郑学""通学"或"综合学派"。《后汉书》对于他的学术成就给予极高评价：

> 自秦焚六经，圣文埃灭。汉兴，诸儒颇修艺文。及东京，学者亦各名家。而守文之徒，滞固所禀，异端纷纭，互相诡激，遂令经有数家，家有数说，章句多者或乃百余万言，学徒劳而少功，后生疑而莫正。郑玄括囊大典，网罗众家，删裁繁诬，刊改漏失，自是学者略知所归。（《后汉书·郑玄传》）

郑玄还注释了很多儒学经典，比如他先为"六艺"作注，撰有《六艺论》，后来又为"五经"作注，撰有《驳五经异义》，可惜流传至今的只有《三礼注》和保存在《十三经注疏》中的《毛诗笺》。

郑玄以训释名物制度为方法诠释前代的经典文本，为两百多年来今古文之争作了历史性的总结，虽然有人不认同他的见解，但没人否认他开创了儒家经典阐释学的新局面。郑玄之前，《周礼》《礼记》《仪礼》单独成立并无关联，是郑玄打通了三者的联系，他以古文经学为基础，并参以今文经学，为《周礼》《礼记》《仪礼》作注，并称这本书为"三礼"，写出了著名的《三礼注》，从此之后，"三礼"始并称。

郑玄为"三礼"作注对后世礼学注疏产生了深远影响。魏晋时期的王肃也曾为儒学经典作注，甚至刻意与郑玄唱反调，但是经后人考证，王肃所作之注中和郑玄相反的内容多站不住脚，有些甚至是王肃的杜撰，到了为反而反的地步，故而皮锡瑞在其《经学历史》中称王肃为"经学大蠹"。唐朝孔颖达编撰《五经正义》时，《诗》《礼》二经直接采用郑玄的注释。唐朝学者贾公彦撰写的《周礼义疏》和

---

① 转引自秦义春编著：《儒家史话》，中国社会科学出版社2008年版，第31页。

《仪礼义疏》，孔颖达撰写的《礼记正义》都是为郑玄的《三礼注》作注，后来宋朝学者卫湜、李如圭等著书时也都吸纳郑玄的注疏。然而，宋元之际的经史学家敖继公编撰的《仪礼集说》质疑郑玄的学说，一度动摇了郑玄注疏的地位，但经过清朝"乾嘉学派"学者的考证，郑玄的学说又取得了正统地位。郑玄的治学方法和治学精神尤其受到清朝"乾嘉学派"的推崇，"乾嘉学派"提出推翻程朱理学和陆王心学而回归汉学，他们所谓的汉学其实就是郑玄开创的实证之学。

正是郑玄的《三礼注》才使得自先秦以来形成的大部分家礼著作不至于中断而一直流传下来。特别是先秦时期家礼中的许多名物、典章制度等如果没有郑玄的注释，后世学者则很难理解。郑玄的注疏使得后世学者对家礼的研究可以更加深入，尤其是后世逐渐消失的冠礼和深衣制度等礼仪，如果没有《三礼注》的注释，它们将会湮灭在历史的尘埃里。

《三礼注》的很多注释被后来的家礼著作引用。例如家礼发展史上的名篇司马光《书仪》和朱熹《家礼》等都引证了《三礼注》。如司马光《书仪》就多处引用《三礼注》注释家礼仪式，在"丧仪一"引证云："记曰：正尸，谓迁尸于牖下南首也。今室堂既异于古，故置堂中间，取其容男女夹床哭位也。"①在记述"深衣制度"时，司马光也直接引证郑玄的理论："郑曰：续，犹属也。衽，在裳旁者也。属连之，不殊裳前后也。钩，读如鸟喙必钩之钩。钩边，若今曲裾也。"②朱熹《家礼》也多处用郑玄的《三礼注》，比如对"禫"的注释，"郑氏曰：'澹澹然，平安之意。'"③

（2）班昭《女诫》

班昭（约49—约120），又名姬，东汉著名才女，因嫁与曹世叔为妻，故世人称其为"曹大姑"。班昭是史学家班固的妹妹，班固撰写《汉书》没有完成就去世了，她受命继续撰写《汉书》直至完成。后来，班昭奉诏入宫为皇后、嫔妃等后宫女子授课。

《女诫》是班昭50岁时撰写的一部训女著作，写作此书是为了告诫即将出嫁的女子，出嫁后要谨遵妇礼，孝敬公公婆婆，处理好和小姑、妯娌的关系，不要辱没了家门。除序言外，《女诫》分为"卑弱""夫妇""敬慎""妇行""专

---

① 〔宋〕司马光：《丧仪一》，《书仪》卷五，《文渊阁四库全书》经部礼类。
② 〔宋〕司马光：《冠仪》，《书仪》卷二，《文渊阁四库全书》经部礼类。
③ 〔宋〕朱熹：《家礼》卷四，《文渊阁四库全书》经部礼类。

心""曲从""和叔妹"七部分。第四部分"妇行"是对女儿家礼部分的详细描述：

> 女有四行，一曰妇德，二曰妇言，三曰妇容，四曰妇功。夫云妇德，不必才明绝异也；妇言，不必辩口利辞也；妇容，不必颜色美丽也；妇功，不必工巧过人也。清闲贞静，守节整齐，行己有耻，动静有法，是谓妇德。择辞而说，不道恶语，时然后言，不厌于人，是谓妇言。盥浣尘秽，服饰鲜洁，沐浴以时，身不垢辱，是谓妇容。专心纺绩，不好戏笑，洁齐酒食，以奉宾客，是谓妇功。此四者，女人之大德，而不可乏之者也。然为之甚易，唯在存心耳。古人有言："仁远乎哉？我欲仁，而仁斯至矣。"此之谓也。（《后汉书·曹世叔妻传》）

总体而言，《女诫》继承了"三纲五常"的家礼文化内涵，从女性的角度叙述了女子在家庭中应该遵守的礼法。《女诫》的影响很大，自问世后就成为历代官宦士夫家庭出身的女子的必读之书，成为历代女书之首。

除了《女诫》之外，汉朝还有蔡邕撰写的《女训》。《女训》是蔡邕专为女儿蔡文姬撰写的，教育教导女儿不仅要注意外在的容貌，更要注重内在的修为，可以说《女训》继承了家礼的本义。

3. 礼制日趋系统化和规范化

自汉武帝接受董仲舒的建议，"罢黜百家，独尊儒术"后，礼制的系统化、正规化建设就越来越受到皇帝以及学者们的重视。汉武帝时的经学家后苍撰写了《后氏曲台记》，他的学生戴德、戴圣叔侄分别选编了《大戴礼记》和《小戴礼记》。后来，刘歆和东汉末年学者应劭、卢植等也在礼学方面进行了持续的深入研究。最后，郑玄撰写了划时代的《三礼注》，遂为后世治礼学者所宗，至此完成了礼制的定型。两汉时期还召开了一些重要的学术会议，专门研究讨论儒学经典，如汉宣帝时召开的"石渠阁会议"，汉章帝时召开的"白虎观会议"等，尤其是"白虎观会议"，会后班固总结会议内容写出《白虎通义》一书，系统阐发了"三纲六纪"的内容，书中说：

> 三纲者何谓也？谓君臣、父子、夫妇也。六纪者，谓诸父、兄弟、族人、

诸舅、师长、朋友也。……三纲法天地人，六纪法六合。①

"三纲六纪"除了强调君权神圣不可侵犯外，也对家庭、家族中的长幼尊卑之礼做了明确的规定。"三纲六纪"后来逐渐演化为"三纲五常"，成为封建社会重要的礼制规则，也是家礼遵循的重要依据。

东汉时期确立了用儒家经典衡量是否合乎礼制的标准，在全社会确立了"三纲五常"的礼制和伦理道德规范，许多儒生毕生致力于对礼学经典的整理和诠释，尤其是东汉末年儒学大师郑玄对"三礼"的整理和注解，使礼制形成了一个相对完备的体系，大大促进了礼制的儒学化，礼制的儒学化促进了礼制的普及。史载东汉章帝时期，曹褒受命修撰礼法，曾"撰次天子至于庶人冠婚、吉凶、终始制度"（《后汉书·曹褒传》），家礼就是在这样的礼制背景下逐渐形成、发展起来的。

东汉末年连年的战争摧毁了国家的学校制度，与此同时各地豪强地主趁机崛起，有些发展成为后来的士族，学术中心也由官学转移到了这些家族内部。这些家族为了自身的长远发展，在家族内部传承和弘扬儒学，形成了各具特色的儒家家学，家训、家法、家礼等家族礼训也在这样的历史氛围中发展起来。这时的家礼礼法森严，甚至到了严苛的地步，出现了许多谨守家礼的典范人物。比如《后汉书》就记载："（冯良）志行高整，非礼不动，遇妻子如君臣，乡党以为仪表"（《后汉书·周燮传》）；"（张湛）矜严好礼，动止有则，居处幽室，必自修整，虽遇妻子，若严君焉"（《后汉书·张湛传》）；"（樊宏父）重性温厚，有法度，三世共财，子孙朝夕礼敬，常若公家"（《后汉书·樊宏传》）。这些为人传颂的家族典范人物直接把朝廷礼仪运用到了家礼之中，这时的家礼文化开始被世家大族有意识地倡导和开发利用起来。

总体而言，秦汉时期家礼发展经过了几个重要的历史事件。一是西汉汲取了秦朝二世而亡的深刻教训，并基于促进生产力发展和稳定政权的需要，逐渐摸索出"以孝治国"的治理模式并长期坚持。二是东汉在礼制的系统化、规范化方面取得重要成就。三是东汉末年官学式微、家学兴起，家族建设进入快速发展时期，儒学化的家礼因而有了更重要的意义。如果说《三礼注》是两汉礼学的最重要成果，那么《女诫》《女训》则是家礼儒学化的重要成果。以上这些因素从不同方面促进了家礼的发展，在礼制系统化、规范化的意义上而言，家礼在这一时期也得以规范和发展。

---

① 〔汉〕班固：《白虎通义》卷下，《文渊阁四库全书》子部。

三、魏晋南北朝家礼：门阀士族家礼的基本成熟[①]

东汉末年的常年战乱以及魏晋南北朝时期各种历史因素造成了门阀士族的崛起，这些门阀士族凭借自身政治、经济、文化上的优势，特别是以自身儒家文化的深厚造诣对家礼礼义进行的诠释，客观上也在很多方面传承发展了有着贵族文化标识的家礼。尤其是家礼专书的出现表明门阀士族家礼发展进入到基本成熟时期。因此，门阀士族家礼成为家礼发展史上的一个重要时期，这一时期颜之推撰写的《颜氏家训》不仅是一部家训方面的重要著作，也是家礼的重要著作，颜延之的《庭诰文》与此类似，不仅有家训内容也有家礼内容。

（一）门阀士族的形成与其家礼产生的深层原因

家礼的创新发展与门阀士族的形成有着直接的关系，正是门阀士族的刻意彰显，使家礼成为他们自矜门庭的文化标志，因此，有必要追溯一下门阀士族的形成过程。

1. 门阀士族及其形成

简单地说，士族是"士"与"族"的结合。"士"原来是商朝、西周、春秋战国时期最低一级的贵族。这些人中虽然少数人有自己的食邑，但是这些食邑不能继承，而且也面临着随时被诸侯夺回的可能，因此他们主要是靠为诸侯做事谋生。《白虎通·爵》曰："士者，事也，任事之称也。"《说文解字》里也说："士，事也"，把"士"与"事"作通假字解释。《礼记·表记》更明确地解释了士的职责："唯天子受命于天，士受命于君，故君命顺则臣有顺命。"可以看出，"士"主要是指为君王服务的各级官员，早期他们并没有什么特权，但是随着历史的发展，士族发展为具有强烈等级特色的门阀士族。门阀士族的一个重要特点就是他们是当时社会政治经济文化等很多重要资源的垄断者，如此，他们就拥有了极大的社会特权，甚至在很长一段时间内凌驾于皇权之上，这在几千年皇权至上的中国非常少见。

[①] 本节主要内容，笔者等曾以《门阀士族家礼研究》为题，发表于《江苏社会科学》2020年第6期。

作为一个社会阶层，门阀士族的形成经历了一个漫长的过程。其中西汉时期的"任子制"和察举制起到了重要的推动作用，曹魏时期的"九品中正制"更是促进了门阀士族作为特权阶层的形成。

西汉初年，汉高祖在废除封建制的同时，沿袭秦朝的褒子制设立了"任子制"。所谓"任子制"，就是依靠父祖的功勋或官爵保举子孙任官的一种选官制度，"任子制"是典型的上层官吏的特权世袭制。西汉哀帝时这项制度终于被废除，可是到东汉安帝时又被恢复。漫长的"任子制"孕育了东汉的世家大族，魏晋时期的士族很多由此承袭发展而来。

西汉时期还有一种被称为"察举制"的选官制度，地方士人以孝廉或秀才的身份进入仕途，而在察举时他们的学术修养成为一项重要指标。汉武帝"独尊儒术"之后，一些饱读经学之士凭儒学经典"学而优则仕"，就此进入仕途，甚至因此平步青云，故而攻读经学一时蔚然成风。"士病不明经术；经术苟明，其取青紫如俯拾地芥耳。"（《汉书·夏侯胜传》）到东汉末年，这些靠攻读儒学起家的士族蒸蒸日上，与任子制起家的士族一起成为了门阀士族。南北朝时更是如此，比如南朝的裴氏家族精通礼乐朝仪制度，裴松之、裴昭明、裴子野数代人多次被朝廷请去参与礼乐朝仪的制定。余英时认为，西汉初年的士人多为"游士"，在汉武帝"独尊儒术"政策后，政治上得势的士人转而扩张自己家族的财势，他们逐渐发展成为具有深厚社会根基的"士大夫"或"士族"。而原来的世家大族也督促他们的子弟读书，由此也转变为"士族"。①

曹魏时期，魏文帝曹丕采纳吏部尚书陈群的建议，设立"九品中正制"的选官制度，使得九品中正制成为门阀士族形成的决定因素。九品中正制的具体做法是，首先由中央政府挑选各地有名望、有见识、"德充才盛"的官员做中正官，让他们把当地的人才分为"上上、上中、上下、中上、中中、中下、下上、下中、下下"九个等级，上报给负责任职的吏曹，吏曹以择"上"录用的原则选拔官吏。这项制度首先在州郡二级实行，后来又扩大到县一级。

曹丕推行九品中正制的本意是继承曹操"唯才是举"的人才政策，为朝廷选拔有才干的官员。但是拥有推荐权力的中正官均为门阀士族，他们当然优先推荐自家子弟为官。这样一来，貌似为国家选拔人才的九品中正制从一开始就沦为了门阀士族推荐自家子弟、排斥寒门庶族的工具。九品中正制实行后很快就形成了"上品无

---

① 参见林聪舜：《儒学与汉帝国意识形态》，上海人民出版社2017年版，第85页。

寒门，下品无士族"的社会局面。西晋司马氏继承了这项政策，门阀士族的势力继续发展壮大，到东晋时门阀士族势力发展到了顶峰。

2. 门阀士族家礼传承发展的社会历史根源

在门阀士族的形成发展过程中，门第观念逐步加深和强化，礼仪制度的等级特征受到他们格外的垂青，于是门阀士族的学者们凭借对儒家礼制文化的造诣将其运用于家族生活中，并撰作了自家的家礼文本。与此同时，门阀士族子弟遵守礼度已经成为他们日常生活的重要内容，士族子弟"造次必以礼""动依礼典""动循礼度""恒以礼法自处"，这与孔子对弟子"非礼勿视、非礼勿听、非礼勿言、非礼勿动"的要求是一致的，史书对此有很多记载。例如南齐王延之，"家训方严，不妄见子弟。虽节岁问讯，皆先克日。子伦之，见儿子亦然"①。

当代日本学者谷川道雄对此也有研究，他说：

> 六朝士族通过日常礼仪，努力维持家族之间的秩序，也努力维护家门的安定。遵守礼仪，有助于提高家风所拥有的高贵性，从而博得世间的赞誉。六朝士族在人们的要求下，须作一名"礼仪人物"，即便是日常的言语、动作也必须合乎礼仪。言语、行动的端雅便是作为士大夫的资格。②

更深层的原因在于，一个门阀士族如果要做到累世高官，永居社会高位，仅靠政治的荫庇是远远不够的，也是不可靠的。正如钱穆所说："此门第之所赖以维系而久者，则必在上有贤父兄，在下有贤子弟，若此二者俱无，政治上之权势，经济上之丰盈，岂可支持此门第几百年不弊不败？"③而一个家族如欲"上有贤父兄、下有贤子弟"，家礼教化就成了其中的关键因素。陈寅恪先生指出："所谓士族者，其初并不专用其先代之高官厚禄为其唯一之表征，而实以家学及礼法等标异于其他诸姓。"④

另外，当时的国家其实是建立在士、庶族的家族群体之上的，门阀士族作为特

---

① 〔梁〕萧子显：《王延之传》，《南齐书》卷三十二，中华书局1972年，第586页。
② 〔日〕谷川道雄：《六朝士族与家礼——以日常礼仪为中心》，高明士编：《东亚传统家礼、教育与国法（一）：家族、家礼与教育》，第15页。
③ 钱穆：《略论魏晋南北朝学术文化与当时门第之关系》，（香港）《新亚学报》1963年第5卷第2期。
④ 陈寅恪：《唐代政治史述论稿》，第69页。

权阶层拥有皇帝决定不了的权威,这种权威来源于他们的家族礼法对全社会的示范引领作用。因此,门阀士族无论是出于永葆家族地位的长远考虑,还是维护当下家族权威的现实需要,谨遵家礼都是必然的。陈寅恪先生说:"夫士族之特点既在其门风之优美,不同于凡庶,而优美之门风实基于学业之因袭。故士族家世相传之学业乃与当时之政治社会有极重要之影响。"[1]

这些士族"家世相传之学业"就是经学,具体的晋升之法是"循其东汉以来通经义、励名行以致从政的一贯轨辙"[2]。

(二)门阀士族家礼的变化及其特色

门阀士族家礼有两个鲜明的特色:一是鲜明的时代性;二是严谨的学理性。首先,魏晋南北朝是一个战乱频仍的时期,与长期稳定的两汉相比有很大不同,政治经济社会的巨大变化使门阀士族对待礼制的态度也与前朝具有很大不同;其次,门阀士族的学者们具有深厚的礼学造诣,对礼义礼制有更深的理解和把握,他们不再拘泥于古礼烦琐的规定,而是与时俱进,因时因地因人变化,这些变化无一不体现在冠婚丧祭诸家礼礼制中。

需要说明的是,虽然当时社会上的其他阶层的人也都是冠婚丧祭诸家礼的遵循者,这些礼仪并非门阀士族所独有,但是因为门阀士族在政治经济文化诸方面的优势地位,无论是在家礼方面的因循旧制还是除旧布新,他们无疑是这些礼仪在整个社会施行的引领者和开创者,更是那个时期家礼文化的代表,故而有必要对门阀士族家礼的变化逐一说明。

1. 日益淡化的冠礼

司马光曰:"冠者,成人之道也。"古人对冠礼普遍重视,因为它是一个人进入成人社会的标志,不行冠礼就没有资格行使很多社会权力,"将责之以为人子、为人弟、为人臣、为人少之礼于其身,可弗重与!故孝弟忠顺之行立,而后可以为人;可以为人,而后可以治人"[3]。但是门阀士族子弟对于以上的继承是以血缘为

---

[1] 陈寅恪:《唐代政治史述论稿》,第71页。
[2] 陈寅恪:《唐代政治史述论稿》,第71页。
[3] 〔明〕王敬臣:《冠经全文》,《礼文疏节》,楼含松主编:《中国历代家训集成》,第2268页。

基础的，冠礼对他们而言已经失去了重要意义，因此，门阀士族子弟的冠礼越来越失去严肃庄重的意蕴。《礼记·曲礼》对冠礼的年龄明确规定为男子"二十曰弱冠"。门阀世家子弟为了继承官宦家业早登仕途，行冠礼的年龄普遍提前，甚至出现自加冠礼的行为。例如，史书记载，南朝学者阮孝绪：

> 年十三，遍通《五经》。十五，冠而见其父，彦之诫曰："三加弥尊，人伦之始。宜思自勖，以庇尔躬。"答曰："愿迹松子于瀛海，追许由于穹谷，庶保促生，以免尘累。"[1]

这段对话充分体现了当时崇尚清谈的社会风气，一个遍通《五经》的人不可能不懂古礼，阮孝绪不仅十五岁行冠礼，而且自己为自己加冠，这在前朝更是匪夷所思的事情，可是其父却不以为忤，庄严的冠礼不再那么神圣。

2. 与时俱进的婚礼

门阀士族婚姻发生了两个重要变化。首先，注重门第。门阀士族婚姻最为严格，他们实行门阀等级内婚制，门第成为门阀士族子弟婚姻的主要的甚至唯一的要求，他们很少考虑双方意愿、道德才貌等因素。"士庶不婚""贵贱不婚"几乎成为铁律，如有人违反会引起整个门阀士族阶层的讨伐。例如，南齐门阀士族王源欲将女儿嫁给士庶不明的满璋之，就遭到御史中丞沈约的弹劾。沈约说："高门降衡……蔑祖辱亲，于事为甚。此风弗剪，其源遂开。"并要求对王源予以惩处，"免源所居官，禁锢终身"。再如，北魏崔巨伦的姐姐一目失明，门阀子弟无人愿娶，于是家里人就想把她嫁入寒门。崔巨伦的姑母、李叔胤之妻听闻此事坚决反对，理由是"吾兄盛德，不幸早世，岂令此女屈事卑族"[2]。于是就让自己的儿子李翼娶了她。这桩排斥寒门的婚姻，一时竟成为门阀士族推崇的美谈。门阀士族弟子就这样被限制在一个很小的婚姻圈子里，以致他们近亲婚姻严重，生育的后代不少弱不禁风甚至智力低下，这也成了后来门阀士族衰落的一个重要因素。

其次，与对婚姻的门第慎重相比，婚礼仪式却相对简单，有时可以用草率来形容。比如"拜时婚"，"拜时婚"起源于东汉末年，婚礼时新娘头上罩上一件薄纱，夫妻拜过父母进入洞房后，新郎掀开新娘头上的薄纱，婚礼仪式就算完成了。

---

[1] 〔唐〕姚思廉：《阮孝绪传》，《梁书》卷五十一，中华书局1973年版，第739页。
[2] 〔北齐〕魏收：《崔巨伦传》，《魏书》卷五十六，中华书局1974年版，第1252页。

这本来是战争时期因条件所限人们没法依照婚制六礼而实行的权宜之计，后来又进一步发展出了"冒丧婚娶"，此婚姻礼制就是因为当时人们嫌丧期太长而实行的。所谓"冒丧婚娶"就是在自家守丧期间婚娶。西晋司徒王浑对此痛心疾首，上奏朝廷要求取缔拜时婚，但是混乱的时局却使此风屡禁不止，甚至一直存在于整个魏晋南北朝时期。导致拜时婚盛行不衰的原因除了战乱使得人们对礼节不够重视之外，另一个重要因素与当时的门阀士族近亲结婚导致人丁稀少有关。东晋刘琰评论拜时婚说："礼非拜时，拜时出于末世耳。将以世族多虚，吉事宜速，故以好岁拜时。"①

除了拜时婚这种非正常的婚礼外，门阀士族的婚礼还包括同姓婚、中表婚、尊卑婚、续嫁婚、指腹婚、财婚等。这些婚姻很多是在门阀士族等级内婚制的背景下产生的。"同姓婚"就是指同姓结婚，由于门阀士族子弟选择婚姻范围较小，同姓结婚这种在前朝被禁止的婚姻在当时又死灰复燃。"中表婚"是指姑舅两姨的孩子结婚，这种婚姻也不合古礼，但是中表婚在当时却非常普遍，著名的世家大族王、谢两家，就四代结为中表婚。"尊卑婚"一般是指同族中不同辈分的两人结婚，这样的婚姻在当时也很多，以致尊卑不分，伦常失序。"续嫁婚"为姐亡妹续或妹亡姐续，如在三国时期，后主刘禅娶了张飞的女儿为敬哀皇后，敬哀皇后死后又娶了她的妹妹，后来也将其立为皇后。《三国志》记载：

> 后主敬哀皇后，车骑将军张飞长女也，章武元年，纳为太子妃。建兴元年，立为皇后，十五年薨……后主张皇后，前后敬哀之妹也。建兴十五年，入为贵人。延熙元年春正月……今以贵人为皇后。（《三国志·蜀书·后主敬哀张后传》）

"指腹婚"是两个孩子还没出生，两家就订立婚约，假如两家的孩子是男女异性，则在他们成年后举行婚礼。指腹婚起源于汉，如果说大部分婚姻是媒妁之言的话，指腹婚则是父母之命的婚姻。当时流行指腹婚主要是门阀士族为了附庸风雅，这实际是一种人为制造的婚姻形式。"财婚"是指门阀子弟结婚时大讲排场，不仅是男方，而且是男女两家都要为结婚付出大量钱财，这时门第较高的一方就会趁机

---

① 〔清〕严可均编：《全晋文》卷一百三十一，《全上古三代秦汉三国六朝文》，中华书局1958年版，第4423页。

大捞一笔。前面提到的王源嫁女与满璋之，满家送五万钱为聘礼。魏晋南北朝时期财婚一度非常盛行，实际上已经沦为买卖婚姻了。士族中的家贫者无财娶妻，不得不娶寒门女子，这又与门阀士族倡导的门第婚相悖，于是有些人不得不四处借钱结婚。如阮籍的儿子阮修因家贫四十多岁了还没有娶妻，于是他去求王敦帮助筹钱娶妻。史书记载此事：阮修"居贫，年四十余未有室，王敦等敛钱为婚，皆名士也，时慕之者求入钱而不得"①。

上述种种婚姻大都由于门阀士族的门第限制，择偶范围有限，出现了许多让平常人难以接受的婚姻。这一方面是因为战乱，另一个方面也在于门阀士族的婚姻观念发生了很大变化。

传统的婚姻六礼在魏晋南北朝时期大多没有得到遵守，但结婚过程中的礼制却得到了发展。这种发展主要包括三个方面：一是婚礼中的"共牢合卺"之礼。所谓"共牢"就是新婚夫妇共食一牲；"合卺"则是将一个瓠一分为二，夫妇各用一个饮酒（也有说是用酒漱口）。合卺礼演变成了现代婚礼中新婚夫妇的交杯酒。二是创制了独特的"却扇礼"。即新娘子出嫁时双手拿着一个扇子遮住自己的脸，这种礼仪很可能是后来新娘子盖盖头的起源。三是婚礼中开始出现举乐。这种礼制是有违古礼的。《礼记·曾子问》就云："嫁女之家，三夜不息烛，思相离也。取妇之家，三日不举乐，思嗣亲也。"到了魏晋南北朝时期，婚礼举乐已经很常见，虽说朝廷多有禁止，但是已难被禁住。《北史·高允传》记载："前朝之世，屡发明诏，禁诸婚娶，不得作乐……今诸王纳室，皆乐部给伎以为嬉戏，而独禁细人不得作乐。"②

3. 雍肃隆重的丧礼

门阀士族最重丧礼，尤其是在丧服制度方面的研究成就最高。在丧服制度改进上既具有"以情制服"的鲜明特征，又能遵守"以礼裁之"的基本原则，充分体现了他们因时制宜、因人制宜而不拘于古礼的实践主义精神。

最能表现门阀士族礼学研究突出成就的一个最典型的例子，就是丧礼中"心丧"概念的提出。公元265年，司马昭死，晋武帝司马炎要为父服丧三年，因不合礼制，朝中大臣屡次劝谏，希望他改正，但是却被司马炎一一驳回，他坚持要服丧三年。虽然古礼规定可以为父亲服丧三年，但帝王为父服丧三年会严重影响了整个

---

① 〔唐〕房玄龄等：《阮修传》，《晋书》卷四十九，中华书局1974年版，第1366页。
② 〔唐〕李延寿：《高允传》，《北史》卷三十一，中华书局1974年版，第1122页。

朝廷的行政和国家管理。试想皇帝守孝三年而不理政事，整个国家的政务岂不因没有最高决策而陷入瘫痪。另外，皇帝守孝让臣下何以自处？如果与皇帝同服丧，这个国家的政务更是不可想象；而如果不服丧，又有违君臣之礼。正是出于诸多方面的考虑，大臣们强烈要求司马炎放弃为父服丧三年的礼制。在这种君臣僵持不下且可能带来严重后果的情况下，大臣杜预建议损益古制，既要让皇帝尽人子之孝心，又要合乎礼制，于是他提出了"心丧"制度的建议。所谓"心丧"，元代学者王元亮在对《唐律疏议》释文时解释为："不视乐，不居寝，不饮酒食肉，不参预吉席，但得释此凶服而已。"

这种丧礼制度的核心是服丧期间除了不穿丧服，其余礼节都与正常守丧相同。在此之前，心丧只适用于师生之间，《礼记·檀弓上》说：

> 事亲有隐而无犯，左右就养无方，服勤至死，致丧三年。事君有犯而无隐，左右就养有方，服勤至死，方丧三年。事师无犯无隐，左右就养无方，服勤至死，心丧三年。

郑玄为此作的注为：

> 致丧，戚容称其服也。就养就方，不可侵官也。方丧，资于事父也。心丧，戚容如丧父而无服也。①

另外，《礼记·檀弓上》还记载了与孔子有关的两个心丧例子：

> 孔子之丧，门人疑所服。子贡曰：昔者夫子之丧颜渊，若丧子而无服。丧子路亦然。请丧夫子，若丧父而无服。……孔子之丧，二三子皆绖而出。群居则绖，出则否。

古礼将国君丧礼和父亲丧礼的规格规定得最高，臣子要为君王服斩衰期三年，几乎与为父服丧相同，而对于既无君臣之义又无养育之恩的老师，古礼创造了"心丧"这种折中方式。但是，古礼中却没有关于"心丧"的任何说明。杜预为了满足

---

① 〔清〕孙希旦：《礼记集解》卷七，沈啸寰、王星贤点校，第165页。

司马炎的心愿，又要符合礼制，创造性地用心丧制度来解释皇帝对父亲的服丧。史学家分析，司马炎如此一意孤行地坚持为父亲服丧三年，并非不知道服丧三年会为国家管理带来弊端，而是他觉得从曹魏那里得到政权违背了儒家思想里忠君的教义，于是他不得不以崇"孝"来强调西晋政权的合法性。虽说以这种说不出口的原因挑战了当时的家礼礼仪，但客观上也给家庭丧礼一个创制的机会。经过司马炎的率先垂范，西晋以后的历代皇帝基本上都是为父母服三年心丧。因为皇帝的特殊身份，皇家礼仪更多地适用国礼，但是心丧制度的创立明显地更多来自家礼礼法。心丧制度由此成为一项重要的礼制，适用范围逐渐扩大，逐渐用到了子为父母，夫为妻，臣为君，甥为舅等诸多关系之中，而且也在服制、月数、应否谭祭以及丧中遇到吊、贺、宴、祭如何处理等方面作了具体详细的规定，推进了家礼中丧礼的发展。

4. 由厚转薄的葬礼

葬礼在魏晋南北朝时期逐渐由当初的厚葬演变成了后来的薄葬。曹操是薄葬的倡导者，他临终前交代后事说：

> 天下尚未安定，未得遵古也。葬毕，皆除服。其将兵屯戍者，皆不得离屯部。有司各率乃职。敛以时服，无藏金玉珍宝。（《三国志·魏书·武帝纪》）

后来的曹丕也留下遗嘱，要求薄葬。此后，历代皇帝都声称死后薄葬。然而，帝王的薄葬很难实现，通过考古发现，南朝梁、陈时期的帝王陵墓最为奢华。只是战争年代人们的物资不丰富，又加帝王们的提倡，当时社会逐渐形成了薄葬的风俗。如南朝齐时张融病故时：

> 遗令建白旐无旒，不设祭，令人捉麈尾登屋复魂。曰："吾生平所善，自当凌云一笑。"三千买棺，无制新衾。左手执《孝经》《老子》，右手执小品《法华经》。妾二人，哀事毕，各遣还家。[①]

南梁的刘杳"临终遗命：'敛以法服，载以露车，还葬旧墓，随得一地，容棺

---

① 〔梁〕萧子显：《张融传》，《南齐书》卷四十一，第728—729页。

而已。不得设灵筵及祭醮。'其子遵行之"①。

丧葬制度的变化充分显示了魏晋南北朝时期门阀士族学者对于古礼的态度。在他们看来，古礼不应是凝固不变的，它理应随着时代的变化而变化，虽说不能对经典进行随心所欲的改造，但是因时制宜、因人制宜地对古礼进行损益则是必须的，而且这种损益不但没有削弱古礼的精神，反而强化了古礼的核心和原则。

5. 率多用古的祭礼

魏晋南北朝时期的士族普遍非常重视祭礼，泰始四年晋武帝下诏说："夫民之大事，在祀与农。"②这与《左传》"国之大事，在祀与戎"的理念形成鲜明对比。士族没有像对待其他礼仪一样对祭礼做太多的革新，而是尽量保持了古礼的规定。这应该是讲究门第士族的必然，只有严遵古礼才更能凸显他们家族的地位之高。当时，甚至有人因不遵古礼而被弹劾罢官。东晋豫章太守范宁命令手下在自己所管辖的十五个县为他建立家庙，此举遭到江州刺史王凝之弹劾。王凝之不是反对他置家庙，而是批评他逾越礼制品秩，按古礼"天子七庙、诸侯五庙、大夫三庙、士一庙"的标准，范宁要置的家庙数大大超越了这个数字。另外，魏晋南北朝的祭祀还有个值得注意的变化就是祭文的出现。祭文起源于曹魏时期，后来愈加流行，著名诗人陶渊明就是祭文撰作的高手，他甚至非常认真地为自己写了一篇祭文。

（三）门阀士族家礼的作用和影响

总的来说，门阀士族对于家礼的研究和变革起到了这样几个重要作用。

1. 门阀士族对儒学的传承

门阀士族对家学和家礼的研究承担了儒学的传承任务，这是最重要的作用。孔子开创的儒家思想在汉武帝"罢黜百家，独尊儒术"政策的驱动下成为天下"第一学术"，后来国家又陆续设立官学和经学博士，专门研究各种儒学经典，由此儒学的传承发展进入到了一个繁荣时期。然而，东汉末年的连年战争和魏晋南北朝频繁的朝代更迭摧毁了官学的儒学传承，生命的无常和社会的动荡让释、老思想大行其道，儒家的修齐治平思想却难以实现，致使儒学传承陷入了艰难的境地，儒学的学术中心便由两汉时期的官学转移到了魏晋南北朝时期的门阀士族家学。

---

① 〔唐〕李延寿：《刘杳传》，《南史》卷三十九，中华书局1975年版，第1224页。
② 〔梁〕沈约：《礼志一》，《宋书》卷十四，中华书局1974年版，第353页。

门阀士族世代相传的家学很大一部分就是对礼义的研究成果。为了使自家门第长盛不衰，他们开始整理自家家族长期以来遵循的礼仪规范，并以《仪礼》和《礼记》等为参照，将它们以文字的形式记录下来，形成了自家家族长期遵循和研究的"家礼""家学""家仪"，这些"家礼""家学""家仪"除了有对家礼礼仪的记载，也有对家礼礼义的阐释，这些阐释无一不是以儒学思想为遵循加以丰富和完善的。礼义是经学的重要组成部分，门阀士族通过对家礼义理等儒家思想的研究无意中成为了儒学传承的中坚。从《颜氏家训》来看，该时期士大夫已经有意识地以儒家思想来指导自己的家族治理了。因此，儒家思想客观上起到了保障门阀士族家族长盛不衰的作用，而门阀士族也凭自身对儒学的研究延续和传承了儒学，这是一个相互作用的过程。虽然门阀士族并无自觉传承儒学的觉悟，但是他们对家学的研究实际上担负起了儒学传承的责任。自此，儒学传承转移到了门阀士族家族内部的家学传承之中。这是家礼发展史上的重要节点，也是门阀士族对家礼发展的最大贡献。

南朝学者傅隆指出，《易》《书》《诗》《春秋》"之微婉劝惩，无不本乎礼而后立义"。为此他向南朝宋太祖刘裕建议："五服之本或差，哀敬之制舛杂，国典未一于四海，家法参驳于缙绅，诚宜考详远虑，以定皇代之盛礼者也。"[①]

傅隆对当时礼法的杂乱提出批评，希望刘裕制定统一的礼法以显示皇家的威仪。这里傅隆提到的"家法参驳于缙绅"就是指当时的门阀士族各有其家礼，这些自成一家的家礼无不来自于他们对儒学经典中礼学的传承发展。虽说他们的家礼会由于门阀士族不同的学术传承可能有所不同，但是核心思想不会有太大的差异，因为它们都是来自对儒学的诠释，符合儒家对礼义的规范，是在儒学基本思想指导下的细微变化，这是正常的，并不影响对儒学的传承。正因如此，门阀士族家礼不仅起到了"整齐门内，提撕子孙"的作用，还起到了传承儒学思想的作用。另外，门阀士族对于礼制采取"师古而不泥古，创新而不弃根本"的态度，很好地传承了儒学的根本精神，这种实事求是的治学精神更是值得肯定的。

2. 家礼专书的出现和对国礼的影响

由于门阀士族对于家礼的特别重视，致使家礼文献不再是混杂于其他著作里的附属，作为以礼治家依据的家礼成书的必要性也就凸显出来了，于是就出现了专门的家礼专书。

---

① 〔梁〕沈约：《傅隆传》，《宋书》卷五十五，第1552页。

这是家礼发展史上的重大突破，至此，家礼和国礼有了明显的分野，家礼也有了更高的地位。史载：北魏李敷兄弟"敦崇孝义，家门有礼。至于居丧法度，吉凶书记，皆合典则，为北州所称美"①；南朝裴让之父亲早丧，其母"辛氏高明妇人，又闲礼度，夫丧，诸子多幼弱，广延师友，或亲自教授，内外亲属有吉凶礼制，多取则焉"②。这两则史料中记载的"居丧法度，吉凶书记"和"内外亲属有吉凶礼制，多取则焉"表明家礼已经成书。《隋书》卷三十三《经籍志·仪注》条目有很多记录门阀士族的家族制作的家礼，大多被冠以家族的姓氏，以《某氏家仪》施行于自己家族内部，但可惜的是这些家礼文献大多没有流传于世，只有《徐爰家仪》一卷与《赵李家仪》十卷保存了目录。当然，有些家训文献中也有家礼记述，譬如颜之推的《颜氏家训》。该家训的《风操》篇中就说：

> 吾观《礼经》，圣人之教：箕帚匕箸，咳唾唯诺，执烛沃盥，皆有节文，亦为至矣。但既残缺，非复全书；其有所不载，及世事变改者，学达君子，自为节度，相承行之，故世号士大夫风操。而家门颇有不同，所见互称短长；然其阡陌，亦自可知。

家礼作为家学的重要内容，因为士族们的青睐甚至对国礼的传承发展也产生了重要影响。对于儒学经典的代代传承和对家礼义理的深入研究，使当时的门阀士族中产生了不少著名的礼学大家，他们不但精通国家礼仪，也精通家礼，更有人暗地里把自己家族的某些家礼礼仪塞进了国家的朝仪之中，因精通礼学被称为"一代儒宗"的南齐门阀士族王俭就是其中的代表。王俭在南朝的朝仪制定中发挥了巨大作用，他曾为齐高帝撰立受禅的仪注，《南齐书》卷二十三称：

> 时大典将行，俭为佐命，礼仪诏策，皆出于俭，褚渊唯为禅诏文，使俭参治之。
> ……
> 俭长礼学，谙究朝仪，每博议，证引先儒，罕有其例。八坐丞郎，无能异者。③

---

① 〔北齐〕魏收：《李顺传》，《魏书》卷三十六，第834页。
② 〔唐〕李延寿：《裴让之传》，《北史》卷三十八，第1384页。
③ 〔梁〕萧子显：《王俭传》，《南齐书》卷二十三，第434—436页。

但隋朝的学者牛弘却对王俭修订礼制提出了尖锐的批评，他说："且制礼作乐，事归元首，江南王俭，偏隅一臣，私撰仪注，多违古法。"①所谓"私撰仪注"就是把家礼仪制塞进了朝仪礼制之中。再如，以"王太保家法"闻名于世的王弘家族亦然。《宋书·王弘传》载，王弘"民望所宗，造次必存礼法。凡动止施为，及书翰仪体，后人皆依仿之"②。被世人称为会稽"江表儒宗"的贺氏家族更为典型。贺氏家族世代以礼学闻名，最早可追溯到西汉时期的庆氏礼学，该家族专研一经或几经形成"门业"或"世业"，一直到唐朝的贺知章仍绵延不绝。魏晋南北朝的贺循、贺玚、贺革、贺季、贺琛人人是儒学宗师，个个是礼学大家，这些学者代代传承，他们居家则"节操高厉，童龀不群，言行举动，必以礼让"③，且无一例外地都参与了当时的国家礼典制作。对他们而言，因礼学的成就被当时的朝廷选择来酌定国礼，又因自矜门庭的需要撰作家礼，国礼和家礼均以儒学思想为指导，国礼与家礼的相互影响也是必然的。

3. 对古礼的扬弃和对后世礼学的影响

门阀士族的学者在礼学发展中的一大贡献，就是对古礼的损益改进。随着生产的发展和时代的进步，古礼的一些规定在很多方面已不合时宜，比如"祭祀用尸，席地而坐，食饭食肉以手，食酱以指，酱用蚁子，行礼偏袒肉袒，脱履升堂，跣足而燕，皆今人所不宜者，而古人安之"④。还如，一些古礼因为时代久远和战乱等原因造成典籍文献缺失，或是注家对于礼仪制度的注解相互矛盾。对以上的这些礼制进行重新规定和解释，以及补缺典籍、理顺注解等也需要给予符合儒家思想的合理说明。这一系列复杂的礼学学术成果，都是在魏晋南北朝时期完成的。

王夫之在《读通鉴论》中给予魏晋南北朝学者在礼制方面的成就以高度评价。他指出："梁修五礼贤于汉。"⑤南朝梁武帝时就编修了"五礼"，此后的各个朝代都有编修。如隋朝炀帝修《江都集礼》，唐代的《贞观礼》《显庆礼》直至集大成的《开元礼》，这些都是在魏晋南北朝门阀士族学者打下的礼学基础上完成的。因为门阀士族家礼学者的不懈努力，礼学研究进入一个史上罕见的黄金时期。当

---

① 〔唐〕魏徵、〔唐〕令狐德棻：《礼仪志三》，《隋书》卷八，中华书局1973年版，第156页。
② 〔梁〕沈约：《王弘传》，《宋书》卷四十二，第1322页。
③ 〔晋〕陈寿撰，〔南朝宋〕裴松之注：《贺邵传》，《三国志》卷六十五，中华书局1982年版，第1459页。
④ 〔清〕江永：《礼记》，《群经补义》，清道光九年学海堂版《皇清经解》本。
⑤ 转引自陈戍国：《中国礼制史·魏晋南北朝卷》，湖南教育出版社2011年版，第205页。

然，这些描述主要是指门阀士族学者在国礼方面的贡献，家礼要到南宋朱熹编撰《家礼》一书时才真正达到了一个高峰。尽管如此，门阀士族在家礼方面的贡献也是不可忽视的。

四、隋唐家礼：士族家礼延续与下移

隋朝和初唐、盛唐时期的家礼基本延续了魏晋南北朝时期家礼的发展，整个社会对士族家礼文化仍持仰慕态度，但是因为朝廷对士族的打压以及科举制度的逐步完善，士族的优势在逐渐丧失。面对这些危机和挑战，士族出身的学者更加勤奋，长久的大一统局面也为他们提供了更好的研究机遇，这一时期士族出身的学者研究礼经，并依据礼经修撰家礼。这种努力使家礼在多方面获得发展，特别是大量的成文家礼的出现，表明隋唐士族家礼延续和发展了魏晋南北朝时期的家礼文化。

安史之乱是唐由盛转衰的转折点，也是士族阶层开始衰落的标志，中唐、晚唐及后来的五代十国直至北宋初年士族逐渐没落，庶族掌握了社会的政治、经济、文化大部分资源，士族再也没有能力排斥庶族，家礼也相应地发生了重大转折，由原来的士族引领家礼发展逐渐向士庶通礼过渡，整个社会家庭礼仪文明进入了一个新的形态。纵观隋唐时期民间家礼著作，主要有《柳氏家训》《女论语》《戒子拾遗》《女孝经》等。

（一）隋朝家礼

隋朝虽然结束了魏晋南北朝的四分五裂，但是它的社会形态还是顺延自魏晋南北朝，即仍然是士族占据主导地位的社会。具体而言，隋朝的礼制相比前朝有一个显著的特征，即把以前分裂地区的礼制加以综合，制定了属于自己的礼仪，这也与隋朝统一整个中国相一致。史学大家陈寅恪曾指出，隋朝的礼仪有三个来源，即北魏北齐、梁陈和西魏北周。陈戍国先生在《中国礼制史·隋唐五代卷》中指出，还有一个来源，即南北朝之前的古礼。所谓古礼，就是汉晋礼仪和先秦礼制。因此，隋朝礼仪在礼制史上有一个专门的称呼——"隋礼"，欧阳修等编撰的《新唐书》

中说：" 唐初，即用隋礼。"①隋文帝杨坚对礼仪很重视，在南北还未统一的开皇五年（585）就命礼部尚书牛弘制定新礼，在新礼颁行十余年后，又颁布诏书命其他一些学者和牛弘共同修定完善，"尚书左仆射、越国公杨素，尚书右仆射、邳国公苏威，吏部尚书、奇章公牛弘，内史侍郎薛道衡，秘书丞许善心，内史舍人虞世基……可并修定五礼"②。牛弘制定的"五礼"虽以国礼为主，但祭祀、丧葬等礼仪同时也是家礼的重要内容，如丧礼就规定：

> 其丧纪，上自王公，下逮庶人，著令皆为定制，无相差越。正一品薨，则鸿胪卿监护丧事，司仪令示礼制。二品已上，则鸿胪丞监护，司仪丞示礼制。五品已上薨、卒，及三品已上有期亲已上丧，并掌仪一人示礼制。③

但是毕竟隋朝统治时间较短，家礼文化的进一步发展主要是在唐朝。

（二）唐朝家礼

唐朝时期士族内部的礼仪也与魏晋南北朝时期一脉相承，但是由于唐代中央集权的加强，士族的政治势力日渐式微。唐朝的太宗、玄宗、德宗三个皇帝曾先后提倡儒学，一度提振了士族的声望，但就整个唐朝而言，士族是衰落直至灭亡的。当时的士族为了拯救自身的没落，在家族内部更加重视礼仪，希望借助礼来维持自家的门第声望。与魏晋南北朝时期只有少量成文士族家礼相比，唐代出现了大量的成文家礼，这是家礼发展史上的一个巨大进步。中唐以后士族逐渐衰落，原来的士族家礼也逐渐被士庶通礼所取代，到北宋初年士庶通礼已经成为当时社会的主流。由此可以看出，初唐和盛唐的家礼发展到了士族家礼的顶峰，中唐和晚唐逐渐开启了士庶通礼，家礼逐步走向大众。

1. 成文家礼

唐朝家礼发展的一个显著特点是很多士族家族都编撰了自家的成文家礼，大量

---

① 〔宋〕欧阳修、〔宋〕宋祁：《礼乐志一》，《新唐书》卷十一，中华书局1975年版，第308页。
② 〔唐〕魏徵、〔唐〕令狐德棻：《高祖下》，《隋书》卷二，第48页。
③ 〔唐〕魏徵、〔唐〕令狐德棻：《礼仪志三》，《隋书》卷八，第156页。

成文家礼的出现为家礼的繁荣发展起到了明显的促进作用。当时的士族普遍以礼范家，大力践行和推广家礼的道德内蕴和价值追求。大一统的唐帝国，皇帝通过不断修订、强化国家礼典，以加强皇家的地位。此时的士族出于维护自身利益的需要，也积极修订本家族的成文家礼，并世代相承，家礼遂成为士族维护家族内部尊卑秩序的一个重要工具。

　　唐代很多士族家族都编撰有成文家礼。据《新唐书》记载，唐文宗开成年间的义武节度使卢弘宣，"患士庶人家祭无定仪，乃合十二家法，损益其当，次以为书"①，遂著《家祭仪》一卷。卢弘宣是当时郡姓大族范阳卢氏的大房之后。除了卢氏之外，著名的崔、郑、柳、杜等世家大族都有各自的成文家礼。据《文献通考·经籍考》记载，唐侍御史平昌孟诜家族著有《孟氏家祭礼》，唐武功县尉贾琐家族著有《贾氏家祭礼》，唐左金吾卫仓曹参军徐润家族著有《徐氏家祭礼》等。在敦煌写本中还发现了武则天时期的书仪，如杜有晋的《吉凶书仪》，郑余庆的《大唐新定吉凶书仪》等。

　　唐朝的士族热衷于编撰家礼，重要原因之一是为了与其他阶层区分开，以凸显自己的高贵门第。在已经实行科举制度的情况下，对于那些"朝为田舍郎，暮登天子堂"的庶族阶层来说，家礼是一道他们不能轻易跨越的门槛。隋唐时期，士族受到了皇帝的刻意打压，唐太宗曾命高士廉修撰《氏族志》，以当时的官爵排列门第，而不以郡姓排列，原来许多高门贵姓无法进入官方认证的最高等级。唐高宗更是在显庆四年下诏："后魏陇西李宝，太原王琼，荥阳郑温，范阳卢子选、卢浑、卢辅，清河崔宗伯元孙。凡七姓十一家不得自为婚姻。"②令高宗意想不到的是，这些士族竟然以"禁昏家"相标榜，反而成为社会追捧的对象。经过这一系列的打压，士族在民间的影响可见一斑。唐文宗就曾对宰相感叹道："民间修昏姻，不计官品而上阀阅。我家二百年天子，顾不及崔、卢耶？"③

　　社会上对士族的看重显然与他们的家礼文化和高贵门风有关，家礼不仅对于士族家族内部起到了重要的调节和约束作用，保证了家族的和睦与延续，而且对于儒家经典的维护也是显而易见的，这一点与魏晋南北朝较为相似。有所不同的是，唐代的士族已经没有了魏晋南北朝时期的经济特权，而且有些士族已经很落魄，但是

---

① 〔宋〕欧阳修、〔宋〕宋祁：《卢弘宣传》，《新唐书》卷一百九十七，第5632页。
② 〔宋〕王溥：《嫁娶》，《唐会要》卷八十三，中华书局1960年版，第1528页。
③ 〔宋〕欧阳修、〔宋〕宋祁：《杜中立传》，《新唐书》卷一百七十二，第5206页。

长期的和平稳定让他们有机会凭着自家世代对儒家经典的研究和对家礼的坚守重振家族的名望，有些甚至远远超出了他们魏晋南北朝时期的前辈，比较典型的如河东柳公绰家族。

《旧唐书·柳公绰传》记载，柳公绰"家甚贫，有书千卷，不读非圣之书。为文不尚浮靡"①。家境的贫寒反而激发了他的奋斗意志，柳公绰终于以进士及第逐渐摆脱了生活的贫困。柳公绰的弟弟柳公权也通过科举进入官场，作为唐代著名书法家，柳公权的书法作品影响甚大。柳氏兄弟的成就使柳家的门第与家礼家风相得益彰，成为唐代远近闻名的诗礼簪缨之族，但是对柳氏一族传承发展起决定作用的还是其优良的门风和家礼家学，陈寅恪对此评价说：

> 考柳氏虽是旧门，然非山东冠族七姓之一，公绰、仲郢父子所出，亦非柳氏显著之房望……独家风修整，行谊敦笃，虽以进士词科仕进……受牛僧孺知奖，自可谓之牛党，然终用家门及本身之儒素德业，得见谅于尊尚门风家学之山东旧族李德裕，故能置身牛李恩怨之外。②

柳氏家族还编撰了一本《柳氏家训》，这部家训也是重要的家礼著作，编撰者为柳公绰之孙柳玭，可惜现在该著作的全本已经佚失，只在其他书籍里有部分记载。《柳氏家训》中的"柳氏序训"被保留在南宋理学家刘清之编撰的《戒子通录》中，还有小部分被保留在《柳公绰传》中，虽然不能看到全部，但是通过"柳氏序训"还是可以窥柳氏家礼家德教化之一斑：

> 孝公房舅谓余弟兄曰："尔家虽非鼎甲，然中外名德，冠冕之盛，亦可谓华腴右族。"玭自闻此言，刻骨畏惧。夫门地高可畏不可恃。可畏者，立身行己，一事有坠先训，则罪大于他人，虽生可以苟取爵位，死亦不可见祖先于地下。不可恃者，门高则自骄，族盛则为人窥嫉，实艺懿行，人未必信；纤瑕微累，十手争指矣。所以承地胄者，修己不得不恳，为学不得不坚。③

---

① 〔后晋〕刘昫等：《柳公绰传》，《旧唐书》卷一百六十五，中华书局1975年版，第4300页。
② 陈寅恪：《唐代政治史述论稿》，第92页。
③ 〔宋〕刘清之：《戒子通录》卷二，《文渊阁四库全书》子部儒家类。

可以看出，柳玭具有强烈的忧患意识，深深懂得"门地之高者，可畏不可恃"，这也成为社会推崇他们的一大原因，精神的高贵才是真正的高贵。柳玭还记述了其母侍奉公婆11年，"晨省与鸡鸣，昏定与初夕"、其父遵行"立己以孝弟为基，以恭默为本，以畏怯为务……肥家以忍顺"等家礼规范要求等，可见柳氏家族的优良家风和家礼文化修养。

2. 儒学传承

中国传统家礼说到底是对儒家精神的传承，因此家礼的发展与儒家经学教育有着紧密的关系。自东汉晚期官学衰微，经学教育由官学转入经学大师的私家传授和士族家族内部的家学传授之后，家礼就成为了士族的"标配"。隋唐虽然结束了魏晋南北朝的四分五裂局面，官学几经起伏，最终仍是日渐衰落。究其原因，与隋唐时期的科举制度的具体科考内容有着莫大关系。唐代的科举制度包括明经科和进士科两种，明经科主要考察学子对儒家经典及其注疏的熟悉程度，进士科则主要考察他们的文学写作能力和应变能力，所以进士科的考试难度相比就更大。于是社会上逐渐形成了士人以进士及第为荣的局面。进士出身的人受到各地士子的追捧，在官场往往平步青云。社会上应试的士子大量涌向以文学为主的进士科，经学受到了冷落，以传授经学为主的官学也始终没有真正发展起来。因此，唐朝时期的儒家经典传承仍然与魏晋南北朝时期一样，主要由士族在他们家族内部传承。

唐代的士族家礼绝不仅是河东柳氏一家著称于世，实际上大多数士族家族都有深厚的家族文化传统。例如玄宗时的国子监祭酒杨玚，系关中华阴杨氏，其家族谱系可追溯到汉。杨玚精通礼学，开元十年（722）时他上书玄宗，希望皇帝能够重视儒家经典的教育，他说：

  且今之明经，习左传者十无二三，若此久行，臣恐左氏之学，废无日矣。臣望请自今已后，考试者尽帖平文，以存大典。又《周礼》《仪礼》及《公羊》《穀梁》殆将废绝，若无甄异，恐后代便弃。望请能通《周》《仪礼》《公羊》《穀梁》者，亦量加优奖。①

杨玚的上书得到玄宗的嘉许。隋唐时期的士族重视儒学经典，特别是以家礼为主要内容的儒学经典，这与魏晋南北朝时期的士族重视儒学有着共同的原因，就是

---

① 〔后晋〕刘昫等：《杨玚传》，《旧唐书》卷一百八十五，第4820页。

以礼学为中心的儒学仍然是士族家族区别于其他社会阶层的重要标志。这也是他们与那些因军功、科举得到擢升的庶族相比最大的不同和最大的优势。

虽说唐朝士族的家礼因为承平日久得以恢复，但是纵观整个隋唐社会，这些士族毕竟是极少数，社会上的庶族家族甚至一些士族是没有固定的礼仪定法的，他们的家礼往往随意顺俗。这种局面的形成固然是因为这些家族缺少家礼文化的传承，还有一个更重要的原因是当时的国家礼仪制度强调品官等级，比如《大唐开元礼》对于冠礼，就明确作出了三品以上嫡子冠、三品以上庶子冠、四品五品嫡子冠、四品五品庶子冠、六品以下嫡子冠、六品以下庶子冠的具体规定。其他婚礼、丧礼和祭礼也有相应的规定，但是社会上大多数没有品级的人是不在这些规定里的，因此隋唐时期的家礼只在很小的范围内流行，绝大多数普通士庶人家没有真正意义的家礼规范，这些世家大族的家礼文本和践行仪式仍然是"礼不下庶人"，这就限制了家礼的普及和社会传播。这种情况也客观上推进了士庶通礼的产生。

3. 士庶通礼

中唐以后家礼逐渐进入寻常百姓家，不再是高高在上的为士族所独有的礼仪，家礼承前启后的现象愈加明显。这一时期家礼向庶民阶层的流传，一方面是中唐之后的政治、经济、社会等方方面面都发生了巨大变化，这种变化打破了阶层固化，士族阶层逐渐瓦解，士庶不再是截然分开的，这就为庶民阶层学习借鉴士族礼仪提供了机会；另一方面，家礼的逐渐下移和普及也意味着整个社会有了更广泛的道德和礼仪体系的需要。统治者也意识到了这种变化，其标志就是《大唐开元礼》中专门设置了庶人之礼，认可了庶民对于礼仪的追求，只是玄宗时期的《大唐开元礼》并没有正式颁行。

另外，民间蒙书也很好地传播了家礼的内容。民间蒙书的目的是教育儿童，其中包含了很多儒家伦理思想的内容，"三礼"和《孝经》中的礼仪知识自然也在其中。例如成书于中唐时期的敦煌写本《太公家教》，就以通俗易懂的语言记述了许多家礼的内容：

> 孝子事亲，晨省暮参，知饥知渴，知暖知寒，忧则同戚，乐则同欢。父母有疾，甘美不餐，食无求饱，居无求安，闻乐不乐，闻喜不看，不修身体，不整衣冠。父母瘥愈，整亦不难。[1]

---

[1] 〔唐〕佚名：《太公家教》，楼含松主编：《中国历代家训集成》，第113页。

据《敦煌蒙书研究》的分类，民间蒙书分为识字类、德行类和知识类等三类。《太公家教》《新集严父教》《武王家教》《辩才家教》《崔氏夫人训女文》等蒙书都有德行类的记述，家礼无疑是德行类的重要内容，其中《新集严父教》更以口语化的方式讲述了家礼的内容："家中学侍用，孝顺伯亲老。处分莫相违，但依严父教。枷杖免及身，寻思也大好。"有学者研究，作为起源于士族家礼和国礼的书仪，在中、晚唐的发展过程中却越来越转向庶民阶层和缺乏士族家学的新晋官吏。[①]书仪无意中成为了由士族家礼向平民家礼过渡的一个重要载体，书仪也逐渐由以前重点记述朝廷礼制、士族仪范而转向平民间的婚丧嫁娶等家礼和官员们的官场来往、社会交往仪节等内容。

归纳起来，隋唐家礼经历了两个阶段：一是士族学者撰写了大量的成文家礼，标志着士族家礼进入成熟时期，但是这种整理工作同时也意味着士族家礼走下坡路的开始；二是中唐之后直至北宋是从士族家礼向士庶通礼的过渡时期，家礼的大众化时代即将到来。

五、宋元家礼：承古拓新时期

两宋时期政治、经济较以前都发生了很大的变化。政治上，宋之前的五代是个大动荡的时代，在五十年间"天下五代而实八姓"[②]，整个社会"世道衰，人伦坏，而亲疏之理反其常，干戈起于骨肉，异类合为父子"[③]，宋朝无疑受到这种社会风气的影响。经济上，宋朝的农业、手工业、商业迅猛发展带动了当时城市经济的高度繁荣，张择端的名画《清明上河图》就是该时期的写照。政治、经济上的巨变导致了礼制的废弛，而改变这一现状无疑需要礼制的恢复。

除了官方之外，宋朝大量的学者文人也加入到家礼撰作的队伍中来，北宋时期的名臣和学者杜衍、韩琦、司马光、吕大防、吕大临、张载等，南宋的吕祖谦、朱

---

① 参见吴丽娱：《唐礼撷遗——中古书仪研究》，商务印书馆2002年版，第30页。
② 〔宋〕欧阳修撰，〔宋〕徐无党注：《义儿传》，《新五代史》卷三十六，中华书局1974年版，第385页。
③ 〔宋〕欧阳修撰，〔宋〕徐无党注：《义儿传》，《新五代史》卷三十六，第385页。

熹等都对家礼发展做出了突出的贡献。司马光撰写的《书仪》成为北宋时期家礼发展的代表作,这是士庶通礼之后礼义构建的重要成果,其中有很多开创性的思想,大大推动了家礼研究的进展。

南宋继承了北宋时期的思想,程朱理学成了家礼发展的理论基础。朱熹的《家礼》在司马光《书仪》的基础上取得了更大的成就,它设计了祠堂等更加适合普通家族的祭祀之所,对家礼的普及作出重大贡献。朱熹的同时代人吕祖谦撰写的《家范》则在继承司马光《书仪》的基础上强调了宗法制度,也对家礼做出了详细的规范。

以司马光《书仪》、朱熹《家礼》和吕祖谦《家范》为代表的两宋家礼不仅使家礼的礼义阐释达到一个高峰,也为家礼仪式的施行作了更好的设计,由此把两宋家礼引领到古礼的复兴与革新的时期。

元朝虽然是少数民族政权,但是它几乎全盘接受了两宋家礼的成果,延续了两宋家礼发展的进程。而且,元朝结束了多政权并列的分裂局面,两宋儒学家的家礼研究成果得以在更大的范围内传播,民间家礼的施行也更加规范。另外,受朱熹《家礼》的影响,家礼在民间的普及也逐渐推开。这一趋势具有重要的意义,它是中国社会家礼文化在明清时期繁荣的前提和开端。

（一）宋代是礼义复兴与礼仪创制的高峰

两宋时期是中国社会的转折时期,它对后来的中国社会影响深远,严复就曾指出:"中国所以成为今日现象者,什之八九为宋人所造就。"[1]两宋时期有远见的名宦硕儒开始修撰家礼,带动整个社会家礼编撰的热潮,据《宋史·艺文志三》记载,仅宋代皇家存有的"仪注类"图书就达一百七十一部,多达三千四百三十八卷。可以说,两宋家礼进入前所未有的礼义复兴与礼仪创制的时期,而导致这一现象是多种因素作用的结果,主要有以下两个方面的原因。

1. 建章立制以适应"礼下庶人"

唐以前并无士庶通礼,而是士庶两隔,正所谓"礼不下庶人",根本不可能形成士庶通礼。所谓"礼不下庶人",并不是说庶人原来没有礼法,只是庶人所行之礼是国家礼制中极小的一部分,礼主要施行于贵族之间。"礼不下庶人"虽然在

---

[1] 胡先骕:《严几道与熊纯如书札节钞》,《学衡》第13期。

后来有所松动，但是历代把持礼制的上层世家大族并不愿与下层庶人共享，礼制成为他们炫耀门第、维护特权的工具，这种状态一直延续到唐代都没有根本的改变，《大唐开元礼》就是这种情况的佐证。《大唐开元礼》的礼制分皇帝、皇室成员、三品以上官员、四品五品官员、六品以下官员等五个等级，并详细记述了这些等级各自遵行的礼仪，但是庶民却不在其列。《大唐开元礼》全文六十余万字，一百五十卷，仅在区分等级差异时才以附记的方式只言片语地提到庶民礼仪。

关于"礼不下庶人"历史上有很多论述。东汉礼学大师郑玄为《礼记·曲礼》中"礼不下庶人"作注曰："为其遽于事，且不能备物。"孔颖达作疏时说得更加明白："礼不下庶人者，谓庶人贫，无物为礼。又分地是务，不服燕饮，故此礼不下与庶人行也。"①孔颖达又引张逸云之言："非是都不行礼也。但以其遽务不能备之，故不著于经文三百、威仪三千耳。其有事则假士礼行之。"②南宋学者卫湜也在《礼记集说》卷七中引用广安游氏的话评论如下：

> 礼不下庶人，古注详矣。如庶人不庙祭，则宗庙之礼所不及也。庶人徒行，则车乘之礼所不及也。庶人无燕礼，则酬酢之礼所不及也。庶人见君子不为容，进退趋走，则朝廷之礼所不及也。不下者，谓其不下及也。然非庶人举无礼也，特自士以上之礼所不及耳。③

有学者从西周宗法制度的血缘角度分析了"礼不下庶人"的含义，认为《礼记》中的礼分为两类：一类是天子至庶人所有人都要遵守的礼，它就是礼法，强调规范全社会成员的行为举止，"出礼入刑"就是在这一背景下作出的规定；另一类是以血缘关系为基础的家族礼，即西周时期的宗法礼，它是周王室的家礼，庶人与周王室的血缘是不同的，因此，这类礼是不允许庶人施行的，所谓"礼不下庶人"是指家礼不下庶人。④这种观点很有见地。

无论是哪一种对"礼不下庶人"的解释，实际上都表明从西周到唐代"礼不下庶人"一直是礼的特点。宋代完成了"礼下庶人"的转变，与之前各朝代"礼不下庶人"形成鲜明对比。北宋末年徽宗政和年间的《政和五礼新仪》专门列有"庶

---

① 〔清〕阮元校刻：《礼记正义》卷三，《十三经注疏》，第2705页。
② 〔清〕阮元校刻：《礼记正义》卷三，《十三经注疏》，第2705页。
③ 〔宋〕卫湜：《礼记集说》卷七，清通志堂经解本。
④ 参见马小红：《释"礼不下庶人，刑不上大夫"》，《法学研究》1987年第2期。

人婚仪""庶人冠仪"和"庶人丧仪",①并且把《政和五礼新仪》颁行天下,鼓励民间施行。史书上说"《五礼新仪》成……许士庶就问新仪"(《宋史·礼志一》)。从发展的观点来看,"礼下庶人"才是符合历史发展趋势的,而造成礼制在唐宋时期发生转折的一个重要原因,就是起于东汉末年、盛于魏晋南北朝时期的士族阶层在唐朝彻底衰落。尽管衰落的原因有多种,但根本原因在于社会上存在一个对文化、政治、经济等多方面长期垄断的阶层是不符合历史发展逻辑的,故其衰落就是必然的。

另外,随着科举制度的逐步完善和儒家伦理意识的深入人心,因科举入仕的新兴士族日益渴望立制家礼以标榜自身,而普通庶族亦向往上层仪礼进而敦伦尽份。包括家礼在内的礼仪下移需要文本指导,士庶通礼的流行成为社会发展的必然趋势。

2. 复兴宗法以敦风正俗

两宋家礼繁荣的第二个原因是士大夫为了重整宗法制度和救治人心、纠正恶俗而加强了家礼建设。以嫡长子继承制为中心的宗法制度,是封建社会政治制度极为重要的配套制度。如上所述,经过唐末和五代十国的战乱,旧式家族几乎被全部摧毁,宗法制度在士族衰亡时也遭到动摇,这是封建士大夫极不愿看到的,张载指出:

> 宗子之法不立,则朝廷无世臣。且如公卿一日崛起于贫贱之中以至公相,宗法不立,既死遂族散,其家不传。宗法若立,则人人各知来处,朝廷大有所益。②

巩固宗法制度势必要加强家礼的建设,正如《礼记》所言:

> 立权度量,考文章,改正朔,易服色,殊徽号,异器械,别衣服,此其所得与民变革者也。其不可得变革者则有矣。亲亲也,尊尊也,长长也,男女有别,此其不可得与民变革者也。(《礼记·大传》)

---

① 参见〔宋〕郑居中等:《政和五礼新仪》卷一百七十九、一百八十五、二百一十八、二百一十九、二百二十,《文渊阁四库全书》史部政书类。
② 〔宋〕张载:《宗法》,《经学理窟》,《张载集》,章锡琛点校,中华书局1978年版,第259页。

亲亲尊尊、长幼有序、男女有别是宗法制度的核心，只有通过家礼才能把这些理念落到实处，因为如此既是为自己家族也是为家国天下，于是两宋的士大夫纷纷加入修撰家礼的行列。

同样道理，救治人心也需要家礼建设。欧阳修对梁、唐、晋、汉、周五代的教训甚为痛心，为此他强调了正"家道"的极端重要性：

> 家人之道，不可不正也。夫礼者，所以别嫌而明微也。甚矣，五代之际，君君臣臣父父子子之道乖，而宗庙、朝廷、人鬼皆失其序，斯可谓乱世者欤！自古未之有也。①

救治世道人心，教导人民谨遵礼法，必须修撰家礼，这已经成为两宋士大夫的一件大事，为此，太常博士颜复曾上书宋哲宗：

> 祭享之礼不教，则流于祝襘佛齐。婚姻之礼不教，则流于委巷俚习。宾客之礼不教，则流于游衍嬉乐。师田之礼不教，则流于夷风暴俗。丧纪之礼不教，则流于道释数术。国之正礼，格而不下；民之良心，夺于异习而加愚。②

唐末和五代十国的长期动荡使得北宋时期的社会恶俗益甚，哲宗元祐元年（1086），左司谏朱光廷上书痛陈社会悖礼现状：

> 夫礼，废而不讲久矣。今天下之人自丱角已衣成人之服，则是何尝有冠礼也；鄙俗杂乱，不识亲迎人伦之重，则是何尝有婚礼也；火焚水溺，阴阳拘忌，岁月无限，死者不葬，葬者无法五服之制，不明重轻，则是何尝有丧礼也；春秋不知当祭之时，祭日不知早晚之节，器皿今古之或异，牲牢生熟之不同，则是何尝有祭礼也。冠昏丧祭，礼之大者，莫知所当行之法，朝廷之上未尝讲修，但沿袭故事而已，曾未尽圣人之蕴。公卿士大夫之间亦未尝讲修，但各守家法而已。何以为天下之法？车舆服食、器用玩好，法禁不立，僭侈尤

---

① 〔宋〕欧阳修撰，〔宋〕徐无党注：《重美传》，《新五代史》卷十六，第173页。
② 〔宋〕颜复：《上哲宗乞详议五礼以教民》，〔宋〕赵汝愚编：《宋朝诸臣奏议》卷九十六，上海古籍出版社1999年版，第1035页。

甚，富室拟于王公，皂隶等于卿士。风俗如此，一出于无礼而然也。①

为了纠正社会的恶俗，士大夫以修齐治平为己任，纷纷编撰家礼类著作，太常博士颜复则上书哲宗，认为重修家礼并不难，只需要荟萃古今家礼书仪，便可设计成"士民五礼"，然后颁行天下即可，他说：

会萃经史古今仪式至诸家祭法，岁荐时享、家范书仪之类可取者，高而不难，近而不迫，成士民五礼。不必冕并以为冠，韠韨以为衣，俎豆以为器，俪皮以为币，驭车而行，坐席而食，就其便安，以颁郡县。缓驱以令，使乐而不骇；劝晓以文，使徐而知义。②

整饬恶俗当然没有颜复说的那样简单，为了正风敦俗，当时的儒学家不仅从家礼的礼仪、礼义等诸多方面设计、论证，还身体力行地践行家礼。经过韩琦、张载、司马光、朱熹、吕祖谦等经国济世的士大夫的不懈努力，两宋家礼迎来了繁荣时期。

（二）标志家礼创制高峰的三部名著

宋代的家礼编撰与之前的家礼编撰不同之处集中在世家旧族的不同。两宋时期的家礼编撰者多为当世的高官和硕儒，高官如当时的宰相杜衍、韩琦、司马光等，硕儒如程颐、张载、吕祖谦、朱熹等，还有大量地位比他们低的官僚和社会上的其他儒生。另外，很多社会贤达也热衷于这项工作。除了为自身家族敬宗收族的目的之外，他们也是为了整个社会的敦风化俗。正如朱熹所说："庶几古人所以修身齐家之道，谨终追远之心，犹可以复见。而于国家所以崇化导民之意，亦或有小补云。"③在宋代家礼著作中，以司马光的《书仪》、朱熹的《家礼》和吕祖谦的《家范》影响最大，而司马光《书仪》和朱熹《家礼》更是成为中国传统社会两部

---

① 〔宋〕颜复：《上哲宗乞详议五礼以教民》，〔宋〕赵汝愚编：《宋朝诸臣奏议》卷九十六，第1033—1034页。
② 〔宋〕颜复：《上哲宗乞详议五礼以教民》，〔宋〕赵汝愚编：《宋朝诸臣奏议》卷九十六，第1035页。
③ 〔宋〕朱熹：《序》，《家礼》，《文渊阁四库全书》经部礼类。

标志性的家礼著作,他们不仅深刻影响了后来元明清各个朝代,也传播到朝鲜半岛和日本等中华文化圈的大部分地区,对这些地区产生了广泛而深刻的影响。①

1.司马光《书仪》

司马光(1019—1086),字君实,陕州夏县涑水乡人,人称"涑水先生",北宋名臣,主持编撰了我国第一部编年体通史《资治通鉴》,是反对"王安石变法"的代表人物。司马光不仅对历史比较重视,对家礼也很重视。他不仅关注冠婚丧祭礼仪,也很关注"居家杂仪"这些日常家礼礼仪。

司马光《书仪》共十卷,卷一是表奏、公文和书信的格式;卷二是冠仪;卷三、四是婚仪;卷五至卷十是丧仪,比较重要的"居家杂仪""居丧杂仪"和"影堂杂仪"分别在卷四、卷九和卷十。《书仪》是司马光的晚年力作,也是北宋时期家礼著作的代表作。它一经面世就获得仕宦之家追捧,宋版《书仪·序》说:"元丰中荐绅家争相传写,往往皆珍秘之。"司马光《书仪》虽然也保留了大量古雅繁复的礼节,但是对传统的"十礼"还是进行了简化、变通,很多地方提出"从俗""从众""从简""从简易"。为了强化宗族观念,司马光《书仪》专设了"影堂制度"一节,影堂是供奉祖先牌位的地方,以前的贵族是在家庙里供奉祖先牌位的,一直到唐朝时,家庙都是供奉祖先的地方,但是随着唐末和五代十国的战乱,到北宋时家庙已不复存在。司马光用"影堂制度"来代替实行原来家庙的功能,祭祀祖先、加冠婚嫁、升官远行等都要到影堂举行仪式。"影堂制度"直接启发了朱熹在《家礼》里的"祠堂制度",只是朱熹设立的祠堂比影堂地位更加重要。"影堂制度"的设立具有明显的敬宗收族功能,增强了家族的凝聚力,使得宗族观念深入人心。

整体来看,司马光《书仪》是两宋时期"士庶通礼"创设阶段的一个重要环节,它对原来流行于士族之间的传统礼仪做了很多调整和简省,并且形成了一个相对完整的家礼体系,这是之前的其他家礼著作所没有做到的。朱熹曾将程颐、程颢和张载所编撰的家礼与司马光《书仪》做了对比,他认为:"二程与横渠多是古礼,温公则大概本《仪礼》,而参以今之所可行者。要之,温公较稳,其中与古不甚远,是七八分好。"②朱熹《家礼》有一半以上文字援引自司马光《书仪》,由此也可以看出朱熹对司马光撰写的家礼著作的推崇。

---

① 参见陈明编著:《中华家训经典全书》,张舒、丛伟注释,新星出版社2015年版,第284页。
② 〔宋〕黎靖德编:《朱子语类》卷八十四,王星贤点校,中华书局1986年版,第2183页。

2. 朱熹《家礼》

朱熹（1130—1200），字元晦，又字仲晦，徽州婺源（今江西省上饶市婺源县）人，理学大家，程朱理学集大成者，被后人尊称为"朱子"。朱熹的学说不仅是元、明、清三朝的官方学说，他撰写的《四书章句集注》也是封建社会后期科举考试的标准和钦定的官方教科书。

朱熹《家礼》共五卷，通礼、冠礼、婚礼、丧礼、祭礼各一卷，最前面有短序用来阐明朱熹的家礼礼义。朱熹的《家礼》是家礼发展史上划时代的著作，有学者把它与东汉礼学大师郑玄的"三礼注"相提并论："二千余年天下相为法守，独康成郑氏及朱子之书（按指朱熹《家礼》）。"①日本学者吾妻重二对朱熹《家礼》也推崇备至，他说："《家礼》的问世可谓是中国近世思想史上的一件大事，其影响力之大，并不亚于他的《四书集注》。"②朱熹《家礼》在前人的基础上博采众长、融会贯通，本着慎终追远、敬宗收族、崇化导民的宗旨，根据时代要求对传统礼仪加以创新。仅从化民从俗的角度看，朱熹《家礼》对普通民众的影响甚至超过了"四书五经"。这是因为"四书五经"主要面对读书人，而朱熹《家礼》则是面对整个社会大众，礼制的推广应用因朱熹《家礼》终于到达了它应到的高度。

朱熹《家礼》之所以能达到这样的效果，与该书的几个突出特点分不开。一是朱熹《家礼》对古礼进行了大量的删减，为社会上大多数平民百姓参考使用留下了较大余地，可以因人、因时、因地制宜。比如，朱熹《家礼》将婚礼的"六礼"合并为"三礼"，只保留了纳采、纳币和亲迎。朱熹《家礼》还对一些古制作进行了大胆的革新，尤其是创设的祠堂制度，对以前士族的家庙制度和庶人祭祀祖先于寝的仪式进行了折中整合，使其更适合于一般士庶家庭，这样既提高了一般家庭祭祀的庄重性和严肃性，又充分考虑当时社会情况的礼制礼仪设计，深得平民百姓的认同。

祠堂制度是朱熹《家礼》重要的创新之一，对后世的影响非常之大。祠堂制度吸收借鉴了司马光的影堂制度，但是司马光仅仅把影堂制度作为祭祖的一部分附列在祭祖篇，而朱熹则把祠堂列在家礼的"通礼"之首，着重强调祠堂祭祖的重要意义。然而，《家礼》关于祠堂设置和相关礼制规定却又极为简略，力求祠堂制度更

---

① 〔清〕郭嵩焘：《校订朱子家礼本序》，《郭嵩焘全集》（第2册），梁小进主编，岳麓书社2018年版，第623页。
② 〔日〕吾妻重二：《朱熹〈家礼〉实证研究》，吴震、郭海良等译，第75页。

加适合大多数普通百姓家庭，比如朱熹《家礼》卷一《祠堂》中说：

> 祠堂之制，三间，外为中门，中门外为两阶，皆三级，东曰阼阶，西曰西阶。阶下随地广狭以屋覆之，令可容家众叙立。又为遗书、衣物、祭器库及神厨于其东。

唯恐这样的规定有些人家达不到，朱熹又规定："若家贫地狭，则止为一间，不立厨库，而东西壁下置立两柜，西藏遗书、衣物，东藏祭器亦可。"又补充说："正寝谓前堂也。地狭，则于厅事之东亦可。"①

朱熹《家礼》还充分考虑到经济对于家族组织的重要性，因而在祠堂制度中专门设"置祭田"一项内容，提出将家族各家私人田产的二十分之一充作家族祭祀的祭田，规定宗子掌握祭田的财产。这不仅使祭祀有了稳定的经济来源，也使主持祭祀的宗子在家族中树立了权威。祭田后来成为实施家礼的一项重要经济保障，特别是到了明清时期，祭田的作用越来越大。可以说，祭田制度也是朱熹《家礼》中一项重要的制度创新。

3. 吕祖谦《家范》

吕祖谦（1137—1181），字伯恭，南宋金华人，人称"东莱先生"，是北宋仁宗宰相吕夷简的后人，其父吕大器、祖父吕好问也是宋时的名臣和学者。他和朱熹、张栻是同时代人，并称"东南三贤"。《家范》被收录在他撰写的《东莱别集》中，共有六卷，卷一是"宗法"，卷二是"昏礼"，卷三是"葬仪"，卷四是"祭礼"，卷五是"学规"，卷六是"官箴"。

吕祖谦生活在南宋时期，那时科举制度已经普及，一大批庶族地主崛起，他们渐渐取代了原来的士族成为社会主流。在这些新兴官宦中很多人并无士族那样严格的家学渊源和家礼修养，也无严格的宗法伦理制度，吕祖谦在《家范》中强调"敬宗收族"，提出宗法制度的重建问题，主要就是针对这些新兴官宦家族提出的，这是《家范》具有重要影响的原因。《家范》借助《礼记》的语言阐明宗法制度的内涵，但却与《礼记》面对的对象大不相同，《礼记》里的宗法制度的对象是先秦贵族，而《家范》的对象是吕祖谦那个时代的庶族子弟。为了建立新型宗法制度，《家范》特别列出了宗法条目，这是宗法制度建构的原则。这些条目包括婚姻丧葬

---

① 〔宋〕朱熹：《通礼》，《家礼》卷一，《文渊阁四库全书》经部礼类。

的规定、子孙教育和家族治理、家族管理者的职权、祖产管理四个方面的内容，根本的目的是敬宗收族。在吕祖谦看来：

> 尊其所自来，则敬宗。儒者之道，必始于亲。此非是人安排，盖天之生物，使之一本，天使之也。譬如木根，枝叶繁盛，而所本者只是一根。如异端爱无差等，只是二本，皆是汗漫意思。
>
> 敬宗，故收族。①

吕祖谦突出了孝的作用，把孝作为忠、廉、洁的根本，因此《家范》特别关注对家族子弟"孝悌"品德和礼仪的培养，认为：

> 子弟不奉家庙，未冠执事很慢，已冠颓废先业，并行榎楚。
> 执事很慢，谓祭祀时醉酒，高声喧笑，斗争，久待不至之类。
> 颓废先业，谓不孝、不忠、不廉、不洁之类。凡可以破坏门户者，皆为不孝。凡出仕，不问官职大小，蠹国害民者，皆为不忠。凡法令所载赃罪，皆为不廉。凡法令所载滥罪，皆为不洁。②

《家范》确立了宗法制度的建构原则，也宣扬了宗法伦理的意义和作用。《家范》早于朱熹《家礼》，它仿照司马光《书仪》的"影堂制度"提出了祠堂制度的设想。

> 谨仿《王制》"士一庙"之义，于所居之左，盖祠堂一间两厦面势随地之宜，亦未能如古，以为藏主时祀之地，存家庙之名，以名祠堂，使子孙不忘古焉。③

很明确，设立祠堂的目的是祭祀祖先、怀念先人，但是吕祖谦未对祠堂制度做出具体设计。

---

① 〔宋〕吕祖谦：《别集》卷一，《东莱吕太史集》，黄灵庚点校，浙江古籍出版社2017年版，第259—260页。
② 〔宋〕吕祖谦：《别集》卷一，《东莱吕太史集》，黄灵庚点校，第279—280页。
③ 〔宋〕吕祖谦：《别集》卷四，《东莱吕太史集》，黄灵庚点校，第319页。

从礼制的变化讲，《书仪》《家范》《家礼》体现了士庶通礼的不断发展和逐渐完善，而从家庭礼仪的内容实质分析，《家礼》则成为家族生活的行动指南。总的来说，司马光《书仪》具有开创意义，吕祖谦的《家范》和朱熹《家礼》在宗法思想的重构和家礼规范上作出了各自的贡献，但是相较而言，作为家礼规范，朱熹《家礼》更具有可操作性和实用性，对后世的影响也最大。

（三）元朝家礼

两宋确立的家礼义理在元朝获得了进一步践行和拓展。以元末明初出现的《郑氏家仪》为代表，民间家礼向体系化和规范化方向发展。元朝是中国历史上第一个由少数民族建立起来的统一政权，蒙元统治者并没有一概排斥中原文化，程朱理学反而被认定为儒学正统，朱熹《家礼》也被规定为民间礼仪参照的文本。元朝虽然是蒙古族掌握的政权，但在礼制方面基本没有强制要求中原人民遵从蒙古族的礼俗，而是要求各族人民各从本俗。

元朝的大一统局面为家礼的传播创造了有利的条件。元朝统治者不仅不排斥宋朝儒学和礼学，而且整体看来，元朝时期的蒙古族统治者对儒学与礼学是欣赏和崇拜的，整个元朝社会是尊孔敬孔的。元成宗甚至在大德十一年（1307）封孔子为"大成至圣文宣王"，这一举动获得了汉族士大夫的普遍好评，礼部尚书曹元用赞曰：

> 天生圣人，至于孔子而后止；历代褒崇，至于皇元而后定。夫岂偶而已哉？天下之人，苟能体圣天子褒崇之意，遵孔子之教，君臣、父子、兄弟、夫妇各由其道，则纲常立而百度张，礼乐兴而风俗美，比屋可封，四海永宁矣！[①]

元代，汉人家礼总体上仍然承袭传统，不过已经开始参照朱熹《家礼》来安排自己家族的礼仪了。虽然元朝把全国老百姓分成"四等人"，其中南人的政治地位最低，但是蒙元统治者对士大夫们还是有很多礼遇。南人士大夫普遍受到地方官员

[①] 〔元〕曹元用：《大元加封大成至圣文宣王记》，《全元文》（第24册）卷七百五十五，李修生主编，江苏古籍出版社1998年版，第251页。

的尊敬，还被委任管理当地的官学和书院，并被编入儒户得以免除徭役、差发等。虽然这些人的仕途受到了影响，但是他们大多数人的生活还是基本得到保证的。

元朝的宗法制度由原来的官僚宗法制向庶民宗族宗法制转化，元朝庶民家庭的家族观念普遍强化，他们以修家谱、建祠堂、立族规等多种方式教化族众，家族的治理向制度化、规范化方向发展，家族治理水平明显提高，家礼的制度化建设也获得了巨大的进步。元朝的一些家礼，比如祖先祭礼，以及丧礼、冠礼等在整个社会更加受到重视，可以说，元朝家礼为明清家礼的大众化、普及化做了很好的先导。这与唐至两宋时期由士族家礼到士庶通礼过渡有相似之处，礼制的普及化在一步步加大。

其中浙江浦江县郑氏家族制定的《郑氏家仪》成为家礼制度化的典范。被朱元璋赐封为"江南第一家"的郑氏家族，从南宋建炎元年（1127）直至明朝天顺三年（1459）聚族而居，长达332年，跨越了三个朝代，成为家族治理制度化、规范化的样本，充分显示了家礼和家规在家族治理和家族繁衍发展中的巨大作用，创造了家族发展史上的奇迹。《元史》记述的义门郑氏家族第六世郑大和严格遵照朱熹《家礼》管理本家族的生活，"不奉浮屠、老子教，冠婚丧祭，必稽朱熹《家礼》而行执"[1]。在元末曾任温州路总管的郑氏家族第八世族长郑泳编撰了本家族的家礼指导书——《郑氏家仪》。《郑氏家仪》承袭了张载、司马光、朱熹关于家礼敬宗收族、睦亲齐家的核心思想，以朱熹《家礼》为主要蓝本。尤其是《家仪》对朱熹《家礼》中"祠堂制度"的修改，充分显示了《郑氏家仪》因人制宜的创造性思想，将朱熹规定的祠堂"西上为序"改为"以中为上"。对此，郑泳在《郑氏家仪》的"祠堂记"部分解释说：

> 吾家同居十又余世，宗支既多，位次难依《家礼》自西而东以四世为序，又难排日分宗而祭，但同堂南向以中为上，男女分左右祭，则于祝文上各见所继之宗。满四世者，依朱子例祧。如此，则宗法既明而位叙亦无不稳。[2]

《郑氏家仪》问世后，当时的学者欧阳玄为《郑氏家仪》作序说：

---

[1] 〔明〕宋濂等：《郑大和传》，《元史》卷一百九十七，中华书局1976年版，第4452页。
[2] 〔元〕郑泳：《郑氏家仪》，《丛书集成》（续编），（台湾）新文丰出版公司1988年版，第517页。

予观而叹曰：商尚质，周尚文，孔子尝言之矣。古礼之揖让、升降、周旋，必至于再三，然求其大本大节，则敬而已矣。今郑氏知乎此，虽礼器之物与古小异，而恭践实行，不失其敬，可谓知礼之本，而无质胜于文。岂不彬彬然可观矣乎？是编也，宁独郑氏一家可行，将见于二书并传于世，岂曰少补之哉。①

欧阳玄把《郑氏家仪》与《书仪》《家礼》二书相提并论，并给予了极高的评价。郑氏家族是一个人口众多的大家族，每次祭祀的规模和开销都很大，为了保证祭祀的顺利，《郑氏家仪》中专门就祭田管理作了规定。郑泳认为："今以祭视礼，礼为祭之本，以祭视田，田为祭之末。然无礼不可以成祭，无田不可以成礼，二者交相，须而相为用者也。"②祭田是单独管理的，《郑氏规范》里也有专门条款："立嘉礼庄一所，拨田一千五百亩，世远逐增，别储其租，令廉干子弟掌之，专充婚嫁诸费。"③这些祭田皆为郑家的"近家常稔之田"，所谓"常稔之田"即是南方那种旱涝保收的上等良田，而且祭田也不限于家族的族田，而是有很多来源，既有官家的封赏，也有做官族人的捐赠，郑氏家族前后有170多人为官，他们很多捐赠族田。因此郑氏家族的祭田有着庞大的收入，郑家派专人管理祭田，每年有审查和审计，如果有管理不善，管理人要受到处罚。

（四）宋元家礼的历史地位

虽然两宋给人"积贫积弱"的印象，但是该时期由于科举制度日趋完善，整个社会尚文轻武，文人社会地位的提高，使得从唐朝出现的士庶通礼到北宋时进一步发展。此外，因为五代十国以来长期战乱，礼制荒废，宋初的名家大儒对礼仪修撰尤为重视，在家礼方面产生了司马光所著的《书仪》这样的重要著作。司马光的《书仪》虽然在很多方面从简、从俗，但是仍然学究气十足，可操作性和实用性不够。到南宋时终于出现了儒学大师朱熹的《家礼》，它体例完备、内容详略得当，无论是礼义还是礼仪方面，都对传统家礼发展做出了开创性的贡献。

---

① 〔元〕欧阳玄：《义门郑氏家仪序》，〔元〕郑文融编：《麟溪集》卯卷。
② 〔元〕郑泳：《郑氏家仪》，《丛书集成》（续编），第517页。
③ 〔宋〕郑涛：《旌义编》卷二，楼含松主编：《中国历代家训集成》，第1179页。

在两宋家礼革新和创制过程中,吕祖谦的《家范》居于重要的地位。它产生于司马光《书仪》和朱熹《家礼》之间,并在两个方面做出了突出的贡献:一是《家范》中的《宗法条目》,强调了恢复宗法制度的价值;二是《家范》中的设计,既参酌古礼和司马光《书仪》,又结合时代特点做了取舍损益,更加具有实用性,助推了民间家礼文化在教民化俗中作用的发挥。此外,其冠婚丧祭四礼礼仪设计也被朱熹《家礼》所吸纳借鉴,作为自己家礼创设的重要参考。正因此,《宋史·吕祖谦传》评价《家范》,称其"居家之政,皆可为后世法"。

如果说两宋三部家礼著作的撰作达到了仕宦学者研究的高峰,那么《郑氏家仪》则是宋元时期民间家礼创作的典范之作。自南宋以来,郑氏家族就以孝友传家闻名乡里,屡次受到朝廷奖掖而被众多家族关注和效仿。明朝建立后,朱熹《家礼》《郑氏家仪》等家礼著述被广泛纳入国家礼制,而《郑氏家仪》在民间也发挥了范本作用,可谓中国礼制史与家礼史上的重大突破。

总体来看,宋元家礼呈现出承古与拓新交织的发展态势,既存在对古礼的遵循和恢复(尤其是家礼礼义),也因时制宜地对古礼进行了损益和创新。在坚持这种立场和原则的基础上,宋元家礼既保存了先秦以来冠婚丧祭的基本框架,也对具体仪节进行了变通,使其更加切于实用,从而奠定了后世家礼民间普及和践行的重要基础。

六、明清家礼:繁荣与普及时期

明朝是家礼大发展大繁荣时期。早在开国之前,朱元璋为吴王时就对明礼义、正风俗予以关注。元至正二十六年(1366),他曾对刘基等人说:"丧乱之后,法度纵弛,当在更张,使纪纲正而条目举。其要在明礼义,正人心,厚风俗,以为本也。"[①]因此,自朱元璋始,明朝统治者"以礼化民"的意识就非常强烈。明成祖朱棣在位时期,还组织编撰了《性理大全》,把朱熹《家礼》收录进去,刊行全国。明朝中后期,随着陆王心学的传播以及城市商品经济的发展,人们认为家礼要

---

① 《明太祖实录》,《明实录》卷一,(台湾)"中研院"历史语言研究所1962年校印本。

更多反映当下人们的生活而不是一味地遵循古礼,家礼也因此获得了空前的繁荣。清朝时期乾嘉学派的崛起改变了家礼礼义的发展方向,他们重视义理和考据,不认同明朝的做法,家礼又开始向古礼靠拢。总体来说,元明清时期宗法制度越来越严密,家礼也渗透到人们生活的方方面面,家礼的规范化、体系化也为社会治理和道德建设提供了有力的支撑。

(一)明朝家礼

明朝的开国皇帝朱元璋,在明朝建国初期,就由原来的"轻典"转为礼法并重。他提出:"礼法,国之纪纲。礼法立,则人志定,上下安。建国之初,此为先务。"[1]洪武三年(1370)颁布的国家礼典《大明集礼》,有多项礼制直接来自朱熹《家礼》。到了洪武六年(1373),朱元璋又颁布了家庙制度,仍然是依照朱熹《家礼》的祠堂制度而定。到了明成祖永乐十三年(1415),朱熹《家礼》被编入官方的《性理大全》,作为学宫学子以致天下学子必须学习的经典。值得一提的是,朱元璋对《郑氏家仪》也特别重视,他还邀请郑氏家族的族长为皇子皇孙讲述家族雍睦之道。之所以如此,与《郑氏家仪》在家族治理中的作用密不可分。《郑氏家仪》在规范家族秩序、维护家族稳定方面超越了朱熹《家礼》,尤其是在增强家族的凝聚力、向心力和家长对家族成员的统治及掌控方面更非朱熹《家礼》可比。[2]

朱元璋看重的恰恰是这一点,他赐予郑家"江南第一家"的匾额,将郑氏树为典范,后来的建文帝、明成祖对郑氏家族也是青睐有加、多有提携。

到了明朝中期,由于受到商业化的冲击,家礼在民间有了两个比较明显的变化:一个是礼仪被简化,另一个是礼因俗制。明朝对于礼仪的简化有了新的认识,明代理学家吕维祺在《四礼约言》序言里说:"繁不如简之易镜也,泛不如切之絜要也,骤革不如相因之默喻也。"[3]礼因俗制,则是指礼要遵从于当时人的生活习惯。明朝编撰的家礼比较多,虽然都是遵从朱熹《家礼》而编写,但无一不将"因

---

[1]《明太祖实录》,《明实录》卷一,(台湾)"中研院"历史语言研究所1962年校印本。
[2] 李冰、陈姝瑾:《〈郑氏家仪〉研究》,《广西师范大学学报(哲学社会科学版)》2018年第3期。
[3]〔明〕吕维祺:《原序》,《四礼约言》,楼含松主编:《中国历代家训集成》,第3152页。

俗"作为重要原则。其中明朝大儒丘濬的《文公家礼仪节》在这方面做得最好，影响也最大。例如丘濬把古礼中的"妇拜舅姑"一节，"因俗"改为夫妇共同拜见，在谈到改动缘由时他说：

> 礼无子妇同见庙、同见舅姑之文，今时俗如此行，若太拘于古礼，则有未可以人情论之。子妇同拜亦何害？且父母为之娶妻，不拜父母，其子心安乎？盖祭祀祖考妣，尚有主人、主妇同馈奠之礼。礼本人情，若新子妇同拜庙、拜亲，未为过也。①

正是因为从简和因俗，家礼"庶民化"成为明朝家礼的一大特点，明朝的家礼传播也更加广泛。

明朝是儒学获得大发展的时期，王阳明创立的阳明心学对社会的诸多方面产生了深刻影响，家礼也概莫能外。明朝学者对于礼的认识与之前有很大不同，他们认为古代的礼制固然重要，但不能一味地强调古礼而忽视了在民间流传已久的习俗，不能强求人们去遵守古老的礼制，而是要让礼适应人们的习俗，适应人们当下的生活。因此，明朝时期的家礼具有很强的现实取向。明朝学者对家礼的这种探索精神是可贵的，但在清朝学者看来却是不可取的。比如他们对待"三礼"的做法，不是在经学探索的基础上对礼仪的改进，而是直接把经典礼文拿来为我所用，并与宋儒的说法以及时制和前例相互掺和，把经典简化为实用知识。②但这样做也带来了严重的问题，清朝擅长考据的学者尤其不屑于明朝学者的这种做法，比如宋纁的《四礼初稿》就被批为"大都以意为之也"③。

从根本上讲，明朝学者对待家礼的目的不是为了恢复经典，而是希望通过家礼达到敬宗睦族，保持家族的繁荣与延续，为此明朝留下了大量有关家礼的信札、碑记、私修家礼书、考礼、议礼言论等。他们认为礼就是道，存在于人们的人伦日用中，礼要在人们的生活中，需要满足人们的精神需求。正是明朝学者对礼的这种认识，造成了当时经礼不昌而家礼繁盛的局面。

整个明朝以至清朝，社会进入了家礼、家训、家谱等家文化的繁荣时期，这时

---

① 〔明〕丘濬：《家礼仪节》卷三，《丘濬集》，周伟民等点校，海南出版社2006年版，第3515页。
② 参见何淑宜：《士人与儒礼：元明时期祖先祭礼之研究》，台湾师范大学2007年博士学位论文。
③ 〔清〕纪昀总纂：《四库全书总目提要》卷二十五，河北人民出版社2000年版，第670页。

的家礼基本上是与家训撰订、家谱编撰融汇在一起的，不再像魏晋南北朝时期那样是世家大族标榜门庭的高不可攀的礼制经典，而是辅助家族治理以求敦亲睦族的依据，礼法礼教由此越来越成为基层社会治理的手段。《中国丛书综录》记载家训一百一十七部，其中明清时期的家训就达到了八十九部，占据了三分之二以上，大多数家族的家礼都被融入了家训之中，可以想象明清时期家礼之发达，但是明清时期的家礼再也没有大的创新，更多的是礼学家为适应时俗，编撰了很多朱熹《家礼》的注释本与删节本，"如冯善的《家礼集说》、丘濬的《家礼仪节》、朱廷立的《家礼节要》、王叔杲的《家礼要节》、李廷机的《家礼简要》等"①。对此，本书后面还将阐述。

（二）清朝家礼

清朝延续了近三百年，是离现在最近的封建王朝，与元代和明代一样，清代也是传统家礼发展的重要时期，尤其是清代前期和中期。

1. 清朝儒学发展概况与家礼特点

有清一朝，经学学术研究达到了一个从未有过的高度，而清朝经学学术研究的发展也明显地被分为三个时期，对此，清代学者皮锡瑞曾有一个概括的描述：

> 国朝经学凡三变。国初，汉学方萌芽，皆以宋学为根柢，不分门户，各取所长，是为汉、宋兼采之学。乾隆以后，许、郑之学大明，治宋学者已鲜。说经皆主实证，不空谈义理，是为专门汉学。嘉、道以后，又由许、郑之学导源而上……是为西汉今文之学。②

清朝经学研究的这种发展历程有其内在的逻辑。明末清初，顾炎武、王夫之、黄宗羲等反思明亡的教训，批判阳明心学末流的空疏学风，提倡学术理论要结合实际，做到学以致用，顾炎武也提出了"经学即理学"的主张。

清中期注重考据的乾嘉学派全面崛起，形成了以惠栋为首的吴派和以戴震为首的皖派。乾隆公开批评宋儒"以天下为己任"的士人精神，采用文字狱手段对知识

---

① 陈延斌、王伟：《传统家礼文化：载体、地位与价值》，《道德与文明》2020年第1期。
② 〔清〕皮锡瑞：《经学历史》，周予同注释，中华书局1959年版，第341页。

分子进行打压，并对《四库全书》编撰进行文治引导等，使清中期学者失去了前期学者经世致用的学术精神，转而投入到了文献考据的实证研究。

晚清时期，面对内忧外患，今文学派兴起，学者们再次倡导经世致用的学术方向，涌现出龚自珍、魏源以及邵懿辰、戴望等今文经学学者，直至后来的皮锡瑞、廖平、康有为达到了顶峰。与此同时，程朱理学的研究学者中也出现曾国藩、左宗棠、罗泽南、倭仁等人。礼学、经学及程朱理学的发展关系密切，也随着清代儒学的发展变化而变化，缪荃孙评价顾炎武时就说："先生以经学为理学，即以礼学为理学。"①因此，家礼的发展也概莫能外，只是它受官方的影响更大。

受清代儒学发展的影响，清朝家礼具有四个鲜明的特点：首先，清朝家礼在明朝家礼的基础上进一步向规范化、普及化和制度化方向发展；其次，宗法观念无孔不入，家礼对人们身心的控制日渐强化，礼制的弊端逐步显现；第三，文字狱是清朝统治者摧残汉族文化最为残忍的手段，家礼也受到它的无情打击；最后，家礼损益在清朝也很突出，某些礼仪的变化比较明显，甚至一些流传很久的家庭礼仪日渐消失。

2. 清前期家礼

在清军入关之前，满族统治者就已经部分采用了汉族的礼仪。为了弥补满族典章礼仪制度的不足，皇太极曾下令"凡事都照《大明会典》行"。清初的几任皇帝明白礼仪是加强统治的最好工具，因而都非常重视礼仪制度。康熙九年（1670），朝廷批准实行乡饮酒礼，并且"满汉一体举行"。清朝前期的家礼发展主要是继承了明朝的家礼，即"清承明制"。清朝延续了两宋以至明朝以来儒家关于家礼"以礼造族"和"以礼化俗"的文化传统，而且对明朝的家礼创制等照单全收。可以说，虽然明朝的灭亡造成了一代文人的心理剧痛，但是具体到民间家礼则没有大的变化。唯一的区别就是满族统治者为了彰显自己民族的特性，颁布了《满洲祭神祭天典礼》，特别强调了满洲家礼。

不过毕竟处于不同的时代，清朝的礼学也逐渐有了自己的特色。其中给人印象最深刻的就是明朝以来的"家礼学"逐渐转变为清朝的"仪礼学"，可是学界也有人认为明清礼学根本没发生这么大的变化，只不过明清两朝学者研究的侧重点不同，明朝人多研究家礼，而清朝则更专注于经礼，所以就给人留下了转变的印

---

① 〔清〕缪荃孙编：《续碑传集》卷七十五，王兴康等整理，上海人民出版社2019年版，第3023页。

象。①

虽然清朝家礼给人的感觉没有明朝家礼研究的成就大，但是其呈现出了不同的风格，在某些方面弥补了明朝家礼的不足。明末清初思想家颜元有感于自身严格遵守朱熹《家礼》带来的种种不合常理之事，遂决定校阅古礼。他惊讶地发现朱熹《家礼》有很多对古礼的删减和篡改之处，由此他对宋以来的儒学提出了全面质疑，也使得自己的学术研究取得了很大进步。清代"很多礼学著作都环绕朱熹的《家礼》《仪礼经传通解》而提出进一步的增修研究、批评或者辩护。或者用朱熹的礼学著作为基础，继续编纂有关礼制的书"②。受考据之风的影响，清朝在编撰家礼时往往要考据一番，以"矫俗以合礼"，当时的学者姚际恒说："古礼今虽不能尽俾世从，然为之推详其旨，阐明其义，使后之人晓然知先型之本善，悔末流之已失，不亦可乎？"③李塨也说："礼之冠昏、丧祭，非学习不能熟其仪，非考订不能得其仪之当，二者兼用者也。"④可以看出，清初家礼的发展与经学的发展是一致的，像颜元这样由质疑朱熹《家礼》开始，进而走上实事求是的学术道路，真实反映了清初家礼文化的发展历程。

3. 清中期家礼

随着乾嘉学派学者考据研究的深入发展，学者们对《仪礼》展开了专门的研究。由顾炎武发起的对《仪礼》的研究，到张尔岐时取得了很大成就，张尔岐编撰的《仪礼监本正误》《仪礼石本误字》两本著作对清朝校勘学影响巨大。后来金日追等人借助四库馆藏书，以唐宋元明的《仪礼》版本对当时的《仪礼》传世本进行了逐章校对。学者们对《仪礼》研究的同时还形成了一些家礼的专题化研究成果，比如黄宗羲的《深衣考》、江永的《深衣考误》等都是对深衣制度的考证。特别是吴廷华、褚寅亮、凌廷堪等人对敖继公的《仪礼集说》进行的详细考据，并对比了郑玄对《仪礼》的注释，指出了敖继公对《仪礼》注释的许多错误，这不仅扭转了自唐代以来对《仪礼》研究的式微趋势，而且重新确立了郑玄对《仪礼》注释的权威。难能可贵的是，他们并没有对敖一概抹杀，也不是对郑一味盲从，而是依据经

---

① 参见赵克生、安娜：《清代家礼书与家礼新变化》，《清史研究》2016年第3期。
② 周启荣：《儒家礼教思潮的兴起与清代考证学》，《南京师大学报（社会科学版）》2011年第3期。
③ 〔清〕姚际恒：《仪礼通论》，《续修四库全书》（第86册），上海古籍出版社2002年版，第24页。
④ 〔清〕冯辰、〔清〕刘调赞：《李塨年谱》卷三，陈祖武点校，中华书局1988年版，第96页。

史一一指出他们的得失。梁启超对考据学者的学术态度大为赞赏，并称他们是"以实事求是为学鹄，饶有科学的精神，而更辅以分业的组织"①。

除了学者对家礼的研究，清朝官方对家礼也很重视，乾隆时对礼制方面做了更多规定，与家礼有关的主要有《国朝宫史》《钦定大清通礼》和《钦定满洲祭神祭天典礼》等。《国朝宫史》是一部记述清朝皇家宫廷礼制和皇家家法的典籍，该书记录汇编了康熙、雍正、乾隆三朝的宫闱禁令、内廷事务、典章制度和宫殿苑囿建置等，是一部详细记录皇家家礼家法的重要文献。嘉庆十一年（1806），大学士庆桂又奉旨续编了《国朝宫史续编》。《钦定大清通礼》是乾隆元年就开始编撰的一部礼仪大典，经过21年才完成。该书所谓"通礼"与朱熹《家礼》的"通礼"略有不同，分为吉礼、嘉礼、军礼、宾礼、凶礼。乾隆编撰这本书的目的很明确，就是让家礼成为每一个普通老百姓都严格遵守的礼法，他希望民间礼仪成为朝廷统治的第一道防线。在该书的序言里，乾隆明确要求这本书要做到"家诵而户习"，因此《四库全书总目提要》里说："赐名曰《通礼》，信乎酌于古今而达于上下，为亿万年治世之范矣。"清朝统治者对自己本民族的礼仪也竭力维护，《钦定满洲祭神祭天典礼》就是这样一本书，它记述了满族的祭神祭天的礼仪，原来是以满文记载，后又翻译为汉文，是清代满族文化最重要的一部礼仪典籍。满洲家礼由婚礼、丧葬礼、墓祭、祠堂祭祀和祭天祭神组成。满洲的婚礼、丧葬礼大部分依照汉族家礼，只在某些方面保留了自己的民族特色，比如丧礼中的"满洲服制"就与汉族的"五服制度"不同。满洲的祭天和祭神更能显出满人的民族特色，也是清政府特别在意的礼仪，故由朝廷颁布《钦定满洲祭神祭天典礼》来规范祭祀礼仪，把祭天祭神之礼作为"国制"固定下来。每年的元旦、新年和春秋冬上旬吉日举行，所用的祭品都是有满洲民族特色的东西，比如米儿酒、饽饽、打糕等。满洲家礼与汉族的家礼并行不悖，对广大的汉族人来说，满族家礼并没有对他们造成太大影响。

4. 清代两部代表性家礼著作

（1）《孔氏家仪》

《孔氏家仪》是一部特殊的民间家礼著作，也是唯一一部遭到清朝文字狱陷害的家礼著作。《孔氏家仪》不同于一般的民间家族修礼，该书作者作为孔子第六十九代孙的孔继汾也不是一般的乡绅。他曾在乾隆时期任内阁中书、户部主事等职，在得知乾隆要临幸孔府时，于乾隆二十一年（1756）主动回乡参与迎接的准备

---

① 梁启超：《自序》，《清代学术概论》，中华书局2010年版，第3页。

工作，但正是这次回乡与山东地方官在准备工作时发生冲突而被乾隆罢职，后来虽然又恢复原职，但他再也不去外地任职，只是在家闭门研究学术。《孔氏家仪》就是他在家时写成的著作，不幸的是在《孔氏家仪》完书二十多年后被族人孔继戍告发：

> 革职捐复主事孔继汾著《孔氏家仪》一书，内有增减《会典》服制，并有"今之显悖于古者，于区区复古之心"字样。①

乾隆对此小题大做，据此兴起了清朝著名的文字狱。封建王朝的历代帝王因为统治的需要，对孔子后人多有优待，特别是对孔氏家族的族长衍圣公更是青眼相加。但是乾隆却不这样认为，他在上谕中说："衍圣公之在曲阜，本一大乡宦耳。"②出于这样的心理，乾隆对孔继汾的打击重在打击孔府在世人中的崇高地位，这次文字狱虽然没有像清朝其他很多文字狱那样惨烈，孔继汾只是被遣戍伊犁，但是他本人的所有书籍都成了禁书。另外，世人景仰的圣人家族遭受清廷无情的打击，风声鹤唳之下孔府家学从此再无大的起色，孔府家礼文化自不待言。《孔氏家仪》的遭遇充分显示了清廷的残暴，这是对民间撰作家礼的一次沉重打击，也从一个方面彰显了清朝统治者作为儒家传统文化的"伪正统"继承者的真实态度。

《孔氏家仪》共十四卷，卷一至卷三是"吉礼"，卷四至卷十是"凶礼"，卷十一至卷十三是"嘉礼"，卷十四是《自序》。孔继汾在《自序》中说明了自己编写《孔氏家仪》的原则是：

> 往往以古与今互为参考，其今之克循乎古者，则据古以证之；其古之未可通于今者，则引古以申之；其今之显悖于古者，则援古以折之；惟时俗之万万不可从者，乃削而不著，非敢依回于俗，故为骑墙之见也。③

---

① 《吏部咨为抄知孔继汾增减会典服制一案原奏谕旨事》，《曲阜孔府档案史料选编》（第三编第一册），齐鲁书社1980年版，第545页。
② 《抄件为衍圣公听任孔继汾等主持祖庇庙户干碍地方应职事》，《曲阜孔府档案史料选编》（第三编第一册），第527页。
③ 〔清〕孔继汾：《孔氏家仪》卷十四，《孔子文化大全》，山东友谊书社1989年版，第538—539页。

由此可以明显看出他受当时乾嘉学派治学态度的影响，孔继汾对孔氏家仪做了很多学术上的考证工作，他说："自是以来，守礼之家知宗朱子，经五百余年，群儒多以己意联辑补缀，世人复以乡俗沿习之事，棼然杂出乎其间，虽号遵《家礼》，其所行者已非复朱子之旧矣。"[①]正因如此，孔继汾所著的《孔氏家仪》在传统家礼发展史上学术价值较高。

具体而言，《孔氏家仪》记录了孔氏家族礼仪中的古礼。孔氏家族是中国家族中的特殊家族，因为历史原因，孔氏家族文化传承的完整性不容置疑，他们家族世代相传的家礼有很多仍保有古礼的影子，是人们研究先秦古礼绝好的参照。孔继汾意识到了它的重要意义，着重记载了这部分古礼。其次，孔氏家族因其自身的特殊性，也有一些家礼是其他家族所不具有的，孔继汾对这些家礼也做了详细记载。孔府修家谱的流程非常严格，他记载道：

> 《孔氏族谱》大修用甲子岁，小修用甲午岁。大修刊版，小修则书于册，藏之祖庙。凡义子、凡赘婿为子者，凡娶再醮妻因抚其前夫之子者，凡僧道、凡干犯名义者，凡流入下贱者并毋入。……凡命名不依行辈定字者不得书于版。自注版讫，取五服以内诸亲族公结，本房之长汇送本户户头、户举，户头、户举查察加结，汇送族长、举事。族长、举事覆核加结，汇送宗子，宗子乃简族中之长者开局纂辑。将开局，宗子具礼服，率族长以下有事者，告于始祖庙及报本堂。[②]

最后，孔继汾并没有胶柱鼓瑟，食古不化。他在《孔氏家仪》中也记载了一些当地的俗礼，这些流传在曲阜当地的俗礼对于后来的学者研究当地民俗民风具有很高的史料价值。

（2）《茗洲吴氏家典》

清朝中期更多的是民间乡绅本着"整齐门内，提撕子孙"的目的而修撰的自家家族的家礼，比较有代表性的是徽州的《茗洲吴氏家典》。

因为朱熹的祖籍在徽州，故徽州人以朱熹为自豪，倍加推崇朱熹《家礼》，徽州境内休宁县的茗洲村的吴氏家族自然也不例外。该家族的家礼著作《茗洲吴氏家

---

① 〔清〕孔继汾：《孔氏家仪》卷十四，《孔子文化大全》，第536页。
② 〔清〕孔继汾：《孔氏家仪》卷十三，《孔子文化大全》，第529—530页。

典》也是以朱熹《家礼》为范本编撰的。这本书成书于康熙五十二年（1713），又于雍正十三年（1735）重刻，由吴氏家族的吴翟编撰而成。实际上，该书从酝酿到成书经历了大约九到十代人的努力，吴翟在序中记述了此事：

> 昔四世祖永昌公，洪武举贤良，授句容令，有惠政。尝持家谱谒赵东山先生，思立宗人法为世守，未几卒于官。八世竹溪公本先训作《家记》，垂成而没，嗣子瑞榖公继之。顾详于谱而缺于礼，然亦有顾可采者。①

《茗洲吴氏家典》约16万字，是传统家礼典籍中的巨著，也是徽州继承朱熹家礼思想的代表著作。全书分为序言、凡例、正文三部分，正文又分为八卷，分别详细记述了吴氏家族的家规和家礼。家礼部分主要是对冠、婚、丧、祭的礼仪规范的记述，基本沿袭了朱熹《家礼》的规定。《茗洲吴氏家典》作为古代徽州具有代表性的家礼文献，在民间家礼文献产生发展中占有重要地位。《家典》以儒家传统伦理道德为圭臬，力求将理学精髓融入现实生活，通过忠、孝、节、义规范以及冠、婚、丧、祭等诸礼礼制和仪节，达到齐家睦族、社会有序之目标。②从《茗洲吴氏家典》可以看出，清中期的民间家礼已经走向体系化、法制化轨道，对民间家庭生活的规制也更加全面具体。当然，书中也不乏封建礼教的腐朽专制观念，这与清朝当时的社会情况是高度一致的。

5. 清朝家礼损益

清朝的传统家礼发生了很多变化，首先是加入了满洲家礼。因为统治者自身民族关系，满洲家礼受到特别保护并得到发展，前文已经交代，在此不再复述。其次是流传多年的冠礼在清朝消亡。所谓冠礼的消亡是指冠礼在官方礼制典籍中的消失，虽然它在一些民间的礼书中还是存在的，但是冠礼的礼仪在社会上已经很少被施行了。冠礼为什么会在清朝消亡，清朝的官方文件中解释为：

> 冠礼，自宋明以来虽或考定其制，而当世鲜有行之者。伏惟国朝典章明备，宜古宜今，要皆崇实斥虚，以为亿万世遵守。冠礼今既不行，自无庸纂

---

① 〔清〕吴翟：《茗洲吴氏家典》，陈延斌主编：《中国传统家训文献辑刊》（第20册），第30页。
② 参见朱莉涛：《〈茗洲吴氏家典〉研究》，《广西师范大学学报（哲学社会科学版）》2018年第3期。

述。①

这是虚言，真实的原因是清军入关后施行的摧毁汉族人格尊严和文化的"剃发易服"制度取消了衣冠发式等冠礼的服饰基础。一篇清朝家谱中的叙述揭开了冠礼消亡的原因："近因服制更易，男女幼皆薙发，仅存辫髻，非冠无以御寒，故携抱之子皆加冠焉，而斯礼遂废。"②当然，冠礼的衰亡早在唐朝就开始了，唐代文学家柳宗元曾记述了一则关于冠礼的故事：

> 古者重冠礼，将以责成人之道，是圣人所尤用心者也。数百年来，人不复行。近有孙昌胤者，独发愤行之。既成礼，明日造朝至外庭，荐笏言于卿士曰："某子冠毕。"应之者咸怃然。京兆尹郑叔则怫然曳笏却立，曰："何预我耶？"廷中皆大笑。③

孙昌胤施行冠礼竟然遭到同僚嘲笑，可见，至少在柳宗元生活的中唐时期，冠礼已经很少有人施行了。北宋时期司马光曾大力倡导恢复冠礼，他在《书仪》里也对冠礼的衰亡做了论述：

> 冠礼之废久矣……近世以来，人情尤为轻薄，生子犹饮乳，已加巾帽，有官者或为之制公服而弄之，过十岁犹总角者，盖鲜矣。彼责以四者之行，岂知之哉，往往自幼至长，愚骏如一，由不知成人之道故也。④

虽然司马光在《书仪》中详细记述了冠礼的施行程序，但是在宋代民间的实施情况可能也不尽如人意。

到了明朝，朱元璋于洪武元年（1368）下诏，决心恢复冠礼，从皇帝、太子、皇子以及各级官员直至庶民都规定了明确的冠礼要求，但是朱元璋不得不面对"然

---

① 《皇朝通典》卷五十一，《文渊阁四库全书》史部政书类。
② 〔清〕曾传禄等纂修：《（湖南湘潭）石莲曾氏七修族谱》，陈建华、王鹤鸣主编：《中国家谱资料选编·礼仪风俗卷》，上海古籍出版社2013年版，第34页。
③ 〔唐〕柳宗元：《答韦中立论师道书》，《柳宗元集》卷三十四，中华书局1979年版，第872页。
④ 〔宋〕司马光：《冠仪》，《书仪》卷二，《文渊阁四库全书》经部礼类。

自品官而降，鲜有能行之者，载之礼官，备故事而已"①的尴尬。清朝官文里说的"冠礼，自宋明以来虽或考定其制，而当世鲜有行之者"②也是事实。只是清朝统治者施行的强制剃发易服制度彻底铲除了冠礼在民间施行的土壤。在清朝一些民间家谱的记述中，冠礼已经消融在婚礼里，仅仅成为婚礼前一个小的仪式，即新郎在婚礼前一天着冠服拜见父母、兄弟、师长及乡邻等，表示已经成人。冠礼本来就是象征意义大于实际意义，清代冠礼的消亡使得"爱礼存羊"的礼制意义不复存在，也使古礼的坚守者感到失落。

除了取消冠礼这样的重大家礼变化之外，一些具体礼制也有很多变化。比如祭礼时主祭权"贵贵""尚爵"③的变化。按照宗法制度的规定，祭祀宗祖的主祭人历来是宗子，以前是没有争议的，明朝时却有人提出不一定由宗子主祭，但这毕竟是一个有违宗法原则的提议。只是到了清朝，才成为大胆提出的倡议。为什么会在主祭权的问题上"贵贵""尚爵"，究其原因，诚如清朝吴荣光所说：

> 古者重宗法，主祭必以宗子。然古所谓宗子者，皆世官世禄者也。今宗法不行，贵显者未必皆宗子，而宗子或夷于氓隶，支子虽贵，又格于分，不得伸其追远之爱，遂不祭乎？④

时代的变化早就让宗子失去了世袭爵位的可能，而且清朝时的普通家族也根本与爵位无关，而宗祖祭祀和官爵禄位又有很大关系，故如吴荣光所说，如果宗子无显贵而支子显贵，难道就碍于名分不祭祀祖先了吗？所以清代学者许三礼说："宗庙祭祀关乎禄位，则宗法断当以贵贵为定明矣。"

在丧服制度上，乾隆时期的家礼还增设"一子两祧"的丧服服制。所谓"一子两祧"，是指兄弟两个只有一个独子，这个独子要分别为两家娶妻生子，各家妻子所生的后代各自延续两房的香火。乾隆时期增设的服制就是为这种特殊的丧服制度做出的具体规定，道光年间又把这一制度细化。

鉴于祭田是家族祭祀的物质保障，没有它，家族祭祀则很难为继，故它成为清

---

① 〔清〕张廷玉等：《礼志八》，《明史》卷五十四，中华书局1974年版，第1385页。
② 〔清〕王赠芳、〔清〕王镇修，〔清〕成瓘、〔清〕冷烜纂：《济南府志》卷十三，清道光二十年刻本。
③ "贵贵""尚爵"的论述详见第四章"祠堂"部分，此处略作解释。
④ 〔清〕吴荣光：《吾学录初编》卷十四，《续修四库全书》（第815册），第136页。

朝统治者着力保护的对象。南宋朱熹在朱熹《家礼》中设计的祭田制度，在明清时期已经非常普及，后来它与"义庄田""书田"一起被统称为族田或义田，成为整个家族的公有财产。有学者统计，清中叶以来这些田产已经规模庞大，如广东一省的祭田，大族已有数千亩，小族也有数百亩。[1]而清政府为了鼓励这种行为，也加大了对祭田的法律保护，《大清律例》除规定祭田不罚没外，专设"盗卖田宅"条，对盗卖者予以严惩：

> 凡子孙盗卖祖遗祀产至五十亩者，照投献捏卖祖坟山地例，发边远充军。不及前数及盗卖义田，应照盗卖官田律治罪。其盗卖历久宗祠一间以下，杖七十，每三间加一等罪止杖一百，徒三年。以上知情谋买之人，各与犯人同罪，房产收回给族长收管，卖价入官。不知者不坐。其祀产义田令勒石报官，或族党自立议单公据，方准按例治罪。[2]

七、晚清民国家礼：整体式微与局部开新时期

晚清民国与以前的时代都不同，鸦片战争的爆发使中华民族进入"千年未有之大变局"，清朝的灭亡和民国的建立并没能根本改变中华民族面临亡国灭种、瓜分豆剖的危亡处境。在此局面下，家礼呈现出整体式微与局部开新的特点。一方面，近代中国政治、经济、文化等的衰落混乱使儒家文化的根基遭到整体动摇，传统家礼逐渐式微；另一方面，西学东渐使一部分人试图以西方思想来革新家礼，出现了西化的家礼，由此形成了家礼的局部开新。

（一）晚清家礼

晚清家礼的发展与当时的形势发展是一致的，救亡图存逐渐成为国人最主要的

---

[1] 参见梁庚尧：《中国社会史》，东方出版中心2016年版，第266页。
[2] 《大清律例》卷九，《文渊阁四库全书》史部政书类。

任务，学者们也希望能从礼制的角度找到解救民族的药方。家礼文化与人们的生活更加紧密，也成为学者反思的重要部分。

1. 今文学者对礼学和家礼的思考

晚清经学以今文学派最盛，面对严峻的现状，今文学者重新提出经世致用的口号，希望可以拯救国家于危难，他们中的龚自珍、魏源、康有为等都是伟大的爱国者，邵懿辰是今文礼学研究者中成就较大者，皮锡瑞则是今文经学的学术集大成者，现对邵懿辰、皮锡瑞两人的家礼思想作简要阐述。

邵懿辰（1810—1861），字位西，浙江仁和（今杭州）人。邵懿辰治学特色鲜明，成就卓著。他一反清朝学者偏重考据的做法，更为看重义理，由此常常得出与同时代学者迥然不同的研究结论，给人耳目一新的感觉。

邵氏的著作很多，《礼经通论》是其代表作，在该书中他提出新"三礼"的设想，非常能代表他的学术风格。他批评郑玄的《三礼注》说：

> 自郑康成分注《仪礼》及《小戴记》，又注《周官》，合为"三礼"，而《戴记》之本合于《礼经》者……遂混杂而不分矣。郑氏释经之功莫大于《礼》，而此误分误合之失亦为不小也。①

虽然邵懿辰认为《周礼》不是伪作，但是他主张把《周礼》清除出"三礼"，因为他不承认《周礼》是礼书，而是以《周礼》原来的名字《周官》称之。他还认为孔子经常说的"周礼"与《周礼》不同，在他看来《周礼》既不是礼，更不是经。

> 《周官》非伪作，而孔子所谓"吾学周礼今用之"，自指冠、昏、丧、祭诸礼而言。若《周官》之法度久废，固非春秋时所习用也，况王朝之官制自别异于二代，何用不用而从不从哉？孔子不以教人者，岂不以《周官》所载皆可得与民变革之事，法守多而道揆少，不甚切于学者，而后王附益弥文，又非尽周公之旧欤！《礼》云！《礼》云！别自有在，亦周公之典法，未可以官而冒礼也。宋叶时作《礼经会元》，至以"礼经"之名专属《周官》，而岂知其于

---

① 〔清〕邵懿辰：《论王礼》，《礼经通论》，《皇清经解续编》卷一千二百七十七，清光绪十四年南菁书院刻本。

礼无关,更于经无涉也哉!①

邵氏的结论与世人大异,但细究起来也并非没有道理,他澄清了人们对于礼经的一贯认识。继把《周礼》逐出"三礼"之后,邵懿辰认为应把大、小戴《礼记》附于"三礼"的《仪礼》各篇中,这样既能弥补《仪礼》十七篇关于礼仪记述的不足,又可弥补大、小戴《礼记》杂乱无序的缺憾。

> 徒观十七篇四际八类之间,犹未能周密而详尽也,必以分记总记、分义通义,如大、小《戴记》各篇,埤附于其中,弥缝于其隙,而后义类浃洽,理道章明,本末精粗,无乎不备,疑二戴本引记以解经也。后儒每患十七篇阙略而不全,二戴八十五篇杂乱而无序,诚取鄙说揆之,则本经十七篇固未尝不完,而八十五篇各有所可附,亦不至凌杂而失统矣。②

因为人们对"三礼"经典的构成早已习以为常,很少有人质疑它的正当性,故而邵懿辰的新"三礼"说恍如惊雷。邵氏从更宏大的视野质疑"三礼",虽然他的提议有待商榷,但他治学的思考值得借鉴。果如他所言,家礼必会随之有大的变化,只是清末的家礼文化环境使得这些宏论犹如茶壶里的风暴,与当时人们真正关心的现实问题距离很远,很多人对其已经不感兴趣了。

皮锡瑞(1850—1908),字鹿门,一字麓云,湖南善化(今长沙)人,举人出身,因景仰西汉今文经学大师伏生,遂将自己的寓所命名为"师伏堂",因此人称"师伏先生"。皮锡瑞三次应试礼部科考未中,遂潜心学术,曾主讲于湖南龙潭书院、江西经训书院。光绪二十四年(1898),他被聘为湖南南学会会长,因其积极宣传变法,故戊戌变法失败后被朝廷革去功名,命地方官加以管束,于是他便闭门治学著书。皮锡瑞是晚清今文经学的最后一位大师,一生著述颇丰,其《经学通论》和《经学历史》影响很大。他对礼学也有很深的研究,著有《礼记浅说》和《三礼通论》。他很看重经学与礼的关系,认为"六经之文,皆有礼在其中;六经

---

① 〔清〕邵懿辰:《论王礼》,《礼经通论》,《皇清经解续编》卷一千二百七十七,清光绪十四年南菁书院刻本。
② 〔清〕邵懿辰:《论〈礼〉十七篇当从〈大戴〉之次本无缺佚》,《礼经通论》,《皇清经解续编》卷一千二百七十七,清光绪十四年南菁书院刻本。

之义,亦以礼为尤重"①。

在西风东渐的大背景下,很多人对礼仪多有不屑。而皮锡瑞虽然呼吁变法,但是他同时也认为"礼不可废"。在他撰写的《三礼》的第十一条中,他这样写道:"论古礼情义兼尽,即不能复,而礼不可废。"②对此他解释说:

> 圣人制礼,情义兼尽。专主情,则亲而不尊,必将流于亵慢;专主义,则尊而不亲,必至失于疏阔。惟古礼能兼尽而不偏重。……后世拜跪之礼过繁,诚与古制不合,而矫其弊者,欲尽去拜跪而灭等威,则无以辨上下、定民志矣。父子、夫妇、长幼、朋友之礼,虽不及君臣之严,亦非可以不修而听其废坠者。③

晚清时期,烦琐的家庭礼仪越来越引起人们的不满,一部分人甚至认为这就是中国落后于西方的原因。进入民国,大幅改革礼仪,禁止人们动辄跪拜。作为呼吁改革的皮锡瑞是同意礼仪改革的,只是他提醒人们不能不修礼而任其废落。当然,皮氏所坚守的礼仪是封建社会的产物,与西方资本主义的礼仪基础是不同的,但是礼的核心是敬,无论在哪个社会,这种理念都是需要的、应当的。在现代礼仪更为淡化的时代,皮锡瑞对待礼仪的态度值得参考,不能让礼仪"不修而听其废坠者"。

2.晚清宋派学者的"隆礼"思想

晚清时期提倡程朱理学的代表是曾国藩、左宗棠、郭嵩焘、罗泽南、倭仁等这些镇压太平天国起家的将领或是与他们同样竭力维护清朝礼制的文人。这些人,无一不希望通过"隆礼"来拯救国家、拯救社会。除了力图维护传统家礼等传统礼学的这些人士之外,晚清时期西风东渐,家礼也受到了西方文化的强烈影响,这方面的变化十分明显。仅以曾国藩和郭嵩焘为例略作介绍。

曾国藩(1811—1872),字伯涵,号涤生,湖南湘乡人。晚清时期著名政治家、军事家,官至两江总督、直隶总督、武英殿大学士,被清廷封为一等毅勇侯,

---

① 〔清〕皮锡瑞:《三礼》,《经学通论》,《皮锡瑞全集》(第6册),吴仰湘编,中华书局2015年版,第481页。
② 〔清〕皮锡瑞:《三礼》,《经学通论》,《皮锡瑞全集》(第6册),吴仰湘编,第392页。
③ 〔清〕皮锡瑞:《三礼》,《经学通论》,《皮锡瑞全集》(第6册),吴仰湘编,第392—394页。

谥号文正。太平天国起义时，他在家乡湖南组织地方武装"湘军"与之对抗，后来逐渐形成以他为首镇压太平军的军事主力，不仅最终消灭了太平天国这个清廷最大的内患，他也成为了同治时期的治理名臣。

面对内忧外患，以曾国藩为首的"中兴名臣"以"经世致用"为口号，强调"以礼化民"和"以礼治国"。他对礼给予高度评价，认为："先王之道，所谓修己治人、经纬万汇者，何归乎？亦曰礼而已矣。"曾国藩学术源自桐城派，曾自称"国藩之粗解文章，由姚（鼐）先生启之"。但是他又不囿于桐城派学术，而是博采众长。尤为难能可贵的是，曾国藩克服重重困难为《仪礼》作注，撰写了《读仪礼录》。因是对《仪礼》的选注而不是每篇都作注释，重在分析疑难，因此与其他《仪礼》注疏相比，其篇幅自然短小很多。在《读仪礼录》中，曾国藩对家族"祭礼"特别关注，其中的"丧服"篇解析最为详细，而有些篇则未作注释。曾国藩作注的特色是博采众注家之长，取多位学者的学说相互印证，求同存异，辨析他们之间的错疏，阐明自己的主张。对于各家分歧较大的注释，他则以存疑处置，不妄下论断。

至于家礼的功能，曾国藩的观点承接了自两宋以来的儒家正统思想。他说：

> 先王之制礼也，人人纳于轨范之中，自其弱齿，已立制防。洒扫沃盥有常仪，羹食肴胾有定位，緌缨绅佩有恒度。既长则教之冠礼，以责成人之道。教之昏礼，以明厚别之义。教之丧祭，以笃终而报本。其出而应世，则有士相见以讲让，朝觐以劝忠。[①]

因此，曾国藩呼吁整个社会要"隆礼"，他认为只有礼才能拯救当时的清王朝。

有一件事很能说明曾国藩"以礼治国"理念的贯彻落实。曾的部下李朝斌原本是王家的儿子，但是生下来就由李家抚养，后在曾国藩的军队中屡立战功，逐渐升职至江南提督，这引起了王家的后悔和羡慕，于是李朝斌的亲生父母要求他复姓归宗。此时，是否复姓归宗已经不是他一个人的私事，因李已是一品武官，朝廷的封赏往往会牵扯李、王两个家族的很多权利和义务，也会给朝廷带来很多礼仪上的问题。究竟该怎么做才好，李朝斌不敢擅自做主，于是他写出正式文书向自己的上级曾国藩请示。曾国藩对此也非常重视，做了认真研究，在回复中强调这件事要依礼

---

① 〔清〕曾国藩：《江宁府学记》，《曾国藩全集》（第7册），岳麓书社2012年版，第175页。

而行。然而曾国藩遍查古礼典籍却没有找到与李朝斌一致的例子,不过在史书中确有一些名臣改为他姓不曾复姓,曾国藩又援引《五礼通考》,认为李的亲生父母还有其他儿子,而他的养父母只有他这一个儿子,因此,李朝斌不需复姓归宗,但要求李也要照顾自己的亲生父母。他说:

> 权度《礼》意,贵军门应为李氏后,不必归宗,毫无疑义。惟于李氏别为一宗,于王氏不通婚姻,一以报鞠养之深恩,一以明族属之大义……礼不忘其所自生,贵军门天性纯挚,必宜曲尽敬养之礼,恩义周至,斯两全之道也。①

这是曾国藩依照家礼并充分考虑儒家的"孝道"作出判断的极好例子,他在给李朝斌的批复中特意说明要将此事汇报朝廷并且已经备案,其目的显然是希望以后其他人遇到类似的事情依此处理。

曾国藩这样全力"隆礼"的"中兴之臣"代表着社会上承启古礼的一部分仕宦学者。可是随着中国半殖民地社会程度的加深,西方礼仪强烈冲击着传统家礼文化。不少人像剪掉辫子一样希望去除传统家礼,但是传统文化的力量是强大的,民间施行的更多是在传统家礼基础上加进西方的礼仪理念,并对传统礼仪予以简化。比如,《安图县志》卷四对简化丧礼的记载:"此时,凡晚辈者,男易冠,女去笄,皆服白衫,哭于灵柩之旁。"②

总的来说,曾国藩作《仪礼注》没有门户之见,也不囿于一家之言,而是本着实事求是的原则。作为政务、军务繁忙的一代政治家能有如此作为,实属难能可贵。钱穆对曾国藩的治学给予的高度评价也可以作为佐证。钱穆认为曾国藩:

> 能兼采当时汉学家、古文家长处,以补理学枯槁狭隘之病。其气象之阔大,包蕴之宏丰,更非镜海诸人龂龂徒为传道、翼道之辨者所及。则涤生之所成就,不仅戡平大难,足以震烁一时,即论学之平正通达,宽宏博实,有清二百余年,固亦少见其匹矣。③

---

① 〔清〕曾国藩:《批江南提督李军门朝斌呈复姓归宗抄函呈请核夺由》,《曾国藩全集》(第7册),第398页。
② 丁世良、赵放主编:《中国地方志民俗资料汇编·东北卷》,书目文献出版社1989年版,第295页。
③ 钱穆:《中国近三百年学术史》,商务印书馆1997年版,第655页。

郭嵩焘（1818—1891），原名先杞，后改名嵩焘，字伯琛，号筠仙、云仙、筠轩，别号玉池山农、玉池老人，湖南湘阴人。他曾协助曾国藩创建湘军，后出使英国并任驻英大臣，是近代中国第一位外交官。郭的经历使他的学术更加务实，在积贫积弱的时代，他特别看重礼的"外王"作用，这也是他崇礼的重要因素。他说："先王制礼，所以经纬人伦，宣昭政化，而寓其用于仪文度数之繁。自朝庙宴飨之大，器用服食之微，皆为之取象于天，因财于地，类别人物，节理性情。其精意流行于人心，而其繁缛之文、广博之用，散见《礼经》。"①他对朱熹《家礼》的论述可见其治学精神，这也可以看作他对家礼的态度。郭氏所处的时代已经有很多人质疑朱熹《家礼》非朱熹所作，他却不以为然：

> 嵩焘窃求王氏之说，徒以朱子文集未语及《家礼》，因谓《家礼》序亦后人依仿《礼范》跋为之，则疑有未安者。意或《家礼》始成遽亡去，不复省录耳。黄勉斋、李公晦、陈北溪诸贤皆身及朱子之门。其云是书失而复出，必非虚语。故如勉斋说，其后颇有增损、未及更定，则可谓非朱子之书，则不可也。②

郭嵩焘承认朱熹《家礼》在朱熹之后有"增损、未及更定"之处，但是据此就认为朱熹《家礼》非朱熹所作就太牵强了。他对朱熹《家礼》评价甚高，认为只有郑玄的《三礼注》和朱熹的《家礼》真正继承了孔子的传经重任。

> 然自汉氏传经，具有家法，而实各立新义，未尝拘守旧说。是以王子雍、李钦仲之徒，以善贾、马之学，寻难郑义。其中得失，盖亦参半。然固各持一义，不必强而同之。要知郑君传经之功，所谓百世之师者也。盖孔子后千有余年而郑君出，由宋以前言《礼》者受范焉。又千余年而朱子出，由元以至于今言《礼》者受范焉。政教所趋，人心所向，凡所著书，与其行礼之实，确守而尊事之，莫敢违越，而独《礼经》之传授，持之有本，其异于郑说者终无几也。③

---

① 〔清〕郭嵩焘：《〈三礼通释〉序》，《郭嵩焘全集》（第14册），梁小进主编，第368页。
② 〔清〕郭嵩焘：《校订朱子家礼本序》，《郭嵩焘全集》（第2册），梁小进主编，第623页。
③ 〔清〕郭嵩焘：《郭嵩焘诗文集》卷三，杨坚点校，岳麓书社1984年版，第22页。

确如郭嵩焘所言,郑玄的《三礼注》和朱熹的《家礼》对于中国的礼制尤其是家礼传承厥功至伟,纠缠于一些细枝末节而看不到这样的事实,治学就失去了格局。郭氏认为微小的瑕疵并不影响朱熹《家礼》的崇高地位,而他所著的《校订朱子家礼》也是力图最大程度地还原朱熹《家礼》的本来面目,在此基础上复兴"古礼"。他说:"嵩焘读《家礼》之书,反而求之礼意,以推知古今因革之宜而达其变……以靳合乎人心之安,而通乎事变之会,使人不敢疑礼之难行。"①可见,郭嵩焘校注朱熹《家礼》的目的不仅是为了学术,更是为了在这个变革时代推行礼法,希望朱熹撰作的家礼能够成为拯救民族的希望。即使在他晚年归乡,他仍是念念不忘崇礼的责任:"吾辈家居,政教之得失,纪纲法度之修废,皆非所能与闻,独于人心风俗,吾辈当同任其责。其道无他,苟有益于人心风俗,必力行之;苟有害人心风俗,亦必力求反之。"②只是郭从学术上和行动上大力倡导的礼制并不符合时代的发展,他的理想也难以实现。

(二)民国时期家礼

民国是一个社会转型期,各种社会思潮和事件层出不穷,各种人才风云际会,封建社会的宗法制度、大家族制度遭到了前所未有的冲击,传统礼制包括家礼所赖以存在的政治基础、经济基础、社会基础都受到了动摇。但是,一方面,中国两千年的封建社会死而不僵,落后于时代的东西没有得到彻底铲除;另一方面,西方资本主义文明、文化也逐渐影响着社会生活的各个方面,家礼也毫不例外地受到这种影响。因此,民国时期封建社会的传统文化和西方资本主义的外来文化都深刻地影响着家礼的发展变化,家礼的整体式微与局部开新的特征更加明显。

1. 固守旧制的家礼

民国时期虽然在一些大城市上层精英已经施行西式礼仪,要求平等、自由和民主,但民间的宗法制度还是非常强大,广大的中下层人民还是一如既往地奉行着传统礼制,这种新与旧的冲突有时会以非常惨烈的方式呈现在世人面前,使人们意识到宗法制度的罪恶和封建礼教的残忍,礼教也因而成了被猛烈批判的靶子。鲁迅先生的中国第一篇白话文小说《狂人日记》里,就痛批了"礼教吃人"的罪恶。他在

---

① 〔清〕郭嵩焘:《校订朱子家礼本序》,《郭嵩焘全集》(第2册),梁小进主编,第624页。
② 〔清〕郭嵩焘:《九月》,《郭嵩焘全集》(第11册),梁小进主编,第301页。

小说中写道：

> 我翻开历史一查，这历史没有年代，歪歪斜斜的每页上都写着"仁义道德"几个字。我横竖睡不着，仔细看了半夜，才从字缝里看出字来，满本都写着两个字是"吃人"！①

巴金的长篇小说《家》更是充分展示了传统封建礼教的落后与反动。作为长房长孙的觉新深受礼教的摧残，他一次次遵从礼教而退让，先是失去了自己青梅竹马的恋人，后来又导致妻子惨死，最后他悲愤地控诉："全个礼教，全个传统，全个迷信。"《家》的出版轰动一时，引发了广大青年的共鸣。

如果说文学作品中的人和事是经过艺术加工的，那么当时发生的血淋淋的真实案件则从现实层面佐证着封建礼教的残忍。1919年11月14日，在湖南长沙发生了一起血案，21岁的赵五贞不满父母包办的婚姻，在婚礼当天迎亲的花轿上用藏在绑腿上的剃刀割喉自杀，更让人愤懑的是后来长沙地方检察官竟然在赵五贞的棺材上强行贴上"吴赵氏"的封条。此事引起社会极大震动，刚刚经过"五四"精神洗礼的青年毛泽东极为愤怒，在短短十几天时间里，他分别以《对于赵女士自杀的批评》《赵女士的人格问题》《婚姻问题敬告男女青年》《改革婚制问题》《女子自立问题》《"社会万恶"与赵女士》《非自杀》《恋爱问题——少年人与老年人》《打破媒人制度》《婚姻上的迷信问题》等为题，在报刊上发表了10篇文章，强烈控诉封建礼教。毛泽东在总结赵五贞自杀原因时说："（一）中国社会，（二）长沙南阳街赵宅一家人，（三）他所不愿意的夫家长沙柑子园吴宅一家人。这三件是三面铁网。"②后来，毛泽东把压迫妇女的"三面铁网"扩充总结为封建宗法制度的神权、政权、族权和夫权。

1939年发生在四川的一件事更加骇人听闻，四川成都附近望镇的"袍哥"副首领雷明远仅仅因为自己的面子就杀死了亲生女儿雷淑清。当时雷家请了一个裁缝来家里做衣服，这个年轻的裁缝在雷家待了一段时间，因此与淑清相知相爱。雷明远听到了镇上人的风言风语，认为这件事辱没了自己的名声，要处死裁缝和淑清。虽

---

① 鲁迅：《狂人日记》，《鲁迅全集》（第1卷），人民文学出版社2005年版，第447页。
② 中共中央文献研究室、中共湖南省委《毛泽东早期文稿》编辑组编：《毛泽东早期文稿》，湖南人民出版社2013年版，第376页。

然他们两人逃到了裁缝在成都的家中，但仍然被抓了回来。据说在河边行使枪决时淑清的继母哭着求情，甚至已有人愿意出钱搭救他们，但是雷明远根本不同意，裁缝被枪杀后，淑清也中枪倒在了河里，为了确保她真正死亡，雷明远让手下人跳进河里把她的头按在水里直至不再动弹才松手。这件事被燕京大学学生沈宝媛于1946年写成调查报告《一个农村社团家庭》，并作为自己的毕业论文后才被广为人知。沈宝媛痛心地说："没有人感觉到这事的过分严重，他们觉得这种处置是不容非议的，没有人想到雷大爷是犯了刑事案。"李大钊深刻揭露了造成这种悲剧的根源，那就是"损卑下以奉尊长"的大家族制度：

> 中国的大家族制度，就是中国的农业经济组织，就是中国二千年来社会的基础构造。一切政治、法度、伦理、道德、学术、思想、风俗、习惯，都建筑在大家族制度上作他的表层构造。看那二千余年来支配中国人精神的孔门伦理，所谓纲常，所谓名教，所谓道德，所谓礼义，那一样不是损卑下以奉尊长？那一样不是牺牲被治者的个性以事治者？那一样不是本着大家族制下子弟对于亲长的精神？[①]

2. "西风"影响的家礼

1912年1月1日中华民国正式成立，随后颁布了系列法令。3月2日，孙中山发布《令内务部通知革除前清官厅称呼文》，明确要求全社会革除"大人""老爷"等称呼。3月5日，颁布法令要求剪辫子；3月13日发布禁止缠足令；8月17日，公布民国《礼制》；10月3日公布民国《服制》，以礼服取代清朝服装。虽然有这些礼仪变革，虽然无论官方还是民间都呼吁要跟上时代步伐进行礼制改革，要改造旧礼创制新礼，但总的来看，民国时期处在一个社会的转型过渡和动荡时期，社会礼仪文明进步非常有限，宗法制度仍然具有强大的力量，家礼方面的变化不大。另外，中国的地域广阔，各地区、各民族礼俗不同，因而礼仪改革程度不平衡，呈现出较大差别。尽管如此，传统家礼还是受到了前所未有的冲击，以往修订礼仪所必须遵守的"复礼"原则和注经方式被打破了。这是家礼变革前的必要准备，也是家礼真正发生极大变革的前奏。

家礼的大大简化和西式礼仪的传入，促进了中西家庭礼仪的融合。其中追悼会

---

① 李大钊：《李大钊文集》，人民出版社1984年版，第178页。

的改革是丧葬礼仪中西结合最有意义的成功例子，这种改革虽然大大简化了丧服制度，但是也给了亲人充分缅怀死者的机会，同时给予了死者哀荣。追悼会改革的亮点是打破了等级制度，给出席丧礼的人以平等地位，这契合了新社会的风尚，符合时代发展要求。

民间家礼在西方思潮影响更大的沿海地区变化更加明显。1929年编纂的广东省《南海县荷溪乡何垂裕堂族谱》载有该家族制订的《垂裕堂族规》，族规在形式上完全采用了西方国家宪法的形式，在内容上也是模仿西方法律的规定。整个族谱包括《总则》《议会》《选举》《职权》《祭祀》《颁胙》《劝惩》共7章66条，另外有2个附则。在《总则》里明确了族人的权利和义务，《议会》篇规定设议会会长一人，会员若干，另外还设立了一名议会书记负责会议记录，而且会议议程和决定也是完全采用西方会议的方式，例如《议会》的第十和第十一条规定就是典型的西方式会议格式：

（十）无论常务会议或特务会议，如所提事项为《族规》所未载、无可据依者，须有本族全体会员十分之六出席，始得提议；又须有出席会员十分之六赞成通过者，始为合法之议决案，否则不生效力。

（十一）族规之修改、不动产之买卖及其他处分等，须有本族全体会员十分之七出席，始得提议；又必有出席会员十分之七赞成通过者，始为合法之议决案，否则不生效力。[①]

《选举》采用了西方法律条文方式规定了什么人有选举权和被选举权，以及各类当选人的资格等：

第十三条　有左列事项之一者无选举权：
（一）年未及二十五岁者。
（二）经议会议决褫夺其选举权者。
（三）有精神病者。
第十四条　有左列事项之一者无被选举权：

---

① 费成康主编：《南海荷溪乡何垂裕堂族规》，《中国的家法族规》，上海社会科学院出版社1998年版，第391页。

（一）无选举权者。

（二）经议会议决褫夺其被选举权者。

（三）住居广州市外者。

第十五条　年未及四十岁者，不得为族长及房长。

第十六条　有五百元之不动产价者，始得为管契员及理财员。

第十七条　猝遇变故无人负责代其办理交代事务者，不得为管契员及理财员。

第十八条　有本族全体会员过半数出席，始得选举族长、管契员、理财员、庶务员等。有该房会员过半数出席，始得选举该房房长。至于选举法，概用无记名投票，以被举之票数最多者为当选。①

以上的规定已经是十足的西式规定，由此也可以看出，一旦社会发生了巨变，家礼也必定会随之发生变化。

民国时期有些家族的家礼规定更加注重对封建家法的突破，但还保留着旧家礼的印记。例如苏州一潘姓《治家规约》规定了本族男女不可过早结婚，尤其不宜过早订婚，但是也反对自由恋爱，强调婚姻应征得父母和尊长的同意。鼓励成家的夫妇不必和父母住在一起，可以分家别住，这些规定很多是与以往封建社会的宗法制度相抵触的：

> 婚嫁切勿过早，男子以二十五岁为限，女子二十方许适人，均不宜幼时定聘。若夫相攸择妇，务求贤德，勿取奢华，重聘厚奁，咸在所禁。青年子弟，尤不可惑于自由结婚之说，一时苟合，致累终身。若男女以相识故，而论婚，亦必慎终于始，并得父母或其他分应主婚之尊长之同意，事乃克谐。
> ……
> 同居九世在昔侈为美谈。顾子姓日繁，障碍易起，与其同室而生乖戾，莫如异居而作敬恭。即使父母在堂，无妨各立门户。②

---

① 费成康主编：《南海荷溪乡何垂裕堂族规》，《中国的家法族规》，第391—392页。
② 王卫平、李学如主编：《苏州潘氏治家规约》，《苏州家训选编》，苏州大学出版社2016年版，第73—74页。

中国传统社会在西方坚船利炮的打击下逐渐解体，传统家礼所赖以存在的基础也就慢慢瓦解了。民国虽然结束了统治中国两千多年的封建制度，但是并没有从根本上改变中国的社会结构。当时的中国不仅有封建主义，还有帝国主义，它们共同压迫着中国人民。晚清至民国时期传统家礼整体上衰落了，它作为中国传统礼仪文化和家文化的重要组成部分，只有在中华民族获得真正的独立以后，才可能迎来它的创造性转化和创新性发展。

第四章 传统家礼类型与通礼

中国传统家礼涉及家庭生活的各个领域，内容十分丰富，包括冠、婚、丧、祭等礼仪，以及日常遵行的通礼。从本章开始，将系统研究冠、婚、丧、祭、通"五礼"的基本内容与历史变迁。本章先简要梳理家礼的类别，此后研究"通礼"的内容。

一、传统家礼的类型

传统家礼有狭义、广义等多重内涵。狭义地看，传统家礼是民间的、非官方的，用于维护家庭内部秩序的礼仪规范与教化活动。而广义上的家礼文化，则是"传统家礼在价值理念、仪式、制度、器物以及教化等多层面的体现，本质上是家礼因载体、形式、媒介不同而以多种形态呈现的一种文化样态"[1]。传统家礼内涵的丰富性，决定了其根据分类依据的不同而呈现出多种类型。

（一）施用阶层之分：贵族家礼与庶民家礼

从施用阶层看，传统家礼主要可分为贵族家礼与庶民家礼。所谓贵族家礼，也就是被施行于贵族家庭、家族内部的仪礼规范。《礼记·曲礼》云："礼不下庶人，刑不上大夫。"对于此句的文意疏解，古今学者争论颇多，聚讼纷纭。从礼仪文本上看，《仪礼》是现存最早的载有完整仪式程序的家礼文献。《仪礼》所记载的礼仪规范，其施行对象主要是以士为代表的先秦贵族阶层。尽管《礼记》《周礼》中的部分篇目曾提及庶人之礼，如《礼记·曲礼》：

> 天子之妃曰"后"，诸侯曰"夫人"，大夫曰"孺人"，士曰"妇人"，庶人曰"妻"。……天子死曰"崩"，诸侯曰"薨"，大夫曰"卒"，士曰"不禄"，庶人曰"死"。

---

[1] 陈延斌、王伟：《传统家礼文化：载体、地位与价值》，《道德与文明》2020年第1期。

《礼记·王制》：

> 诸侯无故不杀牛，大夫无故不杀羊，士无故不杀犬豕，庶人无故不食珍。

《周礼·春官·大宗伯》：

> 孤执皮帛，卿执羔，大夫执雁，士执雉，庶人执鹜，工商执鸡。

但是必须看到，这些篇目中提及庶人之礼仅仅是出于定尊卑、明贵贱，以此强调贵族和庶人之间的等级差异。至于庶人家礼的具体仪式程序并无明文规定。两汉以后，贵族（包括天子）家礼无不以《仪礼》等先秦古礼为蓝本。尤其是魏晋至隋唐时期，这一阶段的贵族家礼主要"凭借士族家族这种深厚的家学渊源，以醇厚的儒家伦理为本，采纳古礼或家族世代相传的仪注，参酌现实需要，从而形成了家族内部共同奉行的礼仪规范和伦理道德"[①]。庶人家礼则主要形成于唐宋时期。正如陈来所指出的那样，"近世儒家所强调的礼文化，其致力方向只在'家礼'和'乡礼'，在基层社群"[②]。虽然《开元礼》《政和五礼新仪》等礼书仍然保留了一定的传统贵族仪礼。但此时士庶学者所撰家礼已经不再对施礼对象的身份进行严格区分，其中比较典型的如司马光的《书仪》和朱熹的《家礼》二书。宋代以后随着朱熹《家礼》的推广传播以及明清宗族组织的不断完善，施用于一般士庶阶层的家礼撰作大量出现，礼制下移的现象进一步加强。

（二）功用之别：冠婚丧祭通"五礼"

从功用角度，可以将传统家礼分为通礼、冠礼、婚礼、丧礼、祭礼这"五礼"。其中，冠、婚、丧、祭四礼是先秦礼仪制度的重要组成部分。《仪礼》中《士冠礼》《士昏礼》《丧服》《士丧礼》《既夕礼》《士虞礼》《特牲馈食礼》《少牢馈食礼》《有司彻》诸篇，详细记载了先秦士阶层的冠、婚、丧、祭礼仪（《少牢馈食礼》《有司彻》二篇为卿大夫祭祖之礼），构成了中国传统家礼核心

[①] 罗小红：《唐代家礼研究》，陕西师范大学2006年博士学位论文。
[②] 陈来：《儒家"礼"的观念与现代世界》，《孔子研究》2001年第1期。

体系和基本模式。冠礼即古人的成人礼，其重要的仪式为"加冠"，也就是为受冠者穿上成人的冠服，并教诲受冠者以成人的礼仪要求来约束自身的行为。婚礼"合二姓之好"，不仅意味着男女即将共同生活，更意味着两个家族的结合。通过婚姻，家族血脉与宗庙祭祀得以延续，因此古人通过纳采、问名、纳吉、纳征、请期、亲迎等六礼来表示对婚礼的重视。丧礼则是有关人死后的丧、葬礼仪，还涉及服叙制度、居丧制度等。诸礼中，丧礼最为繁复。根据《仪礼》《礼记》的记载，先秦的丧礼大致可以分解为临终、始死、入殓、成服、安葬以及葬后诸仪等环节，每一环节都包括众多礼仪细目。祭礼与冠、婚、丧三礼一样，属于传统社会最重要的家庭礼仪之一，用于表达对自己祖先的哀思与感恩之情。至于通礼，先秦礼书中并无"通礼"一词。朱熹对司马光《书仪》中的"影堂杂仪"作了一定程度的损益修改，名之为"祠堂"，又增加了"深衣制度"，还将《书仪》中《婚仪》卷尾的"居家杂仪"置于其后，编为《通礼》一卷，放在《家礼》五卷之首。朱熹还专门注曰："此篇所著，皆所谓'有家日用之常礼，不可一日而不修'者。"[①]陈来指出，《家礼》中通礼的部分，"其内容完全是一般地讨论尊长、卑幼、子、妇的义务与行为规范，其要义即尊卑之分、长幼之分、男女之分。这一部分不是属于生活仪节，而是属于伦理规范。与'名分之守''爱敬之实'的关系更为直接"[②]。可以说，朱熹将通礼单独列为一卷的做法是正确且十分必要的。

当然，传统家礼除了施用阶层、功用类别的分类以外，从人伦关系上看传统家礼还可以细分为父子之礼、兄弟之礼、夫妇之礼、翁婿之礼等；从家礼的施用情境看，又可分为一般情况下的常礼与特殊情况之下的变礼（如丧父行冠、居丧逢丧等无法按照一般礼制正常行礼的情形）。

二、祠堂

"通礼"，即通行的礼仪，普遍使用的礼节。用朱熹的话说，通礼即"有家日

---

① 〔宋〕朱熹：《通礼》，《家礼》卷一，《文渊阁四库全书》经部礼类。
② 陈来：《儒家"礼"的观念与现代世界》，《孔子研究》2001年第1期。

用之常礼,不可一日而不修者"①。朱熹撰著《家礼》时,将"通礼"置于卷一,而"通礼"中又将"祠堂"放在篇首。在说明这样做的理由时,朱熹说:"此章本合在祭礼篇,今以报本反始之心,尊祖敬宗之意,实有家名分之首,所以开业传世之本也。故特著此冠于篇端,使览者知所以先立乎其大者,而凡后篇所以周旋升降、出入向背之曲折,亦有所据以考焉。"②

鉴于朱熹的社会影响,元明清的家礼撰作基本上依照朱熹的《家礼》,将日常生活的通礼放在前面,"祠堂"更是被置于篇首,以示对尊祖敬宗的重视。

"祠堂"是中国传统社会家族用于祭祀的场所,又称宗庙、家庙等。③"祠堂"在我国有着悠久的历史。"祠堂"的前身是先秦时期的"宗庙"。"宗",《说文解字》认为"宀"为屋宇,"示"为祭祀。"庙"者,"庙,尊先祖貌也",即指祖先的形貌。段玉裁注曰:"尊其先祖而以是仪貌之,故曰'宗庙'。""宗""庙"连用专指祭祀祖先、瞻仰祖先遗容的场所。根据考古发现,早在原始社会晚期,人们就已经有意识地在固定场所祭祀祖先和神灵。《古今图书集成·宗庙祭典》载有"帝喾高辛氏始立宗庙""帝尧作七庙以享先祖""帝舜立七庙""夏制因唐虞立五庙""殷制七庙"等语。传统社会的祠堂不仅是祭祀祖先的场所,也是家族辉煌与传统的记录,是中华民族悠久历史与宗族文化的象征与标志。

(一)祠堂的历史沿革

1. 古代学者对祠堂演变的看法

有关祠堂的历史沿革,古人早有论述。如司马光为友人文彦博所作的《文潞公家庙碑》,就对宋代以前的宗庙制度演变做了简要的论述:

> 先王之制,自天子至于官师皆有庙。君子将营宫室,宗庙为先,居室为后。及秦非笑圣人,荡灭典礼,务尊君卑臣,于是天子之外,无敢营宗庙者。

---

① 〔宋〕朱熹:《通礼》,《家礼》卷一,《文渊阁四库全书》经部礼类。
② 〔宋〕朱熹:《通礼》,《家礼》卷一,《文渊阁四库全书》经部礼类。
③ 宗庙、家庙与祠堂在作为"祭祀祖先的场所"这一意义理解时,可以认为三者是同义的。但需要注意的是,"宗庙"一词在秦朝以后多专用于帝王祭祀的场合,"家庙"则多用于品官,"祠堂"一词更多地用于民间祭祀。

汉世公卿贵人，多建祠堂于墓所，在都邑则鲜焉。魏晋以降，渐复庙制。其后遂著于令，以官品为所祀世数之差。唐侍中王珪不立私庙，为执法所纠，太宗命有司为之营构以耻之，是以唐世贵臣皆有庙。及五代荡析，士民求生有所未遑，礼颜教侈，庙制遂绝。宋兴，夷乱苏疲，久而未讲。仁宗皇帝闵群臣贵极公相，而祖祢食于寝，侪于庶人。庆历元年，因郊祀赦，听文武官依旧式立家庙。①

司马光在撰写的碑文中认为，古礼中天子至官师皆有宗庙。到了秦代，荡灭典礼，宗庙成为天子专属。汉代时，公卿巨室多于墓地旁建筑祠堂，而像古礼那般建立家庙的情况比较少。魏晋以后，庙祭制度渐渐得以恢复。随后出现了按官品确定祭祀世数的家庙制度。唐代贵臣都建有家庙，甚至出现像侍中王珪这样的大臣，因为没有建家庙而被有司弹劾的情况。五代动荡，家庙制度一度中断，到宋代才得以恢复。

总体而言，司马光的论述应该是符合史实的。如他提到的汉代墓祠在已有的考古发现与文献记载中都可以得到印证。此外，唐代王珪不立家庙而被有司弹劾一事亦见诸《唐会要》《通典》等史籍。但略显不足的是，该文对魏晋庙制着墨不多。该文本来就非严肃的考证之作，其不足之处亦可予以理解。

相比之下，清代学者赵翼在《陔余丛考》中对祠堂演变的论述更为完整、系统：

今世士大夫家庙皆曰祠堂。按三代无祠堂之名。东坡《逍遥台》诗自注云："庄子祠堂在开元，此或后人因其葬处为之，非漆园时制。"然王逸序《天问》云：屈原见楚先王之庙及公卿祠堂，画天地山川神灵奇诡之状，因书壁而呵问之。则战国末已有祠堂矣。《汉书·张安世及霍光传》："将作穿复土，起冢为祠堂。"其时祠堂多在墓地，故司马温公谓，汉世公卿贵人多建祠堂于墓所，在都邑则鲜，如成都外诸葛祠堂，盖一二而已。《光武纪》：

---

① 〔宋〕司马光：《文潞公家庙碑》，《司马温公集编年笺注》卷七十九，李之亮笺注，巴蜀书社2009年版，第20—21页。

"建武十七年冬，幸章陵[①]，悉为舂陵宗室起祠堂。"因谒陵而起祠堂，则亦或在墓也。《后汉书》："巴郡太守在任十七年，得夷人和，既卒，夷人爱慕，送其丧归。诏书嘉美，为立祠堂。"又清河王庆欲为母宋贵人作祠堂，不敢上言，常以为没齿之恨。《魏略》："明帝东征，过贾逵祠，诏扫除祠堂，有穿漏者补治之。"《北史·崔士谦传》："士谦为荆州刺史，及卒，阖境痛惜之，立祠堂，四时祭享。"《周书》："司马裔卒，家室卑陋，丧庭无所，乃诏为起祠堂。"此则不在墓所，然其时尚沿祠堂之名。唐以后，士大夫各立家庙，祠堂名遂废。若唐世所传家庙碑、先庙碑之类，罕有名祠堂者。《宋史·宋庠传》："尝请复群臣家庙，曰：'庆历元年敕书，许文武官立家庙，而有司不能奉行，因循顾望，使王公荐享，下同委巷，请下有司论定施行。'"王曙亦奏请三品以上立家庙，复唐旧制；文彦博亦请定群臣家庙之制。苏颂曰："大夫士有田则祭，无田则荐。今不能有土田，请考唐人寝室燕飨仪，止用燕器常食。"皇祐中遂著令臣下立庙。是其时亦未以祠堂为名。近世祠堂之称，盖起于有元之世。考《元史》仁宗建阿术祠堂，英宗建木华黎祠堂。朝廷所建，亦以为名，则士大夫私庙可知矣。[②]

显然，赵翼对祠堂沿革的论述更为详尽，且行文之间引用了大量的历史文献，其观点也更让人信服。相比司马光的观点，赵翼认为"祠堂"一词最早可追溯到战国末，近世祠堂制度则起于元代。

2. 祠堂历史沿革概述

（1）先秦时期

中国祠堂制度流传已久。根据考古发现，早在新石器时期，人们就已经有意识地在固定场所祭祀祖先和神灵。殷商时期，这种在固定场所的祭祀活动发展成为祠庙祭祖。根据祭祀对象的不同，设有祭祀同一氏族的宗庙、祭祀同一宗族的祖庙和祭祀同一家族的祢庙。目前出土的殷墟甲骨卜辞，大多就是商代时王的宗庙中举行的仪式上宣读的祭祀祷文。也就是说，早在殷商时期就已经出现了宗庙制度的雏形。

---

① "陵"，许慎《说文解字》："陵，大阜也。"即高大突兀的山丘，后引申为高坟大冢。汉代"陵"成为帝王坟墓的特定称谓，如汉高祖刘邦的陵墓"长陵"。"庙"字的本义是指宗庙，前文已有论及。汉代帝王陵墓中设有庙、寝、便殿等礼制建筑，可供日、月以及四时祭祀，实际上承担了一部分宗庙的功能。
② 〔清〕赵翼：《祠堂》，《陔余丛考》卷三十二，中华书局1963年版，第691—692页。

周代实行宗法制与分封制，宗庙制度初步形成。《诗经·绵》云："乃召司空，乃召司徒，俾立室家，其绳则直，缩版以载，作庙翼翼。"记载的就是周人先祖太王率领族人迁徙至岐山后，下令建造宫室与宗庙的情形。根据《仪礼》《礼记》等礼书的记载，周代宗庙制度规定，天子七庙、诸侯五庙、大夫三庙、士一庙或二庙、庶人无庙祭于寝。除庙数外，宗庙中神主的放置、祭器和祭品的选择也有严格的限制。总的来说，周代在分封制和宗法制的基础上初步形成了系统完整的宗庙制度，对后世家庙、祠堂制度产生了极为深远的影响。

（2）秦汉时期

战国时期礼崩乐坏，大小宗法制以及宗庙制度遭到破坏。秦朝统一六国后，"非笑圣人，荡灭典礼，务尊君卑臣，于是天子之外，无敢营宗庙者"[1]。随着政治等级制度的进一步深化，原本适用各贵族阶层的"宗庙"一词逐渐成为帝王专属。秦二世即位后依古礼建七庙。七庙中襄公作为秦国始封之君并没有被确定为宗庙"太祖"，而始皇帝因一统六国的功业被确定为"太祖"。这种以功业而确定太祖的做法，对后世帝王宗庙制度产生了深刻影响。

西汉早期，每位皇帝都立宗庙，且不序昭穆、不定迭毁。此外，各郡国还设立了大量的"郡国庙"。这些做法，不仅先秦宗庙礼制无有，更与大小宗法中"支子不祭"的原则相悖，遭到了儒者的种种质疑，最终于汉元帝时期开启了宗庙制度的改革。东汉自明帝开始，皇帝驾崩后不再为其单独立庙，而是藏神主于"世祖"（刘秀）庙。这种"同庙异室"之制为后代历朝所沿用。

正如司马光所言，"汉世多建祠堂于墓所"。这种制度始于西汉惠帝为方便祭祀，于高祖陵旁重建高庙一事，随后成为帝王定制，并逐渐扩大至王侯贵戚、官僚巨室等显贵阶层。需要注意的是，两汉时期的祠堂仅是墓地旁为方便祭祀活动而建造的建筑，与后世专以供奉祖先、商议族事的宗族祠堂有所不同。

（3）魏晋南北朝时期

魏晋南北朝时期，墓祭制度逐渐衰落，庙祭制度得以恢复。并且随着"吉、凶、宾、军、嘉"五礼体系的日益完善，帝王宗庙制度走向成熟。魏晋以降，士族宗族日渐成长、发达，成为中古社会中不可忽视的政治力量。这些士族门阀崇尚儒家礼法，然而先秦古礼中的宗庙制度已难以适应此时的社会现实，继而出现仿先秦爵等尊卑按九品官制高低立庙的家庙制度。但根据已有文献记载，魏晋南北朝时期

---

[1]〔宋〕司马光：《文潞公家庙碑》，《司马温公集编年笺注》卷七十九，李之亮笺注，第20页。

的士族宗族更习惯将家内厅堂作为祭祀祖先的场所，建立家庙的事例并不多见。

（4）隋唐时期

在唐代，品官家庙制度得到了进一步的完善。《大唐开元礼》规定：文武官二品以上祭四庙，三品至五品祭三庙，六品以下至于庶人祭于寝。此外，四品、五品官员须有爵位才可建家庙，祭祀所用牺牲因官品高低而定。[①]

有学者统计，唐代家庙主要集中在长安、洛阳两京，长安城内更是遍布家庙。作为一种官方礼制，唐代家庙制度最终难免随着唐王朝的覆灭而走向衰亡。尤其是五代时期战争频仍、礼乐废坏，唐代家庙制度遭到了严重的破坏。但该制度对后世尤其是宋代仕宦学者设计与改良民间祠堂制度的提供了颇为有益的参考。

（5）宋元时期

北宋初期，由于经历五代动荡巨变，品官家庙制度被破坏殆尽，"群臣贵极公相，而祖祢食于寝，侪于庶人"[②]。直至郑居中等人编纂的《五礼新仪》完成，宋代家庙制度才有了具体的方案。令人遗憾的是，现行的四库全书本《五礼新仪》并非完本，尤其是卷一百三十五所载的"品官时享家庙仪"文本遗失，相关规制只能从卷首与目录中窥得大略。

在社会阶层流动急剧变化的宋代，一旦子孙未能身居高位乃至家族没落，持有家庙的资格也将被褫夺。面对这种情况，张载、程颐、司马光、朱熹等一批仕宦学者们纷纷提出自己的意见，希望能够探索出不为国家礼制所拘限的家庙制度。其中，司马光的"影堂"和朱熹的"祠堂"属于比较成功的两种设计。尤其是朱熹的祠堂制度更为简便易行，在宋元之后的士庶群体中得到了较多的实践。

（6）明清时期

明清两代是传统祠堂发展的巅峰时期。有明一代，朱熹的《家礼》在官方的推动下得到了更为广泛的传播。民间家谱编撰之风方兴未艾，祠堂制度也进一步普及。明嘉靖十五年（1536）礼部尚书夏言上《献末议请明诏以推恩臣民用全典礼疏》，随后明世宗下诏允许臣民祭祀始祖，民间联宗建祠的风潮蔚然大观。明清两代，无论是品官家庙还是庶人祠堂，其制度基本遵循朱熹的《家礼》。除了皇帝祭祖之所始终以宗庙名之，其余品官士庶祭祖之所一应以祠堂名之。如赵翼所说：

[①] 参见〔唐〕萧嵩：《大唐开元礼》卷三，《文渊阁四库全书》史部政书类。
[②] 〔宋〕司马光：《文潞公家庙碑》，《司马温公集编年笺注》卷七十九，李之亮笺注，第21页。

"今世士大夫家庙皆曰祠堂"[①];科大卫则称之为"家庙式的祠堂"[②]。尤其是清代祠堂,数量进一步增加,建筑更加豪华,管理更加规范,功能更加齐全,标志着传统祠堂发展至巅峰。

(二)祠堂的分类

1. 帝王宗庙

(1) 帝王宗庙制度

中国历代王朝对帝王宗庙制度均有详细规定,文献记载汗牛充栋。尽管朝代变迁,制度内容亦多有不同,但其基础依然是周代礼制。我们认为,探讨古代帝王宗庙制度的内容和变化离不开对周代宗庙制度的认识,因此有必要对周代宗庙制度进行简要分析。

关于周代宗庙制度,首先体现在庙数之制上。东汉以前,宗庙制度实行异庙制,即为所祀祖先单独建庙,因此所建宗庙数量与祭祀祖先世数一致。关于周代天子宗庙制度中的庙数问题,大致分为"七庙说"与"五庙说"两种观点。

秦汉以来,周代实行天子"七庙"制度一直是经学家们的主流观点。但是所谓"七庙"具体为哪七庙,又大致可分为两种意见。一种看法认为,周代所谓"天子七庙",包括姬姓始祖庙、周文王和周武王的二祧庙、在位天子高曾祖祢四世亲庙。历史上,韦玄成、郑玄等人皆持此说。如韦玄成认为:"周之所以七庙者,以后稷始封,文王、武王受命而王,是以三庙不毁,与亲庙四而七。非有后稷始封,文、武受命之功者,皆当亲近而毁。"(《汉书·韦玄成传》)在他看来,周天子"七庙"由始祖后稷庙,文、武二王因有功德而世世不迁毁的祧庙,以及在位天子高祖父以下四世"亲庙"组成。还有一种看法认为,周代天子七庙包括供奉后稷的始祖庙,以及天子的六世祖以下的六世"亲庙"。文王庙和武王庙因有功德,世世不毁,而不计入七庙之列。历史上经学大师刘歆和王肃都持此说,因此该观点颇具影响力。历代学者多依据经传相关记载,围绕这两种观点相互辩难,莫衷一是。

建庙数量之所以重要,是因为庙数与祭祀祖先代数是直接对应的。建几庙就意

[①] 〔清〕赵翼:《祠堂》,《陔余丛考》卷三十二,第691页。
[②] 科大卫:《祠堂与家庙——从宋末到明中叶宗族礼仪的演变》,(香港)《历史人类学学刊》2003年第2期。

味着祭及几代祖先，因此历朝宗庙制度首先要确定的就是庙数之制。但是由于现实中种种因素的影响，历代王朝宗庙庙数制度并非一成不变，而是处于一个不断变化的动态过程。如有学者统计，唐代皇帝宗庙庙数先后经历了四庙—六庙—七庙—八庙—七庙—六庙—九庙—十一庙的变化过程。[①]

在宗庙中，历代先祖以神主作为灵魂凭依。神主也有一定规制，杜佑《通典》引许慎《五经异义》曰："主之制四方，穿中央达四方，天子长尺二寸，诸侯一尺，皆刻谥于背。"[②]一般而言，天子神主以栗木制成，长一尺二寸，上刻所祀帝王之谥号。自东汉后，"同庙异室"的建筑格局逐渐形成，所有神主全部藏于太祖庙。无论是宗庙还是神主，其排列次序均需遵循"左昭右穆"的原则。

所谓"左昭右穆"即太祖居中，后代按父子辈分，父为"昭"，居左，子为"穆"，居右，以此排列神主次序。《礼记·王制》说："天子七庙，三昭三穆，与太祖之庙而七。"即天子七庙，始祖庙居中，六亲庙中高祖之祖、高祖、祖为"昭"，居左；高祖之父、曾祖、父为"穆"，居右。

由于宗庙的数量是有限制的，因此当已过世的祖先超过宗庙数量时，就需要按世数远近原则，依次迁出宗庙移入祧庙。所谓"祧庙"，即供奉远祖之庙。而原先的宗庙由于供奉的祖先发生变化，也需要进行修葺，此为"毁庙"。据《穀梁传》载："坏庙之道，易檐可也，改涂可也。"[③]也就是说，毁庙的方法可以是拆除原有的屋檐进行换新，也可以仅将原有的字号进行涂改。

宗庙中的祭祀活动大致可分为正祭、告祭两类，如马端临《文献通考》论述宗庙祭祀时指出：

> 古者宗庙之祭，有正祭，有告祭，皆人主亲行其礼。正祭则时享、禘祫是也；告祭则国有大事告于宗庙是也。[④]

正祭为固定祭祀，主要包括时享、禘祫。所谓时享，即"四时之祭"，一般

[①] 参见郭善兵：《中国古代帝王宗庙礼制研究》，人民出版社2007年版，第438页。
[②] 参见〔唐〕杜佑：《天子皇后及诸侯神主》，《通典》卷四十八，王文锦、王永兴、刘俊文等点校，中华书局1988年版，第1345页。
[③] 〔清〕阮元校刻：《春秋穀梁传注疏》卷十，《十三经注疏》，第5218页。
[④] 〔元〕马端临：《宗庙考》，《文献通考》卷九十九，中华书局2011年版，第3046页。

在春、夏、秋、冬四季的孟月①进行。关于时享祭礼，诸多史书典籍均有记载，但对于四时祭祀的名称历来说法不一，如《诗经·天保》云："禴祠烝尝，于公先王"；《礼记·王制》则云："天子诸侯宗庙之祭，春曰礿，夏曰禘，秋曰尝，冬曰烝"；《周礼·春官·大宗伯》又云："以祠春享先王，以禴夏享先王，以尝秋享先王，以烝冬享先王"等。时享以外，宗庙祭祀还有合祭历代先祖的"禘""祫"二祭。两汉以降，历代学者围绕"祫""禘"祭礼之来源、含义、祭期、祭仪、祭祀对象聚讼纷纷，莫衷一是，此处不再展开。

除正祭外，宗庙祭祀活动还有"告祭"，是除正祭以外的因事进行的临时性祭祀。郑玄《礼记·昏义》注："祭无牲牢，告事耳，非正祭也。"即告祭不是正式祭祀，因此不需要用牲牢之礼。孙诒让《周礼正义》亦云："告祭及祈祷礼杀。"②先秦天子诸侯，因朝聘、盟会、征伐等国事出行及返归都要告祭于先祖。其余如遇冠婚丧祭事宜，同样要到宗庙中禀告祖先，以示对祖先的尊重。

在儒家典籍中，对宗庙祭祀所用牺牲祭器亦各有专用名称：

> 凡祭宗庙之礼，牛曰"一元大武"，豕曰"刚鬣"，豚曰"腯肥"，羊曰"柔毛"，鸡曰"翰音"，犬曰"羹献"，雉曰"疏趾"，兔曰"明视"，脯曰"尹祭"，槁鱼曰"商祭"，鲜鱼曰"脡祭"，水曰"清涤"，酒曰"清酌"，黍曰"芗合"，梁曰"芗萁"，稷曰"明粢"，稻曰"嘉蔬"，韭曰"丰本"，盐曰"咸鹾"，玉曰"嘉玉"，币曰"量币"。③

宗庙祭祀历来皆为国之重典，在历代国家祀典之中，均以郊庙二者最为隆重，皆作大祀等级，其程序仪节相应也极尽严格。周天子的宗庙祭祀之前先要卜日，然后斋戒十天，祭祀正日，必须沐浴更换祭服后才能去祭祀。否则，便是对祖先神灵的亵渎和不敬。祭祀所用的牺牲和礼器物品等必须仔细挑选；太牢三牲要毛色纯正；璧、琮等玉器及束帛要完好无损。

由于现存史籍中所记载的周代礼制或多或少会受到撰述者及注疏者的政治倾向和学术倾向的影响，必然无法全面真实地反映周代的宗庙制度，甚至可能存在不少

---

① 即阴历的正月、四月、七月、十月。
② 〔清〕孙诒让：《周礼正义》卷三十三，汪少华整理，中华书局2015年版，第1600页。
③ 〔清〕阮元校刻：《礼记正义》卷五，《十三经注疏》，第2747页。

理想化的成分，但这些记载应当是以不少真实史料为素材的。更重要的是在后世，遵循周礼建立本朝宗庙制度已经成为宣扬王朝正统性的重要手段之一，使得历代统治者都不得不慎重对待。不止于此，由于中国法制的特点是以礼入法，礼法合一，周代礼制中的宗庙祭祖制度及对后代宗族的家庙、祠堂制度产生了极为深远的影响，从而使周代礼制中的宗庙祭祖制度成为中国社会宗族家庙、祠堂的基本模式，尽管历朝祭祖庙制多有不同，但其制度的基础是周代礼制，讨论中国宗庙制度的内容和变化，都离不开对周代宗庙制度的认识。[①]

（2）宗庙建筑形制

《礼记·曲礼》云："君子将营宫室，宗庙为先，厩库为次，居室为后。"讲的是君子营造宫室时，首先建造宗庙，其次马厩仓库，最后才是居室，体现了宗庙地位之重要。同时，这段文献也告诉我们，在先秦时期宗庙建筑是宫室的一部分。汉蔡邕《独断》载：

> 宗庙之制，古学以为人君之居，前有朝，后有寝，终则前制庙以象朝，后制寝以象寝，庙以藏主，列昭穆，寝有衣冠几杖，象生之具，总谓之宫。[②]

蔡邕认为周代宫室建筑中庙与寝是修建在一起的，前庙后寝，庙寝合成为宫。这种"前庙后寝"的观点得到了后世绝大部分学者的认可。

前文已经提到，先秦时期帝王宗庙主要实行"异庙"制，即所祭祖先单独立庙。东汉明帝以后逐渐形成"同庙异室"制度，实质在于一庙多室、同殿异室。这种"同庙异室"制度的形成，固然与东汉初年复杂的政治环境与现实因素有关。但不可否认是，"同庙异室"制度节省了大量的财力、物力，因而被后世朝代遵循。如《宋史》曾载唐代宗庙制度：

> 唐制，长安太庙，凡九庙，同殿异室。其制：二十一间皆四柱，东西夹室各一，前后面各三阶，东西各二侧阶。[③]

[①] 参见常建华：《宗族志》，上海人民出版社1998年版，第65页。
[②] 〔汉〕蔡邕著，〔明〕程荣校：《独断》卷下，日本内阁文库藏本。
[③] 〔元〕脱脱等：《宗庙之制》，《宋史》卷一百〇六，中华书局1985年版，第2566页。

在目前流传下来的宗庙建筑中，保存最完整、规模最大的当属北京太庙。北京太庙是明清两朝祭祀本朝已故皇帝的地方，始建于明永乐十八年（1420），后于明嘉靖、万历和清顺治、乾隆年间多次重修。明清太庙（宗庙）位于紫禁城端门之左，与右边的社稷坛遥相呼应，形成"左祖右社"之格局。北京太庙包括戟门、前殿、中殿、后殿、两庑等部分，平面呈长方形，共有三重围墙，由前、中、后三大殿构成三层封闭式庭院，占地14万多平方米。

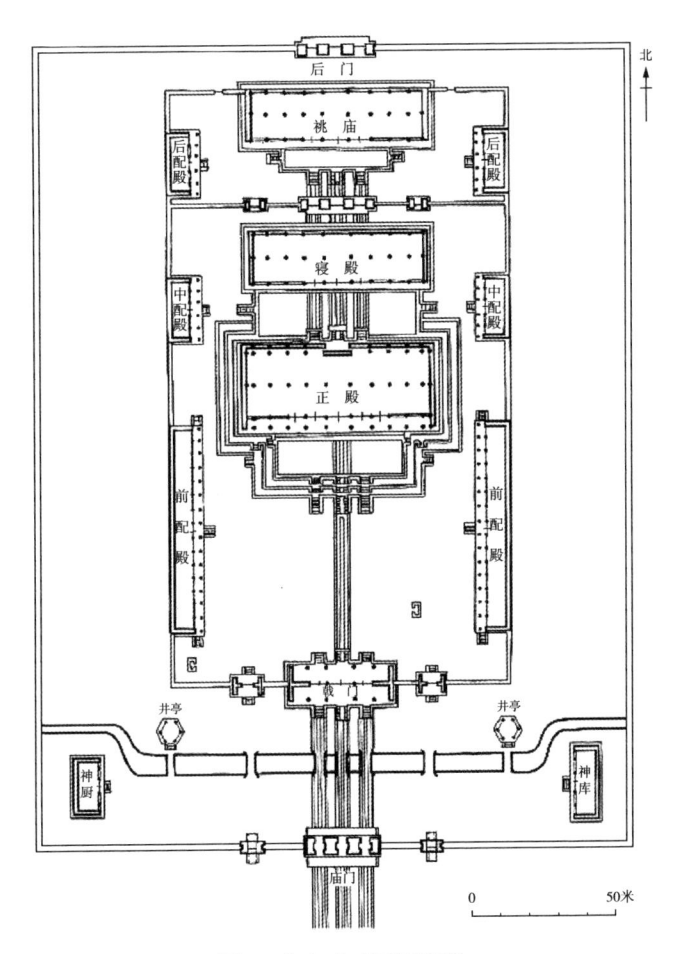

图2　北京太庙平面图[①]

---

① 源自孟凡人：《明朝都城》，南京出版社2013年版，第216页。

北京太庙的主体建筑位于金水河北，包括前殿、中殿、后殿。前殿是三大殿中的主殿，是明清皇帝举行宗庙祭祀活动的场所。前殿始建于明永乐十八年，明末一度被损毁，清顺治年间在原有大殿结构的基础上修复。修复后的前殿共十一楹，深四楹，重檐列脊，殿额有满汉文对照的"太庙"。中殿同样始建于明永乐十八年，面阔九间，进深四间。中殿供奉历代先皇，内部结构沿用同殿异室之制。太祖神位供于大殿正中，其余皇帝神位分供于各夹室。除皇帝神位外，室内还陈有神椅、香案、床榻、褥枕等物。后殿又名祧庙，门五楹，殿九楹，四周以红墙围绕。弘治四年添建，用以祭祀从中殿迁出的帝后神位。

明洪武元年（1368）朝廷定宗庙之祭，"每岁四孟及岁除，凡五享"。后在学士陶安等人的建议下，将祭祀时间由四季孟月改为"春以清明，夏以端午，秋以中元，冬以冬至，岁除如旧"。数年后，又改回四季祭于孟月之制，并具体规定"孟春择上旬日，三孟用朔日"①。此制为清沿袭。

（3）宗统与君统：天子宗庙制度的两个侧面

建立于周代的宗庙制度，对我国古代政治制度发展产生了极为深远的影响。王国维在论述周代制度时曾谈道：

> 周人制度之大异于商者，一曰立子立嫡之制，由是而生宗法及丧服之制，并由是而有封建子弟之制、君天子臣诸侯之制；二曰庙数之制；三曰同姓不婚之制。此数者，皆周之所以纲纪天下。其旨则在纳上下于道德，而合天子、诸侯、卿、大夫、士、庶民以成一道德之团体，周公制作之本意，实在于此。②

王国维认为，周人首先确立了嫡庶之制，并在此基础上形成了宗法制度与丧服制度，又通过分封建立了分封制度。以上这些制度与宗庙制度、同姓不婚制度结合在一起，成为有周一代"纲纪天下"的制度主线。有学者批评王国维此番观点混淆了社会制度与政治制度，将君统简化为宗统，从而取消了君统的独立意涵。③但不可否认的是，周代国家政体形式中宗法血缘的色彩是极为浓厚的。周王朝建立后，统治者根据由亲及疏的分封原则，将自己的同姓亲族、异姓功臣、先代帝王后裔，

---

① 〔清〕张廷玉等：《礼志五》，《明史》卷五十一，第1323页。
② 〔清〕王国维：《观堂集林》，第453—454页。
③ 参见安文研：《周代宗法社会的君统与宗统——王国维〈殷周制度论〉再探讨》，《学海》2018年第3期。

以及边远地区的部落首领封为诸侯,给予他们土地和管理封地的权力。诸侯在其封地上享有绝对权力,但需要定期向周天子纳贡,派兵卫戍王室或随天子出征。在众多诸侯中,最为重要的就是同为姬姓的亲族诸侯。如召、郑、鲁、晋、卫等国的诸侯,都承担着"夹辅王室"的重任,一旦天子有难,必须领兵勤王。周王朝的同姓诸侯相较于天子而言是小宗,在其封国内则是大宗,诸侯之下的卿、大夫、士亦是如此。也就是春秋时晋国大夫师服所说的:"故天子建国,诸侯立家,卿置侧室,大夫有贰宗,士有隶子弟。"(《左传·桓公二年》)

王国维将政统简化为宗统的观点引发了众多学者的争论,但是,他对周代借助宗法制培育社会道德进而促进社会整合的见解却是发人深省的。正如钱穆强调的那样,周代宗法制度的确立实质上是社会伦理的确立,并进一步影响到政治制度,他指出:

> 言周公封建,又必连带及于周公之定宗法。盖周公之封建制度,其主要精神,实寄托于其所定之宗法。此在近人,亦多能言之。然不知周公封建之要义,实在于创建政治之一统性,而周公定宗法之主要义,则实为社会伦理之确立。而尤要者,在使政治制度,俯就于社会伦理而存在。故政治上之一统,其最后根柢,实在下而不在上,在社会而不在政府,在伦理而不在权力也。而就周公定宗法之再进一层而阐述其意义,则中国社会伦理,乃奠基于家庭。而家庭伦理,则奠基于个人内心自然之孝弟。[①]

徐复观亦指出:

> 宗法制度,是凭血统关系,把周室的基本力量,分封到当时的要害地区;并凭血统的"亲亲"之义,将分封出去的诸侯,团结在王室的周围,以加强中央政治控制力量的方法。这是把宗法中的亲属系统变为政治中的统治系统。宗法中的大宗,即是政治中的各国的人君,而周王则为各大宗的所自出。现时,可以方便称之为"统宗"。所以王室所在的丰镐,便称为"宗周"。[②]

---

① 钱穆:《中国学术思想史论丛》(第1册),(台湾)东大图书有限公司1978年版,第87页。
② 徐复观:《两汉思想史》(第1卷),华东师范大学出版社2001年版,第180—181页。

也就是说，周代统治者将原本适用于家族内部的宗法血缘伦理，经过一定的演绎与阐发，推广扩大为适用于"天下"的宗法政治伦理，最终建立起一种有别于古代西方文明的"家国一体""家国同构"的政治体制。

这种独特的政治体制的伦理与情感基础正是宗法制，而在宗法制中，祖先祭祀活动始终是宗族存在的基本方式和重要标志。由于宗法制与分封制的密切关联，或者说宗统与政统的结合，让周代天子宗庙同时具备了"家"庙和"国"庙的双重性质。作为天子之"家"庙，在嫡子继承制原则下，宗庙中所祀先王无疑都是在位天子的直系先祖，宗庙是天子冠、婚、丧、祭等宗族活动的重要场所；而作为王朝之"国庙"，天子遇朝聘、盟会、征伐等重大事宜，均要告祭于宗庙，因此宗庙又是王朝政治活动的重要场所。无论是宗族活动还是政治活动，宗庙祭祀都需要花费大量的时间、人力、物力，参祭者按照严格的礼仪要求周旋揖让，器服祭品务必洁净精巧，竭力营造出某种庄严肃穆的祭祀氛围。在祭祀祖先的过程中，重要的不是参祭者的言说，而是天子借助仪式仪节与器服祭品来展现君权的神圣性。在中国古代王朝中，统治秩序主要靠政令、法律与军队等国家机器来维持，但宗教信仰和礼仪也发挥重要作用。借助宗教观念和宗教礼仪，把整个社会秩序提高到神圣状态，借以实施社会管理，这种神圣的束缚比纯粹的血缘束缚和现代意义上的家庭束缚更强烈。[1]在可见的仪式中，祖先崇拜信仰与政治统治无形地紧密联系在一起，成为君权神圣性与合法性的源泉。"周代政治制度的复杂性就在于，它不是一项单纯的完全超越血缘关系的政治制度，而是一项依托于血缘网络的政治制度，也因此，政治团结的力量并不来自国家本身所具有的神圣感，而来自尊祖敬宗所具有的神圣感。"[2]

在皇族内部，帝系一脉为大宗，其余诸侯、藩王为小宗。帝系继承顺利的情况下，宗统与君统互不干扰。然而一旦大宗绝嗣，为了保证国家政权的延续与稳定，必定会出现以小宗入继大统的情况。按照为人后者不得复顾私亲（如生父、生母及其他直系祖先）的原则，由小宗入继大统，必须虔心侍奉所承大宗，对私亲所执礼数当有所损减。但是这样一来，宗统和君统之间的矛盾则会立刻显现出来。尤其是在涉及宗庙的设立与祭祀问题时，这种矛盾会急剧地尖锐对立。历史上以小宗继

---

[1] 参见陈富荣：《宗教礼仪与文化》，新华出版社1992年版，第40页。
[2] 安文研：《周代宗法社会的君统与宗统——王国维〈殷周制度论〉再探讨》，《学海》2018年第3期。

大统的情况并不少见，如光武帝刘秀所建立的东汉政权继承的就是西汉法统。按古礼礼制，刘秀称帝后作为西汉法统的继承者，应当于宗庙祭祀西汉历代皇帝。因此建武二年（26），洛阳高庙修建完毕后，置高帝至平帝十一位皇帝神主以供宗庙祭祀。但在随后的建武三年（27），刘秀又立高祖父刘买、曾祖父刘外、祖父刘回、父刘钦四世直系亲庙，隐隐有以自身宗统取代西汉君统的意味。这样的做法与儒家标榜的以尊祖敬重为核心的宗法伦理原则大相径庭，以致物议纷纷。建武十九年（43），张纯、朱浮上书奏请刘秀依据"为人后者为之子"的宗法原则，撤销亲生高祖父以下的四亲庙，以西汉皇帝大宗替代：

> 纯以宗庙未定，昭穆失序，十九年，乃与太仆朱浮共奏言："陛下兴于匹庶，荡涤天下，诛锄暴乱，兴继祖宗。窃以经义所纪，人事众心，虽实同创革，而名为中兴，宜奉先帝，恭承祭祀者也。元帝以来，宗庙奉祠高皇帝为受命祖，孝文皇帝为太宗，孝武皇帝为世宗，皆如旧制。又立亲庙四世，推南顿君以上尽于舂陵节侯。礼，为人后者则为之子，既事大宗，则降其私亲。今禘祫高庙，陈序昭穆，而舂陵四世，君臣并列，以卑厕尊，不合礼意，设不遭王莽，而国嗣无寄，推求宗室，以陛下继统者，安得复顾私亲，违礼制乎？昔高帝以自受命，不由太上，宣帝以孙后祖，不敢私亲，故为父立庙，独群臣侍祠。臣愚谓宜除今亲庙，以则二帝旧典，愿下有司博采其议。（《后汉书·张纯传》）

张纯和朱浮二人奏言主要陈述了三点理由：其一，东汉政权"虽实同创革，而名为中兴"，指出刘秀是以汉室宗亲的身份继承西汉的政统，虽然实际上与开创无异，但名义上仍是汉朝正统的延续。其二，"礼，为人后者则为之子，既事大宗，则降其私亲"，指明了大臣们反对光武帝置四亲庙的礼制依据，即为人后者不得复顾私亲的宗法原则。其三，"设不遭王莽，而国嗣无寄，推求宗室，以陛下继统者，安得复顾私亲，违礼制乎？"张纯等人认为，假使没有王莽篡政，在大宗绝嗣的情况下择支子承嗣"宗统"，对私亲所执之礼同样要有所减损。随后，张纯还举了汉宣帝的事例以加强说服力。元平元年（前74），汉昭帝突然因病驾崩，一系列政治斗争后，侥幸逃过武帝时期"巫蛊之祸"的前太子刘据之孙刘询被立为皇帝。登基之后的刘询（汉宣帝）为自己的生身父亲史皇孙刘进立"皇考"庙，并试图将"皇考"庙纳入到皇帝宗庙中去。这种做法引起了部分大臣的不满，因为帝王宗庙中所祀先祖均为本朝历代帝王，而刘进并未做过皇帝，本身并不具备进入宗庙的资格。更重要的是，从君统角度考虑，宣帝入嗣昭帝继承皇位，二者存在君统意义上的祖孙关系。如果遽然将宣帝生父刘进的"皇考"庙纳入宗庙，那么此时宗庙系统中势必出现"君统"与"宗统"两个体系，这显然是违背传统礼制的。在众多压力之下，宣帝立"皇考"庙后亦只得让有司代为祭拜，难以亲至。

张纯和朱浮的三点理由冠冕堂皇，刘秀作为皇帝也难以反驳。最终，刘秀无奈之下将洛阳的四世亲庙改建于章陵立庙，并降低其祭祀规格；同时，在处理西汉帝系宗庙上，以元帝作为宗法意义上的父亲，亲自供奉元帝以上的历代皇帝神主于洛阳高庙，保持自身帝位的正统性；又命臣下将辈分低于自己的成、哀、平三帝神主祀于长安高庙。这样，名为中兴而实同创革的刘秀终于使自己的帝位与西汉君统之间的世系衔接问题得到解决。刘秀去世后，明帝尊其为世祖，另立世祖庙以奉祭祀。随后东汉历代皇帝驾崩后皆以"同庙异室"的方式立神主于世祖庙夹室。世祖庙与高祖庙并立，东汉帝系与西汉帝系分庭抗礼之势隐约可见。这种做法与宗法规定及礼制要求明显相悖，毫无疑问地遭到了后世的抨击：

> 永平所立世祖庙，又与高庙异处，无复昭穆之序。明帝临终，遗诏藏主于光烈皇帝更衣别室，章帝而下，莫敢或违，徒务为抑损之私，而不知礼义之正……其渎乱不经，未有如是之甚者。①

无论是光武帝刘秀立四亲庙，还是汉宣帝刘询立"皇考"庙，所面临的困境都是以支子入嗣大宗时引起的宗统与君统冲突的具体体现。一方面，三代以来中国文化演进的突出特色是人文性和人间性，礼仪的制定主要是围绕着人的生命过程而展开的，这使得礼乐文化本身就已经具备了一种人文主义基础。正如司马迁所说："观三代损益，乃知缘人情而制礼，依人性而作仪，其所由来尚矣。"（《史记·礼书一》）礼仪是人内心感情的外化，虽然支子继嗣大宗，但毕竟血浓于水，怀报本反始之心亦应当获得理解。另一方面，春秋战国以降，随着君主专制集权的不断强化，宗庙除了承载祭祀的功能之外，更是君主宗统、君统合法性与神圣性的象征。如果君主依人情随意更改宗庙礼制，难免存在视国朝大典为儿戏的隐患。尤其是随着儒学成为官方正统思想，其秉持的儒家宗法伦理原则日益为广大士大夫阶层接受与遵循。一旦皇帝因私情而漠视或践踏传统宗庙礼制，往往为群臣劝谏甚至

---

① 〔宋〕徐天麟：《礼二》，《东汉会要》卷四，中华书局1955年版，第39页。

口诛笔伐。因而只要人的情礼冲突依然存在，宗统与君统之间的矛盾就无法消弭。正如宋英宗时期"濮议"与明代嘉靖朝"大礼议"二事，其依然是宗统与君统、礼与情之间的矛盾冲突，在不同时代与政治、学术和现实结合的延续而已。

2. 品官家庙

（1）家庙制度：从《开元礼》到《五礼新仪》

魏晋以来，统治者亲自提出与践行薄葬，并明令禁止建设墓祠等祭祀设施，民间祭祀尤其是高官贵戚阶层逐渐将墓祭改回庙祭。

要行庙祭，就必须有家庙。晋代定九品官制，因而一般以官员品阶等级来确定家庙标准，"宗庙之设，各有品秩"[①]。这就是后来出现的品官家庙制度的雏形。但此时家庙制度尚未正式成为国家礼制，其标准大多参照先秦宗庙之礼，祭祀时间、次数也无严格规定。自晋以后，大体遵循以品秩尊卑制定立庙标准。如《通典》记载北齐家庙制度：

> 北齐，王及五等开国执事官、散从二品以上，皆祀五代。五等散官正三品以下，从五品以上，祭三代。三品以上，牲用太牢，以下少牢。执事官正六品以下，从七品以上，祭二代，用特牲。正八品以下，达于庶人，祭于寝。[②]

此制度亦载于《隋书》：

> （北齐）王及五等开国，执事官、散官从三品已上，[③]皆祀五世。五等散品及执事官、散官正三品已下从五品已上，祭三世。三品已上，牲用一太牢；五品已下，少牢。[④]执事官正六品已下，从七品已上，祭二世，用特牲。正八品已下，达于庶人，祭于寝，牲用特肫，或亦祭祖祢。诸庙悉依其宅堂之制，其间数各依庙多少为限。其牲皆子孙见官之牲。[⑤]

---

① 〔唐〕房玄龄等：《范宁传》，《晋书》卷七十五，第1988页。
② 〔唐〕杜佑：《诸侯大夫士宗庙》，《通典》卷四十八，王文锦、王永兴、刘俊文等点校，第1334—1335页。
③ 此处当为"执事官、散官从二品已上"，否则与下文"正三品已下从五品已上"矛盾，《通典》亦记载为"从二品以上"。
④ 此处当为"三品已下，少牢"，否则与前文"三品已上，牲用一太牢"一句矛盾，《通典》亦记载为"三品以上，牲用太牢，以下少牢"。
⑤ 〔唐〕魏徵、〔唐〕令狐德棻：《礼仪志二》，《隋书》卷七，第135页。

根据《通典》与《隋书》对北齐品官家庙制度的记载，可参见表1：

表1 北齐家庙制度表

品阶	二品以上	三品至五品	六品、七品	八品至庶人
庙数	五庙	三庙	二庙	二世，祭于寝
牺牲	太牢	少牢	特牲	特豚
建筑格局	同堂异室			

从表1可知，北齐家庙制度显然是参考《礼记》中《王制》与《祭法》中诸侯五庙、大夫三庙、士一庙或二庙、庶人无庙祭于寝的规定，将官员家庙规模按照官品高低依次降杀。但从现有文献记载看，魏晋南北朝时期建立家庙的士族并不多，更多的情形是以家内厅堂作为祭祀祖先的场所。这种做法对后世两宋理学家对祭堂或影堂的设想有着极大的启迪意义。

在唐代，北齐初创的品官家庙制度得到了进一步的确立与完善，并受到国家律法的认可与保护。尽管唐初的品官家庙制度未见礼书记载，但《通典》《唐会要》《旧唐书》等都曾记载时任谏议大夫（正三品）的王珪因祭祖于寝而不立家庙，反被有司弹劾一事：

> 王珪通贵渐久，而不营私庙，四时烝尝，犹祭于寝。贞观六年，坐为法司所劾。①

从中我们不难推测，唐初对品官家庙制度应当是有所规定的。像王珪这样的"通贵"，即五品以上的官员，如不立家庙，甚至还要受到有司弹劾。

直到开元二十年（732），随着《大唐开元礼》的正式颁布，唐代家庙制度才有了系统、详细的规范。《大唐开元礼》记载：

> 凡文武官，二品已上祠四庙，五品已上祠三庙，三品已上不须兼爵，四庙外有始封祖者通祠五庙。牲皆用少牢。六品已下达于庶人，祭祖祢于正寝，用特牲。

---

① 〔唐〕杜佑：《诸侯大夫士宗庙》，《通典》卷四十八，王文锦、王永兴、刘俊文等点校，第1335页。五品以上官员称为"通贵"。

纵祖父官有高下，皆用子孙牲。[1]

可见唐代的四品、五品官员且有爵位者可建家庙，三品以上不须兼爵即可建家庙，其家庙的规模和设计受到官位品阶的约束，祭以羊、豕二牲；六品至庶人则于正寝祭祀祖祢，祭以特牲。台湾学者甘怀真统计，唐代家庙主要集中在长安、洛阳两京，尤其长安城内更是遍布家庙，这与《周礼》中建宗庙于封地的要求体现出明显差异。五代时期，战争频繁，礼乐废坏，唐代家庙制度遭到了严重的破坏。正如司马光于《文潞公家庙碑》中总结所言："及五代荡析，士民求生有所未遑，礼颓教侈，庙制遂绝。"[2]

宋初诸礼未定，"群臣贵极公相，而祖祢食于寝，侪于庶人"[3]。有鉴于此，宋仁宗于庆历元年（1041）颁布诏令，允许文武官按照"旧式"营建家庙。此处所谓"旧式"概指唐代家庙的规定。皇祐二年（1050）宰相宋庠认为，有司"不能推述先典，因循顾望，使王公荐享，下同委巷，衣冠昭穆，杂用家人，缘偷袭弊，甚可嗟也"[4]。因而奏请有司制定家庙制度准则以供施行。司马光在其《文潞公家庙碑》对宋仁宗诏令允许群臣立庙，以及宋庠奏请有司讨论官员立庙标准一事亦有记载：

> 庆历元年，因郊祀赦，听文武官依旧式立家庙，令虽下，有司莫之举。士大夫亦以耳目久不际，往往不知庙之可设于家也。皇祐二年，天子宗祀礼成，平章事宋公奏言："有司不能推述先典，明谕上仁，因循顾望，遂愈十载，缘偷袭弊，殊可嗟悯。臣尝因进对，屡闻圣言，谓诸臣专殖第产，不立私庙，睿心至意，形于叹息。盖由古今异宜封爵殊制，因疑成惮，遂格诏书，请下礼官儒臣，议定制度。"于是翰林承旨而下，共奏请自平章事以上立四庙，东宫少保以上二庙，其余器服仪范俟更参酌以闻。

关于有司讨论的结果，时任太常礼院的苏颂在其奏议中记载为：

---

[1] 〔唐〕萧嵩：《大唐开元礼》卷三，《文渊阁四库全书》史部政书类。
[2] 〔宋〕司马光：《文潞公家庙碑》，《司马温公集编年笺注》卷七十九，李之亮笺注，第20—21页。
[3] 〔宋〕司马光：《文潞公家庙碑》，《司马温公集编年笺注》卷七十九，李之亮笺注，第21页。
[4] 〔元〕脱脱等：《宋庠传》，《宋史》卷二百八十四，第9592页。

> 唐及本朝庙，二品以上得祭四世，三品以下皆祭三世，六品以下无庙者，皆祭于寝。……今之庙制与古不同，皆为一庙同堂异室，则一品、二品之庙，并一堂四室，三品、四品、五品之庙，并一堂三室，乃合礼制。①

通过这份奏议，我们可以得知宋初的家庙制度主要还是沿袭了唐代的制度，大体上维持二品以上立四庙，三品至五品立三庙，六品以下祭于寝的规定。经过宋庠的上奏，宋初始有一套官员可以立庙的标准，但即便如此响应者依旧寥寥，仅有文彦博申请于洛阳营建家庙：

> 仁宗时，尝有诏听太子少保以上皆立家庙，而有司终不为之定制度，惟文潞公立庙于西京，他人皆莫之立。②

此处所谈"文潞公"即文彦博，他于皇祐二年（1050）奏请营建家庙，并于翌年通过了礼官的审核。虽然在制度层面有初步的规划，但也仅止于与官员品阶相对应祭祀的庙数，除此之外并没有进一步的规定。也正因如此，文彦博有关营建家庙的申请通过之后，由于没有可供参考的"构筑之式"，家庙营建的进展一度停滞。经过四处寻找，终于在长安寻得唐人杜佑的家庙遗迹并进行仿造，直到嘉祐四年（1059），此家庙才得以建成，在文彦博请司马光为其家庙撰写的著名碑文，即前述《文潞公家庙碑》中，记载了其家庙建立的始末。

文彦博的家庙设置在宋代家庙历史上成了一个里程碑。然而可惜的是，文彦博建立家庙一事似乎并未引起朝中官员的效仿，相反，在此后的六十五年间也未有其他官员立庙的案例。而文彦博也因为官职迁转的缘故难以按时祭祀，其洛阳家庙亦形同虚设。以上情形都在一定程度上表明了宋初企图恢复家庙制度的尝试并不成功。上述窘境直到《政和五礼新仪》制定并颁行后才有所改变。

大观元年（1107）宋徽宗御笔命于尚书省设立"议礼局"，专司讨论、修改与编纂新礼，即后来的《政和五礼新仪》。在《政和五礼新仪》之前宋代较具规模的礼书有《开宝通礼》与《太常因革礼》等。《开宝通礼》乃是宋代因袭《开元礼》而成，而《太常因革礼》则是对《开宝通礼》做了一些注解及调整，大致上并没

---

① 〔唐〕苏颂：《立家庙议》，《苏魏公文集》卷十五，中华书局1988年版，第207页。
② 〔宋〕司马光：《丧仪六》，《书仪》卷十，《文渊阁四库全书》经部礼类。

有脱出《开宝通礼》的范畴。《政和五礼新仪》有别于《开宝通礼》与《太常因革礼》,其目的在于"成一代之典",且冠有徽宗御制《序》,具有相当的权威性。因此朱熹认为:"盖今上下所共承用者,《政和五礼》也。"

针对家庙制度,宋徽宗指出:

> 今稽古制法,明伦厚俗,庙制亦当如古,然其世数之节、荐享之仪、疏数之数与迁徙之不常,贫富之有异,使不逼不僭,皆得其宜,然后为称,可依所奏,条画来上。①

要求议礼局条陈家庙制度方案,待其御览之后再加以裁决,以便在此基础上形成了新的家庙制度。令人遗憾的是,现行的四库全书本《政和五礼新仪》并非完本,尤其是卷一三五所载的"品官时享家庙仪"文本遗失,仅"卷首"还保留议礼局有关家庙制度的奏请与宋徽宗的批复内容。"卷首"中涉及家庙制度的内容主要为以下两则:

> 议乞执政以上祭四庙,余通祭三庙。礼有等差以别贵贱,故庙祭之数,天子七世,诸侯五世,大夫三世,适士二世,不易之道也。今以执政官方古诸侯而止祭四世,古无祭四世之文。又侍从官以至士庶通祭三世,无等差多寡之别,岂礼意乎?古者天子七世,今太庙已增为九室,则执政视古诸侯以事五世不为过矣。先王制礼以齐万有不同之情,贱者不得替,贵者不得逾。故事二世者,虽有孝思追远之心无得而越;事五世者,正当践以及焉。今恐夺人之思而使通祭三世,徇流俗之情非先王制礼等差之义。可文臣执政官、武臣节度使以上祭五世,文武升朝官祭三世,余祭二世。
>
> 议乞立庙者居处隘狭,听于私第之侧又无则随宜创置。礼以制情,使贵贱大小各当其分,则礼又有制,制必有数,故不敢逾,不敢紊也。古者庙在大门之内,中门之左,内示亲,左示仁也。今臣僚寓居僦舍,无有定止。礼令一下,人不立庙,当丽于法矣。可应有私第者,立庙于门内之左,如狭隘听于私第之侧,力所不及仍许随宜。议及品官庙视宅堂之制,寝勿逾于庙,间数以世

---

① 刘琳等校点:《群臣士庶家庙》,《礼一二》,《宋会要辑稿》,上海古籍出版社2014年版,第706页。

数为限,庶几易行。阳数奇,阴数耦。天下屋室之制,皆以阳为数。今立庙制寝视其所祭之数,则祭四世者寝四间,阴数也。古者寝不逾庙,礼之废失久矣。士庶堂寝有逾度僭礼,有五楹、七楹、九楹者,若一切使就五世、三世之数,则当彻毁居宇以应礼制……岂得为易行。可今后立庙其间数视所祭世数,寝间数不得逾庙事。二世者寝用三间者听。①

以上内容即议礼局对家庙制度的进言以及宋徽宗的批复手诏,是我们用于讨论研究《政和五礼新仪》规定的品官家庙制度的基本史料。通过分析上述内容,相较于宋初文彦博申请建立家庙所遭遇的困境,《政和五礼新仪》对品官家庙制度有了更为详细的规定。在官品与庙数的关系上,规定"文臣执政官、武臣节度使以上祭五世,文武升朝官祭三世,余祭二世"。即文臣担任执政官(正二品)以上、武臣节度使(从二品)以上允许祭祀五世;文武升朝官(正五品)以上允许祭祀三世;其余祭二世。在"构筑之式"上,要求"有私第者,立庙于门内之左,如狭隘听于私第之侧,力所不及仍许随宜","立庙其间数视所祭世数,寝间数不得逾庙事。二世者寝用三间者听"。即要求家庙应位于门内之左,以符合古礼中建庙于"大门之内,中门之左"的规定。如若地狭,亦可灵活处理。"立庙其间数视所祭世数"表明此处家庙建筑采用"同堂异室"之制。

但由于"卷首"的记载较为简略,我们尚难以对《政和五礼新仪》中所定家庙制度形成较为整体全面的认知,因此有必要梳理其他史料进行进一步的分析。根据《宋会要辑稿》的记载,议礼局对家庙制度的讨论还涉及高祖以上祖先的称呼问题,议礼局认为:

> 谨按《礼记·王制》:"诸侯五庙,二昭二穆,与太祖之庙而五",所谓太祖者盖始封之祖,不必五世,又非臣下所可通称。今高祖以上一祖未有名称,欲乞称五世祖。②

有关群臣家庙所用祭器标准,政和六年(1116)礼制局建议:

---

① 〔宋〕郑居中等:《政和五礼新仪》卷首,《文渊阁四库全书》史部政书类。
② 刘琳等校点:《群臣士庶家庙》,《礼一二》,《宋会要辑稿》,第707页。

正一品每室笾、豆各十有二，簠、簋各四，壶、尊、罍、铏、鼎、俎、篚各二，尊罍加勺、幂各一，爵一。诸室共用胙俎一、罍洗一。从一品笾、豆、簠、簋降杀以两，正二品笾、豆各八，簠、簋各二，其余皆如正一品之数。①

总的来看，《政和五礼新仪》对唐代的家庙制度多有批判，更多次征引《礼记》上的相关记载，试图重新建立新一代的家庙制度。《政和五礼新仪》的制定与颁行，不仅是宋代首次将家庙制度明文纳入国家礼典中，并且对此后宋代家庙制度的实践有着重要影响。

（2）家庙建筑形制

唐宋两代关于家庙的建筑规格均有严格规定，但是由于两代家庙建筑图样失传已久，且没有可供参考的考古资料，只能借助部分史料中的文字记载来对唐宋家庙建筑形制进行粗略地复原。

从目前所能掌握的史料看，除《新唐书》有针对三品官员的规定外，另有《唐会要》卷十九太常礼院令狐绹的奏疏中亦涉及三品以上官员家庙建筑形制要求。《新唐书》规定官员营造的家庙建筑要符合以下标准：

庙之制，三品以上九架，厦两旁。三庙者五间，中为三室，左右厦一间，前后虚之，无重栱、藻井。室皆为石室一，于西墉三之一近南，距地四尺，容二主。庙垣周之，为南门、东门，门屋三室，而上间以庙，增建神厨于庙东之少南，斋院于东门之外少北，制勿逾于庙。②

此外，《唐会要》卷十九载令狐绹于宣宗大中五年（851）的上奏，论及庙制如下：

应立庙之初，先取礼司详定。兼请准开元礼，二品以上祠四庙。三品祠三庙。三品以上不须爵者。四庙外有始封祖。通祠五庙。三品以上。不得过九架。并厦两头。其三室庙制。合造五间。其中三间。隔为三室。两头各厦一间虚之。前后亦虚之。每室中西壁三分之一。近南去地四尺。开一坎室。以石为

---

① 刘琳等校点：《群臣士庶家庙》，《礼一二》，《宋会要辑稿》，第707页。
② 〔宋〕欧阳修、〔宋〕宋祁：《礼乐志三》，《新唐书》卷十三，第346页。

之。可容两神主。庙垣合开南门东门。并有门屋。①

二者都是论三庙的情况，因此以下也是基于三品立三庙的情形，结合现存的唐代家庙碑铭之记载，对唐代家庙建筑形制的概况进行讨论。

三庙可以有九架、五间。架表示进深（九架即该建筑有九根横梁），间是指横宽。根据唐代长安大明宫遗址及佛光寺正殿的调查，每间多宽5米左右，因此三品以上家庙正殿左右宽约25米。唐代家庙采取同堂异室的方式，庙数其实是室数，三庙即三室。如牛僧孺所作《崔相国群家庙碑》载：

> 宪宗元和十四年，诏右相中书侍郎平章事清河郡公立家庙于长安崇业里，庙三室。……奉赠郑州刺史府君神主祔于第一室，夫人乐平郡太夫人王氏配座，室曰皇考庙；奉怀州刺史赠太子少师府君神主祔于第二室，夫人魏国太夫人李氏配座，室曰王考庙；奉今赠太尉府君神主祔于第三室，夫人齐国太夫人卢氏、晋国太夫人王氏配座，室曰考庙。②

《淮南节度使检校尚书右仆射赵郡李公家庙碑铭》又云：

> 祭祀从贵，爵土有秩。诸侯之庙，一宫三室。皇皇西室，皇祖中书。孝孙追远，昭穆有初。显显中室，王父郓令。顺孙祗享，尽悫尽敬。肃肃东室，先考晋陵。嗣子奉荐，孝思蒸蒸。③

借助这两则碑文以及前述史料，我们可以得知在三庙或者三室的情况下，第一室为皇考（曾祖父）庙，第二室为王考（祖父）庙，第三室为考（父）庙。至于三室的位置，曾祖在西室，祖父在中室，父在东室。这与唐代皇帝宗庙中以西为尊的

---

① 〔宋〕王溥：《百官家庙》，《唐会要》卷十九，第391页。
② 〔唐〕牛僧孺：《崔相国群家庙碑》，〔清〕董诰等编：《全唐文》卷六百八十二，中华书局1983年版，第6977页。
③ 〔唐〕白居易：《淮南节度使检校尚书右仆射赵郡李公家庙碑铭》，《白居易集》卷七十一，顾学颉校点，中华书局1979年版，第1493页。

情况吻合，"今庙制与古不同，共阶别室，西方为首"①。每室西壁近南处建一墱室，用于放置祖先及配偶神主，即每室藏二主。②及祭祀之时，请出神主置于神座上，祭毕乃还墱室。

在正殿的屋顶结构上，"两头各厦一间虚之，前后亦虚之"。概指正殿顶部采用单檐歇山顶的样式，即墙壁缩入檐内，空出约一间的空间形成檐廊，其形制相似于南禅寺大殿的屋顶样式。

殷侑家庙碑文载有"三室两厢，克建斯堂"①的语句，表明堂之两侧有东西厢，以两墙（序）隔开。②我们再根据《新唐书》所云"神厨于庙东之少南，斋院于东门之外少北"，可知家庙的空间布局中还包括神厨与斋院两处功能性场所。所谓"神厨"，是指执事者准备祭祀牺牲之所。至于"斋院"，《开元礼》规定，主人、亚献、终献并执事者，致斋一日于庙所，即斋院。神厨与斋院的规模不得大于正寝。

通过以上分析，再结合《新唐书》与《唐会要》两处史料的记载，我们可以获得对唐代家庙建筑的初步了解。下引台湾学者甘怀真在《唐代家庙礼制研究》一书中列出的两图，图3和图4，方便读者对唐代家庙的建筑形状有一个更为直观的认识。

---

① 〔唐〕杜佑：《诸藏神主及题板制》，《通典》卷四十八，王文锦、王永兴、刘俊文等点校，第1349页。
② 唐朝家庙祭礼规定只有三品以上许立神主。
① 〔唐〕冯宿：《天平军节度使殷公家庙碑》，〔清〕董诰等编：《全唐文》卷六百二十四，第6304页。
② 《尔雅·释宫》曰："室有东西厢，曰庙。"孙注："厢，夹室前堂。"李注："厢，谓宗庙殿有东西小堂。"

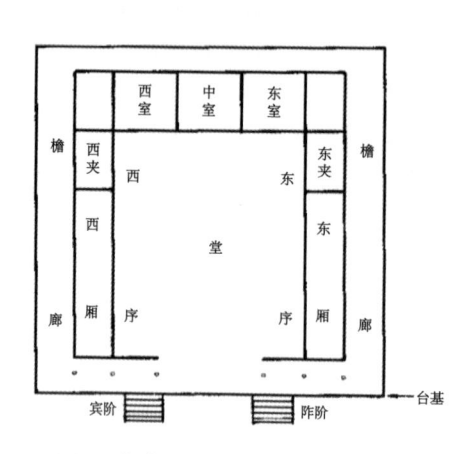

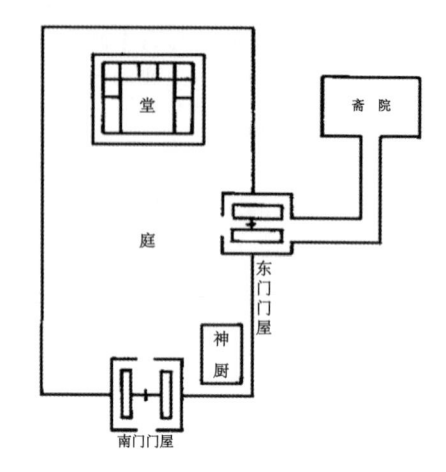

图3　家庙正殿图（以三庙为例）　　　图4　家庙建筑平面图

关于宋代家庙的建筑形制，在《政和五礼新仪》颁行之前并无明确标准，因此才有文彦博于长安城内遍寻家庙遗迹一事。至于具体形制要求，分析《政和五礼新仪》家庙制度时已有论及，此处不再展开。

从有关史料看，《政和五礼新仪》规定也确实得到实施。官品不达者，民间社会未见立家庙者。《太平广记》卷一百八十二《颜摽》载：

> 郑侍郎薰主文，举人中有颜摽者，薰误谓是鲁公之后。时徐方未宁，志在激劝忠烈，即以摽为状元。及谢恩日，从容问及庙院，摽曰："摽寒进也，未尝有庙院。"

"庙院"即家庙。颜摽"未尝有庙院"，恰恰说明民间社会对这一规定的遵循。

（3）圣贤家庙：品官家庙制度下的特殊情形

祭祀圣人孔子的孔庙位于孔子故里——山东曲阜，孔庙是专门用于祭祀孔子的祠庙，又被称为"阙里至圣庙"。据司马迁记载，孔子逝世后，其故居被改建为祭祀他的祠庙，藏有衣、冠、琴、车、书等遗物，且鲁人"世世相传以岁时奉祠孔子冢"（《史记·孔子世家》）。根据孔子六十九代孙孔继汾《阙里文献考》云，孔子没后"弟子葬于鲁城北泗上。既葬，后世子孙即所居之堂为庙，世世祀之。然茔不过百亩，封不过三版，祠宇不过三间，历代嗣加恢扩，日就宏丽"①。也就是说，孔子庙最早是按照"大夫三庙"的庙制规格建造的。②刘邦称帝后经过鲁地，以太牢（猪、牛、羊）的规格祭祀孔子，开创了帝王祭孔的先河。尤其是在董仲舒"罢黜百家，独尊儒术"的提议下，汉武帝将儒学列为官方正统思想，孔子和儒家的地位不断上升。在中国古代，封建制度的发展与儒学地位的提升呈现强烈的相关性，历代封建王朝及其统治者对孔庙修建与祭孔活动日益重视。至明清两代，封建社会发展到中后期，孔子和儒学的崇高地位达到了极点。随着孔子的地位不断上升，祭祀场所不断扩建，曲阜孔庙的祭孔仪式也从孔氏一族的私家祭祀逐渐向国家祭祀过渡，孔庙逐渐兼具家庙与国庙的双重性质。

关于汉代时孔庙的大致形制，郦道元在《水经注》中谈论泗水时，曾如此描述：

> 庙屋三间，夫子在西间东向，颜母在中间南面，夫人隔东一间东向。夫子床前，有石砚一枚，作甚朴，云平生时物也。鲁人藏孔子所乘车于庙中，是颜路所请者也。③

结合鲁恭王坏孔子旧宅得《古文尚书》以及《礼记》《论语》《孝经》等古书一事，可知此时孔子旧宅及孔庙地位并不是很高，并没有像后世那样具有极高的象征意义。东汉永平十五年（72），汉明帝东巡时，"幸孔子宅，祠仲尼及七十二弟子"（《后汉书·显宗孝明帝纪》）。可知，东汉时孔庙已经开始祭祀孔门的72位贤达。汉末献帝时，孔子庙毁于火灾。随后于黄初元年（220）魏文帝下令重修孔子庙。

> 魏黄初元年，文帝令郡国修起孔子旧庙，置百石吏卒。庙有夫子像，列二弟子执卷立侍，穆穆有询仰之容。汉、魏以来，庙列七碑，二碑无字。桧柏犹茂。庙之西北二里，有颜母庙，庙像犹严，有修桧五株。孔庙东南五百步，有双石阙，即灵光之南闬。北百余步，即灵光殿基，东西二十四丈，南北十二

---

① 〔清〕孔继汾：《阙里文献考》卷十一，清乾隆二十七年刻本。
② 当建于孔庙建立之初规模如何几乎没有史料可考，但根据孔子曾官至鲁国司寇，孔庙最初以大夫礼立为三庙的说法应当是可信的。
③ 〔北魏〕郦道元：《泗水》，《水经注校证》卷二十五，陈桥驿校证，中华书局2007年版，第594页。

丈，高丈余。东西廊庑别舍，中间方七百余步。阙之东北有浴池，方四十许步。池中有钓台，方十步，台之基岸悉石也。①

由此可知，两汉到魏晋南北朝时期，阙里孔庙整体上保持了三庙的庙制格局。

唐代时孔庙得到了大规模的扩建。开元十三年（725），唐玄宗泰山封禅后幸孔子宅，"遣使以太牢祭其墓，给复给近墓五户。令天下州县立庙。赐百户洒扫，充春秋飨享奠，因广大本庙"②。经此扩建，孔庙正殿达到了五间。加之附属建筑不断增多，占地日广，曲阜孔庙已初具规模。孔尚任《阙里新志·祠庙志》云："正庙五间，祀文宣王，南向坐，颜子面西，配闵子以下十哲及曾子，东西列坐，皆为塑像。两庑二十余间，祀七十二贤，图绘于壁上。庙后为寝庙，祀亓官夫人。前为庙门三间，甚壮丽。"同年，孔子被追谥为"文宣王"，孔庙祭祀与建筑规制进一步提升。在先秦宗庙制度中，贵族宗庙的庙数按其爵等降等，天子七庙，诸侯五庙，大夫三庙，士一庙或者二庙。孔庙扩建之后，"正庙五间"符合其文宣王的地位。此外，祭孔牺牲以少牢（羊、豕各一）之礼，仅次于太牢（牛、羊、豕各一），是诸侯宗庙祭祀的祭品规格。

宋元时期，孔庙的规模得到了进一步的扩大。宋初宋太祖、宋真宗均曾先后下诏修缮扩建孔庙。梁思成曾指出，"在宋初数十年之间，孔庙的建筑，骤然间加以空前的大扩充，后世孔庙之规模，即自此时起"③。两宋时期，孔庙建筑的礼制规格得到进一步提高。大观四年（1110），"文宣王改执镇圭，庙门增立二十四戟，如王者制"。此外，孔子的祀典也于南宋绍兴十年（1140）上升为"大祀"④。金、元两朝虽是少数民族建立之政权，但对孔子及儒学的重视与汉王朝无异，两朝都曾多次修复、重建、扩建孔庙。有学者列举元代历次重修孔庙记录后分析认为：元代以降，曲阜孔庙的建设趋于定型，并逐渐完善。⑤元大德五年（1301）重修的

---

① 〔北魏〕郦道元：《泗水》，《水经注校证》卷二十五，陈桥驿校证，第594页。
② 〔宋〕孔传：《历代崇奉》，《东家杂记》卷上，《全宋笔记》（第31册），朱凯、姜汉椿整理，大象出版社2019年版，第209页。
③ 梁思成：《曲阜孔庙之建筑及其修葺计划》，《梁思成全集》（第3卷），中国建筑工业出版社2001年版，第52页。
④ 古礼国家举行的祭祀分为大祀、中祀、小祀（群祀）三等。大祀一般用于祭祀天地、宗庙、社稷。
⑤ 参见王贵祥：《阙里孔庙建筑修建史札》，贾珺主编：《建筑史（第23辑）》，清华大学出版社2008年版。

孔庙，"庙殿七间，转角复檐，重址基高一丈有奇，内外皆石柱。外柱二十六，皆刻龙于上。神门五间，转角、周围亦皆石柱，基高一丈，悉用琉璃。沿里碾玉妆饰"①。至元二年（1336），重修完成的孔庙"宫室之壮以宁神栖，楼阁之崇以庋宝训。周垣缭庑，重门层观，丹碧黝垩，制侔王居"。正如元人杨奂《郓国夫人殿记》中记述的那样，"吾夫子之祀，本用王者事"。据王贵祥考证，有元一代大约每30年就对孔庙进行一次大修，并且在历次修缮扩建的过程中逐渐奠定了曲阜孔庙"王居"之制的基调。②

明清两代是曲阜孔庙的定型时期。目前孔庙之建筑形制与格局基本保持了明清时期的样貌。明永乐、成化年间，曲阜孔庙均进行了大规模的修缮扩建工程。成化二十三年（1487）修缮扩建完成的孔庙将大成殿正殿扩为九间。可惜的是，刚刚修葺一新的曲阜孔庙于明孝宗弘治十二年（1499）遭遇火灾，主要建筑几乎全被烧毁。后经四年之工，终于再次重修完成。李东阳的《怀麓堂集》记述了新庙庙制：

> 庙之制，中为大成殿十楹，崇八丈，邃有奇，广倍其半。为左右庑百余楹，后为寝殿八楹，前为告坛，又前奎文阁，楹视寝数，崇略与殿等，又前为门四重，中为桥三。殿之左为家庙，后为神厨，前为诗礼堂，为神库，右前为燕申门。殿之右为启圣王殿，后为寝，前为金丝堂，又前为启圣门。前左右为斋室，室之外为快睹、仰瞻二门，与观德、毓粹二门而四，又左右为钟鼓楼，与角楼而六。阁之前后为碑亭各四，前四亭则本朝御制，而祝敕诸文皆附焉。惟坛及楼及中门仍旧，自余或创或益，悉从新制，材干坚厚，构缔完整，象设端伟，饰绘华焕，悉臻其极，盖一代之盛典，天下之大观，皆备于此。③

至此，曲阜孔庙基本定型。

清代以后的历次重修，基本都是在明代曲阜孔庙规制的基础上完成的。尤其是雍正在位期间，对孔庙的修建极度重视，曾谕令地方"文庙工程务期巍焕崇闳，坚致壮丽，纤悉完备，粲然一新"，并且明确要求"阙里文庙依仿帝王宫殿之制，规

---

① 〔明〕丘濬等：《阙里志三》，《山东通志》卷十一，《文渊阁四库全书》史部地理类。
② 参见王贵祥：《阙里孔庙建筑修建史札》，贾珺主编：《建筑史（第23辑）》。
③ 〔明〕李东阳：《重建孔子阙里庙图序》，《杂记》，《李东阳集》卷九十六，周寅宾校点，岳麓书社2008年版，第1437页。

模弘焕，视昔有加"①。从建筑形制结构来看，现有孔庙与雍正八年（1730）重修后的孔庙基本保持一致。

3. 民间祠堂

（1）从影堂到祠堂：宋代士大夫的"家庙"设计

第一，"祭堂""家祠堂"与"影堂"。

正如司马光《文潞公家庙碑》所载，"群臣贵极公相，而祖祢食于寝，侪于庶人"②。可见北宋士人礼制上，与庶人相同，一般在"寝"举行家祭仪式。所谓"寝"，程颐解释道："庶人祭于寝，今之正厅是也。"③这种做法类似于魏晋南北朝时期，士庶多在家之"厅事"进行祭祖活动。如晋人卢谌《祭法》云："凡祭法，有庙者置之于座；未遑立庙，祭于厅事可也。"④《通典》卷八十七"祔祭"条引南朝宋崔凯论祔庙云："今代皆无庙堂，于客堂设其祖座。"⑤该书亦载晋安昌公《荀氏祠制》云："今祭六代，未立庙，暂以厅事为祭室。"⑥可见，在家庙不立的情况下，以厅事（正厅）作为家祭之所的做法，自古有之。

囿于国家礼制，宋朝绝大部分士庶群体因品秩不够而无法建立家庙。但若仅在正厅进行家祭，也有不少问题。一方面因正厅狭隘难免影响祭祀活动的进行，另一方面士庶通祭于寝也让部分士人感到尊卑不分、心理失衡。在此背景下，部分仕宦学者开始尝试设计不为国家礼制所拘限的祭祀之所。这种祭祀场所或曰"祭堂"，或曰"家祠堂"，或曰"影堂"，凡此种种，不一而足。

如宋代官吏任中师建造的"家祠堂"，根据穆修所写的《任氏家祠堂记》记载：任中师认为祭祖于寝难展孝思，故而在住宅旁建造了"家祠堂"一所，祭祀父亲任载、长兄任中正以及他们的夫人。堂内还挂有他们的"画像"，"以是升画像而荐岁时焉"。中室祭任载，东室祭任载夫人，西室祭任中正及其夫人。此处任中师所立家祠堂，祭祀的是自己的双亲及兄弟，而不是每一室祭一世的情况。穆修认为"制礼不独伸，则家庙之名既罔得"，因此以"家祠堂"名之，"适中而允时

---

① 〔明〕丘濬等：《阙里志四》，《山东通志》卷十一之四，《文渊阁四库全书》史部地理类。
② 〔宋〕司马光：《文潞公家庙碑》，《司马温公集编年笺注》卷九十九，李之亮笺注，第21页。
③ 〔宋〕程颢、〔宋〕程颐：《河南程氏遗书》卷二十二上，《二程集》，王孝鱼点校，第286页。
④ 〔宋〕李昉等：《厅事》，《太平御览》卷一百八十五，《四部丛刊》（三编）景宋本。
⑤ 〔唐〕杜佑：《祔祭》，《通典》卷八十七，王文锦、王永兴、刘俊文等点校，第2375页。
⑥ 〔唐〕杜佑：《诸侯大夫士宗庙》，《通典》卷五十二，王文锦、王永兴、刘俊文等点校，第1340页。

义","于奉先之道得一时之礼矣"①。

对民间祠堂的礼节还可参考宋代学者石介的相关资料。石介于仁宗庆历元年（1041）参考周礼和唐代家庙制度设堂家祭。他说：

> 介今官为节度掌书记，在国家官器，令从七品。说者谓：适士，上士也。官师，中下士也。庶人，府史之属也。介为庶人，则尝命于天子，又未至于适士，其官师乎？在周制，得立一庙，唐制，则未得立庙。今祭于寝，则介之烈考尝为东宫五品官，且鬼神之道，尚严于寝，实为黩神。将立庙，则介品贱，未应于式。贵贱之位不可犯，求其中而自为之制。乃于宅东北位，作堂三楹，以烈考及郭夫人、马夫人、刘夫人、杨夫人、后刘夫人居焉，荐新及于烈考五夫人而已，时祭则请皇考妣、王考妣咸坐。缘古礼而出新意也，推神道而本人情也。②

石氏祭堂所奉祖先是影像还是牌位不得而知，但它是独立营建的祭祀场所，与任氏家祠性质类似却是无疑的。此外，从祭祀世数上看，石氏祭堂与任氏家祠堂均是祭及一世的情况，也就是最高祭祀至父辈。综合二者，我们不难发现无论是任中师还是石介，均是由于自身官品不够未得立庙的情况下，根据实际情况参酌古礼而单独建造的祭祀之所。但由于与真正意义上的"家庙"建筑有异，其制度亦不尽相同，因此都未以"家庙"名之，仅称"祭堂"或"家祠堂"。

事实上由于北宋初家庙制度不立，仕宦和学者纷纷尝试于国家礼制之外另立祭所，司马光所设"影堂"亦是其中一例。在其家礼著述《书仪》中，司马光谈道：

> 仁宗时，尝有诏听太子少保以上皆立家庙，而有司终不为之定制度，惟文潞公立庙于西京，他人皆莫之立。故今但以影堂言之。③

此处司马光也表达出影堂是在家庙不立情况下的替代设施。"影"是画像的意思，所谓"影堂"即挂有画像的屋室。有学者考证指出，影堂一开始多与寺院有

---

① 〔宋〕穆修：《任氏家祠堂记》，《穆参军集》卷下，《文渊阁四库全书》集部别集类。
② 〔宋〕石介：《祭堂记》，《徂徕石先生文集》卷十九，陈植锷点校，中华书局1984年版，第234—235页。
③ 〔宋〕司马光：《丧仪六》，《书仪》卷十，《文渊阁四库全书》经部礼类。

关，一些德高望重的僧人去世之后，寺院僧人或世俗信徒为缅怀和纪念逝者，于某室存其画像或者塑像以供祭祀之需；后来这种影堂逐渐褪去佛教的色彩，成为世俗社会用于纪念或祭祀的场所，尤其在宋代影堂祭祀先祖的功能得到了极大的强化。[1]范仲淹在给居住于故乡苏州的兄长范仲温的书信中，也谈到了这一点："影堂，在此已买好木事造，只三小间，但贵坚久也。彼中有屋卖时，请商量。"[2]王安石在变法期间，朝中众臣群起攻之。其弟王安国劝说王安石放弃变法未果，哭于影堂曰："吾家灭门矣。"程颐也曾谈道："庶人无庙，可立影堂。"[3]南宋宰相赵鼎《家训笔录》规定："子孙所为不肖，败坏家风，仰主家者集诸位子弟堂前训饬，俾其改过。甚者影堂前庭训，再犯再庭训。"[4]可见，设影堂作为祭祀祖先之所，在宋代具有一定的普遍性。

在司马光的《书仪》中，影堂如先秦宗庙一般，正式成为一种独立于住所的祭祀建筑，堂下有东西两阶，东阶也称阼阶。为主人升降之所，又云主阶，西阶为宾客升降之所，也叫宾阶。堂后室内藏有先人祠版，"祠版"即神主的替代物。依照古礼，只有天子、诸侯才可用神主，取祠版替之以示不敢僭越。祠版平时置于匣中，祭祀时请出，祭毕还归匣内。"府君夫人只为一匣"，即祖先夫妇二人祠版共放一匣。在祭祀祖先的世数上，司马光主张祭及三世，即曾祖父、祖父、父三代。需要注意的是，司马光设计的"影堂"并未采用"同堂异室"的格局，即并不是每室放一匣，而是共置一室。考虑到部分人家堂室房户难以做到，用幕布间隔出堂室亦可。

第二，朱熹《家礼》中的祠堂制度。

在诸多学者型官宦有关祭祖设施的设计中，对后世影响最为深远的当属理学大师朱熹的方案。朱熹以"祠堂"来命名他所设计的祭祖之所，为此他解释道："古之庙制不见于经，且今士庶人之贱，亦有所不得为者，故特以祠堂名之。"其具体制度如下：

君子将营宫室，先立祠堂于正寝之东。祠堂之制，三间，外为中门，中门外为两

---

[1] 参见刘雅萍：《唐宋影堂与祭祖文化研究》，《云南社会科学》2010年第4期。
[2] 〔宋〕范仲淹：《中舍》，《范文正公尺牍》卷上，《范仲淹全集》，李勇先等点校，中华书局2020年版，第573页。
[3] 〔宋〕程颢、〔宋〕程颐：《河南程氏遗书》卷十八，《二程集》，王孝鱼点校，第241页。
[4] 〔宋〕赵鼎：《家训笔录》，《丛书集成》（初编）本。

阶,皆三级。东曰阼阶,西曰西阶,阶下随地广狭以屋覆之,令可容家众叙立。又为遗书、衣物、祭器库及神厨于其东,缭以周垣,别为外门,常加扃闭。若家贫地狭,则止为一间,不立厨库,而东西壁下置立两柜,西藏遗书、衣物,东藏祭器亦可。正寝谓前堂也。地狭则于厅事之东亦可。凡祠堂所在之宅,宗子世守之,不得分析。凡屋之制,不问何向背,但以前为南、后为北,左为东、右为西。后皆放此。

　　为四龛,以奉先世神主。祠堂之内,以近北一架为四龛,每龛内置一卓①。大宗及继高祖之小宗,则高祖居西,曾祖次之,祖次之,父次之。继曾祖之小宗,则不敢祭高祖,而虚其西龛一。继祖之小宗,则不敢祭曾祖,而虚其西龛二。继祢之小宗,则不敢祭祖,而虚其西龛三。若大宗世数未满,亦虚其西龛,如小宗之制。神主皆藏于椟中,置于桌上,南向。龛外各垂小帘,帘外设香桌于堂中,置香炉、香合于其上。两阶之间又设香桌,亦如之。非嫡长子则不敢祭其父。若与嫡长同居,则死而后其子孙为立祠堂于私室,且随所继世数为龛,俟其出而异居乃备其制。若生而异居,则预于其地立斋以居,如祠堂之制,死则因以为祠堂。主式见《丧礼·治葬》章。

　　旁亲之无后者以其班祔。伯叔祖父、母祔于高祖。伯叔父、母祔于曾祖。妻若兄弟,若兄弟之妻,祔于祖。子侄祔于父。皆西向,主椟并如正位。侄之父自立祠堂,则迁而从之。程子曰:"无服之殇不祭。下殇之祭,终父母之身;中殇之祭,终兄弟之身;长殇之祭,终兄弟之子之身。成人而无后者,其祭终兄弟之孙之身,此皆以义起者也。"②

　　从《家礼》的上述文献记载中,可以看到朱熹对祠堂建造与布置的规定主要为以下三点:

　　首先,在建造屋室之时,先于正寝(居室)之东营建祠堂。这种规制基于《礼记·曲礼》以及《礼记·祭义》《周礼·小宗伯》等文献中提到的古礼。随后朱熹在夹注中提出了关于祠堂形制的具体要求,即横宽三间,进深五架,外设中门,中门东西两边造阼阶、西阶。设仓库收纳先祖遗书、衣物以及祭器,设神厨以制作祭祀供品牺牲等物。仓库和神厨均设在祠堂东侧,环以围墙,并设外门,平日关闭并插上门闩。如若家贫地狭,只立一间亦可,东西壁下立两柜,西柜收纳先祖的遗书、衣物等,东柜存储祭器等。朱熹还强调,"凡祠堂所在之宅,宗子世守之,不

---

① 卓:几案,后作"桌"。后文径改为"桌",不再出注。
② 〔宋〕朱熹:《通礼》,《家礼》卷一,《文渊阁四库全书》经部礼类。

得分析"。朱熹一方面强调祠堂地位之重要，宗子有守护祠堂之重责；另一方面，祠堂作为家族祭祀的场所，在宗子主祭的礼制下，也是宗子权力地位的象征。

其次，祠堂内设有四龛，供奉先祖神主。每龛设一桌，桌上有匣，神主置于匣中。根据祠堂主人身份的不同，最高可祭及四世（高祖父、曾祖父、祖父、父）。龛外垂以小帘，帘外祠堂正中位置设香桌，香桌上放香炉和香盒。外面两个台阶中间设一香桌，同样置香炉、香盒于其上。在祭祀原则上，朱熹主张遵循"支子不祭"的古礼要求，主张只有嫡长子可以主祭，因此只有"大宗及继高祖之小宗"可以祭及四世。若兄弟同居，只有嫡长子有权祭父。若兄弟同居，但弟亡在先，弟之子孙只能于私室立祠堂，待分居以后才可使其完备。若兄弟生而异居，只有嫡长子可以立祠堂，弟亡之后其子孙才可立祠堂。

最后，如果族人无后，则以"班祔"的方式祭祀，即后死者神位附于先祖旁而祭祀。《仪礼·既夕礼》有"卒哭，明日以其班祔"。郑玄注曰："班，次也。祔，卒哭之明日祭名。祔犹属也。祭昭穆之次而属之。"[①]据此可知，所谓"班祔"，即将新死者的神主附于祖先的神主之侧一起祭祀，为保持昭穆顺序不变，一般是孙附祭于祖。在祭祀的范围上，朱熹主张有服则祭。

相比于司马光所设计的"影堂"，朱熹的"祠堂"制度明显更为规范具体。一方面，在祠堂的制作上，朱熹采用了"同堂异龛"的形式，这是司马光以及任中师、石介他们那里没有的。在论及宋代品官的家庙制度时，我们已经知道宋代家庙以及帝王宗庙采用的都是"同庙异室"制度，此处不再赘述。朱熹也与司马光一样，在一堂内祭祀多世祖先，但他巧妙地将"同庙异室"的"室"以"龛"代替。这就将国家礼制上的"同庙异室"制度巧妙地运用到一般士人的祠堂制作之中。这样一来，原本只有高官贵族才得以建立的"家庙"转而成为普通士人乃至庶民百姓都可建立的日常祭祀场所，为日后明清时期祠堂的兴盛奠定了基础。

另一方面，在祭祀世数上也有差异。朱熹主张祭及四世，而司马光则主张祭及三世。关于北宋士人祭祖世数的情况，吕祖谦在其家礼著作《家范》中曾谈道："杜祁公、韩魏公、司马温公、横渠张先生《祭仪》，祀曾祖、祖、考。"据此可知杜衍、韩琦、司马光、张载等人都主张祭及三世，这与《政和五礼新仪》中文武升朝官（正五品）以上可祭祀三世的规定一致。祭及三世应该是宋代士人祭祖的一般状况，朱熹在《家礼》中主张祭及四世显得颇为与众不同。事实上，在朱熹之前

---

① 〔清〕阮元校刻：《仪礼注疏》卷四十，《十三经注疏》，第2508页。

程颐就已经提出祭四世的主张：

> 自天子至于庶人，五服未尝有异，皆至高祖。服既如是，祭祀亦须如是。其疏数之节，未有可考，但其理必如此。七庙、五庙，亦只是祭及高祖。大夫、士虽或三庙、二庙、一庙，或祭寝庙，则虽异，亦不害祭及高祖。若止祭祢，只为知母而不知父，禽兽道也。祭祢而不及祖，非人道也。①

程颐认为从五服制度上看，自天子至于庶人都有齐衰三月之服。其礼节疏数亦不见礼书。在祭祖礼制上，天子至于庶人的区别仅仅是庙数的不同。天子七庙，诸侯五庙，二者庙数不同，但皆祭至高祖，祭祀世数与服制吻合。由此，程颐认为大夫、士不论三庙、二庙、一庙，甚至只祭于寝，皆应祭及高祖。

总的来说，程颐认为祭祀世数应当与服制相关，而不是依据庙数的多寡。对于程颐祭及高祖的观点，朱熹十分认同。在《与汪尚书论家庙》这封书信中，他指出："然考诸程子之言，则以为高祖有服，不可不祭，虽七庙、五庙，亦止于高祖，虽三庙、一庙，以至祭寝，亦必及于高祖，但有疏数之不同耳，疑此最为得祭祀之本意。"这里，朱熹认为礼以义起，礼缘人情而作，祭祀之本意当为慎终追远、报本反始，这样的观点可以说是贯穿了《家礼》的祠堂制度、祭祀制度之始终。

需要特别注意的是，在认同祭及高祖的同时，朱熹始终强调宗子作为祠堂主人的地位和权威。尤其是他在规定立"宗子法"的同时，将宗子的权力与族产紧密结合起来。《家礼》强调，宗子是祠堂的主人，"祠堂所在之宅，宗子世守之，不得分析"。大宗与小宗之间的祭祀活动严格遵循着宗子主祭与"支子不祭"的原则。《家礼》还设置了祭田制度，祭田由宗子管理，其收益用于祠堂的日常管理、祭祀和修葺等事宜。"《家礼》强调了宗子对祭祀权和族产的把持，利用祠堂维护家族的稳固和世代相传，这套制度在以后的家族活动中被得到运用和发展。"②随着朱学地位的不断上升与《家礼》一书的广泛传播，朱熹制定的祠堂制度逐渐正统化、权威化，在明朝甚至被纳入国家礼制之中，作为实践规则得以不断普及，在民间产生了极为深远的影响。

---

① 〔宋〕程颢、〔宋〕程颐：《河南程氏遗书》卷十五，《二程集》，王孝鱼点校，第167页。
② 杨志刚：《〈司马氏书仪〉和〈朱子家礼〉研究》，《浙江学刊》1993年第1期。

第三，宋代儒者的宗法观念。

"宗子主祭"是古礼中祭祖礼制的一个重要原则。《白虎通义·宗族》云："宗，尊也。为先祖主者，为宗人之所尊。"所谓"宗子"，即嫡长子。在古代宗法制度中，只有身为嫡长的宗子才能主祭。清儒毛奇龄解释说："惟长嫡可以主祭，次嫡与庶皆名支子则皆不得主祭。然此惟封建之世，天子诸侯卿大夫惟长嫡得袭，次嫡即不袭故。"①也就是说，依据先秦的宗法原则，只有嫡长子即宗子可以袭爵，宗子对主祭权的垄断实质上就是宗子权力的象征。故《礼记》多处强调"支子不祭"，如《丧服小记》云："庶子不祭祖者，明其宗也"；《曲礼》亦云："支子不祭，祭必告于宗子。"

宗法制度实行于周代，但在春秋时期就已逐渐遭到破坏，逐渐湮灭于历史长河之中。至宋代，张载、程颐、朱熹等理学家却又在不同程度上尝试恢复宗法制度。②如张载言："管摄天下人心，收宗族，厚风俗，使人不忘本，须是明谱系世族与立宗法。"③可以说宗法是宋儒古礼复兴与革新的内在精神，"宗子法"或者说宗子主祭的原则在宋代家礼著述中得到了比较一致的认可。这一原则同样体现在朱熹设计的祠堂制度中：

> 大宗及继高祖之小宗，则高祖居西，曾祖次之，祖次之，父次之。继曾祖之小宗，则不敢祭高祖，而虚其西龛一。继祖之小宗，则不敢祭曾祖，而虚其西龛二。继祢之小宗，则不敢祭祖，而虚其西龛三。若大宗世数未满，则亦虚其西龛，如小宗之制。……非嫡长子则不敢祭其父。若与嫡长同居，则死而后其子孙为立祠堂于私室，且随所继世数为龛，俟其出而异居乃备其制。若生而异居，则预于其地立斋以居，如祠堂之制，死则因以为祠堂。④

不难发现，朱熹对大宗与小宗所祭祖先世数有着严格的区分，唯有"大宗及继

---

① 〔清〕毛奇龄：《主祭之人》，《辨定祭礼通俗谱》卷二，《文渊阁四库全书》经部礼类。
② 宋人希望通过复兴宗法达到收族敬宗的功效，但在具体构想上有人主张复兴大宗法，也有人主张复兴小宗法。但无论是实现大宗法还是小宗法，二者在实现宗族整合的途径上都强调确立主祀之宗子。正如日本学者井上彻所认为的那样，宋人所主张的大宗法与小宗法看似见解存在差异，但其核心诉求都是希望"建立一个使宗子能以祖先祭祀为媒介将族人统合起来的机制"。参见〔日〕井上彻：《中国的宗族与国家礼制——从宗法主义角度所作的分析》，钱杭译，第24页。
③ 〔宋〕张载：《宗法》，《经学理窟》，《张载集》，章锡琛点校，第258页。
④ 〔宋〕朱熹：《通礼》，《家礼》卷一，《文渊阁四库全书》经部礼类。

高祖之小宗"可以祭及四世。朱熹还针对兄弟同居、异居的不同情况进行了区分，其核心就是遵循"宗子主祭"的原则。正如明初学者胡翰所言："朱子之述《家礼》，固欲同志之士熟讲而勉行也。其于祭祀之礼，未尝不严于主人、主妇之位，则固寓宗子之法矣。"[1]胡翰认为，朱熹的《家礼》所行祭祀礼仪一再强调主人、主妇的重要地位，虽未明言行宗子法，实则宗子法已暗寓其中了。

第四，宋元之际祠堂制度的新变化。

朱熹在《家礼》中制定的祠堂制度，为民间祠堂的发展奠定了制度基础。但是由于朱熹理学成为官学的过程并不是一蹴而就的，并且在很长一段时间内士人对《家礼》一书的真伪也莫衷一是，因而朱熹主张的祠堂制度在《家礼》传播早期并没有得到广泛的响应。譬如元初学者吴澄于《豫章甘氏祠堂后记》中曾记载：

> 古之卿、大夫、士，祭不设主。庶士之庙一，适士之庙二，卿、大夫亦止一昭一穆与太祖而三。今也下达于庶人，通享四代，又有神主。斯二者与古诸侯无异。其礼不为不隆，既简且便，而流俗犹莫之行也。

吴澄认为，按古礼卿大夫祭三世且不设主，而今按朱熹的《家礼》，即使是庶人亦可祭四世且有神主，此礼既隆重又简便。尽管朱熹《家礼》中的祠堂制度尤为简便易行，却仍未得以广泛推行，这难免让"以绍朱子之统而自任"的吴澄有所感慨。据吴氏所言，元初之际民间已开始有人仿照《家礼》设祠堂祭祖，但这样的案例应当并不具有普遍性。除了上述甘氏祠堂外，仿《家礼》修建祠堂的案例还有河北真定安氏、浙江戴氏等。如河北真定安氏"建祠堂以奉四世神主，冠婚丧祭，一如文公《家礼》"；又如浙江戴氏"世居鄞县之桃源，族稍繁衍……乃营祠堂正寝之东……中设四龛，以奉宗子之四世……四时祭飨，略如朱文公所著仪式"[2]。以上营建祠堂者的身份既有官员也有庶人，可见朱熹《家礼》的祠堂制度确实可为士庶通行。

以累世同居而闻名的浙江浦江郑氏一族也仿朱熹的《家礼》建造了家族祠堂。为了保持家族传承，门风不坠，郑氏先祖先后撰写了《郑氏规范》和《郑氏家仪》

---

[1] 〔明〕胡翰：《与许门诸友论宗法》，《全元文》（第5册）卷一百五十六，李修生主编，第116页。
[2] 参见常建华：《宗族志》，第92页。

来约束子弟言行，二者都对祠堂制度进行了详细的规范。在《郑氏家仪》书末《祠堂记》中，作者郑泳认为朱熹所定祠堂制度影响极为深远，他谈道：

> 古者士有圭田，则有庙有祭。后世贵有位者，亦或有庙祭而无常法。至宋朱子著《家礼》，始有祠堂之制。①

郑泳高度评价朱熹《家礼》中的祠堂之制，且"四时祭祀，其仪式并遵《文公家礼》"，但在祠堂的具体设置上却对《家礼》中的规定有所更改。相较于朱熹的《家礼》，郑氏祠堂"更祠堂西上之序，以中为上"。对此，郑泳解释道：

> 吾家累世同居，宗支既多，位次难依《家礼》，自西而东以四世为序，又难排日分宗而祭。但同堂南向以中为上，男女分左右，祭则于祝文上各见所继之宗。满四世者，依朱子例祧。如此，则宗法既明而位序亦无不稳。②

可见，郑泳基于郑氏家族的实际情况对《家礼》中神主以西为尊的放置顺序进行了改动，见图5，改为南向以中为尊，男女先祖左右分祭，如此宗法位次得以并行不悖。

---

① 〔元〕郑泳：《郑氏义门祠堂记》，《全元文》（第57册）卷一千七百六十一，李修生主编，第887页。
② 〔元〕郑泳：《郑氏义门祠堂记》，《全元文》（第57册）卷一千七百六十一，李修生主编，第888页。

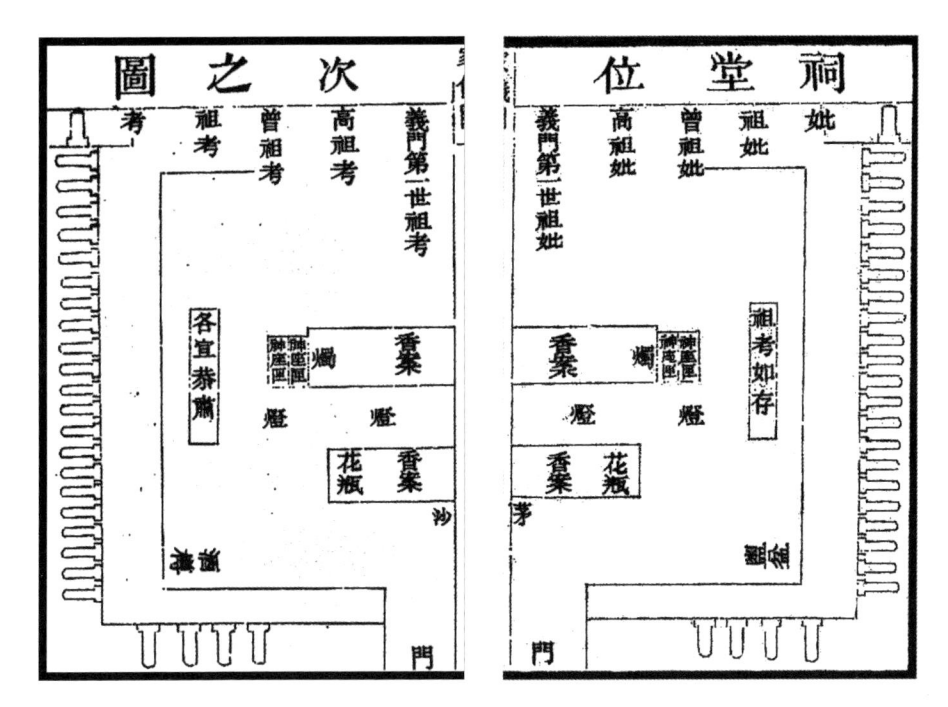

图5　浦江郑氏祠堂位次图

除了对祠堂内神主的次序进行更改，浦江郑氏在祠堂祭祖仪式完毕后，还会要求子弟按男女分坐左右，由一名已冠子弟向众人朗读家训和家规，进而规范族人言行：

> （祭祀）礼毕，家长出坐有序堂，男女左右坐定。子弟一人鸣鼓，二十四声，未冠子弟二人，于家长前揖，分立家长左右，众子妇向家长立定，唱云："揖，平身，举明家训。"已冠子弟一人，立于家长左，读家训，见《家规》。[①]

通过以上分析，我们不难发现，郑氏一族的祠堂与朱熹《家礼》的祠堂制度相比，二者在神主位次和祭祀世数上存在较大差异。郑氏祠堂神主的位次上以中为尊，男女祖先分祭左右，这与《家礼》中"神道尚右"的设置有所不同。除了祭祀

---

① 〔元〕郑泳：《祭礼》，《郑氏家仪》，民国十三年《续金华丛书》本。

高曾祖祢外，还设置了始祖（义门第一世祖考、祖妣）的神主，突破了朱熹《家礼》祭祀四世的限制。

除浦江郑氏祠堂外，这种为始祖（始迁祖）制作正式的神主并纳入常祭的例子还可参见宋元之际莆田黄氏祠堂的记载。据莆田黄氏族人、理学家黄仲元所撰《族祠思敬堂记》载，黄仲元等人将族伯黄时的旧宅改建为本族祠堂，以昭穆次序祭祀始祖御史黄滔及以下十三世代的各代祖先，其云：

> 堂以祠名，即古家庙，或曰"影堂"，东里族黄氏春秋享祀、岁节序拜之所也。……堂即族伯通守府君讳时之旧厅事，仲元与弟仲固、日新、直公、侄现祖与权得之，不欲分而私之，愿移为堂，祠吾族祖所自出。御史公讳滔以下若而人，评事公讳陟以下大宗小宗、继别继祢若而人，上治、旁治、下治，序以昭穆，凡十三代。①

黄仲元在这里表达了两个观点：其一，在他看来，"祠堂"和"影堂"都是"家庙"的别称，并无本质区别。其二，无论大宗、小宗均为一祖所出，故祠堂祭祀应当兼容并包，"凡十三代"均设牌位于本族祠堂。黄仲元与父黄绩均为当地著名的理学家，对朱熹理学颇为推崇，但黄氏祠堂的立制及实践显然并未受到朱熹《家礼》的约束，反而更类似明代中期以降盛行的大型宗祠。而早于黄氏祠堂，南宋后期仙游乡绅陈说在《道庆堂记》曾言："今有合族祠堂，置祭田以供事者，仿文公《家礼》而行。"据此我们有理由相信，至少在宋元易代之际，可能已经出现与后世宗祠类似，祭及远祖（始祖）且大小宗合祭的"合族祠堂"。

（2）明清国家礼制中的祠堂制度

第一，明代官方典制对祠堂制度的规定。

根据《明太祖实录》卷四十四的记载，洪武二年（1369）朱元璋鉴于国家创业之初，礼制未备，"敕中书省，令天下郡县举素志高洁、博通古今、练达时宜之士，年四十以上者礼送至京，参考古今制度以定一代之典"。据《四库全书》对《明集礼》所撰提要载，此礼典于洪武三年（1370）九月完成，由朱元璋赐名。《明集礼》卷六《宗庙》有"品官家庙""家庙图""祠堂制度""神主式""楟

---

① 郑振满、[美]丁荷生编纂：《福建宗教碑铭汇编（兴化府分册）》，福建人民出版社1995版，第51—52页。

韬藉式""椟式""品官享家庙仪"诸条,其内容对朱熹《家礼》中的祠堂制度多有借鉴。"品官家庙"条下的"品官家庙考"一文,在梳理了历代祭祖之礼后指出:

> 先儒朱子约前代之礼,创祠堂之制,为四龛以奉四世之主,并以四仲月祭之,其冬至、立春、季秋、忌日之祭,则又不与乎四仲之内,至今士大夫之家遵以为常。凡品官之家,立祠堂于正寝之东,为屋三间,外为中门,中门为两阶,皆三级,东曰阼阶,西曰西阶,阶下随地广狭以屋覆之,令可容家众叙立。又为遗书衣物祭器库及神厨于其东缭,以外垣别为外门,常加扃闭。祠堂之内,以近北一架为四龛,每龛内置一桌。高祖居西第一龛,高祖妣次之;曾祖居第二龛,曾祖妣次之;祖居第三龛,祖妣次之;考居第四龛,妣次之。神主皆藏于椟,置于桌上,南向。龛外各垂小帘,帘外设香桌。于堂中置香炉,香合于其上。旁亲之无后者,以其班祔设主椟,皆西向。
>
> 庶人无祠堂,惟以二代神主置于居室之中间,或以他室奉之,其主式与品官同而无椟。
>
> 国朝品官庙制未定,于是权仿朱子祠堂之制,奉高曾祖祢四世之主,亦以四仲之月祭之,又加腊日、忌日之祭,与夫岁时俗节之荐享。至若庶人得奉其祖父母、父母之祀,已有著令,而其时享于寝之礼,大概略同于品官焉。[①]

考察《明集礼》所载祠祭制度,我们不难发现其内容很大程度上复述了《家礼》卷一《通礼》中"君子将营宫室,先立祠堂于正寝之东""为四龛以奉先世神主""旁亲之无后者以其班祔"诸条。"品官家庙"条后有"家庙图"(见图6),实际上就是祠堂图。

---

① 〔明〕徐一夔等:《宗庙》,《明集礼》卷六,《文渊阁四库全书》史部政书类。

图6 《明集礼》家庙图

以上内容大篇幅地引用了朱熹《家礼》中的祠堂制度与祭祀制度，反映出当时士大夫阶层对朱熹主张的祠堂之制的普遍接受。关于朱熹《家礼》与《明集礼》的内在关联，明人早有讨论，隆庆五年进士管志道评论祭祖礼制时说：

> 国初未定，《大明集礼》原以朱子《家礼》为主，后乃祖《仪礼》中"特牲馈食之礼"与"少牢馈食之礼"，裁为品官家庙享仪，品官得奉高曾祖祢四世之主，四仲月卜日以祭，而庶人未有家庙，但奉祖父母、父母二代之祀。其时享于寝之礼，但曰大概略同于品官而已矣。①

管志道指出，《大明集礼》家庙本之以朱子《家礼》，家庙享仪则参考了《仪礼》中"特牲馈食之礼"与"少牢馈食之礼"。此外，针对明朝允许品官祭祀四世祖先的礼制规定，管志道赞许道：

> 圣祖既建四亲之庙于金陵，即以此礼达乎天下，凡品官俱许祀四代，庶人仍旧祀二代，封典止及于曾祖，而祀典兼及于高祖，视古渥矣。②

---

① 〔明〕管志道：《订四大礼议》，《从先维俗议》卷三，《四库全书存目丛书》本。
② 〔明〕管志道：《考宗法以立家庙议》，《从先维俗议》卷二，《四库全书存目丛书》本。

管志道肯定了朱元璋建四亲庙后推恩于下，允许品官亦可祭祀四代祖先的做法。通过以上分析，我们不难发现《明集礼》所载"品官家庙"实际上就是品官祠堂。但明朝在"权仿朱子祠堂之制"的同时，也将此制度限定于"品官之家"。至于庶人则不得立祠堂，只可祭祖祢二世于寝。这与朱熹《家礼》中无论士庶贵贱均可建祠堂的主张并不一致，也就是说从明代国家礼制（法律）意义上讲，庶人是不允许建立祠堂的。

洪武六年（1373），朝廷颁布家庙制度，其内容仍然沿袭了《家礼》中的祠堂制度。后有行唐知县胡秉中上奏朝廷，建议允许庶人祭及三代，改神主次序为曾祖居中，左祖右祢；品官家庙依旧祭四代，改神主次序为高祖中左，曾祖中右，祖次左，祢次右，以符合"左昭右穆"的古礼要求。胡秉中的建议并未被载入明朝典制，但朱元璋曾下诏将胡秉中所呈祀先、孝顺节义、劝民读书三图颁行天下，从而对民间祠堂祭祀制度产生了重大影响。[1]明嘉靖大臣罗虞臣指出：

> 神位之制，国初时用知县胡秉中言，定庶人三代之礼，以曾祖居中，祖左祢右，斯盖圣代之懿规也。今士夫祭及四代，亦宜以此为准。[2]

另有明末士人田艺衡《留青日札》卷一载：

> 庶人祭三代，曾祖居中，祖左祢右；士大夫祭四代，高居中左，曾居中右，祖左祢右，乃国初用行唐县知县胡秉中之言也，人多不知。[3]

弘治十年（1497）徐溥奉敕撰《大明会典》。历五年书成，于正德四年（1509）由李东阳等重校刊行，即正德本《大明会典》。《大明会典》代表有明一

---

[1] 据乾隆《行唐县新志》卷九《名宦》记载："胡秉中，松江府上海县人，洪武初举人。材知行唐，专务以礼教民，制祀先、孝顺节义、教民读书三图。祀先者，以春秋、孟冬、元旦日各祀祖先，笾豆仪制存焉。……入觐以此图献，上命颁行天下，仍温旨谕之，由是民知礼让，至今不忘云。"文中有关祀先的建议，当包括祭祀三代祖先的内容。卷二《图经》所收吴高增纂《续四礼翼图说》记载："明初上海胡秉中宰行唐，为三图，教民奉先，导民孝义，劝民读书，洪武十七年入觐，进呈太祖，命礼臣三图合刻，颁行郡邑，依此教民。"依据以上两处记载，可知明朝确实采纳了胡秉中的建议，并合刻三图颁行于天下。
[2] 〔明〕罗虞臣：《祠堂章》，《罗司勋文集》卷八下，《四库全书存目丛书》本。
[3] 〔明〕田艺衡：《祭三代四代》，《留青日札》卷一，明万历刻本。

代的典章制度,具有极高的权威性。正德本《大明会典》卷九十五《群祀五》所载"祠堂制度"基本沿袭了《大明集礼》的内容:

> 祠堂三间,外为中门,中门外为两阶,皆三级,东曰阼阶,西曰西阶,阶下随地广狭以屋覆之,令可容家众叙立。又为遗书衣物祭器库及神厨于其东缭,以周垣别为外门,常加扃闭。祠堂之内,以近北一架为四龛,每龛内置一桌。高祖居西,曾祖次之,祖次之,父次之。神主皆藏于椟中,置于桌上,南面。龛外各垂小帘,帘外设香桌。于堂中置香炉,香合于其上。两阶之间,又设香桌亦如之,若家贫地狭,则止为一间,不立厨库,而东西壁下置立两柜,西藏遗书、衣服,东藏祭器,亦可。地狭则于厅事之东亦可。①

相比于《大明集礼》,《大明会典》中的"祠堂制度"略去了"旁亲之无后者以其班祔"的内容,行文更为简明。明朝后期重修的万历本《大明会典》仍然沿用正德本《大明会典》的文本,其"祠堂制度""时祭仪节""家庙图"等内容亦与《大明集礼》保持一致。但万历本《大明会典》中四世神主的位次采取了"高曾居中,祖东考西"的排列方式,其云:"《家礼》祠堂神主位次以西为上。今品官士庶祭祀遵用时制,奉高祖居中东第一龛,曾祖而下以次而列云。"这与胡秉中关于神主位次的建议一致。

通过《大明集礼》与《大明会典》两部国家礼典,我们不难看出朱熹《家礼》作为一本私家礼书,其祠堂制度被广泛纳入国家礼制,可谓中国礼制史与家礼史上的重大突破。

第二,清代官方典制对祠堂制度的规定。

清代礼制如《大清会典》《大清通礼》与明代礼制有着明显的因袭承接关系,正如道光年间《平度州志》所载:"《会典》所载品官、庶人礼,多因明旧。"② 相较于明代,清代官方礼制对祠堂祭祀的规定更为详尽,按祭祀者身份地位之不同,可分为亲王世子郡王家祭、贝勒贝子公家祭、品官家祭、庶士家祭、庶人家祭五类。常建华认为,"除贵族以外的品官、庶士、庶人是清代社会的主体,他们的

---

① 〔明〕申时行等修:《群祀五》,《大明会典》卷九十五,明万历刻本。
② 丁世良、赵放主编:《中国地方志民俗资料汇编·华东卷》,书目文献出版社1995年版,第260页。

祭祀情形具有普遍意义"①。《大清通礼》规定品官、庶士、庶人祠堂制度如下：

> 品官家祭之礼，于居室之东立家庙。一品至三品官，庙五间，中三间为堂。左右各一间，隔以墙。北为夹室，南为房堂。南檐三门，房南檐各一门。阶五级，庭东西庑各三间。东藏遗衣物，西藏祭器。庭缭以垣，南为中门，又南为外门，左右各设侧门。四品至七品官，庙三间，中为堂，左右为夹室、为房。阶三级。东西庑各一间。余制与三品以上同世爵公、侯、伯、子，视一品，男以下按品为差等。八、九品庙三间，中广左右狭。阶一级，堂及垣皆一门。庭无庑，以篋分藏遗衣物。祭器陈于东西序。余与七品以上同在籍进士、举人视七品，恩、拔、岁、副、贡生视九品。堂后楣北设四室，奉高曾祖祢四世，皆昭左穆右。
>
> …………
>
> 庶士贡、监生员有顶带者家祭之礼，于寝堂之北为龛，以版别为四室，奉高曾祖祢。
>
> …………
>
> 庶人家祭之礼，于正寝之北为龛，奉高曾祖祢神位。②

与明朝相比，清朝礼制规定官民士庶皆可祭高、曾、祖、祢四世，官民祭祀的主要区别在于品官可以在居室之东"立家庙"；庶士可以在寝堂之北"为龛"，用夹板隔为四室；庶人则只能于正寝之北"为龛"。当然，我们同样也可以明显发现，清代官方礼典对官员祭祖场所的称呼又恢复为"家庙"这一古称，与明代礼典中的"祠堂"一称不同。对此，道光时任湖南布政使、巡抚的吴荣光解释道：

> 古者左庙右寝，庙寝相连，取神依乎人之义。凡吉凶事皆告焉，故庙必立于居室之东。君子将营宫室，则宗庙为先。或有水火盗贼，则先救庙而后及家财。唐王珪既贵不营私庙，朝廷为立庙以愧之。宋代见于史传者，惟文彦博、王存、杨存中、吴璘、虞允文、史弥远、贾似道数人得奉敕立家庙，他人皆莫之立。故司马《书仪》曰"影堂"，朱子《家礼》曰"祠堂"，皆庙之别称

---

① 常建华：《宗族志》，第103页。
② 《钦定大清通礼》卷十六，《文渊阁四库全书》史部法制类。

也。明制虽许品官立庙，而《明会典》尚沿祠堂之称。《通礼》始复古制称庙。然必品官方准依式建立，其士庶之家，合族人别立宗祠可也。①

吴荣光认为，古制左庙右寝，庙立居室之东，司马光《书仪》中的"影堂"和朱熹《家礼》中的"祠堂"实际上都是家庙的别称；明朝虽立品官家庙制度，但仍沿袭祠堂的称呼；至《大清通礼》则"始复古制称庙"，且只有品官才可以建立，普通士庶人家则可以"合族人别立宗祠"。吴荣光前面对"家庙""影堂""祠堂"的辨析很容易理解，其说法与司马光、马端临等人相比并无差异。但是这段话的最后一句"其士庶之家，合族人别立宗祠可也"却颇可玩味。因为根据《大清通礼》，庶士、庶人只得于寝堂（正寝）之北为龛，而吴氏此处却说士庶之家可以合族建立宗祠作为祭祖之所，二者明显存在矛盾的地方。日本学者井上彻认为，吴荣光此论的依据是基于对雍正《圣谕广训》的合理解读，并且吴荣光作为朝廷官员能够公然提出这样的见解，实际上也说明了清廷对民间宗族祠堂的认可。②关于清代民间宗祠的实际情形，后文会对此进行更为详细的考察，此处暂不展开。

总体而言，明清两代"祠堂制度"被正式纳入国家礼制之中，并且内容更加规范与详细。一方面，普通士庶人家的祭祖限制不断放宽。按古礼，庶人只能祭祖祢于寝，而明代许祭三世，清代进一步放宽要求，允许普通士庶祭及四世。另一方面，与以往历朝相比，明清两代满足"立庙"条件的士大夫阶层逐渐扩大。尤其是《大清通礼》与《大清会典》对在籍进士、举人、贡生的官员身份予以认可，允许他们建立家庙（祠堂），实际上是把官员的部分权力下放至普通士人，这样的做法进一步促进了礼制的下移。但需要注意的是，朱熹《家礼》祠堂制度为士庶通礼，没有身份、阶层的限制，而在明清两代官方礼典中庶人依然没有获得立"庙"的资格。

第三，国家礼制对民间祠堂的影响。

明清政府明确将士庶家礼载之于国家礼典，希望借助中央权威为民间社会制订一套广泛遵守的礼仪规范。相对于私家礼书，国家礼典作为国家礼制的一部分具有一定的强制性。在传统封建社会中违礼即是违制，因而国家礼典以及部分与家礼有

---

① 〔清〕吴荣光：《吾学录初编》卷十四，《续修四库全书》（第815册），第132页。
② 参见［日］井上彻：《中国的宗族与国家礼制——从宗法主义角度所作的分析》，钱杭译，第199页。

关的朝廷诏令，无疑会对民间祠堂的制作与实践产生一定的影响。

但事实上由于国家礼典卷帙浩繁、流传未广，即使是仕宦之家亦少有收藏，乡野之地更是难得一睹，因而经常需要借助朝廷政令以及地方官员加以推广。如前文所谈到的清代官员吴荣光，他曾摘录《大清会典》《大清通礼》所载士庶家礼，附以考据论述，编为《吾学录初编》一书。吴氏在该书序中谈道：

> 官民礼制具载《大清会典》，而卷帙浩繁，不能家有其书，以为率循之准。道光四年，增辑《大清通礼》，颁发直省，刊刻流布。八年，复命内外各衙门将民间应用服饰及婚丧仪制，查照会典，刊刻简明规条，务使家喻户晓，则有所率循矣。然条教之式或久而辄忘，《通礼》全书或读而未能全会，盖有待于学者也。……道光戊子，奉父讳，既葬，庐墓于白云山之北，敬取《大清会典》《通礼》《刑部律例》《五部则例》《学政全书》等书，于人心风俗之所关，政教伦常之众著者，手自节录，两载遂竟其业……历代以来所因者宜遵，所革者宜改，悉以官书为定。①

依吴荣光所言，国家礼典的推广一方面依靠地方政府将官方礼典中的民间礼仪辑出，刊刻为简明规条，便于地方遵循；另一方则依靠如吴氏这样的仕宦学者，将国家礼典中的家礼内容摘录出来汇编成书，并刊刻传播。吴荣光曾任湖南布政使、巡抚，因而该书于湘省颇有影响，当地宗族撰写家礼时常采纳、借鉴《吾学录初编》中摘录的国家礼典条文。如清代湖南安化刘氏族谱记载：

> 生今之世，为今之人，惟是谨遵皇朝所定《会典》《通礼》以为法守，庶几免于戾乎。顾其书卷帙浩繁，穷乡僻壤，每有未睹，幸而得之，或读而未能全会，则因陋就简者多矣。南海吴氏，敬取二书，为之节录，加以论次，所以正礼俗之趋向，为夫妇与知能也。②

刘氏宗族要求子弟严格遵循《大清会典》《大清通礼》所定礼仪，避免与国家

---

① 〔清〕吴荣光：《吾学录初编自叙》，《吾学录初编》，《续修四库全书》（第815册），第1页。
② 〔清〕刘春茂纂修：《（湖南安化）刘氏六修族谱》，陈建华、王鹤鸣主编：《中国家谱资料选编·礼仪风俗卷》，第7页。

礼典相悖。又如湖南乡宁易氏家谱论及祠堂祭礼时指出：

> 私家祭礼，其仪节见于古本者，唯宋司马温公《书仪》、朱子《家礼》最为简当，第经后人任意损益，已非复当年原本。即如元郑泳之《家仪》、明宋纁之《四礼初稿》、吕维祺之《四礼约言》，非不考订论次成一家言，究不若近时吴荷屋中丞所辑《吾学录》折衷古义，一以本朝《通礼》为断者，其书尤为尽善也。①

类似的例子还有湖南湘潭谭氏族谱所载《家礼辑要》，其云："爰遵大清《会典》《通礼》，参以吴氏《吾学录》、郑氏《家仪》、《四礼初稿》、《四礼辑略》等书。"②有些则直接以《大清会典》《大清通礼》作为制礼的唯一标准，如广东香山韦氏家礼在制定祠堂祭礼时，认为"祭祀宜法古礼"，并援引《大清会典》，认为"此礼通行天下"。

除国家礼制中的官修家礼外，朝廷的议礼事件、与礼制相关的诏令文书同样会对民间祠堂制度的建设与实践产生影响。如朱熹《家礼》所设"祠堂制度"祭高、曾、祖、祢四世，并且没有身份的限制，也就是说无论士庶均可祭四世。但在上一节的分析中，我们知道明朝的确于洪武十七年（1384）将胡秉中所呈礼图颁行天下，并采纳了胡秉中的建议，规定庶人可祭三世。通过查阅史料，我们发现这一规定在民间确实得到了一定程度上的遵循，如徽州毕氏规定祭祀制度时指出：

> 祀者，家之大事。文公《家礼》庶民祭四代，明制只许祭三代。考我先君以上，犹据《家礼》行，爰及我辈则又承先君行而不祧，盖无所据。观我一门而各门可知矣。今后各门除品官家外，止应遵明制祭三代，慎勿以为细故，任情而行，纵能逃得国宪，难免识者之讥。且鬼神有知，亦必不享，详在《明宗》卷内。③

---

① 易达海等纂修：《（湖南）宁乡易氏九修家谱》，陈建华、王鹤鸣主编：《中国家谱资料选编·礼仪风俗卷》第476页。
② 〔清〕刘春茂纂修：《（湖南安化）刘氏六修族谱》，陈建华、王鹤鸣主编：《中国家谱资料选编·礼仪风俗卷》，第7页。
③ 《陈俗》，《正德毕氏族谱》卷十八，上海图书馆藏明抄本。

毕氏要求族内各门恪守庶民祭祀三代祖先的规定，足以反映这一规定在民间产生了较大影响。甚至到了清代，民间依然可以看到明代庶人祭三世的痕迹，如清代礼学家毛奇龄指出："明初礼官用行唐县知县胡秉中议，许庶人祭及三代。今俗祭祝词，尚有称三代尊亲者。"①但根据洪武三十一年（1398）颁行的《教民榜文》中有关祭祖的内容，庶人祭四世似乎也得到了明代官方的认可。《教民榜文》第三十三条"祀文式"曰：

> 惟洪武某年岁次某甲子某月某朔某日，孝孙某同阖门眷属告于高曾祖考妣之灵曰：昔者祖宗相继鞠育子孙，怀抱提携，劬劳万状，每逢四时交代，随其寒暖增减衣服，撙节饮食。或忧近于水火，或恐伤于蚊虫，或惧罹于疾病。百计调护，惟恐不安，此心悬悬，未尝暂息。使子孙成立至有今日者，皆祖宗劬劳之恩也。虽欲报之，莫知所以为报。兹者节届孟春，春夏秋冬，天气将温热寒凉追感昔时，不胜永慕，谨备酒肴羹饮，率阖门眷属以献，尚飨！②

根据祀文，可以看出，"高曾祖考妣"已是四世，但此处并未只限定于品官。并且《教民榜文》乃朝廷颁于民间，无论士庶当一并遵循，可以视为明朝官方对庶人祭祀四代祖先的认可。《大明集礼》修成后被藏于内府，到了嘉靖八年（1529）才刻布中外，很难对民间祠堂祭祀产生直接影响。而《教民榜文》颁布之后即在社会上广泛流传，对祠堂祭祀制度影响更为深入、持久。故而无锡人士华惊桦在谈及神主世次时认为：

> 祠堂神主世次，初焉钦遵祭礼，庶民祭三代，故自曾祖考妣、祖考妣、考妣，及弟妹之无后者附焉。近年钦颁"教民榜"内祀先祝文云："告于高曾祖考之灵"，则是庶民亦许祭四代矣。③

华惊桦依据《教民榜文》祭祀四世同样体现了官方政令文书对民间祠堂祭祀的影响。

---

① 〔清〕毛奇龄：《二所祭者》，《辨定祭礼通俗谱》卷一，《文渊阁四库全书本》经部礼类。
② 〔明〕熊鸣岐：《祀文式》，《昭代王章》卷四，明师俭堂刊本。
③ 〔明〕华惊桦：《家劝二》，《虑得集》卷一，《四库全书存目丛书》本。

明代嘉靖朝"大礼议"一事,以及礼部尚书夏言针对官民祭祖礼制改革的奏议,对明清民间祠堂制度影响更是深远。"大礼议"发生在明世宗(嘉靖皇帝)时期。先帝明武宗驾崩,未留下子嗣,明世宗以藩王身份入嗣帝位。按照"为人后者为之子"的原则,明世宗应当尊孝宗(武宗父,世宗堂伯父)为皇考。然而世宗皇帝固执己见,一意尊生父兴献王为皇考,将孝宗尊为皇伯考。朝中大臣因自身主张不同,也分为"继统"派和"继嗣"派。两派观点针锋相对,导致"大礼议"持续了数年,造成了巨大的政治撕裂,其本质上是新旧势力政治的综合较量。学界对"大礼议"的分析和讨论汗牛充栋,此处不再赘述,但"大礼议"在引发皇室宗庙制度的改革之余,由于礼部尚书夏言的上疏以及随后嘉靖帝发布的诏令推动民间祭祀始祖限制的解除,对明清两代祠堂祭祀制度产生了极为重要的影响。

嘉靖十五年(1536),嘉靖皇帝为生父朱祐杬"更世庙为献皇帝庙",时礼部尚书夏言揣摩上意,上《请定功臣配享及令臣民得祭始祖立家庙疏》,恳请嘉靖帝在祭祖礼制方面"推恩"于天下官民。夏言此疏有"三议",分别是"定功臣配享""乞诏天下臣民冬至日得祭始祖""乞诏天下臣工建立家庙"。万历十四年(1586)王圻编纂的《续文献通考》卷一百一十五"宗庙考"载嘉靖帝对夏言的建议"是之",并"从之",随后下诏"许民间皆得联宗立庙"。夏言上疏的第二个议题"乞诏天下臣民冬至日得祭始祖"对后世祠堂制度影响最为重要,其言:

> 伏望皇上扩推因心之孝,诏令天下臣民许如程子所议,冬至祭始祖,立春祭始祖以下高祖以上之先祖,皆设两位于其席,但不许立庙以逾分。①

所谓"程子议"即程颐所主张的"时祭之外,更有三祭,冬至祭始祖,立春祭先祖,季秋祭祢,他则不祭"。朱熹在撰写《家礼》时也主张于冬至祭始祖,立春祭先祖,季秋祭祢。②关于始祖、初祖,朱熹与其弟子有过这样的问答:

> 问:"冬至祭始祖,是何祖?"曰:"或谓受姓之祖,如蔡氏,则蔡叔之类。或谓厥初生民之祖,如盘古之类。"曰:"立春祭先祖,则何祖?"曰:

---

① 〔明〕夏言:《请定功臣配享及令臣民得祭始祖立家庙疏》,《夏桂洲先生文集》卷十一,明崇祯十一年吴一璘刻本。
② 参见〔宋〕朱熹《家礼·祭礼》中"初祖""先祖""祢"条。

"自始祖下之第二世及己身以上第六世之祖。"曰:"何以只设二位?"曰:"此只是以意享之而已。"①

朱熹列举了有关始祖的两种说法,一种认为始祖是受姓之祖,如蔡氏始祖为蔡叔;另一种认为始祖乃生民之祖,如远古神话中的盘古之类。朱熹与蔡元定的书信谈道:"古人所谓始祖,亦但谓始爵及别子耳。非如程氏所祭之远。"②由此,基本可以推测朱熹应更倾向于始祖为受姓之祖的说法。

虽然在《家礼》一书中,朱熹采纳了程颐祭祀始祖与先祖的主张,但在其晚年又否定了这样的做法。在回答李尧卿有关祭祀始祖的疑问时,朱熹说:"古无此,伊川以义起。某当初也祭,后来觉得僭,遂不敢祭。"③也就是说,朱熹原先确实曾在家庙中祭祀始祖和先祖,但后来就觉得祭始祖有僭越之嫌,不敢再祭了。此外,朱子在另一封书信中也对伊川祭始祖、先祖的做法提出了批评:

> 始祖、先祖之祭,伊川方有此说,固足以尽孝子慈孙之心。然尝疑其礼近于禘祫,非臣民所得用,遂不敢行。④

此处与《语类》中的观点一致,朱熹认为程颐祭始祖和先祖的主张固然是为了表达孝子慈孙之心意,但其礼近乎禘祫,有僭越之嫌。

但是夏言在其奏议中却赞扬程颐"深于礼学者",认为其祭祀始祖、先祖的主张乃"缘情而为制,权宜以设教,此所谓事逆而意顺者也"⑤。在他看来,朱熹因觉僭越而废始祖、先祖之祀,反而成为"不察之过"。通过以上分析,夏言建议朝廷推恩于下,允许官民于冬至祭祀始祖,立春祭祀初祖,并且言明庶人不得立庙,

---

① 〔宋〕朱熹:《祭》,《朱子语类》卷九十,《朱子全书》(第17册),朱杰人、严佐之、刘永翔主编,第3055页。
② 〔宋〕朱熹:《答蔡季通》,《晦庵先生朱文公集》卷四十四,《朱子全书》(第22册),朱杰人、严佐之、刘永翔主编,第1999页。
③ 〔宋〕朱熹:《祭》,《朱子语类》卷九十,《朱子全书》(第17册),朱杰人、严佐之、刘永翔主编,第3054页。
④ 〔宋〕朱熹:《答叶仁父》,《晦庵先生朱文公集》卷六十三,《朱子全书》(第23册),朱杰人、严佐之、刘永翔主编,第3060—3061页。
⑤ 〔明〕夏言:《请定功臣配享及令臣民得祭始祖立家庙疏》,《夏桂洲先生文集》卷十一,明崇祯十一年吴一璘刻本。

以防逾礼。

嘉靖朝的"推恩令"对民间祠堂影响极大，明代中后期民间祠堂大量出现与"推恩令"的颁行有着直接的联系，这一点可从诸多文献的记载中得以印证。如南海朱氏称："我家祖祠建于明嘉靖时，当夏言奏请士庶得通祀始祖之后。"[①]佛山冼氏说："明大礼议成，世宗思以尊亲之义广天下，采夏言议，令天下大姓皆得联宗建庙祀其始祖，于是宗祠遍天下。其用意虽非出于至公，而所以收天下之族，使各有所统摄，而不至散漫，而借以济宗法之穷者，实隆古所未有。……我族各祠亦多建在嘉靖年代。逮天启初，纠合二十八房，建宗祠会垣，追祀晋曲江县侯忠义公，率为岭南始祖。"[②]旌阳戴氏族谱记载："祠初创于元之丙申，士可公奉四世之神主而妥侑之，非略也，孝思可展，限于礼而不得越。至明世宗诏令天下士庶得祀始祖，族人因于万历丁酉辟地构祠。则前乎此者，已感叹于蔓草荒烟矣。"[③]可见，"夏言的奏疏和明世宗的推恩令促使嘉靖年间出现大建宗祠祭祀始祖的普遍现象，由此掀起了明清时代民间建立祠堂的新高潮"[④]。上述提到的南海朱氏、佛山冼氏、旌阳戴氏三个宗族，其祠堂得以设立的原因各不相同，并且明显与夏言奏议中的主张相悖，但这些违背礼制的做法都未受到官府追究。正如常建华所分析的那样，嘉靖十五年（1536）的祭祖、家庙尽管有详细的限制性规定，但是客观上却造成了嘉靖朝修建宗祠祭祀始祖的热潮，并影响到明后期，加速了宗祠的普遍化。[⑤]

嘉靖朝"大礼议"引发了皇帝宗庙以及民间祠堂祭祀方面的礼制变革，对后世产生了深远影响。但这一事件并不单纯是一次礼制争论，在礼制变革的背后有着复杂的政治斗争因素，因此被后世诟病为"祀典太滥"。万历四年（1576）续修的《大明会典》及光宗泰昌元年（1620）官修的《礼部志稿》均提及士庶祭祀始祖、初祖，可见嘉靖朝的"推恩令"并未被纳入国家典制，不作为永久性的制度。基于以上分析，有学者指出"我们既要看到嘉靖十五年允许民间祭始祖、建家庙新规定对社会的影响，但又不能过分夸大这一影响"[⑥]。

总体而言，明清时期由于朝廷将士庶家礼载之于国家礼典，辅之以礼制政令，

---

① 〔清〕朱次琦：《南海九江朱氏家谱序例》，《朱九江先生集》卷八，清光绪刻本。
② 《宗庙谱》，《岭南冼氏宗谱》卷二，清宣统二年刻本。
③ 《旌阳留村戴氏族谱》，《留村叙伦祠记》，民国十八年刻本。
④ 王鹤鸣：《中国祠堂通论》，上海古籍出版社2013年版，第138页。
⑤ 参见常建华：《宗族志》，第101页。
⑥ 常建华：《明代宗族祠庙祭祖礼制及其演变》，《南开学报》2001年第3期。

为民间社会制订一套被广泛遵守的礼仪规范，客观上促进了"礼制下移"。但在官方礼典与礼制政令实践过程中，往往难以对全体社会成员具有普遍约束力。换而言之，民间在实践国家礼制的过程中，"遵循"与"僭越"的情况往往同时出现，而朝廷往往并不严格追究，因而不宜过分夸大官修礼典与礼制政令对民间祠堂制度的影响。

（3）明清民间祠堂的进一步发展

众所周知，朱熹所撰《家礼》是唐宋礼制下移背景下的产物，它简便易行不受国家礼制约束，满足了未获得"立庙"资格的一般士庶阶层的祭祖需要，因而受到后世的广泛认可。在明清两代，随着朱学逐渐上升为"官学"，《家礼》的权威地位日益稳固。明清国家典章如《大明集礼》《大明会典》《大清通礼》《大清会典》等广泛采用借鉴《家礼》仪节，在明永乐时期被收入《性理大全》，并被尊崇为儒家经典之一。宋元以后，民间仿《家礼》祠堂之制修建祭祖场所的风气颇为盛行。明清两代，中国祠堂文化在变革中进一步发展，一时间"宗祠遍天下"。

由于朱熹《家礼》的权威地位，明清时期民间士庶群体依照《家礼》建立祠堂的情况极为常见，其祠堂制度、礼仪悉遵朱子所定。如明英宗时著名谏臣、礼部主事刘球为丰城甘氏祠堂作序时谈道："丰城甘君孟进建祠堂其庐之东，所制则惟《家礼》是准，可谓好古，能行人所未行者矣。"但随后他又说道："惜余未举跬其两阶间，观其位次之定，询其衣冠、器物之用，考其春秋行事之节，果皆遵《家礼》不依拘乎时否欤？"①刘球的疑问切中了广大士庶群体在实践《家礼》过程中一个无法回避的问题：成书于宋代的朱熹《家礼》是否还能有效地指导当世礼仪实践呢？面对这个问题，刘球难免发出《家礼》"不依拘乎时否欤"的疑问。

事实上，元代以后朱熹的《家礼》在推广行用的过程中并不是完全一成不变地以本来面貌出现，而是常常在注本、传本中进一步简化、损益后以"仪节""节要""辑要""大略""汇通"等精简本或注释本等形式出现，其祠堂制度亦随着版本更迭进行不同程度上的变革。

其一，从家祠进一步向宗祠演变，远祖祭祀成为民间共识。

所谓宗祠指的是同一宗族全体族人祭及远祖（始祖）的祠堂，其特点在于祭祀世数久远。尽管明清朝廷对庶人祭祖世数均有明确的限制，但面对民间祠堂对祭祀

---

① 〔明〕刘球：《甘氏祠堂侑享虾福诗序》，《两溪文集》卷十三，《文渊阁四库全书》集部别集类。

始祖（始迁祖）以下多世祖先的事实却并未加以干涉。如明洪武十五年（1382），浙江天台陈氏于旧址修复了毁于战火的宗族祠堂，祠内祭有始迁祖在内的多世祖先。其时士庶祠堂制度已有著令注明，陈氏祭祀群祖的做法明显与朝廷礼制相悖，但陈氏宗祠却依然顺利修建完成。方孝孺在为陈氏作《天台陈氏祠记》时指出：

> 夫陈氏之祠，自始迁而祭群祖。言乎古之礼，固不尽合先王制礼之意，似可为得礼之本。盖礼所以善俗而教民亲睦。虽作于古不足以感人心犹非古也。虽不合于古于俗有益焉，安知其不合于先王之意乎？①

方孝孺明确支持陈氏修建宗祠以祭祀群祖，认为祭祀始祖有助于收族敬宗，甚至表达出"（礼）虽作于古，不足以感人心，犹非古也"这种较为激进的观点。方孝孺在本家族同样实行祭祀始祖的做法，认为尊祖、睦族之法就是"立祠祀始迁祖"②。

当然，由于朱熹《家礼》中的祠堂制度本为小宗设计，并未将始祖（始迁祖）等远祖纳入常祭范围，民间士庶在尝试宗祠祭祖实践时往往面临着诸多困扰。如明孝宗弘治二年（1489），刑部侍郎彭韶所撰《白塘李氏重修先祠碑》有这样一段话：

> 尝闻之，礼有不一而情无穷。为人后者，不知其祖则已，知之而能忽然乎？昔者，程子尝祀始、先祖矣，紫阳夫子本之，著于《家礼》，后疑其不安而止。我太祖洪武初，许士庶祭曾、祖、考。永乐年修《性理大全》，又颁《家礼》于天下，则远祖之祀亦通制也，然设位无专祠。今莆诸名族多有之，而世次龛位，家自为度。或分五室，左右祀高、曾以下；或虽分五室，子孙左右序房，各祀其高、曾以下；而皆以中室祀先祖。或按礼分四亲各室，以西为上，而先祖止祭于墓所，人反疑之。议礼老儒，迄无定论。诚以人之至情，有不能已，不能一焉。今白水塘之祠，上祀十有余世，揆诸礼意，似非所宜。然族属之众且疏，舍是不举，则人心涣散，无所维系，欲保宗祀于不坠，绵世泽于无穷，岂不难哉！呜呼，是祠之关系，其重矣乎！嗣修后人，尚其勉诸！③

---

① 〔明〕方孝孺：《天台陈氏先祠记》，《逊志斋集》卷十六，《文渊阁四库全书》集部别集类。
② 〔明〕方孝孺：《宗仪九首》，《逊志斋集》卷一，《文渊阁四库全书》集部别集类。
③ 郑振满、〔美〕丁荷生编纂：《福建宗教碑铭汇编（兴化府分册）》，第117—118页。

彭韶这里认为，自朱熹的《家礼》被编入《性理大全》，上升为儒家经典之后，"远祖之祀"已经成为民间祠堂通制。但无论是《家礼》还是官方礼典，均未设定祭祀远祖的"专祠"，这对民间祠堂祭祖的实践产生了极大的困扰。莆田一带的名门大族虽然实际上已经在实行祭祀远祖的礼仪，但"世次龛位，家自为度"，即使"议礼老儒"也难以就此达成一致意见。在彭韶看来，设置祭祀远祖的祠堂虽然不符合礼制，但对于维系族人团结、稳固宗族秩序却有难以替代的作用。因此，他认为不必拘泥于现有礼制，应鼓励民间创建祭祀远祖的祠堂。

民间虽对"远祖之祭"各有理解并已付诸实践，但这在当时并未得到官方的允许和认可。这种局面一直延续至大明嘉靖十五年（1536），夏言的提案与嘉靖帝的"推恩令"在客观上为宗祠的普及提供了契机。此后民间宗祠如雨后春笋般纷纷涌现出来。到了清朝，民间宗祠发展达到了繁荣的阶段，尤其是在雍正皇帝《圣谕广训》"笃宗族以昭雍睦"政策的默许与鼓励下，地方"自缙绅以逮士庶，建宗祠者比比矣"[1]。

这一类宗祠祭祀世系繁多，与朱熹《家礼》中的最多祭至四世的"小宗之祠"或曰"家祠"呈现出明显的差异。明末清初宜兴人士任源祥在分析宗祠与家祠之间的区别时指出：

> 今通族为祠堂，即程子祭先祖、朱子祭迁主之义也。家世既久而祭限于制，亲之不可，忘之不忍，故合为一庙，而岁举一二祭。礼以义起，权不反经，而萃涣敦风于世教有裨益焉……高祖之大宗祠重四亲，而远者祧。通族之大宗祠重先祖，而后者祔。四亲之祭不可逾，而先祖之祭，虽百世可也。[2]

任氏指出，通族之大宗祠，重先祖，即使祭至百世亦可；高祖之大宗祠即家祠，祭四世近亲，世远则祧。当然，他也意识到祭祀远祖的宗祠礼经无载，因此借"礼以义起，权不反经"且通族之祠有益于敦风化俗来为本族宗祠辩护。一些宗族因族人众多、世系久远，除通族合祀的宗祠外，族内各房、各支往往还会建造各自的房祠、支祠以奉祀各直系祖先，有的家庭还拥有祭祀近亲的家祠，形成一套宗祠

---

[1] 〔清〕邢钰纂修：《（江苏）江阴太宁邢氏支谱》，陈建华、王鹤鸣主编：《中国家谱资料选编·礼仪风俗卷》，第809页。
[2] 《祠堂议》，《宜兴筱里任氏家谱》卷二，民国十六年本。

（总祠）、房祠（支祠）、家祠多层体系的祠堂建筑群。

其二，祠堂主祭权与宗族观念的进一步变化。

明清时期民间宗族组织进一步发展壮大，不少有识之士希望借复兴宗法以行收族敬宗之道。例如明初士大夫方孝孺所撰的家法族规《宗仪》一书，行文之间对先秦宗法制度表现出极为推崇的态度：

> 当是之时，同间接亩之人犹相亲睦信顺，而大小宗法行乎宗族之间。为百世之宗者，百世宗之；为五世之宗者，五世宗之。宗其身则守其训，有所猷为皆受命于宗子，而悍戾争斗之风无自而起。苟非大奸魁诈，不可教令，则安有不善者乎？①

方孝孺认为，在宗法制度下宗族成员无不由宗子统帅，言行举止皆受其约束，故而彼此之间才能和睦安顺。方孝孺的观点与宋儒相比并无区别，或者毋宁说方孝孺只不过是对宋儒复兴宗法主张的重申而已。同样主张复兴宗法的还包括丘濬、黄佐、归有光、刘宗周等一批仕宦学者和民间儒士，他们不仅希望恢复宗法制度，并且在祠堂祭祀制度中一再强调"宗子主祭"原则。如丘濬在著作《大学衍义补》中提出：

> 礼经别子法是乃三代封建诸侯之制，而为诸侯庶子设也，与今人家不相合。今以人家始迁及初有封爵仕宦起家者为始祖，以准古之别子。又以其继世之长子，准古之继别者，世世相继，以为大宗，统族人，主始祖立春之祭及墓祭。其余以次递分，分为继高祖、继曾祖、继祖、继祢小宗。②

丘濬意识到将行之于先秦的宗法制度原原本本移植到明代的做法是不现实的，因此他将"始迁及初有封爵仕宦起家者"视为一族始祖，以其"继世之长子"作为宗子，成为百世不迁的大宗。这种宗法观念同样体现在他所撰写的《家礼仪节》一书的《通礼·宗子法》部分。还有的学者试图将宗法制度与"宗子主祭"原则广泛推行于一乡之间，如黄佐《泰泉乡礼》曰：

---

① 〔明〕方孝孺：《睦族》，《逊志斋集》卷一，《文渊阁四库全书》集部别集类。
② 〔明〕丘濬：《大学衍义补》卷五十二，《文渊阁四库全书》经部礼类。

凡创宗者，必立宗法。大宗一，统小宗四。别子为祖，以嫡承嫡，百代不绝，是曰"大宗"。大宗之庶子，皆为小宗。小宗有四，五世则迁。己身庶也，宗祢宗。己父庶也，宗祖宗。己祖庶也，宗曾祖宗。己曾祖庶也，宗高祖宗。己高祖庶也，则迁，而惟宗大宗。大宗绝，则族人以支子后之。凡祭，主于宗子。其余庶子虽贵且富，皆不敢祭，惟以上牲祭于宗子之家。宗子死，族中虽无服者，亦齐衰三月。祭毕，而合族以食。期而齐衰者，一年四会食。大功以下，世降一等。异居者必同财，有余，则归之宗；不足，则资之。①

从上面这段话，我们不难发现黄佐非常推崇先秦宗法，坚持"大宗一，统小宗四"的原则，并且将祠堂主祭权垄断于宗子之手，强调即便庶子"虽贵且富"亦不得祭。当然，在更多人看来认为完全恢复大小宗法制度或许希望渺茫，但坚持"宗子主祭"则庶几可行，如东山葛氏《家礼摘要》曰：

朱子曰，宗法虽未易复，宗子主祭之义略可举行。宗子为士，庶子为大夫，以上牲祭于宗子之家。今宜庶子有事告庙者，先期告于宗子。行尊者，宗子主之；行卑者，宗子遣其长子主之。②

显然，丘濬、黄佐以及东山葛氏家族对实行宗法制度的态度并不一致，丘濬和黄佐对复兴和实践宗法制度持积极态度，而东山葛氏则相对消极一点。但他们都认为宗子不仅要主持祠堂祭祀，更要管理宗族事务，具有统率宗族的实际权力。此外还有士人对"宗子主祭"原则进行了一些补充，认为当遇到宗子因为官或迁徙等原因居于外地，或者宗子病故等情况，应当由"族长主之"或"庶子摄行"。

但也有人认为，宗法制度很难复行，甚至"宗子主祭"原则也难以得到保证。尤其当支子比宗子俸禄更多、品秩更高时，支子主祭亦是无法避免且情有可原的，如生活于明中期的陆容说：

古人宗法之立，所以立民极、定民志也。今人不能行者，非法之不立，讲

---

① 〔明〕黄佐：《泰泉乡礼》，陈延斌主编：《中国传统家训文献辑刊》（第11册），第208—209页。
② 〔明〕葛引生：《宗法》，《家礼摘要》卷一，《东山葛氏遗书》，清嘉庆九年东山葛氏树滋堂刻本。

之不明，势不可行也。盖古者公卿大夫世禄世官，其法可行。今武职犹有世禄世官遗意，然惟公侯伯家能行之。其余武职，若承袭一事，支庶不敢夺嫡，赖有法令维持之耳。至于祠堂祭礼，便已窒碍难行。如宗子虽承世官，其所食世禄，月给官廪而已，非若前代有食邑采地圭田之制也。故贫乏不能自存者，多僦民屋以居，甚至寄居公廨及神庙旁屋。使为支子者知礼畏义，岁时欲祭于其家，则神主且不知何在，又安有行礼之地哉！今武官支子家富，能行时祭者，宗子宗妇，不过就其家飧馂余而已。此势不行于武职者如此。文职之家，宗子有禄仕者，固知有宗法矣。亦有宗子不仕，支子由科第出仕者，任四品以下官，得封赠其父母；任二品三品官，得封赠其祖父母；任一品官，得封赠其曾祖父母。夫朝廷恩典，既因支子而追及其先世，则祖宗之气脉，自与支子相为流通矣。揆幽明之情，推感格之礼，虽不欲夺嫡，自有不容已者矣。此势不行于文职者如此。故曰："非法之不立，讲之不明，势不可行也。"①

陆容以武职文职之家为例，对世俗宗法难立的情况进行了说明，体现出当时世人对祠堂主祀者"贵贵""尚爵"的倾向。万历年间官至礼部尚书的李廷机在其所著家礼中表达了类似的观点，他认为：

世禄之家，如今公侯伯及指挥、千百户长子长孙世袭爵职者，谓之宗子，主宗庙之祭。今人家无世袭，则无宗子。凡祭祀，推衣冠一人主之。观瞻既雅，礼节亦谙，不然，则有长子长孙而卖菜佣者，亦将称宗子主祭。蓝缕周章，而令缙绅随班行礼乎？②

这些基于各种因素要求庶子"夺宗"的声音表明，由富贵缙绅支子来主持祠堂祭祀的主张已经得到了一部分人的支持，原本为宗子垄断的主祭权开始向崇尚"贵贵""尚爵"原则转变。

进入清朝以后，尽管不少宗族在祠堂祭礼中依然坚持"宗子主祭"原则，但祠堂主祭"贵贵""尚爵"的倾向较之明代显著加强。如许三礼、朱轼、李光地、李绂等时儒均主张根据"贵贵""尚爵"原则确定主祭之人。在这一点上，李光地在

---

① 〔明〕陆容：《菽园杂记》卷十三，《文渊阁四库全书》子部小说家类。
② 〔明〕李廷机：《丧礼》，《李文节公家礼》，《四库禁毁书丛刊》。

《家庙祭享礼略》进行了系统、细致的论证，他指出：

> 古者无禄则不祭，故庶人荐而已，所谓礼不下庶人是也。其时卿大夫家非世官则世禄，皆朝廷赐也，而宗子主之，故得以其禄祭。今皆无之，则宗子无禄也。奈何犹备大夫、士之礼以祭。父为大夫，子为士，其祭犹不敢以大夫，况庶人乎，难者一也。古者宗子为朝廷所立，故其人为一家之宗而必娴于礼法。今则有樵采负贩，使之拜俯兴伏，茫然不省知者矣！而奈何备盛礼以将之，难者二也。凡为宗子者以其为族人之所尊重，冠昏丧祭必主焉，故祖宗之神于焉凭依。今则轻而贱之者已素，一旦被以衣冠，对越祖宗，人情不属而鬼神不附，难者三也。是故世变风移，礼以义起。今人家子孙贵者，不定其为宗支也，则不得拘支子不祭之文，而惟断以无禄不祭之法。①

李光地通过古今对比总结认为：世变风移，当今之人如再坚持"宗子主祭"则会面临多种困境。因此不论宗支，当以有爵有禄之绅衿充当主祭。李光地等儒者肯定绅衿主祭合情合理，为"贵贵""尚爵"主祭原则提供了理论依据。而官方礼典如《大清通礼》《大清会典》所载的祠堂制度，更完全是根据官员品秩高低来制定礼仪，并不限定宗子支子之身份。因此湖南巡抚吴荣光说：

> 古者重宗法，主祭必以宗子。然古所谓宗子者，皆世官世禄者也。今宗法不行，贵显者未必皆宗子，而宗子或夷于氓隶，支子虽贵，又格于分，不得伸其追远之爱，遂不祭乎？《记》曰："无田则不祭。"祭用生者之禄，是祭礼必大夫而后具，明矣。宗子而为大夫，则宗子主祭；支子而有田禄，则支子亦得主之。故《通礼》家祭以官之大小，分祭之隆杀，不问其为宗子否也……此敬宗而寓贵贵之义也。②

正如前文所述，吴荣光所编的《吾学录初编》在湖南等地影响颇大，是民间家礼编撰的重要参考文本。因此吴氏对祠堂主祭"贵贵"原则的支持，也在一定程度上影响了民间祠堂"宗子主祭"原则向"贵贵"原则的变革。

---

① 〔清〕李光地：《家庙祭享礼略》，《榕村集》卷二十一，《文渊阁四库全书》集部别集类。
② 〔清〕吴荣光：《吾学录初编》卷十四，《续修四库全书》（第815册），第136—137页。

此外，明代中期以后民间宗族祠堂大量出现。这些宗族祠堂世系繁多，宗祠之下一般分有各支各房，对大小宗的区分也并不严格，祭祀世数往往逾十数世且亲近不祧。在这种远比朱熹的《家礼》四世祠堂复杂的情况下，如何合理地安排祠堂祭祀活动乃明清士庶所殚思极虑之处。从已有民间家礼文献看，明清宗族祠堂往往采用各房（支）轮流主持祭祀的方式，如江西波阳徐氏祠堂规定：

> 拟与各支祠酌定，轮年主祀，迎主合祭。轮及何一支祠之子孙主祀，于冬至前一日，诣各祠龛前，告请迎主，随鼓乐导迎而奉于主祀之祠，按本来昭穆以次列座。次日展祭，各三献毕，各子孙酬酢，复鼓乐迎主归于各祠。其未迎旁龛之主，各本祠人仍设奠馔如常仪。此本古祫祭之意，而酌以行之，亦体我祖先之亲睦，以启后嗣之亲睦。①

类似的例子还有浙江上虞夏氏，据夏氏族谱载夏氏震字辈子弟有六房，除第五房无嗣，其余五房均要轮流主祭。为方便族人轮值有序、不至于紊乱，后世子弟还作《轮值大祭图》以供族人参考遵行。

第三，以"德""爵""功"作为祠堂配享原则的进一步普及。

皇帝宗庙常以功臣祔祀，孔庙则以孔子弟子或历代名儒祔祀，其祔祀原则不外乎"功""德"二字。自宋代出现祠堂之制，民间士庶对祠堂具体设置或因自身理解不同而呈现不同的个性，但按一定规则排列先世神主以展孝思，可以说是所有祠堂制度的最大共性。明代中期以后，除祭至四世的小宗祠堂外，还出现了联族建立的大型宗祠。与祭至四世的小宗祠堂不同，大型宗祠往往祭至数十代，正如嘉庆学者李兆洛所感慨的那样："今庶士家宗祠，动辄数十世，族之繁者，木主几无所容。"②

朱熹《家礼》中的祠堂制度只祭高曾祖祢四世，就算将因"无后"而"班祔"其后的旁亲神主纳入，也断不会出现"木主几无所容"的境况。而明清宗祠除了供奉先世神主以外，"有许多宗族根据功业品德和对祠堂的贡献给一些先人设立从祀牌位，甚至允许捐资入主"③。如清代雍正朝的官员甘汝来在设计家祠时提道：

---

① 〔清〕徐玑等纂修：《（江西波阳）凤冈徐氏家谱》，陈建华、王鹤鸣主编：《中国家谱资料选编·礼仪风俗卷》，第755页。
② 〔清〕李兆洛：《孟岸金氏族谱序》，《养一斋文集》卷三，《四部备要》本。
③ 冯尔康：《清代宗族祭礼中反映的宗族制特点》，《历史教学（高校版）》2009年第4期。

拟于祠之正寝上下为两大龛。上一龛以木板直界为三龛，中龛分为三层，最上祀始祖，次祀有功德与爵位者，再次祀妣主之节孝曾经题旌者。下一龛以木板界为四龛，最右祀尊长之高，少右祀尊长之曾，少左祀尊长之祖，最左祀尊长之祢。

赵克生将这种神主安放形式称之为"分层设龛"，他认为这类祠堂设计顺应了清代平民宗族的发展和大宗祭祀的需要。[①]值得注意的是，甘汝来特意将"有功德与爵位者"祀于始祖之下，体现了他对祭祀族中有功德与爵位者的重视。可惜的是，甘汝来的家祠设计还只是设想，因而未能对此进行详细说明。相对来说，宜兴任氏祠堂对宗祠配享原则的规定与说明则更为详尽。前文已经提到，宜兴任氏祠堂建大宗祠"一本堂"，奉祀十一世以上先祖，而十二世以后的祖先神主祭于一本堂则另有规定：

十二世以下论德、论爵、论功，孚众论者，配享两列。[②]

任氏祠堂明确将德、爵、功作为十二世以下神主入祀大宗祠的条件，"其子孙德盛爵尊功高者，先人亦得配享，所以兴孝慈之思"，即德行出众、爵高秩隆或有功于宗族者都可配享于"一本堂"。此外，任氏宗族还于康熙五年（1666）和嘉庆四年（1799）两次对此规定进行进一步的补充，如康熙五年议定：

宗祠重大之典，莫如配享，论德、论功、论爵不敢不严，子孙能输助百金，亦以功论，此严中宽典也。……至于生前品行不端，有过犯者，即输入倍蓰，亦不得入祠。自议之后，万不得宽纵，以得罪祖宗。[③]

此处将子孙输金于宗祠者，"亦以功论"，相对来说放宽了配享的限制。而嘉庆四年（1799）则对配享原则进一步细化：文官七品、武官三品以上可论爵配祀；爵等不够不得配享者可捐金于祠堂以获得资格，捐金多寡视官品而定，官品越高交

---

① 参见赵克生、安娜：《清代家礼书与家礼新变化》，《清史研究》2016年第3期。
② 《宗祠议》，《宜兴筱里任氏家谱》卷二，民国十六年本。
③ 《配享定议》，《宜兴筱里任氏家谱》卷二，民国十六年本。

钱越少。甚至在清朝覆灭后，任氏家族还根据民国官制、学位新制再次议定配享规则。根据冯尔康的考证，与任氏配享制度相似的还有歙县桂溪项氏祠堂、广东博罗林氏祠堂、定兴鹿氏宗祠、平定白氏宗祠等，此处不再一一列举。①可见"尚爵""尚功"并非一家一户之个别现象，而是时俗风气类此，具有一定的普遍性。

对此种风气表示反感者不乏其人，如李兆洛直接批评宜兴任氏的配享规则，他说：

> 近世祠制，吾所知者宜兴任氏为最，盖王谷（即任源祥，引者按）先生所定也。然吾谓其立法太夸，用意太亵。有入无祧，已无限断。论德论爵，复起争端。见在子姓虽云能守，而当其致祭，祖宗纷纭于上，子姓淆乱于下。有法而仍无法，乖经义矣。②

李氏在这里对宜兴任氏进行了严厉的批评，他认为论德、论爵没有相对固定且公正的标准，容易引起争端。他甚至指责任氏"论德、论功、论爵"的"三论"配享原则是悖经叛义。民间家礼文献中还有人将禁止配享纳入家礼之中，其言：

> 祠堂所以序昭穆，徽宁恶俗有祠堂捐钱配享之例，钱多中座，钱少旁座，无钱不得入配，以至子中座而父旁座，孙配享而祖不得入祠，悖礼灭伦，莫此为甚。凡我族祠堂止论昭穆，由中而旁，但龛座易满，以五世为限，六世则毁，永不许开捐钱配享之例。③

祠堂原本是供奉先祖、序以昭穆、表达族人报本反始之情的场所。正如《祭统》所言："昭穆者，所以别父子、远近、长幼、亲疏之序而无乱也。"甘氏、任氏等祠堂其神主设置不见"父子、远近、长幼、亲疏之序"，违背宗法精神，进而受到他人诘难亦是意料之中。

但是也正如有学者指出的那样：如果宗族没有富贵族人的支持，宗族活动也就难以开展，难于在地方上取得崇高地位和享有盛誉。因此论德、论爵、论功对宗族

---

① 参见冯尔康：《清代宗族祭礼中反映的宗族制特点》，《历史教学（高校版）》2009年第4期。
② 〔清〕李兆洛：《祠堂记》，《养一斋文集》卷九，《四部备要》本。
③ 〔清〕许文源等纂修：《（安徽）续溪县南关惇叙堂许氏宗谱》，陈建华、王鹤鸣主编：《中国家谱资料选编·礼仪风俗卷》，第521页。

发展而言又是不可或缺的。从实用主义角度考虑，祠堂制度中神主设置的昭穆原则与论德爵功的某种不协调性，在一定程度上是不可避免的。①

（4）民间祠堂建筑形制

"礼"是中国传统文化的根本特征，是中华文明区别于其他文明的根本所在。所谓"道德仁义，非礼不成；教训正俗，非礼不备；分争辨讼，非礼不决；君臣上下，父子兄弟，非礼不定；宦学事师，非礼不亲；班朝治军，莅官行法，非礼威严不行；祷祠祭祀，供给鬼神，非礼不诚不庄"（《礼记·曲礼》）。自周公制礼作乐，小至衣食住行、待人接物，大到名物制度、立国兴邦，无不内蕴着礼之精神。这一点同样体现在中国的传统祠堂建筑上。"中国古代建筑无论在整体布局与群体组合、建筑形制与数量等级、空间序列与功能使用、装饰细部与器具陈设等方方面面，都浸透和反映着礼制秩序和传统伦理。"②

以民间祠堂为例，自朱熹在《家礼》中首创"祠堂制度"，到明代嘉靖时"许民间皆联宗立庙"，此后祠堂建筑大量涌现。祠堂主要用于祭祀祖先，此外也用于族中婚丧寿喜以及家族议事等事宜。从地理位置上看，祠堂一般建于宗族聚居的核心位置，象征着祠堂在宗族中的至高地位；从空间结构上看，祠堂一般采用中轴对称布局，主体建筑居于正中，次要建筑分布于两侧，整体结构左右对称、方正有序，给人以肃穆庄重之感。这种次要建筑拱卫核心建筑的布局也是社会伦理与家族秩序的象征。作为家族统治权力的核心，祠堂内部一般以"豪华的装饰、精致的雕刻、规整的布置来显示祖先的伟业、族权的威严、宗族的繁荣，使族人建立信心与骄傲感"③。

（三）祠堂的功能

祠堂最重要与最核心的功能，无疑是作为祭祀祖先的场所。

同时，祠堂还是宗族活动的场所。家族的重大事件，譬如冠、婚、丧、祭等，都要事先在祠堂内祭告祖先。这一点在司马光的《书仪》中有多处体现。按古礼，

---

① 参见冯尔康：《清人"礼以义起"的宗法变革论》，朱诚如、王天有主编：《明清论丛》（第二辑），紫禁城出版社2001年版。
② 秦红岭：《宫室之制与宫室之治：中国古代建筑伦理制度化探析》，《伦理学研究》2014年第5期。
③ 本社编：《礼制建筑：坛庙祭祀》，中国建筑工业出版社2009年版，第45页。

男子行冠礼前,主人要"筮于庙门"求得吉日,司马光《书仪》亦有类似要求:

  主人盛服,亲临筮日于影堂门外西向,若不吉,则更筮他日。①

  这显然是仿《仪礼·士冠礼》中的要求,改"筮于庙门"为筮于影堂门外。关于行冠礼的地点,司马光根据时代的变化和民间的现实做了变通的规定:

  古礼,谨严之事,皆行之于庙,故冠亦在庙。今人既少家庙,其影堂亦褊隘,难以行礼,但冠于外厅、笄在中堂可也。②

  司马光规定,若将冠者为孤儿,则由叔伯兄弟主之,并于冠后一日"量具香酒馔于影堂"祭告父母。又如婚礼,"亲迎"当日,"婿氏告迎于庙",无庙者告于影堂。

  祠堂还有惩恶劝善的教化功能,可以作为教育族人的场所。如果族人犯错,族长可以在祖先牌位前惩罚族人,庄严的祠堂建筑又会无形中给族人以威慑感,这也是祠堂教化作用的一种体现。"祠堂除了祭祀功能外,对族人有教育功能,堂号、堂联等祠堂礼的东西,大多是具有崇尚美德、友爱和睦、积极进取的教育意义。"③堂号即祠堂的称号,有人将堂号分为三类:以郡望来命名,以先祖的字、号、谥号等来命名,还有以伦理教化来命名。浦江郑氏家族堂号"有序堂",取敦促族人谦敬有序、和睦互爱之意。郑氏家祠中还有诸多劝诫子弟读书明礼的宗祠对联,如"派衍广文之裔,文子文孙,克绍薪传于此日;家垂经学之遗,学诗学礼,无忘庭训于当年"之属。

  无论是作为礼制建筑的宗庙、祭祠、祠堂,还是附属于建筑堂号、堂联,本质上都是宗族文化中的一种慎终追远、团结血亲、敦宗睦族的符号标志,具有浓厚的宗亲色彩与精神凝聚力量。④《礼记·祭义》云:"祀乎明堂,所以教诸侯之孝也。"《礼记·坊记》也云:"修宗庙,敬祀事,教民追孝也。"因此,这些礼制建筑实质上正是统治阶级制定的一种伦理教化方式,其最终目的在于以建筑承载家

---

① 〔宋〕司马光:《冠仪》,《书仪》卷二,《文渊阁四库全书》经部礼类。
② 〔宋〕司马光:《冠仪》,《书仪》卷二,《文渊阁四库全书》经部礼类。
③ 何兆兴编:《老祠堂》,人民美术出版社2003年版,第6页。
④ 参见李小兵:《祠堂的教化功能研究——以江西吉安A村为例》,西南大学2009年硕士学位论文。

族伦理内涵进而实现道德养成和礼仪教化。

（四）祭田制度

1. 祭田的产生与发展

在古代，宗族祠堂的修建需要消耗极大的人力物力，有时甚至会耗费几代族人的心血。祠堂建立之后，其日常管理、修葺以及祭祀所用器物、食材等亦是一笔不小的开销。因此，古代宗族往往采用祭田的方式，为祠堂的开支用度提供必要的保障。所谓祭田，一般是指古代社会中，用以祭祀先祖、赡养族人等行为的宗族公共田产。

祭田的起源，与古代中国宗族制度紧密相关。宗族制度中一项重要的内容就是祖先祭祀，在"事死如事生"的宗法思想要求下，祖先祭祀礼仪往往郑重其事，有一套严格的礼制规程和祭品要求。一次重大的祖先祭奠活动所需要的经费和物质与宗族的规模成正比，一些较大规模的宗族，其祭祀祖先的礼仪十分隆重，耗费甚大，这就需要宗族有一定的经济能力来支撑祭祀礼制的延续，在这种情形下，专门用于祭祀的田地就出现了，汉代赵岐《孟子注疏》云："古者卿以下至于士皆受圭田五十亩，所以供祭祀也。"圭田者，公卿士大夫耕种该田，以产出供奉先人，这就是祭田的起源。但此时的圭田，仅属于单个家庭所有的私产，并非宗族内族人共同拥有的族产。秦汉、魏晋、隋唐时期，均未出现关于用于祖先祭祀的宗族公产，也无统一的相关规定。

至宋代，宋儒一再主张恢复宗法制度的同时，对以往的宗族制度进行了变革，使宗族真正具备教化人心和稳定秩序的功能。譬如，朱熹的《家礼》中加入了"置祭田"的规定：

> 置祭田。初立祠堂，则计见田，每龛取其二十之一，以为祭田，亲尽则以为墓田。后凡正位祔者，皆放此，宗子主之，以给祭用。上世初未置田，则合墓下子孙之田，计数而割之，皆立约闻官，不得典卖。[①]

朱熹认为，祠堂建好后必须设置祭田，以确保家族祭祀能够正常进行。具体而

---

① 〔宋〕朱熹：《通礼》，《家礼》卷一，《文渊阁四库全书》经部礼类。

言，子孙如有四世内祖先供奉于祠堂神龛的，则取其田亩二十分之一为祭田，每年收取租谷用于祠堂修葺以及祭祀时用的器物、祭品等；如祖先有超过四世的，则"亲尽则以为墓田"，即由祭田变为墓田，每年租谷用于祖墓的修缮与祭祀；凡是新近去世有资格祔祀于祠堂神龛的，其子孙皆仿此制度。

一般认为，朱熹关于"祭田"的设计主要受到范仲淹"义田"制度的影响。宋皇祐元年（1049），范仲淹出任杭州知府。在任期间，他与致仕后移居苏州的兄长范仲温商量，买下吴县、长洲两县水田十余顷，作为义田。随后又于皇祐二年（1050），制定了有关义田收益分配的十三条规则，即《范氏义庄规矩》。值得注意的是，范仲淹设置义田的初衷主要是为了赡养族人，并没有明确限定用于祭祀开支。元丰二年（1079），范仲淹之子范纯仁以"祭田"的名义购置天平山周围一千亩田地，主要用于维持天平山白云寺祖庙的开支。可见，"义田"与"祭田"在具体功用上还是存在一定区别的。简而言之，"义田"主要用于宗族赡养，"祭田"则用以维持祖先祭祀，二者均有收族敬宗之功用。

朱熹提出的"祭田"制度，为祠堂的建造修葺、祭品筹备、日常管理等活动提供了最为重要的物质保障，得到了人们广泛的认可。如《扶槎陈氏四修族谱》记载族人于乾隆丁卯置办祭田一事时，一再强调祭田对于宗族的重要性：

> 尝思物本乎天，人本乎祖，故古人追远报本则有祭，其备物告虔必取资于田，匪徒以广孝思，且足以联一族之性情而恒保宗祀于弗替也。①

这种对祭田制度的重视，在明清时期诸多家礼、家训、家规书籍中屡见不鲜。

2.祭田的来源

（1）个人捐置

朱熹的《家礼》规定，取族人私田二十分之一充作祭田。这种要求族人将个人私产捐出充作祭田的主张，得到后人广泛的响应，并成为祭田来源中最为常见的形式。如《嘉兴县志》曾记载，清乾隆年间乡贤吴三锡捐置祭田、义田以赡养族人的事迹：（吴三锡）家居让田宅与叔及弟，捐置祭田、义田以赡族，著《劝孝录》，卒祀乡贤。

也有直接参照《家礼》的祭田制度的，如《毗陵承氏宗谱》之《祠墓规》载：

---

① 《祭田》，《扶槎陈氏四修族谱》卷末，民国三年木活字本。

族中捐置祭田，凡殷实之家，照朱子《家礼》，二十捐一。即要求族中殷实之家，按照朱熹《家礼》中的规定，将私人田产的二十分之一充作祭田。

（2）族众集资

除了鼓励或强制族人捐出个人田产外，广大族人共同集资购置田产也是家族祭田的重要来源。如安徽歙县项氏家族在其族谱中记载了明万历年间，族众集资购置祭田一事：

> 明万历丙辰，宗贤若而人以祠堂规模粗定，爰筹及祀事，建议人捐半两，荟萃为祭田之需，其人有籍可稽，而继起者更随时增置。今其田之号亩、赋税历历具在，详载归户册籍，今复备登于谱，盖用昭世守云。①

（3）官府置办

对于圣人后裔，官府还会赐予土地用于家庙的修缮与祭祀。据清代孔子后裔孔继汾考证，汉唐期间孔府主要借助食邑的收入来祭奉孔子。直到宋真宗在位时，才开始拥有祭田：

> 大中祥符间，始专有祀田。沿及金元，代多增给。②

同时孔继汾也指出，孔府祭田的来源多为朝廷赐予。据记载，仅明太祖洪武元年（1368），朝廷就赐予孔府祭田二千大顷：

> 明太祖洪武元年，赐祭田二千大顷，分为五屯、四厂、十八官庄，拨佃户承种，供庙祭及属官廪给，余者为衍圣公禄俸。七年，以岁久田荒，诏添拨佃户承种。③

从这段记载中，我们可以清楚地看出，明廷不仅赐予了孔府大量的祭田，甚至还直接分配好佃户承种。这种宠命优渥的待遇，直接反映了曲阜孔府有明一代的超

---

① 〔清〕项启钖纂修：《（安徽歙县）桂溪项氏族谱》，陈建华、王鹤鸣主编：《中国家谱资料选编·礼仪风俗卷》，第775页。
② 〔清〕孔继汾：《阙里文献考》卷二十六，清乾隆二十七年刻本。
③ 〔清〕孔继汾：《阙里文献考》卷二十六，清乾隆二十七年刻本。

然地位。清朝入关以后，清廷出于稳固政权与收买人心的需要，要求所有"圣门典例，俱应相沿"。在这种背景下，孔府祭田之数目达历朝顶点。同样作为圣人后裔的孟氏、颜氏等家族也被赐予大量祭田以示朝廷恩宠。

3. 祭田的管理

古代对祭田的保护分为依照家法族规和官方律法两种。

在家法家规方面，宋代朱熹在其《家礼》中就作了族内祭田"立约闻官，不得典卖"的规定，即立书面契约，报备官府，禁止买卖。之后元明清乃至民国时期的许多宗族，均在其宗法家规中规定族内祭田不得出售发卖。这种家法家规还得到了官方律法的支持。出于对宗法礼教的维护，历代朝廷对祭田的使用和买卖通过立法的形式进行了限制和保护，如北宋元祐六年（1091），朝廷发文规定：

> 墓田及田内林木、土石不许典卖及非理毁伐者，杖一百，不以荫论，仍改正。①

再有北宋元祐七年（1092）朝廷又规定：

> 诸大中大夫、观察使以上，每员许占永业田十五顷，余官及民庶愿以田宅充祖宗缘祀之费者亦听，官给公据，改正税籍，不许子孙分割典卖，止供祭祀，有余均赡本族。②

祭田可以给官方凭证，不得典卖，只能供祭祀用。可以说，自宋代起，王朝统治者及士大夫们就认识到了祭田之于宗族制度的重要性，并通过立法给予保护，使其成为稳固的制度。

明代和清代的律法甚至规定了祭田不在犯罪者罚没入官的财产范围内。如明人谈迁《枣林杂俎》载明初抄札制度云："犯人家产田地外，内有坟茔，不在抄札之限。"③清代，乾隆五年（1740）颁布的《钦定大清律例·户律·仓库下》，对犯人宗族祭田的"不入官"也作出了相关规定：

---

① 〔宋〕李焘：《元祐六年》，《续资治通鉴长编》卷四百六十五，中华书局2004年版，第11109页。
② 〔宋〕李焘：《元祐七年》，《续资治通鉴长编》卷四百七十八，第11393页。
③ 〔明〕谈迁：《智集》，《枣林杂俎》，罗仲辉、胡明校点校，中华书局2006年版，第17页。

凡亏空入官房地内，如有坟地及坟园内房屋，看坟人口，祭祀田产，俱给还本人，免其入官变价。

古代王朝对祭田的立法保护，主要是着眼于维护社会各阶层的宗族制度。这一法规有利有弊，利在于以明确的法律法规承认了对祭祀用田产的保护，对于维护宗族制度的稳定有极大的作用。弊在于变相鼓励了大宗族以祭田名义对土地的兼并，使得大宗族的祭田不断扩张，导致许多农民沦为大宗族大地主的压榨对象。

三、深衣

所谓深衣有广义狭义之分。就狭义概念而言，深衣是先秦诸侯、士大夫等阶层的家居便服，也可作为庶人百姓的礼服。服饰特点在于上衣、下裳分开裁剪然后缝合在一起，具体制作规范主要见诸《礼记》中的《深衣》篇。就广义概念而言，所有符合"上下相连，被体深邃"形制的服饰都可以被视为广义上的深衣。狭义上的深衣在先秦时期主要作为贵族阶层的家居便服，秦汉以后逐渐遭到淘汰，但"上下相连，被体深邃"这种深衣形制却被广泛地吸收到其他服饰中去。宋代，司马光、朱熹等礼学家曾一度尝试复兴先秦深衣，但并不成功。明清以后，虽有江永、黄宗羲等人对古代深衣的形制进行了详细考证，但世俗中基本无人再服深衣了。深衣作为一种传统服饰制度，同时也是中华传统礼仪的载体，在中国传统社会产生了广泛而持久的影响。

（一）先秦深衣制度

作为古时上衣下裳相连的一种服装，深衣又被称为"长衣""申衣"。《礼记·玉藻》载："朝玄端，夕深衣。"意思是说先秦贵族阶层白天上朝办公着玄端服，晚上在家闲居则穿深衣。从这个意义上讲，深衣是先秦诸侯和大夫等贵族阶层闲居在家时所穿的衣服。此外，《礼记·深衣》还指出，深衣为"善衣之次"。郑玄注"善衣"即"朝祭之服"，"善衣之次"意指深衣是仅次于朝服与祭服的衣服，因此可以作为庶人的礼服。深衣在古代家礼制度中占有极为重要的地位，对中华传统服饰数千年的演变有着极其深远的影响。

《礼记·玉藻》篇对深衣的记载较为简短：

> 朝玄端，夕深衣。深衣三祛，缝齐倍要，衽当旁，袂可以回肘。长中继掩尺。袷二寸，祛尺二寸，缘广寸半。

《礼记》中的《深衣》篇对深衣制度的记载较之《玉藻》而言更为详细：

> 古者深衣，盖有制度，以应规、矩、绳、权、衡。短毋见肤，长毋被土。续衽，钩边。要缝半下；袼之高下，可以运肘；袂之长短，反诎之及肘。带下毋厌髀，上毋厌胁，当无骨者。
>
> 制十有二幅以应十有二月。袂圜以应规；曲袷如矩以应方；负绳及踝以应直；下齐如权衡以应平。故规者，行举手以为容；负绳抱方者，以直其政，方其义也。故《易》曰：《坤》，六二之动，直以方也。下齐如权衡者，以安志而平心也。五法已施，故圣人服之。故规矩取其无私，绳取其直，权衡取其平，故先王贵之。故可以为文，可以为武，可以摈相，可以治军旅，完且弗费，善衣之次也。
>
> 具父母、大父母，衣纯以缋；具父母，衣纯以青。如孤子，衣纯以素。纯袂、缘、纯边，广各寸半。

综合《深衣》与《玉藻》二文的表述，关于深衣形制，我们大致总结如下：在用途上，深衣是一种居家时穿着的衣服，也可以作为礼服使用。在制法上，上衣下裳分开裁剪，然后缝接为长衣。深衣的长度以既不会短到看见皮肤，也不会长到拖至地面为宜。其腰围是下裳长度的一半，是袖口长度的三分之一。衣领领形如矩，领宽二寸。衣袖为圆形，袖子腋缝处的宽度，以不影响运转胳膊肘为宜；袖子的长短应是从袖口反折上来正好可达肘处。下裳用十二幅布。腰围是下裳长度的一半。衣领如同曲尺以与正方相应。衣背的中缝长到脚后跟以与正直相应。下裳下端齐整如同权衡，与公平的原则相符合。如果祖父母、父母均在世，则深衣可以镶带有花纹的边；如仅有父母在世，则只可镶青色的边；如果三十岁以下就丧父，则只可镶白色的边。

虽然《礼记》对深衣的大致形制已有提及，但在具体结构上却稍显简略，尤其是对衣襟的具体样式，下裳的分幅等描述模糊不清，这引发了后世礼学家对这些问题的种种争论。

（二）宋代深衣制度

有学者考证指出，汉代男性礼服的基本款式为上衣下裳制，只有女性礼服才更多地采用深衣制。甚至深衣"西汉以后在中原地区或已不传，亦或发生了较大转变，故东汉经学家郑玄为《深衣》篇作注时已难得具体准确"[①]。可见，汉代以后深衣已经逐渐被世人遗忘。直到宋代，理学兴盛，《礼记》中承载了深刻礼制精神的深衣再次受到人们的关注。

对于复兴深衣制度，司马光作出了最早的尝试。他将"深衣制度"纳入其家礼著作《书仪》卷二《冠仪》。书中所撰"深衣制度"正文如下：

> 深衣之制用细布，短无见肤，长无被土，续衽钩边，袪尺二寸，衣要三袪，缝齐倍要，格之高下可以运肘，袂之长短反诎之及肘。裳有十二幅交解裁缝。袂微圆，交领方。深衣又曰负绳及踝以应直，又曰齐如权衡以应平。缘用黑缯，缘广寸半，袷广二寸。玄冠，玄冠亦名委貌，如今道士冠而漆之。幅巾用黑缯方幅裂缉其边，大带用白缯，广四寸袂缝之黑缯饰其绅，纽约用组广三寸长与绅齐。黑履白缘。夏用缯冬用皮。

在司马光这里，深衣制度不仅包括深衣本身，还将其与幅巾、黑履搭配，形成了一套完整的冠服。司马光不仅自己制作了深衣，还将其作为日常生活的常服。据邵伯温著《邵氏闻见录》卷十九载：

> 司马温公依《礼记》作深衣、冠簪、幅巾、绦带。每出，朝服乘马，用皮匣贮深衣随其后，入独乐园则衣之。

但是《书仪》中的"深衣制度"是司马光以《礼记》为蓝本，并参考郑玄、孔颖达、颜师古等人的注疏乃至《汉书》《后汉书》《释名》等文献后所作，更偏重文献考证，对于具体制作方法反而着墨不多。因此，尽管《书仪》在深衣历史上具有划时代的重要意义，但用以指导礼仪实践却缺乏实用性。后来同样意欲复兴深衣制度的朱熹注意到了《书仪》的不足，因而在撰作《家礼》时尤为重视礼仪的具体

[①] 沈从文：《中国古代服饰研究》，上海书店出版社2005年版，第100页。

可行。《家礼》中的"深衣制度"收录于卷一《通礼》，除正文外，朱熹辅以夹注的形式详细说明了深衣的制法：

> 裁用白细布，度用指尺中指中节为寸。衣全四幅，其长过胁，下属于裳用布二幅，中屈，下垂。前后共为四幅，如今之置领衫，但不裁破。腋下其下过胁而属于裳处，约围七尺二寸，每幅属裳三幅。裳交解十二幅，上属于衣，其长及踝用布六幅。每幅裁为二幅，一头广，一头狭，狭头当广头之半。以狭头向上，而联其缝以属于衣。其属衣处，约围七尺二寸，每三幅属衣一幅，其下边及踝处约围丈四尺四寸。圆袂用布二幅，各中屈之，如衣之长，属于衣之左右，而缝合其下以为袂。其本之广如衣之长，而渐圆杀之以至袂口，则其径一尺二寸。方领两襟相掩，衽在腋下，则两领之会自方。曲裾用布一幅。如裳之长交解裁之，如裳之制，但以广头向上，布边向外，左掩其右，交映垂之，如燕尾状。又稍裁其内旁大半之下，令渐如鱼腹而末为鸟喙，内向缀于裳之右旁。黑缘，缘用黑缯，领表里各二寸，袂口裳边表里各一寸半，袂口布外，别此缘之广。大带，带用白缯，广四寸，夹缝之。其长围腰而结于前，再缭之为两耳乃垂其余为绅，下与裳齐。以黑缯饰其绅，复以五采绦广三分约其相结之处，长与绅齐。缁冠，糊纸为之，武高寸许，广三寸，袤四寸。上为五梁，广如武之袤，而长八寸，跨顶前后，下著于武。屈其两端各半寸，自外向内而黑漆之。武之两旁，半寸之上，窍以受笄，笄用齿骨，凡白物。幅巾用黑缯六尺许，中屈之，右边就屈处为横㡇，左边反屈之，自㡇左四五寸间斜缝，向左圆曲而下，遂循左边至于两末。复反所缝余缯，使之向里以㡇当额前，裹之至两鬓旁，各缀一带，广二寸，长二尺，自巾外过顶后，相结而垂之。黑履白绚繶纯綦。

朱熹认为深衣是"平日之常服"，在多种场合均可以穿着深衣。如《家礼》卷一《通礼》规定："主人晨谒于大门之内"，其后注曰："晨谒，深衣，焚香再拜。"卷二《冠礼》规定，进行"三加"仪式时，"初加"穿着的也是深衣。卷五《祭礼》中规定四时祭、初祖、先祖、祢、忌日、墓祭等祭祀活动，主人都要身着深衣。此外，卷四《丧礼》还规定丧礼过程中为死者穿袭衣时，也要"先置大带、深衣"。

朱熹将深衣视为常服的态度在诸多文献中得到印证，如黄榦《朝奉大夫文华阁待制赠宝谟阁直学士通议大夫谥文朱先生行状》载：

> 其闲居也，未明而起，深衣、幅巾、方履，拜家庙以及先圣。

《朱子语类》载：

先生以子丧，不举盛祭，就影堂前致荐，用深衣、幅巾。荐毕，反丧服，哭奠于灵，至恸。①

然而，虽然有司马光、朱熹等人的努力与尝试，深衣仍然未能得以普及，甚至可以说从未获得主流社会的认可。对此原因，宋元之际的学者马端临总结为：

古人衣服之制不复存，独深衣则《戴记》言之甚备。然其制虽具存，而后世苟有服之者，非以诡异贻讥，则以儒缓取哂。虽康节大贤亦有今人不敢服古衣之说，司马温公必居独乐园而后服之，吕荥阳、朱文公必休致而后服之。然则三君子当居官莅职见用于世之时，亦不敢服此，以取骇于俗观也。盖例以物外高人之野服视之矣，可胜唧哉！②

马氏认为，虽然深衣在《小戴礼记》中的记载甚为详细，但世人普遍将穿着深衣的行为视为惊世骇俗之举。即使是司马光、吕希哲、朱熹，也只是私底下穿着。甚至在朱熹晚年身陷"庆元党禁"之际，还曾因穿着深衣而招致攻讦：

如庆元间四凶劾朱文公之疏，以深衣冠覆而为怪服妖服，呜呼可不哀哉痛哉！③

可见，虽然宋朝的诸多理学家均在一定程度上尝试复兴深衣制度，但世俗社会主流对此态度却十分冷淡，甚至报以严厉的批评。因此，宋代的家礼著作尤其是朱熹《家礼》，虽然已经对深衣的制作进行了具体的规定，但当时社会对深衣制度的接受程度似乎并没有我们想象的那么乐观。

（三）明清深衣制度

明清时期，朱熹《家礼》得到空前的传播。许多礼学家为适应时俗，编撰了很

---

① 〔宋〕黎靖德编：《朱子语类》卷八十九，王星贤点校，第2282页。
② 〔元〕马端临：《衣冠之制》，《文献通考》卷一百一十一，第3401页。
③ 〔宋〕史绳祖：《学斋占毕》卷二，《丛书集成》（初编）本。

多《家礼》的注释本与删节本，如冯善的《家礼集说》、丘濬的《家礼仪节》、朱廷立的《家礼节要》、王叔杲的《家礼要节》、王复礼的《家礼辨定》、李廷机的《家礼简要》等。尽管这些《家礼》的注释本与删简本基本都保留了《家礼》原书中的深衣制度，但从这些改编者的行文之间我们不难发现，深衣制度的命运与宋代相比依然没有什么改善。

如冯善在《家礼集说》中感叹：

> 朱子曰：去古益远，其冠服制度仅存二可见者独有此耳。然远方士子亦所罕见，往往人自为制，诡异不经，甚可叹也。①

丘濬的《文公家礼仪节》一书由朱熹的《家礼》改编简易而成，书中对深衣制度进行考证时，亦引用上述马端临之语，他感慨道："按马氏此言，则深衣在宋服之者，固已鲜矣，况今又数百年后哉！"②揆诸其他文献，有关穿着深衣的记载也并不常见。大多情况下，只有少数无惧世俗目光的"物外高人"有足够魄力于日常生活中穿着深衣，王阳明弟子王艮就是其中之一。《明儒学案》记载，王艮乃按《礼经》制五常冠、深衣、大带、笏板，服之。曰："言尧之言，行尧之行，而不服尧之服，可乎？"③总的来说，明清以后深衣基本上只存在于学者的考证与讨论中，日常生活中穿着深衣的案例极少。

四、居家常仪

（一）《礼记》所反映的先秦居家常仪

《礼记》又名《小戴礼记》《小戴记》，记载和论述先秦的礼制，解释《仪

---

① 〔明〕冯善：《家礼集说》卷五，明萃庆堂刊本。
② 〔明〕丘濬：《深衣考证》，《文公家礼仪节》卷一，《文渊阁四库全书》史部政书类。
③ 〔清〕黄宗羲：《处士王心斋先生艮》，《明儒学案》卷三十二，沈芝盈点校，中华书局2008年版，第709页。

礼》，记录孔子和弟子等的问答，阐述修身做人的准则，内容广博，门类杂多。其中《曲礼》《内则》《少仪》三篇对先秦时期家庭内部的日常礼仪进行了详细记载。如《曲礼》规定为人子要做到"冬温而夏凊，昏定而晨省"，让父母冬天温暖，夏天凉爽，晚上帮父母铺好床，安放好枕头，早晨要到父母面前请安。《内则》要求父母有错误时子女要"下气怡色，柔声以谏"，即劝谏父母的时候要气色和悦，态度恭顺，声音轻柔。《少仪》要求侍奉尊长吃饭时，年轻人要"先饭而后已"，即陪着尊长吃便饭时，要先动手吃，但要在尊长吃饱后才停下。《曲礼》《内则》《少仪》三篇为后世家礼著作中的居家常仪内容，提供了大量的文本依据。因此，我们今天如果想系统了解传统家礼中的居家常仪，《礼记》所记载的家庭礼仪规范无疑是需要我们进行梳理与讨论的首要方面。

1. 《曲礼》《内则》《少仪》释义

《曲礼》为《礼记》首篇，因其篇幅较长，又分为《曲礼上》《曲礼下》两篇。《礼记》首篇以"曲礼"名之，历来学者意见不一。郑玄认为"曲礼"为周全、周遍之意，其《礼记目录》云："名曰'曲礼'者，以其篇记五礼之事。祭祀之说，吉礼也；丧荒、去国之说，凶礼也；致贡、朝会之说，宾礼也；兵马、旌鸿之说，军礼也；事长、敬老、执贽、纳女之说，嘉礼也。"即在郑玄看来，《曲礼》此篇涉及吉、凶、宾、军、嘉五礼的各个方面，遍言诸礼，故以"曲礼"名之。朱熹认为"曲礼"即微文小节，包括事亲敬长、言谈举止、洒扫进退之礼等，其《仪礼经传通解》曰："所谓'曲礼'，则皆礼之微文小节，如今《曲礼》《少仪》《内则》《玉藻》《弟子职》篇所记事亲事长、起居饮食、容貌辞气之法……"在朱熹看来，"事亲事长、起居饮食、容貌辞气"等细小仪节即为曲礼。清代学者孙希旦则认为，以"曲礼"名之仅是引用了篇首《曲礼》的缘故，其《礼记集解》曰："此篇名'曲礼'者，以篇首引之也。"①纵览《曲礼》全篇，诚如郑玄所言五礼具备，其所着眼处又均为朱熹所言"礼之微文小节"者，而孙希旦的看法亦可佐以《曾子问》《文王世子》《郊特牲》诸篇，众人之说都有一定道理。

关于《内则》之义，郑玄《礼记目录》云："名曰《内则》者，以其记男女居室、事父母舅姑之法。此于《别录》属《子法》。以闺门之内，轨仪可则，故曰《内则》。"孔颖达《礼记正义》曰："以闺门之内，轨仪可则，故曰《内

---

① 〔清〕孙希旦：《礼记集解》卷一，沈啸寰、王星贤点校，第1页。

则》。"①今人吕友仁《礼记讲读》认为:"所谓内则,即家庭之内,儿子、媳妇如何伺候父母、公婆的细则,这是本篇的主要内容。此外,还谈到养老之法、食谱和育子之法。"由此看,古今学者对"内则"含义的理解比较一致,都认为"内则"指的是家庭内部应当遵循的礼仪规范或者准则。从《内则》的具体内容来看,本篇所涉及的主要是家庭内部的礼仪规范、道德准则等,包括"子""妇"侍奉父母公婆之礼、父母公婆对待子妇之礼、男女之礼、夫妇之礼、嫡子庶子敬事宗子宗妇之礼、养老敬老之礼、生子礼、接子礼、命名礼、蒙养、饮食烹饪等礼仪,与上述学者关于"内则"含义的见解相符。综上所述,"内则"的含义应当是家庭成员在家中所应遵循的礼仪规则和道德准则。

至于《少仪》篇,郑玄《礼记目录》认为:"名曰'少仪'者,以其记见及荐羞之小威仪。"唐代陆德明《经典释文》曰:"少,诗照反。少犹小也。"认为此处"少"字"诗照反",即读音与"绍"相同,系年龄小之意。孔颖达也认同郑玄的观点,认为"此一篇杂明细小威仪"。相对来说,孙希旦的观点较之前人更为全面中肯,他说:

> 此篇固多为少者事长之事,而亦有不专为少时者,但其礼皆于少时学之,所谓"见小节,践小义"也。名篇之义,朱子之说为确。而郑、孔所谓"细小威仪"者,其义亦未尝不兼之焉。②

2.《曲礼》《内则》《少仪》之居家常仪分析

《大传》指出:"立权度量,考文章,改正朔,易服色,殊徽号,异器械,别衣服,此其所得与民变革者也。其不可得变革者则有矣,亲亲也,尊尊也,长长也,男女有别,此其不可得与民变革者也。"

(1)子妇事父母、舅姑之礼

亲亲是古代家礼的首要原则,主要是指孝敬父母、公婆,其核心思想是"孝"。《曲礼》《内则》和《少仪》三篇均涉及"子""妇"对父母、公婆的奉养之礼,尤其是《内则》篇借曾子之口对事亲原则提出了具体的要求:

---

① 〔清〕阮元校刻:《礼记正义》卷二十七,《十三经注疏》,第3165页。
② 〔清〕孙希旦:《礼记集解》卷三十五,沈啸寰、王星贤点校,第919页。

曾子曰："孝子之养老也，乐其心不违其志，乐其耳目，安其寝处，以其饮食忠养之。孝子之身终，终身也者，非终父母之身，终其身也。是故父母之所爱亦爱之，父母之所敬亦敬之。至于犬马尽然，而况于人乎？"

曾子对事亲的理解包含了三个层次：最基础的要求是"养亲"，即物质上保证父母的饮食温饱与居所舒适，也就孔子所谓"能养"；其次是"乐亲"，即"乐其耳目"让父母感到愉快；最高的要求为"敬亲"，不仅要不违背父母的意志，还要爱父母之所爱、敬父母之所敬。曾子强调，孝敬父母是终孝子之身，而不仅仅局限于父母在世时，并且在"妇事舅姑，如事父母"的原则下，子妇事舅姑与孝子事亲的要求是一致的。

在"养亲""乐亲""敬亲"三个层面的要求下，《曲礼》《内则》《少仪》对"子""妇"事父母、舅姑之礼规定了多方面的具体的规范。如《曲礼》要求为人子朝夕须至父母处问安：

凡为人子之礼，冬温而夏清，昏定而晨省。

"昏定而晨省"即朝夕问安之意，"冬温而夏清"则是要保证父母居室的冬暖夏凉，生活舒适。关于昏定晨省的具体礼仪要求，《内则》进行了大篇幅的描述，其云：

子事父母：鸡初鸣，咸盥漱，栉縰笄總，拂髦冠緌缨，端韠绅，搢笏。左右佩用，左佩纷帨、刀、砺、小觿、金燧，右佩玦、捍、管、遰、大觿、木燧，偪，屦著綦。妇事舅姑，如事父母。鸡初鸣，咸盥漱，栉縰笄總，衣绅。左佩纷帨、刀、砺、小觿、金燧，右佩箴、管、线、纩，施縏帙，大觿、木燧、衿缨，綦屦。以适父母舅姑之所。

及所，下气怡声，问衣燠寒，疾痛苛痒，而敬抑搔之。出入，则或先或后，而敬扶持之。进盥，少者奉槃，长者奉水，请沃盥，盥卒授巾。问所欲而敬进之，柔色以温之，饘酏、酒醴、芼羹、菽麦、蕡稻、黍粱、秫唯所欲，枣、栗、饴、蜜以甘之，堇、荁、枌、榆免薧滫瀡以滑之，脂膏以膏之，父母舅姑必尝之而后退。

此处可见，为人子、妇朝夕向父母、舅姑问安时，不仅仅要服侍其洗漱，还要嘘寒问暖，了解他们心情是否愉悦，并且献上父母、舅姑爱食之物。其中"下气怡声""敬进""柔色"表现了子、妇侍奉父母、舅姑时小心恭敬的神情举止。

除了朝夕问安，关心父母饮食起居外，子女在日常生活中要注意自己在父母前面的言行举止，时刻保持恭敬之心，如《曲礼》：

> 为人子者，居不主奥，坐不中席，行不中道，立不中门。食飨不为粢，祭祀不为尸。

所谓"奥""中席""中道""中门"，都是父母长辈等尊者才可停留的地方，正如《论语·乡党》记载孔子"立不中门，行不履阈"，以示对国君之尊重。《内则》篇对子、妇在父母、舅姑面前的举止辞色有着更为严格的要求：

> 在父母舅姑之所，有命之，应唯，敬对，进退周旋慎齐，升降出入揖游，不敢哕噫、嚏咳、欠伸、跛倚、睇视，不敢唾洟。寒不敢袭，痒不敢搔。不有敬事，不敢袒裼，不涉不撅，亵衣衾不见里。

此外，《曲礼》亦有"父召无诺"，"'唯'而起"的要求，《玉藻》亦曰："父命呼，'唯'而不诺，手执业则投之，食在口则吐之，走而不趋。"所谓"唯"者，朱熹解释为："'唯'者，应之速而无疑者。"即父母有命，子女应当毫不犹豫地立即应答。如果子弟外出，则要"出必告，反必面"，以示对父母之尊重。

《内则》中专门强调为人子者"起敬起孝"，要求子女在任何时刻都要对父母保持恭敬孝顺之心：

> 父母有过，下气怡色，柔声以谏。谏若不入，起敬起孝，说则复谏；不说，与其得罪于乡党州闾，宁孰谏。父母怒、不说，而挞之流血，不敢疾怨，起敬起孝。

（2）父母、公婆待子妇之礼

《内则》不仅记载了子妇事公婆之礼，还谈到了公婆对待子妇之礼：

> 子妇有勤劳之事，虽甚爱之，姑纵之，而宁数休之。子妇未孝未敬，勿庸

疾怨，姑教之；若不可教，而后怒之；不可怒，子放妇出，而不表礼焉。

如果子妇勤劳能干，舅姑也不可因偏爱或者心疼而劝其休息，而是任由子妇继续辛劳。如果子妇不孝顺，舅姑亦不必怀恨在心，姑且教导之；若屡教不改，再谴责之；再不改，责将其逐出家门，但并不对外宣扬其违礼之事。

（3）男女有别之礼

男女成年以后，彼此之间要保持一定距离，以防别人误解，如《曲礼》：

男女不杂坐。不同椸、枷，不同巾、栉，不亲授。嫂叔不通问，诸母不漱裳。外言不入于梱，内言不出于梱。女子许嫁，缨；非有大故，不入其门。姑姊妹女子子，已嫁而反，兄弟弗与同席而坐，弗与同器而食。

又如《内则》：

男不言内，女不言外。非祭非丧，不相授器。其相授，则女受以篚，其无篚则皆坐奠之而后取之。外内不共井，不共湢浴，不通寝席，不通乞假，男女不通衣裳，内言不出，外言不入。男子入内，不啸不指，夜行以烛，无烛则止。女子出门，必拥蔽其面，夜行以烛，无烛则止。道路：男子由右，女子由左。

（4）嫡子庶子夫妇事宗子之礼

前文已经指出，先秦时期遵循着严格的宗法原则，大宗与小宗之间有着严格的等级、尊卑关系，这一点同样体现在日常家庭礼仪之中：

适子庶子，只事宗子宗妇，虽贵富，不敢以贵富入宗子之家，虽众车徒舍于外，以寡约入。子弟犹归器衣服裘衾车马，则必献其上，而后敢服用其次也；若非所献，则不敢以入于宗子之门，不敢以贵富加于父兄宗族。若富，则具二牲，献其贤者于宗子，夫妇皆齐而宗敬焉，终事而后敢私祭。

"适子"即嫡子，"庶子"则为嫡子之弟。此处言嫡子、庶子敬事宗子、宗妇之礼，规定即使嫡子、庶子比较富贵，也不能在宗子面前表露出来，车马随从一应置于门外。家中子弟若收到衣物、被服、车马等礼物，必定要把最好的献给宗子。

不是献给宗子之物，不敢携带进入宗子家门。子弟身份富贵者，不敢因富贵而将自身的位置于父兄或族人之上。嫡子庶子夫妇要尽心协助宗子完成祭祀，将最好的牺牲祭品献给宗子，宗子祭祀完毕才可进行自家之祭祀。

（5）生子育子以及蒙教之礼

关于生子及命名之礼，《内则》曰：

> 妻将生子，及月辰，居侧室，夫使人日再问之，作而自问之，妻不敢见，使姆衣服而对，至于子生，夫复使人日再问之，夫齐则不入侧室之门。子生，男子设弧于门左，女子设帨于门右。三日，始负子，男射女否。
>
> 国君世子生，告于君，接以大牢，宰掌具。三日，卜士负之，吉者宿齐朝服寝门外，诗负之，射人以桑弧蓬矢六。射天地四方，保受乃负之，宰醴负子，赐之束帛，卜士之妻、大夫之妾，使食子。
>
> 凡接子，择日，冢子则大牢，庶人特豚，士特豕，大夫少牢，国君世子大牢，其非冢子，则皆降一等。
>
> 异为孺子室于宫中，择于诸母与可者，必求其宽裕慈惠、温良恭敬、慎而寡言者，使为子师，其次为慈母，其次为保母，皆居子室，他人无事不往。
>
> 三月之末，择日翦发为鬌，男角女羁，否则男左女右。是日也，妻以子见于父，贵人则为衣服，由命士以下，皆漱浣，男女夙兴，沐浴衣服，具视朔食，夫入门，升自阼阶。立于阼西乡，妻抱子出自房，当楣立东面。姆先，相曰："母某敢用时日只见孺子。"夫对曰："钦有帅。"父执子之右手，咳而名之。妻对曰："记有成。"遂左还，授师，子师辩告诸妇诸母名，妻遂适寝。夫告宰名，宰辩告诸男名，书曰："某年某月某日某生。"而藏之，宰告闾史，闾史书为二，其一藏诸闾府，其一献诸州史；州史献诸州伯，州伯命藏诸州府。夫入食如养礼。
>
> 世子生，则君沐浴朝服，夫人亦如之，皆立于于阼阶西乡，世妇抱子升自西阶，君名之，乃降。适子庶子见于外寝，抚其首咳而名之，礼帅初，无辞。

为子命名时，《曲礼》规定："名子者不以国，不以日月，不以隐疾，不以山川。"《内则》还要求"大夫、士之子，不敢与世子同名"。先秦时期不同阶层的尊卑秩序还体现在命名礼仪之上。

在子弟教育上，《内则》要求：

子能食食，教以右手。能言，男唯女俞。男鞶革，女鞶丝。六年教之数与方名。七年男女不同席，不共食。八年出入门户及即席饮食，必后长者，始教之让。九年教之数日。十年出就外傅，居宿于外，学书记，衣不帛襦袴，礼帅初，朝夕学幼仪，请肄简谅。十有三年学乐，诵诗，舞勺，成童舞象，学射御。二十而冠，始学礼，可以衣裘帛，舞大夏，惇行孝弟，博学不教，内而不出。三十而有室，始理男事，博学无方，孙友视志。四十始仕，方物出谋发虑，道合则服从，不可则去。五十命为大夫，服官政。七十致事。凡男拜尚左手。女子十年不出，姆教婉娩听从，执麻枲，治丝茧，织纴组紃，学女事以共衣服，观于祭祀，纳酒浆、笾豆、菹醢，礼相助奠。十有五年而笄，二十而嫁；有故，二十三年而嫁。聘则为妻，奔则为妾。凡女拜，尚右手。

《少仪》中记载的子弟侍奉尊长进食之礼为：

燕侍食于君子，则先饭而后已；毋放饭，毋流歠；小饭而亟之；数噍毋为口容。

由上可见，《礼记》中包含的大量家庭常仪，其核心不外乎"尊尊""亲亲"之礼义。虽然由于先秦家庭常仪有着特殊的时代背景，且基本都实行于贵族家庭，一部分礼仪规范因时代变化而逐渐弃置不行，但更多的则是被后世继承。当然，《礼记》也存在不少类似愚孝、歧视妇女等思想糟粕，因而需要我们进一步甄别。

（二）后世家礼中的居家常仪

宋代是传统家礼发展的重要时期，司马光、朱熹、吕祖谦等都在其家礼专著中论述了居家常仪。司马光在其《书仪》卷四"婚仪"末尾对日常居家礼仪进行了详细规范，名之为"居家杂仪"。随后又在"居家杂仪"的基础上增添加了"子事父母""妇事舅姑""子受父母之命"等家庭礼仪，辑为《涑水家仪》一卷。朱熹作《家礼》时，则将居家杂仪列入"通礼"。陈来先生非常认可这个做法，他指出："因为这样一来，'通礼'的部分便被设定成为与冠婚丧祭礼这些具体仪式不同的家庭通礼，其内容完全是一般地讨论尊长、卑幼、子、妇的义务与行为规范，与

'名分之守''爱敬之实'的关系更为直接。"①

司马光所撰"居家杂仪"篇幅不长，为了了解司马光对居家常仪各个方面的设计，兹将全文照录如下：

凡为家长，必谨守礼法，以御群子弟及家众。分之以职谓使之掌仓廪、厩库、庖厨之类，授之以事谓朝夕所干及非常之事，而责其成功，制财用之节，量入以为出，称家之有无，以给上下之衣食及吉凶之费。皆有品节，而莫不均壹。裁省冗费，禁止奢华，常须稍存赢余，以备不虞。

凡诸卑幼，事无大小，毋得专行，必咨禀于家长。《易》曰："家人有严君焉，父母之谓也。"安有严君在上，而其下敢直行自恣不顾者乎？虽非父母，当时为家者，亦当咨禀而行之，则号令出于一人，家政始可得而治矣。

凡为子妇者，毋得畜私财，俸禄及田宅所入，尽归之父母舅姑，当用则请而用之，不敢私假，不敢私与。《内则》曰："子妇无私货、无私畜、无私器，不敢私假，不敢私与。妇，或赐之饮食、衣服、布帛、佩帨、茝兰，则受而献诸舅姑。舅姑受之，则喜，如新受赐，若反赐之，则辞，不得命，如更受赐，藏之以待乏。"郑康成曰："待舅姑之乏也，不得命者，不见许也。"又曰："妇若有私亲兄弟，将与之，则必复请其故赐而后与之。"夫人子之身，父母之身也，身且不敢自有，况敢有私财乎？若父子异财，互相假借，则是有子富而父母贫者，父母饥而子饱者。贾谊所谓"借父耰鉏，虑有德色，母取箕帚，立而谇语"，不孝不义，孰大于此！茝，昌改切。耰音忧。谇音碎。

凡父母有过，下气怡色，柔声以谏。谏若不入，起敬起孝，说则复谏，不说与其得罪于乡党州闾，宁熟谏！父母怒不说，而挞之流血，不敢疾怨，起敬起孝。凡为人子弟者，不敢以富贵加于父兄宗族，加谓恃其贵富，不率卑幼之礼。

凡为人子者，出必告，反必面，有宾客不敢坐于正厅。无书院，则坐于厅之旁侧，升降不敢由东阶，上下马不敢当厅，凡事不敢自拟于其父。

凡父母舅姑有疾，子妇无故不离侧，亲调尝药饵而供之。父母有疾，子色不满容，不戏笑，不宴游，舍置余事专以迎医。《颜氏家训》曰：父母在疾，子拜医以求药，盖以医者亲之存亡所系，岂可傲忽也，检方合药为务，疾已复初。

凡子事父母，父母所爱，亦当爱之；所敬，亦当敬之。至于犬马尽然，而况于人乎？

---

① 陈来：《儒家"礼"的观念与现代世界》，《孔子研究》2001年第1期。

凡子事父母，乐其心不违其志，乐其耳目，安其寝处，以其饮食奉养之。幼事长、贱事贵皆仿此也。

凡子妇未敬未孝，不可遽有憎疾，姑教之；若不可教，然后怒之；若不可怒，然后笞之。屡笞而终不改，子放妇出，然亦不明言其犯礼也。子甚宜其妻，父母不悦，出。子不宜其妻，父母曰，是善事我，子行夫妇之礼焉，没身不衰。

凡为宫室，必辨内外，深宫固门，内外不共井，不共浴堂，不共厕。男治外事，女治内事，男子昼无故不处私室，妇人无故不窥中门，有故出中门，必拥蔽其面如盖头面帽之类。男子夜行以烛，男仆非有缮修，及有大故。大故，谓水火盗贼之类，亦必以袖遮其面。女仆无故不出中门。盖小婢亦然，有故出中门，亦必拥蔽其面。铃下苍头，但主通内外之言，传致内外之物，毋得辄升堂室，入庖厨。

凡卑幼坐而尊长过之，则起；出遇尊长于涂，则下马。不见尊长经再宿以上，则再拜；五宿以上，则四拜；贺冬至、正旦、六拜、朔望四拜。凡拜数，或尊长临时减而止之，则从尊长之命。吾家同居宗族众多，冬正、朔望，宗族聚于堂上。此假设南面之堂，若宅舍异制，临时从宜，丈夫处左，西上；妇人处右，东上。左右谓家长之左右，皆北向。共为一列，各以长幼为序。妇以夫之长幼为序，不以身之长幼。共拜家长毕，长兄立于门之左，长姊立于门之右，皆南向。诸弟妹以次拜讫，各就列。丈夫西上，妇人东上，共受卑幼拜。以宗族多，若人人致拜，则不胜烦劳，故同列共之。受拜讫，先退，后辈立受拜于门东西，如前辈之仪。若卑幼自远方至，见尊长，遇尊长三人以上同处者，先共再拜，叙寒暄、问起居讫，又三再拜而止。晨夜唱喏、万福、安置，若尊长三人以上同处，亦三而止，皆所以避烦也。

凡受女婿及外甥拜，立而扶。扶，谓挡策；外孙，则立而受之可也。

凡节序及非时家宴，上寿于家长，卑幼盛服序立，如朔望之仪。先再拜，子弟之最长者一人，进立于家长之前，幼者一人搢笏执酒盏立于其左，一人搢笏执酒注立于其右，长者搢笏跪斟酒，祝曰：伏愿某官备膺五福，保族宜家。授幼者盏注，返其故处。长者出笏，俛伏兴，退与卑幼皆再拜，家长命诸卑幼坐，皆再拜而坐，家长命侍者遍酢诸卑幼，诸卑幼皆起，叙立如前，俱再拜就坐，饮讫，家长命易服，皆退易便服，还复就坐。

凡子始生，若为之求乳母，必择良家妇人，稍温谨者。乳母不良，非惟败乱家法，兼令所饲之子性行亦类之。子能食，饲之，教以右手；子能言，教之自名及唱喏、万福、安置；稍有知，则教之以恭敬尊长。有不识尊卑长幼者，则严诃禁之。古有胎教，况于已生？子始生未有知，固举以礼，况于已有知？孔子曰："幼成若天性，习惯如自然。"《颜氏家训》曰："教妇初来，教子婴孩。"故慎在其始，此其理也。若夫子之幼也，使之不知尊卑长幼之礼，每致侮詈父母，殴击兄姊，父母不加诃禁，反笑而奖之，彼既未辨好恶，谓礼当然。及其既长，习已成性，乃怒而禁之，不可复制，于是父疾其子，子怨其父，残忍悖逆，无所不至，此盖父母无深识远虑，不能防微杜渐，溺于小慈，养成其恶故也。六岁，教之数。谓一十百千万。与方名谓东西南北，男子始习书字，女子始习女工之小者。七岁，男女不同席、不共食，始诵《孝经》《论语》，虽女子亦宜诵之。自七岁以下，谓之孺子，早寝晏起，食无时。八岁，出入门户及即席饮食，必后长者，始教之以谦让。男子诵《尚书》，女子不出中门。九岁，男子读《春秋》及诸史，始为之讲解，使晓义理。女子亦为之讲解《论语》《孝经》及《列女传》《女戒》之类，略晓大意。古之贤女，无不观国史以自鉴，如曹大家之徒，皆精通经术，论议明正。今人或教女子以作歌诗，执俗乐，殊非所宜也。十岁，男子出就外傅，居宿于外，读《诗》《礼》《传》，为之讲解，使知仁义礼智信。自是以往，可以读《孟》《荀》《扬子》，博观群书。凡所读书，必择其精要者而诵之。如《礼记》《学记》《大学》《中庸》《乐记》之类，他书仿此。其异端，非圣贤之书传，宜禁之，勿使妄观，以惑乱其志。观书皆通，始可学文辞，女子则教以婉娩听从。婉娩，柔顺貌。娩，音晚。及女工之大者，女工，谓蚕桑织绩裁缝，及为饮膳，不惟正是妇人之职，兼欲使之知衣食所来之艰难，不敢恣为奢丽，至于纂组华巧之物，亦不必习也。未冠笄者，质明而起，总角靧音悔，洗面也。面，以见尊长，佐长者供养祭祀，则佐执酒食。若既冠笄，则皆责以成人之礼，不得复言童幼矣。

凡内外仆妾，鸡初鸣，咸起，栉、总、盥、漱、衣服。男仆洒扫厅事及庭，铃下苍头洒扫中庭，女仆洒扫堂室，设倚桌，陈盥漱栉靧之具。主父主母既起，则拂床襞衾。襞，音壁，迭衣也。侍立左右以备使令，退而具饮食。得间，则浣濯纫缝，先公后私，及夜则复拂床展衾。当昼，内外仆妾，惟主人之命各从其事，以供百役。凡女仆，同辈谓兄弟所使，谓长者为姊，后辈谓诸子舍所使，谓前辈为姨。《内则》："虽婢妾，衣服饮食，必后长者。"郑康成曰："人贵贱，不可以无礼。"故使之序长幼，务相雍睦，其有斗争者，主父主母闻之，即诃禁之；诃禁之不止，即杖之。理曲者杖多，一止一不止，独杖不止者。凡男仆有忠信可任者，重其禄。能干家事，次之。其专务欺诈，背公徇私，屡为盗窃，弄权犯上者，逐之。凡女仆年满，不愿留者，纵之；勤旧少过者，资而嫁之。其两面二舌，构虚造谗，离间骨肉者，逐之。屡为盗窃者逐之。放荡不谨者逐之。有离叛之志者逐之。①

检视全文，我们不难发现，司马光所写的《居家杂仪》与《仪礼》，尤其是《仪礼》中的《曲礼》《内则》《少仪》有着明显的承接关系。如"凡为子妇者，毋得畜私财"，"凡父母有过，下气怡色，柔声以谏"，"凡为人子者，出必告，反必面"，"凡子妇未敬未孝，不可遽有憎疾，姑教之"等条，均全文摘录于上述三篇，可见司马光的《居家杂仪》基本上继承了《仪礼》中的居家常仪内容。

司马光编撰的《居家杂仪》影响深远，以至于朱熹撰《家礼》时将其全文收入，可见朱熹对居家常仪之重视。有学者将《居家杂仪》的内容概括为君子平日居家之事，包括：凡为家长，御群子弟及家众之道；凡诸卑幼，事家长之道；凡为子为妇者，事父母舅姑之道；凡为人子弟者，事父兄宗族之道；凡子，事父母之道；凡父母舅姑有疾之时，子妇之道；凡为宫室之道；凡卑幼于尊长之道；凡受女婿及外甥拜；凡节序及非时家宴；凡子女始生求乳母以及教育之法；凡内外仆妾，事主人之道；主人赏罚男女仆之道。②

朱熹之后，还有很多官员和学者对居家常仪极为重视，如清人张文嘉所辑《重订齐家宝要》就将司马光的《居家杂仪》全文收入，并强调"此古今治家之正轨，所以正伦理、笃亲爱，其本皆在于此。必能行此，然后其仪章度数有可观焉。不然则节文虽具，而本实无取，君子所不贵也"③。

又如清人王士俊所撰的《闲家编》，内有《幼仪》《杂仪》《常仪》三篇，实际上都是日常居家礼仪，希望以此"教成人之道"。其中涉及诸多对幼儿坐立行走、言语视听的规范，如"立"：

> 拱手正身，双足相并，必顺所立方位，不得歪斜。若身与墙壁相近，虽困倦不得倚靠。④

---

① 〔宋〕司马光：《居家杂仪》，《书仪》卷四，《文渊阁四库全书》经部礼类。
② 参见刘丰：《论家礼中的政治意识及其政治作用——以〈礼记〉为中心》，《湖南大学学报（社会科学版）》2005年第4期。
③ 〔清〕张文嘉：《重订齐家宝要》，陈延斌主编：《中国传统家训文献辑刊》（第17册），第51页。
④ 〔清〕王士俊：《幼仪》，《闲家编》卷四，清雍正十二年刻本。

要求子弟站立时身躯挺直，目视前方，即使十分困倦亦不得倚靠墙壁。又如"朔望"：

> 凡朔望，卑幼于尊长，以次序立，俱四拜。或尊长临时减而止之，则从尊长之命。①

要求每逢朔望，家中子弟依次站好向尊长行礼参拜。平日若尊长有命，则立刻放下手中的事情服从尊长的安排。清代学者朱柏庐所作《治家格言》更是广为人知，其中有些是日常居家和待人接物的礼仪：

> 黎明即起，洒扫庭除，要内外整洁；既昏便息，关锁门户，必亲自检点。一粥一饭，当思来处不易；半丝半缕，恒念物力维艰。……祖宗虽远，祭祀不可不诚；子孙虽愚，经书不可不读。居身务期质朴；训子要有义方。勿贪意外之财，勿饮过量之酒。与肩挑贸易，勿占便宜；见贫苦亲邻，须多温恤。刻薄成家，理无久享；伦常乖舛，立见消亡。兄弟叔侄，须分多润寡，长幼内外，宜法肃辞严。听妇言，乖骨肉，岂是丈夫，重赀财，薄父母，不成人子。嫁女择佳婿，毋索重聘；娶媳求淑女，勿计厚奁。……轻听发言，安知非人之谮愬？当忍耐三思；因事相争，焉知非我之不是？须平心暗想。施惠无念，受施莫忘。凡事当留余地，得意不宜再往。人有喜庆，不可生妒忌心；人有祸患，不可生欣幸心。善欲人见，不是真善；恶恐人知，便是大恶。……家门和顺，虽饔飧不继，亦有余欢；国课早完，即囊橐无余，自得至乐。②

此文虽仅有五百多字，却以格言警句的形式讲了许多为人处世、治家修身之道和常礼规范，对于今天仍有借鉴价值。由于它通俗流畅、富含哲理，因此自清以来就被作为蒙学课本和持家之则流传甚广，家喻户晓。清人严可均评价说，"其最传者《治家格言》，江淮以南皆悬之壁，称'朱子家训'"③。

---

① 〔清〕王士俊：《幼仪》，《闲家编》卷四，清雍正十二年刻本。
② 〔明〕朱伯庐：《朱伯庐先生治家格言》，清光绪刻有胡福读书堂丛刻本。
③ 〔清〕严可均：《朱致一传》，《铁桥漫稿》卷七，《丛书集成》（续编）本。

第五章 冠礼与婚礼

《周礼·春官·大宗伯》："以嘉礼亲万民……以昏冠之礼亲成男女。"冠礼为"礼之始",标志着人生进入成年年段,故而在古代社会家礼文化中占有极为重要的地位。而婚礼"合二姓之好",意味着家族香火延续,宗庙祭祀不坠,因此在家礼中同样极为重要。

一、冠礼[①]

冠礼是古代冠礼和笄礼的合称,是我国古代的男女成年礼,标志着青年男女由少年迈入成年。冠礼在古代社会占有举足轻重的地位,《礼记·冠义》云:

> 凡人之所以为人者,礼义也。礼义之始,在于正容体,齐颜色,顺辞令。容体正,颜色齐,辞令顺,而后礼义备。以正君臣,亲父子,和长幼。君臣正,父子亲,长幼和,而后礼义立。故冠而后服备,服备而后容体正,颜色齐,辞令顺。故曰:冠者,礼之始也。是故古者圣王重冠。

冠礼之所以重要,就在于只有举行冠礼后,贵族子弟才会因其身份地位的不同而被要求遵守不同的礼节仪式,明确其责任和义务,因而备受古人重视。

(一)先秦时期的冠礼

1. 《仪礼》《礼记》中的士冠礼仪节流程

《仪礼》《礼记》记载的是周代"士"这一阶层的冠礼制度。周代冠礼在宗庙进行,主持者一般为受冠者的父亲,也就是孟子说的:"丈夫之冠也,父命之。"(《孟子·滕文公下》)如果父亲已经去世,冠礼则由兄长主之。

根据《仪礼》《礼记》的描述,士冠礼拥有一套复杂且充满象征性和教育意义的礼仪程序,主要包括筮日、戒宾、筮宾、宿宾、设洗、陈服器、就位、迎宾、加

[①] 本节部分内容,笔者曾以《传统冠礼及其时代价值》为题,发表于《光明日报》2020年9月5日。

冠、见尊长、取字、醴宾等。根据《仪礼·士冠礼》的记载，周代士冠礼大致流程如下：

（1）筮日

在举行冠礼之前，需要以蓍草占卦，求得吉日。"筮日"当天，"主人玄冠，朝服，缁带，素韠"。"玄冠""朝服""缁带""素韠"为周人于上朝、祭祀等场合穿着的礼服。"筮于庙门"指"筮日"仪式在家庙进行。郑玄注曰："冠必筮日于庙门者，重以成人之礼成子孙也。"①《礼记·冠义》曰："行之于庙者所以尊重事，尊重事而不敢擅重事，不敢擅重事所以自卑而尊先祖也。"均是在强调冠礼事关家族的传承与发展，因此要在祖先的见证下进行相关仪式。

（2）戒宾

冠礼日期确定后，主人要提前来到自己的同僚、朋友家中，邀请他们是日前来观礼。宾客礼节性地推辞，主人再邀，此时宾客应允。《仪礼》载戒宾主客对答如下：

戒宾，曰："某有子某。将加布于其首，愿吾子之教之也。"
宾对曰："某不敏，恐不能共事，以病吾子，敢辞。"
主人曰："某犹愿吾子之终教之也！"
宾对曰："吾子重有命，某敢不从？"②

（3）筮宾、宿宾

冠礼前三日，主人用蓍草占卜，选择亲友中德高望重者担任为受冠者加冠的正宾。正宾是冠礼仪式中最为重要的角色，其地位高于父兄。因此"筮宾，如求日之仪"，以示郑重。筮宾后，主人专程前往正宾家中，邀请他为受冠者加冠。担任正宾者表示同意后于冠日前沐浴斋戒，此为宿宾。《仪礼·士冠礼》载宿宾时主客对答如下：

宿，曰："某将加布于某之首，吾子将莅之，敢宿。"

---

① 〔清〕阮元校刻：《仪礼注疏》卷一，《十三经注疏》，第2038页。
② 〔清〕阮元校刻：《仪礼注疏》卷三，《十三经注疏》，第2066页。

宾对曰:"某敢不夙兴?"[1]

此外还需赞冠者一名,充任赞唱司仪。赞冠者同样需要沐浴斋戒。

(4)设洗、陈服器

行冠礼当日清晨,主人于堂外设盥洗器具,位置在东边屋檐下。

需要提前准备好所用陈设礼器、祭物与相应冠服。最为重要的必然是加冠时所用到的三项冠:缁布冠、皮弁、爵弁。同时,三次加冠还需三套对应的服装、配饰与履,材质颜色各有要求。此外,由于要招待观礼的宾客,还要准备蒲席、酒器、食器等,食物的搭配、器具的摆放也各有要求。

(5)迎宾、就位

是日,主人亲自迎接亲友宾客,以示尊敬。至庙门,主客三揖三让,随后各就其位。主人着朝服立于阼阶(即祖庙东阶)下,宾穿玄端(玄色礼服,详见下文)立于门之东塾,而受冠者采衣(未冠时所穿的衣服,即童子服)束发于房中等待。如果受冠者是嫡子,则于阼阶偏北的位置设受冠者的席位。阼阶是主人站立的位置,又称主阶。在阼阶上举行冠礼,意味受冠者已经成年可以代父行事了。这就是所谓的"适子冠于阼,以著代也"[2]。若是庶子,就只能在房外行冠礼了。

图7 童子服

---

[1] 〔清〕阮元校刻:《仪礼注疏》卷一,《十三经注疏》,第2042页。
[2] 〔清〕阮元校刻:《仪礼注疏》卷三,《十三经注疏》,第2065页。

(6) 加冠

加冠前，受冠者从房中出来，由赞冠者为其梳头、挽髻、加笄，再把头发系好，以便加冠。冠礼的主体仪式为"三加"，即由正宾依次给受冠者加缁布冠、皮弁、爵弁，每次加冠都要配以相应的服饰。加冠时，主宾要向受冠者宣读祝辞，内容是勉励其树立高尚的道德品质和远大的人生志向。初加缁布冠，缁布冠为太古之制，首先加缁布冠蕴含尊古尚朴之意。再加皮弁，皮弁为臣子上朝时所戴之冠，意味着受冠者可以参与政治事务。三加爵弁，爵弁为先秦宗庙祭祀时所戴之冠，象征冠者开始拥有祭祀权。

"三加"文辞练达，寓意美好，注重对受冠者的训勉劝诫，其内容如下：

> 始加，祝曰："令月吉日，始加元服。弃尔幼志，顺尔成德。寿考惟祺，介尔景福。"
>
> 再加，曰："吉月令辰，乃申尔服。敬尔威仪，淑慎尔德。眉寿万年，永受胡福。"
>
> 三加，曰："以岁之正，以月之令，咸加尔服。兄弟具在，以成厥德。黄耇无疆，受天之庆。"[①]

大意是：在这个美好吉庆的日子，为你加冠，希望你丢掉小孩子的脾气，修养德性，注重威仪，祝愿你日后长寿吉祥。

(7) 宾醴冠者

"三加"结束后，正宾敬酒给受冠者表示祝贺，此谓"醴冠者"。醴，即甜酒。此时在门户西面设席，正宾拱手行礼，请冠者入席。受冠者南面而坐，赞者向受冠者敬酒。冠者在席的西边向宾拜谢，宾在东边答拜。冠者祭食、祭酒，与宾相互拜揖，通过贵宾教导受冠者学习就筵、受觯[②]、祭脯醢[③]、祭醴、啐[④]醴、兴拜……饮酒时所必须遵守的礼仪之道。

(8) 冠者见母

受冠者从席上下来，拿取若干肉脯到东边去拜见母亲。母亲拜而受之，子拜送

[①] 〔清〕阮元校刻：《仪礼注疏》卷三，《十三经注疏》，第2066页。
[②] 觯，古时饮酒用的青铜器具。
[③] 醢，肉酱。祭脯醢，即祭祀时向祖先献上蘸了肉酱的肉脯，以示不忘本。
[④] 啐，浅尝，不饮毕。《礼经释例》云："凡醴皆用觯，但啐之而已，不卒爵也。"

母亲，母亲回拜两次，即行侠拜①之礼。《仪礼·士冠礼》郑玄注曰："妇人于丈夫，虽其子犹侠拜。"②即子行冠礼后，母亲亦对其行侠拜之礼，意味着母亲对儿子以成年人相待。

（9）取字

受冠者见过母亲后回到庭中。正宾为受冠者取字。祝辞曰：

> 礼仪既备，令月吉日，昭告尔字。爰字孔嘉，髦士攸宜。宜之于假，永受保之，曰伯某甫。③

意思是："三加"之礼已毕，在这个吉祥美好的日子里，将你的"字"告诉你。此"字"寓意美好，很适合优秀之人。"字"之所取会受到福佑，希望你能永远保有。你的"字"就称为"伯某甫"。根据祝辞，成年男子"字"的全称由三个字组成。第一个字是他的行辈，伯、仲、叔、季，"唯其所当"。第二个字与他的名在字义上相关，如孔子名丘，字全称为仲尼父。④第三个字"甫"当为"父"的假借字，是对男子的美称。

（10）见尊长

取字完毕，受冠者拜见兄弟、赞者、姑姊。姑、姊见受冠者亦行侠拜，以成人之礼待受冠者。

（11）见君、卿大夫、乡先生

三加时所穿的爵弁服为助祭之服，不可以此服见君、卿大夫、乡先生。因此受冠者需另换礼服，执雉⑤拜见国君、卿大夫、乡先生等。"乡先生"郑玄注为"乡中老人为卿大夫致仕者"⑥。

---

① 侠拜，古代的一种拜礼。《礼经释例》云："凡妇人于丈夫皆侠拜。侠拜者，丈夫拜一次，妇人则拜两次也。"即夫妻行礼时，男子拜一次，女子要拜两次。
② 〔清〕阮元校刻：《仪礼注疏》卷二，《十三经注疏》，第2056页。
③ 〔清〕阮元校刻：《仪礼注疏》卷二，《十三经注疏》，第2067页。
④ 《礼记·檀弓上》《左传·哀公十六年》称孔子"字"为尼父，《韩非子·外储说左下》称尼，孔子"字"全称应当为仲尼父。据说孔子母亲颜徵在曾在尼丘山（今山东曲阜尼山）祈祷（一说孔子于尼丘山诞生），又因孔子头顶凹陷如尼丘山，故孔子名为丘，"字"中"尼"字同样与尼丘山有关。
⑤ 雉，野鸡。
⑥ 〔清〕阮元校刻：《仪礼注疏》卷二，《十三经注疏》，第2057页。

（12）醴宾送宾

冠礼结束后，主人要以醴酒款待宾客，感谢宾客的辛劳。主人对宾客行一献之礼，并以帛和鹿皮酬谢宾客。宴后，主人拜送宾客于大门外，并派人将礼品送至宾客家中。

2. 先秦女子笄礼

至于女子笄礼，先秦礼书并无详细记载。《仪礼·士昏礼》载："女子许嫁，笄而醴之，称字。"郑玄注曰："谓应年许嫁者，女子许嫁，笄而字之。其未许嫁，二十则笄。"[①]即笄礼是先秦女子许嫁（订婚）以后出嫁之前所行的礼，如果女子到二十岁仍未许嫁，也要行笄礼以示成年。南朝梁学者贺玚在其《礼记新义疏》中认为，先秦女子笄礼当与男子冠礼大致相近。所不同的地方，一是笄礼的规格略低于冠礼，二是由家中女性家长为受笄者着笄，受邀的宾客也均是女性。

3. 士冠礼"三加"冠服

在冠礼仪式中，"三加"仪式无疑是整个冠礼程序的中心环节。受冠者在"三加"仪式过程中依次加戴缁布冠、皮弁、爵弁三项冠帽，并身穿以与之匹配的礼服。始加、再加、三加所用冠帽、礼服的规格一次比一次尊贵，这些冠帽、礼服都不仅仅是作为衣着服饰存在的，而是有着极深的象征意义。所谓"三加弥尊，谕其志也"[②]，是希望受冠者通过三次加冠在潜移默化中受到教诲，希望他的志向和品德能够与日俱进。因此，理解不同冠服背后的道德意蕴，无疑是深入领会冠礼礼义的前提与基础。

（1）始加：缁布冠、玄端、缁带、爵韠

缁布冠，见图8。《仪礼·士冠礼》"记"："始冠，缁布之冠也。大古冠布，齐则缁之。"此处是说，始加之冠为缁布冠。齐，通"斋"，斋戒。缁，黑色，此处为使用用法，即染黑的意思。太古（唐虞之前）之时，人们日常之冠以白色麻布制成，斋戒时则将白布染黑。《礼记·郊特牲》郑玄注云："三代改制，齐冠不复用也。以白布冠质，以为丧冠也。"郑玄认为，三代以来缁布冠基本已不再使用，白布冠则用于丧事。周代时，缁布冠一般只用于冠礼"初加"之仪，用后即被丢弃，也就是孔子所说的"冠而敝之，可也"。始冠加缁布冠，大概有尊古崇朴之意。根据礼书记载，上至诸侯下至士，初加之冠均为缁布冠。《礼记·玉藻》

---

① 〔清〕阮元校刻：《仪礼注疏》卷二十八，《十三经注疏》，第3187页。
② 〔清〕阮元校刻：《仪礼注疏》卷三，《十三经注疏》，第2072页。

云:"始冠缁布冠,自诸侯下达。"

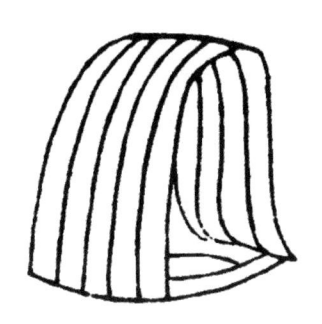

图8 缁布冠

玄端。玄端,为上衣下裳服制,是先秦时贵族阶层通用的朝服。《礼记·玉藻》云:"朝玄端,夕深衣。"就是说早上身穿玄端上朝处理政务,退朝后身穿深衣闲居。聂崇义集注《三礼图》云:"端,取其正也。"即端正方直,故云玄端。玄端无章彩纹饰,暗合了端正方直的内涵,因此主要作为朝服和祭服,此外也可作为天子燕居之服。

缁带。指用黑色丝织物制成的腰带,一般用于士阶层。

爵韠。郑玄注:"士皆爵韦为韠。"爵,通"雀",意思是赤黑色的韦(皮革)。韠,也称"韐",指围在腰前的蔽膝。爵韠,即赤黑色的皮制蔽膝。

需要注意的是,古人服饰都是成套匹配的,若言玄端服,则必戴玄冠,身穿玄端。《仪礼·士冠礼》始加之冠为缁布冠,所以此处只说玄端而不说玄端服。《仪礼·士冠礼》:"主人玄冠,朝服,缁带,素韠,即位于门东,西面。"这里的"玄冠,朝服,缁带,素韠"既是一套士玄端服,同时也是士的朝服。郑玄注曰:"玄冠,委貌也。"① 玄冠是在缁布冠的基础上发展而来的,是周代贵族阶层常戴的冠帽,又称委貌。周代士阶层的贵族服玄冠、玄端作为正式场合的礼服。

---

① 〔清〕阮元校刻:《仪礼注疏》卷一,《十三经注疏》,第2039页。

图9　士玄端

（2）再加：皮弁、素积、缁带、素韠

《仪礼·士冠礼》"记"：皮弁服，素积，缁带，素韠。郑玄注："皮弁者，以白鹿皮为冠，象上古也。积犹辟也，以素为裳，辟蹙其要中。"①再加所冠的皮弁原本是上古先民征伐打猎时戴的一种帽子，以白鹿皮制成。《白虎通义·绋冕》云："战伐田猎，此皆服之。"周朝建立以后，这种"战伐田猎"之冠服开始出现分化。《周礼·春官·大宗伯》："凡兵事，韦弁服；眡朝，则皮弁服；凡甸，冠弁服。"即征伐兵事，穿戴韦弁服；视朝听政，则穿戴皮弁服；野外狩猎，则穿穿戴冠弁服。

皮弁服的下裳为"素积"。《仪礼注疏·士冠礼》郑玄注："积犹辟也，以素为裳，辟蹙其要中。"孙希旦《礼记集解》解释为："素积，以素缯为裳而襞积之也。素言其色，积言其制。"素积，即以白色缯布折叠制成的下裳。

缁带，即黑色腰带。素韠，则是白色蔽膝。

郑玄注："天子与其臣，玄冕以视朔，皮弁以日视朝。诸侯与其臣，皮弁以视朔，朝服以日视朝。"②"视朔""视朝"均指处理政务，"再加"服皮弁意味着受冠者已经长大成人，具有了参与政治事务的权力。有人认为，"行'冠礼'时再次戴上皮弁，原来的意义就是把他武装起来，以便从事田猎和战斗，因为'二十冠

---

① 〔清〕阮元校刻：《仪礼注疏》卷二，《十三经注疏》，第2051页。
② 〔清〕阮元校刻：《仪礼注疏》卷一，《十三经注疏》，第2038页。

而成人',需要'与戎事'了"①。

(3)三加:爵弁、纁裳、纯衣、缁带、韎韐

三加冠服为爵弁服。《仪礼注疏·士冠礼》郑玄注云:"爵弁者,冕之次,其色赤而微黑,如爵头然,或谓之緅。"贾公彦疏云:"凡冕……前后有旒。其爵弁制大同,唯无旒②,又为爵色为异。又名冕者,俛也,低前一寸二分,故得冕称。其爵弁则前后平,故不得冕名。以其尊卑次于冕,故云爵弁冕之次也。"③也就是说爵弁是仅次于冕的冠帽,与冕不同在于:冕前有旒,且前低后高;爵弁无旒,且前后平整。

爵弁服的下裳是浅绛色的。上衣为纯衣,《仪礼注疏·士冠礼》郑玄注:"纯衣,丝衣也。"颜色与腰带相同。一说"纯"读为"黗",黄黑色。缁带即黑色腰带。韎韐为赤色的皮质蔽膝。

图10 爵弁服

《白虎通义·绋冕》云:"爵弁者,周人宗庙之冠也。"即爵弁服是周代贵族宗庙祭祀时穿着的礼服,"三加"爵弁则意味着受冠者拥有了参与宗庙祭祀的

---

① 杨宽:《古史新探》,第252页。
② 旒,冕前后檐垂下的玉串。《周礼·夏冠·弁师》:"天子之冕十二旒,诸侯九,上大夫七,下大夫五。"郑玄、贾公彦都认为爵弁的样式与冕相似。宋儒陈祥道、清儒江永等人则认为爵弁就是《周礼》所言韦弁,因为既然以弁名之,则其形制当与皮弁相似。此说颇有道理,但尚未得到学界的普遍认可。
③〔清〕阮元校刻:《仪礼注疏》卷二,《十三经注疏》,第2050页。

权利。

4. 先秦天子、诸侯、大夫冠礼

《仪礼·士冠礼》"记"云:"无大夫冠礼,而有其昏礼。古者五十而后爵,何大夫冠礼之有?公侯之有冠礼也,夏之末造也。天子之元子犹士也,天下无生而贵者也。"[①]殷人五十岁以后才封爵,大夫未有爵时依然按照士的标准行冠礼,公侯冠礼是夏末之时才制定的。天子世子冠时,亦依士冠礼行之。为《士冠礼》作"记"的儒者认为,即使是贵族也无"生而贵者",只有行过冠礼才算"成人",即正式进入贵族阶层。由于现有史料缺乏,先秦天子、诸侯、大夫冠礼多不可详考。

据《国语·晋语》记载,赵文子(赵武)行冠礼后,拜见诸卿大夫,栾武子、范文子、韩献子、智武子等人都对受冠后的赵武进行了有益教导:

> 赵文子冠,见栾武子,武子曰:"美哉!昔吾逮事庄主,华则荣矣,实之不知,请务实乎。"……见范文子,文子曰:"而今可以戒矣。夫贤者宠至而益戒,不足者为宠骄。故兴王赏谏臣,逸王罚之。吾闻古之言王者,政德既成,又听于民。于是乎使工诵谏于朝,在列者献诗,使勿兜,风听胪言于市,辨祆祥于谣,考百事于朝,问谤誉于路,有邪而正之,尽戒之术也。先王疾是骄也。"……见韩献子,献子曰:"戒之!此谓成人。成人在始,始与善,善进善,不善蔑由至矣;始与不善,不善进不善,善亦蔑由至矣。如草木之产也,各以其物。人之有冠,犹宫室之有墙屋也,粪除而已,何又加焉。"见智武子,武子曰:"吾子勉之,成、宣之后,而老为大夫,非耻乎!成子之文,宣子之忠,其可忘乎!夫成子导前志以佐先君,导法而卒以政,可不谓文乎!夫宣子尽谏于襄、灵,以谏取恶,不惮死进,可不谓忠乎!吾子勉之,有宣子之忠,而纳之以成子之文,事君必济。"

赵文子"受冠"而"成人",正式以成年贵族的身份拜见了其他卿大夫:栾武子诲之以"务实",范文子诲之以戒骄,韩献子诲之以"成人在始与善",智武子诲之以"宣子(赵盾)之忠"与"成子(赵衰)之文"。可见,他们都是因为赵文子已受冠成人,教导其为人和为政的道理。

---

① 〔清〕阮元校刻:《仪礼注疏》卷三,《十三经注疏》,第2069页。

至于先秦天子、诸侯冠礼，史料亦少。据《左传》载，晋悼公曾建议鲁襄公行冠礼：

> 晋侯曰："十二年矣！是谓一终，一星终也。国君十五而生子，冠而生子，礼也。君可以冠矣！大夫盍为冠具？"武子对曰："君冠，必以祼享之礼行之，以金石之乐节之，以先君之祧处之。今寡君在行，未可具也。请及兄弟之国而假备焉。"晋侯曰："诺。"公还，及卫，冠于成公之庙，假钟磬焉，礼也。（《左传·襄公九年》）

晋悼公听闻鲁襄公已十二岁，认为国君十五岁生子，既冠（成人）生子是符合礼仪的，因此建议襄公行冠礼。季武子以"君冠，必以祼享之礼行之，以金石之乐节之，以先君之祧处之"为由，婉拒了晋悼公的建议。据季武子的回答，可知春秋时诸侯冠礼不仅行之于祖庙，还必须举行祼享之礼并配以钟磬之乐，这样才符合礼的要求。唐杜佑《通典》卷五十六"天子加元服"条夹注引《大戴礼记》云："公冠四加，三同士，后加玄冕。天子亦四加，后加衮冕。"[1]可知，天子、诸侯冠礼均加四次冠，前三次与士冠礼相同，诸侯"四加"玄冕，天子"四加"衮冕。

图11　玄冕服

---

[1]〔唐〕杜佑：《天子加元服》，《通典》卷五十六，王文锦、王永兴、刘俊文等点校，第1572页。

《礼记·曲礼》云："二十曰弱，冠。"后文又云："男子二十，冠而字。"《礼记·内则》云："二十而冠，始学礼。"结合起来看，古人二十岁称"弱"，此时可以加冠取字并且学习礼仪了。《礼记》记载的"二十而冠"应当是指先秦时期士阶层于二十岁行冠礼。根据已有的文献资料来看，先秦贵族对受冠的年龄并不一定有明确规定。前文谈到的鲁襄公行冠礼的年龄是十二岁，《孔子家语·冠颂》载周成王十四岁行冠礼，《荀子·大略》云，"古者天子诸侯子十九而冠"，《史记·秦始皇本纪》载秦始皇二十二岁"王冠，带剑"。实际上，作为"生而贵者"，天子、诸侯是否举行冠礼对其自身的贵族权力并无实际影响，因此士以上贵族阶层的冠礼施行情况基本不见于典籍。

（二）汉唐冠礼

1. 两汉时期的冠礼

（1）两汉时期的皇族冠礼

至汉代，冠礼呈现出一些新的变化。《通典》："汉改皇帝冠为加元服。"①汉代皇帝冠礼又称"加元服"。此处"元"即首，头的意思。汉代皇族冠礼的一大特点在于，皇帝、皇子加冠时一般会大赦天下、赏赐臣民以示皇家恩典。《汉书·惠帝纪》："三月甲子，皇帝冠，赦天下。"《汉书·景帝纪》："皇太子冠，赐民为父后者爵一级。"《汉书·昭帝纪》："四年春正月丁亥，帝加元服，见于高庙。赐诸侯王、丞相、大将军、列侯、宗室下至吏、民金、帛、牛、酒各有差。"值得一提的是，汉昭帝加冠后前往高庙祭告祖先，这是以往冠礼中未有的。清代礼学家秦蕙田指出："冠而见庙，始见于此。"②《通典》载汉昭帝冠辞云：

> 陛下摛著先帝之光辉，以承皇天之嘉祐，钦奉仲春之吉辰，普尊大道之郊域，秉率万福之丕灵，始加昭明之元服，推远冲孺之幼志，蕴积文武之就德，肃勤高祖之清庙，六合之内，靡不蒙福，承天无极。③

---

① 〔唐〕杜佑：《天子加元服》，《通典》卷五十六，王文锦、王永兴、刘俊文等点校，第1572页。
② 〔清〕秦蕙田：《冠礼二》，《五礼通考》卷一百四十九，《文渊阁四库全书》经部礼类。
③ 〔唐〕杜佑：《天子加元服》，《通典》卷五十六，王文锦、王永兴、刘俊文等点校，第1573页。

相比士冠礼祝辞，皇帝冠礼祝辞增加了劝勉皇帝勤政爱民、永保社稷的内容。至于首句强调"先帝之光辉"与"皇天之嘉祐"，无外乎是从君统继承和受命于天两个角度强调昭帝皇位的正统性与合法性。秦蕙田指出："此别制冠词之始。时用仲春，不用正月，盖不拘于时矣。"①秦氏认为汉昭帝冠辞与《仪礼·士冠礼》相异，为另制冠辞之始；加冠于仲春而不是正月，大概是不想受时俗限制之故。

据《通典》记载，东汉皇帝冠礼仪式与《仪礼·士冠礼》相仿，仅有"四加"，"初加缁布进贤，次爵弁，次武弁，次通天。冠讫，皆于高庙如礼谒"②。所谓进贤冠，《后汉书·舆服志下》："进贤冠，古缁布冠也，文儒者之服也。"也就是说，汉之进贤冠即古之缁布冠，是儒者礼帽，见图12。

图12 进贤冠　　　　图13 通天冠

---

① 〔清〕秦蕙田：《冠礼二》，《五礼通考》卷一百四十九，《文渊阁四库全书》经部礼类。
② 〔唐〕杜佑：《天子加元服》，《通典》卷五十六，王文锦、王永兴、刘俊文等点校，第1573页。

通天冠为汉代天子常服之冠,见图13。《后汉书·舆服志下》:"通天冠,高九寸,正竖,顶少邪却,乃直下为铁卷梁,前有山、展筒、为述,乘舆所常服。"

(2) 两汉时期的士庶冠礼

两汉士族的冠礼与先秦的冠礼相比并无太大变化,如《通典》卷五十六"诸侯大夫士冠"所引的东汉何休《冠仪约制》,内容如下:

> 将冠子者具衣冠。冠者父兄若诸父宗族之尊者一人为主,主人告所素敬僚友一人为冠宾。必自告其家,告曰:"某之子某若弟某长矣,将加冠于首,愿吾子教之。"宾既许,主人自定吉日。先冠一日,宿告宾曰:"请以明日行事。"宾曰:"敢不从命。"主人洒扫,内外皆肃。执事者于两楹间,为冠者设北乡筵,又设宾东乡筵,两筵相接。授冠以篚器设于两筵。又设樽爵于东方。冠者如常服,待命于房。夙兴,宾到,迎延揖让如常。坐定,执事白:"请行事。"主人跪告宾曰:"请劳吾子。"宾跪答曰:"敬诺。"宾起,立西序,东面听命行礼。冠者兴,西乡拜宾,宾答拜讫,命就筵。宾主各还坐,冠者北乡筵坐,伏。宾跪曰:"吾子之使,请将命。"主人跪答曰:"劳吾子。"宾起,就东乡筵。执事者执爵,跪向冠者祝曰:"令月吉日,始加元服,弃尔幼志,顺尔成德,寿考维祺,介尔景福。"冠者即坐,宾跪加冠讫,冠者执爵酹地,然后啐酒,讫,宾兴,复还本坐,主人亦起,乃俱坐。冠者还房,自整饰,出拜父,父为起。若诸父、群从父及兄应答拜者,答拜如常。入拜母,母答拜。其余兄弟姑姊妹,皆相拜如常。主人命冠者出,更设酬为劝,乃罢。异日有祭事白告祖考者,自如旧祭礼常仪。[①]

何休制定的冠仪程序与《士冠礼》相差无几,所异者在于冠者加冠后增加了"拜父"的环节。这可能与汉代崇尚孝治的风气有关,先"拜父"后"拜母"以示父亲地位尊崇。不过由于该文比较简略,尚不清楚受冠者冠服形制的具体情况。

2、魏晋南北朝时期的冠礼

(1) 魏晋南北朝时期的皇族冠礼

曹魏政权建立之后,皇帝冠礼只用"一加",据《晋书·礼志》记载:

---

① 〔唐〕杜佑:《诸侯大夫士冠》,《通典》卷五十六,王文锦、王永兴、刘俊文等点校,第1586页。

> 魏天子冠一加。其说曰:"士礼三加,加有成也。至于天子诸侯无加数之文者,将以践阼临下,尊极德备,岂得与士同也。"魏氏太子再加,皇子王公世子乃三加。孙毓以为一加再加,皆非也。

曹魏皇帝冠礼仅有一加,有天子至尊无以再加之意。魏天子"一加"、太子"二加"、皇子王公世子"三加"的冠礼制度与古礼不合,受到了魏末晋初学者孙毓的批评。晋朝取代魏朝后,天子冠礼仍行一加之仪,《晋书》载:

> 惠帝之为太子,将冠,武帝临轩,使兼司徒高阳王珪加冠,兼光禄大夫屯骑校尉华虞赞冠。
> 江左诸帝将冠,金石宿设,百僚陪位。又豫于殿上铺大床,御府令奉冕、帻、簪导、衮服以授侍中常侍,太尉加帻,太保加冕。将加冕,太尉跪读祝文曰:"令月吉日,始加元服。皇帝穆穆,思弘衮职。钦若昊天,六合是式。率遵祖考,永永无极。眉寿惟祺,介兹景福。"加冕讫,侍中系玄紞,侍中脱帝绛纱服,加衮服冕冠。事毕,太保率群臣奉觞上寿,王公以下三称万岁乃退。①

可见,晋朝时冠礼仍颇受皇家重视。晋惠帝为太子,加冠时"武帝临轩",即皇帝亲临前殿。秦蕙田认为,魏晋以前皇帝的冠礼犹用古礼,至魏晋,才有皇帝"一加"之仪,且加冠于殿而非庙,这些做法都与古礼相异。②正如史书所云:"周末崩离,宾射宴飨之则罕复能行,冠婚饮食之法又多迁变。"③自汉代以来,冠礼随时俗变化,去古远矣。但是,魏晋皇帝冠礼"一加"之仪为后世历代王朝沿用,影响深远。

值得注意的是,南北朝时期少数民族政权建立之后,也开始有意识地学习实践儒家礼仪。据秦蕙田《五礼通考》考证,北魏孝文帝曾因太子元恂冠礼过程中仪式有不合古礼之处,"致使天子之子而行士冠礼",没有达到孔子所说的"斐然成章"而感慨愧叹。④秦蕙田将太子元恂冠礼中的不足之处总结为三点,"不作乐,

---

① 〔唐〕房玄龄等:《礼志十一》,《晋书》卷二十一,第663—664页。
② 参见〔清〕秦蕙田:《冠礼》,《五礼通考》卷一百四十九,《文渊阁四库全书》经部礼类。
③ 〔唐〕房玄龄等:《礼志十一》,《晋书》卷二十一,第662页。
④ 参见〔清〕秦蕙田:《冠礼》,《五礼通考》卷一百四十九,《文渊阁四库全书》经部礼类。

一也；不用四加，二也；不用宾，三也"①。秦氏认为，魏孝文帝亲自召见群官以告诫此事，是因其"重礼"之故。

此外，《隋书·礼仪志四》载有北齐皇帝冠礼：

> 后齐皇帝加元服，以玉帛告圆丘方泽，以币告庙，择日临轩。中严，群官位定，皇帝著空顶介帻以出。太尉盥讫，升，脱空顶帻，以黑介帻奉加讫，太尉进太保之右，北面读祝讫，太保加冕，侍中系玄纮，脱绛纱袍，加衮服，事毕，太保上寿，群官三称万岁。皇帝入温室，移御坐，会而不上寿。后日，文武群官朝服，上礼酒十二钟，米十二囊，牛十二头。又择日亲拜圆丘方泽，谒庙。②

根据上述记载，北齐皇帝加冠前要前往天坛、地坛祭告神祇，于祖庙祭告祖先；冠毕再择日祭告天地鬼神和先祖。这种做法遂为后世王朝继承。可以说，魏晋南北朝时期的皇帝冠礼上承秦汉、下启隋唐，在古代冠礼发展史上占有重要地位。

（2）魏晋南北朝时期的士庶冠礼

魏晋南北朝时期，冠礼依然是士族阶层成人的重要标志，史籍文献中对当时的士庶冠礼多有记载。如《通典》卷五十六"冠礼"载晋人王堪《冠礼仪》③：

> 永平元年正月戊子，冠中外四孙。立于步广里舍之阼阶，设一席于东厢。引冠者以长幼次于席南，东上。宾宗人立于西厢，东面南上。堪立于东轩西，南面西上。陈元服于席上。宗人执仪，以次呼冠者，各应曰"诺"。宗人申诫之曰："以岁之正，以月之令，兄弟具来，咸加尔服，弃尔幼志，顺尔成德，敬慎威仪，惟人之则，寿考维祺，永受景福。"冠者高跪而冠，各自著布。兴，再拜，从立于宾，南上。酌四杯酒，各拜醮而饮。事讫，上堂，向御史府君再拜。讫，冠者皆东面坐，如常燕礼时。宾宗人东平王隆叔祚、王循道安、王业建始。此皆古礼也，但以意斟酌，从其简者耳。④

---

① 〔清〕秦蕙田：《冠礼》，《五礼通考》卷一百四十九，《文渊阁四库全书》经部礼类。
② 〔唐〕魏徵、〔唐〕令狐德棻：《礼仪志四》，《隋书》卷九，第176页。
③ 《宋书》写作《冠仪》，参见《宋书》卷十四《礼志一》。
④ 〔唐〕杜佑：《诸侯大夫士冠》，《通典》卷五十六，王文锦、王永兴、刘俊文等点校，第1586—1587页。

王堪认为冠礼虽是古礼，但亦可斟酌从简，因此对《士冠礼》的仪式步骤进行了一定程度上的简化，以方便子弟参考施行。当然，《仪礼》作为先秦礼典依然具有十分重要的地位，《太平御览》礼仪部卷十九载有南朝梁萧子范和沈约二人的冠子祝辞。其中，萧子范《冠子箴》如下：

> 萧子范《冠子箴》曰："是月惟令，敬择良辰，式遵士典，谘筮于宾。嘉字爰锡，醮酒方陈。礼庄尔质，德成尔身。"①

此处所云"士典"，应当就是《仪礼》一书。"式遵士典"意味着萧子范为其子加冠时，仪节程序仍遵《士冠礼》而行。《宋书·礼志一》云："何桢《冠仪约制》及王堪私撰《冠仪》，亦皆家人之可遵用者也。"②可知魏晋南北朝时期，士庶冠礼多参照遵用何休《冠仪约制》、王堪《冠仪》（《冠礼仪》）以及《士冠礼》三种礼书。

作为家礼的重要内容之一，子弟受冠时父兄尊长等还会根据自身的经历对受冠者进行劝勉，俾使家风不坠。例如南朝沈约所撰《冠子祝文》云：

> 蠲兹令日，元服肇加。成德既学，童心自化。行之则至，无谓道败。敦以秋实，食以春华。无耻下问，乃致高车。子孙千亿，广树厥家。③

沈约出身于门阀士族江东沈氏，家族地位曾显赫一时。但沈约幼年丧父，家道中落，过着颠沛流离的生活。《梁书·沈约传》载其"笃志好学，昼夜不倦"，终于学有所成，出仕后历仕宋、齐、梁三朝，在文学和政治上都有较高的成就。基于自身的经历，沈约在自撰的冠辞中教导儿子不要计较一时得失，修身律己，不耻下问，这样才能光耀门楣，言语之间寄寓着对儿子的殷殷厚望。

3.隋唐时期的冠礼

隋朝二世而亡，因此皇帝冠礼未有史书记载，但《隋书·礼仪志四》对皇太子冠礼的记载却颇为详细：

---

① 〔宋〕李昉等：《冠》，《太平御览》卷十九，《四部丛刊》（三编）景宋本。
② 原书写作"何桢"，《通典》卷五十六《诸侯大夫士冠》写为"后汉何休《冠仪约制》"，另清人马国翰《玉函山房辑佚书》中辑有何休《冠仪约制》一卷，据此改。
③ 〔宋〕李昉等：《冠》，《太平御览》卷十九，《四部丛刊》（三编）景宋本。

隋皇太子将冠，前一日，皇帝斋于大兴殿。皇太子与宾赞及预从官，斋于正寝。其日质明，有司告庙，各设筵于阼阶。皇帝衮冕入拜，即御座。宾揖皇太子进，升筵，西向坐。赞冠者坐栉，设纚。宾盥讫，进加缁布冠。赞冠进设颊缨。宾揖皇太子适东序，衣玄衣素裳以出。赞冠者又坐栉，宾进加远游冠。改服讫，宾又受冕。太子适东序，改服以出。宾揖皇太子南面立，宾进受醴，进筵前，北面立祝。皇太子拜受觯。宾复位，东面答拜。赞冠者奉馔于筵前，皇太子祭奠。礼毕，降筵，进当御东面拜。纳言承诏，诣太子戒讫，太子拜。赞冠者引太子降自西阶。宾少进，字之。赞冠者引皇太子进，立于庭，东面。诸亲拜讫，赞冠者拜，太子皆答拜。与宾赞俱复位。纳言承诏降，令有司致礼。宾赞又拜。皇帝降复阼阶，拜，皇太子已下皆拜。皇帝出，更衣还宫。皇太子从至阙，因入见皇后，拜而还。①

可以看出，隋朝太子冠礼的主要仪式程序如下：冠前，皇帝、太子、宾赞以及预从官均需斋戒。冠礼当日，有司告庙并做好相应的准备工作。赞冠者为太子梳头、挽髻、加笄，再把头发系好，以便加冠。初加缁布冠，再加远游冠。冠毕，拜见皇帝接受诫勉。然后宾为太子取字。随后诸亲、赞冠者拜见已加冠的太子。最后太子入宫拜见皇后，至此礼成。

《大唐开元礼》在以往的礼制争论和礼仪实践的基础上，对冠礼进行了详细的规定，如"皇帝加元服"包括卜日、告圆丘、告方泽、告宗庙、临轩行事、谒见太后、谒太庙、亲谒、会群臣、群臣上礼等礼仪流程。《大唐开元礼》制定的皇帝冠礼仪式繁多复杂，礼器礼物精美华丽。行冠当日，朝中文武百官、各州朝集使、皇室诸亲、异国蕃客等等比肩继踵，云集于太极宫观礼。冠礼过程中，有乐师奏乐相和，如皇帝将出西房准备加冠时，"太乐令令撞黄钟之钟，右五钟皆应，协律郎举麾，鼓柷，奏太和之乐"②。钟鼓相和，仪仗严整，营造出肃穆有序的氛围。

《大唐开元礼》规定皇帝冠礼为"一加"，加冠前"皇帝著空顶黑介帻、双童髻、双玉导、绛纱袍以出"。加冠时，行"一加"衮冕之仪。根据《大唐开元礼》的描述，天子加冠时所服衮冕包括：

---

① 〔唐〕魏徵、〔唐〕令狐德棻：《礼仪志四》，《隋书》卷九，第177页。
② 〔唐〕萧嵩：《皇帝加冠服上》，《大唐开元礼》卷九十一，《文渊阁四库全书》史部政书类。

玄衣纁裳十二章，八章在衣，日、月、星辰、山、龙、华虫、火、宗彝。四章在裳，藻、粉米、黼、黻。白纱中单，黼领，青褾、襈、裾。革带，玉钩䚢，大带，青带朱里，纰其外，上以朱，下以绿，钓用组之。朱韨三章，山、龙、火，鹿卢玉具剑，火珠镖首，白玉双佩，玄组，大双绶，六采，玄、黄、赤、白、缥、绿，纯玄质，长二丈四尺，五寸首，广一尺。小双绶，长二尺六寸，色同大绶而首半之，间施三玉环。朱袜，赤舄金饰。①

衮冕自古以来就是天子诸侯重大典礼的礼服，在唐代除皇帝冠礼外，还被用于皇帝即位、飨庙、纳后、元日受朝贺、临轩册拜王公等礼典。《礼记·礼器》云："礼，有以多为贵者……礼，有以文为贵者。"这种"尚多"与"尚文（纹）"的特点在衮冕上体现到了极致。根据上述记载，我们不难发现唐代皇帝的衮冕可谓极尽华丽，有十二纹章，六华彩，饰以珠玉，观之令人惊叹而不敢久视，展现了壮阔磅礴、气吞宇内的盛唐气象。

唐朝皇太子、皇子冠礼包括告太庙、临轩命宾赞、冠、会宾赞、朝谒、谒太庙、会群臣、会宫臣、宫臣上礼诸仪。加冠时，仍行"三加"，始加缁布冠，再加远游冠，三加冕。唐朝开始实行科举制度，《大唐开元礼》在区分嫡庶的基础上，为各级品官之子制定了完备的冠礼制度，其礼器礼服规格按官员品阶降杀，庶人冠礼以夹注的方式并附其中。《大唐开元礼》规定，品官之子与庶人加冠均为"三加"：始加，缁布冠；再加，一品以下受进贤冠，庶人黑介帻；三加，一品至五品受冕，六品至九品受爵弁，庶人黑介帻。《新唐书》亦载品官之子及庶人冠礼：

其始冠皆缁布；再加皆进贤；其三加，一品之子以衮冕，二品之子以鷩冕，三品之子以毳冕，四品之子以絺冕，五品之子以玄冕，六品至于九品之子以爵弁。其服从之。其即席而冠也，嫡子西面，庶子南面。②

根据《大唐开元礼》的记载，唐朝品官至庶人冠礼规定如表2所示：

---

① 〔唐〕萧嵩：《皇帝加冠服上》，《大唐开元礼》卷九十一，《文渊阁四库全书》史部政书类。
② 〔宋〕欧阳修、〔宋〕宋祁：《礼乐志七》，《新唐书》卷十七，第406页。

表2 唐朝冠礼规定

品级	始加	再加	三加
一品	缁布冠	进贤冠	衮冕
二品			鷩冕
三品			毳冕
四品			絺冕
五品			玄冕
六品至九品			爵弁
庶人	黑介帻	黑介帻	黑介帻

根据《大唐开元礼》《通典》《新唐书》的记载,唐代嫡子、庶子冠礼制度有着明显的尊卑差异。如《通典》载:"其一品以下嫡子,三加冠后,酌醴以礼之,又有祝辞。其庶子则醮而不醴。"[1]

尽管《大唐开元礼》制定了极为完备的冠礼制度,但从已有资料看,唐代皇室子弟冠礼难见史载,仅《通典》记载贞观五年唐太宗担心"恐妨农事",下令将太子冠礼改为十月一事。[2]至于民间士庶冠礼,吕温的《代郑相公请删定施行〈六典〉〈开元礼〉状》批评《唐六典》和《大唐开元礼》在民间未能得到有效遵循时谈道:"丧祭冠婚,家犹异礼。"也就是说至中唐时尽管已有礼制完备的官方礼书《六典》和《开元礼》,但民间士庶尤其是门阀士族依然"各著家礼"。遗憾的是,这些唐代家礼著作已基本亡佚,仅有极少部分作品得以幸存。根据已有文献,提及冠礼者仅见晚唐陈崇所撰的《陈氏家法三十三条》,其云:"男冠女笄之事,男则年十五裹头,各给巾带一副;女则年十四合头髻,各给钗一双。"陈氏家族所制定的男子冠礼仅是以头巾裹头,女子则以钗合髻,而未云加冠取字等礼仪,可见,作为先秦古礼之一的冠礼已明显衰颓。事实上,在中唐时冠礼即已久不复行,柳宗元《答韦中立论师道书》云:

---

[1] 〔唐〕杜佑:《亲王冠》,《通典》卷一百二十八,王文锦、王永兴、刘俊文等点校,第3284页。
[2] 参见〔唐〕杜佑:《皇太子冠》,《通典》卷五十六,王文锦、王永兴、刘俊文等点校,第1579页。

> 古者重冠礼,将以责成人之道,是圣人所尤用心者也。数百年来,人不复行。近有孙昌胤者,独发愤行之。既成礼,明日造朝,至外庭,荐笏,言于卿士曰:"某子冠毕。"应之者咸怃然。京兆尹郑叔则怫然,曳笏却立,曰:"何预我耶?"廷中皆大笑。天下不以非郑尹而快孙子,何哉?独为所不为也。①

文中说"应之者咸怃然",说明民间已很久不行冠礼,因此众人闻之才均感到吃惊。"京兆尹郑叔"更是认为孙昌胤子加冠与其无关。孙昌胤为子加冠反而被众人嘲笑,正是因其"独为所不为也"。早在隋朝,学者王通就曾感叹:"冠礼废,天下无成人矣。"②此处结合柳宗元所云"数百年来,人不复行"的议论,我们大致可以推测自魏晋以来,社会上就已经很少实行冠礼了。

(三)两宋冠礼制度的复兴

1. 宋初"冠礼之废久矣"

冠礼,"礼之始",形成于周代,发展于汉代。魏晋南北朝以来,冠礼呈衰弱之势。五代十国期间,战乱频仍,礼制倾颓。针对宋初冠礼荒废的状况,司马光《书仪》云:

> 冠礼之废久矣。吾少时,闻村野之人,尚有行之者,谓之"上头",城郭则莫之行矣,此谓礼失求诸野者也。近世以来,人情尤为轻薄,生子犹饮乳,已加巾帽,有官者或为之制公服而弄之,过十岁犹总角者,盖鲜矣。彼责以四者之行,岂知之哉,往往自幼至长,愚骏如一,由不知成人之道故也。③

冠礼废之久矣,司马光对此尤为痛心,他认为不行冠礼则不知"为人子、为人弟、为人臣、为人少"四者之行,即不知"成人之道"。与司马光同朝为官的蔡襄、曾巩等仕宦学者均曾对社会上荒废冠礼的状况予以严厉的批评。曾巩指出,古

---

① 〔唐〕柳宗元:《答韦中立论师道书》,《柳宗元集》卷三十四,第872页。
② 〔隋〕王通:《礼乐篇》,《文中子》卷六,《文渊阁四库全书》子部儒家类。
③ 〔宋〕司马光:《冠仪》,《书仪》卷二,《文渊阁四库全书》经部礼类。

人对待冠礼和取字都极为郑重，但如今冠礼不存，字也失去了原本的意义。他指出："古之人重冠，于冠重字，字则亦未可忽也。今冠礼废，字亦非其时，古礼之不行甚矣。"①

事实上不止冠礼，五代以来冠、婚、丧、祭诸礼或荒废，或徇俗，其礼仪与古礼相比已大相径庭。正如元祐年间朱光庭上疏宋哲宗时批判的那样：

> 夫礼，废而不讲久矣。今天下之人自丱角已衣成人之服，则是何尝有冠礼也；鄙俗杂乱，不识亲迎人伦之重，则是何尝有婚礼也；火焚水溺，阴阳拘忌，岁月无限，死者不葬，葬者无法五服之制，不明重轻，则是何尝有丧礼也；春秋不知当祭之时，祭日不知早晚之节，器皿今古之或异、牲牢生熟之不同，则是何尝有祭礼也。冠昏丧祭，礼之大者，莫知所当行之法，朝廷之上未尝讲修，但沿袭故事而已，曾未尽圣人之蕴。公卿士大夫之间亦未尝讲修，但各守家法而已。何以为天下之法？车舆服食、器用玩好，法禁不立，僭侈尤甚，富室拟于王公，皂隶等于卿士。风俗如此，一出于无礼而然也。②

朱光庭认为，当下世风浇薄、礼制倾颓的原因主要有两个方面：其一，朝廷未能制定完备的礼仪制度，因此人们没有可供遵循的范本；其二，社会上流行的种种不良风俗侵染削弱了儒家礼仪制度和道德准则。朱光庭的观点可以说是当时学者士大夫的广泛共识。

冠礼弱化的情况到了宋朝后期得到了一定改变，士庶行冠礼者逐渐增多。宋遗民吴自牧在其笔记《梦粱录》中记载：

> 清明交三月，节前两日谓之"寒食"，京师人从冬至后数起至一百五日，便是此日，家家以柳条插于门上，名曰"明眼"，凡官民不论小大家，子女未冠笄者，以此日上头。③

---

① 〔宋〕曾巩：《王无咎字序》，《曾巩集》卷十四，陈杏珍、晁继周点校，中华书局1984年版，第226—227页。
② 〔明〕杨士奇、〔明〕黄淮等：《历代名臣奏议》卷一百二十，《文渊阁四库全书》史部诏令奏议类。
③ 〔宋〕吴自牧：《梦粱录》卷二，《全宋笔记》（第96册），黄纯艳整理，大象出版社2019年版，第220页。

与唐朝相类似，虽然宋代官修礼书如《政和五礼新仪》与民间家礼《书仪》《家礼》等均制有冠礼，但民间士庶在实际生活中却很少遵行。更让宋儒感到担忧的是，冠礼日益衰微的背后是传统儒家冠服体系正遭受着严重的威胁。翻阅《宋史·舆服志五》不难发现，宋代立朝以来朝廷曾多次下诏禁止臣民穿着各类胡服，并一再强调士庶车服，各有差等，不得僭越。然而这种胡服盛行、车服逾越的状况直至南宋灭亡依旧屡禁不止。其服制混乱，甚至一度出现"宫中尚白角冠梳，人争仿之……至有长三尺者；梳长亦逾尺。议者以为服妖"[①]。有研究者指出，"宋儒面对的乃是一个胡服流行、服制淆乱、等级僭越，甚至'服妖'现象频发的社会"。

"道德仁义，非礼不成；教训正俗，非礼不备。"（《礼记·曲礼》）基于这种认识，如何通过制定一套符合儒家礼制且切近时宜的冠服体系乃至礼制秩序，进而"轨物范世"，导化世风，这正是两宋学者一直以来孜孜不辍，"制礼作乐"的内在诉求。

2.《政和五礼新仪》《宋史》所载冠礼、笄礼礼制

五代衰乱，礼文仪注往往多为草创，以致世风浇薄。宋朝初定的礼仪制度多因循唐礼。如宋初开宝年间所制《开宝通礼》乃本《大唐开元礼》而损益之，嘉祐年间完成的《太常因革礼》则只是在《开宝通礼》的基础上添加了一些新仪。根据《政和五礼新仪》"卷首"记载，《开宝通礼》中冠礼沿袭于《大唐开元礼》。但宋初皇子冠礼仅见《宋史·礼志十八》载："皇太子冠仪，尝行于大中祥符之八年。"[②]然而此次皇太子具体仪式流程未见史书详载。自古以来，冠礼都是受冠者成人的标志，有学者考证大中祥符八年（1015）"皇太子加冠礼时年仅六岁"[③]，这显然与古礼礼制相悖，因而在当时遭到了大臣的反对。

此后，宋代皇室冠礼则见于《宋史·礼志一》："政和冠皇子。"此次皇子冠礼亦见于其他史籍文献，如《东都事略·徽宗皇帝本纪二》："（政和）四年春二月，皇长子行冠礼于文德殿。"据此可知，宋徽宗政和四年（1114），当时还是皇长子的赵桓（即后来的宋钦宗）行冠礼。据蔡绦所撰史料笔记《铁围山丛谈》载：

---

① 〔元〕脱脱等：《舆服志五》，《宋史》卷一百五十三，第3576页。
② 〔元〕脱脱等：《礼志十八》，《宋史》卷一百一十五，第2725页。
③ 范帅：《浅析宋代皇子的赐名、冠礼与出阁制度》，《郑州轻工业学院学报（社会科学版）》2015年第1期。

冠礼肇于古。国初草昧未能行，因循至政和讲之焉。是时，渊圣皇帝犹未入储宫也。初以皇长子而行冠，于是天子御文德殿，百僚在位，命官行三加礼毕，当建命字，仪典甚盛。是日，方乐作行事，而日为之重轮也。先是，诸王冠止于宫中行世俗之礼，谓之"上头"而已。繇是而后，天子诸子咸冠于外庭，盖自渊圣始。①

蔡绦为蔡京次子，熟知朝廷掌故、轶事，他所记载的史料一定程度上可补正史之阙。根据蔡绦记载，宋初冠礼一直处于"草昧未能行"的状态，即使是皇室子弟亦只于宫中行俗称"上头"的世俗之礼。"上头"即司马光《书仪》中谈到的"村野之人"行之者，虽有冠礼遗意但显然不属于正礼。直至政和以后，赵宋皇室子弟才与外庭行冠礼。

北宋冠礼由"草昧未能行"发展到"天子诸子咸冠于外庭"，宋徽宗赵佶以及在他主导下完成的《政和五礼新仪》扮演了极为重要的角色。据《宋会要辑稿》记载，徽宗对此次皇长子冠礼极为重视，亲下手诏：

冠者礼之始，所以加有成，谕其志也，故圣王重焉。朕顾谌天之明命，用怿于先王，罔敢怠遑。永为万事之统，莫大于礼制以善俗。冠之废久矣！眷予元子，孝友肃恭，出就外傅，既克迈于成德，以嫡以年，咸加厥服，式协礼经。是用求日之吉，正缁于朝。岂惟敷时内治，假我有家，作民孚先，实惟万邦之庆，顾不伟欤！格尔有众，其祗予猷告惟休。皇长子桓以二月二十七日于文德殿行冠礼。②

其后又云："先是御制冠礼，降议礼局载《五礼新仪》之首，至是举而行之，千载坠典，焕然一新。"③此事《东都事略》亦有记载：宋徽宗认为《大唐开元礼》不足为法，因此亲自制定《冠礼沿革》，使议礼局制礼时有本可依。④据这些史料可知，鉴于《大唐开元礼》的缺陷，宋徽宗御制《冠礼沿革》，并命议礼局将其载于《五礼新仪》之首。宋徽宗御制的冠礼凡十卷，其内容为冠礼礼制历代沿

---

① 〔宋〕蔡绦：《铁围山丛谈》卷二，冯惠民、沈锡麟点校，中华书局1983年版，第23页。
② 刘琳等校点：《皇子诸王杂录》，《帝系二》，《宋会要辑稿》，第48—49页。
③ 刘琳等校点：《皇子诸王杂录》，《帝系二》，《宋会要辑稿》，第49页。
④ 参见〔宋〕王称：《徽宗皇帝本纪一》，《东都事略》卷十，《文渊阁四库全书》史部别史类。

革，分为《冠议》和《冠仪》两部分。《冠议》总结了历代关于加冠年龄、时日、衣冠、加数、用乐等方面的礼制规定；《冠仪》则详叙了西周至宋朝天子至品官冠礼以及周唐女子笄礼的仪节。这是目前已有冠礼文献中仅有的由皇帝御制的冠礼著述。

除御制《冠礼沿革》外，宋徽宗基于自身对冠婚二礼的理解，对《政和五礼新仪》的编撰体例提出了明确的要求。大观二年，议礼局进呈新制冠礼，宋徽宗御览之后下诏：

> 因嘉礼以亲万民，以昏冠之礼亲成男女。自本而观，昏以亲之，冠以成之，先昏而后冠也。考于《仪礼》，以嘉为五礼之首，以冠居昏礼之上，殆失周王制礼后先之次。则知《仪礼》乃诸儒之论，非先王之典。后世因之，源流并革，本数末度，乱伦失序，不足取法。今有司以礼来上，先冠后昏，习非成误，失礼之意。其昏者，人道之始；冠者，人道之成。亲之而后成之，事之序也，可依周制改正。[①]

"以昏冠之礼，亲成男女"一句出自《周礼·春官·大宗伯》，宋徽宗将婚礼对应亲男女，将冠礼对应成男女。根据他的理解，婚礼为"人道之始"，冠礼为成"人道之成"，先婚后冠，"事之序也"。在他看来，《仪礼》只是"诸儒之论"，而《周礼》则是周朝的"一代之典"，后世法《仪礼》而弃《周礼》的做法不足取法。议礼局根据皇帝的旨意一改以往历朝礼书先冠后婚的编次顺序，在《政和五礼新仪》的嘉礼中将婚礼置于冠礼之前。宋徽宗对"以昏冠之礼，亲成男女"的理解实在太过牵强，因此《政和五礼新仪》先婚后冠的编次顺序并未得到后世认可。

《政和五礼新仪》所制冠礼包括"皇太子冠仪""皇子冠仪""品官嫡子冠仪""品官庶子冠仪""庶人嫡子冠仪""庶人庶子冠仪"等内容。"皇太子冠仪"与"皇子冠仪"均包含奏告、陈设、皇帝御文德殿行礼、朝见皇后四个步骤，所不同之处在于"皇太子冠仪"还多出了谒太庙、谒别庙、皇帝受群臣贺、群臣上

---

① 〔宋〕郑居中等：《政和五礼新仪》卷首，《文渊阁四库全书》史部政书类。

礼四仪。[①]其用意无非是突出太子作为储君，日后将承祧宗庙、继承大统的尊崇地位，使之有别于一般皇子，即礼经所云"明尊卑"者。皇太子和皇子均三加冠：皇太子初加折上巾，再加远游冠（十八梁），三加九旒冕；皇子初加折上巾，再加七梁冠，三加九旒冕。皇太子和皇子虽三加都为九旒冕，但皇太子九旒冕"垂白珠，九旋，红丝组为缨"[②]，而皇子九旒冕"旒以青琪为之"[③]，呈现出明显的等级尊卑差异。"品官嫡子冠仪""品官庶子冠仪"均包括告庙、戒宾、宿宾、行事、礼宾五步。受冠时均三加，其父五品以上者初加折上巾，再加四梁冠，三加五旒冕；五品以上者初加折上巾，再加二梁冠，三加平冕。其所用礼器、祝辞等嫡庶有别。

与以往礼典相比，《政和五礼新仪》最大的特点就是加入了庶人嫡子、庶子冠礼。《政和五礼新仪》所定庶人嫡子、庶子冠礼差别不是很大，其仪式步骤均由告祢、行事两部分组成，嫡子冠礼仪制略盛于庶子冠礼。此为官修礼书中首次出现庶人冠礼，兹录"庶人嫡子冠仪"全文如下：

告祢。
将冠，主人诹日，择宾告于祢。为位，于厅事南面，主人北面，再拜，乃告曰："某子某年若干矣，卜以某甲子冠吉，乃速宾某以始卒冠事。庶几临之，谨告。"凡厅事如非南向，并各因所向陈设，以后准此。
行事。
前期，主人戒宾，曰："某日将加冠于子某首，愿吾子莅之。"宾许诺。其日夙兴，张帷为房于厅事之东，陈服其中谓每加所易之服。东领北上，酒馔在服北。帽一，折上巾一，陈于西阶之两。为宾主位如常仪。为冠者席于主人东少北，西向。将冠者待于房中。宾至，主人出迎，揖而入，坐定。冠者出自房。执事者曰："请行事。"主人曰："敢劳吾子。"宾揖。将冠者即席，坐。执帽者升，宾降受之。进冠者席前东向立，祝曰："令月吉日，始加首服。弃尔幼志，茂尔成德。俾寿而臧，以介多福。"乃跪，加帽，兴，复位。

[①] 参见〔宋〕郑居中等：《皇太子冠仪下》，《政和五礼新仪》卷一百八十，《文渊阁四库全书》史部政书类。
[②] 〔宋〕郑居中等：《皇太子冠仪上》，《政和五礼新仪》卷一百八十，《文渊阁四库全书》史部政书类。
[③] 〔宋〕郑居中等：《皇子冠仪》，《政和五礼新仪》卷一百八十二，《文渊阁四库全书》史部政书类。

宾揖。冠者适房，易服出，即冠席，复坐。宾跪，脱帽。执折上巾者升。宾降受之。进冠者席前东向立，祝曰："吉月令辰，申加尔服。钦尔威仪，柔嘉维则。寿考不忘，以终厥德。"乃跪，冠，兴，复位。宾揖。冠者适房。执事者撤冠箱、冠席，入于帷中。为醴，席于西阶南向。冠者易服出，宾主俱兴。执事者以酒注于盏，宾揖。冠者即醴席，西向立。宾受盏，进席前北向立，祝曰："尔酒既清，尔肴伊旅。拜受祭之，自求多祐。"冠者席西拜受，宾答拜。执事者荐馔于席前。冠者坐，饮食讫，再拜。宾答拜。冠者兴，离席立于东阶之西，东南向。宾少进，字之曰："尔服既庄，尔仪既备。兄弟偕止，爰告尔字。永保受之，令德是似。"冠者拜，宾答拜。冠者庙见如常仪。拜父，父为起。入拜母，母为起拜。诸父群从之尊者。主人享宾。出，主人送于门外。孤子冠，即诸父诸兄为主。如上仪。戒宾，若主人有故，听以函书。①

《政和五礼新仪》规定，庶人冠礼"二加"，始加帽，再加折上巾。据《事物纪原》记载，帽子自古有之，宋代帽子沿袭五代形制，以光纱或南纱为之。②折上巾，又名幞头。沈括在《梦溪笔谈》中谈到，宋代幞头有直脚、局脚、交脚、朝天、顺风五类，唯有直脚幞头"贵贱通服之"。此外，在孟元老的《东京梦华录》中幞头、帽子二词多连用，二者应该是当时士庶常用的首服。③由于幞头还可以被用于品官公服，因此比帽更正式。庶人始加帽，再加折上巾，其冠仪、首服与皇室、品官子弟相比，更为简略，体现了不同阶层之间的尊卑差异。

---

① 〔宋〕郑居中等：《庶人嫡子冠仪》，《政和五礼新仪》卷一百八十五，《文渊阁四库全书》史部政书类。
② 参见〔宋〕高承：《冠冕首饰部》，《事物纪原》卷三，《文渊阁四库全书》子部类书类。
③ 参见〔宋〕孟元老：《东京梦华录笺注》卷三，伊永文笺注，中华书局2007年版，第268页。

图14 〔宋〕刘松年《中兴四将图》（局部）

《政和五礼新仪》一改"礼不下庶人"的古礼原则，首次将庶人纳入礼仪制作与施行的对象，意味着唐朝以来"礼制下移"的倾向得到了进一步的加强，对中国礼制和家礼的发展变革产生了极为深远的影响，意义重大。

与以往礼书一样，《政和五礼新仪》并未制定女子笄礼，宋代其他官修礼书亦不见载，仅《宋史》录有"公主笄礼"：

公主笄礼。年十五，虽未议下嫁，亦笄。笄之日，设香案于殿庭；设冠席于东房外，坐东向西；设醴席于西阶上，坐西向东；设席位于冠席南，西向。其裙背、大袖长裙、褕翟之衣，各设于椸，陈于庭；冠笄、冠朵、九翚四凤冠，各置于盘，蒙以帕。首饰随之，陈于服椸之南，执事者三人掌之。栉总置于东房。内执事宫嫔盛服旁立，俟乐作，奏请皇帝升御坐，乐止。

提举官奏曰："公主行笄礼。"乐作，赞者引公主入东房。次行尊者为之总髻毕，出，即席西向坐。次引掌冠者东房，西向立，执事奉冠笄以进，掌冠者进前一步受之，进公主席前，北向立，乐止，祝曰："令月吉日，始加元服。弃尔幼志，顺尔成德。寿考绵鸿，以介景福。"祝毕，乐作，东向冠之，冠毕，席南北向立；赞冠者为之正冠，施首饰毕，揖公主适房，乐止。执事者奉裙背入，服毕，乐作，公主就醴席，掌冠者揖公主坐。赞冠者执酒器，执事者酌酒，授于掌冠者执酒，北向立，乐止，祝曰："酒醴和旨，笾豆静嘉。受尔元服，兄弟具来。与国同休，降福孔皆。"祝毕，乐作，进酒，公主饮毕，赞冠者受酒器，执事者奉馔，食讫，彻馔。

复引公主至冠席坐，乐止。赞冠者至席前，赞冠者脱冠置于盘，执事者彻去，乐作。执事者奉冠以进，掌冠者进前二步受之，进公主席前，北向立，乐止，祝曰："吉月令辰，乃申尔服，饰以威仪，淑谨尔德。眉寿永年，享受遐福。"祝毕，乐作，东向冠之，冠毕，席南北向立。赞冠者为之正冠，施首饰毕，揖公主适房，乐止。执事奉大袖长裙入，服毕，乐作。公主至醴席，掌冠者揖公主坐。赞冠者执酒器，执事者酌酒，授于掌冠者执酒，北向立，乐止，祝曰："宾赞既戒，觳核惟旅。申加尔服，礼仪有序。允观尔成，永天之祜。"祝毕，乐作，进酒，公主饮毕，赞冠者受酒器，执事者奉馔食讫，彻馔。

复引公主至冠席坐，乐作。赞冠者至席前，赞冠者脱冠置于盘，执事者彻去，乐作。执事奉九翚四凤冠以进，掌冠者进前三步受之，进公主席前，向北而立，乐止，祝曰："以岁之吉，以月之令，三加尔服，保兹永命。以终厥德，受天之庆。"祝毕，乐作，东向冠之，冠毕，席南北向立。赞冠者为之正冠、施首饰毕，揖公主适房，乐止。执事者奉褕翟之衣入，服毕，乐作，公主至醴席，掌冠者揖公主坐。赞冠者执酒器，执事者酌酒，授于掌冠者执酒，北向立，乐止，祝曰："旨酒嘉荐，有飶其香。咸加尔服，眉寿无疆。永承天休，俾炽而昌。"祝毕，乐作，进酒，公主饮毕，赞冠者受酒器。执事者奉馔，食讫，彻馔。

复引公主至席位立，乐止，掌冠者诣前相对，致辞曰："岁日具吉，威仪孔时。昭告厥字，令德攸宜。表尔淑美，永保受之。可字曰某。"辞讫，乐作，掌冠者退。引公主至君父之前，乐止，再拜起居，谢恩再拜。少俟，提举进御坐前承旨讫，公主再拜。提举乃宣训辞曰："事亲以孝，接下以慈。和柔正顺，恭俭谦仪。不溢不骄，毋诐毋欺。古训是式，尔其守之。"宣讫，公主再拜，前奏曰："儿虽不敏，敢不祗承！"归位再拜，见后母之礼如之。

礼毕，公主复坐，皇后称贺，次妃嫔称贺，次掌冠、赞冠者谢恩，次提举众内臣称贺，其余班次称贺，并依常式。礼毕，乐作；驾兴，乐止。[①]

可知，宋代的公主于十五岁时行笄礼，仪节大体仿照皇子冠礼而行。公主笄礼"三加"，依次为冠笄、冠朵、九翚四凤冠。祝辞也取自男子冠礼。"三加"后，公主拜见君父、后母。随后，皇后、妃嫔祝贺受笄者成年。《宋史》是正史中首次也是仅有的一次对笄礼予以详细记载的史料，此后元明清三朝的史书均未见相关

---

① 〔元〕脱脱等：《礼志十八》，《宋史》卷一百一十五，第2730—2732页。

著录。

3. 宋代民间士庶冠礼撰作

除了官方的制礼活动以外，两宋民间不少士庶学者亦不断尝试考订、编撰冠礼仪文，试图复兴这一先秦古礼。据学者考证，两宋时期"涉乎士庶冠礼的礼书可考的有：许洞的《训俗书》、司马光的《书仪》《政和五礼新仪》、朱熹的《家礼》、周端朝的《冠婚丧祭礼》、赵彦萧的《士冠士婚馈食图》、杨明复的《冠婚丧祭图》、杨简的《杨慈湖冠祭家记》等"①。另根据本课题组搜集整理，北宋吕大钧的《吕氏乡约》之《嘉仪》载有供乡人参考遵用的简易冠礼，另南宋无名氏的《家山图书》载有"三加冠图""加冠之图"以及陈氏冠礼仪节，此二书对我们研究宋代冠礼亦有一定启发与帮助。

（1）"用时之服"：司马光对冠礼的初步变革

正如史书所云："周末崩离，宾射宴飨之则罕复能行，冠婚饮食之法又多迁变。"②经过两千多年的历史变迁，先秦古礼中的冠服制度到宋代时已经显得不合时宜。此外，"中国衣冠，自北齐以来，乃全用胡服"③。在这种社会背景下，如何重拾华夏衣冠、制定符合时宜的"三加"冠服体系，为众多有识之士所孜孜砣砣。譬如程颐就指出，"今行冠礼，若制古服而冠，冠了又不常着，却是伪也。必须用时之服"④。程颐所言可谓切中肯綮。在他看来，若制古服行礼，用后却弃之如敝屣，那么这一行为则即是"伪"，即矫饰与虚假。"用时之服"是程颐针对冠礼复兴提出的根本原则，可惜的是二程并未依此撰写具体的冠礼仪文。

两宋时期最早尝试"用时之服"进行冠礼撰作的当属司马光的《书仪》。司马光的《书仪》卷二所载《冠仪》对以往冠礼制度进行了诸多革新之处：其一，从简。如"戒宾"，按照《士冠礼》主人需亲自戒宾宿宾。"今欲从简，但遣子弟若童仆致命。"又如，古之冠礼必行于庙，"今人既少家庙，其影堂亦褊隘难以行礼，但冠于外厅、筓在中堂可也"。其二，徇俗。例如，古之冠礼，士二十而冠，至宋时往往还为童子即已行冠礼。司马光认为："今以世俗之弊不可猝变，故且徇俗，自十二至二十皆许其冠。"⑤其三，遵时。这是司马光所撰《冠仪》篇最为鲜

---

① 杨逸：《宋代四礼研究》，浙江大学2016年博士学位论文。
② 〔唐〕房玄龄等：《礼志十一》，《晋书》卷二十一，第662页。
③ 〔宋〕沈括：《故事》卷一，《梦溪笔谈》，诸雨辰译注，中华书局2016年版，第11页。
④ 〔宋〕程颢、〔宋〕程颐：《河南程氏遗书》卷十七，《二程集》，王孝鱼点校，第180页。
⑤ 〔宋〕司马光：《冠仪》，《书仪》卷二，《文渊阁四库全书》经部礼类。

明的特征。古之士冠礼,始加缁布冠,再加皮弁,三加爵弁。秦蕙田的《五礼通考》说:"《书仪》初加巾,次加帽,三加幞头,从时制也。"[①]司马光所设计的"三加"之仪,择以时服代替,体现出明显的仪礼革新的宗旨。

根据司马光制定的冠礼礼仪,其"三加"冠服如下:始加,巾,四䙆衫,腰带;再加,帽,旋襴衫,腰带;三加,幞头,公服,笏。非官宦之家,无法准备公服等物,则以襴衫、靴代替。[②] "始加"仪式的四䙆衫,史书记载不多,后世多认为其制与唐代的缺胯衫相近,是唐宋庶人常服。"再加"仪式的四䙆衫,史书未有明确释义。有学者考证认为,四䙆衫原为西夏民族服饰,传入宋朝后成为当时常服之一,其特征在于领口为套头式,膝下加以横襴。[③] "三加"仪式的公服,为宋代官员办公时所穿制服,较之朝服略简。《宋史·舆服志五》:

> 公服。凡朝服谓之具服,公服从省,今谓之常服。宋因唐制,三品以上服紫,五品以上服朱,七品以上服绿,九品以上服青。其制,曲领大袖,下施横襴,束以革带,幞头,乌皮靴。自王公至一命之士,通服之。[④]

《政和五礼新仪》中,品官之子加冠时,始加时穿的即是公服,见图15。

---

① 〔清〕秦蕙田:《冠礼》,《五礼通考》卷一百五十,《文渊阁四库全书》经部礼类。
② 参见〔宋〕司马光:《冠仪》,《书仪》卷二,《文渊阁四库全书》经部礼类。
③ 参见叶娇、徐凯:《"旋襴"考》,《敦煌研究》2019年第4期。
④ 〔元〕脱脱等:《舆服志五》,《宋史》卷一百五十三,第3561页。

图15　宋代官员公服

若非官宦之家，则三加以襕衫代替公服。《宋史·舆服志五》："襕衫。以白细布为之，圆领大袖，下施横襕为裳，腰间有辟积。进士及国子生、州县生服之。"宋朝时，襕衫为进士和国子监、州县学子常服。

图16　〔宋〕周季常、〔宋〕林庭硅《五百罗汉·应身观音》（局部）

司马光《书仪》冠礼始加巾，再加帽，三加幞头，三者之间已有初步具备"三加弥尊"之义。马端临《文献通考》引叶梦得《石林燕语》云："古者士皆有冠，帽乃冠之遗制。头巾，贱者不冠之服耳！"[①]可知，古者庶人无冠则服头巾，而帽为冠之遗制，帽比巾更为正式。幞头作为公服冠帽，较之巾、帽，品格更高。另据宋吕大钧《乡仪》载："见长者皆幞头，惟燕见用帽子。见敌者皆幞头，惟辞见、燕见帽子。"可见，宋人在拜谒长者，会见与自己身份相等的宾客等正式场合中，均需戴幞头以示郑重。此外，三加冠服还被司马光称为"盛服"。《书仪·冠仪》："凡盛服，有官者具公服靴笏，无官者具幞头靴襕或衫带，各取其平日所服最盛者。后婚、祭仪盛服皆准此。"[②]《书仪》冠婚丧祭诸礼中，在一些重要场合或礼仪的核心环节，主人都需服盛服以郑重其事。由此可见，《书仪》"三加"的过程中，受冠者穿戴的冠服自简至盛、从朴至华，已经初步建立了一套"三加弥尊"的冠服体系。

（2）折中古今：朱熹对冠礼的进一步革新

至南宋，朱熹对冠礼进行了进一步的改革，并将其编入《家礼》之中，试图再次复兴这一古礼。《家礼》所载冠礼年龄与流程大致如下：男子十五至二十皆可行冠礼，至于冠日可于正月内择一日，不必如古礼那般通过卜筮确定吉日。冠前三日，主人，一般是冠者祖父，于祠堂祭告先祖。主人邀请朋友中贤良知礼者一人为正宾。冠前一日，遣子弟致书正宾，请求他明日早至。冠日清晨，主人命下人准备好冠礼所用冠服器物等，主人身穿盛服。与《士冠礼》一样，《家礼》中冠礼的核心环节为"三加"。《家礼·冠礼》始加冠巾，服深衣，纳履；再加帽子，服皂衫，革带，系鞋；三加幞头，公服，革带，纳靴，执笏，无官者襕衫，纳靴。"三加"之后，正宾为冠者取字。随后，主人率冠者入祠堂告祭先祖。此后，冠者拜见父母尊长。冠礼结束后，主人礼宾。冠者出门拜见乡先生以及父亲的好友。

朱熹的《家礼》在《书仪》的基础上对司马光制定的冠礼进行了多方面的损益：

其一，《家礼·冠礼》省去了《士冠礼》中的"筮日"之仪。司马光在《书仪·冠仪》中保留了其中的"筮日"之仪，依旧通过卜筮的方式确定加冠的日期。朱熹则将冠礼放于正月的某一天进行，免去了"筮日"的步骤。

---

① 〔元〕马端临：《君臣冠冕服章》，《文献通考》卷一百一十三，第3482页。
② 〔宋〕司马光：《冠仪》，《书仪》卷二，《文渊阁四库全书》经部礼类。

其二，《家礼·冠礼》将冠礼中的"主人"限定为宗子。司马光的《书仪》中男性家长都可以作为冠礼中的"主人"。朱熹明确表示祠堂"宗子世守之"，只有宗子才可以在冠礼中以"主人"自居，如果冠者不是宗子之子，"则其父立于主人之右，尊则少进，卑则少退"。

其三，朱熹将深衣作为始加冠服。《书仪·冠仪》始加巾，服四襟衫，腰带。《家礼·冠礼》始加冠巾，服深衣，纳履。

其四，《家礼·冠礼》中加冠结束，主人率冠者于祠堂祭告祖先。司马光《书仪》"冠仪"中没有这个步骤。

朱熹既保留司马光"用时之服"的意图，又将深衣纳入冠礼始加之服，且增加冠后入祠堂祭祖的环节，略存古礼遗意，可谓折中古今。

至于女子笄礼，《家礼》和《书仪》的差别不大，规定当女子可以出嫁时，则行笄礼。年满十五虽未议婚亦行冠礼。其程序大略如下：行礼前三日，邀请亲戚中贤惠知礼者为正宾，前一日宿宾。笄礼当日清晨，准备好所用冠服如背子、冠笄等物。女子笄礼只有"一加"，正宾为将笄者戴上冠笄。加笄后，受笄者入房改服背子。随后，正宾为其取字。最后礼宾，礼毕。

两宋时期，尽管官方礼书与民间家礼均结合时俗时服，制定了较为完备的冠礼礼制，但这些尝试与努力并未能阻止冠礼的进一步衰落。甚至部分士庶学者在编撰礼书时，将冠礼排除于家礼之外。张栻在广西刊《三家礼》时，"乃除冠礼不载"[1]。清儒秦蕙田甚至认为，即使《书仪》《家礼》所载冠礼，"亦惟存其意而已"[2]。世俗冠礼之衰颓，可由此知矣。

（四）明清时期冠礼日益式微

1. 明朝礼书所载冠礼制度

明朝官方礼书如《大明集礼》《大明会典》均载有详细的冠礼制度，上至天子下至士庶，纤悉备具。以《大明集礼》为例，其冠礼载于《集礼》第二十三、二十四卷，分《天子加元服》《皇太子加元服》《亲王冠礼》《品官冠礼》《士庶

---

[1]〔宋〕朱熹：《冠昏丧》，《朱子语类》卷八十九，《朱子全书》（第17册），朱杰人、严佐之、刘永翔主编，第2997页。
[2]〔清〕秦蕙田：《冠礼》，《五礼通考》卷一百五十，《文渊阁四库全书》经部礼类。

冠礼》五篇，其施用对象大致可分为皇族、品官、士庶三类。

皇帝冠礼在明代得到了恢复。根据《大明集礼》载，皇帝冠礼仍行"一加"衮冕之仪，行于奉天殿，加冠后改服通天冠、绛纱袍入宫拜谒太后。[①]皇太子仍行"三加"，一加折上巾，再加远游冠，三加衮冕。加冠后，皇太子入宫拜见皇后并于第二日"谒庙"。至于亲王冠礼，则一加折上巾，再加七梁冠，三加九旒冕。

品官冠礼略如《士冠礼》。一加缁布冠，着青衣素裳之服，再加进贤冠，着绛纱服，三加爵弁，服爵弁之服。"三加"冠服由卑及尊，从常服过渡到礼服，再从礼服过渡到祭服，"三加弥尊"之义隐现其间。

士庶冠礼大抵仿朱熹的《家礼》而稍作损益。冠前，主人需盛服亲自筮日于祠堂之内，随后遣人戒宾。当日，于正厅之东张帷为房，备好冠服器物。加冠：一加巾，服深衣，大带；再加帽，服旋襕衫，腰带；三加幞头，服公服。随后正宾为冠者取字。取字结束后，冠者拜见父母尊长，父母尊长为之起身，以礼相待；出门见乡先生及父之好友，皆答拜。冠后，主人醴宾，并携冠者入祠堂告祭祖先。

然而，礼典的完备却难掩世俗冠礼之颓势，诚如史书所云："然自品官而降，鲜有能行之者，载之礼官，备故事而已。"[②]可见世俗冠礼的这种颓势早已开始，明清易代之后，清朝统治者为巩固统治，下令汉人必须剃发和改换满族衣冠，至此，由于传统衣冠不在，冠礼已经没有实施的礼仪基础，故开始走向湮灭。在这种情况下，清代官修礼典如《大清会典》《大清通礼》均未载有冠礼。

2. 明清民间冠礼文献及实践略述

明清时期，朱熹的《家礼》成为家礼书之典范受到世人尊崇，因此民间私撰礼书一般也采用《家礼》中的冠礼仪文。值得注意的是，冠礼日益式微，但仍有不少士庶学者对冠礼提出自己的见解。

嘉靖朝进士、官员黄佐所撰《泰泉乡礼》，要求"凡月朔，各乡教读以子弟之始冠者见有司，有司诲以成人之道。"此外，黄佐还提倡将冠婚丧祭等礼图，绘于社学墙壁上，并于社学中常备《家礼》中常用礼器祭器，如三加缁布等冠，以便于指导乡人行礼。[③]

---

① 参见〔明〕徐一夔等：《天子加元服》，《明集礼》卷二十三，《文渊阁四库全书》史部政书类。
② 〔清〕张廷玉等：《礼志八》，《明史》卷五十四，第1385页。
③ 参见〔明〕黄佐：《泰泉乡礼》，陈延斌主编：《中国传统家训文献辑刊》（第11册），第214—215页。

又如明人项乔，在所撰《项氏家训》中建议子弟年纪相近者可一同于祠堂加冠，并强调不冠于祠堂，日后不允许参与祭祀：

> 凡冠，若尽依《家礼》，恐贫家难行。今拟年相若者，相约于元日及四祭日期。在祠堂各加冠服，有不冠于祠堂者，不许陪祭。①

针对冠礼难行的状况，明代著名学者王敬臣在其家礼著述《礼文疏节》中谈道：

> 古礼不行于今也久矣，故间有冠其子者，而人视之漠焉。然此在庸人则然耳。敦行古礼以为世俗倡，则士君子之责也。苟当世君子，能自奋于流俗，于有家当用之礼，皆举而行之，里众口咻之而不辞，举世非之而不顾，则久将人得于观感而乐效之，兴行者众矣。三代之风，不可复见哉？②

针对古礼废而不行的现状，王敬臣指出，敦行古礼、倡导风俗是士人君子的职责；如果士人君子都能坚定地遵行古礼，那么众人亦会乐于效仿，那么三代之风复见也就不远了。由此观之，王敬臣确实有古仁人之风，不愧其"真儒"之名。

也有学者对世俗冠礼不合古制的地方提出批评，如沈鲤指出：

> 乡俗之冠礼非古也，何以故？夫加冠之谓冠，今童子则先已加冠矣，及后行礼，乃戴网为冠。是加网，非加冠也；是四加，非三加也；是冠而又冠也。网起自国朝，如戴网而可以为冠，则前代无网时，乃不行冠礼乎？故曰非古也。③

宋纁认为，童子加冠前亦曾戴过网巾（明代网巾为庶士同服，极为盛行），因此算上加冠时的"三加"，实际上已是"四加"。他还认为网巾不能算作冠，因此讽刺道："是加网，非加冠也。"明人吕坤、吕维祺等人亦曾提出相似的批评，如

---

① 〔明〕项乔：《项氏家训》，明嘉靖三十年刻《瓯东私录》本。
② 〔明〕王敬臣：《冠说》，《礼文疏节》，楼含松主编：《中国历代家训集成》，第2269页。
③ 〔明〕沈鲤：《冠婚十三》，《文雅社约》，楼含松主编：《中国历代家训集成》，第2523页。

吕坤《四礼疑》云：

> 北土骄浮，民不知礼，乃有三五岁儿，辄戴凌云忠靖梁冠，甚者嵌以金珠。未有长发而露首者。士大夫之家，以加网巾为冠，是行网巾礼，非行冠礼也，去礼不亦远乎？[1]

清初士人颜元赞同程颐"用时之服"的看法：

> 今自宜遵时制，如春夏，冠宜用尾缨凉帽，再加易绒缨凉帽，三加益之顶帽。或宦家，初用平顶，次加银顶，三加金顶，亦可。秋冬，冠初用秋暖帽，再加冬暖帽，三加益之顶帽。[2]

他认为冠礼所用冠服可因时制宜，随加冠时季节的变化而变更冠帽。官宦之家则可用官服，依次加平顶、银顶、金顶。

然而有清一代，仅有极少数诗礼之家能恪守古礼，行而不辍。一般士庶之家能用"新衣吉冠"行一加礼，已经可以称得上知礼了。在部分地区，冠礼已等同废弃，仅余些许遗风于民间。据《霞浦县志》记载："霞俗，于十六岁时行之。以道士代巫祝，不于祖庙，而于家堂建坛保安，仿古大祝祈福泽求永贞之意，俗称'做十六岁过关'。"[3]又如据湖南黔县胡氏族谱记载，当地习俗"于昏期前一日，簪花于帽，亲宾为上红锦于其身，且有辞以祝之，略存古礼遗意"[4]。显然，上述请道士为子女建坛祈福，或婚前让男子簪花披锦的习俗，既无"三加弥尊"之仪，又无"冠以成人"之义，与古之冠礼已经基本没有关系了。

至于女子笄礼，据秦蕙田考证，"士庶女子笄礼，自宋《书仪》《家礼》而外，明世盖无闻焉。然冠礼久废，而今人家于女子年十三则蓄发，谓之上头。择日

---

[1] 〔明〕吕坤：《冠礼》，《四礼疑》卷二，明万历刻清同治光绪间补修《吕新吾全集》本。
[2] 〔清〕颜元：《冠礼》，《礼文手钞》卷二，《颜元集》，王星贤、张芥尘、郭征点校，第333页。
[3] 徐友梧总纂：《礼俗》，《霞浦县志》卷二十二，民国十八年版。
[4] 〔清〕胡晋荣等纂修：《（湖南黔县）黔阳供洪乡石修胡氏族谱》，陈建华、王鹤鸣主编：《中国家谱资料选编·礼仪风俗卷》，第24页。

行之，或拜见父母尊长，告于亲党"①。可知，明朝笄礼就已逐渐消失。此外，民间有些地区女子出嫁时将头发挽束成髻，把束髻当作为笄礼。有人认为这是由于"笄与髻同音"②，因此世俗误将女子笄礼与妇女婚前结髻混淆。

综合看来，明清以来由于礼节繁重，加之清廷"剃头令"的限制，作为先秦古礼之一的冠礼已几近废弃。至于民国以后，传统封建礼教遭到严厉批判，冠礼便基本湮没于历史长河之中。在民间族谱中，只有少数家族有冠礼仪节的规定，且实施中也根据时代的变化做了很大的变革。比如，民国二十五年（1936）萧嘉学纂修的《衡山乌塘萧氏十一修族谱》中，其冠礼仪式就做了很大改良，以符合民国时期的社会风俗与时代要求。

民间少数家族实施的冠礼，也根据时代的变化做了很大的变革。比如，民国二十五年萧嘉学纂修的《衡山乌塘萧氏十一修族谱》规定：

> 仪式：主人盥洗，迓大宾，奏国乐。主人三鞠躬，大宾答如之。大宾盥洗，升阶，就位。主人就位。傧相引将冠者升阶。将冠者常服。大宾肃将冠者就位，一鞠躬。将冠者答如之，降受冠，复位。傧相引将冠者入更衣所更衣服，大礼服或常礼服，宜新制。复位。大宾捧冠，诣将冠者前，祝辞。③

可见，民国的冠礼从服装到仪式已经完全不同于传统的冠礼，从中可以看到传统家礼文化的变迁。

二、婚礼

婚礼，古作"昏礼"。郑玄释云："士娶妻之礼，以昏为期，因而名焉。"④也就是说，古人成婚于傍晚，因而以"昏礼"名之。《礼记·昏义》说："昏礼

---

① 〔清〕秦蕙田：《冠礼》，《五礼通考》卷一百五十，《文渊阁四库全书》经部礼类。
② 〔清〕许文源等纂修：《（安徽）绩溪县南关惇叙堂（许氏）宗谱》，陈建华、王鹤鸣主编：《中国家谱资料选编·礼仪风俗卷》，第29页。
③ 萧嘉学纂修：《衡山乌塘萧氏十一修族谱》，民国有序堂木活字本。
④ 〔清〕阮元校刻：《仪礼注疏》卷四，《十三经注疏》，第2074页。

者，将合二姓之好，上以事宗庙，而下以继后世也。"婚礼非个人之事，而是两个家族的结合，是延续宗族、拓展社会关系的重要行为。

（一）先秦时期的婚礼

1.《仪礼》《礼记》中的士婚礼仪节流程

《仪礼·士昏礼》记载了士娶妻成婚的相关礼仪，清人胡培翚在《仪礼正义》中，将士婚礼程序归纳为纳采、问名、醴使者、纳吉、纳征、请期、将亲迎，预陈设、亲迎、妇至成礼、妇见舅姑、赞者醴妇、妇馈舅姑、舅姑飨妇、飨送者、舅姑没妇庙见等仪节，可见先秦婚礼仪式之复杂。其中最重要的仪式主要是纳采、问名、纳吉、纳征、请期、亲迎六个步骤，又称"六礼"。现将《士昏礼》大致流程，分述如次：

（1）纳采

纳采是婚礼的筹划、准备阶段。这时候媒人奉男方父母之命，前往女方家里提亲。如果女方家里同意议婚，男方则备礼命媒人前往女方家中提亲。所谓"纳"，意为送至，即将彩礼送往女方，以示求婚。纳采以活雁为贽[①]，象征男女婚后忠贞不渝、白头偕老之意。在这一环节中，媒人主要是作为中介，为男女双方互通信息。

纳采当日，女家主人在房户之西设神席。郑玄注云："户西者，尊处，将以先祖之遗体许人，故受其礼于祢庙也。"[②]可知，纳采于女家祢庙进行。男方使者着玄端至女家门外，向摈者[③]说明来意："您的主人惠赐女儿于某某（婿名），某某之父（婿父）按照先人的礼节，命在下前来行纳采之礼。"摈者答曰："我家主人的女儿天性愚钝，未能受到很好的教育。但主人有命，在下不敢推辞。"女家主人知晓后，着玄端于门外迎接男家使者。主人行再拜之礼，宾不答拜。主宾相互拱手行礼后入门，至祢庙门口再拱手入门。随后，主宾相互拱手三次。至阶前，主宾再三次相互谦让，即"三揖三让"。主人先行，从东阶升堂，面西而立。宾从西阶升

[①] 贽，本为先秦大夫初次见面时呈给对方的礼物。《士昏礼》以雁为贽，是因为冠婚二礼可以"摄盛"，即用高自己一等阶层的礼节，即士可借用大夫礼，大夫可借用诸侯礼。
[②] 〔清〕阮元校刻：《仪礼注疏》卷四，《十三经注疏》，第2074页。
[③] 摈者，女家主人有司佐礼者。

堂，面东而立，致纳采辞曰："冒昧地请您收下采礼。"主人于阼阶上，面北行再拜之礼，主人于两楹间，接受采礼。主宾皆面朝南。礼毕，宾从西阶出庙门。主人于阼阶将雁交于家中群吏之尊者。

（2）问名

纳采之后，进入下一环节——问名。傧者出门询问使者是否还有其他事情。宾客执另一只活雁，告知傧者还需问名。傧者告于主人，主人同意告知女儿的名字。问名之礼，与纳采相同。问名时，宾对主人说："在下已受先生之命，将回去卜于鬼神，冒昧地请教您女儿的名字？"主人答曰："您既然有命而来，暂且将我的女儿作为备选之一，我不敢推辞。"

礼毕，使者出门。傧者询问是否还有其他事宜，使者回答说问名已经完毕了。傧者入门告于主人，随后出门告知使者主人将以醴礼酬谢他。主人命人换掉纳采时用的几和筵，改设为招待宾客的几与席。随后，主人于庙门外迎接宾客，邀请他说："您为了这件婚事，不辞劳苦来到我家。我按照先人的礼仪，请允许我以醴礼酬谢您。"使者推辞云："这里的事情已经完毕，我还有其他事情要做，不得不向您告辞。"主人再邀："以醴礼酬谢宾客，是先人传授的礼仪，所以我冒昧地执意邀请您。"宾答："我的推辞未能得到您的同意，哪里敢不听从您呢？"入门后，主宾如纳采时揖让入堂。赞者往觯内酌醴，主人接过后走到宾的席前。宾于西阶行拜礼，至席前受醴，此后，再退至西阶，主人在阼阶对宾行拜送礼。宾接受赞者送来的脯醢，左手执觯，右手取少许脯醢献上，以祭奠制作此物的先人。此后，再用角柶盛醴祭之，如此反复三次。祭毕，宾西阶上面北而坐，尝一口醴，随后将酒器放置好表示饮毕。接着起身向主人行礼致谢，主人答拜还礼。宾取脯，交与随从，准备回去向男家主人复命。女家主人送宾于大门外，行再拜之礼。

（3）纳吉

问名的目的是为随后的纳吉做准备。问名后，男方家长在祖庙中祭祀祖先，并以龟甲占卜以定婚姻吉凶。若占卜得到吉兆，使者需再次携雁前往女方家中，仪式同纳采。纳吉时，使者将占卜结果告于女家主人："感谢您告知您女儿的名字，男家主人占卜后得到了吉日，派我冒昧地向您告知此事。"女家主人答曰："我未能教育好女儿，唯恐不能让男家满意。既然男家已经卜得吉日，我家亦然，此事在下不敢推辞。"纳吉仪式的完成意味着男女双方正式订婚。

（4）纳征

纳征，又云"纳币"，此时男方向女方赠送聘礼。"征"，意为成。女方接受聘礼意味着婚姻之事已成，故云纳征。男方择吉日携礼前往女方家，向傧者说明来意:"感激您主人惠赐女儿于某某(婿名),某某(婿父名)按照先人的礼节准备了五匹帛、两张鹿皮的聘礼,命我前来行纳征之礼。"向女方家主人说:"请允许我冒昧地献上聘礼。"主人回答说:"您按照先人的常礼赠我丰厚的礼物,我哪里还敢推辞呢?"随后主人接受聘礼。按照民间的礼俗,女方接受赠礼一般会回礼,或将聘礼中的一部分回赠给男方。纳征意味着双方婚姻关系已经确立,因此在婚礼程序中意义重大。

(5)请期

男方占卜后确定好举行婚礼的日期,并派使者携雁前往女方家中征求女家的意见。此时女家推辞,表示愿意听从男家的安排。使者再请,表示愿意听从女家的安排。双方谦让推辞三次,女家表示就定在男家安排的日子,使者回复将恭敬地等待女方。随后使者回到男家向男家主人复命。

迎亲前男家要准备好婚礼所用器物陈设。当日黄昏,男家陈豚鼎、鱼鼎、腊鼎于新婿居室门外东边,鼎面朝北。三鼎以豚鼎为尊,放置在最北边,内有去蹄的熟猪;中间为鱼鼎,放有举肺、祭肺①各二,鱼十四条;最南边是腊鼎,放有去尾的熟兔。三鼎都配有鼎杠和鼎盖。设洗于阼阶东南。房内陈设醯酱二豆,菹醢四豆,六豆②都用巾罩着。黍和稷四敦,敦③上有盖。灶上炖着羹汁。室内还陈有酒、玄酒以及爵、卺等酒器。

新郎前往女家迎亲前,新郎之父要为儿子行醮礼,并对儿子进行训诫勉励。《仪礼·士昏礼》"记"云,父醮子时祝辞如下:

> 父醮子,命之,曰:"往迎尔相,承我宗事。勖帅以敬,先妣之嗣,若则有常。"
> 子曰:"诺。唯恐弗堪,不敢忘命。"④

大意为,父亲教导儿子说:"去迎接你的新妇内助吧,让她来承继我家宗庙之事。你要勖勉她发扬先妣的美德。你要始终恪守这个准则,不可懈怠。"儿子回答说:"是。唯恐自己力不所及,单绝不敢忘记父亲的教诲和告诫。"

---

① 举肺,为方便食用而切割成小块的肺。祭肺,切割后仍保持完整的肺,常用于祭祀。
② 醯酱,用醋调和的酱。菹醢,盐腌的野菜、肉酱。豆,先秦时期的一种食器。
③ 敦,先秦时期用来盛放黍、稷、粱、稻等饭食的一种青铜器。
④〔清〕阮元校刻:《仪礼注疏》卷六,《十三经注疏》,第2099页。

(6) 亲迎

这是新郎亲往女家迎亲的仪式,也是婚礼中最为重要的仪式。亲迎当前,女方则要前往宗庙祭告祖先。女方父母送别女儿时,还要叮嘱女儿有关侍奉舅姑、服侍丈夫等日常礼仪。其祝辞《仪礼·士昏礼》"记"云:

> 父送女,命之,曰:"戒之敬之,夙夜毋违命。"母施衿结帨,曰:"勉之敬之,夙夜无违宫事。"庶母及门内,施鞶,申之以父母之命,命之曰:"敬恭听,宗尔父母之言。夙夜无愆,视诸衿鞶。"[①]

父亲送别女儿时,教导她说:"你务必要恭敬谨慎,从早到晚,勿违你公婆之命。"母亲为女儿束好丝带、系好佩巾,叮嘱女儿说:"要勤勉谨慎,从早到晚不要违反夫家的规矩。"庶母送到庙门内,为女儿系上储佩巾的小囊,向她重申父母的告诫:"遵从你父母的教诲。无论白天夜晚,都不要犯过失。你要经常拿出父母所赐的衿鞶,这样便会想起他们的教导。"

迎亲时,新郎穿爵弁服,纁裳的镶边为黑色。随从们都穿着玄端服。新郎乘墨车,一同迎亲的随行者分乘其余两辆车。仆役手持灯烛,走在马前面开道引路。接新娘的车和新郎一样,车上有帷幕遮挡。新郎至女家大门外等待。女家主人在祢庙设神席。新娘戴着发饰、穿着有黑色镶边的纯色衣裳立于房中。姆束发绾髻、穿着宵衣在新娘身右。陪嫁者都穿着纯玄色的衣裳、束发绾髻并披着有斧形花纹的披肩跟随在新娘身后。新娘父亲穿玄端服迎婿于门外,面向西朝婿行再拜礼。婿面向东朝岳父答拜。入庙门后,三揖三让至阶前。新娘父亲先登阶上堂。随后婿登西阶上堂,面北将雁放于地上,行再拜礼并稽首,降阶出门。新娘跟着新郎,从西阶降,出大门。新娘父亲不降阶,送别女婿和女儿。婿为新娘驾车,将登车的引绳交与新娘。姆替新娘辞谢,协助新娘登车,并为其披上罩衣。新郎先行驱车,稍行一段距离后,由车夫代替新郎驾车。新郎乘着他的车走在前面,在家门外等待新娘的马车。

妇至成礼。新娘到新郎家大门,新郎拱手迎新娘入门。至寝门,新郎再次拱手请新娘入内。陪嫁者和侍女为新郎、新娘布席。新郎、新娘洗手后入席。赞者为新

[①]〔清〕阮元校刻:《仪礼注疏》卷六,《十三经注疏》,第2099页。

郎、新娘准备好祭祀和食用的食物和器物。随后，夫妻二人行"三饭""三酳"①之礼。第三次漱口时，新郎、新娘以卺盛酒漱口，谓之"合卺而酳"。《礼记·昏义》："共牢而食，合卺而酳，所以合体同尊卑以亲之也。"寓意新婚夫妇即将共同生活，成为一体，因此"合卺"又有成婚的意思。三酳后，赞者自酢，夫妇皆答拜。赞者撤去食物。随后，陪嫁者和侍女收起新郎和新娘脱下的礼服，并为他们铺好床铺。新郎亲手解下新娘出嫁时戴上的缨饰，至此亲迎礼成。陪嫁者和侍女将新郎、新娘行礼剩余的食物吃掉，谓之"馂余"，食毕酳酒漱口。陪嫁者要在屋外侍奉，以便新人有事呼唤可以很快听到。

妇见舅姑。次日一早，新妇起床沐浴，束发绾髻、穿着宵衣准备拜见公婆。天亮时，赞者禀告公婆，新妇准备前来拜见。公公即席于阼阶上，婆婆则席于房外。新妇捧着盛有枣和栗的笄。新妇入门登上西阶，向公公行拜见礼，将笄放在席上。公公轻抚笄，表示接受新妇的礼物，然后向新妇答拜。新妇转身回避，以示自卑，并向公公行侠拜之礼。礼毕，新妇接过另一笄，内盛腶脩②。然后走到婆婆席前，将其交给婆婆。婆婆起身接受，向新妇答拜。

赞者醴妇。随后赞者代表公婆向新妇敬酒。赞者以觯酌醴，觯内有柶。新妇接过觯和脯醢，左手执觯、右手执脯醢，用柶行祭醴之礼，共三次。随后离席，啐一口醴酒，将柶放回觯中，最后拜谢赞者。赞者答拜，新娘再行侠拜之礼。礼毕，新妇将干肉交给门外的娘家人，以献给自己的父母。

妇馈舅姑。赞者代替公婆醴妇之后，新妇奉食于公婆。食物为特豚，即煮熟的小猪。公婆进行食祭以及"三饭"时，新妇要在一旁协助和服侍。公婆进食完毕，新妇将剩余的食物摆放如初，行馂余之礼。其余食物则撤入房中，由陪嫁者和侍女吃完。

舅姑飨妇。新妇侍奉公婆进食后，"舅姑共飨妇以一献之礼"（《礼记·昏义》）。此时，公公先酌酒敬新妇，新妇回敬，公公再次酌酒自饮，随后婆婆再酌酒敬新妇。此一献之礼由公婆共同完成，所以称"共飨妇以一献之礼"。礼毕，舅姑从西阶降，新妇从阼阶降。新妇降于主阶意味着新妇正式成为家庭的一员，有管理家内事的资格。

---

① 三饭，即用餐三次，每次用餐吃一口黍，随后啜一口羹汤，咂一口酱。三酳，即漱口三次，食毕进酒漱口谓之酳。
② 腶脩，捣碎加以姜桂的干肉。

飨送者。这一环节是婚礼的尾声，公婆以酒食款待女家的送婚者并赠予他们五匹锦。如果新妇来自异邦，则另外再给予送婚男子五匹锦。

舅姑没，妇庙见。如果公婆已经亡故，新妇则在入门三个月内设菜祭祀。祭祀时，新妇向亡者禀告自己的姓氏和来意，肃拜扱地①。礼毕，出庙。家臣中有德长者醴妇于房，如公婆醴妇之礼。新妇庙见寓意是虽公婆已经去世，但新妇治家之权依旧受制于公婆。这与后世无论舅姑在否均行庙见之礼有很大不同。

2.《诗经》中反映的先秦婚姻礼俗

（1）男女的婚龄、婚期与婚时

《周礼·地官·小司徒》："令男三十而娶，女二十而嫁。"根据《周礼》的说法，先秦男子三十、女子二十成婚。这一记载亦见于《仪礼》《礼记》二书。《礼记·内则》："（男子）三十而有室，始理男事"《礼记·曲礼》："（男子）三十曰壮，有室。"《礼记·曲礼》《仪礼·士昏礼》："女子许嫁，笄而醴之，称字。"《礼记·内则》："女子……十有五年而笄。"《春秋穀梁传·文公十二年》："男子二十而冠，冠而列丈夫，三十而娶。女子十五而许嫁，二十而嫁。"

根据上述记载，先秦男子三十而娶，女子二十而嫁。但学界已有研究成果以及相关史实表明，先秦时期男女多早婚，婚龄一般早于礼书所载的"男三十而娶，女二十而嫁"。如前文冠礼部分曾谈到，《左传》载，晋悼公建议鲁襄公行冠礼时说："国君十五而生子，冠而生子，礼也。"（《左传·襄公九年》）有人认为，国君早婚是因为"重继嗣"，如清人孙诒让认为："为国君早娶，重继嗣也。庶人则否，故必三十、二十而后始得婚假。"但此说或有误。从已有史料看，先秦时期的法律鼓励百姓早婚。如齐桓公曾根据管仲的建议，下令"丈夫二十而室，妇人十五而嫁"（《韩非子·外储说右下》）。越王勾践不仅下令要求百姓早婚，对于晚婚的男女，其父母还会受到严惩，"女子十七不嫁，其父母有罪；丈夫二十不取，其父母有罪"（《国语·越语》）。综合考虑，先秦时期男女婚龄应该是：男子二十至三十岁、女子十五至二十岁成婚。

至于周代男女结婚时的季节安排，目前学界尚未形成统一意见。从《诗经》中与婚嫁有关的诗歌看，周代婚期并不固定。有的婚期安排在春天，如《桃夭》：

---

① 肃拜，女子拜礼。扱地，拜时双手至地。

> 桃之夭夭，灼灼其华。之子于归，宜其室家。
> 桃之夭夭，有蕡其实。之子于归，宜其家室。
> 桃之夭夭，其叶蓁蓁。之子于归，宜其家人。

此诗以桃花起兴，既称赞了新娘年轻娇媚宛如桃花，又暗示了女子出嫁的时节为桃花盛开的春季。也有放在秋冬时节，如《诗经·氓》："将子无怒，秋以为期。"明显将婚期安排在秋季。又如《诗经·匏有苦叶》："士如归妻，迨冰未泮。"意为若男子迎娶新妇，一定要趁河水未结冰之时。

至于婚时，根据已有文献资料看，先秦时在黄昏时举行婚礼应当是可信的。如《诗经·绸缪》所记载的一场婚礼，其时间跨度从黄昏至深夜：

> 绸缪束薪，三星在天。今夕何夕，见此良人。子兮子兮，如此良人何！
> 绸缪束刍，三星在隅。今夕何夕，见此邂逅。子兮子兮，如此邂逅何！
> 绸缪束楚，三星在户。今夕何夕，见此粲者。子兮子兮，如此粲者何！

三星，星宿名，即心星。"三星在天"点明婚事开始于傍晚。随着时间的推移，三星的位置由"在天"到"在隅"，再到"在户"，暗示婚礼从黄昏持续到了深夜。

（2）父母之命，媒妁之言

从《仪礼·士昏礼》以及《礼记·昏义》的行文之间，我们不难发现"父母之命"与"媒妁之言"是先秦男女婚姻是否被认可的必要条件。如果没有"父母之命"与"媒妁之言"，那么男女之间即便生活在一起，也不会得到家族和社会的认可。《礼记·昏义》："昏礼者，将合二姓之好，上以事宗庙，而下以继后世也，故君子重之。"以儒家观点看来，婚姻关系到两个家族的结合与交好，承载着家族香火延续、后继有人的重要作用。因此必须在父母的主导下，以媒人为使者，经过完整的"六礼"以示郑重。

先秦婚姻对"父母之命"与"媒妁之言"的重视在《诗经》诸多诗歌篇章中多次被提及。一般来说，古时男女在婚前私下交往的行为是不合礼法的，如《诗经·将仲子》就记载：

> 将仲子兮，无逾我里，无折我树杞。岂敢爱之？畏我父母。仲可怀也，父母之言，亦可畏也。

将仲子兮，无逾我墙，无折我树桑。岂敢爱之？畏我诸兄。仲可怀也，诸兄之言，亦可畏也。

　　将仲子兮，无逾我园，无折我树檀。岂敢爱之？畏人之多言。仲可怀也，人之多言，亦可畏也。

　　诗中表现了少女虽然心系情郎，但由于害怕父母、兄长的责备，还是希望情郎不要来找她。除了担心父母、兄长的责备外，少女认为"人之多言，亦可畏也"。显然，本诗中的少女迫于社会舆论和礼法束缚婉拒了心上人与自己私下相会，表现了对父母的遵从。又如《诗经·南山》："取妻如之何，必告父母"，明确强调父母之命的必要性。

　　当日，对于周代婚姻礼俗来说，媒人同样必不可少。《诗经·伐柯》："伐柯如何？匪斧不克。取妻如何？匪媒不得。"正如伐木必须借助斧头一样，娶妻亦必通过媒人才可以成功。又如《诗经·氓》："匪我愆期，子无良媒。"说明没有媒人来沟通，男女婚事就无法确定下来。

　　（3）女子婚前宗庙祭祖

　　先秦女子出嫁前，要准备好祭品要到宗庙中告祭祖先。《诗经·采蘋》：

　　于以采蘋？南涧之滨。于以采藻？于彼行潦。
　　于以盛之？维筐及筥。于以湘之？维锜及釜。
　　于以奠之？宗室牖下。谁其尸之？有齐季女。

　　此诗记述了女子出嫁前，采蘋藻作为祭品祭祀先祖的情景。诗中，祭品（蘋藻）、祭器（锜釜）、祭所（宗室）、主持者（少女）俱全，真实地展现了先秦婚姻礼俗中的一个特定场景。这与《礼记》的记载相吻合，其云：

　　是以古者妇人先嫁三月，祖庙未毁，教于公宫，祖庙既毁，教于宗室。教以妇德、妇言、妇容、妇功。教成祭之，牲用鱼，芼之以蘋藻，所以成妇顺也。（《礼记·昏义》）

　　我们不难发现，《诗经》与《礼记》均记载先秦女子出嫁前要亲自准备祭品祭祀先祖，这种做法或许出于两点考虑：其一，婚姻是两个家族的大事，为显郑重需要在宗庙中告祭祖先；其二，女子成婚后有"事宗庙"的职责，此时让女子提前熟悉宗庙祭祀的相关仪式流程。正如《诗经·伐柯》所云："伐柯伐柯，其则不远。我觏之子，笾豆有践。"男子在称赞其新婚妻子时，并未谈及容貌品性，而是盛赞她将婚礼中的祭祀事宜安排得有条不紊，秩序井然（"我觏之子，笾豆有践"）。可见，在当时女子协助丈夫宴飨祭祀的能力，是评判妻子优秀与否的重要标准。同样也体现了周代建立后，宗法伦理观念对男女婚姻的深刻影响。

（4）车马迎亲

先秦时期，男方需以车马前往女家迎亲。此时，迎亲的队伍往往极为庞大，返回时会有女家陪嫁者与送嫁仆役跟随，更是蔚为壮观。《诗经》中有颇多诗歌描绘了周人迎亲的场景，如《诗经·大明》中文王亲至渭水，造舟为桥迎娶大姒：

> 大邦有子，俔天之妹。
> 文定厥祥，亲迎于渭。
> 造舟为梁，不显其光。

又如《诗经·韩奕》中描写韩侯亲至里巷娶妻归韩的场景：

> 韩侯取妻，汾王之甥，蹶父之子。
> 韩侯迎止，于蹶之里。百两彭彭，
> 八鸾锵锵，不显其光。诸娣从之，
> 祁祁如云。韩侯顾之，烂其盈门。

从文王与韩侯的事例中，我们发现即使贵为天子、诸侯，迎亲时亦需亲迎。根据《礼记》的记载，孔子也赞同天子、诸侯行亲迎之礼，他说：

> 古之为政，爱人为大；所以治爱人，礼为大；所以治礼，敬为大；敬之至矣，大昏为大。大昏至矣！大昏既至，冕而亲迎，亲之也。亲之也者，亲之也。是故，君子兴敬为亲；舍敬，是遗亲也。弗爱不亲；弗敬不正。爱与敬，其政之本与！（《礼记·哀公问》）

接着，鲁哀公以"冕而亲迎，不已重乎"问于孔子，孔子回答说：

> 合二姓之好，以继先圣之后，以为天地、宗庙、社稷之主，君何谓已重

乎？（《礼记·哀公问》）

孔子认为婚礼联合两姓，继嗣香火，继承先人的事业，成为天地、宗庙、社稷的主人，因此不可不隆重庄严。他将婚姻的意义上升到宗族延续、国家社稷稳固的高度，凸显其重要作用，在此基础上进一步论证天子、诸侯亲迎之礼的合理性。

（二）汉唐时期的婚礼

《仪礼·士昏礼》以纳采、问名、纳吉、纳征、请期、亲迎作为婚礼最重要的六个环节，婚礼仪式的隆重与严密均包含其中。汉唐的婚礼基本遵循《仪礼·士昏礼》"六礼"仪节，仅在细节上对古礼进行了一定程度的改易。

1. 两汉时期的婚礼

从已有文献看，汉代婚礼基本沿袭了《仪礼·士昏礼》的"六礼"程序，其仪式器物因成婚者身份尊卑降杀。一般来说，皇帝、皇子、王侯大婚仪式最为纷繁，礼物最为精美。据《通典》记载，"汉惠帝纳后，纳采雁璧，乘马束帛，聘黄金二万斤，马十二匹"[①]。东汉桓帝大婚"悉依孝惠皇帝纳后故事，聘黄金二万斤，纳采雁璧，乘马束帛，一如旧典"[②]。

东汉郑众制定的《百官六礼辞》是当时仕宦阶层通用的婚礼用书。该书婚仪程序"大略因于周制"，对男女两家"六礼"过程中的往来婚辞进行了规范：

> 纳采，女家答辞末云："奉酒肉若干，再拜。"反命，其所称前人，不云"吾子"，皆云"君"。六礼文皆封之，先以纸封表，又加以皂囊，著箧中。又以皂衣箧表讫，以大囊表之。题检文言："谒箧某君门下。"其礼物，凡三十种。各内有谒文，外有赞文各一首。封如礼文，箧表讫，蜡封题，用皂帪盖于箱中，无大囊表，便题检文言："谒箧某君门下。"便书赞文，通共在检上。[③]

[①] 〔唐〕杜佑：《天子纳后》，《通典》卷五十八，王文锦、王永兴、刘俊文等点校，第1634页。
[②] 〔唐〕杜佑：《天子纳后》，《通典》卷五十八，王文锦、王永兴、刘俊文等点校，第1635页。
[③] 〔唐〕杜佑：《公侯大夫士婚礼》，《通典》卷五十八，王文锦、王永兴、刘俊文等点校，第1649—1650页。

较之《仪礼·士昏礼》"记"中的婚辞，郑众制定的六礼婚辞已有一定变化。如纳采，女家回书答复男家时，文末云："奉酒肉若干，再拜。"使者复命时，称呼前一人时以"君"代替"吾子"。此外，郑众还对婚礼文书的形制样式、封装方式进行了详细的规范。需要注意的是，男女议婚、成婚过程中的"六礼"文书不仅仅用于两家沟通往来，更是两姓联姻的凭证，受到古代法律的认可和保护。

相比于先秦时主要以大雁、鹿皮、束帛作为礼物，东汉时的婚礼所用礼物已多达三十种：

> 礼物按以玄𫄸、羊、雁、清酒、白酒、粳米、稷米、蒲、苇、卷柏、嘉禾、长命缕、胶、漆、五色丝、合欢铃、九子墨、金钱、禄得香草、凤皇、舍利兽、鸳鸯、受福兽、鱼、鹿、乌、九子妇、阳燧，总言物之所众者。玄象天，𫄸法地，羊者祥也，群而不党，雁则随阳，清酒降福，白酒欢之由，粳米养食，稷米粢盛，蒲众多性柔，苇柔仞之久，卷柏屈卷附生，嘉禾颂禄，长命缕缝衣延寿，胶能合异类，漆内外光好，五色丝章采屈伸不穷，合欢铃音声和谐，九子墨长生子孙，金钱和明不止，禄得香草为吉祥，凤皇雌雄伉合，舍利兽廉而谦，鸳鸯飞止须匹，鸣则相和，受福兽体恭心慈，鱼处渊无射，鹿者禄也，乌知反哺，孝于父母，九子妇有四德，阳燧成明安身。又有丹为五色之荣，青为色首，东方始。①

从上述礼物的种类看，礼物的选择并不在于价值贵贱，更重要的是礼物背后的美好寓意。如合欢铃寓意声音和谐动听，九子墨寓意多子多孙等，多代表着男家对两家婚姻的祝福和期盼。

2. 魏晋南北朝时期的婚礼

东晋王堪撰的《六礼辞》对当时士大夫婚礼文书的格式规范、封装样式进行了细致描述，其纳采之礼如下：

> 于版上各方书礼文，婿父名、媒人正版中，纳采于版左方。裹于皂囊，白绳缠之，如封章，某官某君大门下封，某官甲乙白奏，无官言贱子。礼版奉案

---

① 〔唐〕杜佑：《公侯大夫士婚礼》，《通典》卷五十八，王文锦、王永兴、刘俊文等点校，第1650页。

承之。酒、羊、雁、缯、采、钱、米，别版书之，裹以白缯，同著案上。羊则牵之，豕雁以笼盛，缯以筒盛，采以奁盛，米以黄绢囊盛。米称斛数，酒称器，脯腊以斤数。媒人赍礼到女氏门，使人执雁，主人出，相对揖毕，以雁付主人侍者，媒人进，主人侍者执雁立于堂下，从者以奉案入。媒人退席，当主人前跪曰："甲乙使某敬荐不腆之礼。"按《礼》，唯婚辞云不得称不腆，故《婚记》云："币必诚，辞无不腆。"此恐王堪之误。主人跪答曰："君之辱，不敢辞。"事毕还座。从者进奉案主人前，主人侍者以雁退，礼物以次进中庭。主人设酒，媒人跪曰："甲乙使某献酒。"却，再拜，主人答拜，还座。主人酢媒人，媒不复答。①

根据王堪的描述，此时婚礼文书被记于版上，谓之"礼版"，以"奉案承之"。以纳采为例，礼版左侧写"纳采"二字，正中书婿父名、媒人名，礼文书于其后。按照当时的纳采之礼，媒人与仆役携礼版和礼物至女家表明来意。主人应允后，采礼依次陈于庭中。随后主人设席，媒人代表男家向女家主人献酒，行再拜之礼，主人答拜。其后，主人向媒人敬酒，媒人不需回敬。

魏晋以来，门阀士族的地位日益崇高，掌握了大量的社会和政治资源。这些名门望族为子弟择偶时极为强调"门当户对"，一般寒门庶士即使身居高位亦难以与之婚配。永嘉南渡之后，士族政治达到了顶峰，一度出现所谓的"王与马，共天下"的政治局面。所谓"王"，即"琅琊王氏"。目前可查到的最早的婚书就是琅琊王氏名声最显的子弟之一——"书圣"王羲之为七子王献之向高平郗氏求婚时所写的，论婚书内容如下：

十一月四日，右将军、会稽内史、琅琊王羲之，敢致书司空、高平郗公足下：上祖舒，散骑常侍，抚军将军，会稽内史，镇军仪同三司。夫人右将军刘（阌）女，诞晏之、允之。允之，建威将军、钱塘令、会稽都尉、义兴太守、南中郎将、江州刺史、卫将军。夫人散骑常侍荀文女，诞希之、仲之，及尊叔虞，平南将军、荆州刺史、侍中骠骑将军武陵康侯。夫人雍州刺史济阴郗说女，诞颐之、胡之、耆之、羡之。内兄胡之，侍中、丹阳尹、西中郎将、司州

---

① 〔唐〕杜佑：《公侯大夫士婚礼》，《通典》卷五十八，王文锦、王永兴、刘俊文等点校，第1651页。

刺史。妻，常侍、谯国夏侯女，诞茂之、承之。羲之妻，太宰，高平郗鉴女，诞玄之、凝之、肃之、徽之、操之、献之。肃之授中书郎骠骑谘议太子左率，不就。徽之，黄门郎。献之字子敬，少有清誉，善隶书，咄咄逼人。仰与公宿旧通家，光阴相接，承公贤女，淑质直亮，确懿纯美。敢欲使子敬，为门闾之宾。故具书祖宗职讳。可否之言，进退唯命。羲之再拜。①

在这封论婚书中，王羲之以极大篇幅历陈高祖以下五代名讳官爵，以彰显自家门第；随后夸赞七子王献之"少有清誉，善隶书，咄咄逼人"，又谈及王、郗两家本是姻亲且世代交好，称赞郗家女（郗道茂）温良贤淑，最后表达通婚之意。

除士大夫的婚礼外，皇帝大婚也同样用礼版记录礼文。据《通典》记载，晋穆帝将纳何氏为后，大臣何彪之为之"正礼"，"其告庙六礼版文等，皆彪之所定"②。其仪为：

纳采，用雁一头，白羊一口，酒十二斛，米十二斛。问名，用雁羊酒米如前。纳吉，用雁羊酒米如前。纳征，用白羊一口，玄纁帛三匹，绛二匹，绢二百匹，兽皮二枚，钱二百万，玉璧一枚，酒十二斛，白米十二斛，马六匹。请期，用雁羊酒米如初。迎用雁羊酒米如初。③

北齐时，皇帝纳后先行纳采、问名、纳征之礼，随后"告圆丘、方泽及庙"，成婚后，"择日，群官上礼。又择日，谒庙。皇帝使太尉，先以太牢告，而后遍见群庙"。

据《颜氏家训》记载，南朝时民间婚姻嫁娶之事，多有贪图富贵者。

婚姻素对，靖侯成规。近世嫁娶，遂有卖女纳财，买妇输绢，比量父祖，计较锱铢，责多还少，市井无异。或猥婿在门，或傲妇擅室，贪荣求利，反招

---

① 〔晋〕王羲之：《王右军集》卷一，明崇祯刻本。
② 〔唐〕杜佑：《天子纳后》，《通典》卷五十八，王文锦、王永兴、刘俊文等点校，第1638—1639页。
③ 〔唐〕杜佑：《天子纳后》，《通典》卷五十八，王文锦、王永兴、刘俊文等点校，第1638—1639页。

羞耻，可不慎欤！①

有鉴于此，颜氏先祖教导子弟婚姻嫁娶不要攀附富贵，为子女择偶时应当注重对方的人品和性情。

3. 唐代婚礼

与魏晋南北朝相比，唐代婚礼明显呈现出新的变化。一方面，国家礼书如《大唐开元礼》《唐六典》的修撰构建了一套从天子至于庶人的婚礼体系，其仪式程序、礼物礼器、冠冕服章无不囊括其中，尊卑上下，各有差等；另一方面，唐代出现了大量的用于指导民间婚丧礼仪的吉凶书仪，这些吉凶书仪种类繁多、功能丰富，融合了一定的民间风俗，具有较高的历史价值。

以《大唐开元礼》卷一百二十五所载"六品以下婚"为例，其婚仪依次为纳采、问名、纳吉、纳征、请期、亲迎、见舅姑、盥馈、婚会、妇人礼会、飨丈夫送者、飨妇人送者十二个步骤。其中"婚会""妇人礼会"为《开元礼》新增之礼，大抵为成婚当日宴请亲朋之仪。

至于唐代盛行的吉凶书仪，主要见于敦煌出土的书仪类文献。有学者对张敖《新集吉凶书仪》中的男女婚仪进行了简要梳理：

> 其程序首先是"通婚书"。男方家长向女方家长问候致意，并直接提出婚事："第几男年已成立，未有婚媾，承贤第厶女，令淑有闻，四德兼备，愿结高援。"这就代表了父母之命。婚书的往来均通过函使和媒人进行："谨因媒人厶氏厶乙，敢以礼请。"这就是媒妁之言。从开始通婚就有相应的财礼，包括绫罗匹帛、裙袍被褥、钱、猪羊牧畜及各色生活用品。女方报以"答婚书"，婚事即确立。这就是纳采、纳征之礼。接下来是"成礼"，男方前往女家亲迎。整个婚事均按一定的礼仪程序进行。②

古时婚礼不作乐，因其乃严谨慎重之事。时过境迁，唐时男女的婚姻礼俗与先秦相比发生了极大的变化，如唐睿宗太极元年（712），左司郎中唐绍上疏批评当时民间婚俗多有违礼的情况：

---

① 王利器：《治家》，《颜氏家训集解》卷一，中华书局1993年版，第53页。
② 岳庆平：《中华文化通志·婚姻志》，上海人民出版社1999年版，第103页。

又士庶亲迎之仪，备诸六礼，所以承宗庙，事舅姑，当须昏以为期，诘朝谒见。往者下俚庸鄙，时有障车，邀其酒食，以为戏乐。近日此风转盛，上及王公，乃广奏音乐，多集徒侣，遮拥道路，留滞淹时，邀致财物，动逾万计。①

"障车"即拦车。本为女家亲戚在新娘出嫁时以拦车仪式表达不舍之情，后来逐渐演变为拦车向男方索要财物、酒食，否则不予放行。障车之俗在唐代极为盛行，据唐人封演《封氏闻见记·花烛》记载："近代婚嫁，有障车、下婿、却扇及观花烛之事，又有卜地、安帐、并拜堂之礼，上自皇室，下至士庶，莫不皆然。"拜堂之礼，《士昏礼》无载，同样始见于唐代。

（三）两宋时期《书仪》《家礼》对婚姻礼俗的整合

"宋代是礼仪重建、礼下庶人、礼俗融合的时代。"②经过唐末五代长期战乱，礼文亡阙，婚姻礼俗变化很大。入宋以后，儒学士大夫将传统婚姻礼仪进行重新整合，并结合宋代风俗做了删改厘定，从程颐的《婚礼》、司马光的《书仪·婚仪》到朱熹的《家礼·婚礼》均对传统的"六礼"程序进行了简化损益，使其简便易行。

1. "以礼论俗"：司马光《书仪》对婚姻礼俗的初步整合

程颐所作的《婚礼》分纳采、问名、纳吉、纳征、请期、成婚、奠菜诸仪，其文仅叙礼之大节与主宾辞令，未能详尽其支末。如纳采之礼，其云：

纳采，谓婿氏为女氏所采，故致礼以成其意。使辞曰："吾子有惠，贶某室也；某婿父有先人之礼，使某也敢纳采。"③

总体而言，程颐的《婚礼》更类似对《仪礼·士昏礼》的简要解释，而非被用于指导婚礼仪节的礼书。

---

① 〔后晋〕刘昫等：《舆服志二十五》，《旧唐书》卷四十五，第1958页。
② 何斯琴：《古代婚礼文书漫谈》，《文史知识》2015年第7期。
③ 〔宋〕程颢、〔宋〕程颐：《河南程氏文集》卷十，《二程集》，王孝鱼点校，第620页。

相较之下，司马光的《书仪·婚仪》内容更为详尽，对婚礼的指导性更强。首先在男女婚龄问题上，司马光认为"世俗早婚之弊不可猝革"，因此规定"男子年十六至三十，女子十四至二十"为宜。针对世俗男女婚嫁贪慕富贵以及请许婚约的风气，司马光予以严厉的反驳：

> 凡议婚姻，当先察其婿与妇之性行及家法何如，勿苟慕其富贵，婿苟贤矣。今虽贫贱，安知异时不富贵乎？苟为不肖，今虽富盛，安知异时不贫贱乎？孔子谓南容，邦有道不废，邦无道免于刑戮。以其兄之子妻之，彼行能必有过人者，故邦有道不废也。寡言而慎事，故邦无道免于刑戮也。择婿之道，莫善于是矣。妇者家之所由盛衰也，苟慕一时之富贵而娶之，彼挟其富贵，鲜有不轻其夫而傲其舅姑，养成娇妒之性，异日为患庸有极乎！借使因妇财以致富，依妇势以取贵，苟有丈夫之志气者，能无愧乎？又世俗好于襁褓童幼之时轻许为婚，亦有指腹为婚者，及其既长，或不肖无赖，或身有恶疾，或家贫冻馁，或丧服相仍，或从宫远方，遂至弃信负约，速狱致讼者，多矣。是以先祖太尉尝曰：吾之男女，必俟既长然后议婚。婚既通书，不数月必成婚，故终身无此悔，乃子孙所当法也。①

司马光认为，为子女择偶议婚最重要的是考察对方的品性和家教家风；而富贵只是一时之富贵，如果婚嫁对象品行不佳，难免导致家道中落。至于在子女尚幼时，轻许婚约以及指腹为婚的习俗，司马光也同样持批评态度。他认为在子女幼时定下婚约，会受到多种因素的影响以致日后反悔，最好的做法是等到子女长大成人再议婚。

对于部分不违礼义而且已被百姓广为接受的民间风俗，司马光采取了兼容并包的做法。《书仪》中的冠、婚、丧、祭诸礼，在坚持古礼核心仪式程序不变的基础上，融入大量的后世风俗，呈现出礼俗交融的鲜明特点。如宋代亲迎前有"铺床"民俗，司马光认为："古虽无之，然今世俗所用，不可废也。"②又如，时俗夫妻成婚有交拜之礼，司马光指出："古无婿妇交拜之仪，今世俗始相见交拜，拜致

---

① 〔宋〕司马光：《婚仪》，《书仪》卷三，《文渊阁四库全书》经部礼类。
② 〔宋〕司马光：《婚仪》，《书仪》卷三，《文渊阁四库全书》经部礼类。

恭，亦事理之宜，不可废也。"①可见，作为治礼大家，司马光并没有像一般道学家那般迂阔陈腐，而是以一种灵活开放而不失审慎的态度来看待礼俗之间的矛盾。

除了对民间风俗进行斟酌取舍以外，司马光还根据自身的礼学理解，对部分不合时宜的古礼仪节进行损益改动。《仪礼·士昏礼》所载"六礼"均行之于两家祢庙。宋士大夫极少有庙，因此司马光以影堂易之，并且增加告庙之辞。他认为："夫婚姻，家之大事，其义不可不告。"此外，司马光在亲迎入门后增加告祭祖祢的环节，认为"古无此礼，今谓之拜先灵，亦不可废也。"并且由于新妇在入门的时候已经拜祭祖祢，因此删去了"三月庙见之礼"。

另外，对于纳采仪节的"贽用生雁"的规定，鉴于活着的大雁不易得到，司马光也根据实际，提出了用木头雕刻的雁以代之的想法。他说：

凡贽用生雁，左首以生色缯交络之，无则刻木为之，取其顺阴阳往来之义。程子曰："取其不再偶也。"②

应该说，司马光认为重在符合礼义要求的思想无疑是正确的，这样的婚礼仪节就有了可操作性，贴近了百姓的生活实际。正因此，朱熹的《家礼》卷三《昏礼》，一字不差地照录了司马光的这些文字。

2．"以礼化俗"：朱熹的《家礼》对婚姻礼俗的进一步整合

尽管司马光在兼顾古礼与时俗的基础上，对《士昏礼》删繁就简，制定了一套相对简便的家礼。然而，这里所谓"简便"也仅是较之《仪礼》而言，实际上《书仪》的仪式步骤之繁多、礼文器物之繁杂，仍难免让人望而生畏。以司马光制定的婚仪为例，《书仪·婚仪》有纳采、问名、纳吉、纳币、请期、亲迎、妇见舅姑、婿见妇之父母八个仪式程序，每个仪式程序之下又有若干小环节。仅纳采、问名、纳吉、纳币、请期四礼，就需使者两家之间往返多次，来回奔波；而亲迎一礼，要经过铺床、具盛馔、婿父醮子、妇父醮女、登车、诣影堂、盥洗、交拜、合卺、馂余、礼宾等至少十多个流程。正如朱熹所言："读者见其节文度数之详，有若未易究者，往往未见习行，而已有望风退怯之意。又或见其堂室之广，给使之多，仪物

---

① 〔宋〕司马光：《婚仪》，《书仪》卷三，《文渊阁四库全书》经部礼类。
② 〔宋〕司马光：《婚仪》，《书仪》卷三，《文渊阁四库全书》经部礼类。

之盛，而窃自病其力之不足。"①

有鉴于此，朱熹在《书仪·婚仪》的基础上，对婚礼仪式程序进行了进一步的简化。他认为："古礼有问名、纳吉，今不能尽用，止用纳采、纳币，以从简便。"②也就是将古礼中的"六礼"融合为"三礼"。这样，《家礼》就将婚礼程序简化为纳采、纳币、亲迎、妇见舅姑、庙见、婿见妇之父母六个大纲，每纲之下又有若干仪节的细目，且以夹注的形式对这些细目进行解释说明。整体上，《家礼》冠、婚、丧、祭四礼纲目明晰、行文简洁，方便士庶参照遵行。以其中的纳币之仪为例，其正文部分为：

> 纳币，具书，遣使如女氏。女氏受书，复书，礼宾。使者复命。并同纳采之仪。③

合计不到三十字，但其大致流程让观者一目了然。如果对具体仪节有所疑惑，则可阅读仪节之下的夹注内容。如"纳币"，朱熹解释为："币用色缯，贫富随宜，少不过两，多不逾十。今人更用钗钏、羊、酒、果实之属，亦可。"④

更值得一提的是，朱熹的《家礼》在"折中古今"损益古礼仪节的同时，尤为注意礼仪背后的"名分之守、爱敬之实"，也就是所谓的"礼之本"：

> 世之君子，虽或酌以古今之变，更为一时之法，然亦或详或略，无所折衷。至或遗其本而务其末，缓于实而急于文，自有志好礼之士，犹或不能举其要，而困于贫窭者，尤患其终不能有以及于礼也。⑤

朱熹认为，世间儒者在考订编撰礼书的过程中往往过于重视礼文仪节，而忽视其背后的"纪纲人道"，殊为可惜。此处暂举一例以证之，前文已经谈到，司马光删去"三月庙见"之仪，改为入门后就入影堂告祭先祖。朱熹对此曾评价说：

---

① 〔宋〕朱熹：《跋三家礼范》，《晦庵先生朱文公文集》卷八十三，《朱子全书》（第24册），朱杰人、严佐之、刘永翔主编，第3920页。
② 〔宋〕朱熹：《昏礼》，《家礼》卷三，《文渊阁四库全书》经部礼类。
③ 〔宋〕朱熹：《昏礼》，《家礼》卷三，《文渊阁四库全书》经部礼类。
④ 〔宋〕朱熹：《昏礼》，《家礼》卷三，《文渊阁四库全书》经部礼类。
⑤ 〔宋〕朱熹：《序》，《家礼》，《文渊阁四库全书》经部礼类。

人著书,只是自入些己意,便做病痛。司马与伊川定昏礼,都是依《仪礼》,只是各改了一处,便不是古人意。……伊川云:"婿迎妇既至,即揖入内,次日见舅姑,三月而庙见。"是古礼。司马礼却说,妇入门即拜影堂,这又不是。古人初未成妇,次日方见舅姑。盖先得于夫,方可见舅姑,到两三月得舅姑意了,舅姑方令见祖庙。某思量,今亦不能三月之久,亦须第二日见舅姑,第三日庙见,乃安。①

朱熹认为,司马光《书仪》中"妇入门即拜影堂"的做法虽然迎合了民间"拜先灵"的风俗,但实际上违背了古礼的本意。曾有弟子以"三月庙见"之礼向朱熹请教,朱熹回答说:"未知得妇人性行如何。三月之久,则妇仪亦熟,方成妇矣。然今也不能到三月,只做个节次如此。"②也就说,新妇需品性让舅姑满意、得到舅姑的认可,才有资格入祠堂祭祖。因此在《家礼》中,朱熹规定成婚当日行夫妻之礼,次日则新妇见于舅姑,第三日才得以庙见。如此,通过对婚礼仪式次第的些许调整,使得《礼记·昏义》中强调的"妇顺"之道得以重申,妇于夫、舅姑、祖先之间的"名分之守、爱敬之实"更得以彰显。正因此,有学者对朱熹的《家礼》所呈现的"崇化导民""以礼化俗"的追求予以高度评价:可以说,由"以礼论俗"出发,折中"以礼废俗""以俗合礼",进而达到"以礼化俗"的境界,是朱熹《家礼》开辟出的一条具有宋代特色的礼仪复兴之路。这条进路是以北宋婚礼的立制与实践作为重要参考,以同时代的礼书作为对话文本,深刻反思宋代礼仪复兴中礼俗关系的结果。它不但在"硕果不食"的礼仪困局中重新肯定了《仪礼》的价值,还为古礼文本意义的再生产提供了垂范。③

(四)宋代以后的婚礼礼制及其礼仪实践

宋代以后,朱熹及其理学的地位日益尊崇,其所著《家礼》也逐渐成为士庶奉行的通典。如在民间流传甚广的《郑氏家仪》《家规辑略》《泰泉乡礼》均明确表

---

① 〔宋〕朱熹:《冠婚丧》,《朱子语类》卷八十九,《朱子全书》(第17册),朱杰人、严佐之、刘永翔主编,第3000—3001页。
② 〔宋〕朱熹:《冠婚丧》,《朱子语类》卷八十九,《朱子全书》(第17册),朱杰人、严佐之、刘永翔主编,第3000页。
③ 参见杨逸:《宋代四礼研究》,浙江大学2016年博士学位论文。

示子弟婚礼"一遵文公《家礼》"。值得注意的是，明清两代亦有不少士庶学者以批判、客观的态度审视、反思朱熹《家礼》，推动了中国封建社会后期以及民国时期婚姻仪式、观念的进一步发展。

明清两代的学者在朱熹《家礼》的基础上结合时俗，对婚礼予以简化，还有不少学者基于自身理解，对《家礼》的内容进行了进一步损益。其中比较典型的当为明代丘濬所撰的《家礼仪节》一书。朱熹虽将古礼中的"六礼"简易为"三礼"，但事实上民间仍多保留着"六礼"。针对这种情况，丘濬在《昏礼》卷首提道：

> 古有六礼，《家礼》略去问名、纳吉、请期、止用、纳采、纳币、亲迎，以从简便。今拟以问名并入纳采，而以纳吉、请期并入纳币，以备六礼之目。然惟于书辞之间，略及其名而已，其实无所增益也。[1]

这一做法受到广大士庶的认可，如清人吴翟《茗洲吴氏家典》卷四题解部分基本完全抄录了丘濬《家礼仪节》，他认为这种做法"既不悖乎《仪礼》，而实亦《家礼》之遗意也"[2]。

此外，明清学者在撰写家礼时极为注重对国朝礼法的遵循。丘濬谈及纳币之礼时批评说："今国朝制度，庶民昏姻定位三等，其礼许用绢布、猪、羊、鹅、酒、果、面之类。世俗往往逾制奢侈，狃于见闻矣。"[3]宋纁也曾在其《四礼初稿》的家礼著作中强调："国朝品官、庶人纳币各有定制，宜遵行之，不可僭越。"[4]

上文曾谈到，朱熹出于遵循古礼礼义的考虑，将"庙见"置于"妇见舅姑"之后。但这一改动并未得到后人的广泛认可，丘濬恢复了司马光《书仪》中新妇入门后即庙见的做法。他解释道："按《大明会典》，天子纳后、亲王纳妃，俱先谒庙，然后行合卺礼。而士庶人之礼独无之。愚意先拜祠堂为是。"[5]除了受《大明会典》的影响外，丘濬实际上还有更深一层的考虑。他将"妇见舅姑"提前到亲迎当日，"馂馀"之后进行。对此，丘濬进一步解释了理由：

---

[1]〔明〕丘濬：《昏礼》，《家礼仪节》卷三，《文渊阁四库全书》史部政书类。
[2]〔清〕吴翟：《茗洲吴氏家典》，陈延斌主编：《中国传统家训文献辑刊》（第20册），第211页。
[3]〔明〕丘濬：《昏礼》，《家礼仪节》卷三，《文渊阁四库全书》史部政书类。
[4]〔明〕宋纁：《昏礼》，《四礼初稿》卷二，《文渊阁四库全书》经部礼类。
[5]〔明〕丘濬：《昏礼》，《家礼仪节》卷三，《文渊阁四库全书》史部政书类。

礼无子妇同见庙，同见舅姑之文。今时俗如此行，若太拘于古礼，则有未可。以人情论之，子妇同拜亦何害？且父母为之娶妻，不拜父母，其子之心安乎？盖祭祀祖考妣尚有主人、主妇同馈奠之礼。礼本人情，若新婚子妇同拜庙、拜亲，未为过也。①

可见，除了不逾礼制的考虑外，丘濬认为礼仪还应顺应人的情感，即"礼本人情"。他强调在"无害礼"的前提下灵活地处理古礼与时俗的矛盾关系。

明清时期，一些家礼的撰作者更加务实，注意将民间习俗融入家礼，以求切于百姓生活。以婚礼"纳采"中的"奠雁"仪节为例。他们就提出了用鹅之类动物代替活雁甚至"画雁"以代之的主张。譬如，明代官吏宋纁《四礼初稿》云：

执雁者从婿后。跪，奠雁。婿北向跪，从者以盘盛雁，授婿奠置于地，主人侍者受之。无雁，以鹅之类雁者代之。止用一只，以生色缯交络之。首向左。②

提出用"画雁"代"生雁"主张的是明万历年间官至礼部尚书兼东阁大学士的李廷机，他在其家礼著作《李文节公家礼》中写道：

亲迎以新妇入门日时之吉为重。是日女家设二案于堂中，一香烛，一置双雁，活雁难得，可用画雁。兼用二鹅，共一笼，取其形声似雁，置轴前。③

此外需要说明的是，明清以来随着谱牒文化的繁荣，家谱、族谱类文献大量出现。广大民间士庶为教导子弟谨守礼法，普遍将婚礼等家礼家仪载于族谱，方便族人参照遵行。这一类家礼文献一般行文简明、用语通俗，且辅之以图、表等，以方便部分文化水平不高的普通族人亦可略知礼仪。以《（安徽）泾县汪氏宗谱》为例，该家族宗谱的"婚礼"部分先略述婚义，随后简要概述纳采、纳征、请期、亲迎四仪，并附有婚书样式、醮婿图和醮女图供读者参考。其婚书正文，文辞多用典

---

① 〔明〕丘濬：《昏礼》，《家礼仪节》卷三，《文渊阁四库全书》史部政书类。
② 〔明〕宋纁：《昏礼》，《四礼初稿》卷二，《文渊阁四库全书》经部礼类。
③ 〔明〕李廷机：《婚礼》，《李文节公家礼》，《四库禁毁书丛刊》。

故，寓意美好：

  纳征兼请期式："伏荷尊慈，不鄙寒素，俯俞媒议，许以几令媛贶室仆之几男。凤缘契好，获缔姻盟。愧荆菲无足承筐，借革丝聊以展愫。虔修寸牍，敬卜良辰，择于某月某日之吉，恭行亲迎。伏祈鸿鉴，俯降云轪。不宣。"

  回书式："伏承尊慈，勿遗浅陋，谬择几小女作配几令郎。因借高枝，好绵奕祀。兹者恭承嘉命，拜赐隆仪。报既忝乎琼瑶，敢不兼承其庚甲；期俟嘉之卜筮，自当肃驾于星河。盟缔百年，庆流奕世。仰祈鸿览，俯赐鉴原。不宣。"①

  进入民国以后，随着封建制度的灭亡和西方思想观念的不断涌入，传统婚礼仪式进一步发展变化，呈现出鲜明的时代特征。试以此时民国时期湖南衡山龙氏族谱所再民间婚礼仪文为例，了解该时期"近今通用昏礼"。衡山龙氏所制婚礼既保留了适用于封建社会的传统婚礼，又结合当时风尚撰作了新式婚礼，是研究晚清至民国婚礼制度变化的珍贵资料。

  衡山龙氏所制婚礼在参考传统婚礼的基础上做了较大变革，以适应时代变化，其新式婚礼礼制则颇具新意，该婚礼礼制由订婚年龄、订婚信物、结婚地点、结婚关系人、结婚仪节五个部分组成：

  （一）订婚年龄：依法律之规定。

  （二）订婚信物：双方交换婚帖，其他聘礼从简。

  （三）结婚日期：由男女两家同意订定之。双方只具名帖，所有礼品一概免除。

  （四）结婚地点：在公共礼堂，或在家庭行之。

  （五）结婚关系人：（甲）介绍人、（乙）主婚人（双方父母或保护人为当然主婚。无父母或保护人者，各就亲长中推定一人主婚）。（丙）证婚人，双方公推本地有声望者二人或一人为证婚人。（丁）傧相，男女傧相各二人，由双方邀请。（戊）司仪（双方公推司仪二人或一人）。

  （六）结婚仪节：1.声炮。2.奏乐。3.来宾入席。4.介绍人入席。5.证婚人、主婚人入席。6.新郎、新妇入席。7.新郎、新妇相向互行一鞠躬礼。8.证婚人宣读

---

① 〔清〕汪源纂修：《（安徽）泾县汪氏宗谱》，陈建华、王鹤鸣主编：《中国家谱资料选编·礼仪风俗卷》，第91页。

证书。9. 新郎、新妇盖章。10. 证婚人、介绍人、主婚人以次盖章。11. 新郎、新妇交换饰物。12. 证婚人致词。13. 介绍人致词。14. 来宾致词。15. 主婚人致谢词。16. 新郎、新妇谢证婚人、介绍人及来宾，一鞠躬。17. 声炮。礼成。①

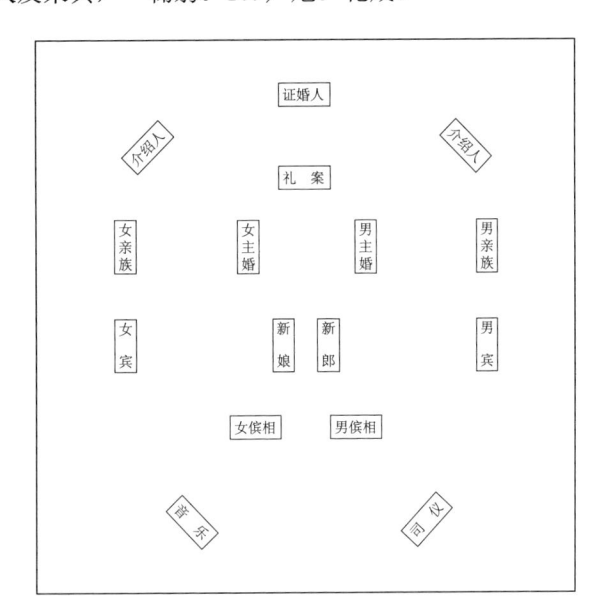

图17　衡山龙氏族谱中的订定婚约帖式

图18　衡山萧氏族谱中的结婚礼堂陈设式

龙氏婚礼规定，订婚年龄要依据法律的规定，结婚地点应置于公共礼堂，结婚仪节几乎全用新式婚仪，但该婚礼制度中婚帖、聘礼、介绍人（媒人）等也保留了传统婚礼的些许痕迹。

---

① 参见萧嘉学纂修：《（湖南衡山）衡山乌塘萧氏十一修族》，陈建华、王鹤鸣主编：《中国家谱资料选编·礼仪风俗卷》，第112—120页。

第六章 丧礼与祭礼

丧礼和祭礼是传统家礼的重要组成部分，中国人是世界上最重视丧礼和祭礼的民族。丧礼，语出《周礼·春官·大宗伯》："以凶礼哀邦国之忧：以丧礼哀死亡。"丧礼，是亲属友好哀悼死者的礼节和为死者殓葬祭奠的礼仪，包括治丧礼仪和治葬礼仪两部分。祭礼是祭祀或祭奠的礼节和礼仪。

一、丧礼

（一）《仪礼》《礼记》中记载的先秦丧礼

先秦丧礼主要见于《仪礼》中的《丧服》《士丧礼》《既夕礼》《士虞礼》等篇。此外，《礼记》中的《檀弓》《丧服小记》《杂记》《丧大记》《奔丧》《问丧》《丧服》《丧服四制》等篇亦有较多篇幅论述丧礼。《仪礼》《礼记》相互补充，有助于我们对先秦丧礼文化形成一个较为全面的认识。

1. 先秦丧礼仪节

诸礼中丧礼最为繁复。根据《仪礼》《礼记》的记载，先秦丧礼大致可以分解为临终、始死、治丧、成服、出丧以及葬后诸仪等环节，每一环节都包括众多礼仪细目。

（1）临终

先秦丧礼礼仪规定，先将临死之人移入正寝。古代贵族都有正寝和燕寝，燕寝是平常生活起居的房间，正寝则是斋戒或患病时居住的房间。古人认为去世时必须在正寝，这就是所谓的"寿终正寝"。病人弥留之际，家人将新棉絮置其口鼻之上，试看是否还有气息。也就是《礼记·丧大记》所云"属纩以俟绝气"。如果不见新絮摇动，说明病人已经咽气，这时才可称"卒"，这个过程被称为"属纩"。后来，"属纩"成为临终的代称，比如南朝宋文学家鲍照的《松柏篇》所云："属纩生望尽，阖棺世业埋。"[①]

（2）始死

当断定病人已去世后，家人为之悲哀痛哭。《礼记·丧大记》云："主人啼，

---

① 〔南朝宋〕鲍照：《松柏篇》，《鲍照集校注》卷八，丁福林、丛玲玲校注，中华书局2012年版，第706页。

兄弟哭，妇人哭踊。"古人相信刚死之人的魂魄尚未远离躯体，若魂魄归来则能复生。因此病人气绝之初，需举行"复"这一招魂礼仪。据《礼记·丧大记》载，病人初死，须有生者一人，持死者之衣，登上屋顶，面向北面呼喊死者的姓名（男子称名，女子称字）说："某人，回来！"《仪礼·士丧礼》孔颖达疏云："若天子崩，则云'皋天子复'，若诸侯薨，则称'皋某甫复'，若妇人称字，则尊卑同。"① 连喊三次后，再把死者的衣服卷起来投到屋下，由家人接着，覆盖到死者尸体上。

行复礼的礼义是死者的家人不忍心亲人离去，希望通过乞求神灵让死者的灵魂再回到身体上来。这就是《礼记·檀弓下》所说："尽爱之道也，有祷祠之心焉。望反诸幽，求诸鬼神之道也。"

当人们确信亲人已确实死亡之后，家属脱下日常衣服，除去饰品，换上素服，并将布帷将灵堂包围起来，以遮掩遗体。随后由死者家人（一般是死者的嫡长子）讣告亲友，并告知凭吊的日期，让他们做好前来吊丧的准备。

同时，死者生前近侍（须同性）为死者沐浴，然后修剪指甲、胡须等。沐浴后，家人将珠、玉、谷物或钱币放入死者口中，谓之"饭含"。根据死者的身份地位不同，饭含也有不同的材质。据《说苑·修文》："天子含实以珠，诸侯以玉，大夫以玑，士以贝，庶人以谷实。"② 随后，为死者穿衣。上衣下裳一套衣服为一称，士人三称，诸侯七称，上公九称，天子十二称。此外，还要用充耳（一种玉制品）置于死者耳内，以幎目（以玉、石片缀于绢帛上）覆面。然后用衾覆盖尸体，谓之"设冒"。

（3）治丧

治丧礼仪是指在家完成的出殡前的整个仪程，它包括设铭旌、设重、吊丧、入殓、成服等内容，是丧葬习俗非常重要的过程。"铭旌"也称"铭""旌铭"，是标示死者生前身份、地位的旗幡。铭旌在治丧期间设置，出殡时张举在灵柩前，祭奠时倚放灵座之右，入葬时则覆盖在棺盖上。

"重"是可以悬挂重物的木架，放在中庭靠南边。丧家由祝③将饭含所剩的米煮成粥装进鬲中，并用粗布封好口，悬挂于重上。铭旌置于重上。设重是因为初丧

---

① 〔清〕阮元校刻：《仪礼注疏》卷三十五，《十三经注疏》，第2444页。
② 〔汉〕刘向：《修文》，《说苑校证》卷十九，向宗鲁校证，中华书局1987年版，第493页。
③ 祝，这里指主持丧礼或祭祀仪式之人。

未置神主，用重代替其神主。设重的制度秦汉至唐宋都相沿习，但到宋代之后，则被魂帛①所取代。

吊丧是在获悉亲朋去世后到丧家进行的吊唁②慰问活动。春秋时，吊丧须换穿吊服，秦汉之后，吊丧则皆穿素服。所谓"素冠帻，白练深衣，器用皆素"③。宋代之后，据司马光的《书仪》载，"去华盛之服"即可，礼节要求趋于简练。

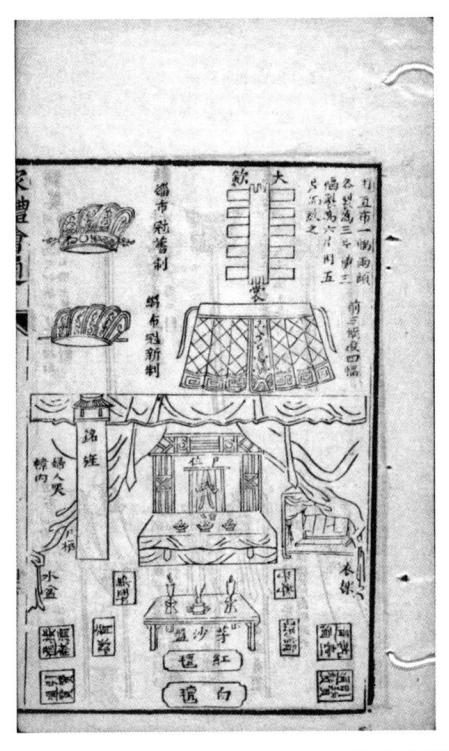

图19 〔清〕张汝诚《家礼会通》中的丧事设位图

殓分小殓、大殓。殓是为死者穿衣和包裹衾被等，刘熙《释名·释丧制》曰：

---

① 宋时品官用重，士民用魂帛，用以招魂。司马光撰《书仪》取其简易，定为通制，后世多遵循之。
② 吊，哀悼死者；唁，安慰死者家属。
③ 〔唐〕杜佑：《天子吊大臣服议》，《通典》卷八十一，王文锦、王永兴、刘俊文等点校，第2202页。

"殓者敛也，敛藏不复见也。"[1]不同等级，大小殓的仪式规格也不相同。以士阶层为例，小殓是指丧家在死者死后次日清晨为其穿上敛衣，于室内进行；大殓则于死后第三天将死者尸体置入棺内，于室外东阶上进行。所谓"小殓于户内，大殓于阼"。

（4）成服

丧家及其亲属按照各自与死者的血缘关系的亲疏、远近，根据家礼的五服[2]规定，穿上各自应服的丧服。成服大致在大殓之后，一般为死者去世后第三天，《仪礼·士丧礼》载："三日，成服。"唐制也是"三日成服"。但也有说于大殓后一日，即不计死日的第三日成服的。宋代以降，则大殓之后立即成服。

治丧期间，在堂的西阶掘一坎地停柩，这就是孔子说的"周人殡于西阶之上，则犹宾之也"（《礼记·檀弓上》）。西阶是客位，就是把灵柩当作宾客了。关于出殡的日期，据《礼记·王制》载，从始死之日起，"天子七日而殡""诸侯五日而殡""大夫、士、庶人三日而殡"。

（5）出丧

出丧礼仪是把灵柩发送到墓穴安葬的整个过程的礼俗，也叫"出殡"。出丧礼仪包括择启殡、朝祖、陈明器、送葬、反哭等仪节，属于丧葬礼制中的重要内容。启殡是将灵柩移到堂屋正中以准备出殡。据《仪礼·既夕礼》载，启殡和朝祖都是很肃穆的仪式。启殡礼时，有丧服的亲戚都需参加。随后将灵柩运到祖庙，谓之"朝祖"。其意是告别尊祖先辈，如生前之远行状。后因家庙狭小难以周转，因此，改魂帛代柩。朝祖既毕，将已备好的明器陈于柩车，一同赴墓地安葬。至墓地后，丧家陈设明器，进行祭奠仪式，随后将棺柩、明器和葬品依次下葬。

（6）葬后诸礼

安葬死者后，不待筑墓完毕，主人及众亲即捧死者牌位返家。安放妥当后，尽哀而哭。哭毕，主人拜送众宾。由于古人认为人死后灵魂无处可依，所以要举行虞祭，目的是使死者灵魂有所归处。据《仪礼·士虞礼》记载，虞祭举行三次，所以又称"三虞"。行"三虞"后间隔一日，举行"卒哭"礼，家人朝夕各哭一次。

"卒哭"后丧事已近于尾声，孝子转入严格的居丧生活。如服丧期间，孝子的

---

[1] 〔汉〕刘熙撰，〔清〕王先谦证补：《释名疏证》卷八，清光绪二十二年刊本。
[2] 五服，指的是《仪礼·丧服》所规定的丧服，由重至轻，分斩衰、齐衰、大功、小功、缌麻。五服分别适用于与死者亲疏远近不等的各种亲属，每一种服制都有特定的居丧服饰、居丧时间和行为限制。丧服制度的具体规定见于下节"丧服制度与三年之丧"第一部分。

饮食、居住、言谈、举止、容貌等，都要遵从与自己所穿丧服相适应的各种禁忌和规范。期间还要行小祥、大祥等礼仪。小祥是指在父母去世后一周年（十三个月）举行的祭礼。《仪礼·士虞礼》："期而小祥。"郑玄《仪礼注》曰："小祥，祭名。祥，吉也。"①小祥祭后，孝子可以去除部分丧服，稍微改善一下生活。大祥是指在父母去世后两周年（二十五个月）举行的祭礼。此时孝子脱掉衰衣，饮食上也可以基本上接近平时。大祥祭后服斩衰、齐衰三年者可行"禫祭"，丧家生活归于正常，只是要求每逢父母忌日，子女不可饮酒作乐。至此，整个丧葬礼结束。

以上所述是《仪礼》《礼记》中记载的先秦时期士阶层的丧葬礼仪，其余阶层如大夫、帝王等礼仪更为繁复，礼器更为奢华，限于篇幅不再详述。此后古代中国历代丧葬礼仪都是在大致沿袭先秦丧礼的基础上，顺应时俗变化，对古礼加以损益。司马光《书仪》与朱熹《家礼》虽对丧礼进行了一定的简化，但整体上还是比较推崇古礼，可以说是周制礼书的简明易行本。②

2. 丧服制度

所谓"丧服制度"是指死者亲属按血缘亲疏，穿戴不同的居丧服饰，并确定其服丧时间和居丧期间的行为限制的一种礼仪制度。传统丧礼制度中规定的丧服，由重至轻分斩衰、齐衰、大功、小功、缌麻五种，因此又被称为"五服"。总体而言，穿丧服者与死者血缘关系越近，丧服的材质越粗糙，服丧时间越长，服丧期间受到的礼仪限制越多；反之，则丧服的材质越精细，服丧时间也越短，受到的礼仪限制也越少。

先秦文献中有关丧服制度的记载主要见于《仪礼》的《丧服》篇，其文有经、有记、有传，是后人了解、研究先秦丧服制度最重要的文献。《礼记》虽成书于汉代，但书中《丧服小记》《大传》《服问》《三年问》《丧服四制》诸篇亦涉先秦丧服礼制的解说论证，因此也是我们了解、研究先秦丧服制度的重要文献。

下文将结合《仪礼》《礼记》中的记载，对先秦丧服制度进行简要分析。

（1）斩衰

斩衰是丧服等级中最高的，即所服之丧最重，因此丧服材质也最为粗糙。《释名·释丧制》云："三年之衰曰斩，不辑其末，直剪斩而已。"③所谓"斩"者，

---

① 〔清〕阮元校刻：《仪礼注疏》卷四十三，《十三经注疏》，第2548页。
② 参见张鲲：《汉族传统丧礼仪式的源起与流变》，《广西社会主义学院学报》2013年第6期。
③ 〔汉〕刘熙撰，〔清〕王先谦证补：《释名疏证》卷八，清光绪二十二年刊本。

即丧服边口线头外露不缝齐，似斩断而成，以示内心悲痛，无心修饰边幅。斩衰之"衰"，音催，亦写作"缞"，本义是指丧服胸口的麻布条，后来代指丧服上衣。

据《仪礼·丧服》记载，斩衰的服饰要求是："斩衰裳，苴绖、杖、绞带，冠绳缨，菅屦者。"①服斩衰者，配以粗麻制成的首绖和腰绖、粗糙的竹杖、粗麻合成的绞带，丧冠缨带以麻替之，鞋用菅草织成。服丧对象为：子为父，诸侯为天子，臣为君，父为长子；为大宗之后者；妻为夫，妾为君。

服斩衰者，服丧时间为三年。在居丧期间，居草屋，睡草荐，枕土块，哀痛所至则哭。早晚只能食用一点粥，睡觉时不能脱去首绖和腰绖。虞祭之后可以稍稍修葺所居草屋，睡在席上，食用粗疏的食物，朝夕哭一次即可。练祭之后，可以睡于外寝，吃素食，对哭泣的时间没有限制。

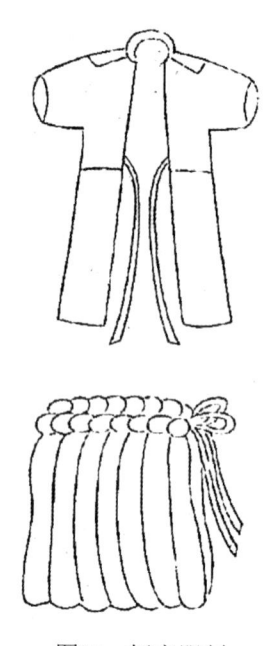

图20 斩衰服制

（2）齐衰

齐衰是丧服等级中的第二级，次于斩衰。"齐"，音姿，缉也。齐衰亦用粗麻

---

① 〔清〕阮元校刻：《仪礼注疏》卷二十八，《十三经注疏》，第2373页。

布制成，但其边侧可以用针线缝齐。齐衰丧服配以杜麻制成的首绖和腰绖，丧杖为桐木削制而成（或不杖），丧带以布制成，鞋子为草鞋。

服齐衰者，服丧时间有三年、一年、三月三种，齐衰一年者又可分为齐衰杖期和齐衰不杖期。期为一年之丧，期服用杖的称为"杖期"；不用杖的则称为"不杖期"。《礼记·丧服》中规定：如果父亲已过世，那么为母、为继母、为慈母[①]都要服丧三年。如果父亲健在，则为母服丧一年，另外夫为妻、出妻之子为母服丧一年。如果父卒继母改嫁，幼子随母亲生活的情况下，子为母服齐衰一年，母同样为子服齐衰一年作为回报，以上情况都属齐衰杖期；而为祖父母、伯父母、叔父母，大夫嫡长子为妻，为兄弟或兄弟之子，为庶子，大夫庶子为昆弟，祖父为嫡长孙，为大宗之后者为其父母，已嫁女子为亲生父母、兄弟中继父统者，继子继女为继父，妻子为丈夫的国君，为国君的父母、嫡长子、祖父母，妾为君的嫡妻，妇为舅姑，公和大夫之妾为其子，已出嫁的女子为祖父母等，以上情况属齐衰不杖期。最后，如寓居他国的国君为所在之国的国君，一族男女为宗子、宗子之母、妻，已致仕的官员为国君以及国君的母亲、妻子，庶人为国君，为不同居的继父和曾祖父母，大夫为宗子，女子为曾祖父母，以上情形服齐衰三月。

（3）大功

大功是丧服等级中的第三级，次于齐衰。《仪礼·丧服》："大功布衰裳、牡麻绖，无受者。"郑玄注云："大功布者，其锻治之功粗沽之。"即郑玄认为，"功"者释为"锻治之功"。《释名·释丧制》："九月曰大功，其布加粗大之功，不善治练之也。"服大功者，服丧时间有九月、七月之分。根据逝者是否成年，又可分为大功殇[②]九月服与大功成人九月服、大功殇七月服。大功殇九月服为最高等级的殇服。[③]

（4）小功[④]

小功次于大功，其丧服较之大功稍精细。小功服亦可分为小功殇服和小功成人

[①] 慈母，指抚育子女成长的庶母。《仪礼·丧服》："慈母如母。传曰：慈母者何也？传曰：妾之无子者，妾子之无母者，父命妾曰：女以为子；命子曰：女以为母。若是，则生养之，终其身如母，死则丧之三年如母。"
[②] 殇，指没有成年就死去。古人二十岁为成年。
[③] 即未成年人之服。按丧服制度，为未成年人服丧均在原丧服等级上进行降服。
[④] 《仪礼·丧服》中大功、小功之间还有繐衰之服，《丧服》传文解释为"诸侯之大夫为天子"所服之丧服。秦汉之后丧服中没有繐衰，因此不列于"五服"。

服，二者均服丧五月。从丧服等级上看，小功殇服要重于小功成人服。

（5）缌麻

缌麻为丧服中最轻之服。缌，即缌布，指丧服以缌布制成；麻，即澡麻①，指用洗过的麻制成首绖和腰绖。《仪礼·丧服》："缌麻三月者。"即服缌麻者，服丧时间为三个月。

（二）两汉丧礼的变化与发展

1. 汉代的丧服制度改革及倡导的薄葬礼仪

关于丧服制度，秦代崇尚以法治国治民，在丧礼制度上是否服三年丧，资料记载不详。《汉书·礼乐志》："今叔孙通所撰礼仪，与律令同录，臧于理官。"在丧服、丧仪方面的改革力度以汉文帝最大。文帝病逝时遗诏减服、薄葬。

> 遗诏曰："朕闻盖天下万物之萌生，靡不有死。死者天地之理，物之自然者，奚可甚哀！当今之时，世咸嘉生而恶死，厚葬以破业，重服以伤生，吾甚不取。且朕既不德，无以佐百姓。今崩，又使重服久临，以离寒暑之数，哀人之父子，伤长幼之志，损其饮食，绝鬼神之祭祀，以重吾不德也，谓天下何！朕获保宗庙，以眇眇之身托于天下君王之上，二十有余年矣。赖天地之灵，社稷之福，方内安宁，靡有兵革。朕既不敏，常畏过行，以羞先帝之遗德；维年之久长，惧于不终。今乃幸以天年，得复供养于高庙，朕之不明与嘉之，其奚哀悲之有！其令天下吏民，令到出临三日，皆释服，毋禁取妇、嫁女、祠祀、饮酒、食肉者。自当给丧事服临者，皆无践。绖带无过三寸，毋布车及兵器，毋发民男女哭临宫殿。宫殿中当临者，皆以旦夕各十五举声，礼毕罢。非旦夕临时，禁毋得擅哭。已下，服大红十五日，小红十四日，纤七日，释服。佗不在令中者，皆以此令比率从事。布告天下，使明知朕意。霸陵山川因其故，毋有所改，归夫人以下至少使。"（《史记·孝文帝本纪》）

文帝认为生死自然，不必悲哀太重，而厚葬破业，重服伤生，所以极力主张丧仪从简。依照《礼记·王制》："天子七日而殡，七月而葬。诸侯五日而殡，五月

---

① 澡，洗涤。澡麻，即洗去麻上草垢，使其洁白。

而葬。大夫、士、庶人三日而殡，三月而葬。"而文帝死后七天就下葬了。传统仪礼规定，为君主服丧服应为三年，但文帝规定吏民哭吊（出临）三日、群臣三十六日而释服。汉文帝诏书中还规定丧服不必赤脚（无践），丧服所用的麻布带子（绖带）不许超过三寸，下葬后不再服斩衰，服制大功（大红，"红"通"功"）只十五日，小功只十四日，纤（即缌麻）只七日，此后皆脱去丧服。文帝对丧服制度和丧仪的改革力度是空前的，对后世影响也很大。

东汉建立，光武帝刘秀奉行和倡导节俭原则，并于建武七年（31）下诏要求官吏和民间厉行薄葬，诏曰："世以厚葬为德，薄葬为鄙，至于富者奢僭，贫者单财，法令不能禁，礼义不能止，仓卒乃知其咎。其布告天下，令知忠臣、孝子、慈兄、悌弟薄葬送终之义。"临死时又留下遗诏，"朕无益百姓，皆如孝文皇帝制度，务从约省"（《后汉书·光武帝纪》）。史载灵帝熹平六年（177）蔡邕上封事说："臣闻孝文皇帝制丧服三十六日，虽继体之君，父子至亲，公卿列臣，受恩之重，皆屈情从制，不敢逾越。"（《后汉书·蔡邕列传》）

到了魏晋时，基本上亦然。《晋书》记载可以佐证。

> 初，文帝崩，祜谓傅玄曰："三年之丧，虽贵遂服，自天子达；而汉文除之，毁礼伤义，常以叹息。今主上天纵至孝，有曾闵之性，虽夺其服，实行丧礼。丧礼实行，除服何为邪！若因此革汉魏之薄，而兴先王之法，以敦风俗，垂美百代，不亦善乎！"玄曰："汉文以末世浅薄，不能行国君之丧，故因而除之。除之数百年，一旦复古，难行也。"[1]

由此可见，汉文帝制定的丧服制度至魏晋时仍在实行，甚至到了唐代仍然沿用，服期甚至更加缩短。史载唐德宗时期宰相常衮云："案《礼》，为君斩衰三年。汉文权制，犹三十六日。国家太宗崩，遗诏亦三十六日。……高宗崩，服绝轻重，如汉故事。武太后崩亦然。及玄宗、肃宗崩，始变天子丧为二十七日。"[2]

2. 两汉厚葬之风盛行

虽然汉文帝等倡导简化丧服制度和服期，然而，有学者指出，汉代社会上服三年丧的仍然大有人在，朝廷且对臣民之行三年丧者，皆采取支持、鼓励的态

---

[1] 〔唐〕房玄龄等：《羊祜传》，《晋书》卷三十四，第1022页。
[2] 〔后晋〕刘昫等：《崔祐甫传》，《旧唐书》卷一百一十九，第3439页。

度。……三年丧虽春秋、战国时期已很少有人实行，而到了汉代，却渐渐盛行起来，特别到了东汉，竟成风气。①此外汉文帝和光武帝刘秀等虽然率先垂范，实施薄葬，但两汉时期在品官和民间的厚葬风气依然很盛。

前文第四章"祠堂"部分提到，西汉惠帝为方便祭祀，于高祖陵旁另建高庙，开启了汉代陵庙制度的先河。这种陵庙制度进一步影响到其他阶层，两汉时期王侯贵戚、官僚巨室于墓旁建祠风气之盛行，并且这些墓边祠堂建筑高大壮丽、极尽奢靡。有学者指出，汉代墓祭之风的盛行与当时的厚葬之风互为表里，墓祀之盛既是厚葬的重要体现，又是厚葬之风的重要动因；而厚葬之风既助长着墓祀的盛行，又延伸着墓祀的功能与价值。西汉桓宽《盐铁论·散不足》以古今对比的方式，对当时世俗盛行的厚葬之风予以抨击：

> 古者，瓦棺容尸，木板堲周，足以收形骸，藏发齿而已。及其后，桐棺不衣，采椽不斫。今富者绣墙题凑。中者梓棺楩椁，贫者画荒衣袍，缯囊缇橐。
>
> 古者，明器有形无实，示民不可用也。及其后，则有醯醢之藏，桐马偶人弥祭，其物不备。今厚资多藏，器用如生人。郡国繇吏，素桑楺偶车橹轮，匹夫无貌领，桐人衣纨绨。
>
> 古者，不封不树，反虞祭于寝，无坛宇之居，庙堂之位。及其后，则封之，庶人之坟半仞，其高可隐。今富者积土成山，列树成林，台榭连阁，集观增楼。中者祠堂屏合，垣阙罘罳。
>
> 古者，邻有丧，舂不相杵，巷不歌谣。孔子食于有丧者之侧，未尝饱也，子于是日哭，则不歌。今俗因人之丧以求酒肉，幸与小坐而责辨，歌舞俳优，连笑伎戏。
>
> …………
>
> 古者，事生尽爱，送死尽哀。故圣人为制节，非虚加之。今生不能致其爱敬，死以奢侈相高；虽无哀戚之心，而厚葬重币者，则称以为孝，显名立于世，光荣著于俗。故黎民相慕效，至于发屋卖业。②

相比以前，西汉时期世俗的丧葬礼仪发生了诸多变化：古时人们仅用无纹饰的

---

① 参见杨天宇：《略论汉代的三年丧》，《郑州大学学报（哲学社会科学版）》2002年第5期。
② 〔汉〕桓宽：《散不足》，《盐铁论校注》卷六，王利器校注，第353—354页。

陶棺收敛尸体；现在的富贵人家用木材垒成布满浮雕、彩绘的内椁墙，中等之家用梓木为棺、楩木为椁，贫穷人家则用有纹饰的布罩盖在棺材上或者用丝织的袋子收敛尸体。古时人们以徒具其形的明器随葬；现在人们的随葬物不仅与生时使用的无异，甚至连殉葬的木俑都穿着丝绸。古时人们不堆土为坟、植树为饰，葬后就回家祭祀，没有祠庙；现在即使是普通人家的坟都有四尺高，富贵之家的墓地堆土成山、植树成林，庙宇亭榭相连，望之不尽，普通人家的墓边祠堂也建得像楼阁一样，有围墙、阙门、屏风等。古时人们办丧事极为简朴，孔子在办丧事的人家吃斋饭未曾吃饱过，他在吊丧这天哭过，当天就不会再唱歌；现在的人们去办丧事的人家只为喝酒吃肉，找机会坐一会儿消遣时间，观看歌舞与戏耍。古时人们父母在世时尽孝，父母去世借丧礼尽哀；现在人们在父母活的时候不尽心奉养，死后却竞相攀比，他们内心丝毫不因父母去世而感到哀痛，却因为花钱厚葬而被称为孝子，扬名于世。百姓也因此羡慕、效仿这些人，以至于有人为办丧事而卖出自己的房屋和家业。可见，西汉以降，上至公侯下至黎庶，竞相以厚葬为荣，甚至在朝廷"以孝治天下"的价值主导下，将厚葬亲人视为追求孝名的捷径。这与孝的本义已然大相径庭。

这种厚葬风俗至国力日颓的东汉时期依然极为盛行，以至于隐士王符在其著述《潜夫论》中痛心地指责道：

> 今京师贵戚，郡县豪家，生不极养，死乃崇丧。或至刻金镂玉，檽梓楩楠，良田造茔，黄壤致藏，多埋珍宝偶人车马，造起大冢，广种松柏，庐舍祠堂，崇侈上僭。宠臣贵戚，州郡世家，每有丧葬，都官属县，各当遣吏赍奉，车马帷帐，贷假待客之具，竞为华观。此无益于奉终，无增于孝行，但作烦搅扰，伤害吏民。[①]

桓宽《盐铁论》中记载的民间为治丧而"发屋卖业"的现象依然存在，据《后汉书·崔骃传》载，崔寔为父亲崔瑗治丧花费颇巨，以致"资产竭尽"：

> 初，寔父卒，剽卖田宅，起冢茔，立碑颂。葬讫，资产竭尽，因穷困，以酤酿贩鬻为业。时人多以此讥之，寔终不改。亦取足而已，不致盈余。及仕

---

① 〔汉〕王符：《浮侈》，《潜夫论》卷三，《文渊阁四库全书》子部杂家类。

官，历位边郡，而愈贫薄。建宁中病卒。家徒四壁立，无以殡敛，光禄勋杨赐、太仆袁逢、少府段颎为备棺椁葬具，大鸿胪袁隗树碑颂德。

崔氏一族是东汉有名的诗书之家，然而崔寔受时俗厚葬之风影响，为父亲崔瑗办丧事而耗尽家财，以至于自己病故后出现"家徒四壁立，无以殡敛"的情况。可见，两汉厚葬之风浸淫依旧，即使是诗礼传家的名门子弟亦不能免俗。自汉武帝"罢黜百家，独尊儒术"后，儒家的伦理观念成为社会的主流，然而这种厚葬之风与儒家理念却是南辕北辙。孔子说："礼，与其奢也，宁俭；丧，与其易也，宁戚。"（《论语·八佾》）孔子认为礼的内涵在于表达人内心的真实情感，因此丧礼的本意是为了表达亲人逝世后内心的哀痛之意。至于丧礼的仪式器物多寡与否，都只不过是"礼之文"即礼的载体与形式而已。正如《礼记·檀弓上》所云：

子路曰："吾闻诸夫子：'丧礼，与其哀不足而礼有余也，不若礼不足而哀有余也。祭礼，与其敬不足而礼有余也，不若礼不足而敬有余也。'"

也就是说，儒家重视的是丧祭之礼所表达的哀敬之心，而不是表面上的那些繁文缛节。如果没有虔诚的哀敬之心，那么即使再多的仪节与礼器也只是徒劳。子游向孔子询问丧事该如何操办时，孔子答曰："称家之有亡（无）"。即要考虑家中财力的厚薄。子游再问：如何确定厚与薄的标准呢？孔子答："有，毋过礼；苟亡矣，敛首足形，还葬，悬棺而封，人岂有非之者哉！"（《礼记·檀弓上》）如果财力雄厚，也不可过于奢侈；如果财力不足，只要衣被可以遮体即可，也不必在家停灵，入殓完毕就下葬，如此尽力而为，也不会有人责怪他失礼。《礼记·曲礼》所谓"贫者不以货财为礼，老者不以筋力为礼"，表达的正是这一层意思。汉朝盛行的厚葬之风过分追求仪式之隆重、器物之奢华，重形式轻内涵，恰恰是不懂礼的表现。

3.丧服制度在汉代的进一步完善

（1）戴德、郑玄对丧服变除的整理与讨论

所谓丧服变除，是指服丧者从成服到释服期间，所着丧服规格等级随时间推移而逐渐递减的程序与仪节。"变"，指丧服由重服易为轻服；"除"即除去，指服丧结束除去身上的丧服。丧服变除涉及的几个时间节点包括卒哭、小祥、大祥、禫祭。禫祭结束后，服斩衰者丧期已满，此时可除丧服着正常服饰。《仪礼·丧服》

对丧服变除谈及不多，其丧服受服①情况分为两种：一种是无受服，即成服后服丧期间丧服不变直至除服；另一种则是有受服，且只有一次，即于"既葬"后变服。《礼记·间传》对丧服变除的记载更为详细，且服斩衰、齐衰者，在服丧期间都需要进行多次变服，其丧服变除的记载较之《仪礼·丧服》更为严密。当然，《仪礼》《礼记》中记载的丧服制度并不意味着先秦社会完全遵循这些礼制规定，但二书所载内容、观点必然有一定的事实依据，因而在一定程度上反映了先秦社会丧服制度的施行情况。

进入汉代，儒学地位上升，《仪礼》《礼记》中记载的礼仪制度与隐含其中的儒家伦理观念日益受到人们关注。执政者希望借助儒家礼制稳定社会秩序，学者们则希望通过礼仪规范宣扬儒家伦理观念与道德理想。有学者指出：西汉宣帝时，戴德（大戴）撰《丧服变除》，将《仪礼·丧服》及《礼记·间传》等诸篇中有关丧服服饰变除的内容整理补遗，使丧服服饰等级进一步细密化与实用化。汉初以来，守丧制度在皇室诸侯中首先推行，汉武帝后，公孙弘发端，逐步推及官僚士大夫。丧服服饰是守丧的外在标志，守丧的需要对丧服服饰提出了操作程序清晰化的要求，戴德《丧服变除》正是顺应这一要求的产物。②

东汉郑玄除注"三礼"外，亦曾著《丧礼变除》。大戴的《丧礼变除》与郑玄的《丧礼变除》，均是在《仪礼》《礼记》的基础上对其中的礼制规定和原则进行深入整理与阐发，进一步推动了儒家倡导的丧服制度的发展与完善。

至于儒家学者重视丧服变除问题的原因，我们可以借由南朝宋礼学家庾蔚之转述晋人贺循的观点加以了解，《通典》云：

> 宋庾蔚之谓："昔贺循以为，夫服缘情而制，故情降则服轻。既虞，哀心有杀，是故以细代粗，以齐代斩耳。若犹斩之，则非所谓杀也。若谓以斩缞命章，便谓受犹斩者，则疏缞之受，复可得犹用疏布乎？是知斩、疏之名，本生于始死之服以名其丧耳，不谓终其日月皆不变也。"③

---

① 《礼记·丧服》中丧服由重服变为轻服后，此时的轻服服饰称为"受服"。若服丧期间无变服，由成服之时所服丧服一服到底，称为"无受"。
② 参见丁凌华：《中国丧服制度史》，上海人民出版社2000年版，第102页。
③ 〔唐〕杜佑：《斩缞丧既葬缉缞议》，《通典》卷八十七，王文锦、王永兴、刘俊文等点校，第2397—2398页。

贺循认为丧服制度"缘情而制",因此服丧期间内心哀戚之意随着时间减少,所服丧服的规制亦应随之降低。虞祭之后,孝子内心哀意减少,因此孝服也就由粗麻制成的重服变为以较细的麻布制成的轻服。《礼记·檀弓上》云:"始死,充充如有穷。既殡,瞿瞿如有求而弗得。既葬,皇皇如有望而弗至。练而慨然,祥而廓然。"此处反映了孝子在"始死""即殡""既葬""练""祥"五个阶段内心情感的变化情况。儒家认为礼"缘情而制",又以"节情""称情"为要,因此丧服变除的本意是让礼之文与人之情相符。

(2)以正、降、义三服对丧服进行分类

汉代以降,经学昌明,治礼者颇众。但《仪礼》一书有今文、古文之分,且师法、家法传承各异,各家观点颇有抵牾。此外,先秦七十子后学针对《仪礼》所作的"记"亦数量庞大、精粗不一。另外,经传本身行文之间常有矛盾之处,且汉儒注经又以烦琐著称,以至于礼学家们对礼的解释也常常含糊不清、聚讼纷纭。尤其是针对丧服制度,众多学者各陈其说、莫衷一是。郑玄在注《仪礼》《礼记》时,为了让复杂的丧服制度更有条理,将丧服分正服、降服、义服三种加以细化。

"正服"者,即本应为死者服丧且服丧对象为己身之血亲,己身之配偶,本宗九族内男性血亲之配偶。"降服"者,则是因为某些原因致使本应所服丧服的规格降低一等,如子为母,若父在健在,母丧则只需服一年之丧(齐衰杖期),如果父亲先去世,则母丧要服三年之丧(齐衰三年)。这里前一种情况即为降服。"义服"者,则是自身与死者非血缘关系,但出于政治、道德等方面的义务为其服丧的情况,如臣为君、弟子为师等。

有学者认为,"降、正、义三服的提出使丧服对象之分类进一步清晰。在丧服服饰制度上,三服的提出使服饰等级进一步分化,反映了封建中央集权制下等级制度的进一步发展的特征"[①],见表3。

表3 五服降、正、义服衰冠升数表[②]

五服名称	三服分类	成服衰冠升数	既葬受服衰冠升数	服叙举例
斩衰三年	正服	衰三升冠六升	衰六升冠七升	子为父、妻为夫
	义服	衰三升半冠六升	衰六升冠七升	诸侯为天子

---

① 丁凌华:《中国丧服制度史》,第103页。
② 参见丁凌华:《中国丧服制度史》,第103—104页。

(续表)

五服名称	三服分类	成服衰冠升数	既葬受服衰冠升数	服叙举例
齐衰三年	正服	衰四升冠七升	衰七升冠八升	父卒为母
齐衰杖期	降服	衰四升冠七升	衰七升冠八升	父在为母
	正服	衰五升冠八升	衰八升冠九升	夫为妻
	义服	衰六升冠九升	衰九升冠十升	父卒继母嫁，从，为之服
齐衰不杖期	降服	衰四升冠七升	衰七升冠八升	女子子适人者为其父母
	正服	衰六升冠九升	衰八升冠九升	为祖父母、为兄弟
	义服	衰六升冠九升	衰九升冠十升	妇为舅姑
齐衰三月	正服	衰五升冠八升	无受	为曾祖父母
	义服	衰六升冠九升	无受	庶人为国君
大功殇九月七月	降服	衰七升冠十升	无受	为兄弟之长殇、中殇
大功九月	降服	衰七升冠十升	衰十升冠十一升	为姊妹适人者
	正服	衰八升冠十升	衰十升冠十一升	为从父兄弟
	义服	衰九升冠十一升	衰十升冠十一二升	为夫之祖父母
繐衰七月	义服	衰四升半冠八升	既葬除之	诸侯之大夫为天子
小功殇五月	降服	衰十升冠十升	无受	为兄弟之下殇
小功五月	降服	衰十升冠十升	即葛无受	为从父姊妹适人者
	正服	衰、冠同十一升	即葛无受	为外祖父母
	义服	衰、冠同十二升	即葛无受	为父之姊妹
缌麻殇三月	降服	衰、冠同十五升抽其半	无受	为庶孙之中殇
缌麻三月	降服	衰、冠同十五升抽其半	无受	为从祖姊妹适人者
	正服	衰、冠同十五升抽其半	无受	为外孙
	义服	衰、冠同十五升抽其半	无受	为妻之父母

（三）魏晋南北朝门阀士族丧礼的发展

本书第三章我们在论述魏晋南北朝时期门阀士族家礼发展时，曾特别指出门阀士族最重丧礼，尤其在遵守"以礼裁之"的基本原则的前提下，对丧服制度做了改进，彰显了"以情制服"的鲜明特征，充分体现了门阀士族不拘泥于古礼，因时、因人制宜的家礼文化精神。在家礼的丧葬礼仪探索方面，门阀士族主要做了两个方面的贡献：

第一，对"心丧"礼制的发展。前面论及，晋武帝泰始元年（265）司马昭病死,晋武帝司马炎要遵循古礼为父服丧三年,朝中大臣屡次劝谏,认为作为帝王不该遵循古制,因为服丧三年不仅会严重影响朝廷对整个国家的管理,而且臣下服制也陷入了两难:如果不与皇帝同服丧,有违君臣之礼;如果与皇帝同服丧,这个国家的政务根本无法运转。然而,司马炎坚持不变。在双方僵持不下时,大臣杜预提出损益古制,让皇帝服"心丧"三年的建议。心丧礼的核心是服丧期间除了不穿丧服,其余礼节都与正常守丧相同。但此前心丧之礼只适用于既无君臣之义又无养育之恩的师生之间,《礼记·檀弓上》说:"事师无犯无隐,左右就养无方服勤至死,心丧三年。"郑玄注为:"心丧,戚容如丧父而无服也。"

心丧可否适用于父子关系?杜预认为完全可以。这样做既符合礼制,满足了司马炎为父服丧的心愿,又不耽误国家政务,司马炎接受了这一建议。经过司马炎的率先垂范,晋以后的历代皇帝基本上都是为父母服心丧三年。虽然皇家礼仪更多地适用国礼,但是心丧制度的创立显然源于家庭礼法。心丧制度由此成为一项重要的礼制,其适用范围也逐渐扩大,逐渐被用到了子为父母,夫为妻,臣为君、甥为舅等诸多关系之中,而且在服制、月数、应否禫祭,以及丧中遇到吊、贺、宴、祭如何处理等方面作了具体详细的规定,推进了家礼中丧礼的发展。①

第二,推进了薄葬制度的改革。在中国历史上,汉文帝是第一位生前亲自定下薄葬规矩的皇帝。到了魏晋南北朝时期,薄葬逐渐代替厚葬,简化丧葬礼仪得到了社会上层和民间相当程度的认同。这方面曹操父子起了表率作用。魏武帝曹操临终前交代后事说:"天下尚未安定,未得遵古也。葬毕,皆除服。其将兵屯戍者,皆不得离屯部。有司各率乃职。敛以时服,无藏金玉珍宝。"(《三国志·魏书·武帝纪》)后来的魏文帝曹丕《营寿陵诏》也留下遗嘱,要求薄葬自己。

《营寿陵诏》中,曹丕选定首阳山东为寿陵,并遗命薄葬。曹丕规定坟墓没有封树,墓园不修神道、寝殿,墓葬"无施苇炭,无藏金银铜铁,一以瓦器","饭含无以珠玉,无施珠襦玉匣"。正因曹丕的墓地简陋,以致后人无法知道其确切地址。曹操父子倡导的"薄葬"影响到了整个魏晋南北朝时期,除了南朝梁、陈时期的帝王陵墓奢华以外,魏晋南北朝时期社会动乱,物质生活不富裕,当时社会逐渐形成了薄葬的风俗。史书上记载,不少士族会告诫家人薄葬。南梁的刘杳"临终遗命:'敛以法服,载以露车,还葬旧墓,随得一地,容棺而已。不得设灵筵及祭

---

① 参见本书第三章第三节"魏晋南北朝家礼:门阀士族家礼的基本成熟"。

酸。'其子遵行之"①。到了隋唐时期，随着社会物质财富的增加和社会的安定，"厚葬"之风才重新复苏。魏晋南北朝时期丧葬制度的变化，充分显示了该时期门阀士族学者对于古礼所持的态度，他们认为，古礼应随着时代的变化而变化，这恰恰是遵行了古礼的礼义精神。

（四）隋唐到宋朝初年丧礼的因时而革

据《隋书》记载，隋朝建立以后，太常卿牛弘向隋文帝建议制礼获得批准，牛弘带领学者们撰成"《隋朝仪礼》一百卷"②，并于开皇五年（585）颁行。公元589年，隋文帝统一中国以后，"命太常卿牛弘集南北仪注，定《五礼》一百三十篇"③。隋炀帝即位后，又命牛弘、潘徽等撰修《江都集礼》，计一百二十卷。可惜的是这些礼书都已亡佚，没有传承下来，因此隋朝时期的丧礼情况也无法了解。

唐朝建立后，新的礼仪创制始于贞观年间，尤其是唐玄宗时期制定的《开元礼》，使得古代的"五礼"更加完善，但适用对象仍然是社会上层，包括皇室成员、品官和王公们。在丧礼方面，主要体现为唐代丧服制度的改革。

其一，唐太宗时期接受魏徵等的建议，将为舅服"缌麻"改为"小功五月"；"嫂叔无服改定小功五月"；"为曾祖父服齐衰三月改定齐衰五月"；"为嫡子妇服大功九月改定齐衰不杖期，为众子妇、侄妇服小功五月改定大功九月。"④

其二，武则天对母服制度进行了两项改革。一是将为母服齐衰一年改为父在为母齐衰三年。武则天于高宗上元元年（674）十二月提出建言：

> 夫礼缘人情而立制，因时事而为范，变古者未必是，循旧者不足多也。至如父在，为母止服一期，虽心丧三年，服由尊降。窃谓子之于母，慈养特深，生养劳瘁，恩斯极矣，所以禽兽之情，犹知其母，三年在怀，理宜崇报。若父在为母止一期，尊父之敬虽同，报母之慈有缺，且齐斩之制，足为差减，更令周以一期，恐伤人子之志。今请父在为母终三年之服。⑤

---

① 〔唐〕李延寿：《刘杳传》，《南史》卷四十九，第1224页。
② 〔唐〕魏徵、〔唐〕令狐德棻：《经集志二》，《隋书》卷三十三，第970页。
③ 〔后晋〕刘昫等：《礼仪志》，《旧唐书》卷二十一，第816页。
④ 参见丁凌华：《中国丧服制度史》，第170—172页。
⑤ 〔宋〕王溥：《服纪上》，《唐会要》卷三十七，第675—676页。

武则天以为人母者养育孩子极为辛劳为由，认为父在世时仅仅为母服齐衰一年之丧实在不当。她提出为人子者对于母亲"三年在怀"的深恩"理宜崇报"，建议将为母亲的丧服改为父在为母齐衰三年。高宗对此建言"下诏依行"，但直到垂拱元年（685）才正式生效，真正开始实施。二是武则天将"父在为母"与"父卒为母"，规定为同样"齐衰三年"。这是中国封建社会由"母尊"向"父尊"的第一次大挑战。①

其三，唐玄宗时期《开元礼》的丧服改革主要是增加了三项规定：一是增加了未嫁女子的"在室之服"；二是增加了"为嫁母之服"；三是增加了"同母异父兄弟姊妹互服小功"。②

唐末五代直到宋朝初年，服叙制度基本延续了唐代的制度，但又作了一些调整，主要表现在两个方面：一是妇为公婆（舅姑）的丧服，改"不杖期"为三年，即为公公服斩衰三年，为婆婆服齐衰三年；二是为养母服齐衰三年。③

（五）宋元"礼下庶人"的转变与丧礼的复兴和实践

1. 宋元"礼下庶人"的转变与家礼礼仪复兴的原因

从西周到唐代的礼与家礼，就整体发展而言，"礼不下庶人"一直是礼文化的特点。秦汉以后，先秦时期"礼不下庶人"的情况逐渐发生改变，原本施行于贵族阶层的冠婚丧祭诸礼日渐下移，到唐后期尤其是宋代更快地实现了"礼下庶人"阶层的转变。当然，这一转变的民间普及化和践行的普遍化一直到明清时期才达到顶峰。

如本书第三章所述，在北宋徽宗政和年间颁布的《政和五礼新仪》中，就专门列有"庶人婚仪""庶人冠仪"和"庶人丧仪"，朝廷还积极倡导和鼓励民间依此施行。史书上说"《五礼新仪》成……许士庶就问新仪"④。导致礼制在唐宋时期发生转折的重要原因之一，就是起于东汉末年、盛于魏晋南北朝时期的士族阶层的衰落，伴随着士族衰落、科举制度的完善和文人政治观念的转变，社会上占人口大

---

① 参见丁凌华：《中国丧服制度史》，第172—174页。
② 参见丁凌华：《中国丧服制度史》，第175—176页。
③ 参见丁凌华：《中国丧服制度史》，第177—178页。
④ 参见〔元〕脱脱等：《礼志一》，《宋史》卷九十八，第2423页。

多数的平民阶层向往士族家礼。在这个"礼制下移"的过程中,《仪礼》《礼记》中记载的纷繁复杂的丧礼,在结合时俗、顺应人情的基础上,逐渐趋于简化。

两宋家礼复兴研究和文本创制高潮兴起的第二个原因是士大夫为了复兴宗法制度和匡正世风的需要。众所周知,以嫡长子继承制为中心的封建宗法制度与政治制度紧密相连。唐末五代十国的战乱对旧式家族的摧毁,以及通过科举制度进入公卿行列的庶人阶层,都需要复兴宗法制度,大儒张载对此有过论述:

> 宗子之法不立,则朝廷无世臣。且如公卿一日崛起于贫贱之中以至公相,宗法不立,既死遂族散,其家不传。宗法若立,则人人各知来处,朝廷大有所益。①

与张载同时代的司马光对北宋时期民间遵行丧礼世风也表示了深深的担忧,有学者概括当时社会丧礼现状和司马光的评价为:宋时丧礼尽废,士大夫居丧,食肉饮酒,无异平日。又相从宴集,然无愧,人亦毫不为怪。乃至部野之人,初丧未敛,亲宾则赍酒馔往劳之主人亦自备酒馔,相与饮啜,醉饱连日,及葬亦如之。甚者初丧作乐以娱尸,及殡葬则以乐道辆车,而号泣随之。亦有乘丧即嫁娶者。论出司马温公。当时信浮屠班诱,凡有丧事,无不供佛饭僧,云为死者减罪资福,使生天堂,受诸快乐。不为者必入地狱,锉烧舂磨,受诸苦楚。②北宋政和三年(1113),《政和五礼新仪》修毕,徽宗诏开封府刊本通行,规定"不奉行者论罪"③。该礼书中除了规定皇室丧仪外,还有"品官丧仪"和"庶人丧仪"。"然而《政和五礼新仪》实在远离老百姓的现实生活,难以推行。事过七年,即至宣和元年(1119),因矛盾不断暴露出来,开封府遂提出申请,要求停止执行。"④理由是修礼的官员,"俗儒胶古,便于立文,不知违俗。闾阎比户,贫窭细民,无厅寝房牖之制,无阶庭升降之所,礼生教习,责其毕备。少有违犯,遂厎于法。……立礼欲以齐民,今为害民之本"⑤。

---

① 〔宋〕张载:《宗法》,《经学理窟》,《张载集》,章锡琛点校,第259页。
② 参见张宪来:《中国风俗史》,湖南大学出版社2014年版,第124页。
③ 〔元〕脱脱等:《礼志一》,《宋史》卷九十八,第2423页。
④ 杨志刚:《中国礼仪制度研究》,第186页。
⑤ 司义祖整理:《开封府申请〈五礼新仪节要〉并前后指挥更不施行》,《宋大诏令集》卷一百四十八,中华书局1962年版,第548页。

鉴于此，朝廷只好作罢。"俗儒胶古""不知违俗"的官方修礼也是朱熹、吕祖谦等复兴古礼、撰作实用家礼著作的重要原因。

2.《书仪》《家礼》《家范》对丧礼的复兴与革新

如前所论，确立"宗子之法"，复兴和巩固宗法制度，以及匡正世风的需要都在客观上推进了家礼的研究和革新。正因此两宋的士大夫们研究和修撰家礼，以适应社会士庶礼仪文化的需要。司马光的《书仪》、朱熹的《家礼》和吕祖谦的《家范》都是适应这一社会需要而产生的家礼代表作。

从《书仪》《家礼》《家范》记载的丧礼内容看，司马光、朱熹、吕祖谦从"尊古"的前提出发，对先秦礼书中繁杂的丧礼仪式程序进行了梳理，使之更具有可操作性。我们看一下三部家礼中，对丧礼仪式的设计。

司马光在《书仪》中将丧礼分为四十余个细目，包括：初终、复、易服、讣告、沐浴、饭含、袭、铭旌、魂帛、吊酹、赗襚、小敛、棺椁、大敛殡、成服、朝夕奠、卜宅兆葬日、穿圹、碑志、明器、下帐、苞筲、祠版、启殡、朝祖、亲宾奠、赗赠、陈器、祖奠、遣奠、在涂、及墓、下棺、祭后土、题虞主、反哭、虞祭、卒哭、祔、小祥、大祥、禫祭。

朱熹的《家礼》则是在《书仪》的基础上对丧礼仪式程序做了如下规定，约三十六个细目：初终、沐浴、袭奠、为位、饭含、灵座、魂帛、铭旌、小敛、大敛、成服、吊奠赗、朝夕哭奠、上食、闻丧、奔丧、治葬、迁柩、朝祖、奠赗、陈器、祖奠、发引、遣奠、及墓、下棺、祠后土、题木主、成坟、反哭、虞祭、卒哭、祔、小祥、大祥、禫。在这些丧礼仪式程序后，朱熹还另外列了"居丧杂仪"，引用古代礼书对居丧期间的言谈、会客等做了规定。此外，《家礼》还有丧礼文书的撰写格式，包括"致赗奠状""谢状""慰人父母亡疏""父母亡答人疏""慰人祖父母亡启状""祖父母亡答人启状"。

在吕祖谦的《家范》卷三《葬仪》中，参考司马光的《书仪》将葬礼仪式程序规定为十八个细目，即筮宅、祭后土、卜日、启殡、朝祖、祖奠、亲宾奠、赗赠、陈器、士葬仪、遣奠、在途、及墓、下棺、题虞主、反哭、虞祭、卒哭。加上《附记》中的朝夕奠、朔奠、望奠、荐新奠，也才二十二个。较之司马光和朱熹，也是更加简化了。

《仪礼》《礼记》所载的先秦古礼至宋时已很难被一一遵循。有鉴于此，司马光、朱熹、吕祖谦在复兴古礼、创制新礼的过程中，均在依照时俗惯例与自身理解的基础上对古礼进行了一定程度上的改造和革新。如礼书中记载的先秦丧礼，丧家要在中庭靠南处"设重"，以在未置神主的情况下供死者魂魄凭依。《大唐开元礼》规定不同品级官员所设之重的规制随官品降杀，宋因之。但事实上，宋代丧礼设重的情况并不多见，民间一般采用魂帛供死者魂魄依附。司马光在《书仪》中用魂帛代替重，认为"魂帛亦主道也"，并援引古礼"大夫无主者，束帛依神"的事例，作为自己改造古礼的文献依据。①

作为深受儒家思想影响的学者，司马光还对当时世俗丧礼多信浮屠的现象予以抨击：

> 又世俗信浮屠诞诱，于始死及七七日、百日、期年、再期、除丧，饭僧、设道场或作水陆大会，写经造像，修建塔庙，云为此者，灭弥天罪恶，必生天堂，受种种快乐。不为者，必入地狱，剉烧舂磨，受无边波吒之苦。殊不知人生含气血，知痛痒，或剪爪剃发从而烧斫之，已不知苦，况于死者，形神相离，形则入于黄壤，腐朽消灭，与木石等，神则飘若风火，不知何之，假使剉烧舂磨，岂复知之？且浮屠所谓天堂地狱者，计亦以劝善而惩恶也，苟不以至公行之，虽鬼可得而治乎？是以唐卢州刺史李丹与妹书曰："天堂无则已，有则君子登；地狱无则已，有则小人入。"世人亲死而祷浮屠，是不以其亲为君子，而为积恶有罪之小人也，何待其亲之不厚哉？就使其亲实积恶有罪，岂赂浮屠所能免乎？此则中智所共知，而举世滔滔而信奉之，何其易惑难晓也！甚者，至有倾家破产然后已。与其如此，曷若早卖田营基而葬之乎，彼天堂地狱，若果有之，当与天地俱生，自佛法未入，中国之前，人死而复生者亦有之矣？何故无一人误入地狱，见阎罗等十王者耶？不学者固不足与言，读书知古者亦可以少悟矣。②

司马光严厉批判民间丧礼中尽用释氏的现象，对佛教宣扬的不做法事以消除罪恶最终将堕入地狱的说法给予了驳斥，告诫世人务必遵循儒家古礼。

此外，司马光还考证诸多文献，辑为《居丧杂仪》，供服丧者在居丧期间遵循：

> 《檀弓》曰：始死，充充如有穷；既殡，瞿瞿如有求而弗得；既葬，皇皇

---

① 参见〔宋〕司马光：《丧仪一》，《书仪》卷五，《文渊阁四库全书》经部礼类。
② 〔宋〕司马光：《丧仪一》，《书仪》卷五，《文渊阁四库全书》经部礼类。

如有望而弗至。练而慨然，祥而廓然。又颜子居丧，始死，皇皇焉如有求而弗得；及殡，望望焉如有从而弗及；既葬，慨焉如有不及其反而息。《杂记》孔子曰：大连少连善居丧，三日而不怠，三月不解，期悲哀，三年忧。《丧服四制》曰：仁者可以观其爱焉，知者可以观其理焉，强者可以观其志焉。礼以治之，义以正之，孝子弟弟正妇，皆可得而察焉。《曲礼》曰：居丧未葬，读丧礼；既葬，读祭礼；丧复常，读乐章。《檀弓》：大功废业，或曰大功诵可也。居丧但勿读乐章可也。《杂记》：三年之丧，言而勿语，对而不问言，言已事也，为人说为语。《丧大记》：父母之丧，非丧事不言。既葬与人君，言王事，不言国事；大夫士言公事，不言家事。《檀弓》：高子皋执亲之丧，未尝见齿言笑之微。《杂记》：疏衰之丧，既葬，人请见之，则见；不请见人。小功，请见人可也。又凡丧，小功以上，非虞祔练祥无沐浴。《曲礼》头有疮则沐，身有疡则浴。《丧服四制》：百官备，百物具，不言而事行者，扶而起；言而后事行者，杖而起；身自执事而后行者，面垢而已。凡此皆古礼，今之贤孝君子必有能尽之者，自余相时量力而行之，可也。①

朱熹撰写《家礼》时也对丧礼进行了诸多创制。如他考虑到南方气候潮湿，棺木下葬后更易受到腐蚀，因此在《家礼·丧礼》的"治葬"部分描述了所谓"灰隔法"的筑墓方法：

> 作灰隔。穿圹既毕，先布炭末于圹底，筑实，厚二三寸，然后布石灰、细沙、黄土拌匀者于其上，灰三分，二者各一可也，筑实，厚二三寸。别用薄板为灰隔，如椁之状，内以沥清涂之，厚三寸许，中取容棺。墙高于棺四寸许，置于灰上。乃于四旁旋下四物，亦以薄板隔之，炭末居外，三物居内，如底之厚。筑之既实，则旋抽其板，近上复下炭灰等而筑之，及墙之平而止。盖既不用椁，则无以容沥清，故为此制。又炭御木根，辟水蚁，石灰得沙而实，得土而黏，岁久结为全石，蝼蚁盗贼皆不能进也。

作为南宋时期著名理学家，吕祖谦著有《历代制度详说》等著作，对古礼也很熟悉，他撰写的《家范》六卷是为家人制定的家庭规范、家族礼仪制度的汇编。前文提到，《家范》在继承司马光《书仪》的基础上对古代宗法制度做了恢复和发

---

① 〔宋〕司马光：《丧仪六》，《书仪》卷九，《文渊阁四库全书》经部礼类。

展。《家范》卷一就列"宗法",强调了宗法制度在敬宗、收族、严宗庙、重社稷中的重要作用。《家范》第二百三十四卷《昏礼》《葬仪》《祭礼》则重点论述婚礼、葬礼、祭礼等家礼理念与相应礼仪规范。作者广征博引,尤其是借鉴司马光《书仪》、二程观点、《仪礼》、《礼记》、《开元礼》等,又参以己意,加以变通酌定,以求合于礼法,切与实用。《宋史·吕祖谦传》称其"譬家之政,皆可为后世法"。可见吕氏《家范》等著作对弘扬儒家家礼文化、教化民俗所起的重要作用。

在丧礼的传承和革新中,吕祖谦既重视古礼,肯定司马光在恢复古礼中的贡献,也对其中不合理之处做了订正和修改。比如,对于灵柩摆放床上还是席上,司马光《书仪》中规定"置柩于席,北首"。吕祖谦认为这种规定既不合理也不合礼,于是参照《仪礼》中的古礼做了修改,规定"置柩于床",并解释"床,即今世俗所用置柩之凳。"他指出:

> 按温公《书仪》"置柩于席,北首",不唯于事不便,亦于礼不合。据《仪礼·既夕礼》:"迁于祖,正柩于两楹间,用夷床。"是则古礼朝祖置柩于床,不于席也。今世俗置柩用凳,亦夷床之遗意。[①]

再如,在《葬仪·及墓》条中,司马光的《书仪》规定:"掌事者先张灵幄于墓道西,设倚桌,又设亲戚宾客之次,男女各异。又于羡道之西设妇人幄,蔽以帘帷。"[②]吕祖谦将司马光所云"又于羡道之西设妇人幄",修改为:"又于墓西设妇人幄,蔽以帘帷。"理由是"南方悬棺而葬,无羡道,故改云'墓西'。"[③]

吕祖谦还根据家乡的实际情况,对葬礼做了因地制宜的改革。譬如,对于下葬时带入地下的随葬器物——明器的处理方式就是这样。按照《仪礼》和司马光的《书仪》的规定,明器应该在"圹"(墓穴)中埋葬,但鉴于南方土质情况,吕祖谦做了变通规定:

---

① 〔宋〕吕祖谦:《别集》卷三,《东莱吕太史集》,黄灵庚点校,第293页。
② 〔宋〕司马光:《丧仪四》,《书仪》卷八,《文渊阁四库全书》经部礼类。
③ 〔宋〕吕祖谦:《别集》卷三,《东莱吕太史集》,黄灵庚点校,第304页。

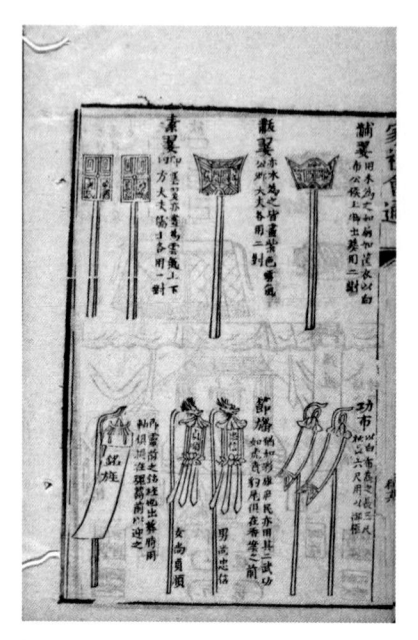

图21　〔清〕张汝诚《家礼会通》中的部分明器图

按《仪礼·既夕礼》："乃窆。藏器于旁，加见。藏苞、筲于旁。"温公《书仪》："掌事者设志石，藏明器、下帐、苞、筲、瓮、甒、酒于便房，以版塞其门。"今南方土虚，若于圹中穿便房，则圹中太宽，恐有摧覆之患，故不穿便房，但设志石于圹中。其余明器之属，于圹外别穿地瘗之可也。苞、筲、瓮、甒虽占地不多，所以不置圹中者，恐或致患。①

总的来说，司马光、朱熹、吕祖谦均试图在不违背古礼精神的前提下，对先秦丧礼进行了一定程度上的简化，使其更便于世人遵循和操作。相较而言，作为家礼规范的朱熹《家礼》更具有可操作性和实用性，对后世的影响也最大。

3. 宋元民间丧礼实践的两个样本

如果说上述司马氏《书仪》、朱子《家礼》和吕祖谦《家范》三部经典之作，是宋代官僚士大夫参照古礼，恢复、创制和完善家礼的理论尝试，那么北宋吕大钧

---

① 〔宋〕吕祖谦：《别集》卷三，《东莱吕太史集》，黄灵庚点校，第305页。

等撰修的《乡仪》和元代郑泳撰修的《郑氏家仪》，则是民间依据古礼撰修家礼文献的杰出代表。这两部家礼，可视为民间践行的两个样本。另外，我们选择这两个样本的丧礼加以分析，主要是两部家礼著作都在作者自己的故乡和家族中施行，且社会影响深远。

其一，北宋吕大钧的《乡仪》。

吕大钧（1029—1080），字和叔，京兆蓝田（今陕西蓝田县）人。出身名门，文才兼备，师从张载，为"吕氏四贤"之一。北宋嘉祐二年（1057）中进士，历任秦州（今甘肃天水）司里参军、三原知县、后供（今福州）知县等职。著有《四书注》《诚德集》等。其事迹载《宋史·吕大钧传》。

据朱熹订正附言可知，《吕氏乡约》和《乡仪》是吕大钧及其兄弟共同制定的成文乡约、乡仪，目的是教化族人和乡民。"乡约"虽是规范村邻乡民的做人之法和交往原则，但实际上因为古代社会家族聚居，故可视为吕氏家族的族训。《乡仪》是对《吕氏乡约》中乡礼、乡仪的进一步细化，依据适用场合的不同，具体分为宾仪、吉仪、嘉仪、凶仪等礼仪。[1]

吕大钧《乡仪》中的《凶仪》篇对丧礼的规定主要是两个方面，一是吊哭；二是居丧。一般人参与丧礼，无外乎这两者。前者是作为客人到亲友家遵守的吊唁礼仪；后者则是作为丧家家人遵守的治丧仪礼。因为是《乡约》，故其中"凶仪"对丧礼的规定极为简明，但操作性又很强，适合族众和乡人施行。

"吊哭"总共十三则，几乎涉及吊哭仪节的所有方面：吊哭的对象、吊服、吊哭时间、吊唁长者注意事项、吊辞、自衣吊服、不受丧家招待、吊哭同举者、吊哭同里者、往哭情轻重差异、致奠赗之物、未葬与及殡既葬吊哭场所。每一则都规定得很具体周详。比如，对吊哭对象的规定：

> 凡吊谓吊生者，哭谓哭死者，与死者生者皆相识则既吊且哭，识死者不识生者则哭而不吊，主人拜则答之，不识死者则吊而不哭，凡吊节始闻其遭丧或闻丧一吊，既葬，反哭一吊。[2]

这里把"吊""哭"的对象，以及"与死者生者皆相识""识死者不识生

---

[1] 参见陈延斌主编：《中国传统家训文献辑刊》（第1册），第12—13页。
[2] 〔宋〕吕大均：《乡约》，陈延斌主编：《中国传统家训文献辑刊》（第2册），第336页。

者""不识死者"各种情况,还有吊哭的时间都说得一清二楚,非常便于实施。再如,关于吊辞和慰问的丧家成员,《吊哭》条规定:

> 凡吊辞,当云如何不淑,或如之何之类,再以言慰其居丧之意。凡有丧者二人以上,止吊其服重者;一人服均,则吊其主丧者或长者;或不相识,则止吊其识者。丧无二主故也。①

对吊唁的时节和吊哭的场所,《吊哭》条介绍得非常具体:

> 凡往吊之节,始丧、敛、殡、朔奠、启殡、祖奠、葬虞、卒哭皆可往,亦不必悉往。未葬则哭柩,及殡既葬则哭墓,墓远则哭于其家。②

特别难能可贵的是,《乡仪》《吊哭》条对当时社会上吊哭者接受丧家吊服和酒食招待的陋俗,提出了严肃批评。认为丧家吊丧本为恤其患难,协助丧事,反倒让丧家哀戚之中为自己营办酒食、衣服之具实在不妥。《乡约》号召士君子带头移风易俗,"自衣吊服",不接受丧家招待。

> 凡丧者为酒食及为制服以待吊者,皆不可受。若问丧者已为办具,则止之。或已专为其家治丧,则当遍谕来吊者,更不须具。盖吊本为恤其患难,协力助事,往则自衣吊服,若使其家哀戚之中反为己营办酒食、衣服之具,受之岂得安乎?此俗行之已久,为害不细,士君子力变之为善。③

吕大钧的《乡仪》对当时社会上的丧礼实施情况做了这样的描述:"丧礼备存诸经,五服制度著于甲令,释服作乐,律有明刑。近世居丧,或轻或重,或服或否,居处饮食、出入之节多无所变,衰麻、月筭虽有等差,殆成空文,远则弃先生之礼经,近则犯本朝之法令。"④吕大钧与司马光是同时代人,当时经过唐末五代十国的战乱,民间遵行传统家礼的丧仪已经淡化,丧礼仪轨已经"殆成空文"。针

---

① 〔宋〕吕大均:《乡约》,陈延斌主编:《中国传统家训文献辑刊》(第2册),第339页。
② 〔宋〕吕大均:《乡约》,陈延斌主编:《中国传统家训文献辑刊》(第2册),第342页。
③ 〔宋〕吕大均:《乡约》,陈延斌主编:《中国传统家训文献辑刊》(第2册),第339—341页。
④ 〔宋〕吕大均:《乡约》,陈延斌主编:《中国传统家训文献辑刊》(第2册),第344—345页。

对当时丧礼失据的现象，《乡仪》本着"参取近人所安，酌以礼意，粗举一二以为复古之渐，庶可遵用云尔"的原则设计了简明扼要、易于遵行的丧礼仪节，篇幅不长，兹录如下：

> 凡遭丧闻丧，自缌麻以上皆当制服，今布无升数，且随精粗以意定之，绖带麻葛自有小大之制，变除之节当遵用之，终其月筭而除之。中衣亦当易以缟素，力不能具或势不能为，且可去饰。
>
> 凡三年之丧，除不得已干治家事外，终丧不可行庆吊、请谒、聚会。□卒哭后，有甚不得已事须至见人者，可暂衣墨衰行之，事毕反其丧服。甚不得已，如为人论讼当入公府，或亲戚间有患难不可不亲救恤之类，自余请谒会聚之□□□急不行无害，或有未安以书□□□□□之。
>
> 期丧未卒哭，当如三年之丧。已卒哭，有不得已人事，则衣墨衰行之，或可已者亦不必出，在家受吊、接宾客皆衣丧服。
>
> 凡大功未卒哭，有不得已事，乃衣墨衰以往。在家受吊，接宾客，亦衣墨衰。行请谒，惟不行庆礼，及召人、赴人酒食之会。
>
> □缌麻，唯哭临受吊乃衣丧服，余皆衣墨衰，出入如常，唯不行庆礼及召人、赴人酒食。①

在《居丧》篇中，吕大钧还号召士君子率先垂范，对端正民风和推进社会礼仪教化做出努力。"丧事，贵勉在士君子之力行。"作为中国历史上最早的成文乡约，《吕氏乡约》《吕氏乡仪》对后世乡村治理影响甚大。不仅北宋朝廷将其作为国典颁行全国，后来南宋朱熹还加以增编，明代朝廷又大力推广，其影响更大。明代著名思想家、教育家冯从吾评价说："关中风俗因《吕氏乡约》为之一变。"② 可见其对世风民风的重要作用。

其二，元代郑泳的《郑氏家仪》。

本书第三章提及，郑泳（生卒年不详）出身于浙江浦江县郑氏义门。他是郑义门七世郑铉之子、八世郑涛之弟，明代开国文臣之首宋濂的及门弟子。郑泳官至温

---

① 〔宋〕吕大均：《乡约》，陈延斌主编：《中国传统家训文献辑刊》（第2册），第346—347页。
② 转引自张蕴：《北宋名门的悲与喜——陕西蓝田吕氏家族墓园发掘记》，《中华遗产》2013年第7期。

州路总管府经历。史称其"力学于书未尝一日不观,尤好礼法。自其幼时,伯父青榷府君(郑钦),父都事公(郑铉)续订家规,君皆与其议。及继长家事,损益司马氏、朱子《家礼》为《郑氏家仪》"[1]。其事迹见《麟溪集》寅卷上。

《郑氏家仪》又称《义门郑氏家仪》,为郑氏义门日常遵行的家庭礼仪规范。郑泳自序云:

> 近代有四先生礼,当时朱子已谓二程、横渠多是古礼难行。温公本《仪礼》而参以今之可行者,所以《家礼》多用《书仪》。今遵《家礼》而略有损益者,盖时或有所禁,而礼乐之器之文不得不异,吾求其质而已矣。[2]

《郑氏家仪·丧礼第四》中记载有洪武年间的资料:"洪武七年,著《孝慈录》,父母俱斩衰。今遵皇制,母并斩衰,母报亦减为期。"可知,此《家仪》经过了明代郑氏后人的修订或补充。

《郑氏家仪·丧礼第四》篇中,具体而详细地规定了丧事置办过程中的各种礼仪规范。大约二十五个细目,计有迁居正寝、立丧主、沐浴、袭衣、为位、口含、小殓、大殓、奠、成服、朝夕奠、吊奠赙、□葬、开茔域、祠后土、开穴、选日出殡、题主、反哭至家、虞祭、卒哭、祔祭、小祥、大祥、禫。比起司马光的《书仪》和朱熹的《家礼》,要简化不少。

此外,虽然《家礼》比《书仪》对古礼简化更多,但依然保留有很多繁文缛节,有些不切于实用,为此,《郑氏家仪》又做了简化,使之更加明确且更易于操作。仅以《家礼》与《郑氏家仪》丧仪中的"大殓"环节做一比较即可看出。朱熹《家礼》对"大殓"设计是:

> 厥明,小敛之明日,死之第三日也。司马公曰:"《礼》曰,三日而敛者,俟其复生也。三日而不生,则亦不生矣。故以三日为之礼也。今贫者丧具或未办,或漆棺未干,虽过三日,亦无伤也。世俗以阴阳拘忌,择日而敛,盛暑之际,至有汁出虫流,岂不悖哉!"执事者陈大敛衣衾,以桌子陈于堂东壁下,衣无常数,衾用有绵者。设奠具,如小敛之仪。举棺入,置

---

[1] 〔元〕王景:《故承务郎温州路总管府经历郑君墓志铭》,〔元〕郑文融编:《麟溪集》寅卷上。
[2] 〔元〕郑泳:《郑氏家仪序》,《郑氏家仪》,《四库全书存目丛书》本。

于堂中少西，执事者先迁灵座及小敛奠于旁侧。役者举棺以入，置于床西，承以两凳。若卑幼，则于别室。役者出。侍者先置衾于棺中，垂其裔于四外。司马公曰："周人殡于西阶之上，今堂室异制，或狭小，故但于堂中少西而已。今世俗多殡于僧舍，无人守视，往往以年月未利，逾数十年不葬，或为盗贼所发，或为僧所弃，不孝之罪孰大于此？"乃大敛。侍者与子孙、妇女俱盥手，掩首，结绞，共举尸，纳于棺中，实生时所落发齿及所剪爪于棺角，又揣其空缺处，卷衣塞之，务令充实，不可摇动。谨勿以金玉珍玩置棺中，启盗贼心。收敛先掩足，次掩首，次掩左，次掩右，令棺中平满。主人、主妇凭哭尽哀，妇人退入幕中。乃召匠加盖，下钉，彻床，覆柩以衣。祝取铭旌，设跗于柩东，复设灵座于故处，留妇人两人守之。司马公曰："凡动尸举柩，哭擗无算。然敛殡之际，亦当辄哭临视，务令安固，不可但哭而已。"按古者大敛而殡，既大敛则累甓涂之，今或漆棺未干，又南方土多蝼蚁，不可涂殡，故从其便。设灵床于柩东，床帐、荐席、屏枕、衣被之属，皆如平生时。乃设奠。如小敛之仪。主人以下，各归丧次。中门之外，择朴陋之室为丈夫丧次。斩衰，寝苫枕块，不脱绖带，不与人坐焉，非时见乎母也，不及中门。齐衰，寝席。大功以下异居者，既殡而归，居宿于外，三月而复寝。妇人次于中门之内别室或居殡侧，去帷帐衾褥之华丽者，不得辄至男子丧次。止代哭者。①

《郑氏家仪》对"大殓"的规定则非常简明：

大殓。小殓之明日，执事者陈大殓衣衾奠具，如小殓之仪。举棺入，置于有序堂中少西。侍者置衾于棺中，垂其裔于四外。侍者与子孙妇女俱盥手掩首结绞，共举尸纳于棺中。实生时所落发齿及所剪爪于棺角，又揣其空缺处，卷衣塞之，务令充实。先掩足，次掩首，次掩左，次掩右，令棺中平满。丧主主妇凭哭尽哀，乃加盖下钉，覆柩以衣，设灵座、魂帛、灵床于柩东，乃奠。丧主以下，各归丧次。②

《郑氏家仪》还对当时社会上办丧事中的一些陋俗做了纠正。比如民间办丧事时，请和尚或道士做法事超度亡灵较为普遍，对此郑氏家族严格遵守儒家丧礼仪式，严禁以佛道方式安排丧礼。《郑氏家仪》明文规定："吾家以孝义表门，丧葬

---

① 〔宋〕朱熹：《大殓》，《家礼》卷四，《文渊阁四库全书》经部礼类。
② 〔元〕郑泳：《丧礼第四》，《郑氏家仪》，《四库全书存目丛书》本。

仪式一遵文公《家礼》。释老之说已有条格禁止，子孙当世世谨守而弗失也。"①郑氏家族的家规《郑氏规范》也对丧礼做了类似的规定，且提出了不得"惑于阴阳非礼"是说，丧事不得用乐：

> 丧礼久废，多惑于释老之说，今皆绝之。其仪式并遵文公《家礼》。
> 子孙临丧，当务尽礼，不得惑于阴阳非礼拘忌，以乖大义。
> 丧事不得用乐，服未阕者，不得饮酒食肉，违者以不孝论。②

为了便于遵行，《郑氏家仪》还附有二十六幅图，其中有关丧礼的最多，达十一幅，除了丧礼中的丧服制作、冠绖带样式、小殓大殓、神主之式、覆盖灵柩的竹格与载运灵柩的大舆图外，还有详细的本宗五服之图、三父八母服制图、妻为夫党服图、外族母党妻党服图、出嫁女为本宗降服图和妾为家长族服图等。这些图为丧礼的实施提供了遵循的依据。以图22、23、24、25为例。

元末大儒欧阳玄在为当时刊行《义门郑氏家仪》所作的序中感叹："商尚质，周尚文，孔子尝言之矣。今郑氏知乎此，虽礼器礼物与古小异，而恭践实行不失其敬，可谓知礼之本而无质胜于文，岂不彬彬然而可观矣乎！"他认为该书可以与司马光《书仪》和朱熹《家礼》并传于世。该家仪因切于实用，被更多家族奉为范本遵行。③

---

① 〔元〕郑泳：《丧礼第四》，《郑氏家仪》，《四库全书存目丛书》本。
② 〔元〕郑文融等：《郑氏规范》，陈延斌主编：《中华十大家训》卷二，第364页。
③ 参见陈延斌主编：《中国传统家训文献辑刊》（第1册），第38页。

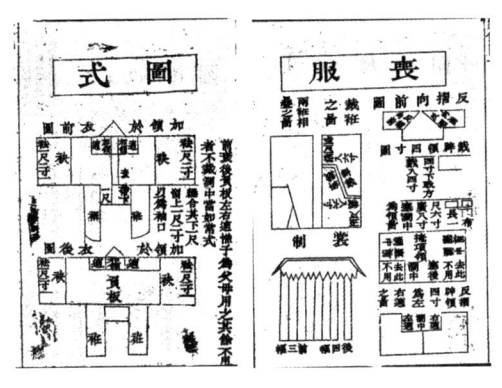

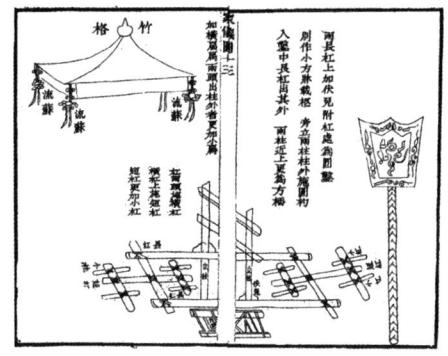

图22 《郑氏家仪》的丧服图式　　图23 《郑氏家仪》中覆盖灵柩的竹格与载运灵柩的大轝图

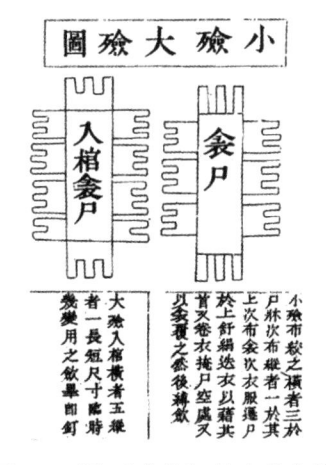

图24 《郑氏家仪》的小敛大敛图　　图25 《郑氏家仪》的冠绖带图

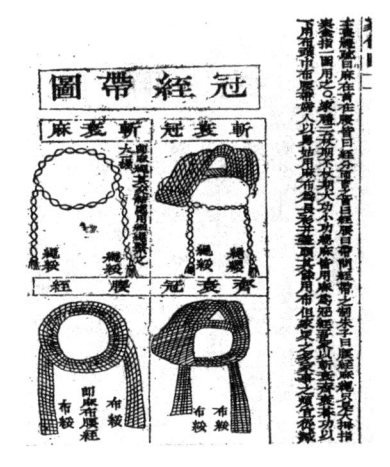

由于郑氏家族"一再受到封建统治者的表彰,《宋史》《元史》《明史》均列孝友传中。元武宗至大四年(1311)朝廷就旌表其为'孝义门'。明洪武十八年(1385),朱元璋赐以'江南第一家'的美称;洪武二十三年(1390),朱元璋又御书'孝义家'赐之"[①]。后来,朱元璋命大臣推荐"孝弟敦行者"为官,郑氏家族被许多人都推举,郑氏子弟因此有数人被任用,有的则直接从布衣擢升礼部尚

---

① 参见陈延斌:《〈郑氏规范〉的家庭教化及其对后世的影响》,《齐鲁学刊》2001年第6期。

书、御史等高官。据郑氏后人编写的《圣恩录》记载，洪武二十六年（1393），朱元璋为了用以孝义著称的儒生任职东宫，召三十岁以上的郑氏族人进京备选，最后选中郑济，授他为左春坊左庶子，专门教育皇家子孙。朱元璋对郑济说："你家孝义，神民所知，朕今不命你掌刑名钱谷，惟欲尔家庭孝义雍睦之道，日夜讲说于太孙之前。"由于皇帝的表彰，特别是朱元璋的倡导，使得郑氏家族这一义门更加发挥了典范作用，该家族的家训《郑氏规范》和家礼《郑氏家仪》在社会上流传更广。许多地方官员也积极倡导民间仿效郑氏家族的家礼。譬如，明代嘉靖二十三年（1544），福建建宁县令何孟伦发布谕文通告全县，"家堂之祭，准以文公《家礼》，参酌浦江郑氏，刊为图式，家喻户晓"①。民间不少家族建设祠堂，其丧祭治理也参照郑氏家族的规制。例如，明弘治元年（1488），古徽州休宁充山汪氏家族重建祠堂，其族人说："又闻浙之浦江有义门郑氏累世同居，其先祠并祀伯叔群从男女之主，上之人尝旌其门，下其家范以风四方，吾之所以建祀旁亲者，用郑氏例也。"②

4.辽金元时期的丧礼简况

辽代采用中原皇帝制度，施行"契丹礼仪和汉族礼仪并存的二元系统，反映到文献典籍上，便是既有记录'国俗'的《辽礼仪志》，又有体现'汉仪'的《辽朝杂礼》"③。所以，汉民族的丧礼基本没变。

金朝崇奉儒教，还编辑有《大金集礼》，但在家礼方面，"金朝未形成五礼制度，其对汉礼的吸收是有选择的，重点在朝会、尊号、册谥等内容，以助其构建皇帝制度。……金朝保留了许多女真族的传统礼俗"④。正因为金朝未形成五礼制度，其具体丧礼制度也无从查找。

在中国历史上，元朝是第一个由少数民族统一全国的封建王朝，有学者认为，元朝礼制是蒙古族的"国俗旧礼"与汉民族礼制的糅合。其中元代的丧服制度基本沿承宋代，但也有一些变化：一是增加了为出家兄弟的服制，规定为同胞兄弟出家者降一等服大功；二是将"袒免"改为"无服"。⑤

至于元朝丧葬礼仪，基本上也是各从本俗。与汉人一样，蒙古人盛行土葬，然

---

① 常建华：《元明时期义门郑氏及其规范的社会影响》，《河北学刊》2011年第2期。
② 常建华：《明代宗族研究》，上海人民出版社2005年版，第88页。
③ 杨志刚：《中国礼仪制度研究》，第211页。
④ 杨志刚：《中国礼仪制度研究》，第219页。
⑤ 参见丁凌华：《中国丧服制度史》，第180页。

而不起坟冢，以便保密。富贵之家"刳木为棺"，且置放随葬品，如金银器皿或马匹、武器、帐幕等。棺制与汉人的不同，"中分为二，刳肖人行，其广狭长短，仅足容身而已"。皇家有专门的陵地，叫"起辇谷"。汉人官员不能参加皇帝的丧葬仪式，只送灵柩至大都建德门外。①另外，从《元典章》中也可以窥见元代丧礼仪节的阶层区别。比如关于墓地的大小，《元典章》明确规定："庶人墓田四面去心各九步，即是四围相去十八步。"②也就是说庶人墓地大小应该是九步见方。该书也对各品级官员的墓地大小做了具体规定："一品九十步，二品八十步，三品七十步，四品六十步，五品五十步，六品四十步，七品以下二十步，庶人九步。"③

正因为"元之五礼，皆以国俗行之，惟祭祀稍稽诸古"④，加上史料的缺乏，我们对元代蒙古族人的丧礼了解不多，但从一些流传下来的家礼文献中可知，元代民间家礼中的丧礼，世家大族基本依照朱熹《家礼》而行。能证明这一点的，除了浦江郑氏义门的《郑氏家仪》以外，还有一些民间流行的家礼文献。比如元代无名氏编辑的《居家必用事类全集》，就参考了《仪礼》、司马光《书仪》和朱熹《家礼》等，其中对丧服和丧礼仪节做了汇辑，为便于民间遵行丧礼提供了依照。至于元代的丧服制度则基本"沿袭后唐赵宋服制"⑤。

当然，一般平民百姓实际遵行传统丧礼也有淡化趋势。元末明初学者谢应芳曾评论过元末民间遵行丧礼的情况。他说："丧礼之废久矣，今流俗之弊有二。其一，铺张祭仪，务为观美，甚者破家荡产，以侈声器无乐之盛……其二，广集浮屠，大作佛事，甚者经旬逾月，以极斋羞布施之盛。"⑥

（六）明清家礼繁荣的原因与丧礼制度的普及

在研究明清时期丧礼制度的普及之前，有必要简单探讨一下该时期家礼繁荣的

---

① 参见杨志刚：《中国礼仪制度研究》，第222—223页。
② 〔元〕拜柱等修：《葬礼》，《大元圣政国朝典章》卷三十礼部卷之三，《文渊阁四库全书》史部政书类。
③ 〔元〕拜柱等修：《葬礼》，《大元圣政国朝典章》卷三十礼部卷之三，《文渊阁四库全书》史部政书类。
④ 〔明〕宋濂等：《祭祀志一》，《元史》卷七十二，第1779页。
⑤ 参见陈戌国：《中国礼制史·元明清卷》，湖南教育出版社2002年版，第67—68页。
⑥ 〔元〕谢应芳：《治丧序》，《辨惑编》卷二，清守山阁丛书本。

原因，尽管这在第三章已有一些阐述。

1. 明清时期家礼文化繁荣发展的原因

明清时期是中国传统家礼文化繁荣发展的时期。究其原因，主要有以下几个方面。

其一，明清统治者对礼制的重视。

早在朱元璋称吴王时，就总结元朝教训，提出"礼法，国之纲纪。礼法立则人志安，上下安。建国之初，此为先务"①。

鉴于礼制在敦风正俗中的重要作用，加之元末的礼制败坏，明太祖朱元璋非常重视国家礼典的制定，在位三十多年竟然制定了多达十四部的礼典。《明史》记载，明太祖，"在位三十余年，所著书可考见者，曰《孝慈录》，曰《洪武礼制》，曰《礼仪定式》，曰《诸司职掌》，曰《稽古定制》，曰《国朝制作》，曰《大礼要议》，曰《皇朝礼制》，曰《大明礼制》，曰《洪武礼法》，曰《礼制集要》，曰《礼制节文》，曰《太常集礼》，曰《礼书》"②。

后来，明太宗、明孝宗、明世宗也都很重视礼制建设。明太宗朱棣甚至"颁《文公家礼》于天下"③，倡导民间遵行。这样，朱熹制定的包括丧礼在内的家礼礼仪更是在社会上广泛通行。

《大明集礼》系洪武二年（1369）朱元璋下诏令徐一夔、梁寅等十位儒臣修撰，共五十三卷。《四库提要》云：

> 考《明典汇》载，洪武二年八月，诏儒臣修纂礼书。三年九月书成，名《大明集礼》。其书以吉、凶、军、宾、嘉、冠服、车辂、仪仗、卤簿、字学、乐为纲，所列子目，吉礼十四，曰祀天，曰祀地，曰宗庙，曰社稷，曰朝日，曰夕月，曰先农，曰太岁、风、云、雷、雨师，曰岳、镇、海、渎、天下山川、城隍，曰旗纛，曰马祖、先牧、社马步，曰祭厉，曰祀典神，曰三皇、孔子。嘉礼五，曰朝会，曰册封，曰冠礼，曰婚，曰乡饮酒。宾礼二，曰朝贡，曰遣使。军礼三，曰亲征，曰遣将，曰大射。凶礼二，曰吊赙，曰丧仪。

---

① "甲辰正月戊辰"条，《明太祖实录》卷十四。
② 〔清〕张廷玉等：《礼志一》，《明史》卷四十七，第1224页。
③ 〔清〕张廷玉等：《礼志一》，《明史》卷四十七，第1224页。

又冠服、车辂、仪仗、卤簿、字学各一。乐三，曰钟律，曰雅乐，曰俗乐。①

《大明集礼》一书在洪武年间并没有被刊印，嘉靖八年（1529）才由礼部尚书李时请刊，于次年六月梓成。该书是研究明代礼法制度的重要参考资料，其中《凶礼》二卷含"吊赙"和"丧仪"，是对品官的丧礼规定。

弘治十年（1497）开始修撰的《大明会典》凡一百八十卷。该礼典据明代官修《皇明祖训》《孝慈录》《大明集礼》《大明律》等书编成，正德时刊行，后嘉靖、万历又增至二百二十八卷。

受明朝影响，满族入关前，皇太极就曾下令礼仪仿照《大明会典》而行。清朝建立以后，统治者为加强对汉人和社会的控制，也注意礼法制度建设。

康熙二十九年（1690），诏令礼臣增删损益明礼撰成《清会典》，这是清朝第一部礼典。乾隆元年（1736），来保等奉敕撰《钦定大清通礼》，经二十一年修成，体例仿照《仪礼》，计五十卷。编纂通礼目的就是用礼来规范士庶的生活，反复强调"务期明白简易，俾士民易守"。要求"家通而户习之"，以化民成俗。②

《四库全书总目》评价前代礼书有些不切实用，而该《通礼》"事求其合宜，不拘泥于成迹；法求其可守，不夸饰以浮文。与前代礼书铺陈掌故，不切实用者迥殊。《记》曰礼从宜，又曰大礼必简。三代圣王，纳民轨物，其本义不过如斯。赐名曰《通礼》，信乎酌于古今而达于上下，为亿万年治世之范矣"③。此后，清廷又于乾隆二十九年（1690）、四十九年（1784）两次敕修《礼部则例》，清道光四年（1824），礼部尚书穆克登额辑成《续纂大清通礼》五十四卷。同时，与明代相比，家礼等礼仪也进一步下降到庶人阶层。

其二，朝廷对遵行朱熹《家礼》的倡导。

朱熹《家礼》问世不久，就有学生杨复等为其作注，书中的家礼仪节被不少人家遵行。《四库全书总目》甚至说："朱子没后二十余年，其时《家礼》已盛行。……自元明以来，流俗沿用。"④

明朝刚一建立，朱元璋就颁布法令，规定"民间婚娶，并依朱熹《家

---

① 〔清〕永瑢等：《〈明集礼〉五十三卷》，《四库全书总目》卷八十二，中华书局1965年版，第704页。
② 参见"乾隆元年六月下"，《清实录·高宗实录》卷二十一。
③ 〔清〕永瑢等：《〈钦定大清通礼〉五十三卷》，《四库全书总目》卷八十二，第706页。
④ 〔清〕永瑢等：《〈家礼〉五卷附录一卷》，《四库全书总目》卷二十二，第180—181页。

礼》"①。朱元璋亲自作序的《御制孝慈录》,其丧服制度、丧礼仪式等也大量采用了《家礼》的内容。到了永乐年间,明成祖朱棣为统一思想,钳制士人,命人编辑《四书五经大全》和《性理大全》。两书汇辑的宋元理学家学说作为科举考试的范本和学校教育的"统编"教材,由于后者收入了朱熹《家礼》,使之上升为国家礼典,因而加速了朱熹《家礼》的传播和民间推广,明清时期几乎达到了家喻户晓程度,成为士族和庶族的通用家庭生活礼书。正如清人汪佑在编订朱熹《家礼》的按语中所说,"《家礼》为人家日用不可无之书"②。

其三,明清时期许多士人对朱熹《家礼》的损益简化推进了家礼在民间的普及和践行。《家礼》之所以能成为中国封建社会后期的民间通用礼,还有赖于两个重要的因素。一是官方有意识地尊崇;二是民间刊布了大量有关《家礼》的注本和传本。这里所谓的注本、传本,是指那些对《家礼》进行注释,或加以损益、易以浅近之语,甚或加诸插图,依附于《家礼》的名下而印行、流传的有关著作。依靠这些注本、传本,朱熹的礼学思想广为传播,《家礼》一书家喻户晓。③

对此,本书第三章已经介绍了明代对朱熹《家礼》诠释和损益的著作。到了清代,清人继续为《家礼》编著注本、传本,但已不似明人那般蜂拥而起。较为重要的有:王复礼《家礼辨定》,郭嵩焘校订朱熹《家礼》,汪佑编订朱熹《家礼》,李元郎《家礼拾遗》等。《家礼》在清代的地位依然隆显。汪佑以为:"《家礼》为人家日用不可无之书。"郭嵩焘将《家礼》与郑玄"三礼注"相提并论,认为"二千年天下相为法守,独康成郑氏及朱子之书耳。"朱彝尊则谈道:"世之治举业者……以言《礼》,非子之《家礼》弗敢行也。"④

尤其是明朝朝廷倡修的《大明集礼》,"本之周经,稽诸唐典,而又参以朱熹《家礼》之编"⑤,更扩大了《家礼》在仕宦群体和民间百姓中的传播。有学者据书目文献出版社出版的《中国地方志民俗资料汇编·华北卷》统计,该书所收京津地区和河北地区有关婚、丧、祭礼的资料中,有三十二个州县的志书直接提到诸如:"均遵《文公家礼》";率如《文公家礼》至于所记礼俗与《家礼》大致相合的州县则更多。这种情况不独华北一个地区如此,在其他地区的地方志史料中,提

---

① 〔清〕龙文彬:《婚礼》,《明会要》卷十四,中华书局1956年版,第235页。
② 〔清〕汪佑编:《深衣制度》按语,朱熹《家礼》卷一,紫阳书院本。
③ 参见杨志刚:《中国礼仪制度研究》,第238页。
④ 杨志刚:《论〈朱子家礼〉及其影响》,《朱子学刊》1994年第1辑。
⑤ 〔明〕徐一夔等:《凶礼二》,《明集礼》卷三十七,《文渊阁四库全书》史部政书类。

到遵行《家礼》的也所在极多,例如:《嘉靖常德府志》(湖南)风俗条载:"人家丧祭颇依《家礼》";《万历新昌县志》(浙江)卷四风俗条载:"大率用《文公家礼》。"如此等等,不一而足。①

可以说,朱熹《家礼》一书对民间家礼的普及和推行起了极为重要的作用。

2. 明清时期通用丧礼的汇辑和流传

明清时期家礼的流传和普及除了出现了大量的《家礼》注本、传本以外,还有一些学者和出版商编撰出版了不少家礼的民间普及读本。这里我们介绍明清时期的三部家礼汇辑,并适当论及丧礼的流传。

一是明代丘濬的《家礼仪节》。

丘濬(1421—1495),也写作邱濬,字仲深,琼州琼山人,明代著名政治家、理学家和文学家,累官至礼部尚书,卒赠太傅,谥文庄。著有《大学衍义补》等。

《家礼仪节》,又名《丘文庄家礼仪节》,写成于明成化甲午年(1474)春。关于本书的写作目的,丘濬序言中说自己:

> 自少有志于礼学,意谓海内文献所在,其于是礼必能家行而人习之也。及出而北仕于中朝,然后知世之行是礼者,盖亦鲜焉。询其所以不行之故,咸曰:"礼文深奥而其事未易以行也。"是以不揆愚陋,窃取《文公家礼》本注,约为《仪节》,而易以浅近之言,使人易晓而可行。将以均诸穷乡浅学之士。若夫通都钜邑,明经古学之士,自当考文公全书,又由是而上进于古《仪礼》云。②

可见,丘濬的《家礼仪节》完全依照朱熹《家礼》的五礼结构,参以古礼,而代以浅白易懂的语言,便于那些居住于穷乡僻壤的百姓也可以参照执行。

《家礼仪节》的《丧礼》篇基本上每个程序都列有具体的"仪节",对每个步骤也都规定得清清楚楚。例如"初终"条目的第一个仪节"疾病迁居正寝",其"仪节"为:"若病势重不可起,则先设床于正寝中,迁居正寝,子弟共扶病者出,居床上东首。东首者,以受生气也。"③这样的具体解释,可操作性很强。

---

① 参见杨志刚:《论〈朱子家礼〉及其影响》,《朱子学刊》1994年第1辑。
② 〔明〕丘濬:《原序》,《重刻邱文庄家礼仪节》,乾隆庚寅年重修宝敕楼藏版。
③ 〔明〕丘濬:《丧礼》,《重刻邱文庄家礼仪节》卷三,乾隆庚寅年重修宝敕楼藏版。

丘濬的《家礼仪节》促使朱熹的《家礼》更加深入民间，本章所介绍的吴翟撰写的民间家礼代表文献《茗洲吴氏家典》就多处参用了丘濬《家礼仪节》的资料。

二是清代张汝诚的《家礼会通》。

《家礼会通》四卷，清张汝诚（生卒年不详）辑。张汝诚，福建漳州人，事迹无载。《家礼会通》是作者对传统家礼文献的汇辑，但也有损益。该书共分元亨利贞四卷，三十五目。《家礼会通》虽然重在阐述冠婚丧祭礼仪之礼意和相关仪礼程序，但对与这些仪礼相关的内容介绍也十分留意，譬如对人称呼、礼帖格式、封增告祖、致斋拜忏、民间祀神等皆叙述齐备，可以称为民间家礼的百科全书。故而，刊刻该书者在序言中对此书的评价颇高："先正张君序宗，大惧世俗流靡无所底丽，乃辑《家礼会通》一编，大自冠婚丧祭，小自赠遗、称呼，无不详载而考核明备，文质得宜，观其会通自可行。夫典礼，其有裨于世俗也甚大，大抵从前坊刻家礼不失于繁，则失于简，其间所登婚启祭文，不惟朴鄙实甚，亦且数见不鲜。自有此编，而诸本皆可废矣。"①

刊刻者认为，有此书在手，其他家礼"诸本皆可废矣"，可见其全面系统、切于实用。该书的丧礼礼仪在利卷、贞卷，利卷含丧礼考疑、丧祭图制、男女服制、初丧仪节、治丧杂仪、吊赙礼仪、诔轴祭文；贞卷包括治葬礼仪、还葬改葬、丧祭八礼、告迁祔祭、祭祀仪礼等。仅从这些条目就可以看出该书的丧礼礼仪规定得极其详尽具体。

该书的另一鲜明特色是通俗易懂、操作性强。仅举"称呼考疑"和"服制考疑"中的数则。

问：生曰父母，死曰考妣何也？

曰：考者，成也；言其已成事业也。妣者，媲也；言其媲助父美也。或云上父母棺柩出葬明白，下子女嫁娶完毕，方称为考妣。不然，虽逾古稀，无成而卒者，仍称故父母。

问：称亡者作何表题为宜？

曰：有爵之人，题出身衔职。题请皇上赐谥。无则仅题生前表号，加以某公称之。士人则称府君。妇人亦称孺人或称安人以配之。

问：年少而亡者，以何称为宜？

---

① 〔清〕张汝诚辑：《序》，《家礼会通》，哈佛燕京图书馆藏清雍正甲寅十二年集新堂版。

曰：伤哉，某号某姓庠生之柩。如无进泮者，只称某号某君，不可妄谥称公及府君。

问：五十而亡者，可称寿否？

曰：五十虽不称殀，亦未可以寿称之。但题曰艾年。五十曰艾，言发须苍白如艾色也。

问：居丧称孤哀子何也？

曰：居丧称哀子、哀孙，祭祀称孝子、孝孙，此礼之本。今俗父亡称孤子，母亡称哀子，不知于礼何据？郑氏云：三十以下，无父称孤；三十以上，不得称孤。但相承已久，当随俗亦可。①

再如"服制考疑"。

问：俗有系衣带于手，何也？

曰：此虽俗礼，亦厚情也。情既胜礼，则亦无妨。然为父当带于左手，为母当带于右手，如古礼左右袒之义。每条串钱一文，至卒哭日焚之。

问：父母之丧，必三年者何？

曰：子生三年，然后免于父母之怀，故服三年，以报父母鞠育之恩。《传》曰：三年之丧，天下之通丧也。自天子以至于庶人，国家共之。

问：母丧未尽，而遭父丧何如？

曰：对年外则祭大祥，更置父灵，以服其丧。若父丧在先，其灵不可除。先葬母，不虞、不祔，待葬父毕，然后为母虞祔。虞、祔，祭名。

问：父母接踵而逝，则如之何？

曰：均是一体之服，其灵座照序移立左右，另席以奠，俟大祥后祔之，其余之丧，祀之别处可也。

问：重丧未除，而遭轻丧，其服当何如？

曰：当服轻丧之服，而拜哭之，既毕，返服重服；若重服已除，当服轻服，以终其丧。②

---

① 〔清〕张汝诚辑：《丧祭考疑》，《家礼会通》利卷，哈佛燕京图书馆藏清雍正甲寅十二年集新堂版。
② 〔清〕张汝诚辑：《丧祭考疑》，《家礼会通》利卷，哈佛燕京图书馆藏清雍正甲寅十二年集新堂版。

张汝诚汇辑的《家礼会通》还附录有各种丧礼用品、陈设位次、礼贴格式图。他汇辑的《家礼会通》极为详尽，连丧礼中各种称呼、葬品的制作、葬具的筹备，以及各种帖式写法甚至挽联、祭文都有可参考的具体样式。比如《治葬礼仪》中不仅有各个程序、仪节的详细介绍，还有整个治葬阶段仪式所用的"破土祝文""祠土祝文""葬祭祀文""虞祭祝文"的样本，非常便于普通百姓使用。再如"唁慰式"不仅格式清清楚楚，而且注明男女帖式用签的颜色，"男人丧，贴青签，女人黄签，取天青地黄之义"。

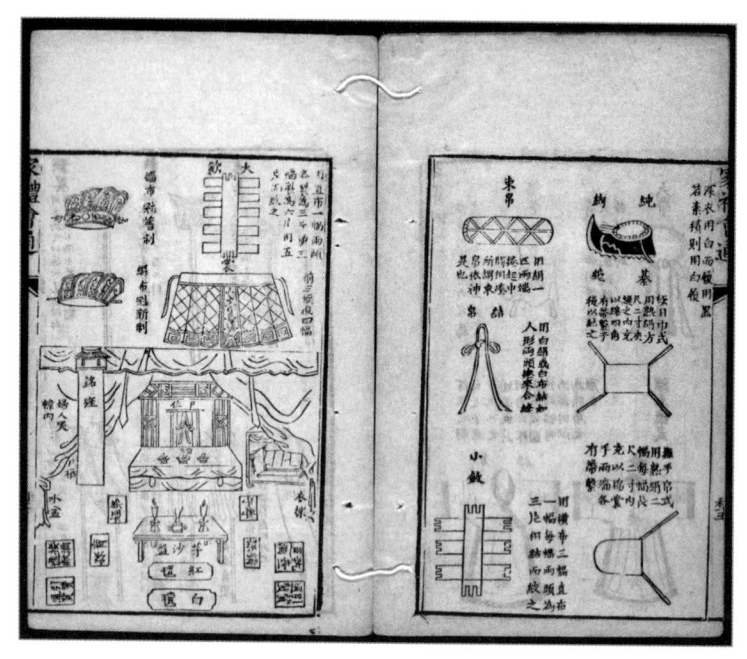

图26　〔清〕张汝诚《家礼会通·丧葬图制》（部分）

三是清代吕子振辑的《家礼大成》。

该书又名《酬世锦囊正家礼大成》。辑者吕子振（生卒年不详），字羽仲，漳州龙溪人，事迹无考，其生活年代应为清代康熙雍正年间。从该书的作者序言看，此书写成于雍正乙卯（1735）仲秋。关于汇辑该书的初衷，作者吕子振在序言中说："《家礼》一书自紫阳夫子所折衷而改定，或酌风气异同，或参正俗习尚，务使礼之行天地间者，犁然有当于人心。漳俗亲承紫阳遗泽，虽世代数易，缙绅士类秉礼者不少，特山陬海隅平素少诗书之泽者，未必尽能通晓。年来漳之士君子起而增删之，使冠婚葬祭之礼，复昭于世，功非浅鲜。第议论不无异同，购求难别取舍。兹余不揣固陋，妄辑前哲遗言，略参时贤著作，俾世之君子便于观览。"[1]可见，该书也参照了朱熹的《家礼》，针对当时一些士人解释不一、不便于普通百姓实施的社会需要，于是删繁就简，汇辑而成。

《家礼大成》共分八卷，内容庞杂。该书卷六到卷八为丧祭仪礼，内容十分丰富。卷六分"丧祭总论、丧服总图、初丧辨考、衣制辨考、明器辨考、称呼辨考、服制辨考、吊慰辨考、营葬辨考、祀礼辨考、祭祀辨考、初丧仪礼、服制等杀、五服制度、治丧杂议、吊赙礼仪、讣文式"十七个细目，介绍了丧葬的整个程序、礼仪要求，以及各种亲属关系应该穿着的丧服规制，具有很强的可操作性。卷七的"诔轴祭文、丧葬图制、治葬礼仪"介绍了各种亲属关系的祭文撰写格式，并以图文结合方式介绍了丧葬的用品、陈设、祠堂神位布局，该部分也附了民国时期的遣典告辞、虞祭祭文样本。卷八主要介绍祭礼礼节，其中"丧祭八礼"介绍了丧祭的祭祀仪式及其祭文格式。需要说明的是，《家礼大成》一书错讹之处甚多，重校该书的民国人氏杨鉴的序言也强调了这一点，但该重校本错误依然不少。

鉴于《家礼大成》与《家礼会通》相同之处不少（当然这也是汇辑图书的特点），都是特别注重面向普通民众，力求文字通俗，仪节详尽具体，便于遵行，故不多做介绍，仅以《家礼大成》卷六的《明器辨考》为例：

问：死者之器为明器何也？

曰：孝子不忍死其亲，而以神明之道待之。不曰神明之器，而为明器者，以神之幽，不可不明故也。

问：在棺谓之柩何也？

曰：棺者，关也；以掩尸也。柩者，久也；谓尸入棺，久不变也。

问：置灵时，用竹炉一直香一行何也？

曰：取其一生正直，无偏轧纳。

问：铭旌何为而设也？

曰：铭者，明也。旌者，旗也。以死者不忍别，故书其爵寿德行以旌之。

杜诗云："黄壤不沾新雨露，粉书空换旧铭旌。"

问：丧皆用素烛，铭旌用红者何也？

曰：以客书赠，故以红为之。

---

[1] 〔清〕吕子振著，杨鉴重校：《序》，《家礼大成》，台湾瑞成书局1978年版。

问：杖有木用竹之不同，及其制之方员何也？

曰：父丧杖用竹，取其节历四时而不变。母丧用桐杖，谓心内悲切，同于父也。长与心齐者，孝子哀戚，病从心起也，执此以扶其身耳。上员下方者，象天地之义也。本在下者，顺木之性也。成服日执起，俟服阕，焚于墓前。

问：祀用木主者何？

曰：木主者，神所主也。宗庙立之以依神，主必用木者，木落归本，取有始终之义也。考自武王伐纣时，所创而起也。

问：杖谓之通杖者何也？

曰：颜师古以桐读作"通"。凡竹木皆通达而生，治丧用之，以通情。故云："通杖"。孙氏梦凤凰不栖于桐，而集于奉，卜者以当居母丧之兆。①

3. 明清时期丧服制度的变革

前面提及，《大明集礼》对明代家礼具有重要影响。该礼书有关丧服制度部分基本上照搬了朱熹《家礼》，其他丧葬仪式也大量地引用《家礼》的礼仪仪节，作为国家礼书，《家礼》的丧礼制度不仅对明代而且对清代丧礼都影响极大。但是由于明太祖朱元璋的缘故，丧服制度发生了历史上的一次重大变化，这一变化堪比汉孝文帝对丧服服期的改革。

洪武七年（1374），朱元璋的孙贵妃去世，依当时的《大明令》，孙贵妃抚养的周王橚应为其行慈母服齐衰三年，朱元璋却让服斩衰三年。礼部尚书牛谅等大臣都依据《周礼》《仪礼》之说，以及孔子回答子游问礼的观点，提出不同意见，认为应该"父在为母服期年"。朱元璋对此很不以为然，又命宋濂等考查古书中对于为母丧期限的记载，宋濂等考查的结果是"愿服三年者二十八人，服期年者十四人"。朱元璋以此为据，批评牛谅等人是"迂儒"。他说："今之迂儒止知其一，不知其二，是古非今，昭然矣。"②为此，朱元璋提出了"父母等恩"的丧制理念，认为："夫父母之恩一也。父丧三年，父在，为母则期年，岂非低昂太甚乎？其于人情何如也！"③他认为"古不近人情而太过者有之"，礼就该"出于天子"，所以朱元璋断然决定，以后儿子为父母、庶子为其母，"皆斩衰三年"。

---

① 〔清〕吕子振著，杨鉴重校：《明器辨考》，《家礼大成》卷六。
② 〔明〕朱元璋：《孝慈录序》，《明太祖集》卷十五，黄山书社1991年版，第301页。
③ 〔明〕朱元璋：《孝慈录序》，《明太祖集》卷十五，第302页。

他说：

> 每闻汉唐有忌议丧事者在。朕则不然。礼乐制度出自天子，于是立为定制：子为父母，庶子为其母，皆斩衰三年。嫡子、众子，为庶母皆齐衰杖期，使内外有所遵守。①

朱元璋对丧服制度的这一改革，导致"母亲始与父亲在服叙中处于平等地位。但为嫁母、出母仍服齐衰杖期，为人后者为本生父母仍服不杖期，并行心丧。由于这一改革，齐衰三年自然废除，齐衰在明清只有杖期、不杖期、五月、三月四级"②。

此外，《孝慈录》对丧服制度的修改，还包括"为庶母改服齐衰杖期""母在为妻改定齐衰不杖期""为堂兄弟服缌麻""扩大无服亲的范围""殇服废止"等。明代的服叙改革是社会演进的结果，反映了服叙中辈行名分的重要性已超过了嫡庶名分。③

朱元璋的丧服制度改革直接影响到整个明清时期民间丧服制度。任职于清嘉庆、道光年间的吴荣光（1773—1843）撰写的《吾学录初编》专门记载了清代的典章制度，其所列丧服总图就是齐衰服制分为四类，与明代相同。清代张汝诚的《家礼会通·男女服制》也在"二曰齐衰三年"条下注为："子为母、嫡母、生母、继母、养母、慈母。本朝俱改为斩衰。妇同。"

在道光四年（1824）颁布的《大清通礼》中，体现了清代服叙改革的倒退趋势，"从手段上言，服叙升服、增服转化为降服、删服"④。具体表现为四个方面：一是"为养母降服齐衰不杖期"；二是"父死继母再嫁己身遂去者为继母之服"；三是删除"为同母异父兄弟姊妹服小功"的规定；四是"增补兼祧服叙"。⑤

这里特别介绍一下乾隆时期在丧服制度上增加的"一子两祧"的丧服服制。本书第三章曾经提及，这是清代丧礼制度的重要变化。从礼制史上看，"兼祧"或

---

① 〔明〕朱元璋：《孝慈录序》，《明太祖集》卷十五，第302—303页。
② 丁凌华：《中国丧服制度史》，第184页。
③ 参见丁凌华：《中国丧服制度史》，第184—187页。
④ 丁凌华：《中国丧服制度史》，第188页。
⑤ 参见丁凌华：《中国丧服制度史》，第188—189页。

"一子两祧"是历代法律和家礼都禁止的,清代的丧服制度"一子两祧"是指兄弟两家只有一个男孩子,这个孩子要分别为两家娶妻生子,各家妻子所生的后代延续两房各自的香火。"一子两祧"服制就是为这种特殊的丧服制度做出的具体规定,到了道光年间,又将这一制度加以细化:

  一、独子兼承两祧。两房分祧之子,皆独子之亲子,无降服之义,应各为父母服斩衰三年。
  二、两房承祧之孙,各为祖父母服齐衰不杖期;父卒,嫡孙承重,俱服斩衰三年。
  三、独子之子承祧别房者,其本身为本生亲属,俱从正服降一等。其子孙为本生亲属,只论所后宗支亲属服制。又小宗子出继小宗,如已为所后父母丁忧持服,嗣经兼祧两房者,自应照《礼经》不贰斩之义,为所生父母服期年;如虽出继在前,尚未为所后父母丁忧服,旋经兼祧两房者,应仍以所生为重,为所生父母服三年,为兼祧父母服期年。①

明代和清代还以法律辅助丧礼等家庭礼仪的推行。《大明律·礼律》"匿父母丧"条规定:父母、夫丧,"若丧制未终,释服从吉,杖八十";期亲尊长丧,"丧制未终,释服从吉,杖六十";"居父母、夫丧忘哀作乐,杖八十。""丧葬"条规定:"若惑于风水及托故停柩在家,经年暴露不葬者,杖八十。若从家长之遗言,将尸烧化及弃之水中者,杖一百。"清律与明律基本相同,如《大清律例·礼律》也规定:"闻父母及夫之丧,匿不举哀者,杖六十、徒一年;若闻期亲尊长丧,匿不举哀者,杖八十";"居父母及夫丧,释服从吉,杖八十"。②

4. 明清时期的丧礼仪节

需要说明的是,鉴于帝王丧礼的特殊性和资料的缺乏,我们不再述及。这里对明清丧礼仪节的论述侧重于民间士庶大多通用的家礼,其间也会提及品官的家礼,但主要介绍社会大众的丧礼仪节。因为就基本丧礼仪式而言,品官丧礼与庶人丧礼差异不大,只是规制的高低尊卑之别。正如有学者所评价的那样:

---

① "道光九年十一月己酉",《清宣宗实录》卷一百六十二。
② 参见刘冰雪:《清代法律文献中的习俗规制——以丧葬习俗为例》,《河北师范大学学报(哲学社会科学版)》2013年第3期。

品官丧礼，得益于宋时《书仪》和《家礼》的流传，多能按明代官方所定而行。其礼与古制一脉相承，仪节完备，程序稳定。然而因民间习俗影响，也出现了如复三、百日祭等未合古礼的仪节，这些仪节多出于悼念和哀戚之情，总的来说无伤大体。

相较于皇室与品官丧礼的传承性和稳定性，庶人丧礼中虽有遵行《家礼》者，但总体上表现为礼俗混杂，以俗为主。从方志记载中可以看出，各地风俗各有异同，而少数民族则多有其独特习俗。与品官丧礼不同，这些习俗多有悖礼之处。它们的产生，或因宗教观念渗透，或受经济、地位等条件限制，最终都对儒家丧礼在民间的推行造成了不利影响。[1]

明代，无论品官还是士庶办理丧事，基本上都依据朝廷倡导，照朱熹《家礼》而行。万历《漳州府志》载："漳俗多依文公《家礼》……凡沐浴、饭含、袭衣、大小敛、朝夕奠与夫衰麻哭踊之数，以至送葬反哭之仪，皆不异。"天启《乐亭志》记载："士大夫家多仿《家礼》，亦参用浮屠。"[2]

清朝时，"为了满汉融合、政权稳固，清政府不得不使用汉文化、用汉人礼仪，但为了保证满族的独特性，皇族仍然多保留满族的家族礼仪。但皇族以外的家族制度，却多沿用朱子《家礼》，或者是采用根据朱子《家礼》而酌定其满族的'家礼'"[3]。"由于皇室默许和官方的认可，《家礼》也继续得到各州府的印发和推行"[4]。

正因明清时期民间丧礼多依朱熹《家礼》，我们这里选取明清时期一些损益《家礼》而又社会影响大的家礼文献中的丧礼仪节作简要介绍。

（1）《大明集礼》的丧礼仪节

《大明集礼》卷三十七《凶礼二·丧仪》对品官和庶人的丧葬用品、礼典和丧礼程序都作了规定。

品官丧葬用品就有：复衣、盘盆巾栉、袭衣、含、铭旌、小敛衣、大敛衣、灵座、棺椁、庐次、明器、下帐、墙翣、引披铎、纛、功布、方相、卤簿鼓吹、大轝、志石、碑碣、墓圹、赗赙、神主、奠祭器馔。

---

[1] 池雪丰：《明代丧礼仪节考》，浙江大学2017年博士学位论文。
[2] 乐亭县档案局点校：《明清乐亭县志》，河北人民出版社2008年版，第74页。
[3] 毛国民：《朱熹〈家礼〉庶民化及其对清代的影响》，《朱子学刊》第27辑。
[4] 毛国民：《朱熹〈家礼〉庶民化及其对清代的影响》，《朱子学刊》第27辑。

丧葬的奠礼有：始死奠、小敛奠、大敛奠、朝夕奠、朔望奠、祖奠、遣奠、虞祭、卒哭祭、祔祭、小祥、大祥、禫祭，相应的相关服饰规定有"祥禫冠服"和"吊服"。

丧礼的程序计有初终、小敛、大敛、成服、吊奠赙、择地、祭后土、葬、虞、卒哭、祔、小祥、大祥、禫，此外还有闻丧、奔丧、改葬的仪节。

《大明集礼》规定的庶人丧礼程序与品官相同，只是其他仪节中少了"闻丧"一条。

《集礼》对庶人规定的丧葬用品较之品官简略，共有：复衣、盘盆巾栉、袭衣、含、灵座、铭旌、小敛衣、大敛衣、棺、服次、明器、功布、大轝、志石、灰隔、墓圹、赗赠、木主、奠祭馔具、祥禫冠服。庶民的丧葬用品不仅比品官少了五项，且几乎每项的介绍都很简略。譬如对庶人"铭旌"设置的规定，要求参照朱熹《家礼》实行，"《家礼》：铭以绛，广终幅，书曰'某人之柩'。随其生时所称，以竹为杠，如其长"。而品官的"铭旌"规格则介绍周、唐、宋制以为参照：

> 铭旌，神明之旌也。男子称名，妇人书姓。周制，大夫、士之所建各以其物，盖以死者为不可别，故以其旗识之。不命之士无旌，则以缁长半幅，赪末长终幅，书其末曰："某人某之柩"。唐制，铭以绛帛，广充幅，三品以上长九尺，四品五品长八尺，六品以下七尺。书曰："某官封之柩"。以竹为杠，如其长。妇人，夫有官封，则云"某官封夫人姓氏之柩"。子有官封者，云："太夫人之柩"。郡县君随其称。宋制，四品以上长九尺，六品以上长八尺，九品以上长七尺。①

整体看来，《大明集礼》比司马光《书仪》和朱熹《家礼》在丧礼仪节上做了不少简化，省减了一些名目，因而更便于品官和庶人丧礼的遵行。

（2）《泰泉乡礼》的丧礼仪节

《泰泉乡礼》，明代黄佐（1490—1566）撰。黄佐，字才伯，号泰泉。正德辛巳进士，官至少詹事。本书是黄佐参照《吕氏乡约》朱熹《家礼》《陆氏家制》《郑氏规范》等撰写而成的，目的在于移风易俗、教化族人和乡民。从家族聚居的角度看，族人是遵行乡约的重要人群，故可以视为广义的宗规族训。全书凡六卷，

---

① 〔明〕徐一夔等：《铭旌》，《明集礼》卷三十七，《文渊阁四库全书》史部政书类。

包括《乡礼纲领》《乡约》《乡校》《社仓》《乡社》《保甲》等，每卷又下分若干条目。首卷《乡礼纲领》中，冠婚丧祭四礼皆依朱熹的《家礼》，取其方便可行而不背古礼者辑录。[1]鉴于该丧礼仪节是倡导乡人遵行，故极为简明，共短短九条，兹列如下：

> 凡居丧，要以哀戚襄事为主，不许匿丧成昏。吊宾至，不许用币，不许设酒食。惟自远至者，为具素食，不用酒。孝子不许易凶为吉，赴他人酒席。乡俗有旬七会饮，及葬，有山头等酒会，皆深为害义，犯者有罪。
> 凡丧事，不得用乐，及送殡用鼓吹杂剧、纸幡纸鬼等物，违者罪之。
> 凡居丧，始惟食粥蔬素，不得饮酒食肉、寝处于内。大祥后，禫而后饮醴酒，食干肉。有能尽礼者，众共核实，以凭旌奖。
> 凡停柩逾年不葬，及溺于风水、兄弟相推托不葬者，各行戒谕。违者罪之。
> 凡致奠，上户用猪羊各一，所费银不过三两；中户用猪一，所费银不过二两；下户用五牲，所费不过一两。不能具者，惟炙鸡絮酒尽哀亦可。僭用牛马者罪之。凡三等人户之下葬，用薄棺，不许焚尸。贫不能葬者，约正、约副率间里科少钱以助之，毋令暴露。
> 凡葬，依《家礼》，用灰隔，不必用椁。棺内毋得用金银钱帛。
> 凡火化者，忍心害理，宜送官严惩，子孙依律死罪，工人各行重治。
> 凡葬埋，宜依族瘗之礼，左昭右穆，不得淆乱。其有乘时强占他人坟地，送官惩治。[2]

虽只九条，却涉及居丧守制、居丧饮食、丧事戒乐、殡葬禁用纸幡纸鬼等物、致奠祭品、棺材葬埋、禁绝火化等，言约义丰，从中可以窥见明代中期民间丧礼与习俗。《四库全书总目》评价《泰泉乡礼》："大抵皆简明切要，可见施行，在明人著述中犹为有用之书。"[3]

（3）《礼文疏节》对朱熹《家礼》丧礼仪节的补遗

《礼文疏节》，明代儒生王敬臣（1513—1595）撰。王敬臣，字以道，号少

---

[1] 参见陈延斌主编：《中国传统家训文献辑刊》（第1册），第61—62页。
[2] 〔明〕黄佐：《四礼》，《泰泉乡礼》卷一，《文渊阁四库全书》经部礼类。
[3] 〔清〕永瑢等：《〈泰帛乡礼〉七卷》，《四库全书总目》卷二十二，第181页。

卿，长洲（今江苏苏州）人。明嘉靖四十三年（1564）贡生。万历中，受荐国子监博士，但辞而不就，世称"真儒"。其事迹载《明史》卷二百八十二《魏校传附王敬臣传》。

《礼文疏节》以朱熹《家礼》为蓝本，结合社会实际，对其冠婚丧祭诸礼加以损益而成。全书分为《冠礼节略》《婚礼释要》《丧礼补遗》《祭礼补遗》以及《便俗礼节》五部分。该书在明代家礼著作中的特点在于：一是注重论述四礼之缘起、地位、作用，也表达出自己的看法；二是补遗以往家礼书之不足，尤其是流行最广的朱熹《家礼》。

譬如在《丧礼补遗小引》中，王敬臣说："余所纂《礼文疏节》，大概一以《文公家礼》为主，而备其未备也。"他认为朱熹所辑丧礼完备，而"丧服，则当遵朝制，正礼也，似无俟余赘为之补遗者。但窃伤今世之于丧礼，往往随众行事，而曾不顾其败伦伤化，则风俗何由而善哉？故不得已复纂数条，其礼文则一依《文公家礼》为主，若丧服则一依朝制为主，而其他末俗之敝则尽革去之，庶乎四礼完备，而可无遗憾矣乎！"可见，作者鉴于当时人们遵行丧礼时往往随波逐流，远离行丧礼的本意，对社会风气产生了非常不好的影响，故而需要纠偏。

《礼文疏节》认为丧礼的目的是"以哀为主也，其有悖乎哀者，皆非也"[①]。所以，他列举了当时民间丧礼中若干不合礼仪的现象，要求加以纠正，主要有：其一，"水埋火葬"。强调"如水埋火葬，与弑亲无异"。其二，宴饮鼓吹。"若送丧者具酒食以邀丧主，主丧者亦丰饮食以为欢乐，或用鼓吹以为得意，皆不孝忘亲之人也。"但他建议可请歌郎五人唱《蒿里》之词，"以助悲哀"。其三，用僧人响钹，设"纸人""纸马"之类。他认为此举"亦无知之辈也，其悉当革去也，决然矣！"贵显之家，"酌其所当用者，如明器、祭桌、鼓亭，类以自布为之，此外白布毯二三对，其亦可乎"[②]。

《礼文疏节》不仅强调丧事从简，忌华丽奢靡，而且提出一些更切合实际、更通人情的居丧之礼。主要包括：丧服，"其巾履则当用粗麻之巾、粗麻之履，或用草履，切不可用云头以为华饰也。其衣服则当衣白布服在里，麻服在外"。铺卧，"当用白布被褥，其几席器皿则当用朴素几席器皿"。饮食，"当用蔬食菜羹"身体羸瘦有疾之人，可食酒肉，"俟病愈仍用蔬菜，不可执泥也"。居丧期间遇到庆

[①]〔明〕王敬臣：《礼文疏节》，陈延斌主编：《中国传统家训文献辑刊》（第12册），第22页。
[②]〔明〕王敬臣：《礼文疏节》，陈延斌主编：《中国传统家训文献辑刊》（第12册），第23页。

吊，"则吊而不庆，其吊也，用素冠素袍素履可也。若已有重服，则以吊服蒙重服之上。吊已，仍服其重服可也"。居处，"则外寝而不内寝"，但"期年之外，便当内寝"。婚嫁，"必上无父祖重服、次无期功之丧乃可"①。

这些礼仪规定合乎情理，易为人接受。在《礼文疏节》的《丧礼补遗小引》中，王敬臣还特别强调了朱熹《家礼》等礼书中未论及的仪节与注意事项，尽管有的不免显得迂腐，但他强调要注意丧礼细节，主要有：

一是关于吊妇人之丧，必须是年高妇人才能到柩前叩首。"必此妇人年高，至六七十。吾与其子列行，此妇人为尊行者，然后乃可至其柩前叩首。否则，止可于厅事前，与其主人相对叩首而已。不可直至年少妇人柩前叩首也。"

二是关于丧屋的帷幕挂设。"凡丧礼，男子居幕内之左方，女子居幕内之右方，然其用幕以蔽内外者，此为妇人而设也。若男子，则当用衣带挂起帷幕之左，令人明见答拜可也。"为何如此，王敬臣解释："不然，其不肖子孙，欺外客不见，而答拜不尽礼者有之。此尤不可者也。"

三是吊服内衣不用华色。"凡吊服，其衬里之衣，亦不可用华色者下拖，及袖口露出，炫耀人目，俱为不恪，非哀死之道，不可不慎也！"

四是吊唁亲友。王敬臣提出，要有"与丧主当面相慰"的环节，"凡吊，所以哀死吊生，必有哀悯之辞，与丧主当面相慰，方可称吊。若拜后寂无一言，便出外走，相慰之意安在？此皆相沿循俗而不知其非耶"②。

在"便俗礼节"的"丧礼"部分，王敬臣还就病人将死时、棺材置办、死者衣服、灵座设置、选择坟地、拜选葬日、丧服服制等做了简明扼要的规定，很有实用性。

> 丧者，人道之终也。气将绝，不可喧嚷，恐惊乱其神。气绝，铺荐褥席于地，迁尸在上。男女披发跣足，擗踊号哭，不食。至入殓后，乃食粥。凡父祖年高，当预备寿木。如未备，病笃时作急营办，各随力量，务要坚厚。合棺须仔细，亲身自看，分付匠人，底盖四围，各要抵缝。棺内用油灰护缝，草灰铺底上，加风化石灰，上用褥席。衣服须用新者三四件，身体额面，俱要向上端正。两边空处，用旧衣及纸裹生炭塞紧。此是送终一节大事，不可轻忽。次设

---

① 〔明〕王敬臣：《礼文疏节》，陈延斌主编：《中国传统家训文献辑刊》（第12册），第25页。
② 〔明〕王敬臣：《礼文疏节》，陈延斌主编：《中国传统家训文献辑刊》（第12册），第27页。

灵座,每日上饭,一如生时,不时哭泣,人来吊者,答拜,且拜谢之。择吉日出殡,请好地师,选择坟地,拜选葬日。坟地不可太高,露风;亦不可太低,防水。四围俱要有空地,不可太逼水。又忌沟港岸塍,反背冲射及斜飞向外,及忌屋脊冲射。须择略高向阳地,岸塍沟港,俱湾转环绕。坟墓后忌低陷,须有略高基地坟墩作靠方好。坟前须要开爽,不可有高山坟墩。屋宇大树,逼塞在前,坟两边须要或阔岸,或他家坟墩地基夹护,不可空缺风吹,如此者方可用。葬日最忌神杀相犯,须访有名地师一二位,各自参看方好,难独听一人之言,及轻听无名地师之语。盖凡此皆关系祸福,死者安则生者安,不可苟也!决不可听俗人之言,将尸棺投之水火,此乃忤逆不孝、悖礼之人,与禽兽何异!大凡丧事以悲哀尽礼为孝,不可放纵饮酒。若吹打乐器及僧人响钹之类,皆不知礼也。若知礼者,决不用。凡为父母公姑,及承重孙孙妇及夫丧,俱照依《大明律》,斩衰三年。其余悉照依《大明律》内服制,一概不可苟且。①

（4）《孔氏家仪》中圣人家族的丧礼仪节

《孔氏家仪》,孔继汾（1725—1786）撰。孔继汾,字体仪,号止堂,山东曲阜人,孔子六十九世孙,衍圣公孔传铎第四子。乾隆丁卯年（1747）科举人,官至户部广西清吏司主事。孔继汾幼秉家学,留心典则,对阙里文献及孔氏家族礼乐制度均有深入研究。著有《阙里文献考》《匡仪纠谬》等书。他也因撰作《孔氏家仪》而遭乾隆文字狱遣戍伊犁,获赦后郁郁而卒。

孔继汾在自序中谈及撰写初衷,说衍圣公孔昭焕续娶,问礼于他,于是就效法朱子编辑一部《家仪》,旨在复古礼仪,使后世子孙有法可循,免受世俗恶习的影响。《孔氏家仪》记述的家礼是圣人家族家礼,全书十四卷,涉及丧礼的篇目就有:卷四上凶礼一上"丧服";卷四下凶礼一下"丧服表";卷五凶礼二"初终至既殡";卷六凶礼三"葬";卷七凶礼四"丧祭";卷八凶礼五"奔丧扶榇";卷九凶礼六"改葬";卷十凶礼七"吊赙会葬"。

在丧服制度上,孔继汾表达了复古的心愿,在斩衰、齐衰杖期、齐衰不杖期、齐衰五月、齐衰三月、大功九月、小功五月、缌麻三月等八种服制中,都有所增减,但是这样的"复古"与当时朝廷颁布的《大清会典》服制就发生了冲突。《大

---

① 〔明〕王敬臣:《礼文疏节》,陈延斌主编:《中国传统家训文献辑刊》（第12册）,第46—49页。

清会典》规定服制有五，其服的等差有八。这或许是因《孔氏家仪》导致文字狱的直接原因，而主要原因则是乾隆打击汉族知识分子的用心。

在丧礼仪节上，《孔氏家仪》也提出了很多切于实用的做法。比如"暑月则设冰于尸床下，用盘"。用冰块保存尸体，是古礼文献所规定的，但一般人家无法做到，而圣人家族就可以。另外，与以前丧礼相比，孔继汾注意了曲阜当地的民俗对家礼的影响。例如，"凡门皆悬白。门户有对对联者，皆覆以白纸"①。像这种礼俗，这在其他家礼文献中尚未发现有类似的仪节。

《孔氏家仪》中对丧葬期间一些奠礼的祭品规定是很丰盛的，既显示了家族的重视程度，也彰显了圣人家族的经济实力。如"百日之奠"。孔继汾认为，"百日之奠始于唐《开元礼》"，祭品要丰盛，但又不越礼制："祭品用蒸食炉食，五谷、腥骰、菜果、水陆、珍羞之类，旧俗陈祭品少者十余盘，多者至六十余盘不等。""宜遵《会典》所载席数，以每案四盘计之，公用六十盘，一品四十盘，二品三十二盘，三品二十四盘，四品二十盘，五品十六盘，六品以下十二盘，庶人八盘，始不至于逾制。"②再如，举办葬礼时，就设有魂帛亭、影楼、恩赐亭、祭文亭、赠仪亭、苞筲亭、明器亭、下帐亭、祭案亭、食案亭等。③这些在其他家族的家礼中有许多是没有见过的设置。

清朝顺治皇帝集历朝封号之大成，封孔子为"大成至圣先师文宣王"，自然对孔圣人家族成员的丧事也格外重视。所以《孔氏家仪》在这方面的规定极为具体。例如蒙皇恩谕祭④的仪节就包括了祭案祭器摆设、跪迎使者、文武官员的位次、使者奉《谕祭文》授主人、使者受爵酹酒，读文者读《谕祭文》、焚祭文于燎所等礼仪规范，每个环节交代得都非常详细。再如，对皇帝派遣大臣吊奠或嗣封，有关朝服、丧服的穿着《孔氏家仪》就有以下规定：

> 如特旨遣大臣奠茶酒，准上仪。……宗子居丧，当嗣封，则朝服受封爵，讫释朝服反丧服，哭奠于灵座前，如殷奠。及勅书至，朝服郊迎，拜受讫，释朝服反丧服，哭奠亦如之。他有诏旨，则朝服受命，释朝服反丧服不行奠

---

① 〔清〕孔继汾：《孔氏家仪》卷五，《孔子文化大全》，第448—449页。
② 〔清〕孔继汾：《孔氏家仪》卷五，《孔子文化大全》，第460页。
③ 参见〔清〕孔继汾：《孔氏家仪》卷六，《孔子文化大全》，第467—481页。
④ 谕祭，指天子下旨祭臣下。

礼。①

（5）《茗洲吴氏家典》：明清践行丧礼仪节的民间样本

《茗洲吴氏家典》八卷，清代学者吴翟（？—1736）撰。此人为徽州府休宁县茗洲村人。该书是为强化宗族、规范家族生活礼仪而制定的家礼著作。卷二至卷八主要罗列冠婚丧祭及其他礼仪的仪式流程、器物等内容。《家典》以朱熹的《家礼》为蓝本，同时为适应时俗，对其进行了一定的修改补充，夹以大量考证、议论、插图，使这部家礼著作内容十分丰富，在当时影响很大。清人叶蔧评价本书："仪文周到，法古而不泥于古，宜今而非徇乎今。岂其创立意见，以为是书哉？"②

《茗洲吴氏家典》的《丧礼仪节》简要介绍如下：

第一，初终。具体名目包括迁居正寝，属纩，复，确定"护丧""司书""司货"，楔齿、易服、被发徒跣，治棺，治衣衾，讣告亲戚僚友。

这些虽然与一般家礼的丧礼规定基本相同，但更加注重具体的可操作性，许多细节都交代得极为清楚，考虑得非常周到。比如，在属纩检验是否气绝以后增加了"楔齿"的说明，以方便此后的"饭含"。"以一箸横口中，楔齿使不合，可以受含。按古礼：楔齿用角柶，长六寸，两头屈曲。今人家一时未备，以箸代之可也。"再如，确定"护丧""司书""司货"。护丧"以子弟知礼能干者为之"；司书，"以子弟知书者为之"；司货，"以子弟或吏仆为之，置二簿：一书当用之物及财货出入；一书赙奠仪"③。还如"治棺"，作者除了对棺材式样大小、"外施布漆，以灰铺底"说明之外，特别强调"其底四隅各钉大铁环"，目的是抬棺材时"动则以大索贯而举之"，这样便于抬棺放入墓穴。

第二，沐浴、袭含、小敛，设灵座、魂帛、铭旌。这些仪节与其他礼书差别不大，只是同样注意细节的精心安排。比如，"袭含"中的"饭含"，《茗洲吴氏家典》将其分为三次，且较其他丧礼规定更为具体详细："初饭含（以匙抄米，实于尸口之右，并实一钱）；再饭含（再以匙抄米，实于尸口之左，又实一钱）；三饭含（三以匙抄米，于尸口之中，又实一钱）。"再如，"置灵座"。《家典》中

---

① 〔清〕孔继汾：《孔氏家仪》卷五，《孔子文化大全》，第464页。
② 参见陈延斌主编：《中国传统家训文献辑刊》（第1册），第122页。
③ 参见〔清〕吴翟：《茗洲吴氏家典》，陈延斌主编：《中国传统家训文献辑刊》（第20册），第317—322页，下引该篇不注。

《丧礼仪节》篇也较其他家礼交代更详:"尸前设衣架,架上覆以帕或锦被。架前置椅,椅上置坐褥,褥上置衣服,衣服上置魂帛。椅前设桌子,桌上设香炉、香盒、烛台、酒盏、酒注、茶瓯、果盘、菜碟之类。侍者朝夕设栉颒奉养之具,皆如生时。"

第三,大敛。仪式基本与其他家礼仪节同,但有些规定更加务实。如大殓一般是小敛之次日,即死后第三日。但《家典》则根据天气炎热等情况做了变通,指出"遇盛暑或不及待三日,亦从权行之。"再如,对朱熹《家礼》规定的"设灵床于柩东",《家典》鉴于有的人家厅窄不能设灵床,做了变通,即"或厅窄不能设床,其魂帛置柩垂帘,朝启夕闭。"这样既合乎礼义,又方便于丧家。

第四,成服。

第五,朝夕哭奠,上食(即献食)。本礼节与其他同,不同的是,吴翟尤其强调,凡是奠仪都要节俭,要重礼义不重虚仪。他说:"凡奠,除祭器之外,尽用素器,不用金银棱裹之物,以主人有哀素之心故也。"此外,《家典》比其他家礼文献更强调尊重死者、视死如生的礼仪规范。比如,对朝夕祭奠的食物,要加罩子"朝奠将至,然后撤夕奠;夕奠将至,然后撤朝奠,各用罩子"。如果是盛夏酷暑,摆设后就及时撤去。"若暑月恐臭败,则设馔如食顷去之,止留茶酒果属,仍罩之。"

图27 《茗洲吴氏家典》的丧次灵座灵床全图

第六，吊、奠、赙。强调"待吊客皆素馔"，"奠用香、茶、烛、酒、果"，"赙用钱帛"，这些与朱熹《家礼》基本相同，只是"宾致慰词，主人谢宾"环节，宾客宽慰主人的用语更为简洁，只有两句话："愿抑孝思，俯从礼制。"

第七，治葬。《茗洲吴氏家典》同样遵照"三月而葬"的规定。但告诫家族成员，务必不要像世俗流行的请葬师看风水，以致产生"争论纷纭，无时可决，至有终身不葬，或累世不葬，或子孙衰替、忘失处所，遂弃捐不葬者"的弊端。吴翟认为，即便请风水先生"以卜宅兆"，也绝不能迁延过久，否则"悖礼伤义之甚"。至于其他穿圹、作灰隔、刻志石、造明器、造大舉、竹格、翣、功布、作木主及梈等，亦同于其他礼书规定，只是更为具体、可操作。

第八，还柩、朝祖、陈器、祖奠。

陈器、祖奠没有变化，还柩、朝祖仪节则不拘泥于古礼，做了两处变通：一是"奉魂帛以代柩"。按照丧礼规定，发引前一日，要"奉柩朝于祖"。奉柩朝祖是抬着灵柩到祠堂祖先牌位前汇报，就如要出门的族人必须到祠堂辞别一样。《茗洲吴氏家典》根据时人居住多狭隘的实际做了变通，改为"奉魂帛以代柩"。当然，房屋宽大的家庭仍须遵行古礼。即"今人家多狭隘，难于迁转。今拟奉魂帛以代柩，虽非古礼，盖但主于必行，犹愈于不行者耳。若其屋宇宽大者，自宜如礼"。二是迁柩时妇人不必退避。《家典》认为，依照古礼，迁柩时逝者家中妇人需退避，今则不然。原因是过去迁柩时多从外面雇佣役夫迁移，这样妇人需要回避，而"今乡居者役夫皆用使仆，则妇人惟退立于旁，无致男女混杂可也，不必避于他所"。

第九，遣奠、发引。同朱熹《家礼》等其他礼书规定。

第十，及墓、下棺、祠后土、题木主、成坟。仪节与朱熹《家礼》基本相同，但有些地方更具体，更加具有操作性。如做灰隔程序，较之朱熹生活的宋代，《茗洲吴氏家典》成书的清代更加成熟，因而保存棺木的条件更好。

关于坟墓的高度，朱熹《家礼》依照孔子墓高四尺的规制，而《家典》则无相关规定。成坟以后竖立石碑。朱熹《家礼》"立小石碑于其前，亦高四尺，趺高尺许"。《家典》则采用司马光的说法，"碑石阔尺以上，其厚居三之二"。

自"题主"始，以下丧礼仪节皆有"祝文式"供族人参照使用，方便实用。如题主仪节的祝文式：

维

大清康熙某年岁次月朔日辰，孤哀子某，敢昭告于某官某府君某封某氏：

形归窀穸，神返室堂，神主既成，伏惟尊灵舍旧从新，是凭是依。

第十一，反哭。反哭仪节同于朱熹《家礼》。
《茗洲吴氏家典》的葬后诸礼如下：
其一，虞祭。与朱熹《家礼》等基本相同，只是"具馔"的规定更加具体。

> 羹饭茶酒各一，肴六品，果六品，饼六盘，馔五品，割豕牲一盘，用左边，分为七体。按士之正祭礼，牲九体，贬于大夫。有并骨二，亦得十一之名，合少牢之体数。唯丧祭略，故七体耳。肩、臂、臑、肫、胳、脊、胁。

其二，卒哭。朱熹《家礼》载："并同虞祭。惟更取大河水充玄酒。"《茗洲吴氏家典》改为"并同虞祭，唯更取井花水充玄酒"。这样取井水比河水更便于操作。仪节均与朱熹《家礼》同。

其三，祔祭。祔祭仪节为：奉新主诣祠堂，主人以下哭从，哀止；启椟；请新主就座；序立，参神，降神；祝进馔，初献，亚献，终献；侑食；阖门；启门；辞神；祝奉主还故处。

其四，小祥。礼节遵朱熹《家礼》，但要求应服期者"不服金珠、锦绣、红紫"。另外，关于冠的问题，因朱子原注未有明文，故《家典》采用丘濬拟制，即"冠别为练，其制：绳武条属右缝，一如衰冠，但用稍粗熟麻布为之，不用首经"。小祥的仪节为：祝出神主。主人以下举哀。序立。举哀。哀止，降神。此后仪节同卒哭。

其五，大祥。《茗洲吴氏家典》的禫服规制依照丘濬《家礼仪节》所论："黪，浅黑色也。今世无垂脚、幞头之制。拟有官者用白布裹帽，白布盘领，袍，布带；无官者用白布巾、白直领衣、白布带。妇人纯用素衣履。"仪节同小祥，只是在"辞神"后添"举哀"。

其六，禫。按朱熹《家礼》，禫祭应该在前一月下旬占卜日期进行，鉴于这样较为麻烦，不便实施，《家典》将其改为"则定于大祥后一月"，就具体明确了。到禫礼完成，丧礼全部结束，丧家的重孝子可以"饮酒食肉，而复寝"，生活一切恢复正常。

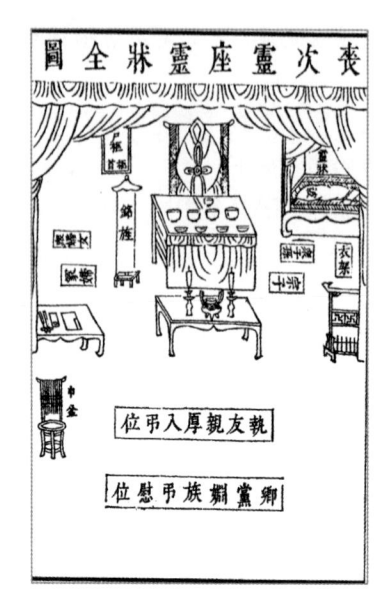

图28 《茗洲吴氏家典》的丧次灵座灵床全图

《茗洲吴氏家典》是明清时期民间实施家礼的典型样本。它有两个鲜明特色：首先，是根据实际对《仪礼》、朱熹《家礼》等权威礼书加以调整修改，务求更加切于实用；其次，是它的规范性、实用性和极强的可操作性。这体现在：一是凡是丧礼中不易理解之处都作了具体解释；二是从"祠后土"开始，凡需要读祝文的仪节，均有"祝文式"可以参照；三是从"虞祭"开始，每个仪节都有具体的"仪节"部分，对该环节的程序、步骤均作了规定。

这里还要提到，明清时期不少家礼文献在论及丧葬仪礼时，都对社会上的火葬、暴尸不葬提出了批评，从一些历史文献看，当时社会上这种风气还比较严重。尤其是南方。例如，在明代黄佐的《泰泉乡礼》中，专门写了"禁火化以厚人伦"条，批评了那些火烧父母或者惑于风水邪说暴棺不葬的陋习，以教化族人和乡民。他说：

> 为人子者，以父母爱我痛我之心去爱痛父母，何患不能孝顺乎？今于父母生时触怒得罪，可杀可剐，父母死日即火烧路弃，可痛可伤。此固久安之陋习，亦由有等师巫谬彰邪说，惑乱民心，以西天为极乐，火化为归仙。不知西天是夷鬼之地，父母何居？火化乃炮烙之刑，父母何罪？不思爱痛深恩，顾乃以仇报德，既煎熬其骨肉，必飘散其神魂。……贫者穴土藏棺，存礼而已。不

许轻信风水祸福之说，及兴发某房之说，停藏父母至数十年不葬，以致尸棺暴露，鸦餐狗食，伤害天和，变生瘟疫，惜哉痛哉！晓谕明白，听者省之。①

清代同治年间侍讲学士钱宝廉曾就火葬甚至肢解死亡的亲人的悖理做法奏称：

火葬之习，浙江杭嘉湖三府皆有之，而莫盛于嘉属之石门、桐乡等县。彼处民多业蚕，以其不便于种植，乃于中元、冬至两节前后，相率而为火葬之举。其发冢开棺而烧尸者，谓之明葬；其发冢烧棺而不见尸者，谓之暗葬。举先人之遗而付之一炬。火初发则柩中鸣咽有声；火即息则骨皆煨烬，尸亦灰飞。问有年，久尸僵者，乃以斧斤支解之，仍复投诸烈焰，伤心惨目，所不恐言。而为之后者，方且延僧众，召亲朋，饮谯欢呼，金钱挥霍，绅者劝之而不顾，官长禁之而不惨。盖深惑于火葬速发之说，而谓行此可以获福也。冥愚荒诞，举国若狂，实为风俗人心之患。②

钱宝廉请求朝廷下旨杜绝此风。上谕要求"各省督抚通饬所属州县，晓谕严惩……如有似前火葬者……按律治罪"③。

（七）明清士大夫对丧礼仪节的改革与质疑

这里主要以宋纁、吕坤、张一栋、孙奇逢、颜元等为代表，看看明清时期士大夫们对传统家礼尤其是朱子《家礼》的因革与探讨质疑。

1. 宋纁《四礼初稿》

明代宋纁（1522—1591），字伯敬，号栗庵，河南商丘人。明朝重臣，官至户部尚书、吏部尚书等，死谥"庄敏公"。宋纁撰著的《四礼初稿》共四卷，书中的丧礼部分提出了一些更切合实际的对丧礼仪节的改革。

比如"饭含"的时间，一般丧礼著作都强调饭含在沐浴和袭礼之后进行，而

---

① 〔明〕黄佐：《谕俗文》，《泰泉乡礼》卷三，《文渊阁四库全书》经部礼类。
② 佚名辑，张仁善整理：《禁火葬录》，庄建平主编：《近代史资料文库》（第10卷），上海书店出版社2009年版，第2页。
③ 佚名辑，张仁善整理：《禁火葬录》，庄建平主编：《近代史资料文库》（第10卷），第2页。

《四礼初稿》则提出"属纩"以后就"饭含"。这样做的好处显而易见:死者刚咽气,嘴巴好撬开,不必先用"楔齿"硬把死者嘴巴撑开,直到沐浴和袭礼以后再饭含很不方便,对死者形象也不雅观。再如,宋纁提出用"使君子仁三枚"代替米钱珠玉之类,原因是"使君子仁既可食,又能杀虫故也"。如果用珠玉,不仅"诲盗"且不合礼义,而"米易生虫"也不合适。①

再如治葬过程中的"作灰隔"。《四礼初稿》在采用朱熹《家礼》中"作灰隔"的方法时,吸取了王浚川《丧礼备纂》中对朱熹制法容易导致"崩塌贮水之患"的看法,在比较了朱熹不用椁与王浚川用椁的优缺点以后,在"治葬"条中提出合二者优点于一体:

> 今参合纂之,仍用外椁,如棺合成,再以沥青周涂其内,使无缝隙。待筑圹底灰沙二三尺讫,即下椁于圹中,复如法再筑。四旁与土相连,不用薄板隔之,致有空虚缝隙,及墙之平而止。候葬时,下棺于椁中,椁底及棺四旁上面,复用三物筑实,俟满与椁口平,再溶沥青,灌于灰沙之上,与椁内四旁沥青,相黏合一,方加椁盖,再以灰沙如前筑之,厚二三尺许。方以土实筑之,盈坎而止。如此,椁外灰沙与土相连,既无罅隙,椁内灰沙,实其空虚,又不贮水,椁有沥青,又足隔水,似为周详矣。②

这种"实其空虚,又不贮水"的做法综合了两者的优点,显然更为科学合理。

还如,发引前一日奉柩朝祖的问题。依照朱熹的《家礼》,到祠堂朝祖时要抬灵柩,"祝以箱奉魂帛前行,诣祠堂前,执事者奉奠及倚桌次之,铭旌次之,役者举柩次之"。此后,"遂迁于厅事"。③这样,抬着棺材朝祖显然有诸多不便,尤其是屋宇狭小的人家。宋纁因此提出以魂帛代灵柩朝祖。"古以柩朝,今拟以魂帛代之。"而且他还根据有些人家未必有厅有堂的实际将无厅人家的"迁柩于厅事"仪节规定为略微移动一下棺材即可,"今人家未必有厅又有堂,略移动可也"④。

按照丧礼分规定,埋魂帛应"于初虞后,择家之屏处埋之"。当时社会上有的人家图便利,在坟墓的土即将填平时,"铺魂帛于内而埋之"。宋纁主张采用

---

① 参见〔明〕宋纁:《丧礼》,《四礼初稿》卷三,《文渊阁四库全书》经部礼类。
② 〔明〕宋纁:《丧礼》,《四礼初稿》卷三,《文渊阁四库全书》经部礼类。
③ 参见〔宋〕朱熹:《丧礼》,《家礼》卷四,《文渊阁四库全书》经部礼类。
④ 〔明〕宋纁:《丧礼》,《四礼初稿》卷三,《文渊阁四库全书》经部礼类。

这种做法，认为："其实人家屏处难得，况此时神已依主，魂帛同柩埋之，亦可也。"①

关于下葬之日行"虞礼"的规定，宋缠也做了变通。明代"国制""虞礼"要另外举行，"考国制，奉主至家，置灵座，仍有安神九拜礼，方行初虞礼，恐人家茔远"。宋缠提出："主回无多时，故于安神即行初虞礼，从简便，亦不欲数之意也。"②

2. 吕坤的《四礼翼》和《四礼疑》

吕坤是明清时期补充完善和质疑传统家礼的重要代表。吕坤（1536—1618），字叔简，号新吾，宁陵（今河南宁陵县）人。万历二年（1574）中进士，历官右副都御史、山西巡抚、刑部侍郎等。吕坤居身谦素，因不满朝政，称疾乞休。家居凡二十年，以著述、讲学为务，为有明一代著名学者。吕坤著有《去伪斋文集》和《呻吟语》等，其事迹载《明史》卷二百二十六《吕坤传》。

吕坤在所撰写的两部家礼著作《四礼翼》和《四礼疑》中，对传统家礼的冠婚丧祭诸礼都提出了补充意见，或者提出了疑问。

《四礼翼》分冠翼、昏翼、丧翼、祭翼。关于写作宗旨，序言中说是鉴于前贤对四礼的阐述深奥难明，故："惟以民间之日用常行，浅近鄙俗，可以家喻而户晓者，析为条目，俾童而习之，白首而安之，毙而后已。"③序言在说明该书何以"四礼翼"名之时说："四礼者何？人道之始终也。翼四礼者何？济四礼之所未备也。"④也就是说，该书的内容皆为对前代家礼的补充，重在使之更加合乎情理，切于实用。此处仅列举"丧翼"中的若干条。

对于有妻妾者的合葬墓，世俗采用丈夫在中间、妻妾在两边的"夹夫而葬"方式。吕坤认为，这是不庄重的，他在"正位"条提出："两妇夹夫而葬，亵也。夫一位，妇一位，左右分矣。虽三五妇，同一位耳。"对于《易经》和堪舆家规定的坟墓"不封不树"，吕坤不以为然，并据秦陵为例。他说：

> 生而宫墙，殁而暴之中野，吾忍乎哉？作室于墓，筑以周垣，树以松楸，犹然室家也，生死安之。堪舆家言墓不宜木，秦树草木以象山，后世陵寝因

---

① 〔明〕宋缠：《丧礼》，《四礼初稿》卷三，《文渊阁四库全书》经部礼类。
② 〔明〕宋缠：《丧礼》，《四礼初稿》卷三，《文渊阁四库全书》经部礼类。
③ 〔明〕吕坤：《四礼翼序》，《四礼翼》，《文渊阁四库全书》经部礼类。
④ 〔明〕吕坤：《四礼翼序》，《四礼翼》，《文渊阁四库全书》经部礼类。

之，未见有不宜者。①

对于迁葬，吕坤认为迫不得已且对死者有益是迁葬的原则，舍此都不应该迁葬。

> 迁葬，非得已也。滨于水，则迁；槟于客土，则迁；必为城郭道路，则迁；先贫贱后富贵，合而窆之也，则迁。凡以为死者也，非是则否。②

对于坟墓上是否应该覆土问题，吕坤不同意孔子"古不修墓"的观点，认为只要"于义无害"就行。

> 墓之覆土，非古也。孔子曰："古不修墓。"曾见帝后值清明日，躬担蒉土，覆之山陵，从俗也，于义无害。今古惟人。③

《四礼疑》是我们今天研究传统家庭礼制变迁的重要文献。在这部探讨家礼礼制的著作中，吕坤强调制礼应因时因势而为，便于实用。书中对于传统家礼文献中冠婚丧祭礼仪的许多方面都提出了批评，有的甚至逐条批评，体现了吕坤作为理学名家敢于怀疑礼仪经典的可贵精神。当然，书中也有一些轻于疑古、考证过疏的错漏之处，他的"质疑"也受到了质疑与批评。尽管如此，我们可以看到，在对丧礼的质疑中，处处体现了吕坤尊礼务实的家礼理念。仅列举数则：

第一，"无正寝从宜"。

"寿终正寝"是传统丧仪临终的礼仪，吕坤提出虽然强调"终于正寝"，但也要考虑丧家的实际。他说："正寝、下室，夫人、世妇，所以辨贵贱也。士庶人无多室，正丧，终于正寝无正寝从宜。"④他解释说：

> 诸侯大夫家，有正寝、小寝、下室。盖家富而室多，故所在皆足成丧受吊。士庶之家，或兄弟子孙同宅，甚者夫妇所居，室仅容膝，殡死者则生者且

---

① 〔明〕吕坤：《丧后翼》，《四礼翼》，《文渊阁四库全书》经部礼类。
② 〔明〕吕坤：《丧后翼》，《四礼翼》，《文渊阁四库全书》经部礼类。
③ 〔明〕吕坤：《丧后翼》，《四礼翼》，《文渊阁四库全书》经部礼类。
④ 〔明〕吕坤：《丧礼》，《四礼疑》卷四，明万历刻清同治光绪间补修《吕新吾全集》本。

无所之。又居近内宅，院无中溜，男女不宜混杂，吊客何以成礼？故凡夫妇正丧，不分尊长卑幼，皆以正寝。……贫贱之家，总于一室，似于人情为便耳。①

第二，"楔齿""饭含"。

吕坤认为，在人刚死之时，把死者的牙齿别开实在不当，"楔齿以含也，死欲安，气散魄分之时，亲心何似而楔以困之？安用含为？"不仅死者牙齿不得合上，"一楔之后，虽含以物，而口不复有合时矣"，而且，"若天暑饭坏，秽污生虫，尤为不宜。制此礼者独不念及乎？吾不忍闻之"。②

第三，擗踊。

传统丧仪规定，亲人亡故，家人要"擗踊"。"擗"，搥胸；"踊"，以脚顿地。"擗踊"即拍胸跺脚，形容极度悲哀。吕坤认为，这种规定也不合情理。有人哀痛至极却未必擗踊，有人擗踊却不哀痛，有的甚至规定擗踊的次数则更为荒唐。他认为，感情本于自然，不必硬作规定，否则就是矫揉造作，贻笑大方。

> 哀极则擗踊，哭者之自然也。有哀极而呕血者，有几绝复苏者，有触头者，有卧地者。至哀无容，何独擗踊为哀？而制为多寡之数，轻重之节，将孝子且哭且数乎？人将代为之数乎？弱者之擗，不能如坏墙，将谓之不哀乎？妇人擗可也，北土妇女裹足，将不一踊而仆乎？情本自然，作而致之使男女相率而矫强，必有笑于其旁者。③

第四，"三日不食"量情而行。

传统丧礼礼仪规定亲人去世后，孝子"三日不食"。吕坤认为，这种规定极不合理。因为"人子侍亲，病笃之时，常几日夜不遑寝食，形神憔悴"，亲人死后，"始哭者盈门，三日擗踊无数"，又操办丧事，劳心瘁体，"若勉强三日，至不胜丧，甚者血气羸弱之人，致疾灭性。死者有知，于心安否？若父在丧母，母在丧父，父母命之食，或期功尊者强之食，食可也"。他提出的原则是根据实际情况

---

① 〔明〕吕坤：《丧礼》，《四礼疑》卷四，明万历刻清同治光绪间补修《吕新吾全集》本。
② 参见〔明〕吕坤：《丧礼》，《四礼疑》卷四，明万历刻清同治光绪间补修《吕新吾全集》本。
③ 〔明〕吕坤：《丧礼》，《四礼疑》卷四，明万历刻清同治光绪间补修《吕新吾全集》本。

"度身、度亲、度事"而行。①

第五，未必为死者沐浴。

吕坤指出，虽然传统礼仪认为"生浴儿，死浴尸，始终之义也"，但为死者沐浴确实不便，故而不必尽然，随俗即可。

> 浴尸生者所难，裸体死者所讳。他人为之，则弗诚。子妇为之，又不可。梁宋间不浴尸，有病临危而愿浴者，有不浴者。其新洁之衣，多衣于属纩之前。俗既相沿，又无所害，从之可也。②

第六，"三不吊，非人情"。

《礼记·檀弓上》云："死而不吊者三：'畏、厌、溺。'""畏"，指因被人强加罪名而自己不作辩解而死；厌（通"压"），指被崩塌之物砸死压死；溺，指游泳时淹死。古人认为这三种情况都是非理横死，不必吊唁。吕坤认为这有悖于人情，特别是至亲。他说："礼畏、压、溺，皆不吊，甚远于人情，父母、妻族及五服血属之亲，宁忍于不吊乎？"③

第七，不可"居丧废业"。

传统丧礼规定要为父母守丧，丧期三年。孟子就是这一礼仪的大力倡导者。吕坤敢于挑战权威，认为："居丧废业，士可能也，农工商贾不可能也，孟子得罪于礼哉！"吕坤在《丧礼》篇中谈及理由时指出："士大夫衣食有资，万事可废。农工商贾，八口之家，资以生活，或居母丧而父在，或居父丧而母在，居父母丧而祖在，薪水无资，衣食尽废，可乎？父母之丧，伯叔兄弟子侄，非三年则期，是一家皆废弃矣。"居三年丧，难道仅仅"闭户袖手，瞑目静坐乎？"吕坤还以孟子居母丧不废业的例证说明三年丧的礼义在于"不与燕乐之席，不举吉庆之礼，不谈喜笑之语，不与公私闹事，不为题咏诗文"而已。④

总起来看，吕坤认为，像以上这样遵守丧礼"去天理人情远矣"，应该改革。

---

① 参见〔明〕吕坤：《丧礼》，《四礼疑》卷四，明万历刻清同治光绪间补修《吕新吾全集》本。
② 〔明〕吕坤：《丧礼》，《四礼疑》卷四，明万历刻清同治光绪间补修《吕新吾全集》本。
③ 〔明〕吕坤：《丧礼》，《四礼疑》卷四，明万历刻清同治光绪间补修《吕新吾全集》本。
④ 参见〔明〕吕坤：《丧礼》，《四礼疑》卷四，明万历刻清同治光绪间补修《吕新吾全集》本。

应该说，吕坤对当时社会上通行的丧礼所作的质疑基本是正确的。

3. 张一栋的《居家仪礼》

张一栋（生卒年不详），字任甫，号起东，福建平和人。明万历丙戌（1586）进士，曾任广东新兴县令、徽州府教授、南京户部郎中、两淮盐运使等职。其事迹载《平阳县志》卷八、卷九。有《家范通考》《圣谕演义》《居家仪礼》等著作存世。

《居家仪礼》一书中重在进行冠婚丧祭的"礼考"，分为冠礼考、婚礼考、丧礼考、祭礼考、宗法考五篇，每篇又对相关具体礼仪做出了详细解释。其中的《丧礼考》篇从孔子解答弟子问题入手，规定了丧礼期间应遵循古制的传统。《丧礼考》对丧礼礼仪程序的述说具有很强的可操作性，但该仪礼也有一些繁文缛节的规定。

张一栋强调"丧礼，送终之道，所宜慎重"，但要务求实用，不宜奢靡。在丧葬用品上，张一栋认为，"富则可用纻丝"，因"盖纻绢入地最耐久"，切不宜用价格高的棉布，因为此布一入地，不过一月即朽。而"棺木用楠之高者，犹差胜于用杉之低者"，因不如后者更耐腐朽。①

在葬礼仪节上，张一栋强调葬的意义在于让逝者入土为安，"葬者，藏也。藏者，完归于土之义"。故而，他严肃批评一些为人子者相信风水、占卜葬期的错误做法，"为身家谋，为后嗣计，一求于风水，再求于年月"，致使父母久拖不葬，不能入土。提出应"亲必照常期，卜其宅兆而安厝之"。

在丧礼仪节方面，张一栋强调丧礼的礼义在于"所以慎终"，而社会习俗违背了此意，拘泥风水，停柩累年，甚至"火化捡骨，忍心背理之甚"。为此他酌取朱熹的《家礼》和《大明集礼》中的"简易通行者以便遵行"，作了以下规定：

> 亲疾革，迁于正寝，属纩废床，寝地。始易服而哭，治棺，讣告于亲友。设帏及床，迁尸床上，陈袭衣，沐浴，饭含。卒袭覆以衾。主人以下为位而哭，乃设奠，置灵座，设魂帛铭旌，不作佛事。厥明，陈小敛衣衾，主人主妇凭尸哭，辟踊，括发，免髽。于别室迁尸床于堂中，设奠。具执事者，陈大敛衣衾，举棺入置堂中少西，乃大敛，设灵床于柩东。第四日，成服。五服之人，各服其服，入就位，朝哭，相吊如仪。朝夕哭奠，上食。朔日则于朝奠设

---

① 参见〔明〕张一栋：《丧礼考》，《居家仪礼》卷一，读书坊藏版明刻本。

馔，有新物则荐之三月。而葬前朝择地之可葬者，择日开茔域。祠后土，遂穿圹，作灰隔。刻志石，造明器、大舆，作神主。告迁柩，乃设奠，厥明迁柩。就舆发引，行遣奠礼。及墓下棺，加灰隔，内外盖实以灰实土，而坚筑之。祠后土，藏明器等，下志石，题主。祝奉主升车，遂行。反哭至家而虞，柔日再虞，刚日三虞。百日卒哭，设奠。明日而祔，期而小祥，设奠如仪。再期而大祥，设奠如仪。大祥之后，中月而禫祭。[1]

短短文字，将丧礼的各种仪节、程序全部介绍清楚，便于遵行。这也是历代传统家礼文献中最简明扼要的丧礼仪节。

4. 孙奇逢的《家礼酌》

《家礼酌》又名《四礼酌》，清孙奇逢（1584—1675）撰。孙奇逢，字启泰，号钟元，直隶容城（今属河北）人。万历举人，一生不仕，专事讲学著书，为理学大家、教育家，与黄宗羲、李颙并称为"清初三大儒"。明亡后，清廷屡召不仕，人称"孙征君"。晚年移居河南辉县苏门夏峰村讲学二十余年，被学者称为夏峰先生，事迹载《清史稿》卷四百八十《孙奇逢传》。孙奇逢一生著述颇丰，主要有：《理学宗传》《圣学录》《北学编》《洛学编》《四书近指》《读易大旨》《书经近指》等。[2]

作者认为礼的表现形式应当根据时代变化加以变通，因而在《家祭仪注》的基础上，参酌吕坤《四礼疑》等书撰写了这部家庭礼仪规范。全书分为祠堂、家谱、冠礼、昏礼、祭礼等，在大体遵循古礼的基础上根据现实情况对古礼加以变通并对不合礼法的俗礼予以变革，颇受后人推崇。清朝末年曾任四川总督的鹿传霖评价此书："《家礼酌》一书自冠婚丧祭，以及招魂、墓祭、义田诸说，皆条分缕析，斟酌变通。……先生之书准乎情，以合乎礼；考诸礼，以参诸今。较朱子之书尤便而易行，则谓其为一家酌之可也，谓之凡有家者酌之亦可也。"[3]

这里仅就《家礼酌》对传统丧礼，包括在民间占有权威地位的朱熹《家礼》不合情理和实际之处的分析评价与删节，举例做些介绍，看看作者中肯恰当且顺应时俗的改良见解。

---

[1] 〔明〕张一栋：《丧礼考》，《居家仪礼》卷一，读书坊藏版明刻本。
[2] 参见陈延斌主编：《中国传统家训文献辑刊》（第1册），第93页。
[3] 参见陈延斌主编：《中国传统家训文献辑刊》（第1册），第94—95页。

其一，对于整个丧礼，作者强调"断不可泥仪节而亡本实"。他说："仁人孝子，度身、度亲、度事，至礼无文，至恸无声，断不可泥仪节而亡本实也。"[①]

其二，取消"饭含"仪节。因为"含饭之义，不忍亲口之虚也。不知一含一物，口不复有合时矣。似不必泥也"。

其三，居丧期间的饮食应以生者的身体健康为重。孙奇逢认为，"居丧食粥，济以菜羹"的礼义是"体死者必至之情而爱其遗体也"，故而应以身为重。"力能胜丧，则礼为重；不能胜丧，则身为重。重礼非为礼，不忍忘亲也。重身非为身，曲体亲心也。"他认为如果硬要遵循古礼而不顾自己身体，反而是不孝之举。

其四，慎做灰隔。孙奇逢从自己目睹做灰隔质量不好反而更加速棺材、尸体腐朽的实际，提出不一定做灰隔的观点。他说："土有燥湿，灰隔御湿也。但恐筑之不坚，水一侵入而不复出，是委其亲于水窖中也。"故应"倍宜慎惄"。

其五，志石不应埋诸地中。因为，"志石，示来世也。文其辞，篆其姓名，合而锢之，以铁埋诸地中，将谁示乎"。孙奇逢建议采用《四礼疑》的做法，题姓名于石碣的正面，详述家世于石碣的背面，有功德者表诸神道，这样人们一眼看到，就避免了扰动棺材。

其六，穿圹宜狭而深。孙奇逢比较了司马光"穿地直下为圹"和"凿隧道旁穿土室"两种葬法，认为还是穿地直下为圹好，"穿地宜狭而深，狭则不崩损，深则盗难近也"。

此外，《家礼酌》特别注意对"礼义"的阐释。以使子孙和族人知晓礼仪的意义，这样更能自觉践行。譬如对于丧礼中"父丧杖用竹，母丧杖用木"的规定，孙奇逢就引用了《五礼新仪》《仪礼》《白虎通》等加以说明。如"父杖竹长与孝子心齐，助孝子之哀朽无力，竹有节，孝子有节哀之文"（《五礼新仪》）；"母丧，用桐为之，谓无根能生，又桐子生而不离枝叶"（《白虎通》）。

[①] 〔明〕吕坤：《丧礼》，《四礼疑》卷四，明万历刻清同治光绪间补修《吕新吾全集》本。下引该篇不注。

图29 〔清〕孙奇逢《家礼酌》的作神主式

5. 颜元对朱熹《家礼》的质疑和批评

颜元（1635—1704），字易直，又字浑然，号习斋，河北博野县北杨村（今属保定市）人。明末清初思想家、教育家，主要著述为《四书正误》《存学编》《四存编》等。颜元在《王学质疑跋》中自述自己始崇朱熹《家礼》，"尊如神明""进退起居、吉凶宾嘉必奉文公《家礼》为矩矱"，后来因在办理祖母丧事的过程中，"一一式遵文公《家礼》，颇觉有违于性情，已而读周公《礼》，始知其删修失当也"①。于是对朱熹《家礼》产生了怀疑，他说：

> 身历之际，微觉有违于性情者，哀毁中亦不能辨也。及读《记》中《丧礼》，始知其多错误。卒哭，王子法乾来吊，谓之曰："信乎，非圣人不可制作，非圣人亦不可删定也！朱子之修礼，犹属僭也。"盖始知其非圣人也。②

---

① 〔明〕颜元：《王学质疑跋》，《习斋记余》卷六，转引自吕振宇：《〈家礼〉源流编年辑考》，华东师范大学2013年博士学位论文。
② 〔明〕颜元：《妄见图》，《存性编》卷二，商务印书馆1937年版，第23页。

颜元批评朱熹《家礼》中关于"家祠、丧礼已多行之未当",指出:

> 考其实,及门诸公不知式型与否,而朱子家祠、丧礼已多行之未当,失周公、孔子之遗意者矣。岂非言易而行难哉![1]

颜元还在朱熹《家礼》丧礼部分的礼义和具体仪节上,表达了不同的意见。鉴于篇幅,不再展开。

(八)清中期以降传统丧礼淡化、简化的趋势

"清朝前期(指顺、康、雍及乾隆初期),清政府利用礼法,从许多方面控制社会生活,使社会生活多循礼法。约从乾隆中期(个别地区稍前)开始,社会生活逐渐冲击传统礼法,尔后愈演愈烈。"[2]这表现为纲常伦纪废弛、富商巨贾和名门显宦奢侈越礼的生活方式、追求衣冠华饰和婚丧场面张扬等。一方面,丧家为显赫门庭,办丧事"其侈费也,动至千金或数百金之间";大宴宾客,丧事不用乐的制度多不遵守,"丧家鼓吹宴会,吊客狂饮号茹"。另一方面,丧家在铺张浪费、浮夸风盛的同时,办理丧事的一些仪节反倒废弃不行,"侈蟠马,办音乐,夸示耳目,而灰椁铭旌多置不讲,祭墓荐新,漫无仪节"。

这里,我们可从清朝学者沈赤然撰写的《寒夜丛谈》,一窥清代中后期民间丧礼淡化、简化和衰落的趋势。

清朝学者沈赤然,杭州人,曾任平乡、南乐、丰润等县知县,他撰成于嘉庆十三年(1808)腊月的《寒夜丛谈》凡三卷。卷二"谈礼"中,作者结合社会现实,就当时遵行的家礼与以前的家礼的差别做了具体比较,从中可以看到当时的家礼与前相比发生的显著变化,展现出家礼日渐淡化、衰落的整体趋势,是了解清代后期风俗变迁的很好的资料。我们仅就其对丧礼所作的古今比较罗列数条,庶几可以作为清代后期民间丧礼的样本:

> 居父母之丧,有疾则饮酒食肉。今人虽无疾,亦醉酡饱鲜矣。

---

[1] 〔明〕颜元:《性理评》,《存学编》卷二,第23页。
[2] 张仁善:《礼·法·社会——清代法律转型与社会变迁》,第156页。

....

父母之丧，古未有遗寝于床者。三月虞祭后，柱楣，剪屏，期年小祥，居垩室，寝始有席。又期大祥，居复寝。至中月而禫，始床。……今人少知礼者，尚于四十九日内席□松旁而寝，谓之伴灵。不知礼者，率安寝如平时，欲其不衰绖生子，得乎？

父母之丧，三日而食粥，三月卒哭，疏食水饮，不食果菜。期而小祥，食菜果；又期而大祥，有醯酱，中月间一月也。而禫，禫而饮酒。此饮食之次第也。为父服斩衰三升，为母疏衰四升，卒哭后，三升者易以六升，四升者易以七升，腰去麻绖，系葛带，期年而小祥，练冠丝缘，要绖不除。又期而大祥，素缟冠麻衣，中月而禫，禫而禓，黑经白纬。无所不经。此衣服之次第也。今时非惟无行之者，并不复知有是礼矣。见《间传》《丧服四制》。

....

丧服之制，今迥非古，然如父苴杖，用竹取圆而象天。为母削杖，用桐削方以象地。此亦事之至易而可遵行者也。乃并不复知之，即知之，亦不复有为之者矣。

《礼》：有三年之丧者不吊，以其居重丧而吊哭于人，哀彼则忘乎亲，哀在亲则吊为虚伪。见《戴记·三年问》。今时则不然，百日之外，虽吉席亦赴矣，况于吊乎？

《记》曰："忌日不乐。"至晋桓玄，改为忌时，已极可笑，然尚有一时之忌也。今人并此一时之暂亦忘之矣。

古人期丧亦重，故十一月而练，十三月而祥，十五月而禫，是名虽为期，其实乃十五月。今时于三年之丧，尚不复存练祥名目，况下此者乎？见《戴礼·杂记》。

古人远出他国，自期至小功，皆有税丧。谓日月已过，而追服也。今人不闻有此，惟父母之丧，尚从闻讣日起，即税丧之义耳。

....

"女君死，则妾为女君之党服"，《杂记》。则存时更可知也，今时不闻有此礼。

"丧者不遗人"，《杂记》。从父昆弟以下，亦必卒哭后方可言，居丧不为礼也。今时则亲朋应酬，在一月之内亦馈饷如平时。

....

"父有服，宫中子与父同居者。不与于乐；母有服，声闻焉，声之所闻又加近矣。不举乐；妻有服，不举乐于其侧；尤近矣。大功将至，辟琴瑟；有大功服丧者，则为之辟琴瑟以助哀。小功至，不绝乐。"《杂记》。按：今时父母有服而不与乐、不举乐者已鲜矣。……

古所谓继父者，母之后夫也。《仪礼》："同居者，齐衰不杖期；不同居者，齐衰三月。"愚谓同居者必随其母而嫁者也，尚有衣食鞠养之恩，为之服可也。若不同居者，曾与己何亲，而可谓之父，又可为之服乎？此礼今不闻。

父为长子杖，则其子不以杖即位。盖丧无二主，统于所尊也。今时父无复为子杖者，即宾客来吊，亦止令孙答拜，惟丧帖中尚书"杖期"两字。至母为长子削杖，姑在为夫杖，更无知之者矣。

《檀弓》："妻昆弟为父后者死，哭之适室，子为主，袒免哭踊。父在，哭于妻之室；非为父后者，哭诸异室。"今时无此礼，惟甥为舅服功，较重于古之缌耳。

……

"三年之丧，未葬，服不除。期大功之丧，服其所除之服以葬，既葬而除之。"见《孔丛子》。今则二十七月之后，即未葬者无不变服，惟于悬空时，始一服其所除之服而已。葬讫即止。至期大功之丧，并不复有是礼矣。

人始死则置于地，欲其得地气而生也。至复而不生，仍袭于床。今时无行之者。

古人死，有升屋号复之礼，而无招魂之葬；后世有招魂之葬，而无升屋号复之礼。

古者掘中霤之地为坎，架床于上以浴尸，欲其洁也。今人惟床上以布拭之而已，用毁灶之甓以缀足，取其暖也。今人惟为宽鞋大袜，以强纳之而已。

又古人浴尸，必令四人抗衾以蔽尸，男用男子，女用妇人，浴竟则剪刀爪甲，纳馀水于坎。今时不复知有抗衾之礼，亦不更剪爪甲，但稍栉发而已。[①]《丧大记》。

人死后复、楔齿、以角柶柱齿令开，得饭含。缀足、用燕几拘尸足令直，着履。饭含、实米贝于口中。设饰、尸袭敛也。帷堂，堂上设帷。凡六事一时并作。见《檀

[①] 清代还有不少地方的"浴尸"礼节已经简化为"以巾颒尸面"，即象征性地擦拭死者面部。如孔子后裔孔继汾的《孔氏家仪》卷五《凶礼》"初终至既殡"就记载，"今俗尸不浴，惟颒面而已"。

弓》。今惟饭含一事犹存古意,设饰、帷堂亦俟敛时始备,楔齿、缀足二事绝不闻矣。

始死之奠,即今吾乡所谓"倒头羹饭"也。古人奠以阁余,阁者,以板为之,所以庋饮食之物。大夫七十而有阁,人死即取阁中所余脯醢为奠,盖不忍弃其旧物也。今时但进以素食,必至四十二日方陈荤血,谓之开斋。

古所谓小敛者,尸沐浴、着衣毕,乃韬之以冒,不使人见其尸形;再用布绞束之,缩者一,横者三,裹以复衾。至大敛,又以布绞束之,缩者三,横者五,裹以复衾。君、大夫与士同,所异者衾有用锦、用缟、用缁之别;衣有百称、五十称、三十称之分耳。见《杂记》《丧大记》。今时送死草草,而南方尤甚。富贵者尚用丝绵束体,外里以复衾,馀则冠服之外借以幅褥、覆以幅被而已。相习成风,即衣工亦不复知有绞衾之式,良可叹也。

今人以平居所落齿发及剪存手爪藏置一处,至死后悉纳之棺,即《丧大记》所云:"君大夫鬊乱发也。爪实于绿音角,棺内之四隅也。中,土埋之"是也。然古惟君、大夫则然,今则人人如是矣。

....

古人葬有一定之向,故曰"葬于北方,北首,三代之达礼也,之幽之故也"。《檀弓》。自后世堪舆之说行,于是乎东西南北,惟吉之从,而不复有定向矣。

古始死作重,至虞祭乃作主,而彻重埋之。今人但知有主而已。又丧主用桑,藏主用栗,今人惟以杂木为之,无丧主、藏主之分。

....

古者墓而不坟,后始有若堂、若坊、若覆夏屋、若马鬣之封。四者中马鬣最俭,盖其上狭如马鬣,功少而易成耳。今时若堂之封,非齐民所得为,若坊、若夏屋者,吾乡率多。惟马鬣之形,绝不复见矣。

....

古之所谓殡者,君用辅。音春,乘车柩之车也。攒至于土毕,涂屋;用泥涂之,如屋形也。大夫以帱,攒至于西序,涂三面,一面贴西序之壁。涂不暨于棺;士殡见衽,棺在坎中,犹见棺盖,纵用衽处。涂上帷之。见《丧大记》。皆在门内之客位也。今时之所谓殡宫者,因待葬无期乃择地于野,周之以甓,覆之以瓦,或制如小屋,设门以启闭之。至葬,乃迁其俭陋,惟视贫富,不以贵贱为等差,亦大异乎古之制矣。①

除了丧葬礼仪外，清代也有不少丧礼仪节已经基本不为人们所知：

> 既窆而宾吊于墓，殷道也；俟主人反哭而吊于家，周道也。见《檀弓》。今则宾客送葬者无所谓吊，但一拜墓即散去，孝子亦不闻有反哭之礼。又古者将葬，必奉柩朝于祖考之庙而后行，所以顺死者之孝心也。同上。今则径诣窆所，不复知有朝庙之礼。②

另外，还有不少人家不知变通，丧礼习俗不因时而改。如"殡"礼（殡即停棺待葬）。

> 古人之殡，棺在坎中，恐虫蚋侵尸，故必用熬。熬者，以火炒谷令熟，置之棺旁，使虫蚋闻香来食，庶不侵尸也。故曰：君四种八筐，大夫三种六筐，士二种四筐见《丧大记》。然古者葬有定期，故可行此法。若今时江浙风俗，殡而不葬者近或数年，远则二三十年，且又殡在郊野，一岁之中唯春秋奠酹，岂能复为死者计乎？乃叹古人用心周至，断非后世可及。③

再如，依照《礼记·问丧》，"三日而后敛者"，但民间丧礼无论寒暑都依此而行，致使盛夏尸体腐臭。沈赤然批评了这种泥古不化的做法，认为古今条件不同，应该变通行事。他说：

> 然古者丧皆有冰，若无冰则设水床，下去席而袒露尸于第簀，间使寒气得通，故尸不速坏。今时江南士夫家，当盛暑时尚知有设水者，或附身物已具，死之明日即敛，由南方热甚，尸易变动，子孙之心不忍令死者为人憎恶，盖变古而得其宜者也。……案《丧大记》云："士之丧，二日而殡。"则二日而敛，可知矣。士礼尚然，况编氓耶？④

---

① 〔清〕沈赤然：《谈礼》，《寒夜丛谈》卷二，清嘉庆刻五研斋全集本。
② 〔清〕沈赤然：《谈礼》，《寒夜丛谈》卷二，清嘉庆刻五研斋全集本。
③ 〔清〕沈赤然：《谈礼》，《寒夜丛谈》卷二，清嘉庆刻五研斋全集本。
④ 〔清〕沈赤然：《谈礼》，《寒夜丛谈》卷二，清嘉庆刻五研斋全集本。

上述清代中后期丧礼的淡化与简化，甚至悖礼而行，既反映了该时期传统丧礼很大程度上不再适合时代的变化，也反映了社会上反传统礼法的趋势。

（九）清末的反礼法趋势与民国丧礼的转型

有学者认为，清朝中期开始形成了反礼法的风尚，到了清朝后期，"这一趋势已由中期的器物层次发展到制度层次，进而升华为观念层次，在遇上'数千年未有之变局'后，能为外来文化包括法律文化的移植提供'适宜的土壤'。没有由清朝中期反礼法时尚下延而来的反礼法趋势，礼法分离就缺乏内在动因，近代意义上的法律无法在中国植根"①。

家礼文化的发展趋势亦然。清朝末年，由于封建专制制度所呈现出的颓势，加之西方文化的传入，传统家礼也遭到了反礼法风尚的濡染。特别是辛亥革命后清王朝的被推翻，宣告了中国两千年之久的封建制度的寿终正寝，而因商品经济的发展、人口的流动导致的大家族的解体，致使封建家礼赖以存续的根基也发生了动摇。随着民国的社会转型，各种社会思潮的冲突激荡，中国传统家礼文化也开始了转型。

这一转型突出地表现为传统家礼的大大简化和西式礼仪的传入，促进了中西家庭礼仪的融合。在丧礼礼仪中既保留了传统丧礼的仪节，也有追悼会的新式礼仪。这种改革使得丧服制度大大简化，但是也给了死者哀荣，还提供了亲朋缅怀死者、表达哀思的场合。例如1929年，四川合江县和重庆的丰都县县志都记述了当时举办追悼会的程序，从流程看，其呈现出中西丧礼合璧的特色。追悼仪式的流程如下：（1）摇铃开会；（2）奏哀乐；（3）献花果；（4）奏风琴，唱追悼歌；（5）述行状；（6）读哀祭文；（7）奏哀乐；（8）行三鞠躬礼；（9）奏风琴，唱追悼歌；（10）演说；（11）奏哀乐；（12）家属答谢，行三鞠躬礼；（13）闭会。根据这种安排，追悼会设主礼员一人，庶务员二人，男女招待员各八人，献花果二人，述行状一人，读追悼文一人。②

追悼会打破了等级制度，给出席丧礼的人以平等地位，这也契合了新社会的风

---

① 张仁善：《礼·法·社会——清代法律转型与社会变迁》，第343页。
② 参见《合江县志》，《重修丰都县志》，转引自丁世良、赵放主编：《中国地方志民俗资料汇编·西南卷》上，书目文献出版社1991年版，第158、247页。

尚，符合时代发展要求。

再如1922年，杨鉴在重校清朝吕子振的《家礼大成》过程中，就加入了一些新式丧礼元素。他说："世之尊崇朱子《家礼》久矣，迄清初吕羽仲前辈《家礼大成》虽较多秩，然皆祖朱子家礼之法，可谓为世之用矣。……乘此余为校对，并以昔有杂论之繁者略删之，今有简便之宜者稍增之，以俟大识订正，而俾居家有家礼之遵依矣。"在该书的"入棺祝文"样式中，他改为：

维

中华民国某年，岁次某某月某某朔（如或则见则如）越某某日某某，不孝孤哀子某某等，谨以牲醴致奠于

故父（母）某公（氏）之魂曰：不孝罪深，祸延吾父（母）。一梦不返，百事已矣。兹值入棺，号恸惨裂。父（母）耶何忍，子耶难忘！永诀中（终）天，欲见无从，谨告。①

魂帛式也改为适合民国所用的格式，见图30：

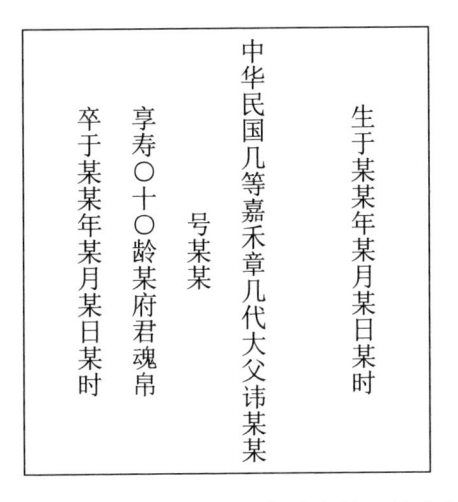

```
┌─────────────────────────────┐
│                             │
│ 卒    享    中  号    生     │
│ 于    寿    华  某    于     │
│ 某    ○    民  某    某     │
│ 某    十    国              某    │
│ 年    ○    几              年    │
│ 某    龄    等              某    │
│ 月    某    嘉              月    │
│ 某    府    禾              某    │
│ 日    君    章              日    │
│ 某    魂    几              某    │
│ 时    帛    代              时    │
│            大                    │
│            父                    │
│            讳                    │
│            某                    │
│            某                    │
│                             │
└─────────────────────────────┘
```

图30 《家礼大成》卷七《初丧仪礼》的魂帛式

---

① 〔清〕吕子振著，杨鉴重校：《初丧仪礼》，《家礼大成》卷七，台湾瑞成书局1978年版。

1936年刊刻的《衡山乌塘萧氏十一修族谱》，由该家族萧嘉学（生卒年不详）纂修。此族谱所载家礼包括"冠礼""婚礼""丧礼"三部分，内容详细，并配有图示加以说明，作者在传统家礼的基础上，对三种家礼场所、仪式等均加以改良。兹列"丧礼"部分的三则仪节：

受吊
来宾至灵前，三鞠躬。行礼时奏哀乐。丧主率家属就位哭。礼毕，丧主伏谢，起，哭人。司宾送宾门外，一鞠躬礼。
成服
亲死三日乃成服。礼制会拟订《丧礼草案·附则》载丧服白衣、白冠，而不详其制。然《民法》：亲等有差，丧服自不可无别。既未规定，仍旧五服。
出殡程序
首铭旌，次挽联、花圈，不用者听。次哀乐，次遗像，无者听。次神主、魂帛，次送殡宾客，宾客至者，由丧家人备黑纱四寸、棚针一枚，缠左臂，凡襄丧事者同。次丧主及家属，次灵柩。饰棺之真必备，俗所谓丧罩是也。式从其乡所习用者，丧舆前端以白布为绋，宾客共挽之。其他纸扎明器、僧道牌衔、旗锣伞扇均除之。①

仅仅从《衡山萧氏家礼》中丧礼的上述变化，就可以看出在转型时期的民国，适应时代的发展、符合当时社会风俗的家礼出现，它在承接传统的同时正在发生重要的转型和变迁，这呈现出家礼文化的新趋势。

二、祭礼

"国之大事，在祀与戎。"（《左传·成公十三年》）自先秦时代以来，祭祀就贯穿着整个社会生活，与战争一同被视为家国大事，关系到国家的存亡兴废。此外，对于家庭、家族而言，祭礼帮助人们表达对祖先的感恩与缅怀之意，与冠、

---

① 萧嘉学纂修：《衡山萧氏家礼》，《衡山乌塘萧氏十一修族谱》，1936年有序堂木活字本。

婚、丧三礼一样，属于古代最重要的家庭礼仪之一。因此，《礼记·祭统》有云："礼有五经，莫重于祭。"可以说，祭礼与祭祀文化是中国传统家文化和礼文化最为核心的组成成分之一。需要特别指出的是，按《周礼》的分类，祭礼可分为天神、人鬼、地祇三类，本节所论及的"祭礼"主要是指祭祀祖先的人鬼之祭。

（一）先秦时期的祭礼

1. 先秦祭祖礼仪及其分类

根据学界已有研究成果来看，早在殷商之际，我们的祖先就已经发展出十分繁杂、发达的祭祖礼仪。[①]但殷商时期的祭祖礼仪和鬼神观念与后世相比，呈现出极大的差异。殷人认为人死后会化为鬼神，而人世间的种种灾祸即与这些鬼神有关，因此需要通过不断地祭祀以趋福避祸。但是殷商时期的祭祖礼仪还尚未形成定制，宗周建立以后，周人在继承殷商祭祖礼仪与鬼神观念的基础上，逐渐形成了一套比较完整、规范的祭祀礼仪体系。

通过对礼书史籍的梳理，周代的祭祖礼仪大致可分为丧祭、时享、祫禘三类。

所谓丧祭，就是亡者下葬后亲人们在守丧期间内进行的一系列祭祀礼仪。以父丧为例，孝子需服三年之丧。既葬之后，孝子行虞祭于寝。此后，孝子"卒哭"，进入严格的居丧生活，期间于祖庙先后进行小祥、大祥二祭，最后进行禫祭。禫祭的完成，意味着服斩衰、齐衰三年者的居丧生活正式结束。《礼记·祭统》云：

> 孝子之事亲也，有三道焉：生则养，没则丧，丧毕则祭。养则观其顺也，丧则观其哀也，祭则观其敬而时也。尽此三道者，孝子之行也。

也就是说，居丧期间子女能否虔敬地按丧礼规定祭祀父母，是衡量子女是否尽到孝道的重要标准之一。

时享，即四时祭祀。四时祭祀的名称历来说法不一，如《诗经·天保》云：

[①] 常玉芝、李亚农等学者指出，殷商"时王"会对以往历代祖先进行周而复始、连续不断的祭祀活动，这种祭祀被称为"周祭"，并且几乎无日不举行。参见常玉芝：《商代周祭制度》，中国社会科学出版社1987年版；李亚农：《殷代社会生活》，《李亚农史论集》，上海人民出版社1978年版。

"禴、祠、尝、烝，于公先王"；《礼记·王制》则云："天子诸侯宗庙之祭，春曰礿，夏曰禘，秋曰尝，冬曰烝"；《周礼·春官·大宗伯》又云："以祠春享先王，以禴夏享先王，以尝秋享先王，以烝冬享先王"等。

袷禘，即袷祭与禘祭，一般认为二者都属于大规模的合祭。《春秋公羊传·文公二年》云："大事者何？大袷也。大袷者何？合祭也。其合祭奈何？毁庙之主，陈于大祖；未毁庙之主，皆升，合食于大祖。"①也就是说，袷祭是将历代祖先的神主集合于祖庙一并祭祀的礼仪。至于禘祭，同样是一种大祭。《尔雅》曰："禘，大祭也。"《礼记·大传》云："礼，不王不禘，王者禘其祖之所自出，以其祖配之。"也就是说禘祭是追溯到始祖的一种盛大祭祀。关于袷、禘二祭，先秦典籍或付之阙如，或语焉不详。后世所谓"三年一袷，五年一禘"的祭祀制度亦不见于礼经，多属后人推测之辞。有学者考证指出，从已有殷商卜辞以及两周金文看，商周时期的袷禘二祭虽与祖先祭祀相关，但与儒家典籍的记载还存在较为明显的出入。②

从祭祀地点场所来看，上文提到的时享、袷禘以及丧祭中的小祥、大祥、禫祭都祭祀于宗庙，属于庙祭。但是在少数特定情况下，墓边祭祀也是被允许的。《礼记》记载曾子与孔子的一段对话：

> 曾子问曰："宗子去在他国，庶子无爵而居者可以祭乎？"孔子曰："祭哉。"请问："其祭如之何？"孔子曰："望墓而为坛以时祭。若宗子死，告于墓而后祭于家。"（《礼记·曾子问》）

也就是说，若宗子出国无法主持祭祀，此时与宗子同居而无爵的庶子可以在墓旁设坛代之祭祀。但是这种墓边设坛祭祀的做法，只是临时为之，并不可以取代庙祭。另外，据司马迁记载，孔子死后"鲁世世相传，以岁时奉祠孔子冢"（《史记·孔子世家》）。但是孔子墓的祭祀，属于孔门弟子以及部分鲁国人出于敬重追思孔子的自发行为，同样不具有普遍性。战国时期，礼崩乐坏。孟子曾讲述一个齐人每日徘徊于城外墓地，向祭墓的人乞讨残羹剩饭的故事。这个故事本身寓意如何，我们此处不再展开讨论，但通过这个故事可知，至少在战国中期已出现了后世

---

① 〔清〕阮元校刻：《春秋公羊传注疏》卷十三，《十三经注疏》，第4922页。
② 郭善兵：《中国古代帝王宗庙礼制研究》，第47页。

意义上的墓边祭祀。

2.《仪礼》中记载的先秦祭祀仪式

《仪礼》一书中专门记载祭礼的主要是《特牲馈食礼》《少牢馈食礼》《有司彻》三篇。《特牲馈食礼》记述的是士岁时祭祖、祢于宗庙的礼仪。《少牢馈食礼》《有司彻》实则一篇，因篇幅太长所以被分成了两篇，主要记述了卿大夫祭祖的仪节。从内容上看，除了祭祀所用的牺牲和个别的仪节有所不同，士和卿大夫祭祖的程序大抵一致。可以说，"《特牲馈食礼》和《少牢馈食礼》所述程序，构成了后世祭祖礼仪的基本模式"①。

下文将根据《特牲馈食礼》《少牢馈食礼》的记载，结合《楚辞》《诗经》等文献，对周代祭祖礼仪进行简要介绍。

（1）筮日

根据《特牲馈食礼》的记载，士通过卜筮的方式确定祭祀日期。及筮日，主人着玄端服筮于庙门之外。家宰向筮者传达主人筮辞："孝孙某，筮来日某，诹此某事，适其皇祖某子。尚飨！"筮者占毕，告知主人占卜结果。如果占卜的结果是吉，则云："占曰'吉'"，即占卜的结果是"吉利"。若占卜的结果为不吉，则在下一个旬日里再次占卜吉日。②相比之下，《少牢馈食礼》中卿大夫祭祀日期的选取则更为严格。根据古礼，祭祀以柔日中的丁日、己日为宜，也就是"日用丁、己"。一般在上一旬的丁日、己日占卜下一旬的丁日、己日是否吉利，即"筮旬有一日"。如果占卜的结果为吉，则下令宗人、家宰开始祭祀的准备工作。

（2）筮尸、宿尸、宿宾

在祭祀前三天的早晨，用卜筮的方式来确定尸的人选。鬼神无形，一般由嫡系孙辈担任"尸"作为祖先的凭依，代祖先受祭。筮尸之辞为："孝孙某，诹此某事，适其皇祖某子，筮某之某为尸。尚飨！"③筮尸之后，主人需亲自前往尸的家中邀请。至尸家，主人以宗人为摈者，宿尸之辞与筮尸基本一致，只是最后一句改为："筮子为某尸，占曰吉，敢宿。"④宿尸之后，主人还需前往邀请参与祭礼的宾客。宗人摈曰："某荐岁事，吾子将莅之，敢宿。"宾曰："某敢不敬从。"⑤

---

① 杨志刚：《中国礼仪制度研究》，第340页。
② 古人以十日为一旬。
③〔清〕阮元校刻：《仪礼注疏》卷四十四，《十三经注疏》，第2555页。
④〔清〕阮元校刻：《仪礼注疏》卷四十四，《十三经注疏》，第2556页。
⑤〔清〕阮元校刻：《仪礼注疏》卷四十四，《十三经注疏》，第2557页。

随后主人向宾客行再拜之礼,宾答拜。主人先退,宾拜送主人。

(3) 视濯、视牲

邀请嘉宾后的次日傍晚,主人与宾一同检视祭祀用的祭器是否洁净、牺牲是否肥壮完整。检视过祭器、牺牲后,宗人向主人询问祭礼正式开始的时间。主人回答说:"明天清晨肉羹煮熟的时候开始。"事毕,主人拜送宾客。

(4) 预陈设、就位

祭日清晨,主人和主妇需早起检视祭物祭品的准备情况。主人于庙门东侧亲自检视宰杀祭牲,谓之"视侧杀"。郑玄注云:"侧杀,杀一牲也。"[①] 主妇则于西堂下检视黍稷等饭食的准备情况,谓之"视饎"。饎,黍稷,引申为做饭之意。除了祭牲、祭饭,此时还要准备烹煮猪、鱼、腊肉等肉羹以及酒樽、豆、笾、铏、敦等祭器。此时主妇束发绾髻、着宵衣,立于房中。主人、宾、兄弟、群执事立于庙门之外。宗人告知众人,有司已经准备完毕。主宾相揖入庙门,众人各就其位。

(5) 阴厌

当所有准备工作完成之后,祭礼正式开始。正礼的第一步为阴厌。"厌"是满足的意思,"阴厌"就是用食物祭祀亡灵,使其吃饱。此时主人在赞礼者的协助下,将祭祀所用的食物陈设好,供祖先亡灵食用。祭祀的食物主要是猪、鱼、腊肉等肉羹、肉酱,还包括葵菜、螺姜、黍稷等。

(6) 尸九饭

阴厌之后,祝于庙门外迎接尸的到来,主人站在东阶下迎候。尸入庙门后,先将手洗干净,随后入室即席。佐食者取食物献于尸,尸逐一致祭。在祝的劝侑下,尸象征性地进食三次,三饭告饱,祝再次劝侑进食。如此三番,九饭礼成。

(7) 行三献之礼

九饭礼毕,主人、主妇、宾先后向尸进酒献食,共同完成三献之礼。主人、主妇、宾分别酌酒,向尸行初献、亚献、三献之礼。凡献酒,尸必回敬。回敬主人时,尸赞美食物的美味丰盛并致辞祝福主人。

首先,主人行初献礼。此时主人洗角[②]酌酒,献于尸。尸拜而受酒,主人拜送。尸先祭酒,随后浅酌一口。然后,取肝撒盐振祭,祭毕,尸象征性地吃一口。吃剩的肝置于菹豆,再饮尽角中之酒。祝告主人,尸已经将酒饮尽。随后主人拜

---

① 〔清〕阮元校刻:《仪礼注疏》卷四十四,《十三经注疏》,第2558页。
② 角,古代酒器,形似爵但无柱,有盖,用以温酒和盛酒。

尸，尸回拜。主人用尸吃剩下的黍稷进行堕祭，随后祭酒。祭毕，尸对主人致辞祝福。

主人献宾、兄弟。对尸的三献之礼完成后，主人先后向宾、兄弟等敬酒，并献上食物。

（8）嗣子献尸

郑玄注曰："嗣，主人将为后者。"[1]嗣子，即主人的继承人，未来的主祭者。嗣子执觯[2]酌酒，向尸献酒。尸拜而受之，嗣子答拜。随后，尸祭酒，祭毕尝酒，将觯放下。嗣子拿起觯，退回到东阶。

（9）旅酬

旅指来回走动。所谓"旅酬"，就是祭祀结束后亲友宾朋一起宴饮、相互敬酒。旅酬有着严格的尊卑顺序，一般由年幼位卑者向尊长敬酒。《特牲馈食礼》中的规定是：先由兄弟中最年幼者向最年长者献酬，随后宾向兄弟中最年长者献酬，再后兄弟中最年长者向众宾中最年长者献酬，被敬酒者需答拜还礼。接着，众宾与众兄弟相互酬酒，兄弟中最年长者酬众宾。最后宾和兄弟中年幼者洗觯酌酒，献于年长者，年长者答拜还礼。旅酬的最后，众宾客与众兄弟相互劝饮，不计次序和爵数。

（10）佐食者献尸

佐食者洗散[3]，酌酒献于尸。此后，尸酌酒回敬佐食者。佐食者又献酒于祝。

（11）尸出

主人出室，立于门外，西向。祝告之主人，供养之礼已成。尸起身，祝为之前导，主人下堂。尸出庙门后，祝返回命佐食者将剩下的肵俎交与尸的侍者。撤去庶羞[4]，改设于西序[5]之下。

（12）馂余

《礼记·祭统》曰："馂者，祭之末也。" 即吃掉尸剩下的食物。此时祭礼已接近尾声，有司在尸席对面另设一席，以行馂礼。佐食者将尸剩下的食物分为两份。嗣子与长兄弟洗手后分坐两席，佐食者将俎上的猪肉分与两人。祝曰："馂，

---

[1] 〔清〕阮元校刻：《仪礼注疏》卷四十六，《十三经注疏》，第2578页。
[2] 觯，古代酒器，青铜制，似尊而小，有的有盖。
[3] 散，一种酒器，位卑者敬酒时使用。
[4] 庶羞：多种美食。胡培翚《正义》引郝敬云："肴美曰羞，品多曰庶。"
[5] 西序，古代宫室的西厢。

有以也。"①意思是:"你们蒙受先祖的恩泽,得以食用尸的余食。"嗣子与长兄弟应诺答拜。如此反复三次。随后二人举肉,祭肉,祭饭,食用食物。随后主人依次酌酒献给嗣子与长兄弟。此时祝云:"酳,有与也。"意思是"你们饮用此酒,应当知道兄弟和睦"。嗣子与长兄弟执爵而拜,随后祭酒、饮酒,向主人行拜礼。主人答拜。随后二人下堂。嗣子要另取一爵酌酒回敬主人,主人拜而受爵。嗣子答拜,主人饮毕又拜嗣子,嗣子答拜还礼。

(13)阳厌

阳厌与阴厌相似,但设席于室的西北角,几放在席的南侧。

(14)礼毕宾出

此时祭礼已经结束,主人送宾于大门外,行再拜之礼。

(二)汉唐对先秦祭礼的继承与发展

1. 两汉时期的祭祖礼仪

"汉代民间的祭祖方式主要是墓祀,它包括两大基本内容:一是墓前祭祀,即洒扫、祭酹、植树、筑祠、立碑等活动;二是墓内祭祀,即墓内祭祀空间的开拓和祭奠。这是一种盛行于汉代的独具特色的祭祖形式。"②相比于先秦时期,汉代墓祭之风极为盛行。上至天子诸侯,下至百官士庶,多于祖先墓旁筑造祠堂以便祭祀。汉代墓旁祠堂的情况在本书通礼、丧礼部分已有论及,本节主要结合东汉农书《四民月令》对当时的祭祖礼仪进行一些补充。

《四民月令》现存三千多字,东汉崔寔著。该书分十二月记述不同月份的农事生产活动,此外还记录了不少汉代社会风俗,具有较高的历史价值。祭祖礼仪在《四民月令》中频繁出现:

> 正月之旦,是谓"正日",躬率妻孥,洁祀祖祢。前期三日,家长及执事,皆致齐焉。及祀日,进酒降神。毕,乃室家尊卑,无大无小,以次列于先祖之前;子、妇、孙、曾,各上椒酒于其家长,称觞举寿,欣欣如也。谒贺君、师、故将、宗人、父兄、父友、友、亲、乡党耆老。

---

① 〔清〕阮元校刻:《仪礼注疏》卷四十六,《十三经注疏》,第2581页。
② 马新、齐涛:《魏晋隋唐时期民间祭祖制度略论》,《民俗研究》2012年第5期。

……………

（正月）百卉萌动，蛰虫启户。乃以上丁，祀祖于门，道阳出滞，祈福祥焉。又以上亥，祠先穑及祖祢，以祈丰年。

……………

二月，祠太社之日，荐韭、卵于祖祢。前期齐、馔、扫、涤，如正祀焉。其夕又案家簿馔祠具。厥明，于冢上荐之。其非家祀良日，若有君命他急，筮择冢祀日。

夏至之日，荐麦、鱼于祖祢。厥明祠冢。前期一日，馔具、齐、扫、涤，如荐韭、卵。

……………

八月，筮择月节后良日，祠岁时常所奉尊神。前期七日，举家毋到丧家及产乳家。少长及执事者，悉齐；案祠簿，扫、涤，务加谨洁。是月也，以祠泰社；祠日，荐黍、豚于祖祢。厥明祀冢，如荐麦、鱼。

……………

十二月，腊日，荐稻、雁。前期五日杀猪，三日杀羊。前除二日，齐、馔、扫、涤，遂腊先祖、五祀。其明日，是谓"小新岁"，进酒降神。其进酒尊长，及修刺贺君、师、耆老，如正月。其明日，又祀，是谓"蒸祭"。后三日，祀家事毕，乃请召宗亲、婚姻、宾旅，讲好和礼，以笃恩纪。休农息役，惠必下浃。[1]

根据《四民月令》的记载，汉代正月、二月、夏至、八月和十二月均需祭祀祖祢。从祭祀场所看，又有家祀、冢祀之分，即家祭与墓祭同时存在。从正旦祭祖的仪式程序看，此时的祭祖礼仪与先秦时期并无明显区别。如家长及执事祭前需斋戒，祭日"进酒降神"，祭毕全族合食于先祖之前，基本保留了先秦祭礼的仪式程序。

2.魏晋南北朝时期的祭祖礼仪

魏晋南北朝时期，社会动荡、民生凋敝，魏晋皇帝多次下令禁止臣民营建墓边祠堂。受此影响，魏晋以来墓祭之风日渐衰微，家祭与庙祭再次受到重视。"那些

---

[1] 参见〔汉〕崔寔：《四民月令校注》，石声汉校注，第1—74页。

有权势的官僚贵族多将墓前祭祀改由在家庙进行；一般民众则将墓前祭拜改为在家中寝堂进行。"①正如晋人卢谌《祭法》云："凡祭法，有庙者置之于座；未遑立庙，祭于厅事可也。"②这一时期家祭、庙祭的大致情形在本书第四章通礼部分已有论述，此处不再赘述。

《通典》载有晋人贺循所作《祭仪》，其祭祖礼仪以《仪礼》为蓝本，并予以一定程度上的简化。

> 祭以首时及腊，岁凡五祭。将祭，前期十日散斋，不御，不乐，不吊。前三日，沐浴改服，居于斋室，不交外事，不食荤辛，静志虚心，思亲之存。及祭，施位。牲，大夫少牢，士以特豕。祭前之夕，及腊鼎陈于门外，主人即位，西面。宗人袒，告充。主人视杀于门外，主妇视馔于西堂下。设洗于阼阶东南，酒醴甒于房户。牲皆体解。平明，设几筵，东面，为神位。进食，乃祝。祝乃酌，奠，拜，祝讫，拜退，西面立，少顷，酳酢。礼一献毕，拜受酢，饮毕，拜。妇亚献，荐枣栗，受酢如主人。其次，长宾三献，亦以燔从，如主人。次及兄弟献，始进俎、庶羞。众宾兄弟行酬，一遍而止。彻神俎羹饭为宾食，食物如祭。馂毕，酳酢一周止。佐彻神馈，馔于室中西北隅，以为厌祭。既设，闭牖户。宗人告毕，宾乃退。凡明日将祭，今夕宿宾。祭日，主人、群子孙、宗人、祝、史皆诣厅事西面立，以北为上。有荐新，在四时仲月。大夫士有田者，既祭而又荐；无田者荐而不祭。礼贵胜财，不尚苟丰，贫而不逮，无疑于降，大夫降视士，士从庶人可也。又不及，饭菽饮水皆足致敬，无害于孝。③

除了正式的祭礼，贺循《祭仪》还要求四时仲月荐新于祖。荐新，即以时鲜的食品祭献。古代中国祭俗是将收获的新物献祭于神灵。《礼记·檀弓上》："有荐新，如朔奠。"贺循主张祭祀祖先要量力而行，"大夫士有田者，既祭而又荐；无田者荐而不祭"。他强调祭祀的本意在于追念祖先，即使"饭菽饮水"亦足以表达孝敬之心。显然，贺循继承了孔子所主张的"祭礼，与其敬不足而礼有余也，不

---

① 马新、齐涛：《魏晋隋唐时期民间祭祖制度略论》，《民俗研究》2012年第5期。
② 〔宋〕李昉等：《厅事》，《太平御览》卷一百八十五，《四部丛刊》（三编）景宋本。
③ 〔唐〕杜佑：《诸侯大夫士宗庙》，《通典》卷四十八，王文锦、王永兴、刘俊文等点校，第1340—1341页。

若礼不足而敬有余也"(《礼记·檀弓上》)的观点。同时，从上述祭仪中我们不难发现，该时期祭祖礼仪中已经没有尸的存在。事实上自秦汉以后，尸就已废而不用。据《通典》记载："自周以前，天地、宗庙、社稷一切祭享，凡皆立尸。秦汉以降，中华则无矣。"① 尸废而不用，则以神主代为祖先受享供养之礼。先秦以前，只有天子、诸侯有资格用神主，秦汉以后卿大夫、士亦开始使用神主，或谓之神版。《通典》载晋安昌公荀氏祠制："神板皆正长尺一寸，博四寸五分，厚五寸八分。大书某祖考某封之神座，夫人某氏之神座，以下皆然。书讫，蜡油炙，令入理，刮拭之。"②

3. 唐代祭祖仪礼的进一步规范

至唐代，无论是家（庙）祭还是墓祭，其祭祀制度均得到了进一步规范。从《四民月令》看，祭祀的时间分别是正月、二月、夏至、八月、十二月，且家祭、墓祭混杂，显然此时并没有形成相对稳定的祭祖礼制。贺循《祭仪》要求："祭以首时及腊，岁凡五祭。"五祭之外，四时仲月还有荐新之礼，与后世祭礼相比还存在较大差异，说明此时祭礼尚未定型。

唐代对一岁之中祭祖的时间进行了规范。据《新唐书·礼乐志三》载：

> 祭寝者，春、秋以分，冬、夏以至日。若祭春分，则废元日。然元正，岁之始；冬至，阳之复，二节最重。祭不欲数，乃废春分，通为四。③

可知唐代四时祭祀的时间为元日、夏至、秋分、冬至。此外，唐代还从法律上对祭祀制度予以保障。"凡祔皆给休五日，时享皆四日。"无论是祔祭还是时享，朝廷都会给假确保官员有足够时间完成祭祀礼仪。

随着《开元礼》的颁行，唐代祭祀仪式程序也得到了进一步的规范。《开元礼》规定，唐朝品官时享包括筮日、斋戒、视涤濯、省牲、陈设、初献、亚献和终献等内容，基本保留了《仪礼》中祭礼的主要仪式程序。除了时享祭祀礼仪得到进一步规范外，汉代以来逐渐流行的墓前祭祀也得到了朝廷的认可。《开元礼》规定拜扫以及寒食上墓礼仪如下：

---

① 〔唐〕杜佑：《立尸义》，《通典》卷四十八，王文锦、王永兴、刘俊文等点校，第1355页。
② 〔唐〕杜佑：《卿大夫士神主及题板》，《通典》卷四十八，王文锦、王永兴、刘俊文等点校，第1346页。
③ 〔宋〕欧阳修、〔宋〕宋祁：《礼乐志三》，《新唐书》卷十三，第346页。

先期卜日如常仪，前一日掌事者设次于茔南百步道东，西面北上。备芟翦草木之器。赞礼者设主人以下位于茔门外之东，西面，以北为上。其日，主人到次，改服公服，无者常服。赞礼者赞："再拜。"主人以下俱再拜。赞礼者引主人以下入，奉行坟茔。精灵感慕，有泣无哭。至于封树内外，环绕展省三周。其荆棘虑与荒草连接者，皆随即芟翦，不令火田得及。扫除讫，赞礼者引主人以下复门外位。赞礼者引之次，遂还第。……若外官假满，或京官远行，辞墓泣而后行。其寒食上墓如前拜扫仪，惟不卜日。古者宗子去在他国，庶子无庙许望墓为坛以时祭。今之上墓，义或有凭，然神道尚幽，不可逼黩茔域。宜于墓南山门之外设净席为位。望祭以时，馔如平生所嗜。若一茔数墓，每墓各设位席，昭穆异列，以西为上。主人盥手，奠爵，三献而止。彻馔讫，主人以下辞墓。食余馔者可于他霉避，不见墓，孝子之情也。^①

根据上文规定，我们不难发现拜扫与寒食上墓之间存在一定区别：拜扫主要是将墓旁的荒草、荆棘予以扫除修葺；而寒食上墓则需设净席为位，设撰，奠爵，行三献之礼，显然上墓是一种祭祀活动。由于寒食节与传统的上巳节以及二十四节气中的清明节时间相近，因此时人常于清明时节上墓，并踏青赏春。

上墓祭祖本身是一件极为严肃的事情，但是人们常常乘机踏青游玩甚至饮酒作乐，这种对肃穆庄重的祭祖氛围的破坏引起了统治者的不满。如唐高宗曾下诏禁止民间寒食的上墓风俗："或寒食上墓，复为欢乐，坐对松槚，曾无戚容。既玷风猷，并宜禁断。"^②但是寒食上墓已经成为一种全民性的风俗习惯，无法强制禁绝，于是唐玄宗只好颁布敕令："寒食上墓，礼经无文，近代相传，浸以成俗，士庶有不合庙享，何以用展孝思？宜许上墓同拜扫。礼于茔南门外，奠祭馔讫，泣辞。食余馔任于他处。不得作乐。仍编入五礼，永为恒式。"^③最终在唐玄宗的支持下，寒食上墓的习俗得到了官方认可并被纳入《开元礼》，成为官方礼制的一部分。

除了《开元礼》载有较为完备的祭祖礼仪以外，唐朝民间修撰的祭礼著述也十分丰富。《新唐书·艺文志二》载唐代家礼撰作九本，计有杨炯《家礼》十卷、孟诜《家祭礼》一卷、徐闰《家祭仪》一卷、范传式《寝堂时飨仪》一卷、郑正则

---

① 〔唐〕萧嵩等：《王公以下拜扫》，《大唐开元礼》卷七十八，《文渊阁四库全书》史部政书类。
② 〔宋〕王溥：《寒食拜埽》，《唐会要》卷二十三，第439页。
③ 〔唐〕杜佑：《上陵》，《通典》卷五十二，王文锦、王永兴、刘俊文等点校，第1451页。

《祠享仪》一卷、周元阳《祭录》一卷、贾顼《家荐仪》一卷、卢弘宣《家祭仪》卷亡佚、孙日用《孙氏仲享仪》一卷。上述九本家礼中，专言祭祖礼仪的就有八本，可见唐人对祭祀礼仪的重视。遗憾的是上述祭礼文献已经全部亡佚，仅有少数只言片语散见于其他史料文献中，故而很难全面详尽地了解唐代祭礼的真正情况。

（三）宋代祭祖礼仪的变革与发展

1. 宋代俗节祭祀风俗与争议

五代时期社会动荡，礼制败坏。宋初诸礼未定，"群臣贵极公相，而祖祢食于寝，侪于庶人"[1]。有宋一代，建立家庙仅是少数高级官员的特权，因此广大士庶一般在正寝或影堂、祠堂举行祭祖礼仪。

根据儒家经典，四时祭是普通士庶阶层通行的祭祖礼仪。但是汉代以来，民间常在一些重要节日，如元旦（正月初一）、端午、重阳、中元（七月十五）等进行祭祀活动，长久以来，习以成俗。对于这种节日祭祀之俗，宋儒看法不一，有人坚持遵循古礼应只于四时祭祀，也有人认为四时、俗节并行不废。如南宋学者徐度《却扫编》谈道：

> 近世士大夫家祭祀多苟且不经，惟杜正献公家用其远祖叔廉《书仪》。四时之享，以分至日。不设椅桌，唯用平面席褥。不焚纸币，以子弟执事。不杂以婢仆，先事致斋之类颇为近古。
>
> 又韩忠献公尝集唐御史郑正则等七家《祭仪》，参酌而用之，名曰《韩氏参用古今家祭式》。其法与杜氏大略相似而参以时宜。如分至之外，元日、端午、重九、七月十五日之祭皆不废，以为虽出于世俗，然孝子之心不忍违众而忘亲也。其说多近人情，最为可行。[2]

徐度此处列举了两例在当时比较有代表性的名臣家祭礼仪：杜衍家严格遵循古礼，只于二分二至之日祭祀祖先；韩琦家除时享以外，还于元日、端午、重九、七

---

[1] 〔宋〕司马光：《文潞公家庙碑》，《司马温公集编年笺注》卷七十九，李之亮笺注，第21页。
[2] 〔宋〕徐度：《却扫编》卷中，《文渊阁四库全书》子部杂家类。

月十五日等俗节祭祀祖先。相比杜衍严格遵循古礼的做法，徐度更推崇韩琦的家祭之法，认为这样顺应人情且"最为可行"。韩琦也自言其家祭之礼，"采前说之可行，酌今俗之难废者，以人情断之"①。这种观点得到了朱熹的认可，《朱子语类》载：

> 叔器问："行正礼，则俗节之祭如何？"曰："韩魏公处得好，谓之节祠，杀于正祭。某家依而行之。但七月十五素馔用浮屠，某不用耳。"②

朱熹认为四时祭之外于俗节祭祖亦无不可，但是他反对中元（七月十五）祭祀用佛家的仪式。事实上，自魏晋南北朝时期，随着佛教的不断传播，民间丧祭之礼中佛教因素就在逐渐增多，如《颜氏家训·终制》云：

> 四时祭祀，周、孔所教，欲人勿死其亲，不忘孝道也。求诸内典，则无益焉。杀生为之，翻增罪累。若报罔极之德，霜露之悲，有时斋供，及七月半盂兰盆，望于汝也。③

佛家《盂兰盆经》的目连孝母之事与儒家主张的孝道不谋而合，一入中国本土即为民间士庶所接受。《盂兰盆经》记载的七月十五日供养佛僧演变为供奉父母，唐宋以后盂兰盆节与中元节融合，成为民间节日之一，甚至受到统治者的认可与追捧。宋人陈元靓《岁时广记》引《韩氏参用古今家祭式》云："近俗七月十五日有盂兰斋者，盖出释氏之教，孝子之心，不忍违众而忘亲，今定为斋享。"④ 关于宋代中元节的盛况，孟元老《东京梦华录》记载颇详：

> 七月十五日，中元节。先数日，市井卖冥器：靴鞋、幞头、帽子、金犀假带、五彩衣服。以纸糊架子盘游出卖。潘楼并州东西瓦子，亦如七夕。要闹处

---

① 〔宋〕韩琦：《韩氏参用古今家祭式序》，《安阳集》卷二十二，《文渊阁四库全书》集部别集类。
② 〔宋〕朱熹：《祭》，《朱子语类》卷九十，《朱子全书》（第17册），朱杰人、严佐之、刘永翔主编，第3057页。
③ 王利器：《终制》，《颜氏家训集解》卷七，第602页。
④ 〔宋〕陈元靓：《祭父母》，《岁时广记》卷三十，许逸民点校，中华书局2020年版，第586页。

> 亦卖果食、种生、花果之类，及印卖《尊胜目连经》。又以竹竿斫成三脚，高三五尺，上织灯窝之状，谓之"盂兰盆"。挂搭衣服、冥钱，在上焚之。构肆乐人自过七夕，便般《目连救母》杂剧，直至十五日止，观者增倍。中元前一日，即卖练叶，享祀时铺衬桌面。又卖麻谷窠儿，亦是系在桌子脚上，乃告祖先秋成之意。又卖鸡冠花，谓之"洗手花"。十五日供养祖先素食，才明即卖穄米饭，巡门叫卖，亦告成意也。又卖转明菜花、花油饼、馂豏、沙豏之类。城外有新坟者，即往拜扫。禁中亦出车马诣道者院谒坟。本院官给祠部十道，设大会，焚钱山，祭军阵亡殁，设孤魂道场。[①]

根据孟元老的记述，中元节前后买卖明器杂货、果实小吃者有之，印卖佛经、演出杂剧者有之。当然更重要的是在中元节当天以素食供养祖先，若城外有新坟亦需前往扫墓。皇室则会派出家人谒坟，并安排水陆法会超度阵亡将士的亡魂。可见，宋代佛家元素已经与中国世俗生活紧密结合，甚至极大地影响和重构了传统祭祀礼仪和观念，这不得不使以儒家正统自居的广大道学家感到忧虑乃至愤懑。

2. 宋代墓祭风俗

由于传统的寒食节、上巳节与清明节气相近，随着时间的不断推移，到了宋代三个节日逐渐融合。人们常常于清明时节上墓祭祖并踏青赏春，长此以往，清明逐渐从单纯的二十四节气之一演变为一个节日，也就是清明节。

自宋代以来，清明节日益成为中国古代社会一年之中最为重要的若干俗节之一。在宋人的文学作品之中，世俗清明踏青、上墓风气之盛屡见不鲜，如孟元老《东京梦华录》载：

> 清明节，寻常京师以冬至后一百五日为大寒食。前一日谓之"炊熟"，用面造枣䭅、飞燕，柳条串之，插于门楣，谓之"子推燕"。子女及笄者，多以是日上头。寒食第三节，即清明日矣。凡新坟皆用此日拜扫。都城人出郊。禁中前半月，发宫人、车马朝陵，宗室、南班、近亲，亦分遣诣诸陵坟享祀，从人皆紫衫、白绢三角子、青行缠，皆系官给。亦禁中出车马，诣奉先寺、道者院，祀诸宫人坟，莫非金装绀幰，锦额珠帘，绣扇双遮，纱笼前导。士庶阗塞诸门，纸马铺皆于当街，用纸衮迭成楼阁之状。四野如市，往往就芳树之下，

---

① 〔宋〕孟元老：《中元节》，《东京梦华录笺注》卷八，伊永文笺注，第794—795页。

或园圃之间，罗列杯盘，互相劝酬。都城之歌儿舞女，遍满园亭，抵暮而归。各携枣䭅、炊饼、黄胖、掉刀、名花、异果、山亭、戏具、鸭卵、鸡雏，谓之"门外土仪"。轿子，即以杨柳、杂花装簇顶上，四垂遮映。自此三日，皆出城上坟，但一百五日最盛。①

宋遗民吴自牧在其笔记《梦粱录》中也回忆道：

清明交三月，节前两日谓之"寒食"，京师人从冬至后数起至一百五日，便是此日，家家以柳条插于门上，名曰"明眼"，凡官民不论小大家，子女未冠笄者，以此日上头。寒食第三日，即清明节，每岁禁中命小内侍于阁门用榆木钻火，先进者赐金碗、绢三匹。宣赐臣僚巨烛，正所谓"钻燧改火"者，即此时也。禁中前五日，发宫人车马往绍兴攒宫朝陵。宗室南班，亦分遣诸陵，行朝享礼。向者从人官给紫衫、白绢、三角儿、青行缠，今亦遵例支给。至日，亦有车马诣赤山诸攒，并诸宫妃、王子坟堂行享祀礼。官员士庶，俱出郊省坟，以尽思时之敬。车马往来繁盛，填塞都门。宴于郊者则就名园芳圃，奇花异木之处；宴于湖者，则彩舟画舫，款款撑驾，随处行乐。此日又有龙舟可观，都人不论贫富，倾城而出，笙歌鼎沸，鼓吹喧天，虽东京金明池未必如此之佳。②

根据孟元老和吴自牧的记载，无论是国力鼎盛的北宋还是仓促南渡之后的南宋，其清明风俗并无明显区别：冬至后第一百零五日为寒食，时人有寒食插柳于门的风俗，家中子女未冠笄者一般也于此日行冠笄之礼（俗云上头）。寒食后第三日为清明节，皇室宗亲、官员士庶都在此日盛服出行，上墓（陵）祭祀。众人祭毕则于郊外宴饮聚会，觥筹交错。此日出门游乐者众多，车水马龙，人声鼎沸，盛况可持续到日暮以后。这种清明出游、祭祖盛况为后世所延续，据明末清初文人张岱记载：

扬州清明，城中男女毕出，家家展墓。虽家有数墓，日必展之。故轻车骏

---

① 〔宋〕孟元老：《清明节》，《东京梦华录笺注》卷七，伊永文笺注，第626页。
② 〔宋〕吴自牧：《梦粱录》卷二，《全宋笔记》（第96册），黄纯艳整理，第22页。

马,箫鼓画船,转折再三,不辞往复。监门小户亦携殽核纸钱,走至墓所,祭毕席地饮胙。①

可见自宋代以来,清明节日益成为中国古代社会中最为重要的节日之一。扫墓祭祖与踏青郊游是历代清明节的两大核心主题,融合了自然与人文双重内涵,且一直绵延至今,历久弥新。

3. 朱熹对祭祀礼俗矛盾的思考与祭礼撰作

礼俗矛盾可以说是宋初士庶群体在论述、修撰私家祭礼时面临的最大困难。墓祭、节祭自古礼经无载,如何处理日益盛行的墓祭、节祭与传统家(庙)祭、时祭之间的紧张关系,成为宋儒思考礼仪复兴、礼制变革时首先面对且亟待解决的问题。虽然唐代的《开元礼》已将墓祭纳入官方礼制,但在儒家士大夫学者群体中"古不墓祭""墓祭非礼"的声音始终存在。长期以来,历代儒者在这些问题上聚讼纷纭,未有定论。但是朱熹对祭祀礼俗矛盾的思考以及祭礼撰作,却达到了以往学者未及的境界,对宋代以后的民间祭祖礼仪产生了深远的影响。

在具体阐述朱熹的祭礼主张之前,我们有必要先对朱熹关于墓祭、节祭习俗的态度进行简要分析。朱熹早年曾撰《祭仪》一书,该书将墓祭纳入其中。当朱熹将书稿寄予好友张栻后,却遭到了张栻的严厉批评。张栻认为"古不墓祭",并且墓祭既没有义理上的支撑,还容易成为徇私饰伪的非礼行径。面对好友的质疑,朱熹在回信中将自身关于礼俗矛盾的考量和担忧做了解释,他说:

> 世俗之情,至于是日不能不思其祖考,而复以其物享之。虽非礼之正,然亦人情之不能已者,但不当专用此而废四时之正礼耳。故前日之意,以为既有正祭,则存此似亦无害。今承诲谕以为黩而不敬,此诚中其病。然欲遂废之,则恐感时触物,思慕之心,又无以自止,殊觉不易处。且古人不祭则不敢以燕,况今于此俗节既已据经而废祭,而生者则饮食宴乐随俗自如,殆非事死如事生、事亡如事存之意也。必尽废之然后可,又恐初无害于义理,而特然废之,不惟徒骇俗听,亦恐不能行远。则是已废之祭,构于定制,不复能举,而

---

① 〔明〕张岱:《扬州清明》,《陶庵梦忆》卷五,路伟点校,马兴荣点校,中华书局2007年版,第66页。

燕饮节物渐于流俗，有时而自如也。此于天理亦岂得为安乎？①

朱熹从经典（礼经）、人情、义理三个方面，对节祭、墓祭这样"非礼"的行为进行了剖析。他认为，节祭、墓祭不见于礼经，没有经典文献的支撑，必然不属于正祭。这种"墓祭非礼"的观点可以说是宋代士大夫学者的广泛共识，如欧阳修《新五代史》云："寒食野祭而焚纸钱。"②"野祭"指野外、郊外祭祀。《左传·庄公二十三年》："公及齐侯遇于榖，萧叔朝公。"杜预注曰："凡在外朝，则礼不得具，嘉礼不野合。"③意思是在郊野之地行朝聘之礼，则礼仪难以完备，因此不能称之为善礼。④此处欧阳修明言寒食墓祭属于野祭，是不合古礼的行为。程颢也曾表达过类似的意思："嘉礼不野合，野合则秕稗也。故生不野合，则死不墓祭。"⑤此处欧阳修明言寒食墓祭属于野祭，是不合古礼的行为。相比之下，朱熹的观点则显得更为温和。他在承认节祭、墓祭非"正祭"的同时，又强调二者为"人情之不能已者"。他认为世人"感时触物"，逢节思亲，是人孝亲之心的真实流露，满足了人的情感需要。不仅如此，俗节祭祀也符合古礼"事死如事生、事亡如事存"的原则，保留节祭、墓祭不仅"无害于义理"，更顺应了"天理"。如此，朱熹在承认"古不墓祭"的前提下，从人情、义理两个方面阐述了自己的理由。

当然，需要注意的是，朱熹虽然认可"俗节之祭"，但也强调节祠（即在清明等节日致祭）在礼制规格上应当适于正祭：

> 朔旦家庙用酒、果，望旦用茶。重午、中元、九日之类，皆名俗节。大祭时，每位用四味，请出木主。俗节小祭，只就家庙，止二味。朔旦俗节，酒止一上，斟一杯。⑥

---

① 〔宋〕朱熹：《答张钦夫》，《晦庵先生朱文公集》卷三十，《朱子全书》（第21册），朱杰人、严佐之、刘永翔主编，第1325页。
② 〔宋〕欧阳修撰，〔宋〕徐无党注：《恭帝》，《新五代史》卷十二，第125页。
③ 〔清〕阮元校刻：《春秋左传正义》卷十，《十三经注疏》，第3860页。
④ 朝聘在五礼中属宾礼，因此杜预此处所言"嘉礼"，非五礼之嘉礼，而是善礼、正礼的意思。
⑤ 〔宋〕程颢、〔宋〕程颐：《河南程氏遗书》卷一，《二程集》，王孝鱼点校，第6页。
⑥ 〔宋〕朱熹：《祭》，《朱子语类》卷九十，《朱子全书》（第17册），朱杰人、严佐之、刘永翔主编，第3050页。

据此我们不难发现，朱熹此处区分了包括朔望、小祭（节祠）、大祭（正祭）三类规格的祭祀仪式。朔望祭祀时，只用酒、果、茶供奉祖先；俗节小祭只于家庙为每位祖先供奉二味馔肴；如遇四时正祭，则需请出祖先神主，每位祖先以四味馔肴供奉。从朔望祭祀仅用酒、果、茶而正祭馔肴不过四品来看，朱熹平日的家祭仪节可谓简易，正如他与弟子谈论世俗祭礼时指出的那样：

"今之冠昏礼易行，丧祭礼繁多，所以难行。使圣人复出，亦必理会教简要易行。……某之祭礼不成书，只是将司马公者减却几处。"①

朱熹认为当世祭礼过于繁杂，难以施行，因此他将司马公《书仪》中的祭礼进行了一定程度上的简化，以便行用。朱熹的祭礼主张主要见于其《家礼》卷五《祭礼》，是卷分述"四时祭""初祖""先祖""祢""忌日""墓祭"六类祭祀礼仪，再加上《通礼·祠堂》部分谈到的"朔望""俗节"，乃至"晨谒""告祭"，朱熹大致建构了一套降杀有等、贵贱有序的祭祀礼仪体系，其具体要求可参考表4：

表4　朱熹《家礼》祭祀体系表

祭礼	祭日	祭服	祭品（食）
晨谒	每日清晨	深衣	无
告祭	因事而定	如正至、朔日之仪	茶、酒
朔望	初一	盛服	新果、茶、酒
	十五		新果、茶
俗节	节如元旦、清明、寒食、重午、中元、重阳之类	如正至、朔日之仪	凡乡俗所尚者，食如角黍；凡其节之所尚者，荐以大盘，间以蔬果。

---

① 〔宋〕朱熹：《朱子语类》卷九十，《朱子全书》（第17册），朱杰人、严佐之、刘永翔主编，第3048页。

(续表)

祭礼	祭日	祭服	祭品（食）
四时祭	时祭用仲月，前旬卜日	祭前深衣，正祭盛服	每位果六品，菜蔬及脯醢各三品，肉、鱼、馒头、糕各一盘，羹、饭各一碗，肝各一串，肉各二串，务令精洁。
初祖	冬至		果蔬，毛、血、首、心、肝、肺、脂杂，饭米等。
先祖	立春		蔬果碟各十二，大盘六，小盘六；毛血为一盘，首心为一盘，肝肺为一盘，脂蒿为一盘，切肝两小盘，切肉四小盘。
祢	立秋		如时祭之仪，二分。
忌日	祖先亡故之日	祢，则主人兄弟黪纱幞头，黪布衫，布里角带。祖以上则黪纱衫。旁亲则皂纱衫。主妇特髻去饰，白大衣，淡黄帔。余人皆去华盛之服。	如祭祢之仪，一分。
墓祭	三日上旬择日	深衣	墓上每分如时祭之品，更设鱼肉、米面食各一大盘，以祀后土。

上述祭礼的具体仪节要求主要见于《家礼》卷一《通礼·祠堂》以及卷五《祭礼》，以四时祭为例，其正文内容如下：

> 时祭用仲月，前旬卜日。前期三日斋戒。前一日，设位陈器。省牲，涤器，具馔。厥明夙兴，设蔬果酒馔。质明，奉主就位。参神。降神。进馔。初献。亚献。终献。侑食。阖门。启门。受胙。辞神。纳主。彻。①

《家礼》规定，时祭的时间一般定于四时仲月，具体的祭日则由占卜的方式确

---

① 〔宋〕朱熹：《祭礼》，《家礼》卷五，《文渊阁四库全书》经部礼类。

定。祭日前三日，主人及与祭者需斋戒。前一日，准备好祭祀所用的陈设、牺牲等。祭日当天清晨，备好祭祀用的蔬果酒食。天亮后，捧出神主置于西阶桌上。随后焚香请神，供奉祭品于神主前。主人初献，主妇亚献，兄弟之长或长男或亲宾三献。请祖先进食，主人以下皆出。阴厌结束，众人进门，主人主妇率诸子弟妇女向祖先奉茶。随后主人受胙，即接受祖先致福。其后辞神，将神主奉归祠堂，撤馔。祭毕当日，主人设席，族人合食于祠堂。

祭初祖、先祖、祢祭仪与四时祭相仿，但是朱熹在晚年的时候认为始祖之祭似僭越，遂作罢。资料记载：

> 尧卿问始祖之祭。曰："古无此。伊川以义起。某当初也祭，后来觉得僭。遂不敢祭……"又问："今士庶亦有始基之祖，莫亦只祭得四代，但四代以上则可不祭否？"曰："如今祭四代已为僭。古者官师亦只得祭二代，若是始基之祖，莫亦只存得墓祭。"①

朱熹虽认为始祖之祭有僭越之嫌，但他却在一定程度上认可了墓祭时祭祀始祖的做法。《家礼》所载墓祭礼仪颇完备，且仪文语言精简，暂录如下：

> 三日上旬择日。前一日，斋戒。如家祭之仪。具馔。墓上每分如时祭之品，更设鱼肉、米面食各一大盘，以祀后土。
> 厥明洒扫。主人深衣，帅执事者诣墓所，再拜。奉行茔域，内外环绕，哀省三周。其有草棘，即用刀斧锄斩芟夷。洒扫讫，复位，再拜。又除地于墓左，以祭后土。布席，陈馔。用新洁席陈于墓前，设馔，如家祭之仪。参神，降神，初献，如家祭之仪，但祝辞云："某亲某官府君之墓，气序流易，雨露既濡，瞻扫封茔，不胜感慕"，余并同。亚献，终献，并以子弟亲宾为之。辞神，乃彻。遂祭后土，布席，陈馔，四盘于席南端，设盘盏匙箸于其北，余并同上。降神，参神，三献。同上，但祝辞云："某官姓名，敢昭告于后土氏之神，某恭修岁事，于某亲某官府君之墓，惟时保佑，实赖神休，敢以酒馔，敬伸奠献，尚飨！"辞神，乃彻而退。②

---

① 〔宋〕朱熹：《祭》，《朱子语类》卷九十，《朱子全书》（第17册），朱杰人、严佐之、刘永翔主编，第3054—3055页。
② 〔宋〕朱熹：《祭礼》，《家礼》卷五，《文渊阁四库全书》经部礼类。

朱熹制定的墓祭仪式和过程大致包括择日、斋戒、具馔、洒扫、祭祖、祭后土等环节。时人一般在清明（寒食）墓祭，而朱熹则于"三日上旬择日"，这种做法与时俗相异。墓祭前一天，家众须斋戒。墓祭中的祭祀礼仪与陈设馔食与时祭相同。另外还需准备鱼肉、米面食各一大盘，用于祭祀土地神。

综上所述，宋代以降的传统祭祖礼仪呈现出以下特征：首先，古礼中的四时祭与世俗盛行的节祠成为民间祭祀的主要内容。其次，墓祀在不断的争议中逐渐成为社会各阶层祭祖的通式。再次，随着佛教的不断传入，佛教仪式和因素被不断纳入传统祭祖礼仪之中。需要特别指出的是，朱熹在《家礼》中制定的祭祖制度，"实际形成了以古礼四时祭为骨干，兼容节祠与墓祭并有所降杀的祭礼体系"[①]。这种降杀有差的祭礼体系，奠定了后世民间祭礼的基本格局，对明清宗祠祭祖文化影响深远。明清时期，随着宗祠建筑的逐渐普及，民间祭祖之风也随之日益兴盛。至于明清祭祖概况，本书第五章"通礼"已有论及，此处不再赘述。

---

① 杨逸：《宋代四礼研究》，浙江大学2016年博士学位论文。

第七章 传统家礼的传承载体与教化方式

作为中华礼文化的重要组成部分,传统家礼因其传承载体和教化方式的丰富性、多样性而收到良好效果。传统家礼的这些传承载体和教化方式对我们今天的礼仪文明教育仍有积极价值,值得认真研究并扬弃和借鉴。

一、传统家礼的传承载体[①]

传统家礼作为一种礼仪形式与礼仪实践,可以借助多种载体实现其规范和教化功能。家礼文化的载体主要包括家礼文本立制、家塾社学教化、族规家训规约、家族谱牒传承和礼器服饰寓意和建筑文化濡染等。

(一)家礼文本立制

家礼文本典籍是家礼文化最重要的载体之一。《仪礼》《礼记》反映了春秋战国时期士大夫阶层家庭礼仪的情况。一般认为,《家仪》是已知现存家礼文献中最早专门被用于指导家庭礼仪活动的家礼著作。可惜未有完本传世,仅在《太平御览》记载了少量有关节庆、婚嫁的内容。《颜氏家训》虽是一部家训著作,但其"教子""兄弟""后娶""治家""终制"等篇亦涉及家庭内部人际关系与礼仪的内容。两宋时期,私修礼书大量出现,最为重要的家礼著作当数司马光的《书仪》、朱熹的《家礼》两书,此外,与朱熹同时代的南宋著名理学家、文学家吕祖谦撰写的家礼著作《家范》虽较之其他两部影响略小,但也是当时较为重要的家礼研究著作。有学者对宋代这三位著名学者的家礼著作做了这样的评价:

> 对于新型家族制度和家族礼仪的重建与重构,宋代司马光《书仪》、吕祖谦《家范》与朱熹《家礼》三部著作具有重要的标志意义。如果说司马光《书仪》是宋代宗族制度重建过程中最早有系统性的理论建构,那么朱熹所著《家礼》则最为系统、对南宋以后中国社会影响巨大,而吕祖谦《家范》则是两者

[①] 本节部分内容,笔者以《传统家礼文化:载体、地位与价值》为题,发表于《道德与文明》2020年第1期。

的过渡。其中，吕祖谦《家范》虽然处于时间上的过渡，但其中关于宗法伦理思想的论述，为宋代新型家族制度和家族礼仪重建提供了重要的思想基础和理论导向，这是司马光《书仪》所无，而为朱熹《家礼》所继承，因而具有理论拓新的文化意义。总体而言，司马光《书仪》具有筚路蓝缕之功，吕祖谦《家范》和朱熹《家礼》都对该书有所继承，但吕氏和朱氏又各有自己的开拓之功，吕祖谦《家范》主要体现在宗法思想的重构上，朱熹《家礼》则主要体现在家礼规范的定型上。①

这三部家礼著作在中国家礼发展史上占有重要的地位，特别是朱熹的《家礼》。因朱熹的《家礼》进一步简化了繁杂的古礼，突出了居家日用礼仪，加之明太祖朱元璋对朱熹学说的提倡，故而《家礼》在社会上传播甚广。该书还衍生出许多注释本与删节本，如冯善的《家礼集说》、丘濬的《家礼仪节》、朱廷立的《家礼节要》、王叔杲的《家礼要节》和李廷机的《家礼简要》等。朱熹的《家礼》还随着朱子学的传播到达韩国、日本、越南等国家，成为东亚文化的一部分。

（二）家塾社学教化

家族私塾和民间社学是古代社会最为常见的办学机构，它们偏重启蒙教育，其教学内容包含了大量家庭礼仪、伦理规范等方面的教育，具有"化礼成俗""敦亲睦族"的作用。私塾一般设于家庭或宗族内部，称为"家塾""族塾"；也有的在地方官员或乡绅的主持下，乡里共同延师设馆，称"乡学"或"义学"。社学虽"不列于官"，本质上属于"私学"，但由于受到政府的关注和支持，故也呈现一定的"官学"倾向。不管是家塾还是社学都十分重视童蒙礼教。其教材多用朱熹的《家礼》《小学》《童蒙须知》，吕本中的《童蒙训》，王阳明的《四礼节要》等礼教书籍，并结合诗歌吟咏、定期演练等方式帮助学生掌握家礼等礼仪。既包括冠婚丧祭和居家杂仪等家礼，又有释奠、释菜礼等尊师礼，还有投壶、射御、士相见、乡饮酒等社交礼。尤其是以冠婚丧祭、居家杂仪为主的家礼，一直是传统家塾社学礼育的重要内容。

---

① 曾礼军：《吕祖谦〈家范〉与朱熹〈家礼〉的比较研究》，《朱子学刊》2017年第2辑。

（三）族规家训规约

家训也是我国传统文化中极具特色的文化形式，既包括"规范、准则意义上的家规族训"，又涵盖"家庭、家族的教化训诫或规范活动"。[①]"家礼""家训"均与家庭教育密切相关，家训类书籍常对家庭内部的礼仪规范等内容有专门论述，家礼书籍中对伦理观念的探讨也极为常见。如《颜氏家训》一书虽是"家训"，但其"教子""兄弟""后娶""治家""终制"等篇亦涉及家庭内部人际关系与礼仪的内容，较好地反映了南北朝时期士族家庭的礼仪风貌。后世还有众多如唐朝陈崇的《家法》、赵鼎的《家训笔录》、郑太和的《郑氏规范》和许如霖的《德兴堂家订》等既重视家训规诫又强调礼仪规范的家训文本。因此从这个方面讲，传统家训著作无疑也是家礼文化的重要载体。

有些家族还将家训做成匾额，悬挂于厅堂之上，天天提醒家人子弟遵行。譬如，河南巩义的康百万庄园的厅堂上就悬挂着两块家训匾额，其中一块上的文字为：

> 经商结交务存吃亏心，酬酢务存退让心，日用务存节俭心，操持务存感恩心，愿使人鄙我疾，勿使人防我诈也，前人之愚，断非后人之智所可及，忠厚留有余。

告诫家人、子孙礼让待人，忠厚处世，节俭感恩。很有意思的是，此匾的算盘少了一个角，意在时刻提醒家人子孙什么事情不要满打满算，好处不要占尽，要给人家留有余地。见图31。

[①] 参见陈延斌、田旭明：《中国家训学：宗旨、价值与建构》，《江海学刊》2018年第1期。

图31　河南巩义康百万庄园的"康氏家训"匾

（四）家族谱牒传承

家谱又称"族谱""宗谱""家乘"，是古时家族记录其一姓世系及其家族显赫人物事迹的谱集。早在殷商的甲骨文、金文中就关于家族世系的刻辞。宋代以前，谱牒以官修为主，目的是"别选举，定婚姻，明贵贱"。一般认为，北宋欧阳修、苏洵编撰的《欧阳氏谱图》和《苏氏族谱》两部家谱奠定了后世民间家谱的基本格局。朱熹在作《王氏谱序》中进一步对家谱修纂做了规范，明确主张将"祭祀"纳入家谱体例。随着家谱修撰范围的扩大，其社会教化功能愈加彰显。与黄宗羲、李颙并称为"清初三大儒"的理学大家孙奇逢在《家礼酌》中谈及家谱时，强调了家谱在维护长幼尊卑秩序、传承孝悌家风、坚守家礼文化根本中的重要价值，他说：

> 国有史，家有谱，所关甚重。国无史，则天地夜矣；家无谱，则祖先泯矣。人而泯其先，奚后之为。故三年不修谱，谓之不孝。乃今士大夫之家有累世不修谱者，安望之庶民。宗法废而一家之长幼尊卑，绝无秩序，孝弟风微，凌竞日起，礼之本亡矣。①

冠婚丧祭诸仪以及居家杂仪也是家谱的重要内容。如湖南湘潭的《易氏支谱》

---

① 〔清〕孙奇逢：《家谱》，《家礼酌》，清光绪甲申兼山堂藏版。

在其《家礼引言》中强调："日用饮食之节仪，固详而难书，而冠婚丧祭之要略，亦当用刊便览。"①文后略书冠婚丧祭四礼仪节，希冀家人矢志遵行，不坠门风。

堂号字辈的记载也是家谱族谱中极为重要的内容，反映着不同家族的家礼文化积淀。譬如孙奇逢的"孝友堂"、周姓的"爱莲堂"、陈姓的"世德堂"和杨姓的"四知堂"等不仅是该家族的"徽记"，更有深刻的教化意义。

有些家谱中还收录了很多家礼图，包括祠堂图、仪式图、墓葬图和礼器服饰图等，对族人进行礼仪教育，这也是我们今天了解和研究传统家礼文化的重要参考。

（五）建筑文化濡染

"中国古代建筑无论在整体布局与群体组合、建筑形制与数量等级、空间序列与功能使用、装饰细部与器具陈设等方方面面，都浸透和反映着礼制秩序和传统伦理。"②以民间祠堂为例，从地理位置上看，祠堂一般建于宗族聚居的核心位置，象征着祠堂在宗族中的至高地位；从空间结构上看，祠堂一般采用中轴对称布局，整体结构左右对称、方正有序，给人以肃穆庄重之感。这种空间布局象征着家族秩序与社会伦理。

祠堂内部一般以沉稳的格局、肃穆的装饰、精致的雕刻来象征宗族权力的威严。祠堂内外的碑铭牌坊、旌表旗杆、楹联匾额、雕刻绘画也多具有耕读传家、孝悌忠信的教育意义。如浦江郑氏家族堂号"有序堂"，取敦促族人谦敬有礼、明伦倡序之意，祠中对联匾额均以劝诫子弟读书明礼为主旨。

中堂文化也是家礼教化的重要载体。中堂一般是指住宅的正厅，即正房中间的一间，挂在厅堂正中的字画叫中堂画。中堂是处理日常事务和家人聚会的场所，也是接待客人的地方，是传统民居最为重要的活动空间。正因此，中堂文化一直得到传统家庭的重视。

中国四大名园之一的扬州个园，是两淮盐业商总黄至筠的园林。清美堂是黄家个园的正厅之一，"清美"寓意以清清白白为美，意在教育家人、子弟依此教诲修

---

① 〔清〕易锡璜等纂修：《（湖南湘潭）潭州易氏支谱》，陈建华、王鹤鸣主编：《中国家谱资料选编·礼仪风俗卷》，第5页。
② 秦红岭：《宫室之制与宫室之治：中国古代建筑伦理制度化探析》，《伦理学研究》2014年第5期。

身处世。厅中有楹联两副：一副抱柱联为"传家无别法非耕即读，裕后有良图惟勤与俭"；一副在中堂画两侧，联为"竹宜着雨松宜雪，花可参禅酒可仙"。前者教育子弟耕读传家，后者则显示了主人的儒商追求和文人雅士情怀。

个园的清颂堂与清美堂一样，推崇清白高洁的美德，抱柱联为"几百年人家无非积善；第一等好事只是读书"，旨在教育子孙读书明礼、积善累德。后面的中堂条屏上篆刻的则是《易经·谦卦》，意在教训子孙为人处世需谦恭礼让。

传统社会中，广泛流传于官宦之家和民间士庶的这种中堂文化，对于涵养子弟的德性、提升其家庭礼仪修养和为人处世道德水准发挥了很好的作用。

（六）礼器服饰寓意

礼器服饰也是传统家礼文化的重要载体。关于"礼器"概念的内涵，学者们观点不一。有学者指出，"传统礼器的概念应包括用来进献给行礼对象的实物和承载此实物的'包装'，以及寄寓在此实物及'包装'上的等级制度和文彩形态三个部分"[①]。可见，"礼器"一词本身就蕴含着"礼意"（理念寓意）和"礼文"（礼仪仪式）两个层面，承载着厚重的礼文化内涵，正如谭嗣同所说，"道，用也；器，体也。体立而用行，器存而道不亡"[②]。礼器一般包括食器、酒器、水器和乐器四类。

服饰亦然。如冠礼仪式中所穿着的三种"冠服"，丧礼穿着的"五服"等。在家礼发展史上，"五服"及在此基础上建立的丧服制度更是影响深远。"五服"是《仪礼·丧服》所规定的丧服种类，分斩衰、齐衰、大功、小功和缌麻五种，由不同亲属根据与死者关系远近而在居丧期间穿着。此外，每一种服制也对特定的居丧时间和行为作了规定。

---

① 关长龙：《礼器略说》，《浙江大学学报（人文社会科学版）》2014年第2期。
② 蔡尚思、方行编：《谭嗣同全集》，中华书局1998年版，第197页。

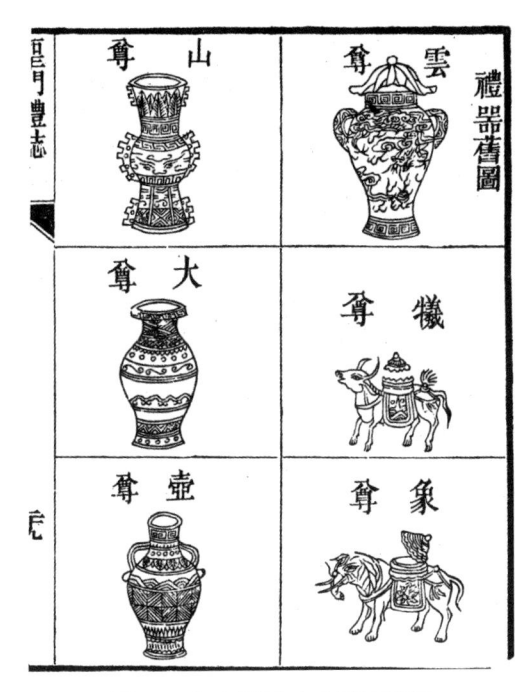

图32　孔府祭祀时盛酒的酒器

二、传统家礼的教化方式

中国传统社会在对家庭、家族成员施行家礼教化、规诫方面，采用了诸多方式方法，主要有家训教诲、祠堂训谕、庭院文化熏陶、仪式历练、家风陶冶、箴铭镜鉴和典范激励等。

（一）家训教诲

家训既是家礼文化的载体，也是家礼教诫的路径。前面论及，家庭礼仪和个人仪礼修养是中国历代传统家训的重要内容，明代官吏姚舜牧针对当时社会上迷信风水、随意迁移祖先坟茔的现象，在其家训名篇《药言》中予以严厉抨击，他告诫子孙和族人：

> 今人酷信风水，将祖先坟茔迁移改葬，以求福泽之速效。不知富贵利达，自有天数，生者不努力进修，而专责死者之荫庇，理有是乎？甚有贪图风水，至倾其身家者，曷不反而求之天理也，可谓惑已。看上世尝有不葬其亲者节。说到孝子仁人之掩其亲，亦必有道矣，安可不觅善地以比化者，但善地是藏风敛气，可荫庇后入耳，必觅发达之地，多费心力以求谋，甚至损人而利己，此最是伤天理事，切不可为。若所葬埋处，苟无水无蚁，亦可自惬矣。或听堪舆家言，别迁移以求利达，是大不孝事，天未有肯佑之者，尤切戒不可，切戒不可！①

姚舜牧家训强调，"别迁移以求利达，是大不孝事"也是违背葬礼礼仪的不当之举，要后人和族众切切为戒。

中国传统家训文献在对后世子孙修身处世、治家教子的训诫中，几乎都涉及冠婚丧祭礼仪和"家日用之常礼，不可一日而不修者"②的通礼。譬如，在浙江浦江郑氏义门家族的家训《郑氏规范》中，对子孙进入祠堂做了如下关于衣冠、言语、行为等方面的仪礼规定：

> 子孙入祠堂者，当正衣冠，即如祖考在上。不得嬉笑、对语、疾步，晨昏皆当致恭而退。③

《颜氏家训》论及兄弟之道时，颜之推从情从理两个方面深入分析了兄友弟恭的相处之道，他说：

> 兄弟者，分形连气之人也，方其幼也，父母左提右挈，前襟后裾，食则同案，衣则传服，学则连业，游则共方，虽有悖乱之人，不能不相爱也。
> ……

---

① 〔明〕姚舜牧：《药言》，陈延斌主编：《中华十大家训》卷三，第242—243页。
② 〔宋〕朱熹：《通礼》，《家礼》卷一，《文渊阁四库全书》经部礼类。
③ 〔元〕郑文融等：《郑氏规范》，陈延斌主编：《中华十大家训》卷二，第319页。

二亲既殁，兄弟相顾，当如形之与影，声之与响；爱先人之遗体，惜己身之分气，非兄弟何念哉？兄弟之际，异于他人，望深则易怨，地亲则易弭。譬犹居室，一穴则塞之，一隙则涂之，则无颓毁之虑；如雀鼠之不恤，风雨之不防，壁陷楹沦，无可救矣。①

上述所引两篇家训显示了家训文献中家礼教育的一个突出特色，那就是将规范要求与道德训谕结合起来。《郑氏规范》中对家族成员遵守的礼仪规范除了作出"正衣冠""不得嬉笑、对语、疾步""致恭而退"的规定外。还从"礼义"上阐明了这样做的道理，即"如祖考在上"，这在极为重视尊祖敬宗的封建社会的确有很强的感召力和约束力。《颜氏家训》论述兄友弟恭的常礼规范，则是建立在兄弟血脉相连、如"形之与影，声之与响"的亲情基础上的。这样，在进行家礼教化的过程中，晓之以理、动之以情，使之既知其然又知其所以然，较之单纯礼仪条文冷冰冰的规定更易于被接受、认同和践行。

（二）祠堂训谕

被朱元璋赐封为"江南第一家"的浙江浦江郑氏家族，从南宋初年同居共爨。该家族不仅以其家训族规《郑氏规范》教化子孙，还专门订立了家庭礼仪《郑氏家仪》，该家族被宋元明三代皇帝旌表为义门，《宋史》《元史》《明史》的"孝义传"中都收入该家族的事迹。

该家族每天早上击钟为号，起床盥漱后到祠堂"有序堂"集中，令未冠子弟朗诵男女训诫之辞，训词中都是做人的规则与家礼的仪节要求。例如，其中的女训为：

家之和与不和，皆系妇人之贤否。何谓贤？事舅姑以孝顺，奉丈夫以恭敬，待娣姒以温和，接子孙以慈爱，如此之类是已。何谓不贤？淫狎妒忌，恃强凌弱，摇鼓是非，纵意徇私，如此之类是已。天道甚近，福善祸淫，为妇人者，不可不畏。②

---

① 王利器：《兄弟》，《颜氏家训集解》卷一，第23、26页。
② 〔元〕郑文融等：《郑氏规范》，陈延斌主编：《中华十大家训》卷二，第324页。

未冠子弟朗诵完男女训诫之辞以后，先向家长作揖行礼，然后相互揖拜而退。该家族的《郑氏家仪》规定每月朔望必参祠堂，清明、端午等俗节则献以时物，上元、端午、重阳、冬至等都要摆设供品，祭祀参拜。更重要的是，每次祭拜祠堂后，还有读家训、行家礼的环节。

  礼毕，家长出坐有序堂，男女左右坐定。子弟一人鸣鼓二十四声，未冠子弟二人，于家长前揖，分立家长左右，众子妇向家长立定，唱云："揖，平身，举明家训。"已冠子弟一人，立于家长左，读家训，见《家规》。①

郑氏子弟朗读的家训就是《郑氏规范》中的训词：

  听、听、听！凡为子者必孝其亲，为妻者必敬其夫，为兄者必爱其弟，为弟者必恭其兄。听听听，毋徇私以妨大义，毋怠惰以荒厥事，毋纵奢以干天刑，毋用妇言以间和气，毋为横非以扰门庭，毋耽麴糵以乱厥性。有一于此，既殒尔德，复隳尔胤，眷兹祖训，实系废兴。言之再三，尔宜深戒。听、听、听！②

训词的这些内容，显然是要求家族成员遵行的基本礼仪规范。正是郑氏家族天天读男训、女训，朔望及各大节日合族学习家规族训，其孝亲敬长、夫义妇顺、兄友弟悌的家礼准则才能深植人心，使得这个义门世家能从南宋初年，跨越宋元明三个朝代，历经九世凡三百余年而合族义居、兴盛不衰。

在目前流传下来的家礼、家训、族规等文献中，有不少都将祠堂作为训诲子孙和族人的"课堂"，在祠堂里不仅进行家庭礼仪教育、举行尊祖敬宗的仪式，而且利用祠堂劝善惩恶。姚舜牧《药言》就规定：

  族有孝友节义贤行可称者，会祀祖祠日，当举其善告之祖宗，激示来裔。其有过恶宜惩者，亦于是日训戒之，使知省改。③

---

① 〔元〕郑泳：《通礼第一》，《郑氏家仪》，《四库全书存目丛书》本。
② 〔元〕郑文融等：《郑氏规范》，陈延斌主编：《中华十大家训》卷二，第322页。
③ 〔明〕姚舜牧：《药言》，陈延斌主编：《中华十大家训》卷三，第209页。

在祖宗"面前"、在族人面前表彰"孝友节义贤行可称者",训诫"过恶"者,为族人树立正面效法的榜样,同时吸取"过恶宜惩者"的教训,可以收到抑恶扬善的良好效果。

在传统家礼文献中,子女在举行冠礼笄礼之前和之后都要到祠堂告于祖先。例如,明代官吏张一栋的《居家仪礼》规定子弟举行冠礼之前,家长要先告于祠堂;三加冠服以后,家长还要带领加冠者见于祠堂,告祖先曰:"某之子某,今日冠毕,敢见。"然后,再拜见家族尊长。该家礼还规定:"凡冠必须春秋祭日,乃便于告祠堂。"①举行冠礼之所以必须在春秋家族举行祠堂大祭活动之日,是使得仪式更加庄严神圣,受到教育的族众更多。

明代官吏李廷机的《李文节公家礼》等家礼还规定举行冠笄仪式后,家长要带领孩子到祠堂祭拜祖先,祠堂中的活动除了告庙给尊长行礼之外,还有听从训词、揖拜兄长以及接受弟侄辈揖拜等仪式。

加冠毕,服本家服,主人率入祠堂,立于左。立定,引过堂中,跪。主人致词,云:"某第几子某今日某时冠巾毕,谨告。"俯伏,叩三头。兴,一躬,退于左。然后冠者俯伏,兴,四拜一躬,退,同出。是日,冠者拜父母四拜,坐受,拜毕,跪听训。父出训词,命之曰云云。训毕,冠者应云:"谨受父教。"俯伏,叩三头。次拜兄长,再拜,立受还揖。次受弟侄辈拜,还揖。候父母起身而退。

训词:"丈夫之冠,是为成人。去尔幼志,务敬尔身。谨言修行,执礼敦仁。孝于父母,友于弟昆。推及亲故,以至乡邻。必厚必谦,蔼蔼恂恂。交游须慎,勤俭为珍。毋隳绳检,毋负冠巾。敬之勉之,夙夜惟寅。"②

(三)仪式历练

如前所述,礼文化包含礼仪、礼义、礼乐和礼制等,家礼亦然。庄严的仪式使人深刻地体验到相应的家礼礼仪文化的内涵。这里,我们以男孩的冠礼为例,看看

---

① 〔明〕张一栋:《居家仪礼》,《居家必备》卷一,读书坊藏版明刻本。
② 〔明〕李廷机:《冠礼》,《李文节公家礼》,《四库禁毁书丛刊》。

家礼仪式所起到的重要教化作用。

古代社会的冠礼是人生经历中第一项仪式感最为强烈的典礼，这种典礼仪式具有重要的象征意义和教化价值，因为冠礼仪式的礼义在于告诉加冠者的"成人之道"，使其明白自己的责任和担当。

> 司马温公曰：冠者，成人之道也。成人者，将责为人子，为人弟，为人臣，为人少者之行也。将责四者之行于人，其礼可不重欤？……彼责以四者之行，岂能知之？故往往自幼至长，愚騃如一，由不知成人之道故也。若敦厚好古之君子，俟其子年十五以上，能通《孝经》《论语》，粗知礼义之方，然后冠之，斯其美矣。①

古代社会一般士人的冠礼仪式，为三加冠，每次加冠都要换相应的服装。三次加冠都有不同的礼义。加冠一般是加三次。首先加缁布冠，即用黑麻布做成的帽子，表示不忘本（或说表示从此可以治人、治家）。其次加皮弁冠，即用几块白鹿皮缀合制成的帽子，表示从此要服兵役。最后加爵弁冠，是仅次于冕的一种帽子。这种冠一般宽0.8尺，长1.2尺，前小后大，其色红中带黑，多用极细的葛布或丝帛做成。由于其形如爵（古代酒器），爵又似雀，故又名雀弁冠。这种冠是士助君祭祀时的服饰，加此冠表示从此就有了参加祭祀的权力。②

---

① 〔明〕张文嘉：《重订齐家宝要》，陈延斌主编：《中国传统家训文献辑刊》（第17册），第228页。
② 参见王炜民：《中国古代礼俗》，中国国际广播出版社2010年版，第45页。

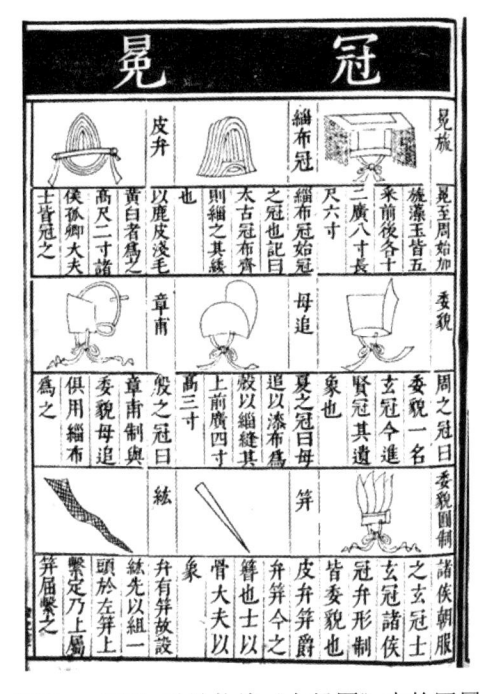

图33 〔明〕吴继仕编《七经图》中的冠冕

为了增强仪式的严肃性，主持冠礼的礼宾是经过主人慎重选择的，一般聘请具有深厚礼仪修养的贤者担任。为了强化受冠者"为人子、为人弟、为人臣、为人少者"的责任意识，每次加冠都有不同的祝词。另外，加冠仪式除了主持的礼宾之外，一般还有四人参与："一为赞，一为傧，一为唱礼生，一为执事者。赞佐宾以行冠事；宾自择子弟之知礼者为之，或主人自择傧以接宾及为冠者布席；唱礼生所以相导行礼者；执事者守冠服。皆主人自择。"[①]不仅如此，如本书第六章介绍，仪式还有受冠者的长辈、兄弟姊妹、同辈好友和亲戚参加，仪式十分隆重。冠礼仪式上还要授予受冠者"字"，此后受冠者不仅有出生时父亲起的"名"，还有宾给的"字"，这都昭示者受冠者已经长大成人，应开始履行"成人之道"了。加冠意味着开始承担家庭责任，准备成家立业、娶妻生子、出仕做官或从事职业活动了。这套仪式加上冠礼前后都要举行告庙仪式，再加上冠礼结束以后还要拜见尊长、父

---

① 〔清〕吴翟：《茗洲吴氏家典》，陈延斌主编：《中国传统家训文献辑刊》（第20册），第176页。

亲挚友以及辞官或退休居乡的官员，这些只有长大成人才能做的事情更增进了受冠者的成人感。

冠礼仪式与婚礼、丧礼、祭礼、通礼一样，固然当事人因直接经历和体验仪式而对相应家礼的感受更为深刻，而那些参与者、观礼者也会受到教育，对相关家礼礼义、礼仪的认知和理解也会受到不同程度的影响。

再如史称"三陆"的南宋陆九韶、陆九龄、陆九渊三兄弟的家族是一个"累世义居"的大家族。据南宋罗大经《鹤林玉露》记载，陆氏家族"每晨兴，家长率众子弟致恭于祖祢祠堂，聚揖于厅，妇女道万福于堂"①。为了加强对家人子弟的教育，陆九韶还将训诫之辞编成朗朗上口的韵语，要子弟击鼓朗诵。史书记载：

> 九韶以训诫之辞为韵语，晨兴，家长率众子弟谒先祠毕，击鼓诵其辞，使列听之。子弟有过，家长会众子弟责而训之，不改，则挞之；终不改，度不可容，则言之官府，屏之远方焉。②

陆氏家族的家长每天清晨都要率领子弟到宗族祠堂向祖先"致恭"，家人之间相互"聚揖"或"道万福"。这种礼仪仪式的经常化再加之相应的惩戒措施，使得子弟、家人如沐春风，受到家礼仪式文化的熏陶而逐渐积淀、养成礼仪素质。

（四）庭院文化熏陶

前面述及，在传统社会民居中建筑文化是家礼传承的载体之一，这种民居建筑文化与庭院文化还是对家人进行家礼教育和传承的方式。这里我们以被誉为"民间故宫"的山西灵石王家大院的庭院文化为例。

王家大院是由高家崖、红门堡、孝义祠堂三大建筑群构成的全封闭城堡式建筑，是王氏家族几代人历经明清两朝三百余年先后建成的，一百二十三座院落、一千一百一十八间房屋依山就势，层楼叠院，气势宏伟，尤其是装饰典雅、内涵丰富的庭院建筑和装饰文化更是匠心独具，蕴含丰厚的文化内涵。

王家虽然没有自家专门的家训和家礼文献，但王家大院的楹联、匾额、窗棂等

---

① 〔宋〕罗大经：《鹤林玉露》卷五，《文渊阁四库全书》子部杂家类。
② 〔元〕脱脱等：《陆九韶传》，《宋史》卷四百三十四，第12879页。

建筑物上的雕塑、雕刻等等，都写满了家训、家礼、家规、家风，营造了浓郁的家文化氛围。到王家第十六世王廷璋时，王家结合家族文化自家立身处世奉行的行为规范，借用北宋贤士张思叔的《座右铭》作为家族成员的日常礼仪规范和处世之道：

> 凡语必忠信，凡行必笃敬。饮食必慎节，字画必楷正。容貌必端庄，衣冠必肃整。步履必安详，居处必正静。作事必谋始，出言必顾行。常德必固持，然诺必重应。见善如己出，见恶如己病。凡此十四者，我皆未深省。书此当座隅，朝夕视为警。[1]

"乳姑奉亲"是"二十四孝"之一。故事讲述的是唐代官吏崔管祖母唐夫人的故事，崔管的曾祖母长孙夫人因年高无齿，无法进食，其祖母唐夫人便每天起床盥洗后到婆婆屋里用自己的乳汁喂养她，如此数年，婆婆不吃其他饭食而身体依然康健。长孙夫人病重时，将全家老幼召集在一起说："我无法报答儿媳之恩，惟愿儿媳的子孙媳妇也像她孝敬我一样孝敬她。"

图34　山西灵石王家大院墙基石上"乳姑奉亲"石雕

---

[1]〔宋〕朱熹：《内篇·嘉言下》，《小学》卷八，《朱子全书》（第13册），朱杰人、严佐之、刘永翔主编，第453页。

王家大院"凝瑞居"院中出入大门的一侧墙壁上嵌有一块石雕,画面上清清的池水中生长着一丛盛开的莲花,莲花丛中立着两只白鹭。石雕曰"鹭鹭清莲",寓意是"路路清廉",目的是教化家人和子孙后代无论居家还是在外经商、为官,都要保持清廉、廉洁的品性和出淤泥而不染的情操。

据统计,王家大院的楹联有八十多副,匾额有一百二十多块,几乎院院有楹联,门门有匾额。这些楹联、匾额都有教化家人遵德守礼、恪守门风、积善累德的意义。楹联如:"为士为农为工为商,皆要勿忘祖德;务忠务孝务廉务节,庶几克振家声。""先祖先贤成由勤俭败由奢,岂敢相忘;后世后学幼当教养老当敬,首在言行。""铭先祖大恩大德恒以礼仪传家风,训后辈务实务本但求清白在人间。"匾额如"孝义""敦厚""尊祖合族""孝思不匮""诗礼传家""为善最乐""三省四勿""澡身浴德"等。

像这样的石雕、砖雕、木雕、楹联和匾额,在王家大院中数不胜数,王氏家族一代代子孙生活在这样的庭院文化氛围中,天天在耳濡目染中得到春风化雨般的教育熏陶,无疑有利于提升家人的家庭礼仪文明和为人处世的道德素养。王氏家族三千族人和睦相处,二百余年人才辈出、兴盛不衰,不能不说这样的庭院文化是起了重要的影响作用的。

(五)情法并用

情法并用、奖惩结合也是传统社会的家礼文化教育的重要途径。这些家族的宗长、家长们都认为立家之道和遵行家礼必须刚柔相济、恩威并施。

被宋元明三代朝廷旌表的郑氏义门家族规定为了规范家人、子弟的行为,专门设立了类似于今天的监察职位——"监视"。该监视需经家族成员选举产生,监视的任职资格是年龄四十岁以上的男性家族成员,被家族公认为为人正派、可以服众。监视的职责是"纠正一家之是非",他的监督权力很大,上可以对家长犯颜直谏,下可以教化、惩罚族众。"在上者,当将颜直谏,谏若不从,悦则复谏。在下者,则教以人伦大义,不从则责,又不从则挞。"①监视还负责掌管家族的《劝惩簿》,记录每个家庭成员的是非功过。同时,还负责管理两块劝惩牌,"劝牌"上刻"劝"字,用于记录家族成员所行善举好事;"过牌"上刻"过"字,用于记录

---

① 参见〔元〕郑文融等:《郑氏规范》,陈延斌主编:《中华十大家训》卷二,第333页。

1. 强化了子民对封建君主的绝对服从

祖先崇拜在原始宗教活动中就已经存在，在周礼中得以系统地仪式化，并被赋予了丰富的社会政治内涵。家礼中的祭礼就包含着鲜明的政治意识。《礼记·祭统》认为"祭有十伦"，其中就包含了"君臣之义""贵贱之等"。祭祀祖先既有利于宗族稳定，同时也是实行政治教化的根本路径，即通过尊祖敬宗来维护君主的政治地位，通过强化尊祖意识达到尊君的目的。

孝是家礼中最普遍、影响最深远的道德意识和规范，孔子认为孝是道德实践中的一种基本德行。孝道既是中国古代社会的治家之本，也是维护皇权统治的基石。从本质来看，"孝"作为家礼的核心观念，与政治伦理"忠"的观念是一致的，这也是宗法血缘关系下家国同构社会模式的呈现。"孝，礼之始也。"（《左传·文公二年》）这里所指的礼不仅是家礼，而且是治国之礼，即孝是治国的基础。宋代理学家们将"孝"引向"天理"的高度加以诠释，强调移孝作忠，培养忠孝两全之人，以建构家国一体。正如《孝经》所言："夫孝始于事亲，中于事君，终于立身"（《孝经·开宗明义章》）"故以孝事君则忠，以敬事长则顺，忠顺不失，以事其上"（《孝经·士》）。在家孝敬父母，在国忠于君主，即内则父子，外则君臣，这是中国古代重要的政治道德，也是维系封建皇权统治的基石。

2. 维护了封建宗法等级秩序

家礼是对封建社会家庭、家族内部尊卑等级的制度性规定，其根本目的在于让人的身份及亲疏、长幼、尊卑关系得以明确，人人谨守礼法、各安其位。《礼记·曲礼》认为："夫礼者，所以定亲疏、决嫌疑、别同异、明是非也。"亲亲、尊尊、长长和男女有别的等级观念贯穿家礼的冠婚丧祭和通礼之中。中国古代家礼的作用首先就是使人处于家族的等级关系之中，由此形成家礼中的宗法等级观念。在家族内部，如果每一成员都能够明确自己的身份地位以及与他人的宗族关系，各得其宜，各遵其道，再扩展至整个国家，就可以使君君、臣臣、父父、子子各归其位。中国封建社会以儒学理论作为价值判断的标准，儒家对于"三纲五常"的强调，其根本目的在于建设一个秩序井然的理想社会。宗法等级观念成为支配和维护社会等级结构的合法性观念，成为治理国家的社会政治意识，对于维系整个封建社会的等级秩序具有重要作用。

（二）对传统社会秩序稳定与和谐的影响

在中国传统文化中，"和"是古代思想家孜孜以求的社会理想，也一直是

"礼"的价值追求,"礼之用,和为贵"(《论语·学而》)。"和"的核心理念实际上就是构建和谐有序的社会关系。"和"的实现需通过"礼"的教化、即孔子所说的"礼治"才能得以实现。从这个意义上来看,传统家礼教化的目的不仅限于治家,而是具有明显的治国安邦的政治意图,其整体效应延续了中国古代修身、齐家、治国、平天下的道德逻辑,最终成就良好的人伦关系与和谐的社会秩序。

1. 通过生活化载体使社会核心价值融入民间

从社会治理角度而言,一个社会要保持总体稳定,就必须有一个由社会主流意识形态倡导并被社会各阶层民众广泛认同的社会核心价值系统,以作为人们自觉遵守的社会价值规范。中国历代统治者深谙此理,把以儒学为核心的意识形态和"三纲五常"等树立为社会核心价值体系。当然,宏观抽象的理论只有借助微观鲜活的载体,融入世俗生活,才能激活其教化的生命力。根植于生活的传统家礼具有天然的亲和力,能够消减价值观培育过程中的疏离感,尤其在古代官方道德教育体系尚不发达的背景下,传统家礼教化模式的潜默性和生活化使之承担起社会主流意识形态融入民间的中介桥梁。借助蕴涵于日常生活画卷的人、事、物,传统家礼文化通过家训专书、族规宗约、家训书札、家礼家仪、家教格言警句等丰富多样的价值载体,把仁义礼智信"五常"和孝悌忠信礼义廉耻"八德"等社会核心价值要素转化成渗透到日常生活之中的伦理规范,通过润物无声、潜移默化的方式对人们的道德价值观产生深刻影响,不仅在纵向的家族繁衍中规范家庭成员的道德行为,同时也在横向的社会交往中促进价值取向的形成完善和道德人格的塑造培养。

2. 通过以礼治家构建和谐的人伦关系

"天下之本在国,国之本在家"的家国同构性决定了家是维持国家正常运转的根基,承担着"育民众、正人伦、敦风俗"的社会重任。在儒家看来,身、家、国、天下俱以伦理道德为依托,同质而异构,因而齐家与治国在本质上是一致的,家族的稳定也就是社会的和谐稳定,社会良好的道德风尚、和谐的人伦关系是经由风清气正的家风来实现的。"君臣也,父子也,夫妇也,昆弟也,朋友之交也,五者天下之达道也。"[1]在儒家坚守的"五伦"信念中,父子、夫妇、兄弟皆属家庭关系,一旦经家礼教化捋顺了这三种关系,也就意味着社会治理已经完成了大部分的工作。《周易·家人卦》简明概括了齐家与治国的内在关系:"父父,子子,兄兄,弟弟,夫夫,妇妇,而家道正也。正家,而天下定矣。"《礼记》也对二者关

---

[1] 〔宋〕朱熹:《中庸章句》,《四书章句集注》,第28页。

系进行了推演，所谓：

> 亲亲故尊祖，尊祖故敬宗，敬宗故收族，收族故宗庙严，宗庙严故重社稷，重社稷故爱百姓，爱百姓故刑罚中，刑罚中故庶民安，庶民安故财用足，财用足故百志成，百志成故礼俗刑，礼俗刑然后乐。（《礼记·大传》）

孙希旦在《礼记集解》中也提出了相近的观点："盖治天下必始于人道，而人道不外于亲亲。先王治天下，必以治亲为先，使天下之人莫不有以亲其亲。"以重视"人道"（即家族中的各种伦常关系）进而实现社会稳定和谐一直为儒家所推崇。然"人道"之有序需用礼来规范，所以，要"治天下"必先"治家"，"治家"必先践行家礼。

（三）对中华文明礼仪传承与创新的影响

中国作为"礼仪之邦"，以礼为教、以礼治国是传统社会治理的显著特征。关于礼的典籍，《仪礼》和朱熹《家礼》是其中影响最大的两部，堪称规范人生行为、调节人伦关系的礼仪集成。在文化自信的视域下，探寻传统家礼对礼仪教育的可鉴价值，为当代礼仪实践确立坐标依据，无疑是在一个更新层次上对传统家礼的继承与超越。

1. 礼仪实践行之有据

《说文解字》曰："礼，履也。"概括了中国传统礼学体系的实践性和生活化维度，这也正是礼的生命价值所在。"礼"之所以为"礼"，是从日常平凡的一举一动、一节一仪中体现出来的。传统家礼通过一系列具体详备的礼仪对日常生活的言行举止进行规范和约束，将"礼"贯穿于日用常行之中，使"礼"真正做到行之有据。堪称封建家庭礼仪典范的朱熹《家礼》在博采古今众多家庭礼仪精粹的基础上将"礼"平民化、世俗化，使其既遵从古礼又顺应时俗。除了涉及人生大事的冠、婚、丧、祭四大类礼仪外，还包括了日常琐碎的居家礼仪，各类礼仪规范和程序形式等都极为具体详尽。正是由于贴近民情、贴近日常生活，并具有可操作性和实用性，使其能够在民间得以广泛推行。

2. 礼仪教育融入情感

"凡礼有本有文。"①"本"是指礼的本质和内在精神，即"礼义"；"文"是指礼的外在表现形态，即各种礼仪形式。传统礼仪教育在强调"文"的同时更加注重"本"。礼会随着世间人情的变化而变化，司马迁认为应该"缘人情而制礼"，朱熹也提出"先王制礼，本缘人情"，在他看来，"礼"的本质就是教人"爱敬"。由此，朱熹《家礼》关注的是如何立足于中国传统生活方式、在构建家庭、家庭和谐关系过程中，真正展现和突出人的情感体验，朱熹《家礼》书中充满了对于世间人情的体贴和关照。儒家认为人们学礼践礼的过程实际上就是将"礼"内化于人的情感的过程。以孝亲情感、家国情怀唤醒人们的道德意识，使人在言传身教、潜移默化过程中涵养德性，并逐渐养成良好的礼仪行为习惯，是传统家礼教育的一个基本路径。慈严相济、情法并用是在长期家庭教育实践中形成的道德教化方法。

3. 礼仪规范道德筑基

"道之以德，齐之以礼。"（《论语·为政》）"礼"作为宗法制度下的道德规范和行为准则，"德"是"礼"的道德根基，"礼"是"德"的行为保障。儒家认为"礼"不仅规范了个人日常行为，而且体现了个人道德修养，更是达到理想人格境界——"君子"的重要途径。如孔子所说，"文质彬彬，然后君子"（《论语·雍也》）。传统家礼中诸多礼节仪式具有鲜明的象征性和教育性，实际上也是对"君子"人格的期许与勉励，期冀通过日常生活中对"礼"的践行砥砺德行、塑造"君子"人格。因此，强调"礼"之践行本质上即是强调道德之修为，并作为君子成德达道的必由之路。

（四）对当代家庭美德涵育的影响

传统家礼与当代家庭美德涵育在"以礼化人"的文化属性上是相融相通、一脉相承的。传统家礼是外在仪节与内在道德精神的和谐统一，即《礼记》所谓的"德辉动于内，礼发诸于外"。这一基本特质使优秀传统家礼得以传承，也使蕴含其中的道德精髓和行之有效的教化方法，在当代家庭美德涵育中彰显出时代价值。

---

① 〔宋〕朱熹：《家礼》，《朱子全书》（第7册），朱杰人、严佐之、刘永翔主编，第958页。

1. 传统家礼精髓构筑了家庭美德建设的根基

作为中国传统道德文化的一个重要组成部分，传统家礼承载了丰富的道德资源，其渊源可以追溯到以周公、孔子为代表的思想学说，尤其为后世所遵循使用的礼制规范《周礼》《仪礼》和《礼记》，其中《仪礼》和《礼记》是儒家最为重要的礼典，对后世的道德伦理思想产生的影响也最大。朱熹《家礼》曾经作为日常百姓居家礼仪之大成而广为流传、备受尊崇。传统家礼经典浓缩了中华民族几千年来在家庭问题上的价值观和道德观，也是彰显"家国情怀"的价值理念和道德规范，蕴含其中的孝道、勤俭、齐家、睦邻、恤亲和谦恭等，均是与新时代家庭美德相融相通的核心元素，奠定了当代家风建设的道德根基。关于传统家礼的时代价值，本书后面还将专门论述。

2. 传统家礼教化提供了有效的方法借鉴

源于生活并施教于生活的传统家礼，大众性是其显著特点。在夏商周时代，家礼文献仅是官宦之家的家族教育典籍。唐宋时期，家礼逐渐从贵族化走向平民化，家礼教化与大众日常生活日益密切相关。许多家礼名篇将儒家"三纲五常"等传统社会的核心价值观植根于人际交往和社会习俗，渗透于具体鲜活的日常生活，对推进社会核心价值观与个体价值观的真正融合富有成效。在对家庭成员日常行为指导及规约的实践中，传统家礼积累了轨物范世的丰富经验，其中包含了充满智慧的家教方法和卓有成效的道德涵育路径。譬如身教与言教统一、显性教育与隐性教育结合的道德教化方法，严爱相济、以身示范、因材施教、情法并用、循序渐进等行之有效的家礼教育方式。这些仪式养成与教化训诲的形式和方式方法，不仅在传统社会的家礼传承和家德、家风建设方面发挥了重要的作用，而且对当代家德、家风建设和青少年礼仪文明素质培养仍然可以提供有益的借鉴。

（五）传统家礼文化的消极影响

传统家礼文化所产生的社会背景和思想基础是中国古代农耕文明，因其形成和发展囿于封建社会制度，难免存在某些封建糟粕而对社会文明产生一些消极影响。毋庸置疑，封建家礼中的糟粕都是应该摒弃的，在批判中继承才是对中国传统家礼文化应秉持的正确态度。

1. 严格的封建宗法等级制度

传统家礼维护的是家族内部的各种伦常等级关系，即朱熹在《家礼》序文中提到的"名分之守"。为了维护封建宗法等级秩序，家礼中训诫、鞭笞、杖责、开除祖籍等惩罚手段屡见不鲜，这在民间具有影响力的《家礼》《郑氏家仪》《茗洲吴氏家典》等家礼典籍及各类族规文本中都有呈现。各类具有威慑力和强制惩戒性的措施旨在竭力维护封建宗法等级制度，家族内部按辈分长幼划分尊卑等级，导致千百年来封建家长制的存续。

2. 浓厚的专制主义色彩

孝亲敬长历来是儒家所尊崇的伦理观念，也是中华传统美德。然而，传统孝道与当代的孝观念具有各自不同的社会基础，具有家族权威、强调服从和无违的孝道在当代家庭教育中需要得到深刻反思。传统孝道认为子弟不能有私欲，不能有独立的意识和选择权利，一切是非判断都要以父母的意愿为准；从生活仪节到思想观念，都要绝对服从长辈的权威，这就是家礼宣扬的"无违"。司马光《书仪》对此强调说：

> 凡父母有过，下气怡色，柔声以谏。谏若不入，起敬起孝，说则复谏；不说，与其得罪于乡党州闾，宁熟谏。父母怒，不说，而挞之流血，不敢疾怨，起敬起孝。①

服从父母、长辈和族长权威的观念到明清时期进一步强化，孩童自幼就被灌输不许分辨、只能洗耳恭听、无条件遵从的家礼规范，明显带有浓厚的专制主义色彩。

3. 对女性的歧视与束缚

女性在封建社会的地位是卑微低贱的。不少家礼撰作者片面地认为，"女子小人，最能翻斗是非，若非高明，鲜有不遭其声聱謷者。切不可纵其往来，一或不察，为惑不浅"②。尤其宋代以后，"理学家们将礼治秩序对妇女的约束，推向极致"③。作为时代的产物，传统家礼也难免打上这一封建糟粕的烙印，这在祭礼中体现得最为明显。家族在宗祠举行祭礼时，女性是没有资格参与的，甚至不可以触碰用于祭祀的礼器。在男尊女卑的观念支配下，传统家礼中对于女性的歧视明显表露出来。如《茗洲吴氏家典》家规部分共计有十九条对女性的行为举止提出了苛刻

---

① 〔宋〕司马光：《居家杂仪》，《书仪》卷四，《文渊阁四库全书》经部礼类。
② 〔清〕吴翟：《茗洲吴氏家典》，陈延斌主编：《中国传统家训文献辑刊》（第20册），第81页。
③ 冯天瑜、何晓明、周积明：《中华文化史》，上海人民出版社1990年版，第655页。

要求及各种限制。例如其中第三十四条要求：

> 妇人必须安详恭敬，奉舅姑以孝，事丈夫以礼，待娣姒以和。无故不出中门。夜行以烛，无烛则止。如其淫狎，即宜屏放。若有妒忌长舌者，姑悔之，悔之不悛，则出之。[1]

该家礼文献还有一些条款规定，"妇女宜恪守家规，一切看牌嬉戏之具宜严禁之。违者罪家长"[2]。对家长的处罚规定加重了家长对女性家庭成员的约束和辖制。明清时期理学盛行后，对女性的歧视、束缚甚至奴役发展到了极端，超出了以往任何朝代，在贞操观念和婚姻方面尤为明显。

4. 与法治观念抵触的"人情"交往逻辑

传统家礼文化在社会交往方面起着积极的引导作用，但是，作为家族文化和中国传统熟人社会的产物，也要看到其中的"人情""关系"等交往逻辑在当代生活中的消极影响。改革开放以来，我国社会经济的快速发展推进了社会转型，熟人社会和陌生人社会共存构成社会关系的基本特征之一。熟人社会的重人情、关系网等交往逻辑与陌生人社会的法理性特征相互冲突，在一定程度上使契约精神、法治观念、权利意识的落实遇到阻碍，而这些当代文明理念也正是法治、平等、公正等社会主义核心价值观的体现。因此，如何克服根深蒂固的传统文化心理和熟人交往规则产生的负面影响，是需要关注的一个问题。

5. 自主性人格的缺失

在封建时代，上尊下顺的等级制度旨在维护封建家长的绝对权威，这在很大程度上导致了晚辈独立人格的丧失。基于家礼而展开的道德说教，是通过压抑、限制甚至禁止个人的欲求、牺牲人的自然本性换取社会道德的持久性和政权的长治久安。仅从流传最广的朱熹《家礼》中就可以明显看出。该书中对宗子的极力推崇与对其权力的鼎力维护，在宗族内强化了宗子的绝对权威地位，使族众处于等级结构中，形成对权威的依赖与服从。从根本上分析，放弃自我、泯灭个性是违背人的心智发展规律的，严重制约了人的自主性和能动性的实现，更遑论创造性的发挥。显

---

[1] 〔清〕吴翟：《茗洲吴氏家典》，陈延斌主编：《中国传统家训文献辑刊》（第20册），第79页。
[2] 〔清〕吴翟：《茗洲吴氏家典》，陈延斌主编：《中国传统家训文献辑刊》（第20册），第82页。

然，这与当代社会发展和文明进步所需要倡导的自主性、创新性、开放性、包容性等品性特征是相悖的。

三、中国传统家礼文化对东亚和东南亚国家的影响

中国传统家礼不仅对宋代以后的中国社会影响深远，而且远播至朝鲜半岛、日本、越南等东亚和东南亚地区，对十五世纪之后东亚和东南亚政治制度和社会伦理规范的构建产生了不小的影响。尤其包括中华家礼文化代表朱熹《家礼》研究在内的朱子学，在朝、日、越传播过程中都曾发展成为官方哲学，尤其在朝鲜和越南已成为具绝对权威的国家主导性意识形态。当然，尽管建构过程和表现形式各不相同，各国在价值原则和风俗习惯等方面也存在差异，但积淀在其文化中的朱子学人文精神和伦理观念、道德规范仍有其相通的价值共性。韩国学者卢仁淑评价朱子学：

> 影响所及，即横者而言，北至朝鲜半岛，日本各国，南界越南半岛诸国；既纵者而论，则迄今韩国民间礼俗，中国台湾地区民间仪节，莫非奉《文公家礼》为圭臬也。[1]

下面分别对以朱熹《家礼》等为代表的中国传统家礼，在朝鲜、韩国、日本、越南等国的影响逐一梳理。

（一）朝鲜

朱熹《家礼》，又称《文公家礼》，于十四世纪中后期传入朝鲜半岛，在高丽末期到李朝统治的数百年间，由于政府支持和学界推崇，朱子学得以广泛传播。恭让王二年（1390），"行礼仪式一依朱文公家礼，随宜损益"[2]。1392年，高丽重臣李成桂（李太祖）废恭让王，建立朝鲜李朝。建国初，李太祖就提出："冠婚丧

---

[1] ［韩］卢仁淑：《朱子家礼与韩国之礼学》，人民文学出版社2000年版，第30—31页。
[2] ［朝］郑麟趾：《高丽史》卷六十三，西南师范大学出版社2014年版，第39页。

祭，国之大法"，以朱子家礼为行礼仪则，立新王朝之规，这对朱子礼学的传播无疑产生了助推催化作用。太宗三年（1403），李朝政府下令刊印朱熹《家礼》，以此敦俗导民。朱子学成为李氏王朝推行各项制度改革和重整社会秩序的理论武器，加之其契合了百姓对于日用伦常的需要，因而在民间得以笃信遵循。"从高丽末期到李朝初期，朱子学及文公家礼已成为朝鲜半岛潮流中之中流砥柱，屹立而不摇矣。"[①]在统治的数百年间，以朱子礼学为代表的中国传统家礼对朝鲜半岛的渗透、传播和影响具体体现在以下五个方面。

1. 对科举制度的影响

李朝开国之初就以科举制度选拔人才，"其考试之科目有'四书'、'五经'、《通鉴》、表章、古赋、策问等"[②]。太宗三年（1403），为推动朱熹《家礼》的传播，"令初入仕者，并试《朱文公家礼》，使曹请之也，虽已入仕者，七品以下亦令试之"[③]。世宗八年（1426），要求"赴生员试者，使今文臣监察分台于成均正录所考讲'小学'、《家礼》"[④]。将朱熹《家礼》纳入科举考试之科目，使朱子学文化精英有机会加入支配社会的权力集团，朱子学学者与政治家身份也就合二为一了。如李朝初期被誉为朝鲜朱子学"双璧"的郑传道和权近，同时又是李氏王朝的开国功臣，拥有较高的政治地位，这也在一定程度上助推了朱子学成为国家正统的意识形态。

2. 对伦理道德观念的影响

朱子学的传播对丽末鲜初的道德伦理产生了重要影响，其主要体现在对贞节和孝友观念的强化和遵循上。

高丽时期，女性的地位较高，再嫁并不是稀罕之事。但随着朱子学的传入，"饿死事小，失节事大"的贞操观念也逐渐渗入，从一而终的思想开始为朝鲜半岛所接受并强化。恭让王元年（1389），规定禁止官僚妻妾再嫁，并效仿元朝，对守节者给予鼓励和褒奖。据史载："散骑以上妻为命妇者，毋使再嫁。判事以下至六品妻，夫亡三年不许再嫁，违者坐以失节。散骑以上妾及六品以上妻妾，自愿守节者，旌表门闾，仍加赏赐。"[⑤]韩国学者李成茂对此举给予的评价是："这是在高

---

① ［韩］卢仁淑：《朱子家礼与韩国之礼学》，第104页。
② ［韩］卢仁淑：《朱子家礼与韩国之礼学》，第124页。
③ 《李朝实录·太宗实录》卷五，第267页。
④ 《李朝实录·太宗实录》卷三十一，第36页。
⑤ ［朝］郑麟趾：《高丽史》卷八十四，第85—86页。

丽末期朱子学影响日甚,信奉朱子学的新兴士大夫们的社会伦理观念从佛教向儒教转变中的重大变革的一环。"①1434年,世宗下令:

> 编辑古今忠臣、孝子、烈女之卓然可法者,随事记载,并著诗赞,尚虑愚夫愚妇未易通晓,付以图形,名曰《三纲行实》,锓梓广布。庶几街童巷妇,皆得易知,披阅讽诵之间,有所感发,则其于诱掖开导之方,不无小补。②

即通过颁布《三纲行实》推行忠孝节义。至李朝中期,朝鲜半岛的守节观念达到了前所未有的程度。1485年,成宗下令"今后再嫁女之子孙勿齿朝班"③。即妇女若再嫁,其子孙将无缘仕途。李朝中后期,对妇女守节的倡行甚至超越了中国。李朝学者李晬光曾将妇女守节列为中朝所不及的四件事之首:"我国之人,有中朝所不及者四:曰妇女守节,曰贱人之丧,曰盲者能卜,曰武士片箭也。"④

孝友即孝顺父母,友爱兄弟,是封建社会家庭伦理中最重要的一环。《尔雅·释训》记载:"善父母为孝,善兄弟为友。"朱子学的孝友观念自忠烈王时期传入高丽之后,逐渐为民间社会所接受并遵行,李朝的道德伦理规范体系以朱子学的"孝"为基础构成。《高丽史·孝友传》中最有代表性的就是忠肃王时期的黄守。在听闻黄守三代累世同居、孝顺父母的义行之后,高丽官员纷纷上门探望,并广为传播黄守家族事迹。1388年,时任宰相的柳曼殊因不孝其母等罪而被弹劾罢官。进入李朝之后,随着朱子学逐渐成为统治哲学,"孝"得到更加大力地推广。按高丽旧俗,父母去世丧葬之日,其子女"多会香徒,置酒张乐,无异平日"⑤。1429年,李朝世宗下令革除此与朱子学孝道和丧礼仪节相悖的旧俗。

3. 对冠、婚、丧、祭礼的影响

朱熹《家礼》东传至朝鲜半岛之初即为高丽有识之士所推崇,或上书请令依朱熹《家礼》行事,或为天下先,冠、婚、丧、祭皆依朱熹《家礼》。中国传统的

---

① [韩]李成茂:《高丽朝鲜两朝的科举制度》,韩瑢瑰译,北京大学出版社1993年版,第98—99页。
② 十六年(宣德九年)四月甲戌条,《世宗》卷六十四,《朝鲜王朝实录》。
③ 《附录》,《成宗》卷二百九十七,《朝鲜王朝实录》。
④ [朝]李晬光:《芝峰类说》卷十五。转引自刘刚:《朱子学传入朝鲜半岛研究(1290—1409)》,暨南大学2012年博士学位论文。
⑤ 乙酉十一年条,《国朝宝鉴》卷六。转引自刘刚:《朱子学传入朝鲜半岛研究(1290—1409)》,暨南大学2012年博士学位论文。

冠、婚、丧、祭礼制亦随势开始深入朝鲜民间，并随之出现了朱熹《家礼》冠、婚制度的朝鲜民间改良版本，如李縡的《四礼便览》等就是其中的代表。李瀷的《星湖礼式》说："折衷古今之礼，斟酌士庶之制。冠孙而撰《冠仪》，娶妇而撰《娶妇仪》，嫁女而撰《嫁女仪》，遭内子及子丧而撰《丧威二录》，又撰《祭式》……随事立式，要为一家之则。"① 公元1408年，太祖逝世，其丧礼就是依照朱熹《家礼》而行。公元1424年，成均馆百余名学生上书，请极力施行《文公家礼》："其丧葬之际，一依《家礼》之法，犯者严加科罪，以警其余，然后使旧染之俗，教之以礼义，养之以道德，则不数年间，人心正而天理明。"② 高丽末期，侍中郑梦周"始令士庶，仿朱熹《家礼》，立家庙，奉先祀"③。李朝初期，统治者对家庙奉祀更加重视并大力推行。李太祖六年（1397）谏官上书十事中云：

> 定都之初，首建宗庙以奉时祀，以荐时物，报本之诚，无所不至。然四时之享，每命大臣以摄行，愿自今除无时荐新之外，四时大享，必须亲祼，以明奉先之礼，以尽报本之诚。
>
> 士大夫家庙之制，已有著令，而专尚浮屠，谄事鬼神，曾不立庙以奉先祀，愿自今刻日立庙，敢有违令，尚循旧弊者，令宪司纠理。④

为了确保立家庙政令的顺利推行，对违令者规定了相应的惩罚措施。

4. 对立法的影响

鉴于朱熹《家礼》在朝鲜半岛对规范社会伦理秩序产生了重要影响，为了增强其合法性和权威性，有识之士主张将其作为去除旧俗、道德教化的法则，以期达到"人心正而天理明"的目标。李朝开国伊始，政治思想家郑道传在对中国历代典制详细考查的基础上撰写了《朝鲜经国六典》，并呈太祖李成桂。《朝鲜经国六典》奠定了李朝法典的基础。太祖三年（1394），郑道传建议编写宪章法典。历经太宗、世宗两代君主，成宗二年（1471）《经国大典》问世，这是朝鲜第一部国家政治法典，也是一部具有浓烈儒家色彩的法典。《经国大典》主要参照《周礼》《大

---

① [朝]李瀷：《序》，《星湖礼式》。转引自和溪：《朱子〈家礼〉冠婚制度的沿革及影响》，《福建论坛（人文社会科学版）》2018年第3期。
② 《李朝实录·世宗实录》卷二十三，第16页。
③ [韩]卢仁淑：《朱子家礼与韩国之礼学》，第119页。
④ 《李朝实录·太祖实录》卷十一，第105页。

明律》和朱熹《家礼》，对李朝的政治制度和伦理制度予以明确规定，不仅包括国朝礼仪，对民间冠、婚、丧、祭礼仪也有涉及，并贯穿李朝始终。

5. 对学术研究的影响

李朝初，太祖、世宗极力倡行朱熹《家礼》。学术界亦将朱熹《家礼》视若国礼、奉为圭臬，"当时学术界关于家礼之研究亦风行一时，导致礼学派之形成与发展，遂成显学"①。尤其是十五世纪末至十六世纪，朱子学在朝鲜半岛进入全盛时期，礼学名家辈出。代表性的理学大师如李滉和李珥，完成了集朝鲜王朝及之前的朱子学之大成的重任，分别形成了具代表性的退溪学派与栗谷学派，并成为主导政权的正统思想。其间，还有大量礼学研究著作传世，《韩国礼学丛书》就收录了十五到二十世纪的朝鲜礼学论著一百七十三种。朱熹《家礼》属异国礼仪，为使之成为朝鲜士庶的礼范习俗，不少朝鲜儒者开始致力于朱熹《家礼》之本国化普及。朝鲜礼学之宗金长生所著《丧礼备要》一书是朱熹《家礼》朝鲜化的奠基之作。这部大量仿照朱熹《家礼》而略加损益、变通的礼学著作，推动了朝鲜半岛儒学的形成和发展，也是朱熹《家礼》在朝鲜半岛传播并产生影响的一个重要途径。

（二）韩国

韩国曾经以惊人的高速发展从一个落后的农业小国跻身于经济发达国家行列，其中儒家文化始终是其成功的重要因素之一。自二十世纪八十年代起，韩国推行"文化立国"国策，其本质就是通过挖掘儒家文化精髓以发挥其道德规范作用。及至今日，虽然随着社会的发展，这种国策的形式和内容有所变化，但以朱熹《家礼》为核心的礼学精髓已深深地根植于韩国，并逐渐发展成为独具特色的韩国文化的一个重要组成部分，在韩国社会生活中具有不容忽视的影响力，而且，这种影响是多方面的甚至是全方位的。正如韩国学者卢仁淑所说，"《文公家礼》之流传，在中国所发生之影响，实未若韩国之深远"②。

1. 对风俗习惯的影响

韩国社会对冠婚丧祭及日常家礼极为重视，并以此为基础实现社会规范、保持社会秩序稳定。中国传统家礼的精髓渗透到韩国民间生活观念、风俗习惯的方方面

---

① ［韩］卢仁淑：《朱子家礼与韩国之礼学》，第100页。
② ［韩］卢仁淑：《朱子家礼与韩国之礼学》，第100页。

面。韩国的婚丧嫁娶等习俗与中国传统习俗很是相似，韩国的传统婚礼和丧葬仪式都体现了简化的朱子礼仪规范。韩国的许多重要祭祀场合，参与人员都着深衣礼服，以示隆重，这种礼服与朱子改创的深衣制度大同小异。年俗礼仪是韩国人家庭礼仪的重要组成部分，每逢春节和中秋，韩国人都要行祭祀祖先之仪礼，作为祭祖尽孝的最直接体现，并在行礼过程中增进宗族归属感和认同感。今韩国人重礼仪，与朱熹《家礼》在朝鲜的流传和演化有着不可割裂的渊源关系。直至今天，朱熹《家礼》对韩国礼俗文化产生的影响仍清晰可见。

2.对企业文化的影响

韩国学者金中培认为，韩国企业文化由三个部分构成，一是对国家、社会、企业的责任和忠诚；二是重情、诚恳、热情、坦率；三是重权威、尊重长辈。这也正是中国传统家礼的精髓所在。中国传统家礼文化注重以"父义、母慈、兄友、弟恭、子孝"的伦理规范维持家庭和谐。韩国经济起飞时，出现了很多家庭企业，作为传统家庭的扩大，其内部通过施行家长制的管理规范形成了团结友爱、慈幼孝尊的凝聚力，增进了血亲家族般的认同感和归属感，以此激发员工对企业的责任感和义务感。这恰恰与深受朱子礼学影响的韩国伦理文化传统相契合。这种建立在忠孝秩序基础上的群体意识和团队精神赋予了韩国企业强大的生命力。

3.对家庭教育的影响

在韩国现代化进程中，传统文化不可避免地受到冲击，但在韩国家庭教育中，中国传统的孝、仁、礼观念仍被较为完整地传承下来。在韩国家庭中，父母非常注重按照传统礼仪教育和濡染孩子，在日常饮食起居中潜移默化地培养长幼有序的仪节规范。如见到长辈要起立鞠躬问好，家庭用餐时须长辈先入座，吃饭必须由一家之主先动筷，晚辈不能直接面对长辈饮酒等。透过这些看似简单的礼节，中国传统的家礼文化在韩国家庭教育中的影响可见一斑。

受儒家文化影响，韩国人视"孝"为人伦之本，认为家庭道德教育的根基是"孝道"。可以说，中国传统家礼的"忠孝为本"思想已经根植于韩国人的血液里，深刻地影响着韩国人的价值观。这既是处理人际关系的遵循，也是衡量个人德行修养的准绳。在韩国，违背孝道者被视为道德上有缺陷之人。2007年7月，韩国国会通过了世界首部《孝行奖励资助法》，旨在以政府名义奖励和弘扬孝行，尽管其颁布是在应对老龄化等社会问题的背景之下，但作为一部使孝行制度化的法律，对于弘扬传统孝道文化意义非凡。

4.对学校教育的影响

在受到西方教育制度影响的同时，韩国教育仍然包含着诸多明显的儒家传统文化元素，韩国从小学到大学各个时期的德育内容都渗透着儒家伦理思想。韩国从二十世纪六十年代以来就把儒家传统道德列入大、中、小学的教育科目。韩国小学开设的《正经的生活之道》课程涉及个人生活、社会生活、国家生活三大部分，儒家的伦理道德及中国传统家礼文化精髓是贯穿其中的主线。韩国初中的"道德课"囊括了敬老孝亲、尊敬师长、互敬互爱、团结协作、恪守礼节等内容。高中的"国民伦理课"则涵盖了尊重生命、讲求诚信、过失相规、礼俗相交、厚德载物等。目前，韩国首尔大学、成均馆大学、汉阳大学、高丽大学等高校都开设了儒学课程。与成均馆大学一处的成均馆，设有专门讲授儒学的明伦堂和供奉孔子的文庙为韩国儒学研究中心和传统礼教中心，供奉有孔圣十哲及中韩两国历代儒家圣贤，每年的春、秋两季在成均馆大成殿都要举行祭孔大典。成均馆大学以"仁、义、礼、智"为校训，并要求全体低年级学生必需修满三至四个学分的儒学课，鲜明地体现了学校的办学导向。

5. 对影视文化产业的影响

在家庭和学校教育之外，韩国还将传统家礼文化通过电影、电视等途径向社会辐射。作为百姓生活的真实写照，韩国电影或电视剧中折射出孝道、亲情、人情等传统家礼文化观念。在韩剧中，长幼、兄弟、婆媳之间都严格遵循礼节规范。曾经热播的《大长今》就渗透了忠、孝、诚、信、仁、义、礼、智等中国传统伦理思想和家礼文化精华。充满"孝道"的"韩流"文化产业已在亚洲乃至世界形成一定影响，韩国人自豪地称之为"孝子产业"。

综上，中国传统家礼文化经过积极的吸纳与创新已经逐步渗透到韩国经济、文化、教育以及社会生活的各个方面，融入韩国民族文化精神之中，促进了韩国经济发展和文明进步。

（三）日本

镰仓幕府（1192—1333）初期，朱子学开始传入日本。十二世纪末，俊芿法师、圆尔辨圆等日本著名僧人来中国参禅学法，并接触了当时的中国官方哲学朱子学，将包括朱熹著作在内的数千卷中国书籍带回日本。在南宋和元代，也有一些精通朱子学的中国僧人前往日本传播朱子学。江户时代（1603—1867），德川幕府为了维护其封建统治，亟能稳固社会关系的伦理系统，在日本朱子学创始人藤原惺窝（1561—1619）和他的学生林罗山（1583—1657）的推动下，将朱子学奉为官学。尽管朱子学传入日本，比朝鲜早了近一百年，但是，与朱子学在朝鲜获得的至尊地位相比，日本朱子学自始至终也未能成为国家的意识形态，而只是官方承认并努力倡导的一种思想文化。与朝鲜不同，日本朱子学家只是被政治家雇佣的御用工具，并不能参与或主导政治权力，与国家政治并没有产生直接联系。但是，不可否认的是，在幕府的鼓励和支持下，朱子学进一步向日本民间普及和渗透，与日本社会建立了广泛而直接的联系，呈现出多样性和庶民化的特点，在日本社会诸多领域产生重要影响。

1. 对国民道德教育的影响

1866年，随着德川幕府被推翻，朱子学在日本退出了官学地位。明治维新后，明治政府实施"文明开化"政策，中村正直、中江兆民等人在主张用西学代替朱子学的同时，又借用朱子学来介绍西学，对日本朱子学中的合理因素给予继承，使得朱子学与西学之间仍然保持一定程度的关联性。因此，即便是在日本全面西化的背景之下，朱子学的影响并没有消失。与此同时，以鸟尾小弥太、三宅雪岭、元田永孚、西村茂树等人为代表兴起抨击西化、复兴朱子学的运动，主张以复兴朱子学道德作为根本国策，从朱子学里寻找"道德之教"的济世良方以规约人心，并将朱子学通俗教科书发行到全日本各类学校使用。1890年，日本天皇颁布《教育敕语》，把朱子学道德论与近代国家主义结合，形成以忠孝为重点、以天皇和封建家族制为中心的国民教育方针，对国民进行仁义忠孝教育。朱子学在东西方文化冲突中获胜，在资本主义时代的日本再次成为官学。战后，日本推进教育制度改革，朱子学也随之失去了作为国民道德教育理论基础的地位，而仅作为人文科学的研究对象而被相关学者所关注。

2. 对礼仪实践的影响

朱熹《家礼》对日本礼仪实践的影响与朝鲜半岛相比较要微弱许多。虽然此前也有学者认为朱熹《家礼》在日本的影响并没有触及实际生活，而仅限于文献解释和论述层面。但是，近年的研究证明了以朱熹《家礼》为代表的礼仪实践的存在。在吾妻重二先生所编《家礼文献集成·日本篇》第二册《大和家礼》中就有相关内容。著于1667年的《大和家礼》卷二、卷三分别为冠礼、婚礼，冠礼和婚礼的内容及程序基本依照朱熹《家礼》。尽管由于文献的缺乏，朱熹《家礼》的冠婚制度在日本传播、实施的具体情况不能确知，然而在有限的文献里，可以看到从十七世纪中叶开始，士族阶层按朱熹《家礼》规范举行葬礼的记载就有不少，如著名儒学家林罗山为夫人举行的葬礼和他本人的葬礼都是依照朱熹《家礼》。许多知识分子以朱熹《家礼》作为自己的生活准则而躬行，尤其是丧葬礼俗方面。

3. 对文化创作的影响

江户时期，日本文化创作发生了深刻变化，出现了平民化倾向，这与朱子学的兴盛和影响密不可分。随着朱子学成为官学，朱子学的伦理观念逐渐向社会各个阶层渗透，其道德教化特性进一步展现，通俗化、普及化趋势也日益明显。这无疑对当时的文化创作产生了鲜明的导向作用。为了让更多的受众关注、了解和接纳，包括文学在内的日本文化开始与原来的贵族化倾向分离，以平民大众为主要服务对象，成为文化发展新的主流方向，江户时代的文化平民化倾向也越来越突出。

4. 对企业管理的影响

传统家礼的忠孝仁义信等道德伦理对于企业凝聚力的形成和集体主义价值观的培育具有重要作用。进入近代以来，三井、住友、三菱等日本著名企业都创制了自己的"家训"，日本近代实业泰斗涩泽荣一亲自撰写的《涩泽家家宪》涵盖了处世接物纲领、修身齐家要旨、子弟教育方法，可谓日本家训之典范，也是传统家礼文化现代价值的展现。二十世纪后，日本出现了大量的社训，成为现代企业文化的一部分。日本企业重视在工作流程、待人接物、社训诵读等环节进行仪式化训练，以加强员工的认同感和荣誉感，形成了独具特色的企业管理模式，这与传统家礼的精髓是完全相通的。传统家礼家训文化与日本的现代企业管理不仅没有冲突，而且相互有很好的融合，为企业发展提供了秩序保障，增强了企业的整体竞争力。

（四）越南

越南与中国山水相连，毗邻而居。儒家思想及朱子学在东南亚和南亚的传播，主要就是以越南为中介桥梁。南宋末年，朱子学传入越南时正值陈朝建立之初，与封建专制制度相适应的意识形态亟待确立，朱子学恰好迎合了这个需求。因此，朱子学传入越南伊始就得到官方重视和推崇。自陈明宗始，朱子学逐渐地进入上层统治集团。陈朝之后，越南出现了一个短暂的胡朝（1400—1407），朱子学传播遇到阻力。明成祖永乐四年（1406），朱棣应越南之请击溃胡朝政权，随后在越南设立机构，广办学校，传播理学经典，使朱子学在越南得以复兴。至黎、阮两朝，朱子学在越南已经成为正统的国家哲学。黎朝历代帝王尊孔崇朱，奉朱子学说为统治思想，并竭力推行儒家伦理观念和道德规范的社会教化实践，加上大批学者的积极推动，使朱子学在越南全社会得到普及。尤其黎圣宗在位的三十八年间把朱熹的伦理道德观作为齐家治国的政治思想，依照朱熹《家礼》将家庭和社会伦理关系及个人应承担的义务以法典或条例的形式明确界定，使朱子学的至尊地位进一步巩固。

1802年，阮朝建立，统治者承续独尊儒学朱子学的治国理念。阮朝前期就明确宣布"唯儒一家，别无他教"，并在每年的春季和秋季隆重举行祭孔祭朱仪式，历代帝王亲自参加祭祀。1884年，越南沦为法国殖民地，由于受到殖民制度和西方文明的冲击，朱子学逐渐走向衰落。

以朱子学为代表的中国传统家礼文化在传入越南六百余年间，在相当长时期内渗透并支配了越南的意识形态领域，对越南封建社会教育事业的发展、科举制度的健全、学术研究的兴盛、社会风俗文明的进步都起到了积极的推动作用。

1. 对科举制的影响

越南于十世纪末建立封建国家，长期与中国保持"藩属"关系，基本是仿效中国的科举制度。如前所述，朱子学传入越南之后受到官方的重视，陈太宗在全面推行科举选官制的过程中，仿效中国以朱子《四书集注》作为取士标准，此举为后世王朝所沿袭。

黎朝统治者继续推行和完善以朱子学为考试内容的科举选官制度，使科举制进一步发展，应试学子猛增。黎太宗时期，明确规定朱子所推重的"四书"作为科举考试必考项目。黎圣宗时期，为了保证考生质量，特制定了保结乡试例，规定所有应试士子须"听本管官及本社社长，保结其人，实有德行者，方许上数应试。其不孝、不睦、不义、乱伦及教唆之类，虽有学问辞章，不许入试"①。黎圣宗在位时，科举制进入鼎盛时期。越南学者潘辉注评论说："历朝科举之盛，迨于洪德（按：黎圣宗年号）至矣。"②

将朱子学列为考试科目的科举制度，使民间子弟可以通过科举考试跻身仕宦阶层，形成了与朝鲜李朝同样的理政合一，即朱子学家与政治家身份合二为一。1358年，朱子学者范师孟被陈裕宗封为入内行遣知枢密院事，这是越南历史上第一位执掌大权的朱子学者。被誉为黎太祖"思想库"的阮荐，既是朱子学大师又是黎朝的开国功臣。

2. 对教育的影响

随着朱子学的传入并为官方所推崇，越南从中央到地方、从官学到私学形成了比较完备的儒学朱子学教育体系。陈朝时通过设立国学院，诏谕天下儒生讲习儒

---

① 转引自贺圣达：《东亚文化圈和东亚价值观的历史考察——以中日韩（朝）越为主体的历史分析》，《东南亚纵横》2010年第4期。
② [越]潘辉注：《历朝宪章类志》卷二十八。

学，传播朱子学。黎朝历代统治者大力兴办朱子学教育，黎太祖在京设立国子监，在各地设立学校；黎太宗推行进士立碑题名以提高儒士威望，黎圣宗延续这一制度，并在国子监、文庙立进士碑。阮朝的朱子学教育更加全面和系统，一方面，重视对士人、太子及诸皇子的朱子学教育，并为诸皇子专门制定了涉及教学内容、讲诵次序等的十一条集善堂规程，历代帝王甚至亲自参与学习，以从中寻求治国之道。其间，嘉隆帝还诏谕建国学堂，设立督学，定课士法和教规。另一方面，重视朱子学在民间的教育和推广。如规定儿童七八岁入学，学习科目包括《小学集注》《四书》《五经》，同时在民间大量刊行、销售此类书籍，以供国人学习。阮朝时期，儒学朱子学教育已经在越南全境普及。由于众多越南平民子弟希冀借助科举考试跻身官宦阶层，而当时的官办教育规模显然不足以满足学子们的需求，因此私学逐步兴盛起来。私学的发展又推动了朱子学在民间的普及，也进一步夯实了封建统治思想的社会基础。

3. 对学术研究的影响

朱子学对越南学术研究影响深广，如阮公沆诗所言："学问同尊孔朱书。"众多朱子学者倾毕生精力研究和传播朱子学，涌现出大批具有影响力的朱子学大师。如朱文安所著的《四书说约》，继承和发展了朱子学思想，被后人尊为一代"儒宗"，祀于文庙。黎贵惇等学者以朱子注释来讲解和阐发儒家经典著作，并加入自己的理解与思考，仅黎贵惇就撰有《四书约解》《书经衍义》《群书考辨》《中庸讲义》等数十部著作。吴士连奉黎圣宗之命以朱子学为指导撰修越南国史《大越史记全书》十五卷。十九世纪初叶，郑怀德、关仁静等通过对朱子学的深入系统研究，用汉字撰写出《钦定越史通鉴纲目》《大南实录》《嘉定通志》等一系列以展现朱子学为主旨的文学、史学名著。此外，由于朱子学教育的兴盛，对相关书籍的需求量急速增加，历代统治者对朱子学著作的输入与翻刻给予重视，黎朝尤甚。越南现存的儒家理学家书籍、朱子学著作就有数十种。黎朝光顺、顺德年间（1460—1497）是理学著作刻印的鼎盛时期，朱子书籍随之广为流传。在这一过程中，朱熹的《家礼》也得到了广泛传播。

4. 对社会风俗的影响

以朱子学为代表的中国传统家礼文化传入越南之后，忠孝节义等伦理道德规范成为社会风俗教化的标杆。陈太宗元丰三年（1253），按照朱子学理论对当时不成规范的礼仪进行了改造，更定刑律礼仪二十一条，以忠孝节义规范社会道德和礼仪习俗。黎朝依朱子学伦理思想制定通俗的教化条例，并通过行政手段推向民间，以化民成俗。黎圣宗在位期间，视孝亲敬老慈幼为传统美德和行为规范，力倡忠孝节义，诏谕举国上下一律奉行，违者重治；他还依据朱熹《家礼》改革越南传统婚礼，编纂和颁布了越南首部完整的成文法典——《洪德法典》，以法的形式规范结婚礼仪、家庭及社会伦理关系等，并将官吏能否遵守作为吏治考核和升迁的重要依据。黎玄宗景治元年（1663）颁行教化条例，其主要内容有：

> 为臣尽忠，为子止孝，兄弟相和睦，夫妻相爱敬；朋友止信以辅仁，父母修身以教子，师生以道相待，家长以礼立教，子弟恪敬父兄，男女不得肆淫风。[1]

要求各级官员对上述条文"讲解晓示，使之耳濡目染，知所劝惩，自是人心渐归善俗矣"[2]。阮朝嘉隆帝颁布的诏书册文中要求全国各地重视孝德等美德教化，阮朝明命帝明确宣示："朕以孝治天下，盖欲民之孝于其亲也。"[3]对孝子顺孙予以褒扬，融入家庭礼仪之中。另外，在阮朝的民俗文学中，也涌现出众多忠孝节义的故事书籍。可见，越南封建王朝在参照儒家典籍和朱熹的《家礼》等文献推行伦理道德教化、规范社会风俗方面可谓不遗余力。

---

[1] 转引自黄国安：《孔子学说在越南的传播和影响》，《东南亚纵横》1991年第1期。
[2] 转引自贺圣达：《东亚文化圈和东亚价值观的历史考察——以中日韩（朝）越为主体的历史分析》，《东南亚纵横》2010年第4期。
[3] 转引自黄国安：《孔子学说在越南的传播和影响》，《东南亚纵横》1991年第1期。

第九章 传统家礼文化的当代价值与开发利用

文化是中华民族的血脉，文化自信是国家发展更基本、更深层、更持久的力量。家礼文化作为中国优秀传统文化的宝贵历史遗存，蕴含着丰富的文化价值、教育价值和传播价值，在赓续中华文明血脉、建构中国集体人格、培塑国人文明形象方面发挥着重要作用。充分挖掘传统家礼丰富资源和宝贵价值并加以"创造性转化"和"创新性发展"，有利于更加深刻地理解和认识中国"家国同构"的独特政治文化结构，进而为更好地构筑中国精神、传播中国价值、弘扬中国精神、提升民族礼义文明素养打下坚实理论根基。

一、传统家礼文化的哲学内蕴与社会根基

具有灿烂历史文化的中国素来有"文明古国，礼仪之邦"的美誉，这种说法不仅是近代以来西方文明对于神秘东方文明的"他者想象"，也几乎成了渗透到每个中国人精神基因中的"集体无意识"。在中国五千年辉煌的历史长河中有太多可以证明"文明""古老"的文化标志，何以最终洗尽铅华仅用二字形容时要用"礼仪"来代表？这本身就蕴含着极为复杂的哲学和历史渊源。

（一）传统家礼文化是其所示的哲学内蕴

从哲学层面来看，家礼文化的出现使得中国古代道德哲学从感性层面上升到了理性层面。对一种文化最全面、最深刻的理解是穿透文化表象的纷繁去把握其哲学的内在精髓。深刻理解中国礼乐文化的哲学根基和思想渊源，就必须首先厘清家礼文化生成的哲学意蕴。所谓"礼也者，理也"。有学者认为，礼就是"合于道德理性的规定"[①]。余英时在论及先秦诸子百家这一中国思想史上的"第一次突破"时指出，其"哲学突破"的历史背景是"礼崩乐坏"，"政治体制、经济形态、社会结构、宗教状态等变革都是和'哲学突破'息息相关的"。那么传统家礼文化是其所是的最本质特征是什么？和其他文明相比较又具有哪些共性和差异？这是我们今

---

① 彭林：《礼乐文明与中国文化精神》，中国人民大学出版社2016年版，第21页。

天进行家礼研究必须要回答的问题。

　　长久以来，以黑格尔为代表的西方中心论学者往往把中国古代的道德哲学视为是一点思辨哲学也没有的、"毫无出色之点的东西"，充其量是一些"散文式的理智"，孔子也"只是一个实际的世间智者"，《周易》不过是"按照直观的形式和通常感觉的形式表现出来的""在这一套具体原则中，找不到对于自然力量或精神力量有意义的认识"①。黑格尔还针对道德的本体论意义划分了伦理和道德的区别，认为道德是人最高的精神生活，是人意识到自己的本质存在后的一种自由选择，是自律，而伦理是他律。"假若有什么东西是意识所不知道的，那么这些东西对它而言没有任何意义，没有任何力量"，"因为它认识到了自己的自由，而这种以自己的自由为对象的知识恰恰是意识的实体和目的，是意识的唯一内容"。②也有国内学者将黑格尔的观点总结为，"中国传统文化之中，并没有对真正道德（Mmralit）的意识，而只有对伦理（Sittlichkeit）的认识"③，"道德伦理化、法律化的可怕后果不仅仅在于它的野蛮、暴虐，还在于它完全否定、抹杀了人之为人的尊严"④。黑格尔认为，中国这种强调君臣、父子、兄弟姊妹之间义务的实践"只是形式的，不是自由的内心的情感，不是主观的自由"，所以"中国人既没有我们所谓法律，也没有我们所谓道德"。⑤而实际上，以家礼文化为代表的中国礼乐文化（制度），并非如黑格尔等人所言是毫无内在情感和自由意志的被动抉择。正如孔子所言，礼的内在德性基础是"仁"，所谓"人而不仁，如礼何？人而不仁，如乐何？"（《论语·八佾》）"礼云礼云，玉帛云乎哉？"（《论语·阳货》）"礼"的外在匡正作用，是建立于"仁"的内在觉醒基础之上的。没有内心仁的气息鼓荡，没有仁者爱人的恻隐之心，而仅仅拘泥于玉帛之类的外在礼器和舞乐仪式，那种礼就丧失了本真的意义，而沦为一场为礼而礼的"表演"，"当被抽离了礼的精神，外在的礼文也不过是作秀的仪式，并没有实际意义"⑥。徐复观则在《谈礼乐》一文中对中国道德哲学没有理性自觉这种观点做出了更加直接的反驳，认为孔子讲"兴于《诗》，立于礼，成于乐"（《论语·泰伯》），实际上完

---

① 参见［德］黑格尔：《哲学史讲演录》，贺麟等译，商务印书馆1959年版，第118—121页。
② ［德］黑格尔：《精神现象学》，先刚译，人民出版社2013年版，第369—370页。
③ 邓晓芒：《灵之舞》，上海文艺出版社2009年版，第188页。
④ 卿文光：《论黑格尔的中国文化观》，社会科学文献出版社2005年版，第247页。
⑤ ［德］黑格尔：《哲学史讲演录》，贺麟等译，第125页。
⑥ 曹建墩：《中国的祭礼》，南京大学出版社2014年版，第173页。

整表述了人道德修养的建构逻辑，所谓"立"，"乃是自作决定，自有信心，发乎内心的当然，而自然能适乎外物的合理趋向，亦即是自己能把握自己而又能涵容群体的生活"①。相较于徐复观的结论，楼宇烈也认为，礼的本义是"一种自然法、习惯法，而不是人为的强制法，自然法是我们在生活中养成的习惯，是自觉自愿去做的"②。而人的道德修养过程即是"克己复礼"，即"实现人我一体的仁"，"仁是人己俱成的'人的主体'"，"'成于乐'则情理相融，生命通过对立的克服而重新归于纯一，归于彻底的谐和统一"③。

此外，孔子还强调"君子和而不同"（《论语·子路》），荀子在《乐论》中继承了这种对道德主体自我选择的尊重，提出"乐合同，礼别异"（《荀子·乐论》）。美国学者赫伯特·芬格莱特认为，礼所要求的人际关系"不是强加于人的，不是物质上不可避免的，也不是一种本能或条件反射"，"礼仪是自我证明其存在价值的"，"克己复礼"意思是说："不再受动物需要和不道德的感性冲突的支配，而是要达到人类精神发展的自由境界。'克己复礼'不是一种'屈服'，而是人类精神的胜利。"④以上种种论据均表明，中国礼乐文化存在着较为深刻的理性自觉，是人的主体性和社会性的辩证统一，是中国古代道德哲学的典型体现。

（二）传统家礼文化形成发展的历史审思

从历史层面来看，家礼文化的发展构成了中国古代社会礼乐文化的重要源流。礼乐文化是维系中国古代"大一统"政治和社会格局的重要精神纽带。从发展脉络来看，应当说在原始社会末期就有了礼乐文化的萌芽，在殷周时期，礼乐文化初步奠定了雏形。关于礼乐文化的起源，目前学术界尚有争论，较有代表性的观点主要有：起源于原始社会祭祀说⑤，起源于原始社会风俗习惯说⑥，起源于原始礼仪

---

① 徐复观：《中国思想史论集》，九州出版社2014年版，第291页。
② 楼宇烈：《中国文化的根本精神》，中华书局2016年版，第83页。
③ 徐复观：《中国思想史论集》，第291页。
④ 〔美〕赫伯特·芬格莱特：《孔子：即凡而圣》，彭国翔译，江苏人民出版社2010年版，第67页。
⑤ 参见〔清〕王国维的《观堂集林》卷一；郭沫若：《十批判书·孔墨的批判》，《郭沫若全集·历史编》（第2卷），人民出版社1982年版。
⑥ 参见柳诒徵：《中国礼俗史发凡》，《柳诒徵史学论文续集》，上海古籍出版社1991年版。

说[1]，起源于人情和历史有机结合说[2]，起源于阶级和社会分工说[3]，起源于生产生活说[4]等。纵观以上源流之说，祭祀、风俗、人情、生产生活都是上古家庭生活的重要内容，因此，从广义的角度来看，礼乐文化源自家礼文化的判断应当无太大争议。这一点从河南安阳殷墟文化、二里头文化、山东大汶口文化、龙山文化等二十世纪以来的重要考古发现中也能得到有力的佐证。况且诸多传世文献也证明了这一点，《左传》云："孝，礼之始也。"（《左传·文公二年》）《礼记》也说："礼，始于谨夫妇，为宫室，辨外内"（《礼记·内则》）；"男女有别，然后父子亲，父子亲，然后义生，义生，然后礼作"（《礼记·郊特牲》）。对礼的功能，《礼记》还指出："夫礼者，所以定亲疏，决嫌疑，别同异，明是非也"（《礼记·曲礼》），把判断家庭之间的亲疏关系放在礼的各项功能的首位。荀子认为礼之"本"在于事天地、尊祖先、崇君师的世界观，"故礼，上事天，下事地，尊先祖而隆君师，是礼之三本也"（《荀子·礼论》）。张岱年等则从礼乐文化产生的现实需要出发，强调了其产生于家族宗法制度的历史必然性，他认为，礼乐制度的形成体现了商周之际宗法制度的发展，"宗法制度的核心是嫡长继承、余子分封的继承制度，为了与此相适应相配套，就需要明确妻与子的嫡庶身份，需要按直系与旁系对祖先进行分别祭祀，需要一种细致的亲属称谓体系，需要确定分离出来的宗族与原宗族在权利义务方面的关系，需要确定一套协调宗族统治网各种关系的法则及相应的道德、宗教观念"[5]。仅从现有的文献资料和考古发现来看，最早关于"礼"文化的记载绝大多数还是关于家庭或者家族礼仪的内容。正如有学者所言，即便《礼记·内则》中关于礼源流于家礼的说法不是真正对礼的起源的追溯，"也可以看作对既成的周礼体系的逻辑起点的一种看法"[6]。有鉴于此，我们有理由认为，家礼文化是礼乐文化的发端，也是礼乐文化的重要内容，即便家礼文化不是礼乐文化的唯一来源，也构成了礼乐文化的重要逻辑起点，为殷周以降的家国同构社会奠定了重要思想基础。

---

[1] 参见常金仓：《手势语言与原始礼仪》，《陕西师范大学学报（哲学社会科学版）》1996年第1期。
[2] 参见邹昌林：《中国礼文化》，社会科学文献出版社2000年版，第72页。
[3] 参见恩格斯：《家庭、私有制和国家的起源》，人民出版社2018年版；张辛：《由大一、浑沌说礼——兼论中国文明的起源问题》，《北京大学学报（哲学社会科学版）》2002年第4期。
[4] 参见罗倬汉：《论礼乐之起源》，《学源》1947年第7期。
[5] 张岱年、程宜山：《中国文化精神》，北京大学出版社2015年版，第132页。
[6] 陈来：《古代宗教与伦理：儒家思想的根源》，生活·读书·新知三联书店1996年版，第244页。

"礼"在中国文化中的另一作用，是作为文明进程的坐标来衡量不同社会的文明进程。韩愈在《原道》中认为："孔子之作《春秋》也，诸侯用夷礼则夷之，进于中国则中国之。"[①]程颐更是将韩愈的观点发挥一步，提出：

> 礼一失则为夷狄，再失则为禽兽。圣人初恐人入于禽兽也，故于春秋之法极谨严。中国而用夷狄礼，则便夷狄之。[②]

在儒家哲学思想体系中，华夷之别并非一成不变的，一个社会究竟是"中华""夷狄"，还是禽兽，不是看种族、血缘，也不是看地域、风俗，关键是看其是否尊崇圣人之道、践行华夏之礼。这种思想也深深影响了东亚文明的诸多国家，有学者研究，朝鲜民族便是受了韩愈《原道》的鼓舞，"才知道儒家没有种族歧视，看重的是文明程度""决心努力进取，争取'进于中国'，让中国人对他们'中国之'"[③]。这种以文明认同作为价值认同标尺的思想传统，给中国的传统家礼文化赋予了更多包容性和开放性，也深深影响了东亚儒家文化圈的历史发展进程。

（三）传统家礼文化绵延赓续的社会根基

一种文化如果仅仅具有严密自洽的"纯思"和"概念"[④]而没有一定的物质基础社会支持系统，是无法绵延赓续数千年而不断绝的。布罗代尔在《文明史》中认为，儒家的礼仪文化是"对家庭和社会态度做出了规定"，主要作用是"平衡道德伦理和控制情感"，"儒教借此建立了一种旨在维持社会和国家之秩序、等级的伦理、生活规范，而对诡辩家（墨家）和法家在知识和社会上的无政府状态做出了强烈反应"[⑤]。的确如此，家礼文化对全社会无所不在的渗透作用，确实从一定程度上加固了儒家哲学的"正统"地位。在中国文化的历史语境中，大凡国泰民安的繁荣盛世，则经常史载为百姓"家殷人足"、社会"导德齐礼"；反之，如若天下大乱、民不聊生，则经常被形容为百姓"国破家亡"、社会"礼崩乐坏"。家庭是社

[①] 熊礼汇、刘禹昌译注：《唐宋八大家文章精华》，湖北人民出版社1987年版，第8页。
[②] 〔宋〕程颢、〔宋〕程颐：《河南程氏遗书》卷二，《二程集》，王孝鱼点校，第43页。
[③] 彭林：《彭林说礼》，清华大学出版社2018年版，第201页。
[④] 参见〔德〕黑格尔：《小逻辑》，贺麟译，上海人民出版社2009年版，第56—75页。
[⑤] 〔法〕费尔南·布罗代尔：《文明史》，常绍民等译，中信出版集团2017年版，第196页。

会的细胞，家庭礼仪秩序是社会礼仪秩序的"晴雨表"。从社会层面来看，家礼文化的传承流变起源于中国奴隶社会发展的客观需要，也随着社会历史的演进不断更新变化，形成了中国古代独特的家国同构社会。

在儒家哲学的建构框架中，"修身，齐家，治国，平天下"是一个递进逻辑体系。修身是齐家的前提，齐家是治国的根基，而治国有道，才能天下归心，四海宾服。家的古义和居所、房屋有关，后引申为分封制下的一定政治范围，"家，凥也……牖户之间谓之扆，其内谓之家。引申之，天子诸侯曰国，大夫曰家。凡古曰家人者，犹今曰人家也"①。《周易》卦辞中就有"正家而天下定矣"的表述，对此，汉代陆绩注解为，"圣人教先从家始，家正则天下化之，'修己以安百姓'者也"②。王国维在《殷周制度论》中提出，"周之制度、典礼，乃道德之器械，而尊尊、亲亲、贤贤、男女有别四者之结体也，此之谓'民彝'；其有不由此者，谓之'非彝'"，"非彝者，礼之所去，刑之所加也"③。王国维也认为，所谓"礼不下庶人"的说法不符合事实，礼仪制度不仅仅是为天子、诸侯、卿、士大夫这些贵族阶层设计的，也是为庶民设计的，"礼"的制度只是载体、形式，其背后蕴含着的是道德的自觉。所谓"夫礼，天之经也，地之义也，民之行也"（《左传·昭公二十五年》），礼的天经地义恰恰在于民之所服、民之所用、民之所行。故而有学者指出，"中国文化成为一个道德理性的文化是从周开始的"④，这从一个侧面也印证了，"礼"绝不仅仅是贵族阶层用来装点门面的，而是在全社会有着广泛的价值共识和文化认同。

美国学者福山在《政治秩序的起源》中对比了中西方封建主义的不同，他指出："中国的政治参与者不是独立分散的领主，而是领主和他们的亲戚团体""其权力比较薄弱，其等级森严比较缓和，因为他陷入了限制他擅权的亲戚架构"。⑤这种"比较缓和"的"亲戚架构"，就是依靠家礼为基础构建起的各安其分、各守其礼的家国同构政治体制。许倬云将其比喻为：

---

① 〔汉〕许慎撰，〔清〕段玉裁注：《说文解字注》，许惟贤整理，凤凰出版社2015年版，第590页。
② 〔唐〕李鼎祚：《周易集解》卷八，王丰先点校，中华书局2016年版，第230页。
③ 彭华选编：《王国维儒学论集》，四川大学出版社2010年版，第249页。
④ 彭林：《礼乐文明与中国文化精神》，第20页。
⑤ 〔美〕弗朗西斯·福山：《政治秩序的起源：从前人类时代到法国大革命》，毛俊杰译，广西师范大学出版社2014年版，第101页。

> 国家就像一个放大了的家庭，国君君临天下但并不治民。卿大夫并不重要，因为他们只是占据那些职位。但他们显得重要并能得到职位，乃因为他们是国君的同宗或是强宗巨室之首。①

对于中国礼仪制度的背后蕴涵的这种家国同构的社会根源，孟德斯鸠的观点则更为客观，他认为中国的礼仪制度是"把宗教、法律、习俗和风尚融为一体，所有这些都是伦理，都是美德"，而"中华帝国构建在治家的理念之上"，而"礼仪则构成民族的普遍精神"。孟德斯鸠为了说明家庭礼仪对于这种"融为一体"的家国同构社会的重要性，还专门举了一个中国儿媳妇每天清晨去伺候婆婆的例子，他认为，这件事情本身看似无关紧要，但实际上"这些日常细节不断地唤起必须铭刻在心中的一种感情，而正是每个人心中的这种感情构成了中华帝国的治国精神，我们就会明白，此次类具体行为没有一件是可有可无的"②。诚如孟德斯鸠所言，在家国同构的中国传统文化中，以宗法家礼为纽带联结的中国家庭具有类似西方宗教属性的社会功能。从《论语》的"迩之事父，远之事君"（《论语·阳货》），到《礼记》的"格物、致知、正心、诚意、修身、齐家、治国、平天下"（《礼记·大学》），从霍去病的"匈奴不灭，无以家为"（《汉书·霍去病传》），到魏象枢的"一家之教化，即朝廷之教化也。教化既行，在家则光前裕后，在国则端本澄源"③，中华文明语境下的"家"与"国"总是呈现出"同心圆"式的关联图景，家庭礼仪文化始终是社会礼仪文化的价值之轴，也即王国维所言："古之所谓国家者，非徒政治之枢机，亦道德之枢机也。"④这一点也集中体现在东西方生命观的区别上，楼宇烈认为，西方生命观认为人是独立的个体，上帝创造了人，人与人之间只有外在关系而没有内在关系，而中国人的生命观则认为父母子女、兄弟姐妹等血缘生命之间有着血脉联系，彼此之间有着天然的责任和义务，因而"中国传统的生命观是一个完整的体系。从小家到大家，从小家庭到大家族，从大家族到家乡，再从家乡到国家都是一个整体"⑤。在以农耕为主要生产方式的古代中国，这种由家庭关系为内核而扩展开的社会关系系统构成了中国社会数千年来爝火不息的

---

① 许倬云：《中国古代社会史论》，邹水杰译，广西师范大学出版社2006年版，第94页。
② ［法］孟德斯鸠：《论法的精神》，许明龙译，商务印书馆2012年版，第368页。
③ 〔清〕魏象枢：《寒松堂全集》卷三，陈金陵点校，中华书局1996年版，第62页。
④ 姚淦铭、王燕编：《王国维文集》（第四卷），中国文史出版社1997年版，第54页。
⑤ 楼宇烈：《中国文化的根本精神》，第15—16页。

"超稳定结构",也是中华文明从无断绝的重要历史根源。

二、传统家礼文化的现实样态及其作用方式

中国传统家礼文化蕴涵着中国古代家庭观的精神内核,也是一个社会的价值缩影。传统家礼文化所折射出的中国人崇高的精神追求、深刻的道德哲思、博大的人文关怀,是中华民族数千年来生生不息,薪火相传的文化精髓,至今仍然闪耀着智慧和理性的光辉。

文化与文明不同,德国的研究者曾这样区分二者:"文化是活着的文明,文明是死了的文化。"[①]余秋雨也对文化下过一个"最短的定义":"文化,是一种称为习惯的精神价值和生活方式。它的最终成果,是集体人格。"[②]家礼文化既然是一种文化,就说明其不仅仅在中国的古代社会深深影响了中国人的精神价值和生活方式,而且至今仍然是一个不断嬗变创造的动态系统,仍然能够找到其"活着"的现实样态并具有重要的时代价值。具体而言,传统家礼文化融入当代生活的方式有如下几个方面。

(一)体现在婚丧嫁娶等家庭重要仪典活动中

"婚丧嫁娶"也叫"红白喜事",是民间对于家庭举办婚礼和葬礼的俗称,历来备受中国人的重视。所谓"慎终追远,民德归厚"(《论语·学而》),"国之大事,在祀与戎"(《左传·成公十三年》),"夫昏礼,万世之始也"(《礼记·郊特牲》),"昏礼者,礼之本也"(《礼记·昏义》)。一般而言,婚礼和丧礼是每个家庭都要经历的重要仪典活动,也是家庭成员一生之中难得的"高峰体验"。[③]相对于其他家庭活动而言,婚礼和丧礼的仪式感最强、结构性程序最多,

---

[①] 张岱年、程宜山:《中国文化精神》,第1页。
[②] 余秋雨:《中国文化课》,中国青年出版社2019年版,第23页。
[③] 冠礼曾经也是重要仪典活动,但随着时代变迁,已经退出历史舞台,现在只在个别传统文化推广机构成人礼中有些体现。

保有的传统家礼文化遗存也最典型。"那鼓乐齐鸣的郊祀活动,那珍馐遮案的祭祀仪式,那三拜九叩的进谒规则,还有那定亲的束帛俪皮,那迎娶的彩绸花轿,那居丧的斩衰缌麻,那出殡的灵幄魂幡"①,无不体现出传统家礼的强大生命力和传播力。尽管中国幅员辽阔、民族众多,有"十里不同风,百里不同俗"的客观现实,但婚礼和丧礼或多或少、自觉不自觉都还存有古风。如古代家礼之中,婚姻大事包含纳采、问名、纳吉、纳征、请期、亲迎等重要礼仪,古称"六礼",也称纳币、大聘、过大礼等,宋代以后逐渐变为三礼。当代中国婚姻礼仪虽有改良和简化,但仍然保留了其中的主体部分。本书前面曾详细介绍过,古代家庭的丧葬礼节分为若干阶段,且每个阶段礼节内容都不同,需要"习礼",即"读礼"。"居丧未葬,读丧礼。既葬,读祭礼。"(《礼记·曲礼》)单就丧礼而言,报丧、入殓、吊唁、出殡等一系列流程的主要内容和今天的丧葬礼仪在基本环节上大体相似。当然,随着时代的发展,各种思潮的不断涌入,当代婚丧礼仪与古代家礼相比已有了较大程度的改变,比如有些家庭崇尚西式婚礼、葬礼,选择在教堂中遵循基督教礼仪办婚礼丧礼,有些年轻人崇尚移风易俗,更愿意旅行结婚等,这些都是婚丧礼仪文化的新变化、新趋势。

(二)体现在传统节日活动中

中华民族的传统节日蕴含了中国先民的创造精神和生活智慧,中国家庭在传统节日中展现出的诸多礼仪文化,至今仍然有着非常宝贵的研究和开发价值。无论是春节、元宵节,还是清明、端午,抑或是七夕、中秋,中元、重阳,几乎每个传统节日我们都能背诵出脍炙人口的唐诗宋词,都能回想起曾经发生在这些节日里的故事。譬如:"爆竹声中一岁除,春风送暖入屠苏。千门万户曈曈日,总把新桃换旧符。"王安石的诗句生动表现了古代春节时家家都要举行的放爆竹、喝屠苏酒、换桃符等家庭礼俗。迄今为止,在以上中华民族传统节日中,仍然保留了大量传统家礼文化的历史遗存,例如家庭在清明、中元等节日开展祭扫活动、家庭在元宵、端午、中秋等节日食用特殊饮食、开展庆祝活动,在春节、麦收等特殊节气开展家庭劳动,等等。近年来,随着社会经济发展水平的不断进步,人民对美好生活的需要不断提高,围绕传统节日催生出的节日经济、节日消费已成为一种新的文化现象。

---

① 李晓东:《序》,《中国封建家礼》,第1页。

加之近年来，传统节日不断受到圣诞节、情人节等"洋节日"的挑战，越来越多有识之士开始呼吁重新发掘传统节日中的礼仪文化，重塑中华民族的节日观。2017年中共中央办公厅、国务院办公厅印发的《关于实施中华优秀传统文化传承发展工程的意见》指出，要"实施中国传统节日振兴工程"，"丰富春节、元宵、清明、端午、七夕、中秋、重阳等传统节日文化内涵，形成新的节日习俗。加强对传统历法、节气、生肖和饮食、医药等的研究阐释、活态利用，使其有益的文化价值深度嵌入百姓生活"[1]。《意见》从国家层面吹响了复兴传统节日文化的号角，在这样的背景下，传承创新好新时代节日家礼文化显得愈发重要、愈发迫切。

（三）体现在子女成长发展重要节点中

中华民族向来注重"父慈子孝"的家庭亲子关系和"养而教之"的家庭教育实践。中国古代家庭生活中，在子女成长的不同阶段，都有相应的家庭礼仪来导引孩子，使之逐步成熟心智、承担家庭责任。"古人的高明之处，就在于能够抓住人生发展过程中的关键点"，"用一种大家喜闻乐见的形式给以提示"[2]。《礼记》论及冠礼的意义时云："三加弥尊，加有成也"（《礼记·冠义》）。子女从呱呱坠地到长大成人，在必要的时间节点举行家庭的成人礼是中国传统家礼文化的重要内容。男子到二十岁行士冠之礼，也叫冠礼，要三次加冠，结束之后男子方可被取与"名"同样重要的"字"。女子十五岁行笄礼，且许嫁之后才取字，所以"待字闺中"就是指姑娘尚无婚约。近代以来，正式的冠礼和笄礼在中国家庭中已基本不见了，但是有关子女重要成长节点的家庭纪念仪式仍然普遍存在。例如孩子刚出生满月要吃喜面，孩子周岁有些地方要摆周岁宴、有些地方要让孩子抓周等。近年来，随着传统文化热的抬头，不少家长重新开始重视成人礼对于孩子成长的教育作用，一些政府机关、学校也在大力推行成人礼相关活动。2018年，共青团中央印发了《全国中学生18岁成人仪式规范（试行）》，第一次从国家层面对新时代成人礼做了倡导和规范。尽管当代成人礼从内容、形式等方面已经和传统家礼文化中的成人礼有了很大的不同，但二者期盼孩子健康成长、希望孩子勇担重任的初衷却是一致的。

---

[1]《中办国办印发〈关于实施中华优秀传统文化传承发展工程的意见〉》，《光明日报》2017年1月26日。

[2] 彭林：《礼乐文明与中国文化精神》，第104页。

（四）体现在日常起居活动中

传统家礼文化不仅体现在婚丧嫁娶和重大节日之中，也体现在洒扫应对的家庭日常生活之中。中国传统礼仪文化如果从诞生的源头来看，不管是攸关生死婚冠的黄钟大吕之礼，还是涉及饮食起居的人伦日用之礼都属于广义的"家"礼。而从规范事项来看，则大致可以分为经礼和曲礼两大类。经礼是指为隆重、特定目的实行的礼仪，即"冠婚丧祭燕射朝聘"等大礼，或者魏晋后简化的吉、凶、军、宾、嘉五礼。而曲礼是指为日常生活而设定的礼仪。所谓"经礼三百，曲礼三千，其致一也"（《礼记·礼器》），朱熹解释为"礼之微文小节"。秦汉以后，"天子建国，诸侯立家"（《左传·桓公二年》）的分封制逐渐淡出历史舞台，家的含义也逐渐从封建大家族坍缩为小家庭，因而曲礼也可以看作狭义的家礼。家礼的内容主要是"家庭成员应遵守的家庭礼法，以及家庭成员的日常起居及婚、丧、冠、祭等礼仪规定"[①]，中古以后也扩展至"村规乡约"和"乡礼"。关于古代家礼中规范日常起居的曲礼有很多，比如礼敬长辈、尊师重道、谦退温让、举止优雅、勤俭节约等。有些礼仪规范至今仍然作用于当代家庭生活之中。例如有些家庭、家族有成文的家训、家范、族规、族约，人人奉行，代代相传；有些亲属成员比较多的家庭对彼此称呼有着严谨细致的规定，讲究"远近有别""各亲各叫"；有些家庭保持定期给长辈问安、送节礼的习惯；有些家庭会在固定的年节给过世的亲人举行祭奠仪式；有些家庭要求吃饭时必须人都到齐才能动碗筷，等等。以上"日用而不觉"的家庭礼节，实际上是传统家礼文化在当代家庭生活中的传承和应用。尽管随着生活节奏的加快和人们交往关系的改变，一些家庭生活中的"老礼"已经逐渐退出历史舞台，甚至已经在青年一代群体中"失传"了，但仍有一部分家礼文化历久弥新，随着时代的发展愈发展现出恒久魅力。

---

① 曹建墩：《先秦古礼探研》，社会科学文献出版社2018年版，第262页。

三、传统家礼文化的时代价值

千百年来，中华传统家礼文化所蕴含的道德逻辑、思想方式、生活观念、教化思想等，已经成为中华民族的文化基因，深深植根于中国人的血脉之中，至今仍在潜移默化地影响着当代中国人的精神世界。管子认为，"国有四维"，"一曰礼，二曰义，三曰廉，四曰耻"（《管子·四维》），"四维不张，国乃灭亡"（《管子·国颂》）。荀子认为，"礼之于正国家也，如权衡之于轻重也，如绳墨之于曲直也"（《荀子·大略》）。皇甫湜在《东晋元魏正闰论》中也说："所以为中国者，礼仪也。所谓夷狄者，无礼仪也。岂系于地哉？"陈黯在《华心》中更明确提出了辩证的观点："有生于中州而行戾乎礼仪，是形华而心夷也；生于夷域而行合乎礼仪，是形夷而心华也。"可以说"礼"文化已潜移默化为中国人"日用而不觉"的思维方式和行为方式，成为中国人评判是非曲直、划分华夷之别的重要价值标准。面对新时代推进文化自信自强的任务要求，我们有必要积极吸纳借鉴传统家礼文化中的有益成分，彰显其文化魅力和时代价值。

（一）传统家礼文化的道德价值

《关于实施中华优秀传统文化传承发展工程的意见》明确指出，"中华优秀传统文化蕴含着丰富的道德理念和规范"，要"传承发展中华优秀传统文化，就要大力弘扬自强不息、敬业乐群、扶危济困、见义勇为、孝老爱亲等中华传统美德"[①]。中华传统美德是新时代公民道德建设的"根"和"魂"，充分挖掘传统家礼文化蕴涵的道德价值，积极探索家礼文化滋养新时代家庭美德建设的内容、形式、路径和方法，是实现中华传统美德创造性转化、创新性发展的重要途径。讲好中国家礼故事，对于提升公民道德素养，增强文化自信、巩固社会主义文化在世界文化激荡中站稳脚跟的理论基石具有重要意义。

道德养成的过程是道德教育主体基于一定的教育目标，采取一定的道德培养方式，对道德客体进行道德知识的教育，使之形成稳定的行为习惯，从而将社会道德

---

① 《中办国办印发〈关于实施中华优秀传统文化传承发展工程的意见〉》，《光明日报》2017年1月26日。

规范内化为个体的道德心理，凝聚为道德品质的一种道德教育观和道德品质培养方法。道德养成即是道德素质的养成，包括道德意识养成（知、情、意、信）和道德行为习惯养成两方面。[①]传统家礼文化最重要的道德价值，就在于其在家庭德育中对于道德认识、道德情感、道德意志、道德行为的培养作用。在家礼的规范引导下，孩子从很小就接受道德认识的灌输，像孔子教育孔鲤那样，"不学《诗》，无以言；不学礼，无以立"（《论语·季氏》）。同时，在践行家礼的过程中，"礼作于情，或兴之也"[②]，家庭年轻成员也逐渐培养起由衷认同家礼规范的道德情感。《荀子》云"礼以顺人心为本"[③]，朱熹也讲"敬而不爱，非真敬也"。待到年幼子弟年龄稍长，有了一定理解能力和自控能力后，家礼教育重点则逐渐转向树立道德意志阶段，加强"非礼勿视，非礼勿听，非礼勿言，非礼勿动"（《论语·颜渊》）的道德自觉意识培养，锻炼"发乎情，止乎礼义"的自我调节能力。《荀子》认为礼存在的根源就在于平衡人的内在欲求和社会外在限制之间的关系，他说：

> 人生而有欲，欲而不得，则不能无求；求而无度量分界，则不能不争；争则乱，乱则穷。先王恶其乱也，故制礼义以分之，以养人之欲，给人之求，使欲必不穷乎物，物必不屈于欲，两者相持而长。是礼之所起也。故礼者，养也。[④]

只有有效地将自我欲求限制在"度量分界"之内，才能达到"物""欲""相持而长"的境界。掌握了基本的道德认识，培养了深厚的道德情感，树立了坚定的道德意志，家礼教化最终的目的是让家庭成员都能践行合乎礼之本义的道德行为。《说文解字》对礼解释为"礼，履也"[⑤]，表明礼是要躬身践履、始于足下的。一方面如荀子所言，表明"礼"如同鞋袜一样，是平衡人欲求无限与社会供给有限矛盾的"润滑剂"和"保护层"，另一方面，也表明礼是要躬身践履、始于足下的。

---

① 参见陈延斌、胡相峰：《养成训练：未成年公民品德塑造的新路径》，《道德与文明》2008年第1期。
② 刘钊：《郭店楚简校释》，福建人民出版社2003年版，第89页。
③ 〔清〕王先谦：《荀子集解》卷十九，沈啸寰、王星贤点校，中华书局1988年版，第490页。
④ 〔清〕王先谦：《荀子集解》卷十三，沈啸寰、王星贤点校，第346页。
⑤ 〔汉〕许慎撰，〔清〕段玉裁注：《说文解字注》，许惟贤整理，第3页。

对于礼的践行，古人论述颇多。如"博学之，审问之，慎思之，明辨之，笃行之"（《礼记·中庸》）；"夫礼，天之经也，地之义也，民之行也"（《左传·昭公二十五年》）；"修己治人之实，礼而已矣。性之所歝失者，习迁之也"①。从这些论述中，可以看出礼的践行包含两层含义：其一，对礼文化来说，形式就是内容，仪式感对礼而言很重要，必须要"行礼如仪"；其二，即便是形式上做足了礼的功夫，但不按照礼的精神去践履，没有把礼的内在要求外化为道德行为，那么礼就成了纯粹的仪式摆设，必将难以行之长久。正如有学者所言，"中国的古礼，从来不是书斋内的玄思空谈，它是一种具有强烈实践性的文化体系"，"是一种重视实践、崇尚道德教化、主张以礼乐化民成俗的经世之学"②。

近年来，党和政府高度重视家庭美德建设在新时代公民道德建设工程中的重要作用，提出了"紧密结合培育和弘扬社会主义核心价值观，发扬光大中华民族传统家庭美德"③的任务和要求。党的二十大报告再次强调，"弘扬中华传统美德，加强家庭家教家风建设"，"推动明大德、守公德、严私德，提高人民道德水准和文明素养"④，为实现社会主义核心价值观日常化、具体化、形象化、生活化确立了方法论指导。中共中央办公厅、国务院办公厅印发的《关于实施中华优秀传统文化传承发展工程的意见》更是明确要求"加强国民礼仪教育"，"彰显中华传统礼仪文化的时代价值"，"研究提出承接传统习俗、符合当代文明要求的社会礼仪、服装服饰、文明用语规范"，"树立文明古国、礼仪之邦的良好形象"。⑤根据中共中央、国务院印发的《新时代公民道德建设实施纲要》的明确要求，新时代家庭美德的主要内容是"尊老爱幼、男女平等、夫妻和睦、勤俭持家、邻里互助"。⑥以上内容大都来源于对中华民族优秀传统美德的继承和发扬，也都能在传统家礼文化中找到现实对应的承接资源，以批判继承的态度实现中国古代家礼文化的"创造性转化"和"创新性发展"必将对新时代家庭美德建设和家庭礼仪文明养成起到积极

---

① 〔清〕王夫之：《礼记章句》卷三十，《船山全书》（第4册），岳麓书社1996年版，第1213页。
② 曹建墩：《先秦古礼探研》，第312页。
③ 习近平：《在2015年春节团拜会上的讲话》，《人民日报》2015年2月18日。
④ 习近平：《高举中国特色社会主义伟大旗帜 为全面建设社会主义现代化国家而团结奋斗——在中国共产党第二十次全国代表大会上的报告》，人民出版社2022年版，第44页。
⑤ 《中办国办印发〈关于实施中华优秀传统文化传承发展工程的意见〉》，《光明日报》2017年1月26日。
⑥ 《中共中央、国务院印发〈新时代公民道德建设实施纲要〉》，《人民日报》2019年10月28日。

的推动作用。

（二）传统家礼文化的教育价值

一种文化的产生和发展总是由其背后的社会生产方式和社会存在状况决定的，反之，文化的产生和发展也会对社会生产力发展起到重要作用。"教育会生产劳动能力"①，"为改变一般人的本性，使它获得一定劳动部门的技能和技巧，成为发达的和专门的劳动力，就要有一定的教育或训练"②。马克思所谓的教育这种对"一般人本性"的改变，即是中国礼乐文化中所强调的"克己复礼"。"礼的功能之一是教化"，"克己复礼"就是通过礼对"食、性、攻击"等动物本能进行有效抑制。③家礼文化的产生和发展并非只是贵族和士大夫阶层坐而论道的思想实验或生活游戏，而是建基于一定社会生产方式之上的社会需要和交往需要。这一逻辑决定了家礼文化的重要功能和使命必然是通过其强大文化影响力对其社会成员进行广泛的教育和渗透。郭店楚简《性自命出》云："教，所以生德于中者也。"④孟子亦云："善政不如善教之得民也。善政民畏之，善教民爱之；善政得民财，善教得民心。"（《孟子·尽心上》）教化天下、导引民心，这也正是《周易》所言"文化"二字的初始意义，即"关乎人文，以化成天下"⑤。如前所述，中国传统家礼文化通过"礼仪教化"将统治阶级的思想意志渗入到家庭这一社会最小细胞之中，对于以农耕为主要生产方式的中国古代社会发展起到了重要的推动作用。对于当代中国而言，虽然家礼文化中许多应用于农业社会的道德观念、生活方式、价值标准已经"过时"，但其所蕴含的对于家庭教育的诸多认识与实践至今仍然具有跨越时空的时代价值。

首先，在家庭礼仪规范中教育子女、涵养品德，是"中国式"人格成长的一大特色。

---

① 中共中央马克思、恩格斯、列宁、斯大林著作编译局译：《马克思恩格斯全集》（第26卷上），人民出版社1973年版，第210页。
② 中共中央马克思、恩格斯、列宁、斯大林著作编译局译：《马克思恩格斯全集》（第5卷），人民出版社1958年版，第200页。
③ 阿城：《洛书河图：文明的造型探源》，中华书局2014年版，第143—144页。
④ 参见刘钊：《郭店楚简校释》，第89页。
⑤ 陈鼓应、赵建伟注译：《周易今注今译》，商务印书馆2016年版，第212页。

家庭是人生的第一个课堂，父母是孩子的第一任老师。我国古代的《周易》卦辞中就有"正家而天下定矣"的表述，"知书达礼"是开展家教的重要目的，不辍家教是"诗礼传家"的基本手段。千百年来，在家礼文化潜移默化地濡染和教育下，华夏先民们家风淳厚、薪火相传，形成了中华民族独特的精神品格和"礼仪之邦"的独特大国形象。唐宋八大家，苏氏一门独占其三，这种罕见的文化现象就与苏氏家族的家庭教育密不可分。《宋史·苏轼传》记载，苏东坡十岁时父亲苏洵游学四方，其母程氏深明大义，从苏轼兄弟年幼起就对其开展"通文达礼"的家庭教育，一次程氏给苏轼读东汉《范滂传》，不禁为清廉正直的一代名臣范滂英勇就义连声慨叹，苏轼问母亲："轼若为滂，母许之否乎？"程氏曰："汝能为滂，吾顾不能为滂母邪？"[①]在母亲的言传身教下，苏轼、苏辙兄弟首次科考就名动京师，为官后虽宦海沉浮却始终仁礼存心，终成千古文人立德立言的典范。晚清爱国名臣林则徐虽自幼家境寒苦，但父亲林宾日却丝毫没有放松对他的家礼教育，刻意为其取名"则徐"，就是寄意他效法为官清正的福建巡抚徐嗣曾。后来林则徐果然青出于蓝，成为了晚清官场少见的廉吏能臣，赢得了"林青天"的美誉。这些生动鲜活的家礼教育故事至今读来仍有穿越历史时空的人文价值，值得为人父母者认真吸收借鉴。

其次，利用家庭礼仪规范培养家德、涵育家风，是中国家庭隐性教育的重要手路径。

家庭道德教育，是人们道德人格成长发展的基础。一个人自幼在家风雍肃、家规谨严的环境中生长和在家德不修、家风败坏的环境中生长，必然会有两种不同的道德认知和人生道路。所谓隐性教育，是指让受教育者心理上并未察觉的无意识教育方式，也即用"潜移默化""润物无声"的方式对受教育者思想观念、道德情感施加影响的方法。正所谓"身教重于言教"，家长在家庭中处处行礼如仪，以身作则，这种"无声的教育"，往往比空谈礼义廉耻的大道理会更有效果。所谓"习惯成自然"，家礼正是以一种"自然法、习惯法"[②]的形式把家庭道德观念在洒扫应对、人伦日用之中潜移默化地传递渗透下去，收获到了经得起数千年历史检验的教育效果。《礼记》云："夫礼者，所以定亲疏，决嫌疑，别同异，明是非也。"（《礼记·曲礼》）孔子也说："道之以政，齐之以刑，民免而无耻。道之以德，

---

① 〔元〕脱脱等：《苏轼传》，《宋史》卷三百八十三，第10801页。
② 楼宇烈：《中国文化的根本精神》，第83页。

齐之以礼,有耻且格。"(《论语·为政》)这都体现了礼仪教化对于道德教育的方法论意义。所谓"人而无礼,焉以为德"(《法言·问道》),家庭道德的浸润为家礼的施行铺垫了心理上的深刻认同,而家礼文化的推行又使家庭道德培育得到了行动上的有效落实。如前所述,"礼"分"曲礼"和"经礼"两类。狭义的家礼就是指规范家庭日常生活的"曲礼"。在中国古代社会中,官办教育多被贵族统治阶层垄断,普通家庭的道德习得只能通过"曲礼"来完成,家礼教育便自然成为一般社会成员接受道德教化的主要渠道。又因为家礼在操作性上贴近生活、简单易学,相较于"经礼"更能体现人的"主体精神"和"意识自觉"[①],因而在维持家庭结构、沟通家庭情感、塑造家庭价值方面发挥了无可替代的情感纽带作用,也成为中国礼乐文化中生命力最强、影响力最大、群众接受程度最高的一个支脉,至今仍然在中国家庭中广泛存在。正因如此,传统家礼不仅是一种道德秩序的体现,同时也是一种仪式化的家庭隐性教育和环境教育。

最后,利用家庭礼仪规范由近及远、推己及人,可以构成社会教化的传播载体。

家礼文化虽是居家之礼,但其适用的领域、辐射的范围却不仅仅限于家庭内部。早在家礼文化形成之初,其内生逻辑就超越了只规范家庭成员的私德偏好和个体表达,而表现出较为开放的公德性质和社会关怀。早在《礼记》中就有"五不孝"的说法:

> 居处不庄,非孝也;事君不忠,非孝也;莅官不敬,非孝也;朋友不信,非孝也;战陈无勇,非孝也。(《礼记·祭义》)

表面上看,一个人的举止不严肃、事君不忠诚、当官不尽职、交友不诚信、打仗不勇敢和孝顺不孝顺似乎没什么关系,现实中我们也不难发现杀人越货的歹徒、腐败堕落的贪官可能在家中表现得非常孝顺,但在传统家礼文化中,这种人对自己父母再孝顺也是"不孝",因为"五者不遂,灾及于亲,敢不敬乎"(《礼记·祭义》)。类似以上五个方面的社会公德有缺,灾祸必然殃及父母双亲,不论是古代社会的"株连九族"还是当代社会的"家族蒙羞",哪怕是家庭并无实际利益和名誉的损失,自己伏法受诛或身败名裂也会让父母徒增伤心,这就是最大的"不

[①] 参见蒋璟萍:《礼仪文化与社会主义核心价值观》,《理论参考》2014年第11期。

孝"。基于这个逻辑，在面临"忠孝不能两全"的抉择时，许多仁人志士依然选择尽忠报国，他们认为毁小家纾国难正是大孝之举；反之，国难不救，终生不安，即便能够床头尽孝，也是不孝。《礼记》还把孝划分为三个层次，"孝有三，大孝尊亲，其次弗辱，其下能养"（《礼记·祭义》）。意指孝的至高境界是让父母获享尊荣，这种尊荣并非一般的荣华富贵，而是"为国家、为民族所做的贡献越大"，"父母所享受的尊荣就越高"；①次等的孝，是虽没能让父母获享尊荣的立德立功立言之举，但俯仰无愧，没有让父母为自己蒙羞；最低等级的孝才是"能养"，即给父母以物质上的满足。由此可见，家礼文化所起到的教育作用已远远超出了一家一姓道德教化的范围，而扩展到了更加宽广的社会领域。正所谓："老吾老，以及人之老；幼吾幼，以及人之幼"（《孟子·梁惠王上》），以家礼作为社会教化的传播载体，社会核心价值观念才有灌输的渠道，社会道德文化才有熏习的抓手。

深入理解和把握民族文化发展的过去，才能更好开启和创造民族文化复兴的未来。新时代家庭道德教育与传统家礼教育在精神基因、内在逻辑、价值归宿等方面具有深层次的同构性、互补性和统一性。充分发挥家礼文化的濡染功能并实现古为今用、有效转化，有助于丰富新时代家礼文化和家庭美德建设的理论内涵、历史底蕴和实现路径，进而为讲好中国家庭故事、传播好中国道德价值、推进新时代礼仪文明打下坚实根基。

（三）传统家礼文化的治理价值

"法与时转则治，治与世宜则有功。"（《韩非子·心度》）从孔子所希望构筑的"大同世界"到柏拉图设计的"理想国"，从老子看中的"无为而治"到韩非子向往的"依法治国"，无数先知大德都曾为实现社会长治久安和人民安乐幸福做出过设计理想政治体制的思想实验，政通人和、天下大治，是古今中外仁人志士的普遍诉求。时至今日，面对全球化浪潮的洗礼、信息技术的冲击、价值观多元化等"百年未有之大变局"，国家和社会的有效治理问题仍然是全世界关注的热点问题。对于有着丰富家国兴衰历史经验教训的中华文明而言，研究国家治理经验的"治道"以为镜鉴，一直是历代领导者孜孜以求的为政旨归。"治国之道，实由家治也。"家庭是社会的细胞，也是国家治理的最小单元。一个社会如果没有坚实的

---

① 参见彭林：《礼乐文明与中国文化精神》，第246页。

家庭文明建设作治理基础,那么再完美的制度设计、再科学的治理方法都可能成为空中楼阁。在中国几千年的历史发展中,家礼文化对中国人家风的形成、民风的导引、社会的稳定起到了重要的"黏合剂"作用,对于今天的社会治理体系建设而言,中国传统家礼文化仍然具有诸多可以借鉴的价值。

首先,家礼文化对于家庭事务的治理经验可以借鉴为治国之道。《礼记》云:"凡治人之道,莫急于礼"(《礼记·祭统》),又云:"是故审声以知音,审音以知乐,审乐以知政,而治道备矣。"(《礼记·乐记》)意指观察审视一个社会的政治得失,往往从其礼乐规范的兴废中便可看出端倪。因而,分析治国之道与治家之道的关系,始终是中国古代政治家、思想家反思治理历史经验的重要内容。唐太宗李世民为了总结古往今来王朝更替的教训,命魏徵等大臣编撰了以研究治道为核心的《群书治要》。宋神宗为了"鉴于往事,有资于治道",命司马光等人主编了《资治通鉴》。以上关于"治道"的典籍之中,对于治家与治国的内在逻辑和辩证关系有过诸多论述。社会治理从根源上说,是要解决社会资源的分配问题,即"把蛋糕分好"的问题。中国古人以礼治家的重要目的之一,也是为了处理好家庭资源的分配问题。家礼文化所孕育诞生的嫡长继承制、同居共财制、养儿防老制、义田养济制、义务对应制、孝亲睦邻制等,最大限度地解决了在家庭资源分配中的结构性矛盾,即便从同时期的世界范围来看,也是较为先进和智慧的治理方案,对于今天制定社会公共福利政策仍有可供借鉴之处。从这个意义上讲,"家和万事兴"实际上是中国古人在对家庭治理成本进行过精确计算和反复试验后得出的经济学结论。正是基于这种考量,近年来许多中外学者对于荀子"礼之用,和为贵"的理解开始转向社会治理和利益分配层面。如德国学者鲍吾刚就认为,礼的存在是为了"保证世界的一个恰当秩序,其秘密就在于教导和维护人和人之间清楚限定的社会分界,这才是每个人能平等获得他所分享那份的条件"[1]。还有学者指出,礼的本质就是"对占有资源和分配资源行为的限制",《论语》中"夷狄之有君,不如诸夏之无也"这句话,隐含的意思是"礼是制度,制度建立了,无所谓谁当政,都一样","这几乎与我们现在对文明制度的认识是一样的"[2]。此外,以礼治家对依法治国也有相互补充、相互借鉴的意义。一方面,所谓"没有规矩,不成方圆",由于家礼文化已浸润中国家庭数千年之久,这使得中国人对"讲礼貌""守

---

[1] [德]鲍吾刚:《中国人的幸福观》,严蓓雯等译,江苏人民出版社2010年版,第58页。
[2] 阿城:《洛书河图:文明的造型探源》,第143页。

规矩""不给家族蒙羞"有着本能的道德自觉,也让依法治国思想在中国推行有了较为深厚的群众基础。另一方面,"礼之用,和为贵"这种社会共识或"集体无意识",使得中国社会的治理成本要比动辄"请律师""打官司"的西方社会要低很多。中国人遇到矛盾问题的思维方式往往是"先礼后兵",讲究"上兵伐谋,其次伐交,其次伐兵",以及"不战而屈人之兵",这并非中国人喜欢回避矛盾或者天性温良恭让,而是一种面对成本计算的理性选择。司马迁曾以"拨乱世反之正"来评价孔子作《春秋》对中华礼文化的贡献,他说:

> 故《春秋》者,礼义之大宗也。夫礼禁未然之前,法施已然之后;法之所为用者易见,而礼之所为禁者难知。(《史记·太史公自序》)

这里强调了和显示度较高的"法"相比,"礼"在"治未病""禁未然之前"方面有着不可替代的作用。这些思想对于今天的社会治理而言,仍然具有非常重要的借鉴意义。

其次,家礼文化对于家庭成员的思想教化可以凝聚为国家共识。核心价值观是一个民族、一个国家绵延不绝、勇毅前行的重要精神依托。一旦形成了能够为国家立心、为民族立魂的核心价值观,即便一时遭受外部入侵、国破家亡,假以时日,仍能够重整山河,实现民族伟大复兴。顾炎武曾以"亡国"和"亡天下"的区别来阐释文化价值观存续的重要性,认为"易姓改号,谓之亡国;仁义充塞,而至于率兽食人,人将相食,谓之亡天下"[①]。对于中国这样一个幅员辽阔、民族众多的"大一统"国家而言,在全社会凝聚共识、形成较为一致的核心价值观念,对于国家治理而言尤为重要。

对于现代国家而言,社会共识的凝聚是一个复杂的系统工程,是历史文化的积淀、国民教育的灌输、大众媒体的传播、政治程序的操作、文学艺术的熏陶等多方面共同作用的结果。但其中不能忽视的一股强大力量,是家庭正确的价值观传承。马克斯·韦伯在《新教伦理与资本主义精神》中曾深入分析了资产阶级核心精神的宗教谱系被资本主义社会广泛认同的原因。韦伯认为,这种"产生于基督教禁欲主义的精神"成为资本主义主流价值的标志,是清教伦理核心价值观从它原初的社会

---

① 〔清〕顾炎武撰,〔清〕黄汝成集释:《正始》,《日知录集释》卷十三,中华书局2020年版,第680页。

承担者——禁欲主义新教教会和教派，扩展到另一个全新的担纲者群体：新教徒家庭。新教的核心价值观念通过这些新教家庭渗透进家庭成员的日常生活，"儿童就在这种至亲的人际关系中接受了社会化熏陶，并以节制、沉静的方式自我表现，而这就涉及一整套指导性的价值观"①。

通过凝聚家庭价值观形成符合资本主义社会发展要求的社会价值观，是新教伦理在资本主义社会获得普遍认同的重要路径。

中国家礼文化同样具有这种凝聚共识的强大功能。对于中国的礼乐文化制度，后世又有"礼教"之说，即往往把礼仪与教化并提，即指礼不仅只是"形式""仪式"，而是要通过形式、仪式对家庭成员进行思想、道德、文化、价值观念内容的濡染教育，进而把家庭的价值观灌输给家庭成员。这种价值观教育放大到一朝、一国之中，就会汇聚成一种强大的社会向心力和凝聚力。正所谓"一家仁，一国兴仁；一家让，一国兴让"（《礼记·大学》），国有四维，礼义廉耻，"四维不张，国乃灭亡"。家礼文化在中国传统社会治理体系中不仅仅具有匡范私德的意蕴，还具有社会风化导引的公德意蕴。美国学者本杰明·史华兹在对比了孔子和柏拉图的家庭观以后得出结论："《理想国》是极其精英主义的，但它的精英不会从家庭生活模式中吸取任何的精神教训和道德教训"，而对孔子来说，"正是在家庭之中，人们才能学会拯救社会的德性"，因为家庭不是靠"体力强制"而是靠宗教、道德、情感而凝聚起来的，因而"正是在家庭内部，我们才找见了公共德性的根源"②。诚哉斯言！《礼记》就记载孔子曾经讲过："立教自长始，教民顺也"，"孝以事亲，顺以听命，错诸天下，无所不行"（《礼记·祭义》）。只有确立了尊敬家庭长辈之教，才能教育民众恭顺，把孝亲观念推广到天下，如此就没有行不通的事了。可以说，家礼文化所树立的价值观，其基本内容和中国古代社会核心价值观是一致的、相谐的，读懂了中国家庭的核心价值，也便理解了中国社会的核心价值。

一个最明显的例证，便是东西方国家和民族在2020年初抗击席卷全球的新冠疫情的严峻斗争中的选择和表现。大难突如其来时，相较于欧美一些国家政府"各人自扫门前雪"的自利形状、部分民众"我行我素"的散漫状态，中国政府和人民表

---

① ［德］马克斯·韦伯：《新教伦理与资本主义精神》，阎克文译，上海人民出版社2018年版，第124页。
② ［美］本杰明·史华兹：《古代中国的思想世界》，程钢译，江苏人民出版社2008年版，第91页。

现出的超强的自律意识和互助精神，成为了很多国家"学不来"的样板工程。不仅中国，同样属于东亚文化圈的韩国、日本、新加坡等国家，其政府和国民也表现出了较为强大的动员能力和自律精神。对于新时代的国家治理而言，应当充分发挥家礼文化在凝聚社会共识中的重要作用，把全社会的价值整合优势有效转化为国家的治理效能。

最后，家礼文化对于家庭美德的作用可以扩展至社会公德层面。如前所述，家礼文化最大的教育价值是对家庭美德的教育。中共中央、国务院印发的《新时代公民道德建设实施纲要》明确指出，"家庭是社会的基本细胞，是道德养成的起点。要弘扬中华民族传统家庭美德"，"用良好家教家风涵育道德品行"，"自觉传承中华孝道"。[①]通过以家礼文化为代表的中国优秀传统文化滋养新时代社会主义先进文化，并由内而外、由家而国、由私德而公德，形成符合中国式现代化要求的新时代公民道德，必将成为中华传统家礼文化对国家治理体系建设的重要贡献。

根据《新时代公民道德建设实施纲要》的要求，新时代家庭美德的主要内容是"尊老爱幼、男女平等、夫妻和睦、勤俭持家、邻里互助"[②]。新时代公民道德建设，是社会公德、职业道德、家庭美德、个人品德"四德并举"的系统工程，家庭美德建设成果丰硕、效果扎实，必然会对社会公德建设提供有力支撑。在中国传统家礼中，"尊老爱幼"的内容提及最多、论述也最完备。如孟子云："老吾老，以及人之老；幼吾幼，以及人之幼"（《孟子·梁惠王上》），他提出"颁白者不负戴于道路"（《孟子·梁惠王上》）。《礼记》也有"古之道，五十不为甸徒，颁禽隆诸长者"（《礼记·祭义》）的记载，意为老者不必打猎但要享受擒获猎物中最优厚的一份，并强调了"班白不提挈""轻任并，重任分"（《礼记·王制》）的礼仪，要求照顾年迈者身体衰弱，不可以让他们提重东西。"夫妻平等"虽然是现代社会才被普遍认可的家庭道德，但中国古代家礼文化却有大量关于规训"夫妻和睦""夫和妻顺""夫义妇听"的内容。所谓：

> 敬慎重正，而后亲之，礼之大体，而所成男女之别，而立夫妇之义也。男女有别，而后夫妇有义；夫妇有义，而后父子有亲；父子有亲，而后君臣有

[①] 《中共中央、国务院印发〈新时代公民道德建设实施纲要〉》，《人民日报》2019年10月28日。
[②] 《中共中央、国务院印发〈新时代公民道德建设实施纲要〉》，《人民日报》2019年10月28日。

正。故曰"昏礼者，礼之本也"。（《礼记·昏义》）

《礼记》还把"夫义""妇听"（《礼记·礼运》）列为"十义"之一，这种家庭关系不能简单理解为要求妻子对丈夫百依百顺、言听计从，而是和"父慈子孝""兄友弟恭"一样，是一种相互承担权利和义务的对应关系。出土的郭店楚简《六德》中亦有"夫智妇信"的记载。[1]这些在家礼家德的传统文化中对在夫妻关系的论述，实际上也是今天建构家庭美德应当借鉴和参考的宝贵资源。

提及"礼仪"，有的人可能会联想到"繁文缛节""铺张浪费"，误以为其与勤俭节约的新时代家庭美德格格不入。实际上作为中华民族的传统美德之一，"勤俭持家"精神在家礼文化中多有体现。《礼记》云："祭祀不祈，不麾蚤，不乐葆大，不善嘉事，牲不及肥大，荐不美多品。"（《礼记·礼器》）强调祭祀之礼的本义并不在于祭器的精美、贡品的肥大，因为"鬼神飨德不飨味"[2]。《左传》也云："苟有明信，涧溪沼沚之毛，苹蘩蕰藻之菜，筐筥锜釜之器，潢污行潦之水，可荐于鬼神。"（《左传·隐公三年》）只要内心虔诚，溪水中的浮萍、水藻这样的野菜，装在简陋的祭器之中，用沟渠中的污水也可以祭祀鬼神。朱熹《家礼》也强调："制财用之节，量入以为出"，"裁省冗费，禁止奢华"[3]。可见，崇尚节俭、质朴是中国古代家礼文化的重要特征，"古代祭祀中，越是尊贵的神灵，其祭品、仪式越是俭约、质朴"[4]。

关于"邻里互助"，在家礼文化中亦有诸多体现。《论语》云："礼之用，和为贵"（《论语·学而》）。《礼记》规定得更具体："邻有丧，舂不相。里有殡，不巷歌"，"临丧则必有哀色，执绋不笑"（《礼记·曲礼》），强调邻里之间最大的礼是同心同力、守望相助。

综上可见，中国传统家礼文化对于新时代家庭美德建设有诸多可供借鉴之处，充分发挥家礼文化对于家庭美德建设、社会公德建设的促进作用，也将使国家治理体系和治理能力现代化获得坚实的文化支撑。

---

[1] 参见刘钊：《郭店楚简校释》，第109页。
[2] 曹建墩：《中国的祭礼》，第174页。
[3] ［日］吾妻重二：《朱熹〈家礼〉实证研究》，吴震、郭海良等译，第265页。
[4] 曹建墩：《中国的祭礼》，第174—175页。

（四）传统家礼文化的传播价值

一种文化是否具有生命力和创造力，一要在时间向度上看其穿越的历史，二要在空间向度上看其辐射的边界。所谓"越是民族的就越是世界的"，其含义就是指优秀文化能够跨越民族、地域、语言、国别的限制，具有让全世界大多数国家和人民能够理解、欣赏甚至引起共鸣的传播价值。中国传统家礼文化作为涵养中国人家庭美德、建构中国人集体人格的独具特色文化，不仅对国内而言蕴涵着丰富的道德价值、教育价值和治理价值，而且就世界范围而言，也蕴含着丰富的传播价值和交流价值。

其一，传统家礼文化可以成为中国文化海外传播的有力抓手。进入21世纪以来，随着我国经济发展水平等"硬实力"的不断提升，国际社会一些杂音也纷至沓来，唱衰中国、宣扬"中国崩溃论"者有之，防范中国、散布"中国威胁论"者有之，"碰瓷"中国制造的"中国责任论"者有之，误读中国坚持"文明冲突论"者有之。从"落后就要挨打"到"失语就要挨骂"，客观现实让中国人开始思考如何才能讲好中国故事，提高文化的"软实力"。随着2004年第一家海外孔子学院在韩国诞生，近年来中国海外文化传播机构如雨后春笋一般逐渐开遍全球。"截至2014年，我国已在全球建成了20个中国文化中心、45所孔子学院和851个中小学孔子课堂。"[①]这些海外文化传播机构结合当地人的接受特点，开展了数以万计的文化交流活动，共有上千万外国友人参与其中，有力传播了中国文化、展示了中国形象。然而孔子学院的广泛设立也引起了国外一些人的误解甚至反感，认为中国有"文化输出"之嫌，2014年美国芝加哥大学就因为有108位教授联名上书，以担心"孔子学院的'政府背景'和'不计成本'的投入方式会影响学术自由"为名，关停了该校的孔子学院。此类事件也促使我们对中国文化海外传播方式展开深刻反思，究竟以传播什么类型的文化为抓手才能既传播中国价值，又能够润物无声，促进世界不同地区人民的广泛认同？我们认为，家庭是每一个国家和民族都有的社会组织形态，家庭价值、家庭情感是文化隔阂最少的传播领域。有道是"德不孤，必有邻"（《论语·里仁》），向国外受众讲述中国的家庭故事、家庭文化、家庭道德往往最容易获得其他国家和民族的情感认同。对于孔子学院等海外文化传播机构而言，应大力挖掘中国家礼文化中具有普适情感内涵、便于生动展示的故事内容，通过比

[①] 沈壮海：《论文化自信》，湖北人民出版社2019年版，第66页。

较阐述、现场教学、节日体验等方式，让更多人了解中国家礼，进而了解中国家庭，了解中国家文化，了解中国人的思维方式和道德情感。

其二，传统家礼文化可以成为中国文化产品行销的重要素材。一个国家的文化软实力强不强、价值传播势位高不高，其文化产品行销能力往往是试金石。美国凭借好莱坞电影、通俗音乐等构筑起的强大文化产品工业体系，为其全球霸权的确立提供了重要文化支撑。美国战略理论家布热津斯基甚至明确表示，文化统治是美国全球性力量的重要方面，"不管你对美国大众文化的美学价值有什么看法，美国大众文化具有一种磁铁般的吸引力，尤其是对全世界的青年"，"美国的电视节目和电影""美国的通俗音乐""美国的时尚、饮食习惯甚至穿着"，"影响着全球会话的内容"[①]。对于中国的文化传播事业而言，如何能够生产创造出更多"全世界青年喜闻乐见"的热销文化产品，是未来中国文化软实力建设的重要着力点。在中国浩如烟海的文化积淀之中，家庭文化故事是最具中国特色、最能引起世界广泛共鸣的创作素材。早年间，李安导演的《推手》《喜宴》《饮食男女》"家庭三部曲"就屡获国际大奖，近年来《甄嬛传》旋风般登录美国、《都挺好》在Youtube网站火爆上线、《媳妇的美好时代》红遍非洲大街小巷，这些反映中国家庭生活的影视剧作品之所以能够成为海外热议的文化现象，正是因为讲好了中国的家庭故事，引发了广泛的情感共鸣。最具代表性的成功案例，还是引发海内外广泛热议的美食纪录片《舌尖上的中国》。该片巧妙以"中国饮食文化"这一通行全球的文化名片为载体，在记录美食的同时，也通过"讲美食背后的故事"的方式，将中国人的家庭礼仪、文化观念、生活习惯用富有哲理和诗意的解说词向观众娓娓道来，使得中国家庭、中国亲情、中国温暖跃然于屏幕之上，正如有学者所形容的，"在节目取得巨大成功的同时，也把中国价值观播向了世界"，"声誉远播海外的中华饮食文化，就是我们在价值观传播中值得借助的重要生活文化"[②]。实际上，不仅中国家庭的饮食文化饱含礼仪之邦的厚重风范，中国家庭文化中的"出入相友，守望相助""老吾老以及人之老，幼吾幼以及人之幼""扶贫济困""不患寡而患不均"等优秀文化理念，都可以成为文学创作和文化产品生产的重要素材，这也给家礼文化的开发应用提供了广阔空间。

---

① ［美］兹比格纽·布热津斯基：《大棋局：美国的首要地位及其地缘战略》，中国国际问题研究所译，上海人民出版社2007年版，第22页。
② 沈壮海：《论文化自信》，第84页。

其三，传统家礼文化可以成为中外学术交流的研究课题。中国文化的海外传播，离不开政府的大力推动、民间的自发交流，也离不开中外学术界的交流互鉴。近年来，随着中国发展成就的不断壮大，海外学界愈发对中国发展奇迹背后蕴涵的文化底蕴和价值逻辑产生浓厚兴趣，"海外中国学"研究发展方兴未艾。其中，不少学者敏锐地观察到了中国家庭文化对于中国经济社会发展的内在联系，也出版了较多具有代表性的研究著作。具体而言，可以分为两个方面。一是中国道路、中国模式的传统文化内蕴研究。如以美国的熊玠（James C. Hsiung）、罗斯·特里尔（Ross Terrill）、俄罗斯的尤里·塔夫罗夫斯基（Yuri Tavrovski）等一批学者为代表的对中国特色社会主义的解读，以费正清（John King Fairbank）、罗兹曼（Gilbert Rozman）、贝淡宁（Daniel A. Bell）为代表的学者对于中国现代化进程中的传统文化影响因素的解读，等等。二是探索家庭道德教育和家庭文化濡染对中国人道德养成的作用机制研究。史华兹的《古代中国的思想世界》、芬格莱特的《孔子：即凡而圣》、韦伯的《儒教与道教》、鲍吾刚的《中国人的幸福观》等研究著作，从不同侧面审视了家庭道德、家庭结构、家庭关系对中国人道德主体建构的深层次作用，不同程度剖析了包含家礼文化在内的中国家庭文化的海外传播和文化影响。以上学术研究尽管囿于国外学者的立场、观点、方法各异，难免对中国文化有"不虞之誉"或"求全之毁"（《孟子·离娄上》），但其中所释放出的对中国问题的高度重视和对中国文化的巨大兴趣，却是值得我们加以思考和利用的。近年来，国内学术界依托"文化走出去"战略，在各项政策、制度的支持鼓励下，举办了数以万计的国际学术交流活动，搭建起了如"中美文化论坛""中日韩文化部长会议""上海合作组织文化部长论坛""中非合作论坛——文化部长论坛"等定期进行文化交流的政府间平台，以及"青年汉学家研修计划"、"汉学与当代中国"座谈会、"孔子新汉学计划"等鼓励外国学者来华交流访问的学术平台。在中国与外国的学术交流日渐升温的时代背景下，国内学者更应深入研究和挖掘家礼文化的民族特色和传播价值，引导国外学术界"正确认识中国特色和国际比较，全面客观认识当今中国"[①]。

---

① 习近平：《习近平谈治国理政》（第2卷），外文出版社2017年版，第378页。

四、传统家礼文化的现代转化及其开发利用

中共中央、国务院印发的《新时代公民道德建设实施纲要》专门就"充分发挥礼仪礼节的教化作用"做出规定,强调"研究制定继承中华优秀传统、适应现代文明要求的社会礼仪、服装服饰、文明用语规范,引导人们重礼节、讲礼貌"[①]。近年来随着国学热、文化热的"回潮",包括家礼文化在内的中国礼乐文化又逐渐成为学界和社会关注的热点,一些"读经班""现代私塾"也以弘扬传统文化为名粉墨登场。更有甚者,以宣传所谓"女德"为名向公众灌输封建社会"三从四德"的腐朽思想,让家礼资源的现代开发面临泥沙俱下的现实挑战。究竟何种家礼文化至今仍闪烁着真理和道德的光华?又究竟哪些家礼文化应当而且可以被"创造性转化"和"创新性发展"?在学理和逻辑上厘清这些根本性问题是实现传统家礼资源现代转化的关键。

(一)传统家礼文化开发利用的基本原则

任何一种传统文化的创新性继承和创造性转化都不能"揠苗助长""竭泽而渔",必须遵循文化传承发展的客观规律,确立开发利用的基本原则,只有如此,古老文化才能在新的文明价值体系中焕发出蓬勃生机。具体而言,新时代传统家礼文化开发利用的基本原则可以概括为如下几个方面。

1. 保护性原则

丰富多彩的中华家礼文化,作为流传了数千年的独特文化遗存,首先应当作好相关非物质文化遗产的保护工作。家礼文化作为中华传统文化的重要组成部分,在开发利用时应该首先坚持保护性原则。要区分开发与保护的辩证关系,把保护放在第一位,不可轻保护而重开发,提高了经济效益却忽视了社会效益。在开发和利用时要保持好其原真性,注重可持续性,保护优秀的家礼文化,不曲解、不破坏、不过分包装,避免文化开发利用的"商业化"和"庸俗化"的现象。要充分挖掘家礼文化内涵,保留其原汁原味特征,对于有较强开发和传播价值的家礼文化,要深入

---

① 《中共中央、国务院印发〈新时代公民道德建设实施纲要〉》,《人民日报》2019年10月28日。

挖取其中蕴含的和谐、秩序、诚信、尊重、合作等先进思想并加以利用。

2.科学性原则

家礼文化的开发利用需要建立在科学研究的基础之上，采用科学有效的方法加以开发和利用，才能取得理想的效果。在开发利用时，坚持科学性原则，一是要秉持礼敬和兼收并蓄的态度，科学合理地辨别和选择家礼文化，取其精华，去其糟粕，传承扬弃，转化创新，做到古为今用、推陈出新。二是家礼文化开发要紧密结合新时代继承和弘扬中华优秀传统文化以及培育和践行社会主义核心价值观的相关要求，牢牢把握正确的主题方向，不断赋予新的时代内涵，不断填充多彩、时尚的文化内容，不断创新生动、有效的表达形式，紧密结合公民道德建设、精神文明建设、文化建设等内容要求，使其最优秀的元素与当代文化相适应、与现代社会相协调。同时，在注重知识普及的同时，还应加强实践性体验。

3.创新性原则

新故相推，日生不滞。优秀传统文化既需要薪火相传，更需要古为今用、推陈出新。在传统家礼挖掘、扬弃上，要紧密结合大众需求与实际，从实践中汲取养分，创造出符合人民群众需要的文化作品、文化成果。要注重结合新时代新形势新要求，以"家礼文化+""互联网+"的思维，创新家礼文化展现形式与传播渠道、传播内容，在保持家礼文化原生态的基础上，彰显家礼文化的独特性和品牌特色。要创新家礼文化开发利用的技术新手段和应用场域，提高家礼文化的吸引力与时代感。要注重家礼文化与其他文化的交流互鉴、家礼文化相关产业与其他产业的深度融合，实现经济效益和社会效益的统一。

4.文化性原则

独特的文化性是区别家礼文化资源和其他资源的重要特征。传统家礼文化中蕴含有中华民族诸多优秀价值理念，是中国传统文化中超越时代、超越地域的有益资源。在开发利用时，要坚持文化性原则，紧紧围绕家礼文化资源中的优秀精神内核进行利用开发，保持正确方向和高雅文化品位。要从哲学、社会学、历史学、民俗学、人类学、美学等不同专业领域解构、研究和审视家礼文化，挖掘家礼文化内涵，丰富家礼文化特色意蕴，并坚持特色化开发，保持多元性和异质性，让家礼文化永葆鲜活的、独特的生命力。在开发利用过程中要注重氛围营造，无论是家礼文化演艺、家礼文化体验还是家礼文化相关产品销售，都必须创造并实现家礼文化氛围，给大众独特的文化体验。

（二）传统家礼文化开发利用的路径方法

家礼文化作为中华传统文化的重要组成部分，在开发利用时要注意充分挖掘家礼文化的积极礼义内涵，运用现代技术手段和媒介，结合现代人的审美情趣，将家礼文化的深刻厚重与当代生活的生动时尚有效结合起来，继承和弘扬优秀家礼文化，开发具有时代感、感染力的文化作品和产品。政府相关部门要强化家礼文化管理制度保障，提供政策、资金、研究等支持；协同学校、家庭、社会多方，构筑家礼文化教育体系；规范家礼文化产业发展，促进产业融合互动；创新文化传播手段与内容，增强家礼文化生命力；推动家礼文化融入生活，促进家礼文化以文化人、成风化俗。

1. 完善家礼文化制度保障，充分发挥社会治理效能

古时通过制度协调人与人、人与社会的关系称之为"礼制"，当下则称为社会治理。社会治理是一种融法律治理、道德治理和文化治理于一体的管理模式。除了遵循从思想观念到行为习惯的内在逻辑，提升公民对礼仪文化的认同度和自觉践行度之外，通过规范、准则等进行制度性约束也是强化礼仪意识、实现行为规范的有效途径。当前家礼文化相关制度或以文件形式规定，或体现在民众日常生活的约定俗成，亟须通过更为规范科学的制度保障家礼文化活动有序进行。古人非常重视家礼文化的建章立制，《仪礼》《礼记》《家礼》等文本均对家礼文化传播弘扬起到了很好的促进作用。在实际操作过程中，古人早有以立法治家的传统，北宋司马光以《家范》《训俭示康》等家训，倡导"谨守礼法"和"德教为先"的治家之道，"以义方训其子，以礼法齐其家"[1]。2017年，中央办公厅、国务院办公厅颁布的《关于实施中华优秀传统文化传承发展工程的意见》明确要求：

> 在教育、科技、卫生、体育、城乡建设、互联网、交通、旅游、语言文字等领域相关法律法规的制定修订中，增加中华优秀传统文化传承发展内容。加大涉及保护传承弘扬中华优秀传统文化法律法规施行力度，加强对法律法规实施情况的监督检查。[2]

---

[1]〔宋〕司马光：《祖》，《家范》卷二，《文渊阁四库全书》子部儒家类。
[2]《中办国办印发〈关于实施中华优秀传统文化传承发展工程的意见〉》，《光明日报》2017年1月26日。

做好家礼文化的制度保障需要在以下几个方面着力：一是要制定家礼文化制度措施来促进家礼传承。国家层面要制定礼仪规程，规范开展家礼等礼仪规范，以增强人们的积极性和认同性。在基层治理方面，可鼓励在城市街道社区制定蕴含家礼文化的社区管理办法，在农村制定包含家礼规范的乡规民约等，让大家参与基层自治具有更好保障，让家礼文化通过制度规范浸润民众心灵。二是可设立家庭、家风建设指导协调管理机构。在基层设立专门机构，为家风建设、家礼文化传承弘扬提供支持和保障，并将家风建设、家礼建设情况纳入精神文明创建活动和考核制度之中。三是要加强对家礼文化开发利用的规范和管理。制定完善相关的政策法规，依法保护好优秀家礼文化，明确家礼文化开发应遵循的程序，明确规范可以展现和禁止展现的家礼项目。鼓励开发优秀家礼文化项目，在资金、政策、物资等方面加大对优秀家礼文化项目的支持力度，通过加强科学管理来保证正确的开发方向。

2.构建多方协同教育体系，推动家礼文化传承创新

要把优秀家礼文化贯穿国民教育始终，让家礼文化进校园、进课堂、进家庭，从家庭教育抓起、从中小学教育抓起、从社会教育抓起。让公民从青少年阶段就能从家礼文化中汲取精神成长所需的正能量。

第一，加强学校的家礼文化教育。文化传承，其必由学。孔子告诫儿子："不学《诗》，无以言；不学礼，无以立。"（《论语·季氏》）孔子的教育虽然是在家里进行的，但他启示我们"学"才能知，才能行。孟子云："谨庠序之教，申之以孝悌之义。"（《孟子·梁惠王上》）可知古人便懂得利用学校教育教授"为人之道"，教人修身做人的道理。学校作为培养青少年的最重要场所，应该充分发挥传承家礼文化的重要作用，把家礼文化纳入国民教育全过程，贯穿学生整个学习生涯，纳入到学校思想政治教育、道德养成教育体系中来，使学生在更好地了解学习传统家礼文化的基础上借鉴其礼仪价值。一是要加强队伍建设和课程建设。学校要打造高素质礼仪教师队伍、开设高质量礼仪教育课程。建立具有礼仪文化素养的教师队伍，为教师学习传统礼仪文化提供场地、资金等物质保障与政策支持，并完善家礼文化课程体系，加强学术研究、实践研究，要针对小学、中学和大学等不同阶段开展针对性的传统礼仪文化教育教学，创新礼仪素质培养模式，增强学生的礼仪文化素养。二是要将家礼文化教育融入学校思想政治教育和道德养成教育等各个环节。作为传统文化的重要组成部分，家礼文化教育可与思想政治教育、道德教育等有效融合，并充分结合文化艺术教育、社会实践教育，将优秀家礼文化融入各项育人活动中，进而提升青少年礼仪文明素质。

第二，加强家庭的家礼文化教育。中央办公厅、国务院办公厅颁布的《关于实

施中华优秀传统文化传承发展工程的意见》明确要求:"加强国民礼仪教育……研究提出承接传统习俗、符合现代文明要求的社会礼仪、服装服饰、文明用语规范,建立健全各类公共场所和网络公共空间的礼仪、礼节、礼貌规范,推动形成良好的言行举止和礼让宽容的社会风尚。"[1] 我国古代非常重视家庭礼仪教育,涌现出了许多优秀的家礼文化佳作,对传承中华传统美德,弘扬优秀传统文化,维系国家、社会与家庭之间关系的和谐稳定发挥了有效作用。大力挖掘传统家礼文化精髓、培养大众养成良好的礼仪文明,正是家庭教育的重点之一。具体说来,一是要从日常礼仪规范抓起。"礼义之始,在于正容体,齐颜色,顺辞令。"(《礼记·冠义》)在家庭里开展家礼教育,应从子女的仪容仪表、言谈举止、待人接物等基本生活规范教育开始,从小处抓起,注重日常生活礼仪行为习惯的养成,引导子女强化礼仪文化自觉,培养礼仪素养。二是注重教育引导方式。家庭中的家礼文化教育的主要形式包括长辈的言传身教、家庭成员交流讨论、节日活动等。营造良好的家庭教育氛围不仅要从细节做起、从小事做起,家长更需要注重自己的道德品行,做到以身作则,率先垂范。

第三,加强社会的家礼文化教育。"蓬生麻中,不扶而直,白沙在涅,与之俱黑。"(《荀子·劝学》)社会教育是传统文化得以保存传承的重要环节,也是学校教育和家庭教育的有益补充。一是要完善社会激励机制。结合精神文明建设、公民道德建设、新时代文明实践中心建设等工作,借助道德讲堂等平台,广泛开展家礼文明创建、家礼文化传承弘扬等活动。譬如,当前一些地方依托本地民俗资源,在中秋、重阳、春节等传统节日举办"开笔礼""成人礼""敬老礼""传统婚礼"等礼仪活动,受到广泛的欢迎。二是完善家礼舆论导向机制。加强家礼文化宣传教育,加大礼仪观念和礼仪规范宣传推广度,用规范、正确的家礼文化引导和调整民众的行为,纠正不合规范的行为。把社会主义核心价值观与家礼文化融会贯通,开展家礼宣传活动,以演说、讲座、公益广告等形式,通过各类媒体进行宣传,激发人们对优秀家礼文化的认同感和归属感。大力选树典型,对在家礼文明建设领域表现突出的个人事迹广泛宣传,营造良性有序、积极健康的礼仪教育环境,对各种悖礼、失礼行为进行批评,对各种不文明现象进行曝光,必要时处以行政处罚或经济处罚。三是拓宽社会教育培训平台。传统社会中,家族私塾和民间社学是

---

[1] 《中办国办印发〈关于实施中华优秀传统文化传承发展工程的意见〉》,《光明日报》2017年1月26日。

最为常见的办学机构，其教学内容包含了大量家庭礼仪、伦理规范等方面的教育，具有"化礼成俗""敦亲睦族"的作用。当前，不少地区依托区域内传统文化资源优势，依托旧祠堂、古书院等场所来传承弘扬中华家礼文化，或建立各类新式书院、学堂，来传承和弘扬包含家礼文化在内的中华传统文化，如贵阳的孔学堂、山东大学的尼山学堂、山东泗水的尼山圣源书院等就是典型代表。可以把各类博物馆、文化馆等公共文化设施作为基础平台，广泛开展家礼仪式等文化展示、知识培训等活动。要加强与高等院校和研究所、培训机构的合作，建立区域性礼仪文化、家礼文化教育培训中心，提升家礼文化培训水平，打造有特色的家礼文化培训品牌，多渠道、多层次地培养符合社会需求、能够参与市场竞争的家礼文化人才。

3.挖掘家礼文化资源，推动产业融合发展

繁荣发展文化事业和文化产业、提升文化治理效能，是走中国式现代化道路必然的文化选择。家礼文化具有丰厚的智慧养分，也因其地域特色浓厚、贴近百姓生活、符合群众对美好生活的期待等特点而具有较强的开发潜力，是一项"幸福产业"。

第一，优化家礼相关文化产业结构布局。文化消费是高层次的消费，是今后消费的重要发展方向。礼仪文化消费作为文化消费的一部分，具有很大的增长空间。当前，我国家礼相关的文化产业仍存在产业组织结构不合理、创新能力弱、人才缺乏、政策保障力度较小等问题，制约了家礼文化产业健康快速发展。要进一步加快发展家礼相关的网络视听、移动多媒体、数字出版、创意设计等新兴产业，推动家礼文化相关出版发行、影视制作、工艺美术等相关产业转型升级，鼓励家礼相关文化演出、器物展览等传统业态实现线上线下融合。进一步实施家礼文化产业人才扶持政策，鼓励高校和科研院所加强家礼文化理论研究，开发和设计新时代家庭礼仪规范，为广大群众提供新型家礼仪式施行参照。

第二，推动家礼相关文化产业与旅游产业融合发展。产业融合是文化产业发展的趋势，家礼文化的开发利用可以家礼文化为核心，不断拓展文化外延，促进家礼相关文化产业与旅游产业深度融合，在旅游产品、项目、商品等方面进行联合开发设计，做到以文塑旅，以旅彰文。一是可以以家礼文化为依托，发展综合文化体验空间。可依托古村落、古民居、新农村乡村游等开发家礼主题旅游产品，建设以家风家训文化馆、家礼文化体验馆等为核心的旅游目的地，建造以家礼文化体验传承为主的传统文化体验旅游区，打造集文化体验、休闲度假、博物展览、培训教育功能于一体家礼文化体验目的地，形成"家礼文化+旅游"新型博物馆产业。二是可与节庆旅游相结合，以节日为契机，促进节日文化内涵与家礼文化价值相融合，创新文化旅游项目。2019年中共中央、国务院印发的《新时代公民道德建设实施纲要》，在"充分发挥礼仪礼节的教化作用"任务中，提出"充分利用重要传统节日、重大节庆和纪念日，组织开展群众性主题实践活动，丰富道德体验、增进道德情感"[①]。利用传统节日契机，或借助艺术节、电影节等途径，举办文化性强、体验性强的家礼文化活动，让游客身临其境地了解和体验中华家礼文化和风土人情，在愉悦的交流中加深对包括家礼文化在内的中华优秀传统文化的理解，提高对家礼文化的认同感。三是可深度挖掘家礼文化资源，开发家礼文化旅游产品。家礼资源作为重要的文化载体被各地一次又一次搬上文化旅游舞台，如具有山水风情的《印象·丽江》中的民族特色歌舞表演，具有民俗特色的《印象·大红袍》中的家庭茶艺表演，极具人文特征的《又见平遥》中的晋商家族的传统婚俗展示等均取得良好的口碑效应和经济收益。发展家礼文化演艺产业，结合实景演出等形式开发家礼文化相关文化艺术作品，给人以家庭礼仪教育和艺术之美的熏陶。同时，坚持在"守正"基础上的创新，注意避免单纯的"商业化"和"庸俗化"。四是注重家礼文化与旅游商品互融，发展文化创意产业。支持和扶持企业生产反映地方家礼文化的服饰、音乐、绘画、微电影等，帮助企业宣传和推介优秀的传统家礼文化产品，使家礼文化商品具有更浓郁的地域特色、更丰厚的礼仪文明内涵和更强的市场竞争力。

4.创新文化传播手段，拓展家礼文化传播渠道

"周虽旧邦，其命维新。"中华文明数千年一系，文化的发展繁荣离不开对其精神内核的执着坚守，也离不开对优秀传统文化的继承弘扬。新时代弘扬中华优秀家礼文化，要坚持创造性转化、创新性发展，以社会主义核心价值观为引领，持续提升文化影响力。近年，随着科技日新月异发展，大众传播方式方法更替加速，家礼文化的传播要积极适应互联网时代、大数据时代文化发展要求，把价值内容与技术元素融合再炼，推动家礼文化创新发展，塑造具有鲜明特色的文化产品，赋予家礼文化精当表达，准确传达家礼文化当代性。

第一，创新家礼文化传播手段。家礼文化要得到有效传播，要立足全媒体时代传播特点，将家礼文化资源、要素同当代表达有效结合，充分利用新技术手段，创新多样化的表达方式和传播路径。家礼文化的传播要有效借助大数据、互联网、人工智能、虚拟现实等技术，增强传播的覆盖面和影响力。要依托全媒体平台，整合微博、微信、抖音等社会化媒体，构建家礼文化新式传播矩阵，拓展传播平台渠

[①] 《中共中央、国务院印发〈新时代公民道德建设实施纲要〉》，《人民日报》2019年10月28日。

道，实现传播内容的图文、视频立体化，增强家礼文化的感染力和亲和力。可利用AR、VR等数字技术对优秀家礼文化进行数字化记录、传播，实现传播得便捷、生动。如"VR+数字博物馆"、故宫"上元之夜"灯会等活动举办形式便是依靠新技术让文物"活"起来，让传统文化"亮"起来，为我们提供了实现中华优秀家礼文化创造性转化和创新性发展的可参考路径。广受欢迎的电视节目《典籍里的中国》更是以戏剧化的结构和影视化的表达对典籍进行了可视化、故事化的艺术转码，全新的演绎方式拉近了民众与古籍经典的距离，让民众更直观地触摸、体会到优秀传统文化的精髓所在。

第二，创新家礼文化传播内容。按照"古为今用""推陈出新"的原则，以崭新的创意设计，将优秀传统家礼文化要素与当代审美观及价值观相融合，赋予其新的表达形式和新的时代内涵，积极融入现实生活和日常实践，对家礼文化进行全方位、深层次、多领域的创造性开发，创造承接传统家礼、富有时代特点的、适应当代家庭生活需要的新型家礼文化。在此基础上，依托新的技术手段和有效的传播媒介，让传统家礼文化以全新方式获得时空延伸。可依托全媒体技术平台，以"跨界"之思和"网红"之势，推动优秀家礼文化积极有效地融入百姓日常生活。例如，可以开发家礼文化相关网络电影、网络电视剧、网络直播、网络表演等新业态，适应年轻群体文化娱乐需要。把中华优秀家礼文化礼义内容与礼仪形式要素相结合，实现技术要素、文化价值、商业利益的统一，推出家礼文化力作，如上述提及的《印象·丽江》《印象·大红袍》《印象·西湖》等，依托声、光、电等手段，通过大型实景演出展现各地风情，其中不乏茶礼、民族服饰、民族家礼礼俗等礼仪文化。再如故宫博物院基于传统文化基础，通过与影视、文学、动漫等全面融合，设计开发数字化产品内容，促使优秀传统文化魅力加速传播发酵，推出一批大众争相体验的网红文化产品。

第三，创新家礼文化场景体验。通过建设民俗村、民俗博物馆或家礼文化博物馆全方位展示优秀家礼文化。如江苏省徐州市贾汪区马庄村的婚礼小镇，开设婚史区、婚恋区，讲述汉代成婚的礼仪、器物、仪式，系统、全面展示历朝历代婚礼文化，打造集"典礼—摄影—文化传播—历史再现—生产（婚庆副产品）"于一体的创意婚庆基地。广东省东莞市的中华民族婚俗微雕博物馆借助微雕工艺，运用服饰、生产生活工具、声光电技术等手段，对外展示中国56个民族的婚俗文化。江苏省宿迁市的华夏孝善博物馆是孝道主题博物馆，馆内收集了众多家礼文化中关于"孝道"的文献资料及实物，利用各项媒体技术展示历代践行孝道的典型，着力构建孝道教育体系。此外，可以利用信息技术改进家礼文化展现方式，优化家礼文化

"用户体验"，利用VR技术、虚拟现实技术等生成逼真、实时的虚拟场景，强化文化展现的互动性和参与感，加深大众对家礼文化的认知体验。

5.融入日常生产生活，实现家礼文化活态传承

传统家礼文化之所以能一直保持鲜活的魅力，对中国社会产生持续、深远的影响，正是由于其对于日常生活的关注及其世代传承的礼仪实践。家礼文化只有融入日常生活，与道德实践相结合，活在街道上、家庭里、人心中，才能实现其在实践层面的大力推广。对家礼文化进行现代改造，并推动其真正落实为一种生活方式，实现活态传承，乃是当代重拾文化自信，重建礼乐文明，实现中华传统文化伟大复兴的题中应有之义。①家礼文化要实现良好的生活化融入，就需要把握好传统家礼文化和当代生活、当代审美、当代价值观的结合点，注重形式与内容、实际需求与创新供给、实践与养成有效结合，把优秀家礼文化内涵更好、更多、更有效地融入生产生活各方面。

第一，要加强对传统家礼文化的研究阐释与活态利用。要让家礼文化与生活紧密相连，避免传统文化与现实生活、情感体验脱节。将经过批判扬弃的传统家礼文化与新时代特色和民众现实生活相结合，在成年、婚配等重要节点开展文化传承活动，使其有益的文化价值深度嵌入百姓生活。在诞育礼方面，要引导人们节俭节约；在婚礼传承方面，要倡导节俭节约，简化优化婚俗，借助婚礼传承优良家德家风；在丧葬礼仪方面，要引导人们树立厚养薄葬的理念，改变陈旧、铺张浪费的方式，倡导简朴节约的丧葬礼俗；在成人礼方面，可在服饰和仪式上进行创新，打造符合青年需求和时代特征的当代成人礼；在祭祀礼仪方面，可借助清明节等节日引导人们继承弘扬慎终追远的孝道，引导人们对英雄先烈的纪念和追思，激发人们对中华民族和中华文化的认同感、对我们党和国家的认同感。

第二，要把家庭礼仪文化培育和建设融入社会运行之中。将家礼文化同日常生活联系起来，不断落细、落小、落实，并将优秀家礼文化融入市民公约、乡规民约等日常行为准则中，推动其成为人们日常生活的基本遵循，有效促进人们付诸实践。要有效利用重要传统节日、节庆，开展家礼文化传承与弘扬活动，丰富文化体验、增进道德情感，让优秀家礼文化得以巩固。

第三，紧扣当代人需求、追求，推动休闲生活与家礼文化融合发展。深入挖掘

---

① 参见和溪：《朱子〈家礼〉冠婚制度的沿革及影响》，《福建论坛（人文社会科学版）》2018年第3期。

传统的服饰、饮食等方面的家礼文化，将其中包含的家礼文化进行革新，创造符合新时期大众生活需求的文化。深入挖掘传统家礼文化的礼义、礼制的时代价值，精选一批具有特色的家礼元素和标志性符号，并将其纳入城镇化建设与城乡规划设计，合理应用于广场、园林等公共休闲空间中，使其发挥教化和濡染作用。

跋

本书是我主持的2016年度贵州省哲学社会科学规划国学单列重大课题"中国传统家礼文献整理与研究"（16GZGX06）成果之一。课题免于鉴定，并获优秀等级。

在课题研究过程中，按照课题组确定的"整理文献，考镜源流，研究利用，承故拓新"原则，做了两项工作：一是对国内外所藏的历代家礼文献进行搜集、整理，力图构建体例完备、资料丰赡的传统家礼文献汇辑，既补前贤之未备，又集家礼文献之大成；二是在此基础上对家礼文献、家礼教化进行全面系统研究，并挖掘其时代价值，为今天的家礼重建、家德建设和家风营造提供参考借鉴。前者的成果为《中国历代家礼文献集成》（四卷本），后者即为本专著。

在家礼文献整理和研究的过程中，我们深深感到，我国历代先贤撰作的家礼，以型家立范为宗旨，与家训一样，也是传统社会家庭教育尤其是礼仪教育的教科书。传统家礼虽是良莠并存、金沙相杂，但总体上仍是先人们留下的一笔宝贵的文化遗产，特别是伦理文化遗产。我们认为，从浩如烟海的历代典籍中全面梳理存世的家礼文献，披沙拣金，把至今仍有借鉴价值的家礼梳理、筛选出来，吸纳传统家礼律家教子、敦族睦邻、修身处世、慎终追远的合理内容和行之有效的途径方法，以史为鉴，为今天的家庭礼仪教育、家德家风培育和新型家礼文化建设、社会礼仪文明建设提供参考借鉴，是一件有利于社会、有益于后代的工作。也正因此，激励着课题组成员以礼敬先贤、启迪后人的责任感努力探索，历经五年，始得完成。

本书是我们课题组集体合作、分工撰写的成果，各章作者如下：

第一章：陈延斌，王伟；

第二章：陈延斌，王伟；

第三章：李冰；

第四章：王伟；

第五章：王伟，陈延斌；

第六章：陈延斌，王伟；

第七章：陈延斌；

第八章：朱莉涛；

第九章：葛大伟，袁大伟。

本书初稿完成后，我进行了统稿修改，王伟和李冰同志协助我做了大量的文献资料收集和书稿校对工作。

在本书付梓之际，我还想说明的是，2018年暑假，贵阳孔学堂中华文化国际研修园为我们课题组提供了环境清幽、气候宜人的住宿与研究工作条件。在大成山下，花溪河畔，我们课题组成员一起切磋琢磨，整理文献，研究撰写。课题结项后，贵阳孔学堂文化传播中心副主任肖立斌教授、孔学堂书局副总编辑张发贤编审，又热情鼓励、积极支持我们申报孔学堂书局出版该书；贵州省出版传媒事业发展专项资金、贵州省孔学堂发展基金会也给予经费资助；责任编辑、校对也为本书出版付出了很多心血。这里特别需要说明的是，著名哲学家、武汉大学教授郭齐勇先生一直关心我们的课题研究，书稿完成后又应我们约请，欣然为本书撰写序言，向读者推介，为拙著增色不少。在学术著作出版难的当下，本书得以出版，使广大读者了解我们民族数千年之久的家礼文化，为此我们谨向传承和弘扬中华优秀传统文化的贵阳孔学堂文化传播中心和资助单位、向尊敬的郭齐勇教授表示诚挚的谢意！

泱泱华夏"礼仪之邦"的美誉，几千年家礼文化的赓续和发扬光大功不可没。对于家礼文化这笔丰厚的历史文化遗产，我们还将以上对得起往哲先贤、下对得起子孙后代的态度，进一步整理、修改、完善业已整理的《中国历代家礼文献集成》，并将结项后收集到的家礼文献尽快点校整理，补充完备，争取早日面世，为我国的礼仪文明建设尤其是家礼文明建设提供文献参考。

陈延斌
2023年5月16日于江苏师范大学中华家文化研究院